ECKART CONZE
DIE GROSSE ILLUSION

ECKART CONZE
DIE GROSSE ILLUSION

VERSAILLES 1919
und die Neuordnung der Welt

Siedler

Sollte diese Publikation Links auf Webseiten Dritter enthalten,
so übernehmen wir für deren Inhalte keine Haftung,
da wir uns diese nicht zu eigen machen, sondern lediglich auf deren Stand
zum Zeitpunkt der Erstveröffentlichung verweisen.

Verlagsgruppe Random House FSC® N001967

2. Auflage 2019

Copyright © 2018 by Siedler Verlag, München,
in der Verlagsgruppe Random House GmbH,
Neumarkter Str. 28, 81673 München

Umschlaggestaltung: Büro Jorge Schmidt, München
Umschlagabbildung: Unterzeichnung des Friedensvertrages im Spiegelsaal
von Versailles, 28. Juni 1919. Offiziere der Alliierten stehen auf Stühlen und Tischen,
um in den Spiegelsaal zu schauen, in dem der Friedensvertrag von Versailles
unterzeichnet wird. © Getty Images/Henry Guttmann
Lektorat und Satz: Peter Palm, Berlin
Karten: Peter Palm, Berlin
Reproduktionen: Aigner, Berlin
Druck und Bindung: GGP Media GmbH, Pößneck
Printed in Germany
ISBN 978-3-8275-0055-7

www.siedler-verlag.de

Dieses Buch ist auch als E-Book erhältlich.

Inhalt

9 **Einleitung**
Versailles 1919 – Fragen an einen Frieden

39 **I
WEGE AUS DEM
GROSSEN KRIEG
1916–1918**

41 **Krieg der Illusionen**
Kriegsziele und Friedensinitiativen 1916/17
Frieden nach totalem Krieg 41 · »Siegfrieden« und »Victoire intégrale« 45 · »Durchmarschieren bis zum Sieg« 51 · »Krieg, nur noch Krieg« 54 · »Hindenburg-Frieden« versus »Scheidemann-Frieden« 59

64 **»Safe for Democracy«?**
Woodrow Wilson und die Vierzehn Punkte
Präsident einer globalen Macht 64 · »Frieden ohne Sieg« 70 · U-Boot-Krieg und Kriegseintritt 75 · Neue Diplomatie 79 · Vierzehn Punkte 82

92 **Ein deutsches Diktat**
Der Frieden von Brest-Litowsk
Nationale Selbstbestimmung als Waffe 92 · Revolution in Russland 96 · Ein deutsches Ostimperium 103 · Entscheidung im Westen 113

117 **»Schwarze Tage«**
Deutscher Zusammenbruch und Waffenstillstand 1918
Militärische Erschöpfung 117 · Waffenstillstandsbemühungen und Revolution von oben 119 · Notenwechsel mit Wilson 124 · Die Lansing-Note 134 · Compiègne 138 · Ende des Krieges? 141

151 **II**
FRIEDEN SCHLIESSEN
1919/20

153 **Im Traumland der Waffenstillstandsperiode**
Friedenserwartungen vor Konferenzbeginn
»Vive Wilson!« 153 · Hoffnung auf einen Wilson-Frieden 158 · Friedensvorbereitungen 169 · Wahlkämpfe und gesellschaftliche Stimmungen 176

186 **Paris – Hauptstadt der Welt**
Die Friedenskonferenz als Ort globaler Politik
Machthierarchien und Konferenzorganisation 186 · Präliminarkonferenz statt Friedenskongress 193 · 18. Januar 1919, die Konferenz wird eröffnet 197 · Dominanz der Großmächte – Primat des Nordens 204 · Globale Metropole Paris 212

223 **Eine Welt des Friedens?**
Der Völkerbund und die Kontinuität imperialer Herrschaft
Ein Weltbund des Friedens 223 · Empire als Völkerbund 230 · Frieden oder Sicherheit? 238 · Die gemischte Bilanz des Völkerbunds 248 · »A World Safe for Empire« – die Völkerbundsmandate 253 · Selbstbestimmung versus Zivilisierungsmission 260 · Wurzeln des Nahostkonflikts 267

276 **Frieden mit Deutschland?**
Die Pariser Verhandlungen und der Vertrag von Versailles
Herausforderungen und Lesarten eines Friedensschlusses 276 · Territoriale Sicherheit 280 · Russland und das Gespenst des Bolschewismus 302 · Reparationen und die Frage der Kriegsschuld 311 · Fiume-Krise und Shandong – Messen mit zweierlei Maß 323 · Eine Frage der nationalen Ehre: Unterzeichnen in Versailles? 340 · Versailles, 28. Juni 1919 372 · Kein Karthago-Frieden 377

383 **Vergeben und vergessen?**
Die Strafbestimmungen der Friedensverträge
Schuld und Sühne 383 · Die Leipziger Prozesse 385 · »Hang the Kaiser!« 393 · Die Istanbuler Prozesse 403

408 **Alte Reiche und neue Staaten**
Die Auflösung des Habsburger und des Osmanischen Reiches
Gewalt und Selbstbestimmung 408 · Österreich und die Tschechoslowakei 413 · Gewinner und Verlierer in Südosteuropa 424 · Multiethnische Staaten und ihre Minderheiten 438 · »Kranker Mann am Bosporus« 443 · Alliierte Politik und türkische Nationalbewegung 448 · Die Konferenz von Lausanne 454

461 III
VON VERSAILLES ZUM
ZWEITEN WELTKRIEG
Der Anti-Versailles-Konsens 463 · Revisionspolitik als Gewaltpolitik 472 · Die politischen Folgen des John Maynard Keynes 476 · Appeasement 480 · Noch einmal Compiègne 485 ·

491 **Epilog**
Nach 100 Jahren

505 ANHANG
507 Dank
509 Anmerkungen
529 Literaturverzeichnis
553 Personenregister
559 Bildnachweis

Einleitung
Versailles 1919 – Fragen an einen Frieden

Der Ort war mit Bedacht gewählt. Im Spiegelsaal des Schlosses von Versailles, dort, wo ein halbes Jahrhundert zuvor das Deutsche Reich ausgerufen worden war, mussten die deutschen Minister Hermann Müller und Johannes Bell am 28. Juni 1919 ihre Unterschrift unter den Friedensvertrag mit den Alliierten setzen. In den Augen der Deutschen war die Wahl des Ortes eine weitere Demütigung, von denen sie als Verlierer des Krieges seit dem Waffenstillstand vom 11. November 1918 und dem Beginn der Friedenskonferenz am 18. Januar 1919 viele über sich hatten ergehen lassen müssen. Die Zeremonie in Versailles war eine hoch symbolische politische Inszenierung, bei der nichts dem Zufall überlassen und den Besiegten nichts erspart blieb. Vor den Augen der Welt – das Ereignis wurde sogar im Film festgehalten – wurde die deutsche Delegation als letzte in den Saal gerufen. Auf ihrem Weg zur Vertragsunterzeichnung musste sie eine Gruppe schwerbeschädigter französischer Soldaten passieren, »gueules cassées«, Gesichtsverletzte, die in einer der Fensternischen platziert waren und mit ihren entstellenden Verletzungen, ihren Schädelbinden und Gesichtsverbänden an die Opfer und das Leid mahnten, das nach Sühne verlangte.[1] Georges Clemenceau, der französische Ministerpräsident, hatte die Versehrten stellvertretend für alle verwundeten und gefallenen französischen Soldaten – verletzte Soldaten anderer Länder waren in Versailles nicht zugegen – demonstrativ begrüßt, als er den Saal betrat, und ihnen für ihre Opferbereitschaft gedankt. Dann hatte er auf den Friedensvertrag verwiesen, den die deutschen Vertreter an diesem Tag unterschreiben sollten, und erklärt: »Frankreich, das ich heute repräsentiere, grüßt in Euch die Männer, die mit ihrem Blut für den Sieg bezahlt haben. Die heutige Zeremonie ist der Beginn einer Entschädigung. Das ist nicht alles, es wird noch mehr geben, das versichere ich Euch.«[2]

Kein Zweifel: Von den verstümmelten Soldaten sollte keine Botschaft des Friedens ausgehen. Sie sollten den Teilnehmern der Zeremonie die Schrecken des modernen technischen Krieges vor Augen führen und in der Stunde des Friedens den Gegner beschämen. Sie sollten das moralische Urteil bekräftigen, das in dem berühmten Artikel 231 des Versailler Vertrags gefällt wurde: Das Deutsche Reich trug die Schuld am Krieg und die Verantwortung für seine Opfer. Die Versehrten waren, wie die Pariser Zeitung *Le Petit Journal* in ihrem Bericht am folgenden Tag schrieb, »Zeugen des Krieges, Kläger und Richter«.[3] Als solche wurden sie auf dem politischen Parkett präsentiert. Die »gueules cassées« standen für einen Frieden, der eine Illusion blieb, weil weder der Vertrag von Versailles noch die anderen Pariser Vorortverträge – die Verträge von St. Germain, Trianon, Neuilly und Sèvres – den »Krieg in den Köpfen« (Gerd Krumeich) beendeten.[4] Die Entscheidungen der Pariser Friedenskonferenz von 1919/20 haben nicht nur den Hass und die Gegensätze des Krieges weiter geschürt, gerade zwischen Deutschen und Franzosen, sondern weit über Deutschland und Europa hinaus neues Konfliktpotential und neue Spannungen geschaffen, die bis tief ins 20. Jahrhundert hineinwirkten und zum Teil bis heute spürbar sind.

Die düstere Szene vom Juni 1919 verbindet die Geschichte des Krieges mit der Geschichte des Friedens, der ihm folgte. Sie offenbart, dass der Krieg mit der Pariser Konferenz und dem Friedensschluss von 1919/20 nicht zu Ende ging. Die fünf Friedensverträge von Paris prägten die Welt des 20. Jahrhunderts nicht weniger als der Große Krieg. Zur »Demobilmachung der Geister«, wie es der deutsche Historiker Friedrich Meinecke schon 1917 formulierte, führten sie nicht.[5] Die Erfahrungen des Krieges, seine Globalität, das bis dahin nicht gekannte Ausmaß an Gewalthaftigkeit und mobilisierender Kraft wirkten auf den Frieden ein. Die Friedensschlüsse bauten die alten Spannungen nicht ab, sondern verlängerten sie in die Nachkriegszeit und schufen obendrein neue Konflikte. Die Welt kam nicht zur Ruhe.

Die europäischen Imperien, Großbritannien und Frankreich vor allem, die äußerlich betrachtet nach dem Ersten Weltkrieg den Zenit ihrer Macht und ihrer territorialen Ausdehnung erreichten, waren erschüttert. Von Indochina über Indien bis nach Irland nahmen Forderungen nach nationaler Selbstbestimmung an Stärke zu und prallten auf den Selbstbehauptungswillen der imperialen Mächte, die sich an ihren globalen Machtstatus klammerten, um ihre Schwäche in Europa zu kompensieren. In Ostmittel- und Südosteuropa entluden sich die Auflösung des Zarenreichs, des Habsburgerreichs sowie des Osmanischen Reichs und die Nationalisierung der Staatenwelt zwischen Ostsee und Schwarzem Meer in einer Serie von Kriegen und Bürgerkriegen, denen nach dem Ende des Weltkriegs noch einmal Hunderttausende zum Opfer fielen. In vielen der neu gegründeten Staaten tobten ethnische

Konflikte, Minderheiten wurden unterdrückt, Diskriminierung und Verfolgung ganzer Bevölkerungsgruppen mit zum Teil brutaler Gewalt waren die Folge. Politische Stabilität konnte so nicht entstehen. Revolutionen, Putsche und Putschversuche waren die Regel, nicht die Ausnahme. Autoritäre, zumeist radikalnationalistische Bewegungen unterhöhlten die jungen Demokratien. Von den nach 1918 gegründeten demokratischen Staaten überdauerte kaum einer.[6]

Das gilt auch für Deutschland, wo 1933 die Nationalsozialisten an die Macht gelangten. Der Versailler Vertrag sei den Deutschen in einer doppelten Gestalt begegnet, hat Karl Dietrich Bracher einmal geäußert: als reale Belastung und als »psychologische, propagandafähige Potenz«.[7] Dass die Weimarer Republik sich nie stabilisieren konnte und in der Bevölkerung nicht die überlebensnotwendige Akzeptanz fand, lag nicht nur daran, dass der Versailler Vertrag mit seinen territorialen, ökonomischen und finanziellen Bestimmungen die junge Demokratie schwer belastete, sondern auch daran, dass die Ablehnung dieses Friedensvertrages wie eine Art zerstörerischer Minimalkonsens nahezu alle politischen Richtungen verband und eine ernsthafte Auseinandersetzung mit dem Kaiserreich, seinen Eliten und ihrer Verantwortung für den Ersten Weltkrieg verhinderte.

Die Empörung über das Friedensdiktat und insbesondere das Kriegsschuldverdikt, die »Kriegsschuldlüge«, wie es bald hieß, standen einer kritischen, einer selbstkritischen Auseinandersetzung mit der Rolle Deutschlands und seiner politischen und militärischen Führung im Vorfeld und während des Weltkriegs im Wege. Ansätze dazu hatte es durchaus gegeben. So hatte der USPD-Politiker Karl Kautsky, der für den Rat der Volksbeauftragten als Unterstaatssekretär im Auswärtigen Amt tätig war, im Winter 1918/19 aus den deutschen Regierungsakten einen Bericht verfasst, der auf die Mitverantwortung der deutschen Reichsleitung für den Kriegsbeginn 1914 hinwies. Nach der Fertigstellung im Februar 1919 wurde Kautskys Ausarbeitung von der Reichsregierung zurückgehalten, weil man befürchtete, dadurch könne die deutsche Position in den Friedensverhandlungen geschwächt werden. Erst Monate nach Unterzeichnung des Versailler Vertrags erschien der Bericht, konnte aber angesichts der durch die Empörung über den Kriegsschuldartikel genährten Realitätsverweigerung keine Wirkung mehr entfalten.[8]

Das Ende der Weimarer Republik, der Aufstieg und die Machtübernahme der Nationalsozialisten und schließlich der Zweite Weltkrieg haben nicht allein in Deutschland den Blick auf den Versailler Vertrag und die

Friedensschlüsse von 1919 bestimmt und die Versailler Ordnung nachhaltig diskreditiert. Nicht nur die sich aus den Verträgen ergebende Entwicklung in Deutschland und Europa brachte man mit dem Nationalsozialismus und seinen Verbrechen in Verbindung, sondern auch das Vertragswerk selbst, das in diesem Licht kaum eine Chance auf eine unvoreingenommene Beurteilung hatte. Schon in den 1930er Jahren sahen sich die frühen Kritiker des Vertrags – unter ihnen besonders prominent der Wirtschaftswissenschaftler John Maynard Keynes, der 1919 zur britischen Delegation gehört hatte – durch die Machtergreifung der Nationalsozialisten und Hitlers Außenpolitik der Gewalt in ihrer Kritik bestätigt. Noch 1983 meinte Robert Skidelsky, der Biograph des Ökonomen, dass Hitler wahrscheinlich nicht Reichskanzler geworden wäre, wenn man 1919 auf Keynes gehört und Deutschland einen vor allem wirtschaftlich milderen Frieden gewährt hätte.[9] Denn nicht wenige Gegner Hitlers und des Nationalsozialismus reagierten zurückhaltend auf die aggressive deutsche Außenpolitik seit 1933, weil sie es für legitim hielten, dass Deutschland sich aus den »Ketten von Versailles« befreite.

Die britische und französische Politik des Appeasement ist auch aus dieser Sicht zu erklären und ebenso aus der Hoffnung, ein moralisch rehabilitiertes Deutschland werde sich in friedenssichernde europäische Kommunikationsstrukturen und Kooperationsmechanismen einbinden lassen. Vom britischen »Trauma des Meaculpismus« hat der deutsche Historiker Hans Rothfels einmal gesprochen.[10] Das lässt sich verbinden mit der Neubewertung des Kriegsbeginns 1914, für die der britische Premierminister David Lloyd George, der sein Land 1919 in Paris vertrat, 1933 das Stichwort lieferte, als er in seinen Kriegsmemoiren erklärte, Europa sei in den Krieg »hineingeschlittert«.[11] Das war weit entfernt von dem Kriegsschuldverdikt des Jahres 1919, entlastete vielmehr Deutschland und billigte damit die deutsche, auch die nationalsozialistische Revisionspolitik.

Mit dem Zweiten Weltkrieg änderte sich zwar das Urteil über die deutsche Außenpolitik vor 1939, nicht aber das Bild der Versailler Ordnung. 1984, siebzig Jahre nach dem Beginn des Ersten Weltkriegs, schrieb der amerikanische Diplomat und Historiker George F. Kennan in der *New York Times*, die »Rachsucht der britischen und französischen Friedensbedingungen« habe dem Nationalsozialismus und einem weiteren Krieg den Weg bereitet. Der Zweite Weltkrieg sei das Ergebnis »des dummen und demütigenden Straffriedens« gewesen, der Deutschland nach dem Ersten Weltkrieg auferlegt worden sei.[12] 1945 hatte der britische *Economist* angesichts der Herausforderung, nach dem

Zweiten Weltkrieg eine neue europäische Ordnung zu schaffen, gemahnt: »Die unentbehrliche Sicherung einer Friedensordnung ist die Bereitschaft siegreicher Völker, sie aufrechtzuerhalten. An solcher Bereitschaft wird es fehlen, wenn der Vertrag Dinge einschließt, für die man nicht einstehen kann.« 55 Jahre später, in ihrer Millenniumsausgabe 1999/2000, urteilte dieselbe Zeitschrift in einem Artikel über den Ersten Weltkrieg, das letzte Verbrechen in diesem verbrecherischen Krieg sei der Versailler Vertrag gewesen, dessen harte Bedingungen einen weiteren Krieg unausweichlich gemacht hätten.[13]

In Deutschland ließ das historische und auch geschichtswissenschaftliche Interesse am Versailler Vertrag und den anderen Pariser Vorortverträgen im Schatten des Zweiten Weltkriegs und des Holocaust zwar nach, Versailles gewann aber nach 1945 Bedeutung als geschichts- und vergangenheitspolitisches Argument. Schon in den 1930er Jahren hatten viele Deutsche die große Zustimmung zum Nationalsozialismus, oftmals auch ihre eigene, mit dem Versailler Vertrag in Verbindung gebracht. Nun erklärte man weithin in apologetischer oder exkulpierender Absicht mit »Versailles« nicht nur den Aufstieg Hitlers, sondern begründete auch, warum man diesen Aufstieg begrüßt hatte, warum man in die NSDAP eingetreten war, warum man sich in den Dienst des Regimes gestellt, in den unterschiedlichsten professionellen Kontexten seine Repressions- und Gewaltpolitik unterstützt hatte und warum man die Augen vor den Verbrechen des Regimes verschlossen hatte, wenn man nicht selbst an ihnen beteiligt gewesen war. Zugleich suchte man sich auf diese Weise von der nationalsozialistischen Ideologie und insbesondere vom Antisemitismus zu distanzieren. Nicht aus ideologischen Gründen habe man sich dem Nationalsozialismus genähert und das Regime unterstützt, sondern weil man das Ziel teilte, den Vertrag von Versailles zu überwinden, und die nationalsozialistische Politik wie die nationalsozialistischen »Erfolge« als Schritte in diese Richtung begrüßte. Erst spät – zu spät – habe man die wahren Absichten Hitlers erkannt. So konnte man argumentieren, weil der Versailler Frieden auch nach 1945 diskreditiert blieb, nicht zuletzt wegen des Kriegsschuldvorwurfs.

Das änderte sich erst in den 1960er Jahren, als Fritz Fischer die Politik des Kaiserreichs vor 1914 neu beleuchtete und den Weg in den Krieg nicht als Verkettung unglücklicher Umstände und Missverständnisse darstellte, sondern als Ergebnis einer planvollen Politik, die den Krieg wollte und suchte, um eine deutsche Hegemonie in Europa zu errichten und einen siegreichen Krieg dafür zu nutzen, das Kaiserreich autoritär zu transformieren und dadurch die traditionellen preußisch-deutschen Machteliten zu stabilisieren.[14] Fischers Thesen lösten eine hitzige Debatte über die deutsche Kriegsschuld aus, von der auch die Bewertung des Versailler Vertrags nicht unberührt blieb. Denn wenn das Kaiserreich den Krieg gesucht und herbeigeführt hatte, musste dann nicht der Versailler Vertrag in einem anderen Licht erscheinen? Musste man ihn dann nicht stärker als zuvor als einen Versuch verstehen, einen deutschen »Griff nach der Weltmacht« zu verhindern und damit einen neuen Krieg?

Fünfzig Jahre nach Fritz Fischer hat Christopher Clark in seinem Buch *Die Schlafwandler* ein Bild des Kriegsbeginns 1914 gezeichnet, das Fischers Thesen deutlich widerspricht. Die Frage nach der Verantwortung für den Krieg und erst recht die Frage nach der Kriegsschuld hält der australische Historiker für nicht weiterführend und problematisch, weil »ein schuldorientiertes Untersuchungsmodell oft mit Vorurteilen einhergeht«.[15] Clark kehrt deshalb zurück zu einer Interpretation, die den Beginn des Ersten Weltkriegs als Systemversagen deutet, als Resultat von Veränderungen im internationalen System der europäischen Mächte und einer politischen Komplexität, mit der die handelnden Akteure in der Situation des Juli 1914 überfordert gewesen seien. Was bedeutet eine solche Bewertung, die sich wieder der Einschätzung von David Lloyd George aus dem Jahr 1933 annähert, für unser Urteil über den Vertrag von Versailles? Folgte dem falschen Krieg der falsche Frieden? Tragen dann die Sieger des Weltkriegs, die Deutschland den Friedensvertrag aufzwangen, Verantwortung für die Dauerkrise der Weimarer Demokratie, ja womöglich sogar für den Aufstieg und die Machtübernahme des Nationalsozialismus?

Wer in der Gegenwart für ein neues deutsches Selbstbewusstsein wirbt, der macht nicht selten durch das gesamte 20. Jahrhundert hindurch ein Bestreben anderer Mächte aus, Deutschland in einer Position der Inferiorität zu halten; der erkennt in jedem Hinweis auf die autoritären Strukturen des Kaiserreichs, auf die Interessen seiner Machteliten und auf Deutschlands Rolle im Vorfeld des Ersten Weltkriegs ein historisches Argument, das auf die Gegenwart zielt. Das Kaiserreich werde in ein schlechtes Licht gerückt, als autoritär und aggressiv charakterisiert, ihm werde noch hundert Jahre später die Kriegsschuld zugeschoben, um das Deutschland der Gegenwart davon abzuhalten, eine selbstbewusste, autonome Außenpolitik und seine legitimen Interessen in der Welt zu vertreten. Auch in dieser Perspektive gewinnen der Versailler Vertrag und die Versailler Ordnung Gegenwartsbedeutung. Analytisch freilich führt es kaum weiter, den Versailler Vertrag als falschen Frieden zu bezeichnen und ihn ausschließlich in ein Narrativ der Eindämmung und Kontrolle Deutschlands zu integrieren, das über die Jahrzehnte nach dem Zweiten Weltkrieg bis ins 21. Jahrhundert reicht. Das wird der Komplexität des Friedensschlusses und seinen unterschiedlichen Dimensionen nicht gerecht.

Erster Weltkrieg und Versailler Frieden sind untrennbar miteinander verbunden. Das gilt nicht nur für Deutschland und den Versailler Vertrag, sondern für die Pariser Friedenskonferenz und die neue Weltordnung, die sie zu schaffen versuchte, insgesamt. Aus den Erfahrungen des Krieges speiste sich der Frieden von 1919, speisten sich die Bestimmungen der Pariser Vorortverträge, speiste sich aber auch die Wahrnehmung dieser Bestimmungen überall in Europa und weit darüber hinaus. Vor diesem Hintergrund kommen unweigerlich Zweifel auf, ob ein Frieden der Versöhnung und Verständigung überhaupt möglich gewesen wäre. Mehr als vier Jahre lang hatte ein technisch-industrieller Krieg, wie ihn die Menschheit bis dahin nicht erlebt hatte, ganze Gesellschaften erfasst, sie mit Massentöten und Massensterben konfrontiert und unermesslichem Leid ausgesetzt. Über 20 Millionen Tote forderte der Krieg, Soldaten und Zivilisten. Konnte vor solchem Hintergrund das Kriegsende die Stunde der Versöhnung und des Ausgleichs sein? Konnte man in dieser Stunde von den Siegern Mäßigung und Zurückhaltung erwarten und von den Verlierern eine Anerkennung ihrer alleinigen Schuld?[16] Und hätte eine solche Anerkennung von Schuld oder Verantwortung zu einem anderen Frieden geführt, zu einem Frieden insbesondere, zu dem Frankreich bereit gewesen und der in Deutschland akzeptiert worden wäre?

Nicht nur die französischen »gueules cassées« lassen daran zweifeln. Als im Mai 1919 die alliierten Friedensbedingungen in Deutschland bekannt wurden, da spiegelte die Reaktion von Reichsministerpräsident Philipp Scheidemann sowohl die enttäuschten Erwartungen der Deutschen als auch die ebenso verzweifelte wie trotzige Wahrnehmung des sich abzeichnenden Friedensschlusses, der den Krieg nicht beenden, sondern ihn verlängern würde. In der Weimarer Nationalversammlung rief der sozialdemokratische Regierungschef unter Zustimmung aller Fraktionen aus: »Würde dieser Vertrag wirklich unterschrieben, so wäre es nicht Deutschlands Leiche allein, die auf dem Schlachtfelde von Versailles bliebe. (...) Nicht der Krieg, sondern dieser harte, kasteiende Arbeitsfriede wird das Stahlbad für unser aufs tiefste geschwächte Volk sein! Heute sieht es fast so aus, als sei das blutige Schlachtfeld von der Nordsee bis zur Schweizer Grenze noch einmal in Versailles lebendig geworden, als kämpften Gespenster über all den Leichenhügeln noch einen letzten Kampf des Hasses und der Verzweiflung.«[17]

Von den »Traumatisierungen des Weltkrieges« hat Gerd Krumeich gesprochen, diese Traumatisierungen als eine »verflixte Ausgangsposition« für den Friedensschluss bezeichnet und zugleich beklagt, dass keine einzige Geschichte der Weimarer Republik – und das bezieht ja Versailles mit ein – wirklich vom Krieg her komme.[18] In der jüngeren Historiographie ist der Erste Weltkrieg als ein totaler Krieg charakterisiert worden, bezogen vor allem auf die totale Mobilisierung der kriegführenden Gesellschaften und auf die Kriegsdiskurse in allen Ländern, die, einschließlich einer bis dahin beispiellosen Propaganda, den Krieg ideologisierten und moralisierten. Was bedeutete das für den Friedensschluss? Ist es überhaupt möglich, nach einem totalen Krieg einen Frieden zu schließen, den Sieger und Besiegte gleichermaßen als gerecht und akzeptabel anerkennen können? Es war die Totalität des Krieges über mehr als vier Jahre hinweg – der technisch-industriellen Kriegführung genauso wie der gesellschaftlichen Mobilisierung der »Heimatfront« –, die zur Moralisierung des Friedensschlusses beitrug und die Friedensverträge, insbesondere den mit Deutschland, zu moralischen Urteilen machte. Die Moralisierung und Ideologisierung von Krieg und Kriegführung fanden im Frieden und in den Friedensverträgen ihre Fortsetzung. Deswegen gewann gerade im deutschen Fall die Frage der Kriegsschuld eine so enorme Bedeutung, und deswegen war es 1919 nicht möglich, zu vergeben und zu vergessen.

Denn wie hätte ein Frieden aussehen müssen, der nach diesem Krieg nicht nur in Deutschland, nicht nur von den Regierungen, sondern in allen am Krieg beteiligten Gesellschaften als angemessen und gerecht angesehen worden wäre? Anders als nach früheren Kriegen wirkten die Gesellschaften der kriegführenden Staaten, ihre Stimmungen und ihre Erfahrungen auf den Friedensschluss und seine Wahrnehmung und Bewertung ein. Und die handelnden Politiker waren weder willens noch in der Lage, diese gesellschaftlichen Befindlichkeiten und die öffentliche Meinung zu ignorieren. Das war mehr als hundert Jahre zuvor auf dem Wiener Kongress noch anders gewesen. 1814/15 war das besiegte Frankreich an den Verhandlungen beteiligt, und es konnte eine europäische Friedensordnung geschaffen werden, die an politischen Imperativen – Restauration, Gleichgewicht, Solidarität – ausgerichtet war und gesellschaftliche Interessen und Stimmungen nicht einzubeziehen brauchte. Davon war man hundert Jahre später weit entfernt. Der Frieden von 1919 konnte die durch den Krieg entfesselten Dynamiken nicht bändigen. Das war einer der Hauptgründe sowohl für die große und überall greifbare Unzufriedenheit mit der Versailler Ordnung als auch für ihre Instabilität. Die Dynamiken des Krieges wirkten in den Friedensschluss hinein, und zugleich vermischte sich der Friedensschluss mit all jenen Interessen, Hoffnungen und Erwartungen, die über die Beendigung des Krieges weit hinausgingen, aber dennoch von unterschiedlichen Akteuren mit dem Frieden verbunden wurden. Deren tatsächliche oder vermeintliche Nichterfüllung – man kann auch von Desillusionierung sprechen – trug zur Diskreditierung des Friedens entscheidend bei.

Von der »verwundeten Seele der französischen Nation«, die sich in Versailles an einem barocken Symbol habe erholen sollen, was ihr nicht gelungen sei, schrieb der Publizist Klaus Harpprecht 1969. Fünfzig Jahre nach dem Friedensschluss, anlässlich eines »dunklen Jubiläums«, sah er im Rückblick den Versailler Vertrag als die »Paraphierung und Ratifizierung des permanenten Unfriedens in Europa«.[19] Das war nach dem Zweiten Weltkrieg geschrieben, den, wie gesagt, in jenen Jahren nicht wenige aus dem angeblichen Versagen der Pariser Konferenz und den Bestimmungen des Versailler Vertrags und der anderen Vorortverträge erklärten.

Doch schon in den 1920er Jahren, als die Tinte unter den Friedensverträgen noch nicht getrocknet war, gab es in den Verliererstaaten wie auf Seiten der Siegermächte kaum eine Stimme, die bereit gewesen wäre, das Vertragswerk zu verteidigen. Alliierte Politiker warfen sich gegenseitig vor, für einen schlechten Frieden verantwortlich zu sein, für einen Frieden, der den einen als zu hart, den anderen als zu mild erschien. Zahllose Berater und Experten, die an der Vorbereitung der – alliierten – Verhandlungen mitgewirkt hatten und zum Teil in Paris dabei gewesen waren, empfanden Enttäuschung angesichts der Ergebnisse der Konferenz und machten aus ihrer Enttäuschung auch öffentlich kein Hehl. Aus idealistischen Plänen für eine friedliche Neugestaltung der Welt seien faule Kompromisse geworden. Für den Philosophen und Historiker Arnold Toynbee, der 1919 der britischen Delegation angehörte, war die Pariser Konferenz »eine seelenzerstörende Angelegenheit« (»a souldestroying affair«). »Man hatte uns während des Kriegs glauben gemacht, wir würden an einem Aufbauwerk mitwirken und nicht zu einer Katastrophe beitragen, und nun verpufft alles, und man erkennt, was der Krieg tatsächlich bewirkt – nichts als Zerstörung.«[20] William A. White, ein amerikanischer Journalist und Politiker, der 1919 mit Woodrow Wilson nach Paris gereist war, um über die Friedenskonferenz zu berichten, war enttäuscht und frustriert: »Wir haben so große Hoffnungen auf dieses Unternehmen gesetzt; wir haben geglaubt, Gott selbst habe uns gerufen; und nun, am Ende, müssen wir die schmutzigste Arbeit der Hölle verrichten: Menschen aushungern, Besitz von Gebieten ergreifen – oder unseren Freunden dabei helfen; wir sind dabei, wenn der Geist von Rache und Erniedrigung auch diesen Krieg mit der nicht endenden Kette von Kriegen verbindet, die zurückführt bis zu Kain (und Abel; E. C.).«[21]

Waren der Versailler Vertrag und das Versailler System von Anfang an zum Scheitern verurteilt? Waren die Pariser Vorortverträge lediglich ein Waffenstillstand, die Unterbrechung eines Krieges, der zwanzig Jahre später wieder aufflammen sollte? Machte Versailles den neuen Krieg geradezu unvermeidlich? Oder enthielten die Verträge von 1919 auch die Chance auf Frieden? Hätte aus ihnen eine stabile europäische und internationale Ordnung entstehen können? Bis heute bewegt sich die wissenschaftliche und die öffentliche Debatte nicht nur in Deutschland zwischen diesen beiden Polen der Urteilsbildung, die eindeutig und nahezu zwangsläufig durch die Entwicklungen der 1920er und vor allem der 1930er Jahre geprägt ist: durch den Untergang der Weimarer Republik, den Aufstieg und die Herrschaft des Nationalsozialismus sowie den Zweiten Weltkrieg. Es ist schwer, sich dem Sog dieser Entwicklungen zu entziehen, schwer, einen Blick auf Versailles zu richten, der sich von dieser Fixierung löst und in den Ereignissen des Jahres 1919 mehr sieht als nur eine Vorgeschichte. In diesem Buch soll das trotzdem versucht werden.

Denn 1919 waren weder der Untergang der Weimarer Republik noch der Nationalsozialismus, noch der Zweite Weltkrieg unausweichlich. Auch nach dem Ersten Weltkrieg war die Zukunft offen. Alles andere wäre ahistorisch gedacht und würde die Menschen der Zwischenkriegszeit, die freilich erst seit 1939 eine Zwischenkriegszeit war, lediglich als Erfüllungsgehilfen eines vorbestimmten Geschichtsverlaufs betrachten. 1919 ging es darum – das muss man den in Paris versammelten Vertretern der Siegermächte konzedieren –, eine stabile und friedliche internationale Ordnung zu entwerfen, die Kriege verhindern und den Rahmen für eine gewaltfreie Gestaltung internationaler Beziehungen bilden sollte; eine Ordnung zudem, die durch ihre Begründung auf dem Selbstbestimmungsrecht der Völker demokratisierend wirken sollte – und auch diese Demokratisierung sollte dem Frieden dienen.

Diesen Motiven und Absichten gerecht zu werden, darum geht es in diesem Buch. Die Pariser Konferenz von 1919 wird als eine offene historische

Situation begriffen. Deswegen wird nach den Entwicklungen und Entscheidungen der Jahre 1919/20 aus den Dynamiken des Ersten Weltkriegs heraus gefragt. Weil Kriegsverlauf und Kriegserfahrungen einerseits und Friedenserwartungen und Friedensregelungen andererseits so eng aufeinander bezogen waren, dass sie letztlich nicht voneinander zu trennen sind. Weder die handelnden Politiker des Jahres 1919 noch all die anderen Akteure, deren Wege sich in Paris kreuzten, waren frei von den Erfahrungen des Krieges. Aber diese Erfahrungen waren extrem heterogen, sie formten sich ganz unterschiedlich aus und führten jenseits eines allgemeinen Friedenswunsches zu ganz unterschiedlichen Ordnungsvorstellungen und politischen Zielsetzungen. Das erschwerte den Friedensschluss.

Die Ziele, mit denen die Mächte 1914 in den Krieg zogen, waren nicht identisch mit den Friedenszielen des Jahres 1919. Die Friedensziele sowohl der Siegermächte – der alliierten und assoziierten Mächte, die auf der Pariser Konferenz vertreten waren – als auch der Verliererstaaten hatten sich in einem Krieg herausgebildet, der im Herbst 1918 auf den Schlachtfeldern an sein Ende gelangt war, aber in den Köpfen andauerte. Aus Kriegszielen mussten nun Friedensziele werden, die nicht auf die nationale Mobilisierung gerichtet waren, sondern auf eine internationale, stabile politische Ordnung, die gleichwohl den eigenen nationalen Interessen entsprach. In allen Fällen – und eben nicht nur für die Besiegten – bedeutete das eine erhebliche und oftmals äußerst schmerzhafte Reduktion von Ansprüchen, die in den Kriegsjahren entstanden waren, mit denen die Kriegsanstrengungen und immer stärker auch die Zerstörung, das Leid und die Opfer gerechtfertigt worden waren. Zur Geschichte der Friedenskonferenz, auch zu ihrer Wirkungsgeschichte, gehört, dass lange vor ihrem Beginn Erwartungen geweckt worden waren, die nun kaum erfüllt werden konnten. Im Ringen um die neue politische Ordnung prallten zudem nicht allein die unterschiedlichen Friedensvorstellungen von Siegern und Besiegten aufeinander, vielmehr erzwangen auch die divergierenden Friedensziele der Siegermächte Kompromisse, Zugeständnisse und ein Abrücken von Maximalforderungen. Enttäuschungen waren die Folge, und auch das trug dazu bei, dass die Friedensverträge von 1919 und 1920 schon bald nach der Unterzeichnung kaum noch Befürworter hatten. Stattdessen dominierten Unzufriedenheit, Frustration und Kritik nicht nur an den Verträgen und ihren Bestimmungen, sondern auch an denen, die diese Verträge ausgehandelt hatten: der amerikanische Präsident Woodrow Wilson, der britische Premierminister David Lloyd George und der französische Ministerpräsident Georges Clemenceau, dem man vorwarf, den Krieg zwar gewonnen, den Frieden aber verloren zu haben.

Dass nationale Kriegsziele einen internationalen Frieden bestimmen und in den Friedensverträgen eins zu eins umgesetzt werden könnten, war eine Illusion, die in den Kriegsjahren in allen Kriegsgesellschaften genährt worden war. Nicht nur Politiker, Diplomaten und hohe Militärs erlagen ihr, sondern auch – verstärkt durch Presse und Propaganda – die Bevölkerungen. Diese Illusion war ein Grund dafür, dass nicht allein in Deutschland die internationale Ordnung, die auf den Verträgen beruhte, auf so geringe Akzeptanz stieß und so wenige Fürsprecher fand. Davon profitierten am Ende nicht diejenigen, die diese Ordnung zwar kritisierten, sie aber zu verbessern und zu reformieren suchten, sondern diejenigen, die sie radikal ablehnten, sie bekämpften und zu zerstören trachteten.

Enttäuscht und desillusioniert wurden aber auch jene Kräfte, die weniger auf den Krieg als vielmehr auf den Frieden und die mit dem Friedensschluss verbundene Neuordnung der Welt gesetzt hatten. Das waren vor allem die kolonialen Völker, die das Versprechen nationaler Selbstbestimmung auf sich bezogen und hofften, ja erwarteten, auf der Pariser Konferenz von imperialer, westlich-europäischer Herrschaft befreit zu werden, dieser Befreiung und dem Ziel der Selbstbestimmung zumindest näherzukommen. Zahlreiche Delegationen aus Asien und Afrika reisten 1919 nach Paris, um dieses Interesse dort vorzubringen. Sie stießen auf taube Ohren und mussten sogar erfahren, dass die imperiale Herrschaft in den Verhandlungen nicht geschwächt, sondern bestätigt und gefestigt wurde. So führte die Auflösung des Osmanischen Reiches nicht zur Unabhängigkeit der Völker des Nahen und Mittleren Ostens, sondern zu neuen Formen imperialer Abhängigkeit. Auch die ehemaligen deutschen Kolonien in Afrika wurden nicht in die Unabhängigkeit entlassen, sondern als Mandate des Völkerbunds de facto dem britischen oder dem französischen Kolonialreich zugeschlagen. Das trug in den folgenden Jahren erheblich zur Verstärkung der Spannungen zwischen imperialer Macht und indigener Bevölkerung sowie zur Intensivierung kolonialer Konflikte bei und belastete den nach 1945 einsetzenden Prozess der Dekolonialisierung nicht zuletzt durch die gewachsenen Gewaltpotentiale und eine zunehmende Gewaltbereitschaft.

»Versailles« steht in diesem Buch nicht allein für den Versailler Vertrag, also für den Frieden mit Deutschland. Es ist vielmehr eine Chiffre für einen Friedensschluss und eine internationale Ordnung, die in Bedeutung und

Wirkung räumlich weit über Deutschland und Europa und zeitlich weit über die Zwischenkriegszeit und den Zweiten Weltkrieg hinausreichten. Drei Großreiche waren am Ende des Ersten Weltkriegs zusammengebrochen: das russische Zarenreich bereits mit der Oktoberrevolution 1917, das Habsburgerreich, das sich mit dem Kriegsende 1918 auflöste, und das Osmanische Reich, das den Krieg, in dem es auf der Seite der Verlierer stand, nur um wenige Jahre, bis 1922, überdauerte. Die Pariser Konferenz sah sich also vor der Aufgabe, die Räume und die Bevölkerungen, die von diesen multinationalen Imperien zum Teil über Jahrhunderte beherrscht worden waren, territorial und politisch neu zu ordnen und in die von den Siegermächten gestaltete Nachkriegsordnung einzufügen.

An dieser gewaltigen Aufgabe sind die in Paris versammelten Mächte auch deshalb gescheitert, weil sich die komplexen Strukturen dieser Reiche, die ja nicht nur multinational waren, sondern auch multilingual und multireligiös, nicht einfach in eine neue Ordnung überführen ließen. Alle drei Großreiche hatten in ihrem Herrschaftsbereich zumindest für ein Minimum an Stabilität gesorgt, hatten nationale, ethnische, religiöse sowie kulturelle Spannungen und Konfliktpotentiale eingedämmt. Damit war es nun – gerade in Ostmittel- und Südosteuropa – vorbei, denn die in diesem Raum neu entstehenden beziehungsweise neu geschaffenen Nationalstaaten waren ganz überwiegend weder in der Lage noch politisch willens, die Ordnungs- und Ausgleichsfunktionen der aufgelösten Imperien zu übernehmen und ethnische, kulturelle oder religiöse Spannungs- und Konfliktpotentiale zu kontrollieren, im Gegenteil: Die in der Regel ungefestigten und mit schwachen Institutionen ausgestatteten Nationalstaaten verstanden sich als Repräsentanten bestimmter ethnischer oder kultureller Identitäten, was die innerstaatlichen und die zwischenstaatlichen Spannungen und Konflikte eher verschärfte als eingrenzte, geschweige denn abbaute. So kam es nach 1919 in der Zerfallszone der ehemals mächtigen Reiche – *Shatterzone of Empires*, wie es Omer Bartov und Eric D. Weitz genannt haben – zu einer Eruption der Gewalt, was sich in Kriegen, Bürgerkriegen und Pogromen äußerte.[22] Die ungezügelte Gewalt trug dazu bei, dass aus den jungen, nach 1918 errichteten Demokratien oft innerhalb weniger Jahre autoritäre Regime und Diktaturen wurden, die ihre Herrschaft auf Gewalt und Repression stützten. Die Staatlichkeit, die unter solchen Bedingungen gedieh, blieb prekär und räumlich begrenzt, und es entstanden staatsferne, zum Teil sogar staatsfreie Räume, in denen die Gewalt nicht mehr zu zügeln war. In diesen »Bloodlands«, wie sie der amerikanische

Historiker Timothy Snyder genannt hat, kam es schließlich zum Völkermord; hier verbanden sich seit den 1930er Jahren die Gewaltexzesse mit der von der stalinistischen Sowjetunion und dem nationalsozialistischen Deutschland ausgeübten genozidalen Gewalt.[23]

Der Untergang der drei großen Reiche löste keines der Ordnungsprobleme Ostmittel- und Südosteuropas, sondern verschärfte die vorhandenen Konflikte und fügte ihnen neue hinzu. Die Minderheitenproblematik wurde durch die Idee des ethnisch reinen Nationalstaats, die den Staatsgründungen in diesem Raum weithin zugrunde lag, nun noch in ganz anderer Weise virulent als vor 1914. Denn die auf das Selbstbestimmungsrecht der Völker gegründete Nationalisierung der Staatenwelt unmittelbar nach dem Ende des Weltkriegs löste eine Reihe von Kriegen aus, in denen es um die Festigung und den Ausbau der neuen Nationalstaatlichkeit ging, um Fragen der Grenzziehung und der territorialen Ausdehnung. Fast keiner der Staaten Ostmittel- und Südosteuropas – allen voran Polen, Ungarn und Griechenland – akzeptierte die in Paris weitgehend ohne ihre Vertreter von den Großmächten festgelegte territoriale Ordnung. Fast könnte man wie für die Frühe Neuzeit von Staatsbildungskriegen sprechen.[24] So ging vor allem in diesem Teil Europas – wenngleich man den Kampf um die irische Unabhängigkeit nicht unterschlagen sollte – der Krieg nicht nur in den Köpfen weiter, sondern auch auf den Schlachtfeldern. Nicht wenige Beobachter hatten das schon 1919 befürchtet. Lord Robert Cecil, Angehöriger der britischen Delegation in Paris und einer der Vordenker des Völkerbunds, warnte davor, an »die Nationalität zu glauben, als wäre sie eine Religion«. Er war nicht der Ansicht, »dass ein auf bloße Nationalität gegründeter europäischer Frieden ohne weitere Regelungen wünschenswert oder sogar in jeder Hinsicht vorteilhaft wäre«.[25]

Bezugnehmend auf das Diktum von Tomáš Masaryk, des ersten Staatspräsidenten der 1918 gegründeten Tschechoslowakei, der Erste Weltkrieg habe Europa in ein »Laboratorium über einem riesigen Friedhof« verwandelt, hat der amerikanische Historiker Mark Mazower die Jahre nach dem Kollaps der alten europäischen Ordnung als eine Zeit ausgedehnter innenpolitischer und außenpolitischer Experimente bezeichnet.[26] Für politische – innen- wie außenpolitische – Stabilität war das keine gute Voraussetzung. Dass Demokratisierung und Nationalisierung den Frieden in Europa und der Welt sicherer machen würden, war eine der großen Illusionen von 1919. Nüchtern aus der Retrospektive betrachtet war eher das Gegenteil der Fall. Auf prekären Staaten lässt sich keine stabile internationale Ordnung gründen. Das zeigt auch die Welt der Gegenwart. An der Herausforderung, nationale Selbstbestimmung und regionale Stabilität zu vereinbaren, sind die Siegermächte nach 1919 gescheitert. Sie sind daran auch gescheitert, weil sie in Paris – anders als eine deklaratorische Politik glauben machen wollte – nicht abstrakten Prinzipien wie Nation oder Demokratie zur Durchsetzung verhelfen und eine darauf beruhende neue Weltordnung errichten wollten, sondern weil sie konkreten geostrategischen Interessen und politischen Zielsetzungen folgten. Bestimmend waren dabei mit Blick auf die europäische Nachkriegsordnung der Primat der Sicherheit vor Deutschland, der nicht nur die französische Politik leitete, aber auch der Wunsch, das revolutionäre Russland einzudämmen. Vor diesem Hintergrund war es aus westlicher Sicht zweitrangig, ob Polen und andere Staaten, die ein Bollwerk gegen den revolutionären Bolschewismus bilden sollten, demokratisch oder autoritär verfasst waren.

Die internationale Ordnung, die in Paris 1919 Gestalt annahm, war von den Machtinteressen der Siegermächte bestimmt. Das hatte Folgen weit über Europa hinaus und trug zur Entstehung von Spannungen und globalen Krisenherden bei, die auch hundert Jahre nach der Pariser Konferenz nicht beseitigt sind. Nicht wenige der regionalen Konflikte, die die internationale Politik im beginnenden 21. Jahrhundert beschäftigen, reichen zurück bis in die Jahre der Pariser Verhandlungen und lassen sich – direkt oder indirekt – mit den damals getroffenen Entscheidungen der Großmächte in Verbindung bringen. Dazu zählen etwa die Kriege und Bürgerkriege im ehemaligen Jugoslawien, die nach dem Fall des Eisernen Vorhangs mit brutaler, zum Teil genozidaler Gewalt geführt wurden. Mit Jugoslawien zerfiel nach 1990 ein Staat, der Ende 1918 schon als Königreich der Serben, Kroaten und Slowenen gegründet worden war, in Paris aber offiziell als Staat der Südslawen anerkannt wurde. Auch Bosnier und Montenegriner gehörten zu diesem Staatsverband, der von Anfang an nicht nur durch den serbischen Dominanzanspruch belastet war, sondern überdies von Konflikten zwischen Christen und Muslimen; zwischen katholischen und orthodoxen Christen; zwischen dem schon seit 1878 unabhängigen Serbien und Montenegro und jenen Landesteilen, die bis zum Ersten Weltkrieg zu Österreich-Ungarn oder zum Osmanischen Reich gehörten; zwischen Gebieten, die zum Teil vor Jahrhunderten zum Habsburgerreich gelangt, und jenen, die von Konstantinopel aus beherrscht worden waren. Die Bürger Jugoslawiens hatten im Krieg auf verschiedenen Seiten gestanden und gekämpft, und so waren das Misstrauen und die unterschiedlichen politischen Affinitäten groß. Das zeigte sich in der

Zeit des Zweiten Weltkriegs. Nach 1945 hielt nur die autoritäre kommunistische Herrschaft Titos den föderativen Staat zusammen, seit seinem Tod 1980 verstärkten sich die Spannungen zwischen den Teilrepubliken, und nach dem Ende des Kalten Krieges führten die Dynamiken der Renationalisierung zur Auflösung der Republik und den mit ihr verbundenen Zerfallskriegen.

Auch der Nahostkonflikt, in dessen Zentrum die Anerkennung des Staates Israel und die Suche nach einer politischen Ordnung stehen, die israelischen und arabischen Interessen gerecht wird, reicht bis in die Schlussphase des Ersten Weltkriegs und die Zeit der Pariser Konferenz zurück. Zwar wurde der Staat Israel erst 1948 gegründet, doch war die Frage eines jüdischen Staates in Palästina spätestens seit der Balfour-Deklaration von 1917 ein Thema der internationalen Politik, so dass die Neuordnung des Nahen und Mittleren Ostens nach dem Ende der osmanischen Herrschaft auch aus dieser Perspektive betrachtet wurde. Entgegen den Versprechungen und Zusagen aus den Kriegsjahren, als Großbritannien den arabischen Nationalismus und das arabische Unabhängigkeitsstreben in der Auseinandersetzung mit dem Osmanischen Reich mobilisierte, brachte die Pariser Konferenz den Arabern nicht die ersehnte Unabhängigkeit, sondern über das Mandatssystem des Völkerbunds eine zumindest indirekte Integration in das britische – und französische – Kolonialreich. Zugleich bestätigten der Friedensvertrag von Sèvres mit der Türkei und die Mandatsbestimmungen des Völkerbunds für Palästina die Balfour-Deklaration, wodurch die Aussicht auf einen jüdischen Staat und die verweigerte arabische Unabhängigkeit in einen Wahrnehmungs- und Wirkungszusammenhang gebracht wurden, der eine Anerkennung des Staates Israel von arabischer Seite nach dem Zweiten Weltkrieg ausschloss und zur Verschärfung des arabisch-israelischen Konflikts entscheidend beitrug. Im Neo-Osmanismus der Gegenwart wiederum begegnen uns türkische Hegemonialambitionen, die sich nicht nur auf den Nahen und Mittleren Osten beziehen, sondern bis ins ehemals sowjetische Zentralasien reichen. Darüber hinaus hat die gegenwärtige Erinnerung an die osmanisch-imperiale Vergangenheit in der heutigen Türkei eine innenpolitische und gesellschaftsstabilisierende Funktion.

Bei der Auflösung des Osmanischen Reiches offenbarte sich über den Nahen und Mittleren Osten hinaus eine tiefe Spannung zwischen dem Prinzip nationaler Selbstbestimmung und den Realitäten imperialer Herrschaft. 1919 bedeutete eben nicht das Ende imperialer Beherrschung, denn die – kolonialen – Imperien der Sieger blieben erhalten und erreichten erst durch die

Friedensverträge und das Mandatssystem des Völkerbunds ihre größte Ausdehnung. Die internationale Ordnung, deren Grundlage in Paris geschaffen wurde, war alles andere als antiimperial. Das wird auch durch die Auflösung des deutschen Kolonialreichs bestätigt, dessen Territorien, ob in Afrika oder im asiatisch-pazifischen Raum, keine staatliche Unabhängigkeit erlangten, sondern entweder als Mandatsgebiete de facto dem britischen oder französischen Imperium zufielen oder unter die Kontrolle britischer Dominions wie Australien und Neuseeland kamen. In Ostasien profitierte das imperiale Japan von der Aufteilung des deutschen Kolonialreichs, da es zumindest für einige Jahre die Herrschaft über die auf dem chinesischen Festland gelegene ehemals deutsche Kolonie Kiautschou ausübte. Nicht nur in China erhoben sich daraufhin Proteste gegen die Verlängerung dieser kolonialen Strukturen.

Dass die Pariser Konferenz das System imperialer Herrschaft bestätigte, ja ausbaute, stärkte die antikolonialen Unabhängigkeitsbewegungen, die von den Pariser Entscheidungen bitter enttäuscht wurden, aber aus dieser Enttäuschung neue Kraft schöpften und sich nun erst recht in ihren Zielen und der Legitimität ihres Handelns bestätigt sahen. Antikolonialismus und Antiimperialismus erstarkten vor diesem Hintergrund und reichten bald tief in die kolonialen Metropolgesellschaften hinein. Damit wurde der koloniale Imperialismus im Moment seiner größten Ausdehnung massiver in Frage gestellt als jemals zuvor. Die Unabhängigkeitsbewegungen des globalen Südens, die sich im Umfeld und in der Folge der Pariser Konferenz formierten, trugen dazu bei, dass die Dekolonialisierung seit 1919 nicht mehr von der weltpolitischen Tagesordnung verschwand. Nicht wenige ihrer Führungsfiguren zur Zeit der Pariser Konferenz begegnen uns nach dem Zweiten Weltkrieg wieder, als die letzte Stunde der europäischen Kolonialreiche endgültig geschlagen hatte.

Ohne Zweifel war die Pariser Friedenskonferenz ein globales Ereignis. Sie hatte einen globalen Ordnungsanspruch und globale, bis in die Gegenwart reichende Wirkungen. Aus diesem globalen Ordnungsanspruch und getragen von der Vorstellung kollektiver Sicherheit entstand auch der Völkerbund, dessen Errichtung in Paris vor allem die Vereinigten Staaten und ihr Präsident Woodrow Wilson oberste Priorität beimaßen. Der Völkerbund, über den Historiker bis vor wenigen Jahren kein gutes Urteil gesprochen haben, war der Versuch, die angestrebte multilaterale globale Ordnung institutionell zu rahmen und zu stabilisieren. Die Völkerbundssatzung, im April 1919 verabschiedet, wurde in die Pariser Vorortverträge – auch in den Versailler Vertrag –

integriert. Doch erlangte der Völkerbund in den folgenden Jahren nur begrenzten Einfluss, denn die USA traten ihm nicht bei, und die Verliererstaaten des Weltkriegs sowie das bolschewistische Russland blieben zunächst ausgeschlossen. Der Zerstörung der Versailler Ordnung in den 1930er Jahren insbesondere durch das nationalsozialistische Deutschland, das faschistische Italien und das expansionistische Japan hatte die dort versammelte Völkergemeinschaft nichts entgegenzusetzen. Schon vor dem Zweiten Weltkrieg, den er nicht verhindern konnte, versank der Völkerbund in Bedeutungslosigkeit. Offiziell aufgelöst wurde die Genfer Organisation 1946, als in San Francisco bereits die Vereinten Nationen gegründet waren, der nächste Versuch einer internationalen Staatenorganisation, bei deren Gründung man aus den Fehlern von 1919 Lehren zu ziehen versuchte.

Der Völkerbund entsprang auch dem Wunsch, die internationale Staatengemeinschaft als Rechtsgemeinschaft zu organisieren und Frieden durch Recht zu schaffen.[27] Er setzte damit die Verrechtlichung der internationalen Beziehungen fort, die schon früher eingesetzt hatte, seit dem 19. Jahrhundert aber immer wieder mit der Idee autonomer nationaler Machtstaatlichkeit kollidiert war, für die völkerrechtliche Normen eine Einschränkung nationaler Souveränität bedeuteten. Die internationale Ordnung der Zwischenkriegszeit blieb in diesem Gegensatz gefangen. Die jungen Nationalstaaten im östlichen Europa ebenso wie die alten im Westen zeigten nur wenig Bereitschaft, ihre nationale Souveränität durch eine internationale Institution wie den Völkerbund relativiert oder durch völkerrechtliche Normen begrenzt zu sehen. Das waren höchst ungünstige Voraussetzungen für den Völkerbund.

In den Pariser Vorortverträgen unternahmen die alliierten Siegermächte erstmals den Versuch, Kriegsverbrechen zu verfolgen. Normen des humanitären Völkerrechts hatten sich bereits seit dem 19. Jahrhundert entwickelt, aber die Frage blieb, ob und wie Normverstöße international geahndet werden konnten. Für den internationalen Bedeutungsgewinn des Völkerstrafrechts – so wie es uns heute normativ im Römischen Statut von 1998 und institutionell im 2002 errichteten Internationalen Strafgerichtshof in Den Haag begegnet – waren die Pariser Friedenskonferenz und ihre Verträge Meilensteine. Die Vorortverträge orientierten sich nicht mehr an der in Europa jahrhundertelang üblichen Amnestiepraxis, die in Friedensverträgen bis weit ins 19. Jahrhundert hinein mit der »Vergessensklausel« *(oblivio perpetua et amnestia)* gekoppelt war. An eine solche Praxis war im Zeitalter des »totaler« werdenden Krieges mit seiner Massenpropaganda und Massenmobilisierung nicht mehr zu denken. Aus der während des Krieges in allen kriegführenden Staaten betriebenen öffentlichen Kriminalisierung des Gegners ergab sich nahezu zwangsläufig der Anspruch, den – unterlegenen – Gegner auch strafrechtlich zur Verantwortung zu ziehen. Vor diesem Hintergrund gewann die Frage nach der Verantwortung für den Krieg, ein Thema seit 1914, noch stärker an Bedeutung. Sie wurde zunächst moralisiert, nicht zuletzt in der Denkfigur der Kriegsschuld, dann auch kriminalisiert. In der Konsequenz sollten die führenden politischen und militärischen Vertreter Deutschlands, bei dem man die Kriegsschuld sah, aber auch die Verantwortung für die Verletzung der belgischen Neutralität (»rape of Belgium«) und die Kriegsgräuel (»German atrocities«) in Belgien und Nordfrankreich, strafrechtlich – völkerstrafrechtlich würde man heute sagen – verfolgt und zur Rechenschaft gezogen werden.

Es lag in der Konsequenz dieses Denkens, dass sich die Siegermächte in Paris gleichsetzten mit »praktisch der gesamten zivilisierten Menschheit« (»practically the whole civilized mankind«) und das Deutsche Reich als einen »verbrecherischen Staat« (»criminal state«) bezeichneten. Den Friedensvertrag betrachteten sie auch als ein Urteil (»judgement«) über Deutschland, das in ihren Augen nicht nur für bestimmte Kriegsverbrechen zur Verantwortung gezogen werden musste, sondern für den Krieg insgesamt, das »größte Verbrechen gegen die Menschheit und gegen die Freiheit der Völker« (»the greatest crime against humanity and the freedom of peoples«). Auf dieser Basis sollten deutsche Soldaten für von ihnen begangene oder verantwortete Kriegsverbrechen zur Rechenschaft gezogen werden, vor allem aber sollte Kaiser Wilhelm II., ihr Oberster Kriegsherr, als Kriegsverbrecher vor ein alliiertes Tribunal gestellt werden. So sah es Artikel 227 des Versailler Vertrags vor. Zwar kam es nicht dazu, schon weil es den Siegermächten an Geschlossenheit fehlte, doch gibt es eine Verbindung zwischen den Strafbestimmungen im Versailler Vertrag, den völkerstrafrechtlichen Entwicklungen nach dem Zweiten Weltkrieg – insbesondere den Prozessen von Nürnberg und Tokio – und der weiteren Ausformung des internationalen Strafrechts seither. Umstritten ist freilich bis heute die Frage, ob die Feststellung strafrechtlicher Schuld und der Verzicht auf die Amnestie von Kriegsverbrechern nicht im Widerspruch stehen zu den Zielen einvernehmlicher Kriegsbeendigung und eines stabilen Friedens. Auch das rückt die Pariser Konferenz und den Versailler Vertrag in eine aktuelle Perspektive. Der Internationale Strafgerichtshof in Den Haag steht so betrachtet in einer Entwicklungslinie, die 1919 beginnt, während in einer ganzen Reihe jüngerer Friedensabkommen, beispielsweise in den

Abkommen von Camp David (1978), Dayton (1995) oder Rambouillet (1999), Schuldfragen ausgeklammert sind.[28]

Kein Land war 1919 so sehr an der Schaffung internationaler Strukturen und Institutionen interessiert wie die Vereinigten Staaten von Amerika. In der Geschichte des »American Century«, das sich derzeit seinem Ende zuzuneigen scheint, war Paris 1919 ein erster Höhepunkt. Nicht nur mit dem Eintritt in den Ersten Weltkrieg 1917, sondern mindestens ebenso sehr mit der Teilnahme an der Friedenskonferenz machten die USA unter ihrem Präsidenten Wilson deutlich, dass sie sich als globale Macht verstanden, dass sie beanspruchten, auf die Neuordnung der Welt bestimmenden Einfluss zu nehmen und diese Neuordnung institutionell und politisch zu garantieren. Dass Wilsons Pläne am Widerstand des amerikanischen Kongresses gegen eine Politik des Internationalismus scheiterten, dass die USA weder dem Völkerbund, dem 1919 die höchste Priorität des Präsidenten galt, beitraten noch die Pariser Friedensverträge unterzeichneten, ändert an diesem Befund nichts. Die USA waren eine globale Macht, und so wurden sie auch wahrgenommen. Viele Beobachter, unter ihnen Carl Schmitt, der sich seit den 1920er Jahren mit dem Versailler System beschäftigte, vertraten die Ansicht, dass die USA in Europa zwar formal und ostentativ abwesend, mittelbar jedoch effektiv und überaus intensiv anwesend gewesen seien.[29] Was bedeutete das? Die Vereinigten Staaten standen spätestens seit 1919 für eine neue Form der Hegemonie. Sie lösten nicht einfach Großbritannien als dominierende Weltmacht ab, sondern wurden auf der Grundlage ihres finanziellen Gewichts, ihrer wirtschaftlichen Stärke, aber auch angesichts ihrer »soft power«, ihrer kulturellen Strahlkraft, zu einer Supermacht neuen Typs. Der Erste Weltkrieg hatte darüber hinaus das militärische Potential der USA erkennbar werden lassen. Aus der ökonomischen Dynamik und der politischen Macht dieses mächtigen Landes speisten sich auch die kulturelle Attraktivität und die moralische Autorität Amerikas.

Woodrow Wilson als Präsident der neuen Weltmacht war ohne Zweifel die dominierende Persönlichkeit der Pariser Konferenz. Aber trugen die Friedensverträge deshalb auch seine, eine amerikanische Handschrift? Das wird man bezweifeln können. Und dennoch war die Friedensordnung nach 1919 eine Pax Americana, weil sie als Weltwirtschafts- und Weltfinanzordnung ganz entscheidend von den Interessen Washingtons geprägt war, dessen Wirtschafts- und Finanzpolitik nicht isolationistisch, sondern internationalistisch war, ökonomisch internationalistisch. Der amerikanische Nationalismus, den Wilson repräsentierte, formte sich im Anspruch auf amerikanische Weltgeltung internationalistisch aus. Nationalismus und Internationalismus widersprachen sich nicht, sondern waren politisch miteinander verflochten. Den Einfluss der USA schmälerte das nicht, er wuchs vielmehr – auch wenn sich das Land dagegen sträubte, seine internationale Führungsrolle anzunehmen –,[30] und die kulturelle Wirkungsmacht Amerikas nahm weiter zu. Erst nach 1929, in den Strudeln der Weltwirtschaftskrise, änderte sich das. Denn nun erst begann der Rückzug der USA auf sich selbst. Als kulturelles Modell – Vorbild und Schreckbild – wirkten sie dennoch global weiter. Nach 1945 schlug dann noch einmal – und noch deutlicher als nach 1919 – die Stunde eines liberal-kapitalistischen Internationalismus mit globalem Anspruch unter amerikanischer Führung. Dieser bestimmte die Entwicklung der westlichen Welt in den Jahrzehnten des Kalten Krieges, aus dem weniger der Westen insgesamt als vielmehr die USA 1990 als Sieger hervorgingen. Ungleich stärker als 1945 befanden sich die Vereinigten Staaten als einzig verbliebene Weltmacht mit ihrem politischen Gewicht, ihrer ökonomischen Stärke, ihrer kulturellen Kraft und ihrer enormen militärischen Macht während der Jahrzehnte nach 1945 in einer Situation, die derjenigen nach 1918 ähnelte. Von einer neuen Weltordnung unter amerikanischer Führung war nach 1990 nicht nur in den USA die Rede. Machtpotential und Dominanzanspruch der USA lassen die Situationen nach dem Ersten Weltkrieg und nach dem Ende des Kalten Krieges vergleichbar erscheinen.

Heute spricht kaum noch jemand von einem – neuen – »American Century«. Stattdessen formt sich eine multipolare Ordnung, und wir erleben den Aufstieg Chinas zu einer globalen Macht. Zudem setzte mit der Präsidentschaft Donald Trumps eine zumindest temporäre Abkehr der USA von ihrem Internationalismus ein, eine Politik der Renationalisierung und des Rückzugs auf sich selbst. Dazu gehört über einen neuen Protektionismus hinaus die Abwendung von einem regelbasierten Multilateralismus, ja dessen bewusste Zerstörung. Das lenkt den Blick zurück auf die 1920er und vor allem die 1930er Jahre, auf die Dynamiken eines internationalen Systems, das ausschließlich auf nationalen Eigeninteressen und deren Durchsetzung beruhte. Was waren die Voraussetzungen der sich nach 1918 entfaltenden amerikanischen Hegemonie, was ihre Bedingungen? Gibt es Hegemonie unter den Bedingungen von Isolationismus? Der amerikanische Isolationismus seit 1929 basierte auf der ökonomischen Stärke der USA und auf der ungebrochenen Anziehungskraft ihres liberal-kapitalistischen Gesellschaftsmodells, das in den folgenden Jahren und Jahrzehnten seine Überlegenheit über alternative Modelle bewies. Das Modell des Faschismus beziehungsweise Nationalsozialismus diskreditierte sich selbst und konnte spätestens 1945 als überwunden gelten. Der Kommunismus sowjetischer Prägung überdauerte zwar das Jahr 1945, konnte sich aber in der Systemauseinandersetzung des Kalten Kriegs nicht behaupten. Auch aus dieser Perspektive lohnt – gleichsam vom Ende des »amerikanischen Jahrhunderts« – der Blick zurück auf die Zeit nach dem Ersten Weltkrieg, als dieses Jahrhundert zwar nicht begann, aber in seine formative Phase eintrat.

Im Jahr 1937 – aus der Nachkriegszeit war längst wieder eine Vorkriegszeit geworden – erhielt der Streifen *La Grande Illusion (Die große Illusion)* auf dem Filmfestival von Venedig den Preis für die beste künstlerische Gesamtleistung. Der Film des französischen Regisseurs Jean Renoir, Sohn des Malers Auguste Renoir, spielt im Ersten Weltkrieg und erzählt die Geschichte des Ausbruchs zweier französischer Soldaten aus deutscher Kriegsgefangenschaft. In dem pazifistischen Werk werden die Gewalterfahrung und der nationale Hass des Krieges dargestellt, und dies ohne eine einzige Schlachtfeldszene. Zugleich zeichnet er in dem Gefangenenlager eine kleine Welt des Friedens und des europäischen Miteinanders. Nicht wenige Interpreten meinen, in dem Film die Geschichte Europas und ganz besonders der deutsch-französischen Beziehungen zu erkennen, eine Geschichte zwischen dem Traum von Gemeinschaft und Versöhnung und dem Alptraum von Krieg und Gewalt. Mitten im Krieg verbindet die Protagonisten des Films die Hoffnung auf Frieden und auf eine Überwindung nationaler Gegensätze. War das – erst recht aus der Perspektive des Jahres 1937 – die große Illusion, die dem Film, der in Deutschland verboten wurde, den Titel gab? Diesen Titel entlieh Jean Renoir vermutlich dem 1910 veröffentlichten Buch *The Great Illusion* des englischen Publizisten Norman Angell, der für sein Werk 1933 den Friedensnobelpreis erhielt.

Angell, der nach dem Ersten Weltkrieg als Abgeordneter der Labour Party im britischen Unterhaus saß, glaubte nicht daran, dass Rüstung und Krieg zur Steigerung des – nationalen – Wohlstands beitragen würden, sondern betrachtete den Krieg in Zeiten einer immer stärkeren Verflechtung der nationalen Volkswirtschaften als ökonomisch kontraproduktiv. Gegen den sozialdarwinistischen Zeitgeist vertrat er den Standpunkt, »dass die kriegerischen Völker nicht zur Weltherrschaft berufen sind, dass der Krieg das Überleben des Geeignetsten oder Tapferen nicht bewirkt, dass der Kampf unter den Völkern keinen Bestandteil des Entwicklungsgesetzes des menschlichen Fortschritts bildet«. Angell träumte »vom Schwinden der Rivalität unter den Staaten«.[31] Von Angells Buch wurden mehr als zwei Millionen Exemplare verkauft, und es wurde in 25 Sprachen übersetzt. In Deutschland erschien es 1910 unter dem Titel *Die große Täuschung* und im folgenden Jahr in einer weiteren Übersetzung unter dem Titel *Die falsche Rechnung. Was bringt der Krieg ein?*.[32]

Die globale wirtschaftliche Verflechtung hat den Ersten Weltkrieg nicht verhindert, vielmehr hat der Krieg der ersten Phase der Globalisierung ein Ende gesetzt. Dass ein allgemeiner Krieg zwischen den europäischen Mächten undenkbar sei, hat sechzig Jahre nach Norman Angell der amerikanische Historiker Oron Hale in einem Buch, das Angells Titel aufnahm, als die »große Illusion« der Zeit vor dem Ersten Weltkrieg bezeichnet.[33] Nationale Machtstaatsambitionen siegten über internationales Wirtschafts- und Handelswachstum und die damit verbundenen Prosperitätsaussichten – für jede einzelne Volkswirtschaft, aber auch für alle zusammen. Woodrow Wilson wollte zurück zu einer globalen Verflechtung, die allen Chancen bot, als er am 8. Januar 1918 vor beiden Häusern des amerikanischen Kongresses seine Vierzehn Punkte vorstellte. In diesen formulierte der Präsident nicht nur die Kriegsziele der Vereinigten Staaten, die am 6. April 1917 in den Krieg eingetreten waren, sondern entwickelte auch die Grundzüge einer neuen Weltordnung, in der – unter amerikanischer Führung und stabilisiert durch ein Netzwerk internationaler Institutionen – weitere Kriege ausgeschlossen sein sollten. Ganz entscheidend war dabei nach seiner Ansicht die immer engere und intensivere wirtschaftliche Verflechtung der Staaten. Insbesondere in Europa sollten die nationalen Volkswirtschaften stärker als je zuvor miteinander verbunden werden, damit Wirtschaftswachstum und Wohlstand gesteigert und Kriege künftig verhindert wurden. Dass von stabilen und miteinander verflochtenen europäischen Märkten auch die USA profitieren würden, gehörte bei der Vorstellung der Vierzehn Punkte zu den unausgesprochenen Grundannahmen Wilsons und seines liberalen Internationalismus.

Ganz im Sinne von Norman Angell, der die Annahme, Kriege würden irgendeiner Seite einen Vorteil bringen, auch rechnerisch für falsch hielt, für eine Illusion und damit für eine Täuschung, hat fast hundert Jahre später der britische Historiker Niall Ferguson in seinem Buch über den Ersten Weltkrieg von einem »falschen Krieg« gesprochen und insbesondere im Hinblick auf die britische Politik und Kriegführung von einem »Krieg der

Illusionen«.³⁴ Wie Angell stützte sich Ferguson nicht auf Argumente eines moralisch begründeten Pazifismus, von dem sich Angell expressis verbis distanzierte, sondern auf Kategorien wie nationales Interesse und ökonomischer Nutzen. Im ersten Satz der deutschen Ausgabe von Angells *The Great Illusion* liest man, sein Buch sei eine »Studie über Realpolitik«.³⁵ Und Ferguson argumentiert – anders als Angell freilich in der Retrospektive: Wäre der Erste Weltkrieg nicht ausgefochten worden, dann wäre die Konsequenz »schlimmstenfalls so etwas wie ein erster kalter Krieg« gewesen, in dem die Großmächte weiterhin große Streitkräfte unterhalten hätten, ohne jedoch ihr eigenes nachhaltiges ökonomisches Wachstum zu gefährden.³⁶

Illusionen indes sind mehr als Täuschungen, mehr als falsche Rechnungen. Illusionen sind auch Vorstellungen – Vorstellungen, die sich zwar nicht realisieren lassen, die aber dennoch handlungsbestimmend sein können; Illusionen sind Hoffnungen – Hoffnungen, die sich zerschlagen, aber dennoch eine historische Bedeutung haben; Illusionen sind Erwartungen – Erwartungen, die sich am Ende nicht erfüllen, aber gleichwohl historisch wirksam sind. Darum hat Fritz Fischer 1969 seinem Buch über die deutsche Politik vor 1914 den Titel *Krieg der Illusionen* gegeben. Illusionen, das sind bei ihm die Vorstellungen der deutschen Eliten, durch einen Krieg nicht nur zur Weltmacht zu werden – das war das wilhelminische Deutschland längst –, sondern im Kampf mit England die Weltherrschaft zu erlangen und dadurch zugleich das Kaiserreich in eine autoritäre Militärmonarchie zu transformieren.³⁷ Von einer großen Illusion hat fast fünf Jahrzehnte nach Fischer auch der französische Historiker Georges Soutou mit Blick auf die französischen Kriegs- und Friedensziele gesprochen.³⁸ Als Vorstellungen, Hoffnungen und Erwartungen sind Illusionen immer auf die Zukunft gerichtet, gespeist nicht zuletzt von der Überzeugung, der Mensch könne diese selbst gestalten, ja er könne eine bessere Zukunft schaffen. Auch wenn man diese Hoffnungen und Erwartungen als Illusionen betrachtet, sind solche Illusionen doch mächtige Triebkräfte menschlichen Handelns und wirken auf die Wirklichkeit ein, und selbst die Desillusionierung, die Ent-Täuschung, erzeugt neue Wirklichkeit.

Paris war im Jahr 1919 der Ort einer großen Illusion. Es war die Illusion, nach viereinhalb Jahren eines schrecklichen Krieges, in dem Millionen Menschen ihr Leben gelassen hatten und der weitere Millionen verwundet an Leib und Seele zurückließ, endlich Frieden schaffen zu können, dauerhaften Frieden. Warum blieb das eine Illusion? Warum gelang es in Paris nicht, aus Hass, Gewalt und Zerstörung Versöhnung und Frieden zu schaffen?

Eine erste Antwort liegt in der Erfahrung des Krieges selbst. Es war das eine, aus den Grauen des Krieges abstrakt und theoretisch den Imperativ des Friedens zu entwickeln. Kriegsmüdigkeit, Erschöpfung und unermessliches Leid ließen die Menschen, Soldaten wie Zivilisten, je länger der Krieg dauerte, desto stärker sein Ende herbeisehnen. Aber es war etwas anderes, auf diesen Erfahrungen und Sehnsüchten einen Frieden zu errichten, der mehr war als ein Waffenstillstand, mehr als ein Ende der Kampfhandlungen. Wie sollte angesichts dieser Dimensionen von Gewalt und Leid echte Versöhnung möglich sein? Wie sollte man aus dem Krieg herauskommen, nicht nur die Waffen zum Schweigen bringen, sondern den mentalen Kriegszustand beenden? Solche Frageperspektiven weisen weit über 1918/19 hinaus und zielen letztlich auf das universalhistorische Problem des Übergangs vom Krieg zum Frieden.[39] Diese Frage stellte sich nicht nur, aber doch in ganz besonderer Weise für Frankreich und Deutschland, für Franzosen und Deutsche.

Die »gueules cassées« im Spiegelsaal von Versailles, sie standen nicht für Versöhnung. Sie sollten es nicht und sie konnten es auch nicht. In den nationalen Gesellschaften, in denen über Jahre hinweg systematisch der Hass auf den Kriegsgegner geschürt worden war, bei den Mittelmächten ebenso wie auf Seiten der Entente, blieb Versöhnung noch über viele Jahre eine Illusion. Nicht die Stunde der Versöhnung war 1918 gekommen, sondern die Stunde der Rache, nach der die aufgepeitschten Öffentlichkeiten in den Siegerstaaten nun verlangten. Und die Besiegten? Sie hätten sich, wären sie die Sieger gewesen, nicht anders verhalten. In den Forderungen der Siegerseite vermochten sie nichts anderes zu erkennen als eine Fortsetzung und Bestätigung hasserfüllter Feindschaft – Erbfeindschaft, wie es im deutsch-französischen Kontext hieß. Vom »Vernichtungsfrieden« sprach 1919 selbst der Pazifist Kurt Tucholsky und warnte vor einem neuen Krieg »nach abermals zwanzig Jahren«.[40]

Vor diesem Hintergrund sollten 1918, als sich das Ende des Krieges abzeichnete, aus Kriegszielen Friedensziele werden. Auf allen Seiten, bei Siegern und Verlierern gleichermaßen, erwuchsen aus all dem Leid der Kriegsjahre unerfüllbare Hoffnungen und Erwartungen – Illusionen. Auf diese folgten überall – nicht nur auf deutscher Seite – bald Desillusionierungen. So konnte kein Friede entstehen. Die Monate der Pariser Konferenz und der Aushandlung der Friedensverträge waren eine Zeit der Enttäuschungen. Bittere Enttäuschung bestimmte die Wahrnehmung des Friedensschlusses, dem die Verlierer Legitimität und Gerechtigkeit absprachen und der bei den Siegern mehr als nur Unzufriedenheit hervorrief. Dass Paris eine »Tragödie der Enttäuschung« werden könnte, hatte Präsident Wilson schon vor Beginn der Konferenz befürchtet.[41]

Unzufriedenheit und Enttäuschung über das in Paris Erreichte charakterisierten aber auch die Wahrnehmung der Versailler Ordnung in den 1920er und 1930er Jahren. Der Revisionismus blieb angesichts dessen nicht auf Deutschland und seine ehemaligen Verbündeten beschränkt. Der deutsche Revisionismus wurde geradezu geschürt durch die kaum verhohlene Unzufriedenheit der Alliierten und insbesondere der alliierten Experten, der Pariser Beraterstäbe, die – weit über John Maynard Keynes hinaus – den Friedensschluss kritisierten. Die Kritiker, die bald tonangebend wurden, hielten den Frieden nicht primär für zu hart oder zu mild, sondern schlicht für falsch, weil dieser Frieden den nächsten Krieg nicht verhindern, sondern ihn wahrscheinlicher, wenn nicht unausweichlich werden ließ. Bis ins späte 20. Jahrhundert spiegelt sich diese Unzufriedenheit gerade der Experten und Berater, die in vielen Fällen zu wichtigen Stichwortgebern der Historiker wurden, in der Geschichtsschreibung zu 1919. Einig war man sich in der Einschätzung, dass der Frieden von 1919 entscheidend zum Aufstieg des Nationalsozialismus und zur Entfesselung des Zweiten Weltkriegs beigetragen habe, was die einen eben darauf zurückführten, dass er zu mild, die anderen, dass er zu hart gewesen sei.

Von solchen Interpretationen hat sich die Geschichtsschreibung in jüngerer Zeit gelöst,[42] sie fragt aber weiterhin ganz überwiegend von 1933 oder 1939 her, bleibt vom Interesse an der Machtübernahme des Nationalsozialismus und dem Weg in den Zweiten Weltkrieg geleitet und gelangt aus dieser Perspektive zu ihren Urteilen über den Versailler Vertrag und die Pariser Friedensschlüsse. Diese Perspektive ist wichtig, und auch in diesem Buch kann man sich ihr nicht entziehen. Doch sie reicht allein nicht aus und muss daher um andere Sehepunkte ergänzt werden. Denn angesichts einer Friedenskonferenz, die vor globalen Aufgaben und Herausforderungen stand, ist sie zum einen zu deutschland- und europazentriert, zum anderen zu wenig auf die Genese der Pariser Konferenz und ihrer Friedensregelungen aus dem Ersten Weltkrieg heraus gerichtet. Daher sollen in diesem Buch auch andere Akzente gesetzt werden. Der Friedensschluss mit Deutschland und die Neuordnung Europas werden dabei keineswegs marginalisiert, aber es wird versucht, den Versailler Vertrag und die anderen Vorortverträge in weitere Bezüge zu stellen. Der Erste Weltkrieg und die Pariser Friedenskonferenz waren welthistorische Ereignisse. Am Ende eines globalen Krieges zielten die

Friedensmacher daher geradezu zwangsläufig auf eine globale Ordnung. Dieser globale Ordnungsanspruch, freilich bestimmt von nationalen Interessen, lag auch den Friedensverträgen mit Deutschland und seinen Verbündeten zugrunde.

Auf diesen globalen Ordnungsanspruch wirkten sich höchst unterschiedliche Interessen aus, denn unter den Siegermächten bestand jenseits deklaratorischer Formelkompromisse, die oftmals aus der Kriegszeit stammten, keine Einigkeit über die leitenden Prinzipien der neuen internationalen Ordnung und noch viel weniger über deren konkrete Umsetzung. Der breit geteilte Antibolschewismus beherrschte zwar viele Entscheidungen, aber als globales Ordnungsprinzip reichte er nicht aus. Während die französischen Ordnungsvorstellungen um die deutsche Bedrohung und das Ziel der Sicherheit vor Deutschland kreisten, war die britische Politik von imperialen Interessen und dem Wunsch bestimmt, das Empire zu stabilisieren und die imperiale Macht Großbritanniens zu stärken. Die USA setzten sich für eine liberal-kapitalistische Weltordnung ein, welche die besten Möglichkeiten bot, ihr ökonomisches Gewicht noch zu erhöhen und es zugleich in politische Hegemonie umzusetzen. Japan schließlich drängte in Auseinandersetzung mit China und den USA, aber auch mit Sowjetrussland, auf einen weiteren Ausbau seiner Rolle als asiatisch-pazifische Großmacht.

So sehr also der Frieden mit dem besiegten Deutschland die Pariser Verhandlungen beherrschte – und noch mehr deren mediale Wahrnehmung und die spätere Geschichtsschreibung –, so wenig war die deutsche Frage das alleinige Thema in Paris. Der »Weltfrieden«, den man schaffen wollte, war nicht nur der Frieden mit Deutschland, so schwierig und von divergierenden Interessen bestimmt allein dieser schon war, sondern eine ungleich kompliziertere Aufgabe, in der sich globale und regionale Probleme und Ordnungsvorstellungen miteinander verknüpften und aufeinander einwirkten.

Aus dieser nicht nur europäischen, sondern globalen Konnektivität, die in Paris sichtbar wurde und sich dort noch einmal intensivierte, ergab sich die beispiellose Komplexität des Friedensschlusses und seiner Ordnungsaufgabe. Es ging nicht nur um die Beendigung des Krieges, nicht nur um die Bewältigung der Vergangenheit, sondern zugleich um die Gestaltung der Zukunft, um die Schaffung einer globalen Ordnung. Mit der Vision einer neuen Ordnung verbanden sich jedoch derartig viele unterschiedliche und widersprüchliche Bedingungen, Vorstellungen und Interessen, dass ein Frieden, der noch dazu innerhalb weniger Monate geschlossen werden sollte, an dieser Herausforderung geradezu zwangsläufig scheitern musste.[43]

Frieden schließen nach großen Kriegen ist ein universalhistorisches Thema. Es durchzieht die sich globalisierende Geschichte der europäischen Staatenwelt seit der Frühen Neuzeit. Der Westfälische Frieden, der Frieden von Utrecht, vor allem aber der Wiener Kongress standen den Protagonisten vor Augen, als sie in Paris zusammenkamen, um erneut Frieden zu schließen und Frieden zu schaffen nach einem großen Krieg. Erneut – und doch so anders! Man versuchte Lehren zu ziehen aus den Friedensschlüssen früherer Jahrhunderte. Deshalb war 1919 auch die Stunde der Historiker und der historischen Bezüge. Aber was ließ sich 1919 aus dem Wiener Kongress lernen? Hatte sich nicht in dem Jahrhundert, das seitdem vergangen war, die Welt so fundamental verwandelt, dass der Friedensschluss von 1815 den Protagonisten nichts mehr zu sagen hatte? Aber zumindest die Fragen, die man an frühere Friedensschlüsse richtete, waren auch 1919 zentral: Was sind die Bedingungen für einen haltbaren Frieden? Was die Voraussetzungen für ein stabiles internationales System? Im Blick auf die Akteure von 1919 werden auch hier solche Fragen gestellt und durch das 20. Jahrhundert hindurch bis in die Zeit nach dem Ende des Zweiten Weltkriegs, bis ans Ende des Kalten Kriegs und schließlich ins 21. Jahrhundert hinein verfolgt. Die bipolaren Strukturen der Ära des Ost-West-Konflikts lösten sich nach 1989/90 rasch auf. An ihre Stelle trat eine ungleich komplexere, hoch dynamische Multipolarität, die dem internationalen System der Zeit nach dem Ersten Weltkrieg viel stärker ähnelt als die Welt des Kalten Krieges. Zumindest zum Vergleich laden diese Ähnlichkeiten – Sieger und Verlierer, Mächte in Aufstieg und Niedergang, Anerkennung und Ablehnung einer internationalen Ordnung, Revisionismus und Status-quo-Denken – ein. Die Perspektive der Gegenwart, drei Jahrzehnte nach dem Ende des Kalten Krieges, ist auch historiographisch neu. Sie ermöglicht einen frischen Blick auf die Vergangenheit.

Die Welt von Versailles ist keine abgeschlossene, sondern eine gegenwärtige Vergangenheit, weil diese Welt in ihren Wirkungen bis in das beginnende 21. Jahrhundert hineinragt. Sie ist es aber auch, weil wir im Prisma von Versailles die Welt der Gegenwart besser verstehen können. Das gilt ganz besonders für die Dynamiken internationaler Politik und globaler Ordnung. Was uns Versailles nach hundert Jahren noch – oder wieder – zu sagen hat, darum geht es in diesem Buch.

Die »gueules cassées«, die am 28. Juni 1919 in Versailles zugegen waren

Ob die deutsche Delegation die »gueules cassées« überhaupt wahrnahm, die der französische Premier Georges Clemenceau in einer Fensternische des Spiegelsaals von Versailles platziert hatte, wissen wir nicht. Sicher aber ist: Von den fünf schwer gesichtsverletzten französischen Soldaten, an denen die Vertreter des Deutschen Reiches vor der Unterzeichnung des Versailler Vertrages vorbeigehen mussten, sollte keine Botschaft des Friedens ausgehen. Mit ihren grauenhaften Verwundungen standen sie vielmehr für jenen »Krieg in den Köpfen«, der auch nach dem Friedensschluss auf allen Seiten andauerte. Das Ausmaß an Hass und Gewalt und die Erfahrung des viereinhalbjährigen Tötens und Sterbens hatten sich tief in die Köpfe von Siegern und Besiegten eingebrannt. Ein Frieden der Versöhnung, des Vergebens und Vergessens war so nicht möglich.

I
WEGE AUS DEM GROSSEN KRIEG
1916–1918

Unterzeichnung des Waffenstillstands von Brest-Litowsk, 15. Dezember 1917

Unter deutscher Führung und bestimmt von den annexionistischen Interessen des deutschen Militärs, schlossen Vertreter der Mittelmächte (auf der linken Tischseite) und der bolschewistischen Regierung Russlands (auf der rechten Tischseite) im weißrussischen Brest-Litowsk einen Waffenstillstand. Die revolutionäre russische Führung stand mit dem Rücken an der Wand und musste gleichsam unter vorgehaltener Waffe Anfang März 1918 einen Friedensvertrag akzeptieren, der eine deutsche Hegemonie über ganz Ostmitteleuropa etablierte. Dass die beiden Parteien an einem Verhandlungstisch saßen, kann nicht darüber hinwegtäuschen, dass dem Diktat von Versailles das deutsche Diktat von Brest-Litowsk vorausging. Deutscher Verhandlungsführer über den Waffenstillstand war Prinz Leopold von Bayern, Oberbefehlshaber der Ostfront (dritter von links), aber der eigentliche starke Mann war General Max Hoffmann, der Vertreter der OHL (neben Prinz Leopold). An der Spitze der russischen Delegation stand Adolf Joffe (zweiter von rechts). Mit Anastassija Bizenko war eine Frau an den Verhandlungen beteiligt, die 1905 als Sozialrevolutionärin ein Attentat auf einen hohen Repräsentanten des Zaren verübt hatte.

Krieg der Illusionen
Kriegsziele und Friedensinitiativen 1916/17

FRIEDEN NACH TOTALEM KRIEG

Über den Beginn des Ersten Weltkriegs und seine Ursachen ist seit mittlerweile einem Jahrhundert viel geforscht, geschrieben und gestritten worden. Zuletzt hat das Buch *Die Schlafwandler* von Christopher Clark eine Debatte darüber ausgelöst, wer die Verantwortung dafür trägt, dass Europa den Weg in die Katastrophe des Krieges beschritt.[1] Ganz gleich wie man heute, ein Jahrhundert nach den Ereignissen, die »Kriegsschuldfrage« beantwortet, herrscht allgemein Einigkeit, dass die Entwicklungen, die – in ihrer Genese zum Teil viele Jahre zurückreichend – 1914 in den Krieg führten, äußerst komplex waren. Es gab viele Gründe für den Krieg. Zu ihnen gehörten die strukturelle Konfrontativität der europäischen Staatenbeziehungen spätestens seit den 1890er Jahren, eine zunehmende machtpolitische und militärische Blockbildung, der sich verschärfende Antagonismus zwischen den Bündnissystemen sowie wachsende Gegensätze und Spannungen zwischen den europäischen Großmächten innerhalb Europas – nicht zuletzt auf dem Balkan – wie außerhalb. Ebenso gab es Gründe dafür, warum die Juli-Krise nach der Ermordung des österreichischen Thronfolgers in Sarajevo nicht wie andere diplomatische Krisen zuvor beigelegt werden konnte, warum sie binnen wenigen Wochen derart eskalierte, dass Anfang August nahezu alle europäischen Mächte im Krieg standen.

Zu den Gründen für den Krieg gehört auch, dass sich in Deutschland die politische wie die militärische Führung von einem Kriegskurs strategische Vorteile und eine Stabilisierung der autoritären Verfassungs- und Herrschaftsstrukturen des Kaiserreichs versprachen, in einem Krieg also auch innenpolitischen Nutzen erkannten. Alle europäischen Mächte zogen sehenden Auges in den Krieg, von dem im Sommer 1914 kaum jemand ahnte, dass er mehr als vier Jahre dauern würde, dass er mit Millionen von Toten und unvorstellbarem Leid verbunden sein und nichts mehr mit den Kriegen des 19. Jahrhunderts zu tun haben würde, an die man sich nicht nur in den Generalstäben erinnerte.

Von dem Moment an, als sich Deutschland und Österreich, Frankreich, Russland und Großbritannien mit ihren jeweiligen Verbündeten im Kriegszustand befanden, wurde in allen kriegführenden Staaten über die Kriegsziele debattiert. Diese Debatte schloss zum Teil an die Gründe und Motive an, die die einzelnen Nationen in den Krieg geführt hatten, entfaltete aber, nachdem der Krieg tatsächlich begonnen hatte, eine ganz neue, eigene Dynamik. Zum Teil wurde sie laut und öffentlich geführt, zum Teil leise und hinter verschlossenen Türen. Es ging dabei vor allem um territoriale Ziele, wobei das Nachdenken über die Annexion fremder Gebiete sehr häufig – und wenig überraschend – von wirtschaftlichen Motiven geleitet war. Aber auch Sicherheitsinteressen und militärische Überlegungen spielten eine Rolle. Die Kriegsziele waren die Ergebnisse, die man sich – nun, da man sich im Krieg befand – für das Kriegsende und den Friedensschluss vorstellte. Krieg und Kriegführung sollten die jeweiligen Vorstellungen realisieren. Aber die Kriegsziele der einzelnen Mächte waren nicht statisch, sie wurden nicht zu Kriegsbeginn festgelegt und blieben dann über Jahre hinweg unverändert, sondern entwickelten sich äußerst dynamisch, veränderten sich im Kriegsverlauf jeweils nach der militärischen Lage, unterlagen innenpolitischen und gesellschaftlichen Einflüssen und waren abhängig von der Stimmung in der Bevölkerung und von der Kriegsmoral.

Innerhalb der einzelnen Staaten verfolgten nicht alle dieselben Kriegsziele. Oft vertraten Politik und Militär unterschiedliche Ansichten, und auch jenseits der politischen und militärischen Führung gab es in allen kriegführenden Gesellschaften ein breites Spektrum an Vorstellungen. Für den Friedensschluss – wie auch immer dieser aussehen mochte – bedeutete das von Anfang an eine gewaltige Herausforderung, weitaus gewaltiger als jemals zuvor die Herausforderung nach dem Ende eines Krieges gewesen war. Das lag in erster Linie an der schieren Länge des Krieges von vier Jahren, nach denen es schwer vorstellbar war, einfach wieder zum Status quo ante, zur Situation vor dem August 1914, zurückzukehren. Die Erfahrungen des Krieges in jeder einzelnen Gesellschaft waren so mächtig und intensiv, dass sie bei den Verhandlungen um den Frieden nicht einfach ausgeblendet werden konnten. Das war in den modernen Massengesellschaften schlicht nicht mehr möglich. Überall hatten sich im Laufe des 19. Jahrhunderts politische Öffentlichkeiten herausgebildet, die sich zu medialen Massenöffentlichkeiten entwickelten und immer stärker auf Politik und politische Entscheidungen einwirkten. Kriegsziele waren nicht mehr ausschließlich Angelegenheiten von Eliten, Gegenstand geheimer

Beratungen in Kabinetten, Kronräten und Generalstäben, sondern hoch emotionalisierte Themen öffentlichen und medialen Interesses.

Und dann gehörte es zu den Folgen der fundamentalen Nationalisierung der Staatenwelt im 19. Jahrhundert, zu den Folgen des Aufstiegs der Nation zum identitätsstiftenden Bezugsrahmen der Gesellschaften, dass das Erreichen der Kriegsziele von weiten Teilen der Bevölkerung als eine Frage der nationalen Ehre angesehen wurde. Entsprechend musste als nationale Schande wahrgenommen werden, wenn diese – oftmals propagandistisch überhöhten – Ziele nicht erreicht wurden. Die deutsche Reaktion auf den Versailler Vertrag illustriert diese Politisierung von Schande und Ehre besonders deutlich, aber diese Reaktion war nicht auf Deutschland beschränkt. Selbst ein Kompromissfrieden, was der Versailler Vertrag gewiss nicht war, wäre in den emotionalisierten und traumatisierten nationalen Öffentlichkeiten in Kategorien von Schande und Ehre wahrgenommen und beurteilt worden.[2]

Aber war ein Kompromissfrieden nach 1918 überhaupt denkbar? Setzt ein Kompromissfrieden, ein maßvoller Frieden, der Verständnis für den Gegner erkennen lässt, ein Frieden ohne Sieger und Besiegte, nicht einen anderen Krieg voraus als den Ersten Weltkrieg? Konnte ein Krieg, der in Kriegführung, Kriegsmobilisierung und Kriegseinsatz extreme, bis dahin ungekannte Dimensionen erreichte, der ein totaler Krieg war, mit einem moderaten Frieden enden? Der totale Charakter eines Krieges offenbart sich auch in Kriegszielen, die im Grunde keine Mäßigung und keinen Kompromiss zulassen. Totaler Krieg, so hat es der Militärhistoriker Stig Förster formuliert, sei Krieg bis zum bitteren Ende, bis zur vollkommenen Unterwerfung des Gegners.[3] Dazu gehört auch eine Dämonisierung des Gegners, von der der Erste Weltkrieg von Beginn an durchzogen war. Auch sie stand moderaten Kriegszielen und einem Frieden der Mäßigung im Weg.[4]

Die Dämonisierung des Gegners musste nahezu zwangsläufig erfolgen, weil alle kriegführenden Staaten ihren Einsatz als Verteidigungskrieg darstellten und so gegenüber der eigenen nationalen und der internationalen Öffentlichkeit legitimierten. Diese Überzeugung, sich in einem Verteidigungskrieg zu befinden, das Opfer der Aggression einer anderen Macht oder anderer Mächte geworden zu sein, rechtfertigte aber nicht nur den Krieg, sondern war auch Voraussetzung für die nationale Geschlossenheit und Opferbereitschaft der Gesellschaft. Nicht zuletzt vor diesem Hintergrund entwickelten sich die Kriegsziele, gleichsam als Lohn für nationales Zusammenstehen zur Abwehr des Gegners. Der Burgfrieden in Deutschland – »Ich kenne keine Parteien mehr, ich kenne nur noch Deutsche!« – oder die »Union sacrée« in Frankreich sollten die nationale Geschlossenheit herstellen und diese Geschlossenheit stabilisieren helfen. Doch sie blieben stets prekär. Denn die Kriegszieldiskussionen und unterschiedliche Kriegszielvorstellungen trugen zur Erosion des Kriegskonsenses und – gerade in Deutschland – zum Aufbrechen tiefer gesellschaftlicher und politischer Gräben bei, die mit dem Burgfrieden von 1914 nur oberflächlich zugeschüttet worden waren. So schwand schon zu Kriegsbeginn die Chance auf einen Verhandlungsfrieden. Für einen Frieden, in dem sich die Gegner als Verhandlungspartner hätten akzeptieren und respektieren können, fehlten schlicht die Voraussetzungen. Der Krieg von 1914 und das Bild dieses Krieges, das in den nationalen Öffentlichkeiten vorherrschte und propagandistisch weiter ausgemalt wurde, standen Verständigung und Ausgleich im Wege. Statt den Kriegsbeginn als einen Akt der Barbarei darzustellen, hätte man ihn öffentlich als Ergebnis einer diplomatischen Fehlkalkulation bedauern müssen, als einen Fehler, der schnellstens zu korrigieren sei. Zu einem solchen Eingeständnis, das ihr sicheres Ende bedeutet hätte, konnte sich naturgemäß keine der kriegführenden Regierungen durchringen.[5]

Je länger der Krieg dauerte und je mehr Opfer er forderte, desto schwieriger wurde es, das Kriegsziel »Siegfrieden« aufzugeben und zu einer »Demobilmachung der Geister« (Friedrich Meinecke) zu gelangen. Konnten denn alle diese Opfer umsonst gewesen sein? Was nach 1919 in Deutschland die Akzeptanz des Versailler Vertrags so erschwerte, ließ schon während des Krieges die Chancen auf ein Ende der Kampfhandlungen und einen allseits akzeptablen Friedensschluss schwinden. Und das galt keineswegs nur für Deutschland. Mit Sorge denke er an die Zeit, so äußerte sich schon 1915 der britische Diplomat Arthur Nicolson, in der über Friedensbedingungen verhandelt werden müsse. Er selbst sei stets für Bismarcks Politik gewesen, also dafür, keine Bedingungen zu stellen, die den einstigen Gegner zwingen, die Zeit der Rache abzuwarten.[6] Solche Stimmen der Mäßigung drangen aber nicht durch. Als schließlich Entbehrungen, Leiden und Opfer immer größer wurden, als Erschöpfung und Resignation sich breitmachten, konnten der immer weiter gesteigerte Kriegseinsatz und die Konzentration aller Anstrengungen auf einen militärischen Sieg sogar mit dem Ziel gerechtfertigt werden, man führe diesen Krieg, um den Krieg für immer zu beenden, wie es der britische Schriftsteller H. G. Wells bereits 1914 formuliert hatte.[7] Aber dazu musste der Gegner erst niedergerungen werden, musste es einen Sieger geben, der seine Vorstellung von einer Welt ohne Krieg entweder durch die Errichtung friedenssichernder Institutionen oder aber als Friedhofsruhe durch totale Dominanz durchsetzen konnte.

»SIEGFRIEDEN« UND »VICTOIRE INTÉGRALE«

Seit 1916, nach den grauenvollen Schlachten um Verdun und an der Somme, waren Kriegsziele und Friedensvorstellungen auf eine komplexe und zum Teil widersprüchliche Weise miteinander verknüpft. Bei Verdun waren etwa 350 000 deutsche und französische Soldaten gefallen, auch an der Somme waren auf beiden Seiten weit mehr als 100 000 Gefallene zu beklagen. Hunderttausende von Verwundeten kamen hinzu. Den Frontverlauf im Westen änderten die beiden Schlachten nur geringfügig. 15 Kilometer Terrain gewannen die Deutschen bei Verdun, doch der erhoffte Durchbruch durch die französischen Linien gelang nicht. Und auch an der Somme waren die Geländegewinne der Streitkräfte der Entente gering im Vergleich zu den riesigen Mengen an Material, die man eingesetzt hatte, und vor allem an Menschen, die man geopfert hatte.

In Deutschland, Frankreich und Großbritannien machten sich Kriegsmüdigkeit und Erschöpfung breit. Wenn der Krieg weder zu gewinnen noch zu verlieren war und nur unvorstellbare Opfer forderte, wenn er die Gesellschaften und insbesondere die Generation ihrer jungen Männer regelrecht ausblutete, war es dann nicht klüger, einen Friedensschluss anzustreben, zumindest aber Waffenstillstandsverhandlungen anzubahnen und dem Grauen damit ein Ende zu machen? Auch die immer schlechter werdende Versorgungs- und Ernährungslage in der Heimat trug dazu bei, dass die Sehnsucht nach Frieden in der Bevölkerung zunahm. Aber wofür hatte man dann überhaupt Krieg geführt, wofür all die Opfer gebracht? Musste der Krieg nicht gerade wegen der unglaublichen Verluste fortgesetzt und ein »Siegfrieden«, eine »victoire intégrale«, wie es in Frankreich hieß, angestrebt werden, um dem Leiden und den Entbehrungen einen Sinn zu geben? Weil jeder siegen musste – und das galt für alle kriegführenden Staaten in Europa –, waren Waffenstillstands- oder Friedensverhandlungen mit dem Ziel eines Verständigungsfriedens und mit der allseitigen Bereitschaft zum Kompromiss von Anfang an nichts als eine Illusion.

In Deutschland verband sich seit 1916 die Auseinandersetzung über einen möglichen Frieden mit dem Ringen um die politische Macht zwischen der zivilen Reichsleitung um Kanzler Bethmann Hollweg und der militärischen Führung um Hindenburg und Ludendorff. Der bei Kriegsbeginn aus der Pensionierung zurückgeholte, fast siebzigjährige General Paul von Beneckendorff und von Hindenburg, der Sieger von Tannenberg, jener rasch mythisierten Abwehrschlacht gegen die russischen Armeen vom August 1914, löste am 29. August 1916 zusammen mit seinem Stabschef und Mastermind Erich Ludendorff, für den eigens die Position eines »Ersten Generalquartiermeisters« geschaffen wurde, General Erich von Falkenhayn an der Spitze der Obersten Heeresleitung (OHL) ab. Weil er einen entscheidenden Sieg weder im Westen noch im Osten für möglich hielt, hatte Falkenhayn in seiner Kriegführung seit 1915 auf eine »Ermattungsstrategie« gesetzt, also auf eine kontinuierliche Schwächung des Gegners mit dem Ziel, zu einem Verhandlungsfrieden zu gelangen. Dem »Ausbluten« oder »Weißbluten« des Feindes diente auch der von Falkenhayn befohlene Angriff auf Verdun im Februar 1916. Hindenburg und Ludendorff, die seit Herbst 1914 das Oberkommando Ost innehatten, setzten dagegen auf einen militärischen Sieg und vertraten annexionistische Kriegsziele. Den Sieg wollten sie zum einen durch Wiederaufnahme des uneingeschränkten U-Boot-Kriegs erreichen, der England in die Knie zwingen und von den entscheidenden transatlantischen Nachschublieferungen abschneiden sollte. Zum anderen wollten sie durch die Mobilisierung aller verfügbaren Ressourcen an Menschen und Material doch noch einen kriegsentscheidenden Sieg an der Westfront erringen, auf dessen Basis dann ein »Siegfrieden« geschlossen werden sollte. Diesem Zweck dienten das »Hindenburg-Programm«, das unmittelbar nach der Übernahme der Obersten Heeresleitung durch Hindenburg und Ludendorff verfolgt wurde, und das »Vaterländische Hilfsdienstgesetz« vom 5. Dezember 1916. Beides zusammen markierte den Übergang zum totalen Krieg, zu dem auch eine ausufernde Kriegszielpropaganda gehörte, die zur Rechtfertigung der extremen Mobilisierungsanstrengungen beitragen sollte.

Die Kriegszielpolitik der 3. OHL nahm die wild ins Kraut schießenden Kriegszielforderungen aus der Frühzeit des Krieges wieder auf. In Denkschriften, die sich zum Teil wie Einkaufslisten lasen oder wie Wunschzettel für Weihnachten – Weihnachten wollte man schließlich wieder zu Hause sein –, wurden damals weitreichende Annexionen im Westen wie im Osten gefordert, wenn nicht sogar ganz allgemein eine uneingeschränkte europäische

Hegemonie des Deutschen Reiches, die die Grundlage bilden sollte für die in der Auseinandersetzung mit Großbritannien zu erringende globale Dominanz. Politiker wie der Zentrumsabgeordnete Matthias Erzberger oder Industrielle wie August Thyssen forderten nicht nur die Annexion französischer Montangebiete sowie die dauerhafte Kontrolle Belgiens und seiner Nordseehäfen, sondern auch die Eroberung riesiger agrarischer Siedlungsgebiete in Ostmittel- und Osteuropa sowie eine Vergrößerung des deutschen Kolonialreichs auf Kosten Frankreichs und Englands. Auch von einem mittelafrikanischen Kolonialimperium war die Rede. Erzberger stellte diese territorialen Forderungen am 2. September 1914 in einer an Reichskanzler Bethmann Hollweg gerichteten Denkschrift in eine weite Perspektive: »Das blutige Ringen (…) erheischt die dringende Pflicht, die Folgen des Sieges so auszunutzen, dass Deutschlands militärische Oberhoheit auf dem Kontinent für alle Zeiten gesichert ist, dass das deutsche Volk sich mindestens 100 Jahre ungestörter friedlicher Entwicklung erfreuen kann. (…) Das zweite Ziel ist die Beseitigung der für Deutschland unerträglichen Bevormundung Englands in allen Fragen der Weltpolitik, das dritte die Zersplitterung des russischen Kolosses. Um diesen Preis ist das deutsche Volk in den beispiellosen Kampf gezogen.«[8] Und Heinrich Claß, der Vorsitzende des völkisch-nationalistischen Alldeutschen Verbandes sowie zweifellos einer der radikalsten Kriegszielpropagandisten, forderte in seiner »Denkschrift betreffend die national-, wirtschafts- und sozial-politischen Ziele des deutschen Volkes im gegenwärtigen Kriege« vom September 1914 nicht nur die Annexion weiter Gebiete im Osten auf Kosten Russlands, sondern auch die Vertreibung der dort ansässigen Bevölkerung, so dass diese Gebiete anschließend durch deutsche Siedler regelrecht »germanisiert« werden konnten.[9]

Mit den »Vorläufigen Richtlinien über die deutsche Politik bei Friedensschluss« vom 9. September 1914, von Fritz Fischer als »Septemberprogramm« bezeichnet und das Ergebnis komplizierter Verhandlungen des Reichskanzlers mit den wichtigsten Reichsbehörden und Vertretern der Wirtschaft, suchte die Regierung Bethmann Hollweg das Ausufern der Kriegsziele einzudämmen und die Forderungen zu mäßigen. Das Papier enthielt nicht mehr als einen »dilatorischen Formelkompromiss«, doch auch hier wurde die Vorstellung eines Siegfriedens und einer von Deutschland und – wenigstens bis zu einem gewissen Grad – von seinen Verbündeten bestimmten Nachkriegsordnung vertreten. Während das Septemberprogramm unveröffentlicht und geheim blieb, annoncierte Bethmann Hollweg in einer Reihe öffentlicher

Äußerungen im Herbst 1914 Kriegszielvorstellungen, die mit der Idee eines Verständigungsfriedens nicht zu vereinbaren waren. Das Ziel des Krieges sei, so der Kanzler im November 1914 und ähnlich auch in einer Reichstagsrede Anfang Dezember, »nicht die Wiederherstellung des europäischen Gleichgewichts, sondern gerade die endgültige Beseitigung dessen, was bisher als europäisches Gleichgewicht bezeichnet wurde, und die Fundierung einer deutschen Vormachtstellung in Europa«.[10]

Mit dem Preis für den deutschen Kampf, dem Preis für einen deutschen Sieg verband die Öffentlichkeit bald die unterschiedlichsten Kriegszielforderungen. Der Gedanke eines Siegespreises breitete sich bereits 1914/15 aus, entwickelte rasch eine eigene Dynamik und konnte bis zum Kriegsende 1918 nicht mehr eingedämmt werden. Viele der extremen Kriegszieldenkschriften entstanden in der Anfangsphase des Krieges, als der deutsche Vormarsch noch nicht an der Marne zum Stillstand gekommen war oder man im Herbst 1914 und sogar noch 1915 hoffte, der Krieg werde wieder in Bewegung geraten und könne dann doch noch durch einen deutschen Sieg entschieden werden. Geradezu unauflöslich verband sich der Krieg mit der festen Erwartung eines deutschen Sieges und der Vorstellung eines gewaltigen Siegespreises. Angeführt von dem Historiker Dietrich Schäfer, einem Schüler Heinrich von Treitschkes, und dem Theologen Reinhold Seeberg plädierten mehr als 350 Hochschullehrer, die ihre Unterschrift unter eine Denkschrift vom 20. Juli 1915 gesetzt hatten, für einen Siegfrieden und weitreichende Annexionen. Eine von dem Historiker Hans Delbrück und dem Theologen Adolf von Harnack initiierte Denkschrift, die sich für einen Verständigungsfrieden aussprach, hatte deutlich weniger Unterstützer.[11] Von einem »Krieg der Illusionen« hat der Hamburger Historiker Fritz Fischer deshalb gesprochen.[12] Dass die Illusion eines Sieges und eines Siegespreises durch die gesamte Kriegszeit hindurch nicht an Wirkung verlor und – nicht zuletzt aus innenpolitischen Gründen – bis ins Jahr 1918 genährt wurde, hat entscheidend dazu beigetragen, dass der Schock und das Entsetzen über die deutsche Niederlage 1918 und den Versailler Vertrag 1919 so gewaltig waren.

Reichskanzler Bethmann Hollweg befand sich in einer schwierigen Situation. Mehr noch als vor 1914 kam es ihm seit Kriegsbeginn darauf an, seine Kanzlerschaft politisch breit abzustützen. So machte er sich einerseits Kriegszielforderungen der politischen Rechten und des Militärs zu eigen, andererseits betonte er gegenüber der Sozialdemokratie immer wieder, dass das Reich einen Verteidigungskrieg führe, einen Abwehrkrieg vor allem gegen

Russland und die zaristische Autokratie, und dass man bereit sei, einen Verständigungsfrieden ohne territoriale Gewinne zu schließen. Sich öffentlich dem Ziel eines Siegfriedens und annexionistischen Forderungen entgegenzustellen, ja für einen maßvollen Frieden einzutreten, konnte Bethmann nicht riskieren, weil er von der politischen Rechten und den nationalistischen – vaterländischen – Verbänden ohnehin einer zu weichen Haltung verdächtigt wurde und sich deshalb immer wieder angegriffen sah. Er wusste, dass der Kaiser, der ihn jederzeit entlassen konnte, ihm sein Vertrauen nicht entzog, so lange seine Kanzlerschaft von den Rechtsparteien sowie ihren außerparlamentarischen Vorfeldorganisationen und vom Militär zumindest akzeptiert wurde. Bei den Rechten stieß Bethmann Hollweg aber nicht erst seit Kriegsbeginn auf Kritik, weil er die Sozialdemokratie politisch zu integrieren und zu diesem Zweck die Demokratisierung des politischen Systems voranzubringen suchte. Das richtete sich insbesondere auf eine Reform des preußischen Dreiklassenwahlrechts aus den 1850er Jahren, das im eklatanten Widerspruch zum allgemeinen und gleichen Wahlrecht (der Männer) auf Reichsebene stand. Da es über die politischen Machtverhältnisse in Preußen bestimmte, die sich wiederum aufgrund der Größe und des Einflusses Preußens und der Verfassung des Kaiserreichs auf die nationale Politik auswirkten, war die Reform des Wahlrechts von einigem Gewicht. Innen- und außen- beziehungsweise kriegspolitische Fragen standen also in einem engen und komplexen Wechselverhältnis und hinderten den Reichskanzler, Initiativen in Richtung eines Kompromissfriedens zu unternehmen, und zwar selbst als 1915 die Einschätzungen der Kriegslage seitens der militärischen Führung pessimistischer wurden.

Vor einem öffentlichen Eingeständnis der schwierigen Lage scheute Bethmann zurück, und das erst recht, nachdem Falkenhayn wegen des Scheiterns vor Verdun an der Spitze der OHL abgelöst und durch Hindenburg und Ludendorff ersetzt worden war. Die neue OHL vertrat nicht nur militärisch einen anderen Kurs als Falkenhayn, sondern sah in der Propagierung eines »Siegfriedens« mit entsprechenden Gewinnperspektiven auch ein Mittel, die Kriegsmoral in der Heimat zu heben. Darüber hinaus konnte ein siegreich beendeter Krieg möglicherweise helfen, das Reich und seine Verfassung autoritär zu transformieren, insbesondere den Einfluss der Parlamente und Parteien zurückzudrängen. Weil nach den Schlachten um Verdun und an der Somme an der Westfront vorerst kein Sieg zu erwarten war, da das »Hindenburg-Programm« erst greifen musste, drängte die OHL auf die Wiederaufnahme des uneingeschränkten U-Boot-Kriegs in dem Kalkül, durch den Einsatz dieser Waffe ein schnelles und siegreiches Ende des Krieges herbeiführen zu können.

Uneingeschränkter U-Boot-Krieg bedeutete die Torpedierung von Handelsschiffen feindlicher oder neutraler Staaten ohne Vorwarnung. Das galt auch für Passagierschiffe. Schon im Februar 1915 hatte die OHL den Befehl dazu gegeben, diesen aber im September desselben Jahres nach der Versenkung des britischen Passagierdampfers *Lusitania* und massiver amerikanischer Proteste wieder aufgehoben, um einen Kriegseintritt der USA zu verhindern. Vor Verdun war es Bethmann Hollweg noch gelungen, die Forderungen insbesondere der Marine, den U-Boot-Kampf wieder aufzunehmen, abzuwehren. Doch nach Verdun mehrten sich die Stimmen, die trotz des Risikos eines amerikanischen Kriegseintritts den uneingeschränkten U-Boot-Krieg forderten, mit dem sich in der breiten Bevölkerung die Hoffnung auf eine Kriegswende verband. Die Marine sollte mit ihren U-Booten nun den »Siegfrieden« herbeiführen, der zu Lande nicht zu erringen war. Die Rechtsparteien und die nationalistischen Verbände schürten diese Hoffnung kräftig und verbanden mit dem Ruf nach dem uneingeschränkten U-Boot-Krieg eine Verschärfung ihrer Kriegszielforderungen, auf die sie auch den Reichskanzler zu verpflichten suchten. Um den Druck auf Bethmann Hollweg zu erhöhen, forderte die Rechte eine öffentliche Kriegszieldiskussion, die bis dahin durch die Zensur unterbunden oder zumindest stark eingeschränkt war. Da Bemühungen der Reichsleitung, durch die Propagierung eher moderater Kriegsziele den radikalen Positionen der Rechten das Wasser abzugraben, wenig Erfolg hatten, entschieden Bethmann Hollweg und sein Umfeld im Dezember 1916, dem starken innenpolitischen Druck durch ein Friedensangebot Deutschlands und seiner Verbündeten an die Vereinigten Staaten zu begegnen. Die USA und ihr Präsident Woodrow Wilson sollten einen Frieden zwischen den Mittelmächten und der Entente vermitteln.

Der amerikanischen Politik und Woodrow Wilson kam diese Initiative am Jahresende 1916 durchaus entgegen, entsprach sie doch ihren Vorstellungen von einer aktiv und kraftvoll vermittelnden Politik auf der Grundlage des wachsenden Gewichts und Selbstbewusstseins der USA als aufsteigender globaler Macht. In den Hauptstädten der Entente hingegen, in Paris und London vor allem, machte sich Entsetzen breit, da man dort nach den Verlusten des Kriegsjahres 1916 einen Verständigungsfrieden ablehnte und die USA als Verbündeten gewinnen wollte, nicht als Schiedsrichter. Als solcher hatten sich die USA seit Kriegsbeginn mehrfach angeboten, zuletzt zu Jahresbeginn 1916, als Oberst Edward House, der engste Berater und Vertraute Wilsons, im Auftrag des Präsidenten nach London, Paris und Berlin gereist war, um an Ort und Stelle die Chancen auf einen amerikanisch vermittelten Waffenstillstand zu sondieren. Weder in Frankreich und Großbritannien noch in Deutschland erhielt House ermutigende Signale. Bethmann Hollweg wäre Waffenstillstandsgesprächen vermutlich nicht abgeneigt gewesen, aber er blieb zu diesem Zeitpunkt aus innen- wie außenpolitischen Gründen zurückhaltend, da jede Friedensinitiative mit den deutschen Verbündeten abzustimmen war, deren Einverständnis keineswegs als sicher gelten konnte. Selbst eine Verständigung auf gemeinsame Kriegs- beziehungsweise Friedensziele jenseits der Übereinkunft, nicht in separate Verhandlungen einzutreten, erschien so gut wie unmöglich.[13] Als daher die deutsche Reichsleitung auch im Namen ihrer Verbündeten am 12. Dezember 1916, unmittelbar nach dem Einzug deutscher Truppen in der Hauptstadt Rumäniens, das wenige Monate zuvor der Entente beigetreten war, den gegnerischen Mächten ein Friedensangebot unterbreitete, war die Substanz der diplomatischen Offerte mehr als dünn. Über das Angebot hinaus, in von den USA vermittelte Friedensverhandlungen einzutreten, enthielt die deutsche Note keinerlei konkrete Vorschläge, ja nicht einmal Bedingungen für die Aufnahme von Gesprächen, und so wurde sie von den Ententemächten, was zu erwarten war, umgehend zurückgewiesen.

»DURCHMARSCHIEREN BIS ZUM SIEG«

Auch wenn die Note nicht nur dem Zweck diente, die Rückkehr zum uneingeschränkten U-Boot-Krieg zu rechtfertigen – also gar nicht ernst gemeint war –,[14] mussten ihre Chancen, Bewegung in die festgefahrene Situation zu bringen, von Anfang als gering erachtet werden. Das lag auch an der politischen Situation in Frankreich und Großbritannien. In London hatte der walisische Politiker David Lloyd George, Führer des radikalen Flügels der liberalen Partei, Anfang Dezember 1916 Herbert Asquith als Premierminister abgelöst und am 19. Dezember 1916 vor dem Unterhaus den Willen seines Landes unterstrichen, weiterzukämpfen bis zum Sieg. Er forderte daher die Mobilisierung aller nationalen Ressourcen und zitierte nicht ohne Hintergedanken eine Äußerung des amerikanischen Präsidenten Abraham Lincoln aus dem amerikanischen Bürgerkrieg: »Wir haben diesen Krieg auf uns genommen, weil es in ihm um ein Ziel geht, ein Ziel, für das es wert ist zu kämpfen, und der Krieg wird enden, wenn dieses Ziel erreicht ist.« Dass der Premier auf die Erfahrung seines Landes hinwies, in solchen Kriegen zu bestehen, und dabei ausgerechnet auf die Auseinandersetzung mit dem napoleonischen Frankreich anspielte, mochte die Verbündeten auf der anderen Seite des Ärmelkanals irritieren, doch für die nationale Mobilisierung in Britannien war dieser Hinweis geradezu unverzichtbar. Sein Land, so rief der Regierungschef mit heiserer Stimme aus, werde »durchmarschieren bis zum Sieg«.[15]

David Lloyd George, 1863 geboren und seit 1890 Parlamentsabgeordneter, gehörte dem britischen Kabinett seit 1905 an, zunächst als Handelsminister, dann als Schatzkanzler, seit Mai 1915 an der Spitze des neu geschaffenen Rüstungsministeriums *(Ministry of Munitions)* sowie schließlich seit Juli 1916 als Kriegsminister.[16] Als Rüstungs- und Kriegsminister hatte er sich um die Effizienz der Kriegswirtschaft und die Mobilisierung aller verfügbaren Ressourcen zu kümmern. Als er unter Premierminister Asquith 1915 das Rüstungsministerium übernahm, gehörten dem Kabinett nicht nur liberale Minister an, sondern auch Vertreter der Konservativen und der Labour Party. Ähnlich wie beim »Burgfrieden« in Deutschland oder der »Union sacrée« in Frankreich stand hinter dieser Ausweitung des Kabinetts der Gedanke der nationalen Einheit, der in Großbritannien schon zu Beginn des Krieges im »Defence of the Realm Act« (Gesetz zur Verteidigung des Reiches) seinen Ausdruck gefunden hatte. Mit diesem Gesetz räumte das britische Parlament der Regierung weitgehende Handlungs- und Entscheidungsvollmachten in allen Fragen der Verteidigung und Kriegführung ein.

In den Krieg eingetreten war Großbritannien am 4. August 1914, nachdem deutsche Truppen bei ihrem Vorstoß im Westen die belgische Neutralität verletzt hatten. Die Ahndung dieser Völkerrechtsverletzung, die als Beleg für den aggressiven Charakter des deutschen Krieges gewertet wurde, und die Wiederherstellung der belgischen Unabhängigkeit und Neutralität waren von diesem Tag an wichtige Kriegsziele Großbritanniens, die in der Zuweisung der Kriegsschuld bis in die Pariser Konferenz 1919 und den Versailler Vertrag hineinwirkten. Darüber hinaus ging es Großbritannien um die Aufrechterhaltung seiner globalen Machtstellung und als deren Voraussetzung um die Machtbalance in Europa. Das schloss eine deutsche Hegemonie aus und lief auf die Sicherung und Stabilisierung einer »Pax Britannica« hinaus und damit den Vorrang Britanniens als globale See- und Wirtschaftsmacht. Schon zu Kriegsbeginn hatte Premierminister Asquith unterstrichen, dass Großbritannien und das Britische Empire keine expansiven Ziele verfolgten: »Es geht uns nicht darum, unsere Herrschaft auf fremde Bevölkerungen auszudehnen. Das Britische Empire ist uns genug.«[17] Aber Großbritannien werde das gezückte Schwert erst wieder einstecken, so Asquith im Herbst 1914, »wenn Belgien vollständig wiederhergestellt ist, wenn Frankreich angemessen gegen die Bedrohung künftiger Aggressionen gesichert ist, wenn die Rechte der kleineren europäischen Staaten befestigt sind und wenn die militärische Vorherrschaft Preußens komplett und endgültig zerstört ist«.[18] Das war vage genug, um einen Konsens sowohl in der britischen Innenpolitik und innerhalb des Empires zu begründen als auch mit den Alliierten, und so blieb dies den Krieg hindurch die offizielle britische Position in der Frage der Kriegsziele.

Großbritannien war als Weltreich und imperiale Macht in den Ersten Weltkrieg eingetreten. Das wirkte zu jeder Zeit auf die britische Politik der Kriegführung und der Kriegsziele ein. Auch um die britische Kriegführung auf Ebene des Empire abzustimmen und zu koordinieren, hatte Lloyd George im Frühjahr 1917 das *Imperial War Cabinet* gebildet, in dem die britischen Dominions Kanada, Neufundland (das damals noch nicht zu Kanada gehörte), Südafrika, Australien und Neuseeland sowie – nicht als Dominion – Indien vertreten waren. Nur ließ der Krieg, je länger er dauerte, die Aufrechterhaltung von imperialer Herrschaft und ökonomischer Suprematie immer fraglicher erscheinen. Das kontinentale Ringen in Europa war, das wurde schon im Herbst 1914 deutlich, nicht mit minimalem Aufwand an Streitkräften und Rüstung zu gewinnen, sondern forderte ein massives britisches Engagement. Dieses Engagement aber würde das Verhältnis Großbritanniens zum Empire verändern, das war hellsichtigen Beobachtern wie dem konservativen Lord Henry Lansdowne früh bewusst, der als Minister ohne Geschäftsbereich 1915 in das Kabinett Asquith eingetreten war. Konnte man das Empire überhaupt für die britischen Kriegsanstrengungen gewinnen und mobilisieren, ohne eine Veränderung der imperialen Herrschaftsstrukturen in Aussicht zu stellen und diese später, nach Kriegsende, auch umzusetzen? Überdies schwelte weiterhin die Frage der irischen Selbstregierung *(Home Rule)*. Es gab zwar einen Parlamentsbeschluss von 1914, aber der war wegen des Krieges nicht umgesetzt worden, was mit zum irischen Osteraufstand von 1916 führte. Darüber hinaus drohte ein lang andauernder Krieg die britische Wirtschaftskraft zu überfordern, seine Ressourcen zu erschöpfen und über kurz oder lang die globale ökonomische Stellung des Landes zu gefährden. Die zunehmende Abhängigkeit Großbritanniens von amerikanischen Krediten verlieh diesem Szenario durchaus Glaubwürdigkeit. Seit 1916 galt die britische Bonität auf den internationalen Finanzmärkten als zunehmend schlecht. Drittens schließlich, so Lansdowne 1916, würden fortgesetzte maximale Kriegsanstrengungen auch die Wirtschafts- und Sozialstruktur des Landes selbst fundamental verändern – eine Schreckensvorstellung für einen konservativen Politiker. Denn politische Forderungen der Arbeiterschaft konnte man nicht zurückdrängen, wenn man die Arbeiter nicht nur in den Fabriken, sondern auch als Soldaten auf dem Schlachtfeld brauchte. Es lag daher in der Konsequenz seiner Analyse, dass sich Lansdowne in einem Friedensmemorandum vom November 1916, das ein Jahr später veröffentlicht wurde, für ein sofortiges Ende der Kampfhandlungen, für einen Verständigungsfrieden und eine Rückkehr zum Status quo ante bellum aussprach.[19]

Kriegsminister Lloyd George, der wenige Tage später, Anfang Dezember 1916, zum Premierminister aufrückte, und andere einflussreiche Kabinettsmitglieder, unter ihnen Außenminister Arthur Balfour, lehnten Lansdownes Vorstoß scharf ab, und auch sie argumentierten ökonomisch. Ein Verhandlungsfrieden werde die wirtschaftliche Macht Deutschlands stärken, was nicht im Interesse Britanniens liege. Außerdem würde sich Deutschland bei den Verhandlungen in einer günstigeren Position befinden, solange noch alliierte Gebiete von deutschen Truppen besetzt seien. Wie die deutsche Führung – zumindest aber die Oberste Heeresleitung – rechnete auch die britische mit einer entscheidenden Kriegswende 1917, bewirkt durch die neuen Kraftanstrengungen, die man seit Herbst 1916 unternahm. Zum wichtigsten und mächtigsten Vertreter dieser Auffassung wurde David Lloyd George, der mit Beginn seiner Regierung mehr Effizienz in Kriegführung, Kriegsorganisation und Kriegsmobilisierung forderte und auf Sieg setzte. Denn »wenn der Sieg sich an unsere Fahnen heftete, würden die Schwierigkeiten verschwinden«, zeigte er sich überzeugt: »Das Finanzproblem ist das Problem des Sieges.«[20]

»KRIEG, NUR NOCH KRIEG«

Auch Frankreich war zu Beginn des Ersten Weltkriegs eine imperiale Macht mit kolonialen Besitzungen rund um den Globus, aber auf französischer Seite spielten globale und imperiale Überlegungen eine weitaus geringere Rolle als auf britischer. Denn Frankreich befand sich schon vor und erst recht nach Kriegsbeginn in einer geopolitisch und geostrategisch vollkommen anderen Position als unmittelbarer Nachbar des Deutschen Reiches, mit einer Geschichte von Krieg und Feindschaft, die Jahrhunderte zurückreichte und sich seit dem 19. Jahrhundert zunehmend national aufgeladen hatte.[21] Zudem war es ein Land, auf dessen Territorium seit 1914 deutsche Truppen standen.

In Paris hatte Georges Clemenceau im November 1917 erneut das Amt des Ministerpräsidenten übernommen. Zum Zeitpunkt seiner Ernennung zum Regierungschef war der Führer der »Radikalen«, einer linksbürgerlich-republikanischen Partei, die um die Jahrhundertwende entstanden war und als moderne Massenpartei in Erscheinung trat, 76 Jahre alt. 1871 war er in die Abgeordnetenkammer eingezogen, später gehörte er dem französischen Senat an. Mit 65 Jahren war er zwischen 1906 und 1909 zum ersten Mal Ministerpräsident. Auch in den Jahren danach, in denen er kein Regierungsamt bekleidete, blieb er ein einflussreicher Politiker. Seine Stunde schlug im vierten Kriegsjahr 1917. Die militärische Lage war schlecht, die Hoffnung auf einen Sieg schwand. Immer neue Offensiven brachten keine Erfolge, sondern immer größere Verluste. Meutereien erfassten die Armee. Vor diesem Hintergrund mehrten sich in Politik und Öffentlichkeit die Stimmen, die einen baldigen Frieden forderten. Verschärft wurde die Situation durch Arbeiterproteste und Streiks in den Betrieben.

Die Zeichen der Auszehrung und Erschöpfung blieben in der Politik nicht ohne Folgen. Der Konsens der »Union sacrée« begann sich aufzulösen, auch politisch ließ der Durchhaltewillen nach. Nachdem im Jahr 1917 bereits zwei Regierungen gescheitert waren, weil es ihnen nicht gelang, der Krise Herr zu werden, berief Staatspräsident Raymond Poincaré Clemenceau an die Spitze der Regierung. Von Anfang an appellierte der »Tiger«, wie er genannt wurde, an den Durchhalte-, ja mehr noch an den Siegeswillen der Franzosen, an deren prinzipieller Verteidigungsbereitschaft er nicht zweifelte: »Krieg, nur noch Krieg«, war seine Devise. Den Anstrengungen der 3. OHL in Deutschland seit Herbst 1916 durchaus vergleichbar, zielte Clemenceau vom ersten Tag seiner Amtszeit an auf die Mobilisierung aller Kräfte für den Krieg und den Sieg. Im Gegensatz zu Deutschland verschob sich in seiner Regierungszeit die politische Macht aber nicht hin zur militärischen Führung, sondern blieb in zivilen, in Clemenceaus Händen, der gegen erheblichen Widerstand der Generalität den zivilen Führungsanspruch stärkte und durchsetzte.[22]

Zu Clemenceaus Konzentration auf Krieg und Sieg gehörte, dass er die Friedensfühler, die es seitens seiner Vorgänger gegeben hatte, sofort einzog und es ablehnte, sich öffentlich zur Frage der französischen Kriegsziele zu äußern. Lediglich an der Rückgabe Elsass-Lothringens an Frankreich rüttelte er nicht und blieb damit einer Linie treu, die er seit Beginn seiner politischen Laufbahn nach dem Deutsch-Französischen Krieg von 1870/71 vertreten hatte. Damit stand er freilich nicht allein. Die Rückkehr Elsass-Lothringens war in der französischen Kriegszieldiskussion seit 1914 der Minimalkonsens. Jenseits dessen wurden auch in Frankreich unterschiedliche Kriegszielforderungen vertreten, die sich mit den Dynamiken des Kriegsverlaufs und der militärischen Lage veränderten und dabei in einem dialektischen Verhältnis zu den tatsächlichen oder vermuteten Kriegszielen der Gegner und insbesondere Deutschlands standen.[23] Die Rückgliederung Elsass-Lothringens sei nicht genug, um den Krieg zu beenden, hieß es in einer an die russische Regierung gerichteten französischen Note vom September 1914, wenige Tage nach dem »Wunder an der Marne«. Frankreich sei vielmehr entschlossen, der »Vorherrschaft des preußischen Militarismus ein Ende zu setzen«. Das war auch einer öffentlichen Erklärung der französischen Regierung vom 22. Dezember 1914 zu entnehmen. Das Deutsche Reich sollte vollständig besiegt und danach eine neue europäische Ordnung errichtet werden. Von seinen Bundesgenossen, vor allem von Russland, wurde Frankreich hinsichtlich deutscher Gebietsabtretungen im Westen des Reiches bestärkt; im Gegenzug gestand Frankreich Russland vergleichbare Gebietserweiterungen in Ostmitteleuropa zu. Schon damals erhoben sich auch Stimmen, die eine Zerstückelung des Deutschen Reiches in Erwägung zogen.

Öffentlich wurden solche Ziele nur selten benannt, da ähnlich wie in Deutschland eine öffentliche Diskussion konkreter Kriegsziele verboten war. Was aber in öffentlichen Äußerungen französischer Politiker schon 1914/15 auftauchte, war der Begriff der »Garantien«, die beim Friedensschluss zu fordern seien, und diese »Garantien« gingen, darüber war man sich einig, über die Rückkehr Elsass-Lothringens hinaus. Konkreter wurde man im Herbst 1916, als sich das französische Kabinett und Präsident Poincaré auf die zentralen französischen Kriegsziele verständigten: die Rückgabe Elsass-Lothringens in den Grenzen von 1790, was das Saargebiet einschloss; eine Bindung des Rheinlands an Frankreich durch Annexion, durch eine militärische Besetzung oder durch die Errichtung eines oder zweier autonomer Rheinstaaten; sowie die Möglichkeit eines Friedensvertrags mit den deutschen Einzelstaaten, was eine Auflösung des Reiches bedeutet hätte. Hinter diesen Kriegszielen und Friedensvorstellungen stand die Hoffnung, durch massive militärische Offensiven 1917, auf die sich im November 1916 der alliierte Generalstab geeinigt hatte, einen umfassenden Sieg zu erringen. Doch der Krieg entwickelte sich 1917 anders, als man in Frankreich erwartet und erhofft hatte, die Stimmung in der Armee verschlechterte sich. Die Soldaten seien bereit, so war aus der Truppe zu hören, einen Verteidigungskrieg zu führen. Sie seien auch willens, für die Rückkehr Elsass-Lothringens zu kämpfen, aber nicht für darüber hinausgehende Annexionen. Der Geheimausschuss des Parlaments, der sich im November und Dezember 1916 mit den Kriegszielen befasste, wies vor diesem Hintergrund jeden Gedanken an Eroberungen zurück, unterstrich aber die Forderung, den »preußischen Militarismus« zu besiegen. Ein Kriegsplan des in der Armee überaus populären Generals Pétain, der im Mai 1917 an die Spitze des Generalstabs berufen wurde, um Unzufriedenheiten und Meutereien einzudämmen, rückte die Sicherung Elsass-Lothringens in den Vordergrund und drängte damit die Forderung nach einer vollständigen deutschen Niederlage zurück. In dieser Situation übernahm Clemenceau die politische Führung, der zwar durchaus einer Abtretung des Saarlands und einer Kontrolle des Rheinlands zuneigte, aber derartige Diskussionen und Vorfestlegungen angesichts der Kriegslage und der aus seiner Sicht notwendigen Konzentration auf den Krieg – nicht auf den Frieden – für kontraproduktiv, ja für schädlich hielt.[24] Dass sich die Kriegsgegner in militärischen Allianzen gegenüberstanden, machte die Definition von gemeinsamen Kriegszielen nicht einfacher. Jede präzise Festlegung, insbesondere wenn es um territoriale Forderungen ging, trug den Keim von Konflikten in sich. Deswegen flüchtete man sich in Allgemeinplätze, die zwar eine Art Minimalkonsens darstellten, in der Regel aber so vage gehalten waren, dass sie selbst für maximale Forderungen Raum ließen, also sie zumindest nicht ausschlossen. Auch das trug zur Verlängerung des Krieges bei. Ob es möglich gewesen wäre, sich in den jeweiligen Lagern auf gemeinsame Zielsetzungen zu einigen, was die Voraussetzung für einen Verständigungsfrieden gewesen wäre, ist schwer zu sagen. Die Probe aufs Exempel ist nie gemacht worden. Auch die Offenlegung von Kriegszielen beziehungsweise Friedensvorstellungen, was von amerikanischer Seite seit 1916 als Ausgangspunkt für einen vermittelten Frieden ins Gespräch gebracht wurde, scheiterte nicht nur bei den Mittelmächten an der Furcht, sich in der Diskussion um die Kriegsziele zu entzweien und damit dem Gegner in die Karten zu spielen.

Misstrauen unter den Bundesgenossen kennzeichnete die Allianzen auf beiden Seiten. Auch aus diesem Grund hatten Großbritannien, Frankreich und Russland schon am 4. September 1914 öffentlich erklärt, keinen Separatfrieden einzugehen und nur mit den verbündeten Mächten abgestimmte Friedensbedingungen zu stellen. Das blieb freilich zunächst ein eher theoretischer Anspruch. Denn bei den Mächten, die erst später in den Krieg eintraten, lagen die Dinge anders. Staaten wie Bulgarien, Rumänien, Griechenland und Italien verfolgten konkrete, vor allem territoriale Ziele. Mit ihren Forderungen trieben sie den Preis für ihren Eintritt in eines der beiden Lager hoch und »verkauften sich an den Meistbietenden«.[25] Das wird besonders sichtbar im Fall Italiens, das im Mai 1915 auf der Seite der Entente in den Krieg eintrat. Vom »heiligen Egoismus« (»sacro egoismo«) sprach schon im Oktober 1914 der italienische Ministerpräsident Antonio Salandra. Ihm ging es darum, »solche Grenzen zu Lande und zur See zu erreichen, die nicht mehr angreifbar sind, und für Italien den Status einer wirklichen Großmacht zu erreichen«.[26] Zu diesem Zweck verhandelte Rom mit beiden Seiten. Nur mit Mühe und Not willigte Österreich-Ungarn, gedrängt von Deutschland, für die fortgesetzte italienische Neutralität in die Abtretung des von Italienern besiedelten Trentino ein, sehr wohl wissend, dass man damit an die hoch brisante Nationalitätenfrage im habsburgischen Vielvölkerreich rührte. Die Mächte der Entente hatten es da leichter, großzügige Angebote zu machen. Um Italien zu gewinnen und so baldmöglichst eine dritte Kriegsfront eröffnen zu können, versprachen sie Territorien, über die sie gar nicht verfügten. Damit sie ihre Versprechen einlösen konnten, mussten sie die Mittelmächte unbedingt besiegen, was einen Verständigungsfrieden unwahrscheinlicher machte. So kam es am 26. April 1915 zum Vertrag von London, der Italien für seinen Kriegseintritt – zunächst nur gegen Österreich-Ungarn – eine reiche Belohnung in Aussicht stellte: das Trentino, Tirol bis zum Brenner, an der Adria Triest, Görz und Gradisca sowie große Teile der Halbinsel Istrien, weite Teile Dalmatiens, das Protektorat über Albanien sowie den kleinasiatischen Dodekanes.[27] Nahezu unverändert erhob Italien 1919 in Paris Anspruch auf diese Gebiete und forderte von seinen Bundesgenossen die Erfüllung der Versprechen von 1915. Der Londoner Vertrag gehörte zu jenen Dokumenten, die die bolschewistische russische Revolutionsregierung unmittelbar nach ihrer Machtübernahme veröffentlichte, um den Charakter des imperialistischen Krieges zu offenbaren und damit der eigenen Forderung nach einem »Frieden ohne Annexionen und Kontributionen« Nachdruck zu verleihen.

Das waren insgesamt keine guten Voraussetzungen für die Initiative, mit der der amerikanische Präsident am 21. Dezember 1916 die beiden Lager aufforderte, ihre Vorstellungen möglicher Friedensbedingungen darzulegen, um auf dieser Basis in Gespräche – nach Lage der Dinge vermittelt durch die USA – einzutreten. Die Sorgen in Paris und London, Berlin könnte auf Wilsons Angebot eingehen und die Entente damit unter Zugzwang bringen, stellten sich schnell als unbegründet heraus. Das deutsche Auswärtige Amt verwies in seiner Antwort auf die eigene Note vom 12. Dezember und lehnte die Forderung des US-Präsidenten ab, die Friedensziele der Mittelmächte offenzulegen. Denn die Reichsleitung war nicht in der Lage, sich mit den eigenen Verbündeten auf einen verhandlungsfähigen Minimalkonsens zu verständigen, und innenpolitisch war eine solche Festlegung angesichts des an Stärke gewinnenden annexionistischen Lagers im Grunde unmöglich: Entweder hätten maximale Forderungen die Initiative sofort zum Scheitern gebracht und darüber hinaus die Sozialdemokratie verprellt, oder moderate Positionen hätten auf der rechten Seite einen Aufschrei ausgelöst und mit größter Wahrscheinlichkeit Bethmann Hollweg als Kanzler unhaltbar gemacht.

»HINDENBURG-FRIEDEN« VERSUS »SCHEIDEMANN-FRIEDEN«

Die erfolglosen Friedensinitiativen im Dezember 1916, insbesondere die Zurückweisung von Bethmanns Friedensnote, trugen unmittelbar zur Wiederaufnahme des uneingeschränkten U-Boot-Kriegs bei, die der Kaiser Anfang Januar 1917 für den 1. Februar befahl. Der amerikanische Kriegseintritt war die Folge. Damit hatten sich die Oberste Heeresleitung und das rechte Lager durchgesetzt, und die Machtverhältnisse in Deutschland veränderten sich dramatisch. Bethmann Hollwegs Position war extrem geschwächt, auch wenn der Kanzler nicht aufgab und nicht bereit war, seinen Gegnern das Feld zu räumen. Nach dem 1. Februar 1917, als der U-Boot-Krieg in der Tat beachtliche Erfolge erzielte, auch wenn nur im April und im Juni 1917 Versenkungen gegnerischer Schiffe in der angestrebten Größenordnung erfolgten,[28] wähnte sich die deutsche Militärführung für wenige Monate in Reichweite eines Sieges, und zwar trotz des amerikanischen Kriegseintritts, dessen Bedeutung Ludendorff völlig unterschätzte.[29] Dazu trug die Februarrevolution in Russland nicht unerheblich bei, die in Deutschland die Hoffnung nährte, Russland würde sich aus dem Konflikt zurückziehen und einen Separatfrieden mit den Mittelmächten schließen.

Die neue Zuversicht, die jede Friedensaussicht zunichte machte und – trotz des U-Boot-Kriegs – ein Andauern der Kämpfe und des Sterbens über das Jahr 1917 erwarten ließ, führte im Lager der OHL und der annexionistischen Parteien und Verbände zu einer Radikalisierung der Kriegszielvorstellungen. Auf einer Kriegszielkonferenz in Bad Kreuznach, wo sich das Große Hauptquartier der Obersten Heeresleitung befand, verständigten sich Reichsleitung und OHL unter dem Druck der militärischen Führung und insbesondere Ludendorffs am 23. April 1917 auf Kriegsziele, die alle bisherigen Forderungen in den Schatten stellten. Das Kreuznacher Programm sah weitreichende Annexionen in Ostmitteleuropa, in Belgien und in Frankreich vor sowie eine gewaltige Ausdehnung der deutschen Einflusszone in Osteuropa. Admiral von Müller, als Chef des deutschen Marinekabinetts Teilnehmer der Konferenz, notierte in seinem Tagebuch »völlige Maßlosigkeit im Osten und Westen«.[30] Bethmann Hollweg, der eine Festlegung auf präzise Kriegsziele beziehungsweise Friedensbedingungen ablehnte, um auf Friedenschancen reagieren und etwaige Verhandlungen von der Situation bei Kriegsende abhängig machen zu können, hatte dem Druck der OHL zu dieser Zeit nichts mehr entgegenzusetzen. Allein die Tatsache, dass er zu Gesprächen ins OHL-Hauptquartier regelrecht zitiert werden konnte, zeigt, wie schwach seine Stellung geworden war. Beim Kaiser fand der Kanzler zu diesem Zeitpunkt keine Unterstützung mehr; der Druck, nach Bad Kreuznach zu reisen, ging auch von Wilhelm II. aus, der seit der Zustimmung zum uneingeschränkten U-Boot-Krieg offen wahrnehmbar auf die Seite des Militärs überzuschwenken begann und die Macht der OHL dadurch gewaltig verstärkte. Zwar bezeichnete Bethmann Hollweg die in Kreuznach fixierten Kriegsziele, die auf einer zweiten Kriegszielkonferenz mit Österreich-Ungarn im Mai 1917 an Maßlosigkeit noch übertroffen wurden, als »Phantastereien« und hielt in einer Aktennotiz fest, sich für den Fall von Friedensgesprächen an die Kreuznacher Beschlüsse nicht gebunden zu fühlen.[31] Aber das wirkte eher wie eine Beruhigung des eigenen Gewissens und konnte nicht darüber hinwegtäuschen, dass sich die Machtverhältnisse in der Führung des Reiches deutlich zugunsten des Militärs und der OHL verschoben hatten.

Bethmann Hollwegs Agieren wurde vor diesem Hintergrund immer widersprüchlicher. Während der Reichskanzler einerseits – trotz seiner Aktennotiz und seiner persönlichen wie politischen Reserven – öffentlich seine Zustimmung zur Kriegszielpolitik der Annexionisten, die zunehmend in der OHL ihr Gravitationszentrum fanden, signalisierte, unterstützte er andereseits – ganz im Sinne seiner »Politik der Diagonale« – die Sozialdemokratie. Die SPD wiederum war in ihrer Kriegspolitik zerrissener denn je. Immer stärker zweifelte ihr linker Flügel den Nutzen einer Verlängerung des »Burgfriedens« von 1914 an, was schließlich im April 1917 zur Spaltung der Partei und zur Gründung der Unabhängigen Sozialdemokratischen Partei Deutschlands (USPD) führte. Aber auch auf dem rechten Flügel, der Bethmanns Kurs und damit die Kriegspolitik des Reiches bis dahin unterstützt hatte, mehrten sich die Stimmen, die zu einem Verständigungsfrieden aufriefen, um dem Sterben auf den Schlachtfeldern und der Not in der Heimat ein Ende zu machen. Das fiel nach der Februarrevolution leichter, da das zaristische Regime in Russland nun zu Fall gebracht und damit eines der wichtigsten, wenn nicht das wichtigste Kriegsziel der Sozialdemokratie erreicht war. Die Partei pochte nun verstärkt darauf, dass zu den Kriegszielen der SPD auch innenpolitische Reformen gehörten. Man unterstützte den Krieg – nicht zuletzt durch die Bewilligung der Kriegskredite –, erwartete aber als Lohn dafür die Demokratisierung des Reiches mit der Änderung des preußischen Wahlrechts als wichtigem ersten Schritt.

1917, im vierten Kriegsjahr, gab es in Deutschland zwei umfassende Friedenskonzepte, die gegensätzlicher nicht sein konnten und nach den Protagonisten der jeweiligen Lager als »Hindenburg-Frieden« beziehungsweise »Scheidemann-Frieden« – nach dem SPD-Fraktionsvorsitzenden im Reichstag – bezeichnet wurden.[32] Der »Hindenburg-Frieden« stand für maximale Kriegszielforderungen und eine radikal annexionistische Politik in Verbindung mit der Verschleppung demokratischer Reformen, die nach einem siegreichen Krieg auf ein Minimum begrenzt oder gar ganz verhindert werden sollten. Der »Scheidemann-Frieden« zielte dagegen auf einen Verständigungsfrieden, auf einen »Frieden ohne Annexionen und Kontributionen«, wie ihn der Petrograder Sowjet nach der Februarrevolution verlangt hatte, und auf innenpolitische Reform, Demokratisierung und Parlamentarisierung. Die Konzepte waren unvereinbar, ein Ausgleich oder eine Vermittlung zwischen ihnen unmöglich. Da Bethmann Hollweg an seiner »Politik der Diagonalen« festhielt, statt sich auf eine der beiden Seiten zu schlagen, wurde das Ende seiner Kanzlerschaft spätestens im Frühjahr 1917 unausweichlich.

Mit der von Bethmann verfassten Osterbotschaft Wilhelms II. vom 7. April 1917 versuchte der Reichskanzler noch zwischen den beiden Positionen zu lavieren. Der Kaiser kündigte in seiner Rede eine Verfassungsreform an und insbesondere die Abschaffung des Dreiklassenwahlrechts in Preußen. Er band diese Maßnahmen allerdings an das »glückliche Ende des Krieges«, das nach Lage der Dinge nur ein »Siegfrieden« im Sinne der nationalistischen Rechten herbeiführen konnte. Damit gab sich die Sozialdemokratie, die lange genug vertröstet worden war, nicht zufrieden. Ihre Führung verlangte rasche Fortschritte insbesondere in der Wahlrechtsfrage, andernfalls werde man den Kriegskrediten nicht mehr zustimmen. Der Druck auf Bethmann Hollweg verstärkte sich, als im Frühsommer 1917 die Zentrumsfraktion im Reichstag, angeführt von dem württembergischen Abgeordneten Matthias Erzberger, umschwenkte und angesichts der begrenzten Wirkung des U-Boot-Kriegs, der katastrophalen Ernährungslage und der Perspektive einer weiteren Verlängerung des Krieges Kurs auf einen Verständigungsfrieden nahm. Erzberger, der Annexionist der Jahre 1914 und 1915, plädierte am 6. Juli 1917 im Hauptausschuss des Reichstags, der sich mit allen Fragen der Kriegführung befasste, für einen »Frieden des Ausgleichs« und den Verzicht auf alle annexionistischen Forderungen. Damit war auf parlamentarischer Ebene eine neue politische Konstellation entstanden: die Perspektive einer Kooperation von SPD und Zentrum, die noch ins liberale Lager hinein zu erweitern war. Während sich die Nationalliberale Partei zu einer Zusammenarbeit nicht entschließen konnte, trat die linksliberale Fortschrittspartei in Gespräche mit SPD und Zentrum ein.

In einem ersten Schritt bildeten die drei Parteien noch am selben Tag einen Interfraktionellen Ausschuss, der fortan zu einem neuen Zentrum der deutschen Politik und zum Gegenpol der Obersten Heeresleitung werden sollte. Zerrieben zwischen den unversöhnlichen Positionen von OHL und Interfraktionellem Ausschuss, die nicht auszugleichen waren und eine »Politik der Diagonale« nicht zuließen, erklärte der Reichskanzler am 13. Juli seinen Rücktritt. Weder die Parteien des Interfraktionellen Ausschusses noch die OHL oder das rechte Lager schenkten ihm noch Vertrauen. Wenig später, am 19. Juli 1917, verabschiedete der Reichstag mit den Stimmen von SPD, Zentrum und Fortschrittspartei eine Friedensresolution. 214 Abgeordnete stimmten für die Entschließung, 116 dagegen, 17 enthielten sich. Nach innen wie nach außen gerichtet wurde in der Resolution ein »Frieden der Verständigung und der dauernden Versöhnung der Völker« gefordert und betont, »erzwungene Gebietsabtretungen oder politische, wirtschaftliche oder finanzielle Vergewaltigungen« seien mit einem solchen Frieden »unvereinbar«.[33]

Stärker als in den Kriegsjahren zuvor drehte sich die deutsche Politik und vor allem der Antagonismus zwischen den Reformkräften und dem rechten

Lager mit der OHL nun um die Frage der Kriegsziele beziehungsweise der Friedenspolitik. Um ihren Vorstellungen eines Verständigungsfriedens in der Bevölkerung Rückhalt zu verschaffen, ja um überhaupt den Gedanken eines Verständigungsfriedens nach Jahren annexionistischer Kriegsziel- und Siegfriedenspropaganda in der deutschen Öffentlichkeit als eine realistische Option zu etablieren, riefen liberale Intellektuelle wie Ernst Troeltsch, Friedrich Meinecke und Hans Delbrück den »Volksbund für Freiheit und Vaterland« ins Leben, der die Parteien des Interfraktionellen Ausschusses unterstützte.[34] Die Gründung des »Volksbunds« war auch eine Antwort auf die Deutsche Vaterlandspartei, eine in Erinnerung an den Krieg von 1870 am 2. September 1917, dem »Sedanstag«, gegründete Massenorganisation. Diese war mit Unterstützung der OHL entstanden und getragen von dem Interesse, eine breite, gleichsam außerparlamentarische Opposition – bei Reichstagswahlen wollte die Partei nicht antreten – gegen die Reichstagsmehrheit und vor allem deren Friedenspolitik zu bilden. Die Vaterlandspartei, hinter der der reaktionäre ehemalige ostpreußische Generallandschaftsdirektor Wolfgang Kapp stand und als deren erster Vorsitzender Großadmiral Alfred von Tirpitz agierte, war die Partei des »Siegfriedens«. Sie war aber auch die Partei einer innen- und verfassungspolitischen Kurskorrektur, einer autoritären, antidemokratischen und antiparlamentarischen Wende.[35]

Kriegsziele und Friedensvorstellungen bildeten spätestens seit 1917 die zentrale politische Agenda des Kaiserreichs. Alle anderen politischen Fragen waren davon abhängig. Und spätestens seit 1917 waren auch die Friedens- und die Verfassungsfrage untrennbar miteinander verkoppelt. Die Gegensätze, die sich seit Ende 1916 ausformten beziehungsweise weiter verschärften, wirkten weit über das Ende des Kaiserreichs hinaus. Selbst der Versailler Vertrag, der kein Siegfrieden war und nicht einmal ein Verständigungsfrieden, machte den Gegensatz nicht obsolet oder politisch unwirksam. In der Außenpolitik der Weimarer Republik, die über weite Strecken – wenn nicht ausschließlich – eine Politik des Umgangs mit dem Versailler Vertrag war, setzten sich die Gegensätze fort. Die Konstellation des Krieges und das Denken des Krieges verlängerten sich in den Frieden hinein. Und auch die unversöhnlichen politischen und konstitutionellen Ordnungsvorstellungen fanden mit dem Ende des Krieges und des Kaiserreichs bekanntlich kein Ende. Der Kampf ging auch hier weiter.

»Safe for Democracy«?
Woodrow Wilson und die Vierzehn Punkte

PRÄSIDENT EINER GLOBALEN MACHT

Am 2. April 1917 trat der amerikanische Präsident Woodrow Wilson vor den amerikanischen Kongress, um Senat und Repräsentantenhaus zum Eintritt der Vereinigten Staaten in den Krieg zu bewegen. Viele Tage hatte Wilson mit seinen engsten Beratern an der Rede gearbeitet, die eine Kehrtwende seiner bisherigen Politik darstellte, eine Kehrtwende, die er gerne vermieden hätte. Im Präsidentschaftswahlkampf des Jahres 1916 war er noch mit der Parole »He kept us out of war!« aufgetreten, auch wenn er sich schon damals nicht mehr sicher war, ob er seinen Neutralitätskurs noch lange würde durchhalten können. Zu keinem Zeitpunkt bedeutete Neutralität für Wilson eine Distanzierung vom Krieg und den durch diesen ausgelösten politischen Dynamiken. Seit Kriegsbeginn 1914 hatte der Präsident immer wieder die Bereitschaft seines Landes bekräftigt, zwischen den Kriegsgegnern zu vermitteln, und entsprechende Initiativen ergriffen, die jedoch allesamt ins Leere liefen, und zwar sowohl auf deutscher Seite als auch bei den Mächten der Entente. Diese aktive, engagierte Neutralitätspolitik verfolgte Washington weiter, auch wenn Wilson in seinen Sympathien immer mehr den Alliierten und vor allem Großbritannien zuneigte.

Hatte die amerikanische Regierung zunächst die britische Seeblockade kritisiert, die Deutschland von der maritimen Versorgung abschneiden sollte, dabei aber auch den völkerrechtlich garantierten Handel neutraler Staaten beeinträchtigte, wandten sich die USA schon bald und ungleich schärfer gegen den uneingeschränkten U-Boot-Krieg. Diesen führte die deutsche Seekriegsleitung seit Februar 1915, um sich gegen die britische Blockade zur Wehr zu setzen und den britischen Handel zu stören. Die kaiserliche Marine errichtete zu diesem Zweck eine Sperrzone um die Britischen Inseln, innerhalb derer auch neutrale Handelsschiffe torpediert wurden. Das löste einen heftigen Notenkrieg und massive Versuche der Reichsregierung aus, die deutsch-amerikanische Bevölkerung gegen die Wilson-Administration und ihre Politik zu mobilisieren. Man versprach sich davon einen gewissen Erfolg, schließlich waren nach dem Zensus von 1910 rund 5,7 Millionen Amerikaner und damit ungefähr sechs Prozent der Gesamtbevölkerung der USA entweder in Deutschland geboren oder hatten in Deutschland geborene Eltern. In manchen Gegenden, vor allem im Mittleren Westen, war der deutschstämmige Bevölkerungsanteil noch viel höher und damit zumindest potentiell auch politisch wirksamer.[1]

Doch die amerikanische Neutralitätspolitik entwickelte immer deutlicher proalliierte, vor allem probritische und profranzösische Züge. Das äußerte sich insbesondere in den internationalen Finanzbeziehungen. War man in Washington zunächst noch skeptisch gewesen, wenn es galt, Anleihen und Kredite zugunsten kriegführender Staaten zu unterstützen, änderte sich dies bald. Die New Yorker Wall Street trug nämlich nicht nur zur Finanzierung der alliierten Kriegsanstrengungen bei, sondern auch zu einem kreditfinanzierten Exportboom der amerikanischen Wirtschaft. Das führte zu einer stetig wachsenden Verschuldung der Ententemächte, allen voran Großbritannien und Frankreich, und zu einer wachsenden Abhängigkeit dieser Staaten von amerikanischem Geld, ohne das die Entente den Krieg gar nicht mehr führen konnte. Fast die Hälfte des Geldes, das Großbritannien 1916 für seine gewaltigen militärischen Kraftanstrengungen an der Somme aufwendete, stammte aus Anleihen, die das New Yorker Bankhaus J. P. Morgan im Auftrag der britischen Regierung in den USA aufgelegt hatte.[2] Zu einer vergleichbaren Unterstützung der Mittelmächte durch amerikanisches Geld kam es nicht. So kompromittierten die privatwirtschaftlich organisierten Finanzbeziehungen zwischen den USA und den Ententestaaten schon vergleichsweise früh die politische Neutralität der Vereinigten Staaten. De facto, so nahm man es nicht nur in Deutschland wahr, standen die USA seit 1915 auf der Seite der Entente. Amerikanische Geldgeber und Investoren hofften auf einen Sieg der Entente, ja sie brauchten ihn angesichts ihrer Renditeerwartungen. Noch während des Krieges wurde die Frage des britischen und französischen Schuldendienstes, also die Rückzahlung der gewährten Kredite, zu einem beherrschenden Thema der transatlantischen Finanzbeziehungen, das nach Kriegsende massiv auf die Reparationsregelungen der Pariser Vorortverträge, insbesondere des Versailler Vertrags, durchschlug und die internationale Finanzpolitik bis in die frühen 1930er Jahre beherrschte.

Noch nach Jahren und weit über seinen Tod hinaus ist Woodrow Wilson der Vorwurf gemacht worden, seine Haltung zum Krieg und die Aufgabe der amerikanischen Neutralität seien von wirtschaftlichen Interessen bestimmt gewesen, ja der Präsident habe sich gleichsam zum Handlanger der Wall Street und des mächtigen Bankhauses J. P. Morgan machen lassen, das die transatlantischen Finanzgeschäfte beherrschte. Vor einem vom amerikanischen Senat eingesetzten Untersuchungsausschuss, der zwischen 1934 und 1936 die Rolle der Banken und der Rüstungsindustrie während des Ersten Weltkriegs behandelte, bestritten die Repräsentanten der Finanzwelt diesen Vorwurf vehement und verwiesen auf Wilsons enormes Misstrauen gegen die Wall Street.[3]

In der Tat spricht wenig dafür, in Woodrow Wilson einen Vertreter von Finanzwirtschaft und Großkapital zu sehen. Dafür war der Staatswissenschaftler und Universitätsprofessor Wilson seit seiner Wahl zum Gouverneur des Bundesstaates New Jersey 1910 viel zu sehr dem »Progressivism« verpflichtet, jener an Bedeutung gewinnenden Strömung, die sich in den USA seit den 1890er Jahren für eine umfassende Politik sozialer Reformen einsetzte und im Laufe der Zeit innerhalb der Demokratischen Partei einen immer stärker und wichtiger werdenden Flügel bildete. Den »Progressivists« ging es um die Lösung der durch Industrialisierung, Urbanisierung und den immer stärkeren Bevölkerungsanstieg verursachten Probleme, derer der klassische Laissez-faire-Liberalismus nach ihrer Ansicht nicht Herr werden konnte. Anhänger des »Progressive Movement« forderten einen aktiven, einen starken Staat, der Sozialpolitik betrieb und vor allem in den Großstädten Armut und Elend entgegenwirkte. Aber auch Verwaltungsreformen, mit denen die weit verbreitete Korruption bekämpft werden sollte, gehörten zur Agenda der »Progressivists«. Als Gouverneur von New Jersey führte Wilson eine Unfallversicherung für Arbeiter ein, setzte höhere Hygienestandards durch und reformierte gegen das Establishment von Republikanern und Demokraten die Wahlgesetze des Staates, um Korruption und Ämterpatronage zurückzudrängen. Mit solchen Maßnahmen gewann er rasch überregionale Prominenz und empfahl sich als Kandidat für die Präsidentschaftswahlen 1912.[4]

Nachdem er sich zunächst innerparteilich gegen einen Vertreter des konservativen Flügels der Demokraten durchgesetzt hatte, profitierte Wilson bei der Wahl am 5. November 1912 von der Spaltung der Republikaner, die seit 20 Jahren ununterbrochen den Präsidenten stellten. 1912 aber zerstritt sich die Partei. Theodore Roosevelt, Präsident der Jahre 1901 bis 1909, scharte progressive Republikaner um sich, die wie er den wirtschaftsfreundlichen Kurs von Präsident William Howard Taft kritisierten, und gründete mit diesen die »Progressive Party«, die mit ihm als ihrem Spitzenkandidaten in die Präsidentschaftswahlen zog. Roosevelt wie Wilson gingen also mit einer progressivistischen Agenda in den Wahlkampf. Zwischen diesen beiden entschied sich die Wahl, bei der am Ende Wilson knapp 42 Prozent der Wählerstimmen auf sich vereinigen konnte, Roosevelt etwas mehr als 27 Prozent. Für Wilson bedeutete das 435 Wahlmänner, für Roosevelt lediglich 88. Mit nur acht Wahlmännern bei gut 23 Prozent der Wählerstimmen landete der amtierende Präsident Taft auf Platz drei. Die große Mehrheit im Wahlmännergremium täuscht leicht darüber hinweg, dass Wilson alles andere als einen triumphalen Wahlsieg einfuhr. Landesweit erzielte er deutlich weniger Stimmen als William Bryan, der als demokratischer Kandidat die letzten drei Präsidentschaftswahlen verloren hatte. Ohne die Spaltung der Republikaner wäre Wilson niemals ins Weiße Haus eingezogen.[5]

Zwar hatte Wilson schon als junger Mann mit einer politischen Karriere geliebäugelt, aber zu einer realistischen Möglichkeit wurde das erst nach seiner Wahl zum Präsidenten der Universität Princeton im Jahr 1902, ein Amt, das ihn zu einer öffentlichen Figur werden ließ und ihm die Möglichkeit gab, sich zu politischen Themen und gesellschaftlichen Entwicklungen zu äußern. Von Princeton aus wurde er 1910 für die Demokratische Partei zum Gouverneur von New Jersey gewählt. Wilsons Weg nach Princeton – in den Jahren um 1900 noch keine Eliteuniversität von internationalem Rang – war keineswegs vorgezeichnet. Der spätere Präsident war ein Kind der Südstaaten. Er wurde 1856 als Sohn eines presbyterianischen Pastors in Virginia geboren und wuchs in Georgia und South Carolina auf.[6] Der Bürgerkrieg der Jahre 1861 bis 1865 und die Niederlage der Konföderierten zählten zu seinen Kindheitserfahrungen. Dass er aus den Südstaaten stammte und sich dem Süden verbunden fühlte, verleugnete er nie, aber für die Sache der Konföderierten, für eine Sezession der Südstaaten empfand er nur wenig Sympathie. Er war kein Befürworter der Sklaverei, allerdings auch nicht ihr entschiedener Kritiker. Sklaven gehörten zu seiner südstaatlichen Lebenswelt. Die Sklaverei, die er auch in seinem Elternhaus erlebte und in Sonntagsschulen, die sein Vater für Sklaven abhielt, ließ sich für ihn paternalistisch rechtfertigen.[7] Diese Form des Rassismus, der sich nicht nur auf Afro-Amerikaner bezog, teilte er mit vielen seiner Zeitgenossen, und zwar auch noch in der Zeit seiner Präsidentschaft. Nicht zuletzt Wilsons Idee eines Völkerbundes gründete auf der Vorstellung von der Überlegenheit der weißen »Rasse«. Das sollte 1919 in Paris durchaus eine Rolle spielen.

Anders, als man hätte erwarten können, und auf jeden Fall anders, als es offensichtlich seinem Vater vorschwebte, entschied sich der junge Woodrow

Wilson mit seinem protestantisch-bildungsbürgerlichen Hintergrund nicht für die Theologie, sondern für ein Studium der Rechtswissenschaften, das er nach mehreren Stationen, längeren Unterbrechungen und einem Versuch, sich als Anwalt in Atlanta zu etablieren, 1884 an der Johns-Hopkins-Universität in Baltimore abschloss. Dem Studium folgten akademische Lehrtätigkeiten an verschiedenen Einrichtungen des amerikanischen Ostens, bis er 1890 einen Ruf auf einen Lehrstuhl in Princeton annahm, wo er, seinen Interessen folgend, vor allem Politikwissenschaft und Öffentliches Recht lehrte. Mit Blick auf die britische Verfassungsgeschichte und den britischen Parlamentarismus untersuchte der junge Professor das amerikanische politische System und veröffentlichte eine Reihe von Standardwerken, darunter 1889 das staatsrechtliche Handbuch *The State* und im Jahr darauf *Congressional Government*, eine Analyse des amerikanischen Regierungssystems. Als dessen eigentliches Machtzentrum machte er den Kongress aus, den er aber durch ein von Partikularinteressen beherrschtes Ausschusssystem als geradezu paralysiert ansah.[8] Dieser zeitdiagnostischen Bewertung entsprang Wilsons Forderung nach einer Stärkung des Präsidenten im Verfassungsgefüge. In Auseinandersetzung mit dem konservativen Staatsdenker Edmund Burke und dem liberalen Publizisten Walter Bagehot entwickelte Wilson sein Bild der britischen Verfassung und ihrer historischen Entwicklung. Es entsprach der konservativ-liberalen politischen Grunddisposition des Südstaatlers Wilson, dass er in der evolutionären Herausbildung der britischen parlamentarischen Demokratie geradezu das Ideal einer Verfassungsentwicklung erkannte. Den revolutionären – französischen – Weg zur Demokratie hingegen betrachtete er wie Burke mit tiefer Skepsis. In revolutionären Entwicklungen sah er vor allem die demokratiegefährdenden Potentiale und weniger die demokratisierende Wirkung.[9] Außenpolitische Fragen interessierten den Politikwissenschaftler Wilson dagegen nur am Rande. Zwar behandelte er auch diese in seiner mehrbändigen, eher populärwissenschaftlichen *Geschichte des amerikanischen Volkes*, aber Experte für Außenpolitik war der Akademiker Wilson zweifellos nicht.

Heute erinnern wir uns an Woodrow Wilson, der am 4. März 1913 als 28. Präsident der Vereinigten Staaten den Amtseid ablegte, in erster Linie als Außenpolitiker. Dabei waren die frühen Jahre seiner Präsidentschaft eindeutig innenpolitisch bestimmt. Ganz im Sinne seiner 1912 publizierten Programmschrift *The New Freedom* stand zunächst eine progressivistisch geprägte Reformagenda im Mittelpunkt seiner Arbeit.[10] Zu ihren Maßnahmen gehörten weitreichende Wahlrechtsreformen, darunter die Einführung der Volkswahl der Senatoren, und sozialpolitische Reformen. Darüber hinaus setzte er die Einführung einer Einkommensteuer auf Bundesebene durch, um Ungerechtigkeiten des einzelstaatlichen Steuersystems auszugleichen, eine preissenkende Freihandelspolitik durch die Abschaffung oder Reduktion von Einfuhrzöllen in vielen Bereichen sowie die Etablierung eines staatlichen Zentralbanksystems zur Kontrolle der Währungs- und Zinspolitik in Gestalt der *Federal Reserve*. Gerade die nationale Einkommensteuer und die *Federal Reserve* gewannen – was bei ihrer Einführung nicht vorherzusehen war – erhebliche Bedeutung für die Finanzierung der amerikanischen Kriegsanstrengungen.[11] Ergänzt wurden Wilsons Wirtschafts- und Finanzreformen durch wichtige wettbewerbspolitische Maßnahmen wie die Bildung der Kartellbehörde *Federal Trade Commission* und den *Clayton Antitrust Act* von 1914, der Wettbewerbsverzerrungen durch Preisabsprachen oder Unternehmensverflechtungen entgegenwirken sollte.

Wilson war nicht nur ein starker Präsident, sondern er trug auch zur Ausgestaltung der Präsidentschaft als Institution bei, indem er ihre verfassungsmäßigen Möglichkeiten voll ausschöpfte und sich darüber hinaus kontinuierlich und intensiv um öffentlichen und medialen Rückhalt bemühte. Auf diese Weise erhöhte er das Gewicht des Amtes insbesondere gegenüber dem Kongress. Zu Beginn seiner Amtszeit wurde das durch eine demokratische Mehrheit in beiden Häusern des Kongresses erleichtert. Später und vor allem nachdem die Republikanische Partei ihre Spaltung überwunden hatte, erwuchsen dem Präsidenten aus dem Kongress mächtige Gegenspieler, was ihn veranlasste, sein Bemühen um die Öffentlichkeit und die Zustimmung des Volkes weiter zu erhöhen. Im Krieg verstärkte sich diese Tendenz noch. Der Appell an die Öffentlichkeit – zuerst die nationale, später immer stärker auch die internationale, ja globale – wurde zu einem wichtigen Instrument Wilsons und seiner Politik.

Nie wieder könne der amerikanische Präsident, so hatte der Verfassungsrechtler und Politikwissenschaftler Wilson bereits vor seiner politischen Karriere geschrieben, »eine bloß innenpolitische Figur sein, wie er es für den größten Teil unserer Geschichte gewesen ist«. Und weiter hieß es in seinem 1908 veröffentlichten Buch *Constitutional Government*: »Unsere Nation ist in die erste Reihe aufgestiegen, was Macht und Ressourcen betrifft. Die anderen Nationen der Welt schauen misstrauisch auf uns, halb mit Neid, halb mit Furcht, und fragen sich beunruhigt, was wir mit unserer ungeheuren Kraft tun werden.«[12]

Zur globalen – und kolonialen – Macht waren die USA spätestens seit dem Krieg gegen Spanien 1898 und der Annexion der Philippinen geworden, aber auch in der eigenen Hemisphäre, nicht zuletzt in der Karibik und Zentralamerika, bauten sie ihre Dominanz aus. Reichte die *Manifest Destiny*, die Idee, dass es die offenkundige Bestimmung der USA sei, sich bis zum Pazifik auszudehnen, gar über den nordamerikanischen Kontinent hinaus? Hatten die Vereinigten Staaten eine globale Mission? Waren sie – möglicherweise im Verbund mit anderen weißen Völkern – dazu aufgerufen, die Welt zu zivilisieren? So dachten in den USA um 1900 nicht wenige, und als Woodrow Wilson im Wahlkampf des Jahres 1912 erklärte, die USA seien »ausersehen, den Nationen der Welt den Weg auf den Pfad der Freiheit zu weisen«, da entsprach das durchaus der verbreiteten nationalistischen Rhetorik jener Jahre. Ein konkretes außenpolitisches Programm, die Agenda einer Politik des Regimewechsels, verbarg sich dahinter jedoch nicht, auch wenn die USA im Frühjahr 1914 militärisch in ihrem Nachbarland Mexiko intervenierten, wo sich ein General an die Macht geputscht hatte.

»FRIEDEN OHNE SIEG«

Die Neutralitätserklärung, die Wilson am 19. August 1914 vor dem amerikanischen Kongress abgab, war durchdrungen vom Selbstbewusstsein einer Nation, die ihr Gewicht nicht zugunsten einzelner europäischer Mächte in die Waagschale werfen wollte und die weder an einer deutschen noch an einer britischen Hegemonie in Europa interessiert war, von einer russischen ganz zu schweigen. Eine einseitige Parteinahme war innenpolitisch hoch problematisch. Wenn Wilson 1916 als Präsident wiedergewählt werden wollte, konnte er es nicht riskieren, ganze Bevölkerungsgruppen zu verprellen, insbesondere die deutsche, die irische oder die jüdische, die wegen der antijüdischen Pogrome in Russland nicht auf der Seite der Entente stand. Innerparteilich galt es, den pazifistischen Flügel um Außenminister William J. Bryan einzubinden. Und doch erklärt sich der amerikanische Neutralitätskurs nicht nur dadurch. Hinter ihm stand schon 1914 die Idee, als Vermittler in dem Konflikt wirken zu können und dadurch den globalen amerikanischen Einfluss weiter zu stärken. Für eine solche Vermittlerrolle, so Wilson im August 1914, seien die USA mehr als jedes andere Land prädestiniert, und genau deswegen durfte der Krieg nicht mit dem Sieg der einen oder der anderen Seite enden. Nach seiner Ansicht war eine Pattsituation am ehesten im amerikanischen Interesse, denn in einer solchen Situation konnten die USA als glaubwürdige Vermittler auftreten und ihren internationalen Einfluss stärken.

Ein strikter Neutralitätskurs war freilich schwer durchzuhalten, nachdem die deutsche Seekriegführung einen Blockadering um die Britischen Inseln gelegt hatte und in den Gewässern um Großbritannien U-Boote einsetzte, um Handels- und Waffenlieferungen an Großbritannien zu verhindern. Am 7. Mai 1915 versenkte ein deutsches U-Boot das britische Passagierschiff *Lusitania*. Über 1000 Menschen ertranken, darunter 128 Amerikaner. Dass die *Lusitania* auch Waffen geladen hatte, kam erst nach dem Krieg an die Öffentlichkeit. So war das Echo in den USA gewaltig, und die Befürworter des amerikanischen Kriegseintritts gewannen an Gewicht. Die Stimmen im politischen Washington und in der probritischen Ostküstenpresse, die an ihren Sympathien für die Entente und ihrer antideutschen Haltung seit Kriegsbeginn keinen Zweifel gelassen hatten, sahen sich in ihrer Position bestätigt. Wilson forderte Deutschland nach dem Untergang der *Lusitania* ultimativ zur Einstellung des uneingeschränkten U-Boot-Krieges auf, vermied es allerdings, explizit mit dem amerikanischen Kriegseintritt zu drohen. Nach zwei weiteren Zwischenfällen – den Versenkungen der Passagierschiffe *Arabic* im August 1915 und *Sussex* im März 1916 – drohte er, die diplomatischen Beziehungen zu Deutschland abzubrechen. Beide Male drehte die deutsche Reichsleitung bei und erklärte den Abbruch des uneingeschränkten U-Boot-Krieges. Im anlaufenden Präsidentschaftswahlkampf kam Wilson das überaus gelegen, denn nun konnte er aus einer Position der Neutralität in den Wahlkampf ziehen und die Idee einer amerikanischen Vermittlung weiter verfolgen. Obwohl die USA zu diesem Zeitpunkt bereits eindeutig in Richtung Entente neigten, fürchteten die Regierungen in London und Paris erneut eine amerikanische Friedensinitiative.

Zu dieser kam es tatsächlich, nachdem sich Wilson im November 1916 knapp gegen seinen republikanischen Herausforderer, den angesehenen Bundesrichter Charles E. Hughes, durchgesetzt hatte. Der wiedergewählte Präsident erschwerte nun die Kreditvergabe an die Alliierten und wandte sich darüber hinaus am 18. Dezember 1916 mit einer Friedensnote an die kriegführenden Mächte und die Weltöffentlichkeit. Deren Wirkung war jedoch kaum wie erhofft. Denn das Deutsche Reich und seine Verbündeten hatten wenige Tage zuvor ein Friedensangebot unterbreitet, das allerdings keine konkreten Friedensziele enthielt und erkennbar von der Absicht getragen war, auf die kriegsmüden Öffentlichkeiten im alliierten Lager einzuwirken, Spannungen zwischen den Ententemächten zu erzeugen und die Wahrnehmung der Mittelmächte insbesondere in den neutralen USA zu verbessern. In den Hauptstädten der Entente löste die amerikanische Initiative daher einen regelrechten Schock aus, ja nährte sogar Spekulationen über ein abgestimmtes amerikanisch-deutsches Vorgehen.[13] Dass dem nicht so war und dass auch die Note der Mittelmächte gar nicht auf Verhandlungen zielte, offenbarte die umgehende Zurückweisung von Wilsons Note durch die Mittelmächte: Man werde nur mit den Kriegsgegnern selbst über mögliche Friedensbedingungen verhandeln.[14] Hinter der amerikanischen Initiative witterte man in Berlin die außenpolitische Vorbereitung eines Kriegseintritts der USA. Die Entente begrüßte den amerikanischen Vorschlag immerhin, um das Verhältnis zu den USA nicht zu verschlechtern. An einer Vermittlung durch die USA war dennoch im Winter 1916/17 keine Seite interessiert.

Das Problem war, dass die amerikanische Initiative die kriegführenden Mächte zur Offenlegung ihrer Kriegsziele aufforderte, und genau das hatten das Deutsche Reich und seine Verbündeten bislang bewusst vermieden. Darüber hinaus zeichnete sich in Wilsons Dezember-Note in ersten Konturen die Idee eines »Friedens ohne Sieg« ab, jene Konzeption, die der amerikanische Präsident kurze Zeit später, am 22. Januar 1917, vor dem Senat in Washington entfaltete. In der Rede wandte sich der Präsident weit über das Kapitol und die Amerikaner hinaus an die Weltöffentlichkeit, von der er annahm, sie würde – bis in die kriegführenden Gesellschaften hinein – seine Vorschläge wohlwollend aufnehmen und den Druck auf die Regierungen verstärken, sich alsbald mit einem von den USA vermittelten Frieden einverstanden zu erklären.[15]

In seiner Rede vor dem Kongress zielte Wilson auf eine liberale Friedensordnung, an deren Zustandekommen und Stabilisierung die USA führend beteiligt sein sollten. Ausgangspunkt einer solchen Ordnung musste in den Augen des Präsidenten ein »Frieden ohne Sieg« – »Peace without Victory« – sein, ansonsten baue man die neue Friedensordnung auf Treibsand. Nur einem Frieden ohne Sieger und Besiegte werde Stabilität und Dauer beschieden sein, und ein solcher Friede müsse durch einen Friedensbund, an dem die Vereinigten Staaten mitwirkten, organisiert werden. Wilson, der für sich in Anspruch nahm, für »Liberale und Freunde der Menschheit in allen Völkern«, ja für »die schweigende Masse der Menschheit« zu sprechen, suchte seinen Vorschlag, der eine internationale Organisation zur Sicherung des

Friedens und die Beteiligung der USA an einer solchen Organisation vorsah, nicht als Abkehr von den Traditionen amerikanischer Außenpolitik darzustellen, sondern geradezu als deren Fortsetzung und Erfüllung. Aus der Monroe-Doktrin von 1823 – »Amerika den Amerikanern« – sollte eine Doktrin der ganzen Welt werden: Keine Nation solle ihr politisches System einer anderen Nation auferlegen, und jedes Volk solle über die Freiheit verfügen, über sein eigenes politisches System und über seine eigene Entwicklung zu bestimmen, und zwar ungehindert, unbedroht und furchtlos. An einer solchen Friedensordnung, so das Versprechen Wilsons, würden auch die Vereinigten Staaten sich beteiligen.

Mit der Idee eines Friedensbundes griff der Präsident Gedanken auf, die er bereits im Mai 1916 in einer Rede vor der amerikanischen »League to Enforce Peace« entwickelt hatte.[16] Damals hatte er eine solche Organisation als Teil einer »Neuen Diplomatie« – »New Diplomacy« – dargestellt und sich damit von der »alten Diplomatie« insbesondere der europäischen Mächte distanziert. Der gegenwärtige Krieg dürfe nicht wieder zu einem bloßen »Gleichgewicht der Mächte« – »Balance of Power« – führen, kritisierte Wilson die kriegführenden Regierungen in Europa, und in den europäischen Hauptstädten verstand man seine Anspielung auf den Wiener Kongress. Es gehe nicht um ein Gleichgewicht der Mächte, nicht um die Schaffung von Allianzen rivalisierender Staaten, sondern um einen »organisierten gemeinsamen Frieden«.[17]

Mit seiner Rede im Senat verpflichtete Woodrow Wilson die Vereinigten Staaten und sich selbst auf eine aktive Friedens- und Vermittlungspolitik vor dem Hintergrund des Ersten Weltkriegs und präsentierte zugleich die konzeptionelle Grundlage einer globalen Politik des liberalen Internationalismus. Im Zentrum dieser Politik konnten angesichts ihres politischen und ökonomischen Gewichts nur die USA selbst stehen. In Wilsons Reden aus der Zeit des Ersten Weltkriegs scheint nicht nur die Vision einer vernetzten und sich immer weiter vernetzenden Welt auf, sondern auch die Vision einer führenden Rolle der Vereinigten Staaten in einer solchen Welt. Das machte den Wilsonianismus bis ins beginnende 21. Jahrhundert anschlussfähig. Denn zu Wilsons Vision einer friedlichen Weltordnung gehörte nicht nur die Schaffung einer internationalen Staatenorganisation unter Einschluss der USA, nicht nur ein Plädoyer für globale Abrüstung, sondern auch die Forderung nach freiem Handel und – als dessen Voraussetzung – die Freiheit der Meere. In der jüngeren Vergangenheit wurden vor allem die Präsidenten Bill Clinton und Barack Obama in die Tradition des Wilsonianismus gestellt, auch wenn sie sich selbst nicht direkt auf Woodrow Wilson bezogen, der zwar als ein großer, aber doch auch als ein gescheiterter Präsident gilt.

Ein Jahr nach der Senatsrede vom Januar 1917 taucht die Freiheit der Meere in Wilsons berühmten Vierzehn Punkten wieder auf. Und auch das Selbstbestimmungsrecht der Völker, das nicht nur in den Vierzehn Punkten, sondern vor allem 1919 bei der Pariser Friedenskonferenz von zentraler Bedeutung ist, kommt bereits in der »Frieden-ohne-Sieg«-Rede vor. Gebiete und vor allem Menschen dürften nicht – auch das war eine Anspielung auf den Wiener Kongress – von einer Herrschaft zur anderen hin- und hergeschoben werden. Herrschaft beruhe auf der Anerkennung durch die Beherrschten. Ein Demokratisierungsappell war das nicht – hier ist Wilson später und nicht zuletzt vor dem Hintergrund des Kalten Krieges oft missinterpretiert worden. Eher richtete sich seine Forderung auf die europäischen multinationalen Imperien, deren repressive Politik gegen nationale Minderheiten er als Ursache permanenter Konflikte und Spannungen nicht nur innerhalb dieser Reiche, sondern auch außerhalb und zwischen ihnen betrachtete.[18]

Wilsons Rede war selbst in den Passagen zum Verhältnis zwischen Regierenden und Regierten nicht deutschfeindlich. Das wäre bei der Ordnungsidee des Präsidenten und seinem Streben nach einer machtvollen und die amerikanische Position weiter stärkenden Vermittlerrolle der USA kontraproduktiv gewesen. Die Sympathien Wilsons und seiner engsten Umgebung lagen zwar zu diesem Zeitpunkt eindeutig bei der Entente und insbesondere bei Großbritannien, während das zaristische Russland mindestens ebenso große Abneigung auf sich zog wie das kaiserliche Deutschland. Wäre aber das Deutsche Reich zu Jahresbeginn 1917 auf das amerikanische Vermittlungsangebot eingegangen, statt es schroff abzulehnen, dann wäre es für die Entente schwer geworden, sich Friedensgesprächen unter Vermittlung der USA zu entziehen. Im kleinen Kreis und jenseits der Öffentlichkeit bemerkte Wilson damals, wenn Deutschland »wirklich Frieden haben wolle, (...) könne es ihn bekommen«.[19] In Paris, mehr noch aber in London wusste man, dass ein von den USA vermittelter Frieden sowohl die europäischen Mächte beider Seiten auf eine Ebene stellen als auch den globalen Machtanspruch der USA untermauern und befestigen würde. Die törichte Politik der deutschen Reichsleitung, die sich der amerikanischen Vermittlung verweigerte und die USA geradewegs dazu trieb, in den Krieg einzutreten, lag so gesehen durchaus im Interesse der Entente.

U-BOOT-KRIEG UND KRIEGSEINTRITT

Jede Seite werde versuchen, Wilsons Vorschlag auszunutzen, schrieb Harry Graf Kessler, der seit 1916 an der deutschen Botschaft in Bern mit der Organisation der deutschen Kulturpropaganda in der Schweiz betraut war, Ende Januar 1917 sein Tagebuch, »und wenn wir nicht ungeschickt sind, haben wir ganz gute Chancen«.[20] Die deutsche Seite war aber ungeschickt, und sie war zudem unwillig. Gut zwei Monate nach Kesslers Tagebucheintrag standen Deutschland und die USA im Krieg. Der Grund dafür war in erster Linie die Wiederaufnahme des uneingeschränkten U-Boot-Kriegs durch das Deutsche Reich, zu der die Ende August 1916 eingesetzte 3. OHL unter Hindenburg und Ludendorff gedrängt hatte. Unterstützt hatte sie dabei der deutsche Admiralstab, der nach den ergebnislosen Schlachten von Verdun und an der Somme in einem verschärften Seekrieg eine Möglichkeit sah, Großbritannien und damit die Entente insgesamt doch noch in die Knie zu zwingen. Gegen den Willen der zivilen Reichsleitung um Reichskanzler Bethmann Hollweg setzte sich die militärische Führung in einem Kronrat am 9. Januar 1917, also noch vor Wilsons Rede, durch. Der Kaiser, der wieder einmal die Position der Militärs unterstützte und alle politischen Risiken, insbesondere das eines amerikanischen Kriegseintritts, in den Wind schlug, ordnete die Wiederaufnahme des uneingeschränkten U-Boot-Kriegs zum 1. Februar 1917 an. Zwar war der Einfluss Wilhelms II. schon seit Mitte 1916 spürbar zurückgegangen, aber noch immer konnte er in strittigen Fragen den Ausschlag geben und auf die Öffentlichkeit einwirken. »Ich pfeife auf Amerika«, erklärte Ludendorff, der nicht an einen amerikanischen Kriegseintritt glaubte, und – sollte es doch dazu kommen – überzeugt war, amerikanische Material- und Truppentransporte über den Atlantik so lange verhindern zu können, bis man Großbritannien niedergerungen hatte.[21] Selbst nach Wilsons Rede wären noch acht Tage Zeit gewesen, die Entscheidung zu revidieren. Dass es dazu nicht kam, demonstriert die politische Dominanz der deutschen Militärführung und die wachsende Machtlosigkeit der zivilen Regierung im Kaiserreich. Dem deutschen Schritt folgte in unerbittlicher Logik drei Tage später, am 3. Februar 1917, der Abbruch der diplomatischen Beziehungen durch die USA, doch dauerte es noch gut drei Wochen, bis der amerikanische Präsident die Bewaffnung amerikanischer Handelsschiffe anordnete. Das bedeutete den Übergang zu einer bewaffneten Neutralität mit ihrem inhärenten Kriegsrisiko.

Das sogenannte Zimmermann-Telegramm brachte das Fass schließlich zum Überlaufen. Bereits im Januar 1917 hatte der Staatssekretär im deutschen Auswärtigen Amt Arthur Zimmermann – der deutsche Außenminister also – ein Telegramm an Graf Johann Heinrich von Bernstorff gerichtet, den deutschen Botschafter in den USA, das dieser an den deutschen Gesandten in Mexiko weiterleiten sollte. Der Gesandte, so der Auftrag aus Berlin, sollte der mexikanischen Regierung ein Bündnisangebot unterbreiten, in dem die deutsche Seite Mexiko unter anderem Unterstützung bei der Rückeroberung ehemals mexikanischer Gebiete im Südwesten der USA (Texas, Neumexiko, Arizona) versprach. Der britische Geheimdienst fing das Telegramm ab und entschlüsselte es. Der Regierung in London, die zunehmend verzweifelt darum rang, die USA zum Kriegseintritt zu bewegen, war die Depesche hoch willkommen. Rasch wurden der amerikanische Botschafter an der Themse und über ihn Präsident Wilson informiert. Wilson stimmte einer Veröffentlichung des Dokuments zu. Die Empörung in der amerikanischen Öffentlichkeit kannte keine Grenzen und stärkte die Partei der Interventionisten. Viele konnten an eine solche deutsche Dummheit gar nicht glauben, es war sogar von einem antideutschen Propagandacoup die Rede. Doch nicht nur der Präsident, sondern auch der deutsche Minister bestätigten die Echtheit des Telegramms. Als dann nahezu zeitgleich deutsche U-Boote drei amerikanische Frachtschiffe versenkten, hatte Wilsons Neutralitätskurs in der amerikanischen Politik und Öffentlichkeit keine Chance mehr. Angesichts der Aggressivität der deutschen Politik und Kriegführung, die sich nunmehr unmittelbar gegen die USA selbst richteten, war Neutralität nicht mehr möglich, wollten die Vereinigten Staaten ihre Glaubwürdigkeit und ihren Status als handlungsfähige Großmacht nicht gefährden und Wilson seine Reputation als starker und entscheidungsfähiger Präsident nicht schwächen.[22]

Wilsons Kriegsbotschaft an beide Häuser des Kongresses war unmissverständlich und irreversibel. Angesichts kontinuierlicher deutscher Rechtsverstöße, gipfelnd in der Wiederaufnahme des uneingeschränkten U-Boot-Kriegs und der Versenkung amerikanischer Schiffe, sei eine Politik bewaffneter Neutralität nicht länger denkbar. Nicht gegen die Mittelmächte insgesamt wandte er sich, sondern ausdrücklich gegen das Deutsche Reich und seine Regierung. Diese zu bekämpfen und ein Ende des Krieges herbeizuführen, sei das Ziel des amerikanischen Kriegseintritts. Mehr als einmal unterschied Wilson in seiner Rede deutlich zwischen der kaiserlichen Regierung und dem deutschen Volk, mit dem die USA nicht im Streit lägen und mit dem sie nach wie vor in Sympathie und Freundschaft verbunden seien. Das war auf die deutschstämmige Bevölkerung in den USA gerichtet und zielte zugleich auf eine Nachkriegsordnung, in der auch Deutschland – unter einer anderen Regierung – weiter eine Rolle spielen würde und auch musste. Aber Wilson legte in seiner Kriegsbotschaft deutlicher als in seinen bisherigen Reden dar, dass die künftige internationale Ordnung, welche die USA anstrebten, eine Ordnung demokratisch verfasster Staaten sein musste, wenn der Frieden auf Dauer gewahrt werden sollte. Demokratien, noch dazu durch Handelsbeziehungen miteinander verflochtene Demokratien würden einander nicht bekriegen, betonte der Präsident und nahm dabei eine Argumentation auf, die Immanuel Kant in seiner Schrift *Vom ewigen Frieden* schon 1795 entwickelt hatte. Autokratische Regime hingegen bedeuteten eine Bedrohung des Friedens. »Ein stabiles Konzert des Friedens«, so Wilson, »kann nur durch eine Partnerschaft demokratischer Nationen aufrechterhalten werden.« Autokratischen Regierungen sei nicht zu trauen.

Dass es Wilson Anfang April 1917 leichter fiel als zuvor, sich so dezidiert im Sinne einer liberaldemokratischen Ordnung zu äußern, hatte mit den Entwicklungen in Russland zu tun, wo die Februarrevolution, wenn man es wohlmeinend und optimistisch betrachtete, Prozesse der Liberalisierung und Demokratisierung ausgelöst hatte, welche nach Wilsons Überzeugung die Hoffnung auf einen künftigen Weltfrieden nährten. Schärfer als zuvor griff er nun die »preußische Autokratie« an, die niemals der Freund der Vereinigten Staaten gewesen sei und dies auch niemals werden könne. Mit der kaiserlichen Regierung, so muss man das lesen, würden die Vereinigten Staaten keinen Frieden schließen. Sie zielten, daran ließ Wilsons Botschaft keinen Zweifel, auf einen Regimewechsel und damit auf die Demokratisierung Deutschlands. Diese Haltung war getragen von der Idee des demokratischen Friedens, die der amerikanischen Kriegführung gegen das Kaiserreich eine universalistische Perspektive verlieh. Ausdruck fand das in der berühmten Formel »The world must be made safe for democracy«. Mit diesem universalen Anspruch rechtfertigte der Präsident den amerikanischen Kriegseintritt, der eben nicht nur als Reaktion auf das deutsche Verhalten dargestellt wurde, sondern als Beitrag zur Errichtung einer globalen Friedensordnung, an deren Begründung und Ausgestaltung die USA entscheidenden Anteil nehmen wollten. Man werde für die Herrschaft des Rechts kämpfen und für die Demokratie, für einen Zusammenschluss freier Völker, der allen Nationen Frieden und Sicherheit bringen werde in einer freien Welt. »Gott helfe Amerika«, rief der Präsident und gläubige Protestant am Ende seiner Rede aus, und schloss in Anlehnung an die Worte Martin Luthers vom Wormser Reichstag 1521: »Es kann nicht anders.«[23]

Noch beim Kriegseintritt und der Aufgabe der Neutralität hielt Wilson an der Vision einer friedlicheren Welt der Zukunft fest. Das ist für sich genommen kaum überraschend. Wichtiger ist, dass der Präsident – nachdem die USA nun zwar nicht als alliierte, aber assoziierte Macht auf Seiten der Entente kämpften – noch einmal betonte, dass sein Land anders als die anderen Mächte keine eigennützigen Kriegsziele verfolgte, dass es weder territoriale Eroberungen noch territoriale Herrschaft anstrebte und auch keine Entschädigungs- oder Reparationsleistungen, sondern einzig und allein die Durchsetzung der Rechte der Menschheit. Mit solchen Formeln stellten sich die USA nicht auf eine Ebene mit ihren Verbündeten Großbritannien, Frankreich, Russland oder Italien, sondern erhoben sich über die Mächte der Entente, denen Wilson vom Moment des Kriegseintritts an seine Vorstellung vom Frieden vor Augen führte – unkonkret zwar und in der Kraft der politischen Rhetorik je nach Anlass verschieden, aber doch so deutlich, dass schon im Frühjahr 1917 ein Dissens mit den Kriegszielen der Alliierten auszumachen war. Vorläufig freilich überlagerten die Kampfhandlungen und das unmittelbare Ziel, den Gegner militärisch zu besiegen, solche Dissens- und Konfliktpotentiale. Aber es war von Anfang an klar, dass es nicht leicht sein würde, nach Ende der Kampfhandlungen die divergierenden Kriegsziele in gemeinsame Friedensziele zu übersetzen.

Vier Tage nach Wilsons Kriegsbotschaft, am 6. April 1917, stimmten Senat und Repräsentantenhaus dem amerikanischen Kriegseintritt zu. Die Vereinigten Staaten befanden sich im Krieg mit dem Deutschen Reich, und zwar zunächst nur mit dem Deutschen Reich. In den Krieg gegen Österreich-Ungarn traten sie erst am 11. Dezember 1917 ein. Die Entscheidung für den Krieg gegen Deutschland, gegen die kaiserliche deutsche Regierung, wie es in der Kriegsresolution hieß, fiel in beiden Häusern des Kongresses mit großer Mehrheit, wenn auch nicht einstimmig. Sechs Senatoren stimmten dagegen und immerhin fünfzig Abgeordnete des Repräsentantenhauses, unter ihnen Pazifisten, aber auch nicht wenige Vertreter aus Bundesstaaten mit einem starken deutschen Bevölkerungsanteil. Militärisch machte sich der amerikanische Kriegseintritt erst allmählich bemerkbar. Die allgemeine Wehrpflicht wurde eingeführt, aber es dauerte Monate, bis vernünftig ausgebildete amerikanische Truppenkontingente auf den europäischen Kriegsschauplätzen zum Einsatz kamen. Militärisch spürbar wurde der amerikanische Beitrag erst vom Frühjahr 1918 an, also rund ein Jahr nach dem Kriegseintritt. Dann aber trugen die Soldaten der ungefähr zwei Millionen Mann starken *American Expeditionary Forces* (AEF) unter großen, nicht zuletzt auf ihre Unerfahrenheit zurückzuführenden Verlusten entscheidend dazu bei, die deutschen Offensiven des letzten Kriegsjahres niederzuschlagen und deutsche Durchbrüche zu verhindern. Nicht zu unterschätzen ist auch der Beitrag der amerikanischen Flotte zur Bekämpfung deutscher U-Boote im Nordatlantik, die dort bis zum Frühjahr 1917 enorme Erfolge erzielt hatten.

NEUE DIPLOMATIE

Schneller als der militärische Beistand wirkte die wirtschaftliche Unterstützung, welche die starke amerikanische Volkswirtschaft zu leisten in der Lage war. Die Kriegsmobilisierung der US-Wirtschaft trug entscheidend zur Versorgung der alliierten Armeen mit modernen Rüstungsgütern und damit zur Revitalisierung ihrer Kampfkraft bei, die vorher deutlich zurückgegangen war. Finanziert wurden die amerikanischen Kriegsanstrengungen in erster Linie mit mehreren großen Kriegsanleihen – »Liberty Bonds« – in einer Gesamthöhe von 21 Milliarden Dollar. Darüber hinaus gewährten die USA ihren Verbündeten Kriegskredite in Höhe von 11,2 Milliarden Dollar. Weil diese Kredite zum größten Teil anleihefinanziert waren, mussten sie vergleichsweise hoch verzinst werden. Die Anleihen sollten ja denen, die sie zeichneten, eine Rendite einbringen. So kam es in den letzten Kriegsjahren zu der hohen alliierten Verschuldung bei den USA, die die europäisch-amerikanischen Beziehungen nach 1919 schwer belasten sollte und auch auf die Problematik der deutschen Reparationszahlungen – insbesondere an Frankreich und Großbritannien – einwirkte.

Jenseits der militärischen und finanziellen Unterstützung – und lange bevor diese spürbar wurde – wirkte sich der gar nicht hoch genug einzuschätzende Effekt aus, den der amerikanische Kriegseintritt auf die Moral nicht nur der alliierten Truppen, sondern auch der Kriegsgesellschaften hatte. Mit den USA als Verbündeten würde man, so die aufkeimende Hoffnung, den Krieg vielleicht doch noch gewinnen können. Umgekehrt schwand auf Seiten der Mittelmächte gerade bei den Soldaten der Glaube an den Sieg. Das politische Verhältnis zwischen den USA und ihren europäischen Verbündeten blieb dennoch gespannt. Die USA blieben eine »assoziierte« Macht, die militärisch mit den Alliierten zusammenarbeitete, ihre Truppen aber nicht alliiertem Oberbefehl unterstellte. Allianzverträge – Bündnisverträge also – wurden, so sehr dies die Ententemächte auch erstrebten, niemals abgeschlossen. Dahinter stand nach wie vor das Interesse Wilsons, den Vereinigten Staaten eigene politische Handlungs- und Verhandlungsspielräume zu bewahren und sich vor allem nicht die Kriegsziele der Alliierten zu eigen machen zu müssen. Denn diese Kriegsziele entsprachen ganz und gar nicht den amerikanischen Vorstellungen, die Wilson in seiner »Frieden-ohne-Sieg«-Rede vom Januar 1917 und in seiner Kriegsbotschaft vom April 1917 entwickelt hatte.

Wilsons »New Diplomacy« widersprach jener europäischen Machtpolitik, in deren Traditionen er auch die Mächte der Entente sah und von der er sich öffentlich wie intern immer wieder distanzierte. Mehr als einmal konnte der Präsident sich bestätigt fühlen, wenn sich seine Ahnungen hinsichtlich der alliierten Kriegsziele bewahrheiteten. So informierte ihn der britische Außenminister Lord Arthur Balfour im April 1917, also unmittelbar nach dem Kriegseintritt, über die Geheimverträge, die die Mächte der Entente 1915 mit Italien abgeschlossen hatten und in denen sie, um Italien zum Kriegseintritt auf Seiten der Alliierten zu bewegen, erhebliche territoriale Zugewinne im Alpen- wie im Adriaraum und bis nach Kleinasien in Aussicht gestellt hatten. Diese Zusagen gingen auf Kosten Österreich-Ungarns und des Osmanischen Reiches und nahmen keinerlei Rücksicht auf die betroffenen Bevölkerungen. Noch waren diese Informationen geheim, und Wilson gab sich zuversichtlich, die Alliierten später zum Einlenken bewegen zu können. An Oberst Edward House, seinen Vertrauten, schrieb er im Juli 1917: »Wenn der Krieg vorüber ist, können wir sie auf unsere Linie bringen, weil wir sie, unter anderem, finanziell in der Hand haben.«[24]

Aber konnte der amerikanische Präsident bis zum Ende des Krieges warten? Nachdem die Februarrevolution in Russland und die Hoffnung auf ein liberalisiertes Zarenreich, mit dem man – ohne die eigenen demokratischen Prinzipien zu verraten – guten Gewissens verbündet sein konnte, den amerikanischen Kriegseintritt erleichtert hatten, konfrontierte die bolschewistische Oktoberrevolution die USA und ihren Präsidenten mit neuen Problemen. Die USA und die Mächte der Entente waren beunruhigt und besorgt angesichts der Kontakte zwischen den neuen Machthabern in Russland und Vertretern Deutschlands und seiner Verbündeten, die am 15. Dezember 1917 zu einem Waffenstillstand an der Ostfront führten und zu Verhandlungen zwischen dem revolutionären Russland und den Mittelmächten über einen Separatfrieden. Wenn Russland aus dem Krieg und damit aus der Entente ausschied, welche militärischen Folgen würde das haben? Wenn deutsche Truppen an der Ostfront nicht mehr gebunden waren, welchen Effekt würden sie dann an der Westfront haben?

Fast noch stärker beschäftigte die amerikanische Regierung die Tatsache, dass die bolschewistische Führung wenige Tage nach ihrer Machtübernahme die Geheimverträge der Entente, insbesondere die mit Italien von 1915, veröffentlichte. Man wolle damit zeigen, so erklärte Leo Trotzki, Volkskommissar für Auswärtige Angelegenheiten, wie der »Imperialismus mit seinen dunklen Eroberungsplänen und seinen räuberischen Bündnissen und Abmachungen ein System der Geheimdiplomatie auf höchster Ebene entwickelt« habe.[25] Die bolschewistischen Revolutionäre zielten damit nicht primär auf die Regierungen der kriegführenden Staaten, sondern auf die kriegsmüden Soldaten in den kämpfenden Armeen. Lohnte es sich, für solche Kriegsziele zu kämpfen und zu sterben? Aber auch die Bevölkerung in der Heimat war angesprochen. War all das Leid von nunmehr fast vier Kriegsjahren mit den imperialistischen Kriegszielen in den Geheimverträgen zu rechtfertigen? Die Abschaffung der Geheimdiplomatie, so Trotzki, sei die Grundbedingung für eine »wahrhaft demokratische Außenpolitik«.[26]

Damit schloss Trotzki unmittelbar an das »Dekret über den Frieden« an, das die Bolschewiki am 8. November 1917 beschlossen hatten. Nach innen, aber mehr noch nach außen gerichtet wurde in dem Dekret dazu aufgerufen, unmittelbar in Verhandlungen über »einen gerechten und demokratischen Frieden« einzutreten. Nach Lenin war ein demokratischer Frieden vor allem ein »Frieden ohne Annexionen und Kontributionen«, wobei unter Annexion »jede Angliederung einer kleinen oder schwachen Völkerschaft an einen großen oder mächtigen Staat, ohne dass diese Völkerschaft ihr Einverständnis und ihren Wunsch (…) freiwillig zum Ausdruck gebracht hat«, zu verstehen war. Zugleich verkündete der Beschluss die Abschaffung der Geheimdiplomatie. Darauf bezog sich Trotzki wenige Tage später, als er zu einem unverzüglichen Waffenstillstand und zu offenen Verhandlungen über einen Friedensschluss aufrief.[27]

Im Lager der Entente gab es nur einen Politiker, der glaubhaft auf Trotzki und Lenin reagieren konnte: Woodrow Wilson. Die USA waren an den Geheimverträgen nicht beteiligt gewesen, und ihr Präsident hatte sich selbst mehrfach für eine demokratische Außenpolitik, für eine »Neue Diplomatie«

und für eine weltweite Friedensorganisation ausgesprochen. Wilson war nun am Zug. Er musste der revolutionären Friedensoffensive aus Russland mit seinen eigenen Vorstellungen eines dauerhaften demokratischen Friedens begegnen und zugleich versuchen, die Soldaten an der Front wie die Menschen in der Heimat, die am Sinn des Leidens und Sterbens zweifelten, von der moralischen Berechtigung des Krieges zu überzeugen. Diesen Krieg führe man nicht, so Wilson, um traditionelle Machtinteressen zu verfolgen und territoriale Eroberungen zu machen, sondern um eine internationale Friedensordnung auf der Grundlage der Demokratie zu errichten. Darüber hinaus musste er sich von der Diplomatie und den Kriegszielen der eigenen Verbündeten distanzieren, die in den publizierten Verträgen sichtbar geworden waren. Das war dringend notwendig, da Frankreich und Italien keinerlei Bereitschaft zeigten, sich auf liberale und gemäßigte Kriegsziele im Sinne der amerikanischen Politik festzulegen.

VIERZEHN PUNKTE

Vor diesem Hintergrund entschied sich der Präsident Mitte Dezember 1917, die amerikanischen Friedensziele in einer großen Rede darzulegen. Mehr als an die amerikanische Öffentlichkeit wollte er sich in seiner Rede am 8. Januar 1918 vor beiden Häusern des Kongresses – die als Vierzehn-Punkte-Rede in das globale Gedächtnis eingegangen ist – an die Weltöffentlichkeit wenden. Er wollte den amerikanischen Anspruch unterstreichen, führend an der Schaffung einer friedlichen Weltordnung mitzuwirken, und auf der Grundlage eines liberalen Internationalismus die Konturen dieser Ordnung skizzieren. Zugleich und konkreter wollte er die liberalen, aber durchaus auch sozialistischen Kräfte weltweit ansprechen und diese davon überzeugen, dass die USA – nicht etwa das bolschewistische Russland – ihre Interessen am besten verträten. Nicht zuletzt war die revolutionäre Regierung in Russland ein wichtiger Adressat der Rede. Es galt, die Bolschewiki mit der amerikanischen Vision eines demokratischen und gerechten Friedens von einem Sonderfrieden mit den Mittelmächten und einem Ausscheiden aus der Entente abzuhalten und von einer Fortsetzung der gemeinsamen Kriegsanstrengung zu überzeugen.

Vor dem Hintergrund des Kalten Krieges und des amerikanisch-sowjetischen Gegensatzes der Jahrzehnte nach 1945 sind Wilsons Vierzehn Punkte später immer wieder als Schritt zur Ausformung der sich seit 1917 abzeichnenden amerikanisch-sowjetischen Konfrontation bewertet worden. Das waren sie nicht, zumindest waren sie von Wilson im Winter 1917/18 nicht so gedacht, auch wenn sie sich in der Retrospektive so lesen lassen. Der Kalte Krieg hat seine eigenen Geschichtsmythen erzeugt. Zu ihnen gehört die Auffassung, der amerikanisch-sowjetische Gegensatz sei im Winter 1917/18 ideologisch begründet worden mit Lenins »Dekret für den Frieden« einerseits und Wilsons Vierzehn Punkten andererseits. Doch Wilson ging es im Januar 1918 nicht um Konfrontation, sondern um die Einbindung der entstehenden Sowjetunion in die gemeinsamen Kriegs- und womöglich auch Friedensanstrengungen. Dass sich die USA später an der alliierten Intervention in Russland beteiligten, um dort die antibolschewistischen Kräfte zu unterstützen, ist richtig. Aber die amerikanischen Truppenkontingente waren mit insgesamt etwa 15 000 Mann doch eher überschaubar, und die Entscheidung, diese Kontingente zu entsenden, fiel erst im Frühsommer 1918, nachdem im März der Separatfrieden von Brest-Litowsk jegliche Hoffnung, das revolutionäre Russland in der Entente halten zu können, zunichte gemacht hatte.

Die Vierzehn Punkte präsentieren die Friedensvorstellungen, wie der Präsident selbst sie formulierte. Das amerikanische Außenministerium unter Robert Lansing, der 1915 den pazifistischen Außenminister Bryan abgelöst hatte, war an der Ausarbeitung der Rede nicht beteiligt. Die ersten Entwürfe und Vorschläge zu einzelnen Themen stammten aus der »Inquiry«, einem im Herbst 1917 gebildeten akademischen Beratergremium des Präsidenten, das noch vor Ende des Krieges Planungen für die Nachkriegszeit und insbesondere für einen Friedenskongress entwickeln und konkretisieren sollte. Koordiniert wurde die »Inquiry« von Wilsons Vertrautem Colonel House und geleitet von einem Fünfergremium, dem neben dem Philosophen und Wissenschaftsmanager Sidney E. Mezes, der der Gruppe vorstand, der Geograph Isaiah Bowman, der gerade 28-jährige Journalist Walter Lippmann, der Columbia-Historiker James T. Shotwell sowie der New Yorker Rechtsanwalt David Hunter Miller angehörten. Diese Männer standen den im Herbst 1918, kurz vor Kriegsende, 126 Mitarbeitern der »Inquiry« vor, überwiegend Historiker, Sozialwissenschaftler, Geographen, Ökonomen und Juristen. Die »Inquiry« hatte ihren Sitz nicht in Washington, sondern in New York und von November 1918 an dann in Paris. Ganze Bibliotheken und kistenweise Unterlagen wurden Ende 1918 über den Atlantik in die französische Hauptstadt geschafft. Mit Beginn der Pariser Friedenskonferenz im Januar 1919 löste das Gremium sich dann auf. Einige Mitglieder gehörten fortan als Berater und Experten zur amerikanischen Friedensdelegation.[28]

Vom 2. Januar 1918 datiert ein Memorandum der »Inquiry«, das den Titel »A Suggested Statement of Peace Terms« trägt und das Colonel House dem Präsidenten zwei Tage später vorlegte. In diesem Dokument geht es vor allem um territoriale Fragen, wie sie dann in den Punkten 6 bis 13 der Rede Wilsons auftauchten; auch findet sich ein knapper Hinweis auf die Gründung eines »Völkerbunds« – »League of Nations« –, der in der Rede unter Punkt 14 abgehandelt wurde. Trotz der Zuarbeit der Berater lassen die Vierzehn Punkte die Handschrift Wilsons klar erkennen. Sie stehen in der Kontinuität seiner programmatischen Aussagen zu den amerikanischen Friedenszielen, sind jedoch zum Teil wesentlich konkreter und nicht mehr so allgemein gehalten wie seine Erklärungen bis dahin. Die ersten Punkte (1–5) haben noch eher generellen Charakter. In ihnen geht es zunächst (Punkt 1) in klarer Bezugnahme auf das »Dekret für den Frieden« der Bolschewiki um offene Verträge, um eine neue, offene Diplomatie und eine Absage an jede Form der Geheimdiplomatie. In Punkt 2 wird mit eindeutig antibritischer Stoßrichtung die Freiheit der Meere gefordert, in Punkt 3 geht es um den Abbau von Handelshemmnissen und gleiche Handelsbedingungen für alle Staaten. In diesen Punkten spiegeln sich die Interessen der aufsteigenden Wirtschafts- und Handelsmacht USA. In Punkt 4 spricht Wilson sich für allgemeine Abrüstung aus. In Punkt 5 schließlich wendet er sich dem sensiblen Problem des Kolonialismus zu, verlangt freilich nicht etwa dessen Ende, sondern fordert vielmehr die Kolonialmächte auf, bei all ihren Entscheidungen über »Souveränitätsfragen« die Interessen der betroffenen Bevölkerung ebenso zu berücksichtigen wie die eigenen Ansprüche.

Konkreter wird Wilson in den Punkten 6 bis 13, in denen er auf die territoriale Neuordnung Europas nach einer Niederlage der Mittelmächte zu sprechen kommt. In Punkt 6 verlangt er die Räumung Russlands von allen ausländischen Truppen und sichert Russland, ohne die bolschewistischen Machthaber beim Namen zu nennen und sie dadurch anzuerkennen, die Freiheit zu, unabhängig über seine inneren und äußeren Angelegenheiten zu bestimmen. Das war – noch vor Brest-Litowsk – eine ausgestreckte Hand, der Versuch, das revolutionäre Russland ins Lager der Gegner Deutschlands zurückzuholen und einen Separatfrieden zu verhindern. Die Wiederherstellung eines unabhängigen belgischen Staates verlangt er in Punkt 7, dessen Bedeutung freilich über Belgien weit hinausreichte. Im Kern geht es hier um die

Macht des internationalen Rechts, das Deutschland durch den Einmarsch in Belgien und die Verletzung der belgischen Neutralität 1914 so eklatant missachtet hatte. Die Wiederherstellung Belgiens stand daher auch für die Wiederherstellung des internationalen Rechts und einer auf diesem Recht beruhenden und durch dieses stabilisierten internationalen Ordnung. Durch den Völkerrechtsbruch von 1914 hatte sich das Deutsche Reich auch in den Augen des Präsidenten nicht nur ins Unrecht gesetzt, sondern die Gemeinschaft der zivilisierten Nationen, wie es immer wieder hieß, verlassen. Punkt 8 sieht nicht nur die Räumung der besetzten Teile Frankreichs vor, sondern die Rückkehr Elsass-Lothringens in den französischen Staatsverband. In Punkt 9 fordert Wilson unmissverständlich eine Neubestimmung der italienischen Grenzen entlang klar erkennbarer, ethnisch definierter »Linien der Nationalität«, also gerade keine Ausdehnung des italienischen Territoriums bis zum Brenner, wie es der Londoner Geheimvertrag von 1915 in Aussicht stellte. In Punkt 10 beschäftigt er sich mit der Zukunft des österreichisch-ungarischen Reiches, das nicht aufgelöst, sondern erhalten bleiben, seinen Völkern aber größtmögliche Autonomierechte einräumen sollte. Rumänien, Serbien und Montenegro sollten, so Wilson in Punkt 11, als unabhängige Staaten wiederhergestellt werden. Den türkischen Teilen des Osmanischen Reiches solle, so heißt es unter Punkt 12, volle Souveränität zugesichert werden, den anderen Nationalitäten hingegen die volle Autonomie. In Punkt 13 geht es um einen unabhängigen polnischen Staat, bestehend aus Gebieten mit unbezweifelbar polnischer Bevölkerung. Wilson fordert für diesen einen Zugang zum Meer sowie eine internationale Garantie seiner politischen wie wirtschaftlichen Unabhängigkeit und seiner territorialen Integrität. Punkt 14 schließlich ist wieder eher vage formuliert, bezeichnete aber eine zentrale Zielsetzung amerikanischer Politik, welche die konkrete Ausformung der neuen internationalen Ordnung überwölben, ja krönen sollte. Ganz in der Konsequenz seiner bisherigen Erklärungen sieht Wilsons in diesem Punkt die vertraglich gestützte Errichtung einer »Völkervereinigung« (»Association of Nations«) vor mit dem Ziel, die politische Unabhängigkeit und territoriale Integrität aller Staaten zu garantieren.[29] Die Bezeichnung »League of Nations«, die ihm die »Inquiry« vorgeschlagen hatte, verwarf der Präsident zunächst zugunsten des etwas offeneren Begriffs »Association of Nations«.[30]

Nicht weniger scharf als Lenin oder Trotzki griff Wilson in seiner Rede die »Imperialisten« an. Auch in dieser Begriffswahl spiegelt sich der Versuch, die bolschewistische russische Führung einzubinden in eine von den USA dominierte internationale Gemeinschaft, ihr aber zugleich das Monopol einer antiimperialistischen, auf Befreiung und Demokratisierung zielenden internationalen Politik abzusprechen und sich selbst an die Spitze einer Politik der Befreiung und Demokratisierung der Völker und der Staatenwelt zu setzen. Den Begriff des »Selbstbestimmungsrechts der Völker« verwandte Wilson in seiner Rede vom 8. Januar 1918 nicht. Hingegen sprach er mehrfach von Autonomie, zum Teil – nicht zuletzt im österreichisch-ungarischen Kontext – innerhalb fortbestehender multinationaler Reichsverbände. Der Sache nach ließ er freilich keinen Zweifel an der Bedeutung des Selbstbestimmungsrechts als Grundlage einer künftigen internationalen Ordnung. Ohne ausdrücklich von einem unabhängigen polnischen Staat zu sprechen, begründete der Präsident die Errichtung eines solchen mit dem Selbstbestimmungsrecht der Polen. Und er betonte, dass die Grenzziehungen Italiens und einer Reihe von Balkanstaaten die Rechte anderer Nationalitäten, denen damit gleichsam ex negativo ein Selbstbestimmungsrecht zuerkannt wurde, nicht einschränken dürften. Hier waren Konflikte vorprogrammiert, die 1919 in Paris in großer Heftigkeit zum Ausbruch kommen sollten.

Ihre Grenzen fand Wilsons Vorstellung nationaler Selbstbestimmung außerhalb Europas beziehungsweise außerhalb der europäisch-atlantischen Welt. Seine Formulierung zur Zukunft des europäischen Kolonialismus berücksichtigt die Rechte der Kolonialmächte durchaus, zu denen in der Karibik sowie im asiatisch-pazifischen Raum auch die Vereinigten Staaten selbst gehörten. In Wilsons Punkt 5 geht es auch um amerikanische imperiale Interessen und Herrschaftsrechte. Doch Außenminister Lansing kritisierte selbst diese Formulierung. Das Prinzip der Selbstbestimmung könne auf die Regelung kolonialer Fragen keine Anwendung finden, schrieb er am 10. Januar 1918 an Wilson, weil ein Großteil der kolonialen Bevölkerung sich »auf einem zu niedrigen Stand der Zivilisation befinde, um überhaupt in der Lage zu sein, eine intelligente Entscheidung zu treffen«.[31] Rassistisch begründet sprach die amerikanische Regierung kolonialen Völkern politische Rechte und Freiheiten ab, die sie westlich-europäischen Nationen zumindest grundsätzlich zugestand. Dennoch war spätestens seit dem Winter 1917/18 das Prinzip nationaler Selbstbestimmung als globales politisches Ordnungsprinzip eingeführt. Das ließ sich nicht mehr rückgängig machen. Der Geist war aus der Flasche. Weit über Europa hinaus weckte der Gedanke Hoffnungen und Erwartungen, die im Jahr darauf mit Machtansprüchen und imperialen Interessen kollidierten. Enttäuschungen und Konflikte waren auch hier vorprogrammiert.

Deutschland wird in den Vierzehn Punkten nur am Rande erwähnt. Das kann nicht verwundern, denn es ging darin um Grundlinien einer globalen Ordnung und um die territoriale Neugestaltung Europas. Dennoch war die Rede des amerikanischen Präsidenten auch an Deutschland gerichtet. Erneut bezweifelte Wilson, dass die deutsche Regierung für die deutsche Bevölkerung oder eine Parlamentsmehrheit spreche; nach seiner Ansicht äußerte sich hier vielmehr eine Minderheit, eine militaristische und imperialistische Minderheit, die allerdings die Politik bestimme. Deutschland spreche mit zwei Stimmen, stellte Wilson fest: mit der Stimme einer demokratisch-parlamentarischen Mehrheit, die im Juli 1917 im Reichstag die Friedensresolution verabschiedet habe, und mit der Stimme der Militärpartei und derjenigen, deren einziges Credo imperiale Herrschaft sei. Und so lange diese Männer an der Macht seien, könne es keinen Frieden geben, weil ein stabiler Frieden auf dem Grundsatz der demokratischen Gleichheit aller Staaten beruhe.

Am 24. Januar 1918, gut zwei Wochen nach Wilsons Rede, antwortete der deutsche Reichskanzler Graf Hertling, der im November 1917 die Kanzlerschaft übernommen hatte, auf den amerikanischen Präsidenten. Er wies nicht alle amerikanischen Vorschläge zurück, wollte die USA aber nicht als Schiedsrichter anerkennen und verwahrte sich gegen eine amerikanische Einmischung insbesondere in territoriale Angelegenheiten, die Deutschland in Friedensverhandlungen mit den jeweils direkt betroffenen Staaten und nicht mit den USA regeln werde. Dann warf Hertling Wilson vor, Deutschland immer wieder wie ein Sieger den Besiegten mit Schuldvorwürfen und Anklagen zu überziehen. Das sei keine Grundlage für Friedensgespräche, und überdies offenbare es eine vollkommen falsche Einschätzung der militärischen Lage, die sich – wenige Wochen vor dem Frieden von Brest-Litowsk – für die Mittelmächte außerordentlich günstig darstellte. Weniger als je zuvor hätten das Deutsche Reich und seine Verbündeten eine Fortsetzung des Krieges zu befürchten.[32]

In Washington hatte man keine andere Reaktion erwartet. Vielmehr bestärkte Hertlings Antwort die amerikanische Regierung und insbesondere den Präsidenten in der Einschätzung, dass eine Friedensordnung nach amerikanischen Vorstellungen nur mit einem demokratischen Deutschland, also nur nach einem Regimewechsel möglich sei. Als später im Jahr 1918 die deutsche Niederlage unausweichlich wurde, nährte diese Haltung der amerikanischen Regierung die Hoffnung vieler Deutscher, eine demokratische Transformation des Kaiserreichs werde einen Verständigungsfrieden ermöglichen, einen

Wilson-Frieden auf Grundlage der Vierzehn Punkte, wie es immer häufiger hieß. Nur einen Monat nach seiner Vierzehn-Punkte-Rede bezeichnete Wilson die deutsche Antwort auf die amerikanischen Vorschläge in einer weiteren Grundsatzrede vor Senat und Repräsentantenhaus als »sehr vage und sehr verwirrend« und warf der deutschen Regierung vor, mit ihren Friedensvorstellungen zu den Methoden des Wiener Kongresses zurückkehren zu wollen, wo allein die europäischen Großmächte über das Schicksal kleinerer Völker entschieden hätten.[33] In der Missachtung der Rechte dieser kleineren Völker und der Weigerung, diese selbst über ihre politische Ordnung entscheiden zu lassen, sah Wilson die Wurzeln des gegenwärtigen Krieges. Hatte der Präsident im Januar 1918 den Begriff des Selbstbestimmungsrechts noch vermieden, so stellte er ihn nun ins Zentrum seiner Ausführungen. Er rief dazu auf, nationale Bestrebungen – nationale Unabhängigkeitsbestrebungen – zu respektieren: »Selbstbestimmung ist keine leere Phrase, sondern ein gebieterisches Handlungsprinzip.« Daran werde die künftige Friedensordnung gemessen werden. Für eine solche – gerechte – Friedensordnung seien die USA in den Krieg eingetreten, und für eine solche Ordnung würden sie sich auch nach dem Krieg einsetzen. Auf der Basis des Imperativs des Selbstbestimmungsrechts entwickelte Wilson in Ergänzung seiner Vierzehn Punkte nunmehr vier Grundsätze für einen Friedensschluss:

1. Jede einzelne Friedensregelung müsse gerecht sein, also insbesondere auf dem Selbstbestimmungsrecht der Völker beruhen, und einen stabilen Frieden ermöglichen.
2. Völker und Territorien dürften nicht wie bloße Besitzstücke oder Bauern auf einem Schachbrett hin- und hergeschoben werden; der Länderschacher im Namen des ein für alle Mal diskreditierten »Gleichgewichts der Mächte« – »Balance of Power« – müsse ein Ende haben.
3. Jede territoriale Regelung müsse im Interesse der betroffenen Bevölkerung liegen.
4. Allen nationalen Bestrebungen solle im Rahmen des Möglichen entsprochen werden, ohne dass dadurch neue Konflikte und Gegensätze geschaffen würden.

In dem für ihn typischen politischen Pathos bezeichnete Wilson den Krieg als einen »Krieg der Befreiung« – »War of Emancipation« –, als einen Krieg der Befreiung von autokratischer Herrschaft.[34] Zwar sprach der Präsident im Januar wie im Februar 1918 für die Vereinigten Staaten von Amerika, doch seine Äußerungen ließen keinen Zweifel daran, dass er für die Mächte der Entente insgesamt, also auch für Frankreich und Großbritannien, zu sprechen beanspruchte. Beide Reden waren Versuche, aus dem politischen, wirtschaftlichen und militärischen Gewicht der USA nicht nur die Führung im Lager der deutschen Kriegsgegner abzuleiten, sondern eine globale Führungsrolle für die Zeit nach dem Krieg. Auch deshalb war Wilson mehr als nur irritiert, als der britische Premierminister Lloyd George ihm zuvorkam und sich am 5. Januar 1918, also wenige Tage vor der Vierzehn-Punkte-Rede, in einer Grundsatzrede vor einem Gewerkschaftskongress in London zu den britischen Kriegszielen äußerte.[35] Sein Publikum hatte der Premier sehr bewusst ausgesucht. In einer Phase forcierter Kriegsanstrengungen angesichts des Ausscheidens Russlands aus der Entente galt es, die Gewerkschaften und damit die britische Arbeiterschaft vom Sinn des Krieges und seiner Fortführung zu überzeugen und ihnen darzulegen, welche Ziele die großen Opfer auf den Schlachtfeldern und in der Heimat rechtfertigten. Lloyd Georges Rede wirkte wie abgestimmt mit dem amerikanischen Präsidenten. Wie Wilson unterstrich der britische Premier, dass sein Land keinen Krieg gegen das deutsche Volk führe und kein Interesse daran habe, Deutschland zu zerstören. Vielmehr kämpfe man gegen die deutsche Führung, die durch die Verletzung der belgischen Neutralität internationales Recht gebrochen habe. Man wolle Deutschland jedoch keinen Wechsel seines politischen Systems aufzwingen, so sehr man die Verfassung des Kaiserreichs für einen »gefährlichen Anachronismus« halte. Freilich würde eine demokratische Verfassung – und das konnte nach Lage der Dinge nur eine Verfassung nach britischem Muster sein – den Abschluss eines demokratischen Friedens erleichtern.

Kurz blitzte hier die auch von Woodrow Wilson eröffnete Perspektive eines Verhandlungsfriedens auf, zu dem es mit einem demokratischen, einem demokratisierten Deutschland kommen könne. Doch darüber müssten die Deutschen selbst entscheiden. Dass Lloyd George ihnen dies zugestand, ergab sich aus seinem Plädoyer – viel deutlicher als in Wilsons Januar-Rede – für das Selbstbestimmungsrecht der Völker, das in seinen Augen die Grundlage einer künftigen Friedensordnung und insbesondere der territorialen Bestimmungen eines Friedensschlusses darstellte. Wie Wilson distanzierte sich auch Lloyd George vom Wiener Kongress und dessen willkürlichen Großmachtentscheidungen. Wien 1815 wurde so – bei Wilson wie bei Lloyd George – zum Zerrbild eines Friedensschlusses, der – von Großmachtinteressen bestimmt – die Rechte kleinerer Völker mit Füßen trat, ja diese schlicht ignorierte. Der

Premierminister verkündete dagegen, dass die Basis der künftigen Friedensregelung nur eines sein könne: Herrschaft mit Zustimmung der Beherrschten. Das zielte – wie bei Wilson – nicht zwingend auf die Auflösung der multinationalen Imperien, allen voran des Habsburgerreiches. Das Recht auf nationale Selbstbestimmung, daran ließ Lloyd George keinen Zweifel, könne auch innerhalb eines größeren Herrschaftsverbandes gewahrt werden. Die Kolonien und deren indigene Bevölkerung schloss er ausdrücklich in seine Vorstellung von einer auf das Selbstbestimmungsrecht gegründeten Friedensordnung ein. Primär ging es dabei um die deutschen Kolonien. Über deren Zukunft sollte eine Konferenz befinden, die in erster Linie die Wünsche und Interessen der einheimischen, nichteuropäischen Bevölkerung zu berücksichtigen habe. Das war so vorsichtig formuliert, dass es nicht mit den imperialen Herrschaftsinteressen Londons kollidierte. Offen blieb, wer am Ende über die Wünsche und Interessen der indigenen Bevölkerung entschied und ob diese Bevölkerung selbst in entsprechende Verhandlungen und Entscheidungen einbezogen werden würde. Das Grundprinzip blieb dennoch klar und weckte auch deshalb – nicht nur mit Blick auf die deutschen Kolonialgebiete – große Erwartungen: Das allgemeine Prinzip der nationalen Selbstbestimmung, so der Premierminister, müsse in den Kolonien ebenso zur Anwendung kommen wie in Europa. Die künftige Friedensordnung, das betonte er am Schluss seiner Rede, solle auf drei Säulen ruhen: auf der »Heiligkeit der Verträge«, sprich der Achtung des internationalen Rechts, auf dem Recht auf nationale Selbstbestimmung beziehungsweise der Zustimmung der Beherrschten sowie – und auch hier stimmte der britische Premier mit dem amerikanischen Präsidenten überein – auf der Schaffung einer internationalen Organisation mit der Aufgabe, die Wahrscheinlichkeit eines neuen Krieges zu verringern.[36]

Beide Reden zielten in dieselbe Richtung sowohl in der Begründung des Krieges als auch in der Entwicklung der Grundlagen eines künftigen Friedens, der nicht nur die bewaffnete Auseinandersetzung mit den Mittelmächten beenden, sondern eine neue Weltordnung schaffen sollte. Aber die Rede von Lloyd George stand von Anfang an im Schatten der Vierzehn-Punkte-Rede Wilsons, denn mit der neuen Weltordnung verband die internationale Öffentlichkeit nicht mehr Großbritannien. Zwar geboten die Briten noch immer über ein weltumspannendes Kolonialreich, aber durch die Lasten dieses Empires zeigten sie sich zunehmend überfordert und durch die Kosten des Krieges erheblich geschwächt. Daher erwartete man die neue Weltordnung von den Vereinigten Staaten von Amerika, die wie keine andere Nation im

Aufstieg begriffen waren und deren politische, ökonomische, militärische und kulturelle Macht von Jahr zu Jahr zu wachsen schien. Schon vor dem Eintritt der USA in den Ersten Weltkrieg – und erst recht danach – fand diese Dynamik in Woodrow Wilson und seiner politischen Rhetorik ihren Ausdruck. Der Präsident verkörperte und artikulierte das amerikanische Selbstbewusstsein, und er entwarf vor dem Hintergrund des Ersten Weltkriegs eine moralische Begründung amerikanischer Politik und amerikanischer Macht, in der sich die politischen und moralischen Prinzipien spiegelten, auf denen die USA und ihre Demokratie ruhten. Mit ihrer Gründung im 18. Jahrhundert und mit ihrer Geschichte im 19. Jahrhundert hatten sich die USA von Europa abgewandt und aus dieser Abwendung ihr Selbstbewusstsein bezogen. Nun, fast 150 Jahre nach ihrer Gründung, zwang der Krieg die USA, sich Europa wieder zuzuwenden, aber nicht – wie Woodrow Wilson nicht müde wurde zu betonen –, um sich an der alten, der überkommenen europäischen Machtpolitik zu beteiligen. Vielmehr wollten die USA dieser europäischen Machtpolitik ein Ende setzen und an der Entstehung einer neuen, einer liberalen Weltordnung mitwirken, die amerikanischen Grundüberzeugungen und Interessen – vor allem wirtschaftlichen Interessen – entsprach und in der die USA auch die unbestrittene Führungsmacht sein würden.

Die USA hatten den Krieg nicht gewollt, aber er trug ihnen eine globale politische Führungsrolle an, eine Aufgabe, der sich die Wilson-Administration nicht entziehen konnte und auch nicht wollte. Die Neutralität der ersten Kriegsjahre kam dem amerikanischen Macht- und Führungsanspruch entgegen, denn diese Neutralität war keine Neutralität aus Schwäche, sondern eine aus Stärke. Das machte die USA nicht zuletzt in den Augen der Briten und Franzosen zu einem schwierigen, ja einem unwillkommenen Vermittler. Entziehen konnten sie sich dieser Vermittlung dennoch nicht, weil die Kriegführung der Ententemächte spätestens seit 1916 viel zu stark von der finanziellen Unterstützung der Amerikaner abhing. Aber auch nach dem Ende der Neutralität im April 1917 ließen sich die USA nicht vollends in das Kriegsbündnis und damit die europäischen Bündnisstrukturen einbinden. Ihre wirtschaftliche Stärke und ihr militärisches Potential erlaubten ihnen eine gewisse Distanz zu ihren Verbündeten, die man in Washington unbedingt zu wahren trachtete, um nach dem Ende der Kampfhandlungen umso entschiedener an der Gestaltung des Friedens und einer neuen Weltordnung mitwirken zu können. Das Zentrum dieser neuen Ordnung würde nicht in Europa, sondern in Amerika liegen.

Ein deutsches Diktat
Der Frieden von Brest-Litowsk

NATIONALE SELBSTBESTIMMUNG ALS WAFFE

Harry Graf Kessler, der seine Einschätzungen der Ereignisse jener Tage in einem Tagebuch festhielt, verglich die Lage in Osteuropa, die mit dem Frieden von Brest-Litowsk am 3. März 1918 zwischen dem Deutschen Reich und seinen Verbündeten auf der einen und Sowjetrussland auf der anderen Seite entstanden war, mit der Herrschaft Napoleons: »Wie ähnlich die Ordnung, die wir im Osten schaffen, dem napoleonischen System ist, ist in die Augen springend. Heute wie damals ein System selbständiger Schutzstaaten, die planetenartig um einen mächtigen Centralstaat gravitieren sollen.« Napoleons Europa mit seinem System von Satellitenstaaten, organisiert nicht zuletzt im 1806 geschaffenen Rheinbund, überdauerte nur wenige Jahre. Nach dem Scheitern des Moskaufeldzugs 1812 zerfiel es innerhalb kürzester Zeit. Der als Diplomat national und international bestens vernetzte Graf, der Anfang 1918 von der Schweiz aus die Entwicklungen beobachtete, war beeindruckt und fragte sich, »ob wir solider bauen als Napoleon«. Da war er skeptisch. »Vielleicht, hoffentlich«, so Kessler, »ist unsere Fundamentierung fester. Aber ohne Weiteres ist diese Annahme keineswegs sicher. Man müsste das Napoleonische Experiment und die Ursachen seines Scheiterns sehr genau untersuchen und vor Augen haben.«[1] Zu einer solchen Analyse blieb wenig Zeit. Einer kurzen Phase deutscher Erfolge an der Westfront, die sich dem Frieden im Osten anschloss, folgte der deutsche Zusammenbruch. Mit dem Waffenstillstand von Compiègne am 11. November 1918 und einem Dekret der sowjetischen Regierung kurz darauf wurde der Friedensvertrag von Brest-Litowsk annulliert. Dennoch hatte es im Winter 1917/18 für einen Moment den Anschein, als könnten die Mittelmächte angesichts der Entwicklungen im östlichen Europa das Kriegsglück zu ihren Gunsten wenden und den Sieg in dem schon dreieinhalb Jahre dauernden Ringen davontragen. Für Harry Graf Kessler jedenfalls war die bolschewistische Revolution im November 1917 (Oktober nach russischem Kalender) »die größte Krisis des Weltkriegs seit der Marne«, wo im September 1914 die deutsche Offensive im

Westen zum Stehen gekommen und aus dem Bewegungskrieg ein Stellungskrieg geworden war, der sich in den Schützengräben festfraß.[2]

Die Entwicklungen nach der Oktoberrevolution waren nicht nur militärisch bedeutsam, sondern auch politisch. Die Friedensverträge von Brest-Litowsk mit Russland und von Bukarest mit Rumänien demonstrierten der Welt und insbesondere den Mächten der Entente, wie der Frieden aussehen könnte, den Deutschland und seine Verbündeten nach einem Sieg im Westen schließen würden. Auch wenn es nicht so kommen sollte, die Befürchtungen waren in der Welt und wurden propagandistisch geschürt. In London oder Paris zweifelte man nicht daran, dass das Deutsche Reich im Westen Europas ebenfalls weit über territoriale Gewinne hinaus eine hegemoniale politische Ordnung errichten wollte? Später ist eingewandt worden, der Frieden von Brest-Litowsk habe eine mögliche Verständigungsbereitschaft der Alliierten nicht zerstört, weil es eine solche nie gegeben habe.[3] In der Tat hat es zumindest auf Seiten Frankreichs und Großbritanniens keinen Verständigungswillen gegeben und keine Bereitschaft, auf der Basis des Status quo in Waffenstillstands- oder gar Friedensgespräche einzutreten. Doch Brest-Litowsk wirkte über die Schlussphase des Krieges hinaus, da sein Schatten über der Pariser Konferenz lag und der Verweis auf den deutschen Ostfrieden jene Kräfte auf alliierter Seite stärkte, die sich für einen harten Frieden einsetzten.

Die umgekehrte Probe aufs Exempel ist natürlich nie gemacht worden. Aber was wäre geschehen, wenn Deutschland keinen Frieden diktiert, sondern Deutschland und Russland sich im Winter 1917/18 wirklich verständigt hätten, wenn sie einvernehmlich eine Art Zwischeneuropa vom Baltikum bis zum Schwarzem Meer geschaffen oder eine Art Doppelhegemonie errichtet hätten? Was wäre vor allem geschehen, wenn das Deutsche Reich den ost- und ostmitteleuropäischen Völkern echte Selbstbestimmung und den neu entstandenen Staaten tatsächliche Unabhängigkeit zugestanden hätte? Wäre das nicht doch ein Signal gewesen? Andererseits: Warum sollte das Deutsche Reich im März 1918 solche Signale aussenden? Die Schwäche des revolutionären Russlands sprach dagegen. Und auch die Kräftekonstellation in Deutschland in jenen Monaten, die Dominanz der Rechten und des Militärs, verhinderte eine solche Politik. Nicht Friedensüberlegungen bestimmten das Handeln der deutschen Führung zwischen der Oktoberrevolution und Brest-Litowsk, sondern hegemoniale Machtambitionen und die Perspektive, durch einen Frieden im Osten dem entscheidenden Sieg im Westen näherzukommen.

Das deutsche Ostimperium war zwar ein »ephemeres Gebilde«, wie es der Politikwissenschaftler Herfried Münkler genannt hat. Es hat aber nicht erst 1918 Gestalt angenommen, sondern bereits seit dem ersten Kriegsjahr. Denn nachdem deutsche Truppen Ende August und Anfang September 1914 in den Schlachten von Tannenberg und an den Masurischen Seen den russischen Vorstoß auf Ostpreußen aufgehalten und zwei russische Armeen vernichtend geschlagen hatten, rückten die Deutschen 1915 unter Führung Hindenburgs und Ludendorffs, der Sieger von Tannenberg, die mittlerweile den Oberbefehl über die gesamten deutschen Oststreitkräfte übernommen hatten, tief in den Nordwesten des Russischen Reiches vor. Die russischen Truppen zogen sich daraufhin bis auf die von der Ostsee bis in die Westukraine reichende Linie Riga–Dünaburg–Czernowitz zurück, und die deutsche Militärführung im Osten, Ober-Ost genannt, errichtete in Estland, Lettland, Litauen und Teilen Weißrusslands eine deutsche Besatzungsherrschaft, die rasch staatliche Züge anzunehmen begann und eigene, vom deutschen Militär bestimmte Verwaltungsstrukturen entwickelte, nicht zuletzt um die besetzten Territorien für die deutsche Kriegführung auszubeuten. Zugleich wurden Pläne entworfen, diese Gebiete politisch enger an das Reich zu binden, sei es durch Annexion, sei es durch die Schaffung abhängiger Vasallenstaaten. In den ethnisch ausgesprochen heterogenen Gebieten kooperierten deutsche und baltische Bevölkerungsgruppen mit der Besatzungsmacht. Die slawische und die jüdische Bevölkerung blieb in einer untergeordneten Position und wurde vielfach diskriminiert. Im Zusammenhang mit Germanisierungsüberlegungen wurden auch Umsiedlungen erwogen.[4]

Ein unabhängiges Polen existierte am Beginn des Ersten Weltkriegs nicht. Seit den polnischen Teilungen des späten 18. Jahrhunderts standen die Gebiete des ehemaligen Polen-Litauen unter russischer, österreichischer oder preußisch-deutscher Herrschaft. Rund 1,5 Millionen polnische Soldaten kämpften im Weltkrieg auf russischer sowie auf österreichischer und deutscher Seite gegeneinander. Nach ihren Vorstößen auf das russisch-polnische Gebiet im Laufe des Jahres 1915 – am 5. August 1915 eroberten deutsche Truppen Warschau – richteten die Mittelmächte zunächst zwei Generalgouvernements ein: das »Kaiserlich-Deutsche Generalgouvernement Warschau« und das »K.u.k. Militär-Generalgouvernement«. Anstelle der russischen Herrschaft entstanden hier nun Strukturen einer deutschen und – weniger ausgeprägt – österreichischen Besatzungsverwaltung. Ansätze einer nach dem russischen Rückzug gebildeten polnischen Selbstverwaltung wurden von den Besatzungsmächten zwar rasch wieder rückgängig gemacht, dennoch nahmen die Forderungen nach einem unabhängigen polnischen Staat zu. Um dem zu begegnen und um gleichzeitig die polnische Bevölkerung für den Kriegseinsatz auf Seiten der Mittelmächte zu mobilisieren, etablierten Berlin und Wien am 5. November 1916 ein Königreich Polen, das eine Erbmonarchie mit eigener Verfassung werden sollte. Die Grenzen dieses neuen Staates blieben zunächst unbestimmt. Er konstituierte sich auf dem Territorium der beiden Generalgouvernements, umfasste also einstweilen das ehemals russische Kongresspolen, nicht aber diejenigen polnischen Gebiete, die seit den polnischen Teilungen unter preußischer beziehungsweise deutscher und österreichischer Herrschaft standen. Auch wenn es rasch zu Konflikten zwischen Österreich, Deutschland und der polnischen Nationalbewegung kam, die 1917 zur Selbstauflösung des von Wien und Berlin eingesetzten polnischen Staatsrats und zur Einsetzung eines dreiköpfigen polnischen Regentschaftsrats führten, trug das Königreich Polen zumindest in Ansätzen zur Entwicklung einer eigenen polnischen Staatlichkeit und zur Polonisierung insbesondere der Verwaltung bei.[5]

Spätestens mit der Proklamation des Königsreichs Polen im November 1917 war auch die polnische Frage wieder auf die Tagesordnung der internationalen Politik gerückt, von der sie seit dem Wiener Kongress 1815 im Grunde verschwunden war. Nun begannen die Alliierten polnische Soldaten zu rekrutieren, und die Frage eines unabhängigen polnischen Staates erhielt nach dem 5. November 1916 einen prominenten Platz in der Kriegszielpolitik der Alliierten. In seiner Neujahrsbotschaft 1917 an die russischen Streitkräfte sprach der Zar von einer Vereinigung der drei polnischen Teilungsgebiete; wenige Tage später pflichteten ihm die anderen Ententemächte ausdrücklich bei. Noch weiter ging der amerikanische Präsident Wilson, als er in seiner »Peace-without-Victory«-Rede vom 22. Januar 1917 ein »vereintes, unabhängiges und selbstbestimmtes Polen« als Ziel einer Friedensregelung forderte, welche die USA zu diesem Zeitpunkt noch aus ihrer Position der Neutralität zu vermitteln trachteten. Anders als bei anderen Kriegszielen hatten sich die Alliierten damit in der polnischen Frage sehr konkret und auch öffentlich festgelegt. Polnische Unabhängigkeit und Selbstbestimmung, unter welchen Auspizien und in welcher Form auch immer, standen auf der Tagesordnung und waren nach Kriegsende nicht mehr von ihr zu streichen. Deutlich wird allerdings auch, wie sehr ein eigener polnischer Staat – sei es nun in Gestalt der konkreten Maßnahmen der Mittelmächte, sei es in Gestalt der alliierten Forderungen beziehungsweise Versprechungen – dazu diente, die polnische

Bevölkerung in Polen selbst sowie außerhalb und bis hin zu den Emigranten in den USA für das jeweils eigene Lager und die eigenen Kriegsanstrengungen zu gewinnen. Das Recht auf nationale Selbstbestimmung wurde zunächst also nicht für den Frieden, sondern für den Krieg mobilisiert. Das reichte schon bald über Polen hinaus, weil beide Seiten, Entente und Mittelmächte, die enorme Kraft und Wirkung des Selbstbestimmungsrechts und seiner Freisetzung erkannten. Für die Pariser Konferenz und die dort verhandelte Friedensordnung war diese Dynamik gerade mit Blick auf das östliche Europa von entscheidender Bedeutung, und sie war nach den Ankündigungen der Kriegszeit in den Jahren nach 1918 kaum unter Kontrolle zu bringen. Das war äußerst problematisch, weil die Idee nationaler Selbstbestimmungen ethnisch begründete Nationalismen entfesselte – zumindest aber zu deren Entfesselung beitrug –, die in der Neuordnung Ostmittel- und Südosteuropas nach 1918 massiv zu Kriegen, Bürgerkriegen und Gewalteskalationen beitrugen.[6] Zauberlehrlingen gleich hatten die Großmächte geglaubt, diese Nationalismen erst freisetzen und nutzen und sie dann wieder eindämmen zu können.

REVOLUTION IN RUSSLAND

Zeigt schon das polnische Beispiel, wie das nationale Selbstbestimmungsrecht nicht nur zum politischen Argument, sondern zur Waffe im Krieg geworden war, so wird das noch deutlicher an der Entwicklung in Russland, wo seit der Februarrevolution 1917 die Strukturen des Zarenreichs, zu denen auch seine Multinationalität gehörte, erschüttert wurden. Politisch stabil war Russland allerdings auch schon vor Kriegsbeginn nicht. Nach der blutigen Niederschlagung der Revolution von 1905 hatte der Zar zwar Reformen versprochen, diese jedoch nur halbherzig umgesetzt. Entwicklungsmöglichkeiten im Sinne einer Liberalisierung des Systems wurden durch den Ausbruch des Ersten Weltkriegs beendet. Alle Anstrengungen konzentrierten sich nun auf den Krieg, auf den Russland, das ebenso wie die anderen Mächte mit einer kurzen Auseinandersetzung gerechnet hatte, nicht gut vorbereitet war. Als die militärische Führung immer mehr junge Männer einzog, die schlecht ausgebildet, militärisch nicht ausreichend sozialisiert und diszipliniert, überdies mangelhaft bewaffnet und ausgerüstet zum Einsatz kamen, weil schlicht der Nachschub fehlte, schuf sich das Zarenreich gewissermaßen selbst ein politisch nicht ungefährliches Unruhe- und Oppositionspotential. Aber auch außerhalb der Armee wuchs die Unzufriedenheit mit einem System, das für den Krieg alle Ressourcen zu mobilisieren versuchte, insbesondere auch Nahrungsmittel, dafür aber die Zivilbevölkerung vernachlässigte, die immer stärker unterversorgt war und Hunger litt. Das führte von 1915 an zu Protesten, Demonstrationen und Streiks und schließlich zu politischen Reformforderungen, die sich bald auch die Mehrheit der Duma, des nach 1905 gebildeten Parlaments, zu eigen machte. Doch Zar Nikolaus II. und seine Umgebung blieben hartnäckig und verteidigten ihren Machtanspruch.

Diese verheerende Entwicklung entlud sich Anfang 1917 in der Februarrevolution. Die Unruhen begannen Ende Januar mit Massendemonstrationen zum Jahrestag des »Blutsonntags« von 1905. Damals waren Hunderte von streikenden Arbeitern, die politische und wirtschaftliche Reformen im Zarenreich verlangten, vom Militär niedergeschossen worden. Vor allem in Petrograd, wie St. Petersburg seit August 1914 in einer Russifizierung des deutschen Namens hieß, entwickelten sich die Demonstrationen schnell zu einer breiten Streik- und Protestbewegung, die mit Parolen wie »Nieder mit dem Krieg!« und »Nieder mit der Autokratie!« die doppelte Stoßrichtung ihres Protests – Demokratie und Frieden (und damit Brot) – erkennbar werden ließ. Anders als 1905 gelang es dem Zaren und seiner Regierung nicht, die Lage unter Kontrolle zu bringen. Statt auf die Demonstranten und Streikenden zu schießen, liefen die Soldaten in Petrograd zu ihnen über und meuterten gegen ihre Offiziere. Es kam zur Bildung einer Provisorischen Regierung aus Vertretern der bürgerlichen Parteien und einem Angehörigen der Sozialisten, die – erstmals – dem Parlament der Duma verantwortlich war. Ministerpräsident wurde mit Fürst Georgi Lwow ein hoher Adliger. Der Zar selbst erklärte seine Abdankung und den Thronverzicht seines Sohnes, als ihm die Armee ihre Unterstützung entzog, für die die Fortsetzung des Krieges höhere Priorität hatte als die Aufrechterhaltung der zaristischen Autokratie. Wegen des Unwillens und der Opposition, die er in der Zivilbevölkerung und unter Soldaten auf sich zog, war der Zar in den Augen der Militärs zu einer Belastung für die Kriegsanstrengung geworden.

Doch im Land und insbesondere in der Hauptstadt kehrte keine Ruhe ein. Denn neben der Provisorischen Regierung hatte sich aus den Arbeiteraufständen und Streiks hervorgehend nahezu zeitgleich ein Arbeiterrat gebildet, der durch die Ausweitung auf meuternde Soldaten zum Arbeiter- und Soldatenrat wurde, zum Petrograder Sowjet. Eine Doppelherrschaft war die Folge. Während aber insbesondere die bürgerlichen Vertreter der Provisorischen Regierung auf politische Reformen setzten und mit deren Umsetzung begannen, forderte der Petrograder Sowjet ein Ende des Krieges, um die Versorgung der Menschen zu verbessern und ihren Hunger zu stillen. Vor allem aber forderte er Frieden, um auf dieser Grundlage das politische System zu verändern. Dennoch kam es im Frühjahr zu einer Kooperation zwischen den gemäßigten sozialistischen Mitgliedern des Petrograder Sowjet und der Provisorischen Regierung. Im Sommer 1917 wurde mit Alexander Kerenski sogar ein Sozialist Ministerpräsident, doch auch er konnte den Niedergang der Provisorischen Regierung nicht aufhalten.[7]

Dieser Niedergang, der ein Akzeptanz- und Legitimitätsverlust war, resultierte vor allem aus der Kriegspolitik. Bereits wenige Tage nach der Februarrevolution und der Bildung der Provisorischen Regierung hatte sich der französische Botschafter in Petrograd, Maurice Paléologue, an die neue Regierung gewandt und diese auf Bündnistreue eingeschworen: »Vergessen Sie nicht, dass die französische Armee zu einer großen Offensive rüstet und dass die russische Armee auf Ehre verpflichtet ist, ihre Rolle weiter zu spielen.«[8] Dahinter steckte die Furcht, Russland könne aus der Entente ausscheiden und womöglich einen Sonderfrieden mit Deutschland und den Mittelmächten schließen. Denn das würde Deutschland die Möglichkeit bieten, den Zweifrontenkrieg, aus dem durch den südosteuropäischen Krieg eigentlich längst ein Dreifrontenkrieg geworden war, zu beenden und alle Kräfte nach Westen zu werfen. Doch die Vertreter der Provisorischen Regierung versicherten immer wieder, man werde weiter an der Seite der Alliierten kämpfen. Gemeinsam mit den Militärs begründeten sie diesen Kurs nicht zuletzt mit Gebietseroberungen vor allem zu Lasten des Osmanischen Reiches (Schwarzmeergebiet, Bosporus und Dardanellen, Kaukasus) und zu Lasten Österreich-Ungarns. Mit annexionistischen Zielen aber waren die zunehmend erschöpften Soldaten nicht mehr zu motivieren, die in täglich wachsender Zahl desertierten. Eine erneute Offensive im Frühsommer 1917 blieb aus diesen Gründen nach kurzer Zeit stecken, was zum weiteren Machtverfall der Provisorischen Regierung beitrug. Dieser kontinuierliche Machtverfall und der schleichende Akzeptanzverlust der Provisorischen Regierung schufen ideale Bedingungen für die Agitation und den Aufstieg der radikalen Kräfte auf der Linken, der Bolschewiki, denen es nicht um die Verteidigung der bürgerlichen Revolution vom Februar ging, nicht um eine Reform des existierenden Systems durch Liberalisierung und Demokratisierung, sondern um seine Überwindung durch eine zweite, eine sozialistische

Revolution, den Umsturz des bisherigen Systems und die Errichtung einer bolschewistischen Räteherrschaft.

Seit der Rückkehr aus dem Schweizer Exil im April 1917 war Wladimir Iljitsch Lenin der führende Kopf und die treibende Kraft der Bolschewiki. Er zielte auf die bolschewistische Revolution und war nicht bereit zum Kompromiss mit der Provisorischen Regierung oder den moderaten Sozialisten. Mit der Februarrevolution und der durch sie ausgelösten politischen und sozialen Dynamik in Russland hatten sich für seine Ziele Chancen eröffnet, die der Exilant in Zürich zuvor kaum für möglich gehalten hatte, jedenfalls nicht zu seinen Lebzeiten. Aber um auf die Ereignisse in Russland in seinem Sinne einwirken zu können, musste er selbst in Petrograd sein. Sein Wunsch, so schnell wie möglich dorthin zu gelangen, traf sich mit der schon seit 1914 praktizierten Strategie der deutschen Führung, revolutionäre Unruhen in Russland nach Kräften zu fördern, um die Aufmerksamkeit und die Energien des Zaren und seiner Regierung nach innen zu lenken und auf diese Weise einem Separatfrieden näherzukommen. Lenin war nicht der erste russische Exilant, mit dem die deutsche Regierung Kontakt aufnahm. Aber nun, nach der Februarrevolution, schien die Situation besonders günstig. Der radikale Bolschewist in Zürich war nach Ansicht der Drahtzieher im Auswärtigen Amt zudem genau der richtige Mann, und so unterbreitete man Lenin das Angebot, ihn nach Russland zurückzubringen. Die zivile Reichsleitung war mit diesem Vorgehen einverstanden, und auch in der OHL stieß der Plan auf Zustimmung. Dort war man sogar bereit, den Revolutionär durch die deutschen Linien an der Ostfront nach Russland zu schleusen, um seine Rückkehr auf jeden Fall sicherzustellen.

Am 9. April 1917 verließ Lenin die Schweiz in einem plombierten Eisenbahnwaggon und traf wenige Tage später über Schweden und Finnland in Petrograd ein, wo er mit Energie und Charisma umgehend an die Spitze der Bolschewiki gelangte.[9] Die neue Regierung betreibe den gleichen »räuberischen imperialistischen Krieg« wie die alte, die zaristische, stellte er unmittelbar nach seiner Rückkehr in den »Aprilthesen« fest. Was er und seine Anhänger forderten, war das Gegenteil dessen, wofür sich die Provisorische Regierung und die gemäßigten Sozialisten einsetzten. Sie riefen zum Sturz der Provisorischen Regierung auf und dazu, die gesamte Macht bei den Räten, den Sowjets, zu konzentrieren. Lenin forderte einen sofortigen Friedensschluss und den Verzicht auf alle Annexionen sowie die Enteignung des ländlichen Großgrundbesitzes, über dessen Verteilung Bauern- und Landarbeiterräte verfügen sollten. Zwar scheiterte ein erster Putschversuch im Juli 1917, aber die Provisorische Regierung war zu kraftlos, um eigene Konzepte zu entwickeln, die Lage zu stabilisieren und den Forderungen der Bolschewiki entgegenzutreten. Diese setzten sich nach einem Putschversuch von rechts im August als Verteidiger der eigentlichen Revolution in Szene.

Während all dieser Monate nahmen die Auflösungserscheinungen in der Armee zu. Aus der Flucht von immer mehr Soldaten, die nicht aufzuhalten war, wurde ein Rückzug der Armee auf breiter Front. Am 21. August 1917 besetzten deutsche Truppen Riga. Nach Petrograd war es von dort nicht mehr weit. Je stärker die Kräfte der Provisorischen Regierung schwanden, desto größer wurde die Macht der Bolschewiki, an deren Spitze neben Lenin inzwischen auch Trotzki stand, der ebenfalls aus dem Exil erst in Frankreich, dann in den USA nach Russland zurückgekehrt war. Im Petrograder Sowjet, dessen Einfluss weit über die Hauptstadt hinausreichte, übernahmen die Bolschewiki im September die Mehrheit und Trotzki den Vorsitz. Statt die angekündigten Wahlen zu einer Konstituierenden Versammlung abzuwarten, entschied sich die Führung der Bolschewiki Mitte Oktober 1917 zur Machtübernahme. Aus dem Petrograder Sowjet heraus und gestützt auf seine Strukturen besetzten bewaffnete Arbeitereinheiten in der Nacht vom 6. auf den 7. November 1917 (vom 24. auf den 25. Oktober nach russischem Kalender) alle strategischen Orte der Hauptstadt: Bahnhöfe, Ministerien, zentrale Plätze und Gebäude. Die Provisorische Regierung wurde für abgesetzt erklärt, an ihre Stelle trat eine Regierung, der nur Bolschewisten angehörten und die sogleich bekanntgab, dass von nun an alle Macht bei den Räten liege.

War die Rechnung der deutschen Führung damit aufgegangen? Wie Graf Kessler waren viele Beobachter der Meinung, dass eine kriegsentscheidende Situation eingetreten sei. Die neuen Machthaber in Russland machten sich unverzüglich an die Etablierung eines Rätesystems und den Aufbau einer neuen Gesellschaftsordnung, was zunächst freilich nicht mehr hieß, als die marode alte vollends zum Einsturz zu bringen. Mit ihrem »Dekret über Grund und Boden« vom 7. November enteigneten sie den gesamten Grundbesitz des Adels – auch den der Zarenfamilie – und den der Kirche entschädigungslos und versprachen den Bauern das Land. Zu Tausenden verließen daraufhin Bauern und Bauernsöhne, die den größten Teil der Soldaten in der russischen Armee stellten, ihre Einheiten, um sich in ihren Heimatdörfern einen Anteil an dem enteigneten Land zu sichern. Aus Sicht der Bolschewiki war diese Auflösung der Armee unproblematisch, weil sie ohnehin nicht vorhatten, den

Krieg fortzusetzen. Vielmehr wollten sie alle Kräfte auf den inneren Umbau von Staat und Gesellschaft richten; dabei sollten die knappen Ressourcen zum Wohle der Bevölkerung eingesetzt werden, damit die sozialistische Transformation nicht gefährdet wurde. »Brot« und »Frieden«, auf diesen elementaren Forderungen beruhte die Politik der Bolschewiki nach der Revolution.

Noch vor dem Landdekret hatte Lenin dem Allrussischen Rätekongress, der mit der Revolution zum obersten politischen Organ Sowjetrusslands geworden war, am 7. November 1917 ein »Dekret über den Frieden« vorgelegt. In diesem verlangte er einen sofort in Kraft tretenden Waffenstillstand und bot »allen kriegführenden Völkern und ihren Regierungen die unverzügliche Aufnahme von Verhandlungen über einen gerechten und demokratischen Frieden« an. Unter einem solchen Frieden verstand er gemäß der Forderung des Petrograder Sowjets einen »Frieden ohne Annexionen, also ohne die Besetzung fremden Territoriums und ohne die gewaltsame Eingliederung fremder Nationalitäten, und ohne Kontributionen«. Zugleich sprach Lenin sich in dem Dekret für ein Selbstbestimmungsrecht der Völker aus, insbesondere kleinerer oder schwächerer Völker, die nicht ohne ihre Zustimmung und gegen ihren Willen innerhalb der Grenzen eines größeren Staates gehalten werden dürften. Darüber hinaus bekannte er sich zur Abschaffung der Geheimdiplomatie und zu der Absicht, alle Verhandlungen öffentlich zu führen. Um diese Absicht zu bekräftigen, versprachen die Bolschewiki, auch die Geheimverträge früherer Regierungen zu veröffentlichen.[10]

Die Mächte der Entente sahen jedoch keine Veranlassung, in irgendeiner Form auf die Vorschläge für einen Waffenstillstand oder Friedensverhandlungen einzugehen, schlimmer noch: Sie erkannten die bolschewistische Regierung nicht an. Und auch eine Kriegszieldiskussion – untereinander sowie in der Öffentlichkeit – suchten sie zu vermeiden. Als sich die Alliierten im November 1917 in London zu einer Konferenz trafen, an der erstmals auch amerikanische Vertreter teilnahmen, bestand vor allem Clemenceau darauf, die Plenarsitzungen kurz zu halten, damit es zu keiner Aussprache über die Kriegsziele kam.[11] Gleichwohl fühlten sich die Alliierten durch das »Dekret über den Frieden« und andere Verlautbarungen, die in den nächsten Wochen folgten, so unter Druck gesetzt, dass der britische Premierminister und der amerikanische Präsident unabhängig voneinander beschlossen, öffentlich zu ihren Friedensvorstellungen Stellung zu beziehen. David Lloyd George tat das, wie geschildert, am 5. Januar 1918, Woodrow Wilson wenige Tage später, am 8. Januar, in seiner Vierzehn-Punkte-Rede.

Wer das »Dekret über den Frieden« genau las, der musste erkennen, dass es auch die Existenz des russischen Vielvölkerreiches selbst in Frage stellte. Allen Nationalitäten innerhalb größerer Staatsverbände wurde das Recht auf nationale Selbstbestimmung zumindest theoretisch konzediert und in Aussicht gestellt. Das galt auch für die nichtrussischen Nationalitäten innerhalb des russischen Imperiums und war ein Versuch, die Nationalitätenfrage zu entschärfen, die seit Kriegsbeginn an Brisanz zugenommen hatte, und zwar vor allem im Westen des Zarenreiches. Dort, wo die Folgen des Krieges besonders spürbar waren und wo zum Teil auch schon vor 1914 Kritik am extremen Petersburger Zentralismus laut geworden war, erhoben nun erneut Vertreter nationaler Minderheiten ihre Stimme, wobei sie sich aber zugleich gegen die Machtübernahme der Bolschewiki und deren ungeteilten Herrschaftsanspruch wandten. Das war nicht nur der Fall in Polen oder Finnland, sondern auch im Baltikum und der Ukraine sowie im Transkaukasus mit Armenien, Georgien und Aserbaidschan. Selbst in Zentralasien und Sibirien richteten sich Unabhängigkeitsbewegungen gegen Petrograd und die Bolschewiki.

Diese setzen ihre revolutionäre Politik unvermindert fort. In einer von Lenin und dem Volkskommissar für nationale Angelegenheiten Josef Stalin unterzeichneten »Deklaration der Rechte der Völker Russlands«, die der Rat der Volkskommissare, also die revolutionäre Regierung, am 15. November 1917 verabschiedet hatte, verkündeten sie nach der Befreiung der Bauern, der Soldaten und der Arbeiter nunmehr die Befreiung der Völker Russlands. An die Stelle imperialistischer Zwangsherrschaft solle »die Politik eines freiwilligen und ehrlichen Bundes der Völker Russlands treten«. Das zielte nicht notwendig auf nationale, staatliche Unabhängigkeit, sah diese Möglichkeit nach den Grundprinzipien der neuen russischen Nationalitätenpolitik aber ausdrücklich vor. Ausgehend von der »Gleichheit und Souveränität der Völker Russlands« wurde den Völkern in der Deklaration das Recht »auf freie Selbstbestimmung bis hin zu einer Loslösung und Bildung eines selbständigen Staates« eingeräumt, und zugleich wurden alle nationalen und nationalreligiösen Privilegien und Einschränkungen aufgehoben.[12] Natürlich diente die Deklaration wie andere Erklärungen und Dekrete aus den Tagen und Wochen nach der Revolution auch der Sicherung der Macht der bolschewistischen Regierung. Eine liberale Nationalitätenpolitik, die die Rechte unterschiedlicher Völker achtete und ihre kulturellen Eigenheiten und Traditionen, nicht zuletzt ihre Religion, respektierte, sollte die Attraktivität der neuen politischen Ordnung fördern und die Wirkungsmacht nationaler Unabhängigkeitsbewegungen, die in vielen Fällen nicht weniger antibolschewistisch waren als antirussisch, zurückdrängen. Mit der Deklaration zielte die bolschewistische Regierung aber auch über Russland hinaus auf National- und Befreiungsbewegungen anderswo in Europa, denen sie sich als führende Kraft und ihre Nationalitätenpolitik im Zeichen der Selbstbestimmung als Modell anbot.[13]

EIN DEUTSCHES OSTIMPERIUM

Am 15. November 1917, also am Tag der »Deklaration über die Rechte der Völker Russlands«, erklärte sich in Finnland die Eduskunta, das finnische Parlament, zur Inhaberin der höchsten Gewalt. Drei Wochen später, am 6. Dezember, verabschiedete sie eine Unabhängigkeitserklärung, die Finnland aus dem russischen Herrschaftsverband löste. Seit Kriegsbeginn 1914 waren in Finnland, das als autonomes Großfürstentum zum Zarenreich gehörte, immer wieder Unruhen aufgeflammt und Forderungen nach nationaler Unabhängigkeit erhoben worden, was nach der Februarrevolution noch zunahm. Als sich das finnische Parlament im Sommer 1917 für eine fast völlige Unabhängigkeit aussprach, wurde es von der russischen Provisorischen Regierung in Petrograd aufgelöst, die zudem die russische Militärpräsenz in Finnland erhöhte. Die Oktoberrevolution führte dann binnen wenigen Wochen zur Unabhängigkeitserklärung. Doch dann kam es zu einem blutigen Bürgerkrieg, der bis zum Frühjahr 1918 dauerte. In ihm standen sich gemäßigte national-finnische Kräfte unter der Führung des kurz zuvor noch in russischen Diensten stehenden finnisch-schwedischen Generals Carl Gustav Mannerheim und revolutionär-sozialistische gegenüber, die nach anfänglichen Erfolgen unterlagen, als deutsche Truppen im April 1918 intervenierten.[14]

In der Ukraine, deren Westen (Galizien) zu Österreich, deren Osten zum Russischen Reich gehörte, hatte sich schon nach der Februarrevolution in Kiew ein Zentralrat (Rada) gebildet, der im Sommer 1917 Autonomie für die Ukraine forderte und nach der Oktoberrevolution am 20. November 1917 die Bildung einer autonomen Volksrepublik Ukraine innerhalb einer russischen Föderation verkündete. Das war genau das, was der bolschewistischen Regierung in Petrograd vorschwebte, was sie aber nur so lange akzeptierte, wie die ukrainische Regierung sich auf die Seite der bolschewistischen Machthaber in Petrograd stellte, deren Primat anerkannte und im beginnenden Bürgerkrieg nicht deren Gegner unterstützte. Als die Ukraine dazu nicht bereit war und am 25. Januar 1918 ihre vollständige Unabhängigkeit und Souveränität erklärte, intervenierte die russische Führung umgehend. Bolschewistische Milizen, aus denen Anfang 1918 die Rote Armee hervorging, besetzten am 8. Februar 1918 Kiew, wenige Tage später die Stadt Rostow am Don, ein Zentrum der Kosaken, die im russischen Bürgerkrieg zu den erbittertsten Gegnern der Bolschewiki gehörten. In dieser Situation schlossen Abgesandte der ukrainischen Rada am 9. Februar in Brest-Litowsk einen Sonderfriedensvertrag mit den Mittelmächten.[15]

Der Separatfrieden mit der Ukraine stand letztlich in der Kontinuität der deutschen Politik, die seit Kriegsbeginn 1914 nationale Bestrebungen und Unabhängigkeitsbewegungen innerhalb des Zarenreiches unterstützt hatte, um die politische Ordnung in Russland zu destabilisieren und die Erosion der multinationalen Herrschaft zu befördern. So wie man durch den Rücktransport Lenins aus der Schweiz die Bolschewiki stärken und dadurch zur Verschärfung innerrussischer Konflikte beitragen wollte – und auch beitrug –, so unterstützte man die nationalen Kräfte in Finnland, im Baltikum und in der Ukraine. Aber es war doch von Anfang an deutlich, dass die Unterstützung nationaler Unabhängigkeit – wie im Fall Polens – lediglich Mittel zum Zweck war und es den Deutschen nicht um die Errichtung einer liberalen, auf einem umfassenden Selbstbestimmungsrecht der Völker fußenden Ordnung in Ostmittel- und Osteuropa ging, sondern darum, bis tief ins östliche Europa eine deutsche politische und wirtschaftliche Hegemonie zu errichten. Kritiker einer solchen Expansions- und Hegemonialpolitik wie der SPD-Vorsitzende Friedrich Ebert warnten zwar davor, das Selbstbestimmungsrecht der Völker als Hebel der deutschen Expansion zu missbrauchen, aber sollte man deshalb ganz darauf verzichten, mit dem Selbstbestimmungsrecht Politik zu machen?[16] Nach der Oktoberrevolution tauchte zudem das Argument auf, dass durch eine Reihe semi-unabhängiger Staaten von Finnland bis zum Schwarzen Meer gleichsam eine Pufferzone zwischen Deutschland und Russland entstehe und so nicht nur die russische Militärmacht auf Distanz gehalten, sondern vor allem ein Überspringen des bolschewistisch-revolutionären Funkens auf Deutschland und Mitteleuropa verhindert werden könne.

Mit solchen Überlegungen beschäftigte sich nicht nur das Deutsche Reich. Aus genau denselben Gründen wurde die Schaffung einer das bolschewistische Russland isolierenden Pufferzone, eines *Cordon sanitaire*, auf der Pariser Friedenskonferenz 1919 zu einem wichtigen geopolitischen Ziel der Westmächte Großbritannien und Frankreich. Der Staatengürtel erhielt dann allerdings eine doppelte Funktion, nämlich »die russische Flut einzudämmen und Deutschland in Schach zu halten«, wie es im britischen *Foreign Office* hieß.[17]

Im Ringen um das Selbstbestimmungsrecht der Völker und in der Instrumentalisierung nationaler Autonomie- und Unabhängigkeitsbestrebungen spiegelt sich der Aufstieg des nationalen Prinzips seit dem 19. Jahrhundert, das immer stärker auch zum Ordnungsprinzip der internationalen Politik und des internationalen Systems wurde. Die Entwicklungen in den Jahren des Ersten Weltkriegs drängten dieses Prinzip und die mit ihm verbundenen Ansprüche nicht zurück, sondern verstärkten sie, selbst wenn sie in vielen Fällen nur ein Mittel zum Zweck waren. Vollmundige Erklärungen der Großmächte zum Selbstbestimmungsrecht der Völker trafen in Paris 1919 auf Unabhängigkeitsforderungen, die sich inzwischen weltweit erhoben, nicht selten durch die Erklärung dieses Rechts erst hervorgerufen worden waren und nun mit politischen Ordnungsideen, Sicherheitsvorstellungen und imperialen Machtinteressen kollidierten, in denen für nationale Unabhängigkeit und Selbstbestimmung kein Raum war und die mit der flächendeckenden Durchsetzung dieser Ideen in zum Teil eklatantem Widerspruch standen. Enttäuschungen und Konflikte waren zwangsläufig die Folge.

Während Russlands Bundesgenossen keine Anstalten machten, sich den Waffenstillstands- oder gar Friedensangeboten der Bolschewiki anzuschließen, ließen Deutschland und die Mittelmächte sich nur zu gern auf den Vorschlag ein. Jenseits der Vision einer deutschen Hegemonie im östlichen Europa gab es dafür verschiedene Gründe: Es ging um die militärische Entlastung Deutschlands und der Mittelmächte, um ein Ende des Zweifrontenkriegs und damit um die Möglichkeit, bislang im Osten gebundene Truppen nach Westen zu werfen und dort den Durchbruch zu erzielen. Aber es ging angesichts der zum Dauerzustand gewordenen Ernährungs- oder besser Hungerkrise in Deutschland und Österreich und ihrer politischen Folgen – Arbeiterunruhen und Streiks – auch um den Zugriff auf die Getreideproduktion, die ukrainische »Kornkammer«. Von Getreidelieferungen aus der Ukraine erhoffte man sich eine Überwindung der Versorgungskrise. Voraussetzung dafür war ein Friedensvertrag, ein »Brotfrieden«, wie es rasch hieß, den man einer militärischen Besetzung der Ukraine eindeutig vorzog. Vor diesem Hintergrund erklärte der deutsche Reichskanzler Georg Michaelis, ein politisch schwacher Bürokrat und eine Marionette in den Händen der OHL, am 29. November 1917, dass das Deutsche Reich bereit sei, mit Vertretern der russischen Regierung in Gespräche einzutreten.[18] Bereits vier Tage später, am 3. Dezember 1917, kam es zum Waffenstillstand zwischen den Mittelmächten und Russland, der Mitte des Monats verlängert wurde. Am 22. Dezember begannen in Brest-Litowsk, dem Hauptquartier von Ober-Ost, die Friedensverhandlungen.

Oft ist zu lesen, dass der Frieden von Brest-Litowsk vor allem deswegen in Verruf geraten sei, weil Deutschland es versäumt habe, eine konsequent liberale Linie durchzuhalten.[19] Eine solche liberale Linie hat es nie gegeben. Von Anfang an waren die deutsche Politik und die Verhandlungsstrategie gegenüber Russland von dem Ziel bestimmt, eine größtmögliche Schwächung Russlands und eine Ausdehnung des deutschen Einflusses in Richtung Osten zu erreichen. Allerdings ging es zumindest Teilen der deutschen Führung, darunter Außenminister Richard von Kühlmann, dem Chef der deutschen Delegation, auch darum, die deutsche Vormachtstellung und die von Deutschland bestimmte Ordnung mit dem Prinzip nationaler Selbstbestimmung auf eine Grundlage zu stellen, die von den schwächeren oder abhängigen Staaten auch akzeptiert und anerkannt werden konnte. Die Stoßrichtung war dennoch klar, wie Kühlmann später festhielt. Man habe versucht, »auf dem Selbstbestimmungsrecht der Völker fußend, den Punkt des annexionslosen Friedens zu unterhöhlen. (...) Mein Plan war, Trotzki in eine rein akademische Diskussion über das Selbstbestimmungsrecht der Völker und seine möglichen praktischen Anwendungen zu verstricken, und was wir an territorialen Zugeständnissen durchaus brauchten, uns durch das Selbstbestimmungsrecht der Völker hereinzuholen.«[20] Kühlmanns Einfluss indes blieb begrenzt. Seine Vorstellungen eines konsensual abgeschlossenen Verständigungsfriedens, der möglicherweise zum Vorbild für einen Frieden im Westen werden konnte, aber auch seine Bemühungen, die angestrebte deutsche Dominanz im östlichen Europa auf die Anerkennung wechselseitiger Interessen zu gründen, scheiterten an der Obersten Heeresleitung und insbesondere an Ludendorff, der sich schon in Brest-Litowsk, vor allem aber nach dem Abschluss des Friedensvertrags und in der Phase seiner Umsetzung mit seinem harten Kurs sowie mit seinen expansionistischen Kriegszielen und Machtvorstellungen durchsetzte. Dazu gehörte auch die Schaffung einer gleichsam imperialen Armee, die sich unter anderem aus Soldaten der abhängigen Vasallenstaaten rekrutieren sollte.[21]

Die Verhandlungen in Brest-Litowsk führten zunächst Richard von Kühlmann und sein österreichischer Amtskollege Graf Ottokar Czernin. Bevollmächtigter der Obersten Heeresleitung war General Max Hoffmann, der

Stabschef von Ober-Ost, ein Offizier, auf den sich Ludendorff verlassen konnte. Die russische Delegation wurde von Adolf A. Joffe geleitet, der dem obersten Führungszirkel der Bolschewiki angehörte und ein enger Weggefährte von Leo Trotzki war. Auf eine gemeinsame Verhandlungsposition hatten die Mittelmächte verzichtet. Es war zu schwierig, die unterschiedlichen und divergierenden Vorstellungen unter einen Hut zu bringen, und profitiert hätte von dem Ergebnis vermutlich nur die russische Seite. Schon bald wurde jedoch deutlich, dass insbesondere die deutschen Verhandler angesichts der mit den Revolutionen in Russland entstandenen Machtverhältnisse nicht bereit waren, jenen Frieden ohne Annexionen und Kontributionen abzuschließen, zu dem die russische Seite aufgerufen hatte. Auch eine Räumung der von den Mittelmächten besetzten Gebiete, die die russische Seite unter Berufung auf das Selbstbestimmungsrecht der Völker verlangt hatte, lehnten sie ab. Das brachte die russische Führung in eine schwierige Situation. Diese strebte ja vor allem einen schnellen Frieden an, um sich auf den bolschewistischen Machtausbau und die Umgestaltung der inneren Ordnung zu konzentrieren.

Doch sollte man für dieses Ziel so weit gehen, einen reinen Unterwerfungsfrieden zu akzeptieren? Würde die Annahme eines von den Mittelmächten aufgezwungenen Friedens, den alle Welt als Demütigung der neuen russischen Regierung betrachten würde und der darüber hinaus durch seinen Expansionismus auf die territoriale Substanz Russlands zielte, die bolschewistische Herrschaft nicht irreversibel beschädigen und sogar gefährden? Vor allem Leo Trotzki, Außenkommissar der revolutionären Regierung, der seit Anfang Januar die russische Delegation anführte, sah das so. Anders als Lenin wollte er solch enorme Zugeständnisse nicht machen, bloß um zu einem Friedensvertrag zu gelangen. Die Zeit, so sah es Trotzki, spielte den Bolschewiki in die Hände, denn schon bald werde der revolutionäre Funke von Russland auf Mittel- und Westeuropa und insbesondere auf Deutschland überspringen und eine völlig veränderte Situation schaffen. In Petrograd plädierte der Außenkommissar aus diesem Grund zwar nicht für eine Wiederaufnahme der Kampfhandlungen – dafür fehlte jegliche Basis –, aber eben auch nicht für einen Friedensvertrag zu deutschen Bedingungen, sondern für einen Zustand, der »weder Krieg noch Frieden« war. Das fand zunächst – gegen Lenin – Unterstützung im Zentralkomitee der bolschewistischen Partei.

Trotzkis Kurs führte zu einer Eskalation in Brest-Litowsk. General Hoffmann reagierte auf die russische Verzögerungstaktik mit einem »Faustschlag«, wie der Auftritt des Generals bald genannt wurde. Mit erhobener

Stimme warf er der russischen Seite vor, die Situation zu verkennen: »Die russische Delegation spricht mit uns, als ob sie siegreich in unserem Lande ständen und Bedingungen diktieren könnten. Ich möchte darauf hinweisen, dass die Tatsachen entgegengesetzt sind. Das siegreiche deutsche Heer steht in ihrem Gebiet.« Gegen den Rekurs auf das Selbstbestimmungsrecht, um damit die Forderung nach einer Räumung der von den Mittelmächten besetzten Gebiete zu begründen, verwahrte sich der General. Die russische Regierung wende dieses Recht nicht einmal im eigenen Lande an, und außerdem hätten »die Völker der besetzten Gebiete ihrem Wunsch nach Lostrennung von Russland bereits klar und unzweideutig Ausdruck gegeben«. Die Gebiete seien »deutscher Besitz und in deutschem Betriebe«.[22]

Damit war nicht nur die deutsche Linie klar, sondern auch, wer in der deutschen Delegation den Ton angab. Die OHL konnte sich ihres Erfolges umso sicherer sein, als auch der Kaiser die Position der Militärs stützte. Als Wilhelm II. das Protokoll der Verhandlung erhielt, kommentierte er Hoffmanns wohlkalkulierten Ausbruch mit den Worten: »Hoffmann hat sehr richtig und brillant geantwortet! So ist es und nach Meinen Befehlen wird es so bleiben! Die Bolschewiken haben sich damit abzufinden.«[23] In der Tat veränderte sich die deutsche Position in den folgenden Tagen nicht mehr. Der Gesprächsfaden war de facto abgerissen, für weitere Verhandlungen fehlte jede Grundlage.

Zusätzlich kompliziert wurde die Situation durch die ukrainische Frage. Nachdem die Rada in Kiew am 25. Januar 1918 die Unabhängigkeit der Ukraine erklärt hatte, waren in Brest auch ukrainische Vertreter anwesend. Ob man einen letzten Versuch unternahm, eine auf dem Selbstbestimmungsrecht und auf wechselseitiger Anerkennung beruhende Ordnung im östlichen Europa zu schaffen, oder ob es der deutschen Seite von Anfang an nur darum ging, die russisch-ukrainischen Spannungen zu schüren: Die Mittelmächte führten gleichsam als Vermittler eine Zusammenkunft der russischen und der ukrainischen Delegationen herbei. Für eine Verständigung gab es in dieser aufgeladenen Situation allerdings keine Basis. Selbstbewusst unterstrichen die Ukrainer die Unabhängigkeit ihres Staates und warfen den Russen vor, trotz anderslautender Erklärungen an einem Selbstbestimmungsrecht überhaupt nicht interessiert zu sein. Das bolschewistische Regime verfüge über keinerlei Legitimität und stütze sich nur »auf die Bajonette der verdingten Rotgardisten«.[24] Die Russen wiederum verwiesen auf die Eroberung Kiews durch russisch-bolschewistische Truppen und unterstrichen damit die absolute

Unvereinbarkeit der Positionen. An eine Annäherung durch deutsche Vermittlung – wenn sie denn je ernsthaft gewollt war – war gar nicht zu denken. Die Mittelmächte erkannten daraufhin die Abgesandten der Rada als offizielle Vertretung der Ukraine an und traten in Friedensgespräche mit der ukrainischen Delegation ein, die wenige Tage später, am 9. Februar, zu einem Friedensvertrag führten. Es war der angestrebte »Brotfrieden«, in dessen Mittelpunkt die in Berlin und Wien ersehnten Getreidelieferungen standen. Zugleich erhöhte man den Druck auf Russland, das ultimativ aufgefordert wurde, die Friedensbedingungen der Mittelmächte, insbesondere die Herauslösung der von deutschen Truppen besetzten Gebiete – also Polens, Litauens und Teilen Lettlands – aus dem russischen Herrschaftsverband anzunehmen sowie durch einen Friedensvertrag mit der Ukraine deren Unabhängigkeit anzuerkennen. Statt sich diesem Druck zu beugen, beendete Trotzki die Friedensverhandlungen am 10. Februar, erklärte für die russische Seite den Krieg für beendet – »kein Frieden, kein Krieg« – und annoncierte die Demobilisierung.

Die deutsche Seite kündigte ihrerseits wenige Tage später den Waffenstillstand auf und startete am 18. Februar eine großangelegte Offensive gegen die russischen Truppen beziehungsweise gegen das, was von diesen noch übrig war und die Stellungen gehalten hatte. Begründet und legitimiert wurde diese Offensive durch Hilfsersuchen aus den baltischen Gebieten. Dass diese fingiert und von der OHL bestellt waren, entging kundigen Beobachtern nicht. »Mittags ein flammendes Telegramm des Vertreters des livländischen Landmarschalls«, notierte Harry Graf Kessler am 17. Februar in seinem Tagebuch, »der ›in den letzten Minuten‹ Rettung für die deutsche Bevölkerung Livlands vom Reichskanzler erfleht. Die Mache ist für den, der hinter die Kulissen sieht, etwas zu deutlich. Auf das Publikum scheint sie zu wirken.«[25] Innerhalb weniger Tage weitete sich das von den Mittelmächten kontrollierte Gebiet gewaltig aus. Die deutschen Truppen stießen entlang der russischen Eisenbahnlinien in Richtung Osten vor. Für General Hoffmann war die Operation »Faustschlag«, unter dieser Losung stand die Offensive, »der komischste Krieg, den ich je erlebt habe. (…) Man setzt eine Hand voll Infanteristen mit Maschinengewehren und einer Kanone auf die Bahn und fährt los bis zur nächsten Station, nimmt die, verhaftet die Bolschewiki, zieht mit der Bahn weitere Truppen nach und fährt weiter.«[26] Auf diese Weise eroberten die Mittelmächte weite Gebiete. Ihre Truppen rückten am 1. März 1918 in Kiew ein und installierten dort wieder die Rada als Parlament einer deutschfreundlichen Ukraine. Am Schwarzen Meer erreichten österreichische Truppen Odessa, andere Verbände nahmen die Krim ein und gelangten bis an den Don. Weiter nördlich wurde Weißrussland besetzt, und an der Ostsee standen deutsche Truppen 80 Kilometer vor Petrograd, das von deutschen Flugzeugen bombardiert wurde, was die bolschewistische Regierung zur Flucht nach Moskau zwang.

Jetzt endlich erklärte sich die russische Regierung bereit, Frieden zu schließen. Der Gewaltfrieden, der Russland nun diktiert wurde, ging weit über die Forderungen der Mittelmächte vom Jahresbeginn wenige Wochen zuvor hinaus. Zwar verpflichteten sich die Mittelmächte, die soeben eroberten russischen Gebiete zu räumen, aber doch nicht vollständig: Estland, Livland und weite Teile Weißrusslands blieben unter deutscher Kontrolle. Wichtiger aber war im Friedensvertrag, der am 3. März 1918 von Russland und den Mittelmächten unterzeichnet wurde, dass den Deutschen und ihren Verbündeten völlig freie Hand eingeräumt wurde, welchen vormals zu Russland gehörenden Gebieten sie das Selbstbestimmungsrecht, die nationale Unabhängigkeit und damit das Ende russischer Herrschaft anboten. So musste Russland auf alle Ansprüche gegen Polen, Litauen und Kurland – dem westlichen Teil Lettlands – verzichten, aber auch auf die transkaukasischen Gebiete, die das Osmanische Reich zurückforderte, das diese Gebiete 1878 an Russland verloren hatte. Im Sommer 1918 musste Russland in einer Reihe von Zusatzverträgen seinen Verzicht auch noch auf Estland und Livland ausweiten und überdies die staatliche Unabhängigkeit der Ukraine und Finnlands anerkennen. Finnland wurde zu einem deutschen Protektorat, für das mit Prinz Friedrich Karl von Hessen ein deutscher Fürst und Schwager des Kaisers als König vorgesehen war. Auch in anderen Staaten sollten deutsche Dynasten neu geschaffene oder aus der Geschichte hervorgeholte Throne besetzen. Bessarabien (Moldawien) wurde ein autonomes Gebiet im rumänischen Staatsverband; Georgien sowie die bis dahin russischen Teile Armeniens und Aserbaidschan erklärten sich zu unabhängigen Republiken. So büßte Russland innerhalb weniger Monate etwa 2,5 Millionen Quadratkilometer seines Staatsgebiets ein mit rund 55 Millionen Menschen, einem Drittel seiner Bevölkerung. Verloren gingen Russland fast alle Erdöl- und Kohlevorkommen, rund drei Viertel der Eisenerzvorkommen und etwa die Hälfte seiner Industriestätten. Aber auch die Landwirtschaft war massiv betroffen.[27] Damit stürzte Russland 1918 nicht nur in einen Bürgerkrieg, sondern auch in eine katastrophale Wirtschaftskrise, wozu der Frieden von Brest-Litowsk und seine

Folgen entscheidend beitrugen. Unruhen und Protest weiteten sich rasch aus und drohten die Herrschaft der Bolschewiki zu gefährden. Die Antwort war noch mehr Gewalt.

Im Sommer 1918 standen deutsche Truppen sogar südlich des Kaukasus. Von der Ukraine aus waren sie damit etwa so weit gekommen, wie ein knappes Vierteljahrhundert später die Wehrmacht im Zweiten Weltkrieg, die erneut in die transkaukasischen Gebiete vorstieß. Neben dieser oberflächlichen Parallele gibt es auch einen inneren Zusammenhang zwischen den Konstellationen von 1918 und 1942. Zielte der Frieden von Brest-Litowsk bereits auf die deutsche Kontrolle über Ostmitteleuropa und weite Teile des ehemaligen Zarenreichs sowie auf die politische und wirtschaftliche Eingliederung der riesigen östlichen Gebiete, so gingen die Germanisierungspläne nach dem Friedensschluss noch viel weiter. Sie wurden im Militär entwickelt, das so gut wie unkontrolliert von der politischen Führung eine quasi-imperiale Herrschaftsordnung errichtete. Pläne, die in diesem Zusammenhang im Kommando Ober-Ost entstanden, richteten sich sogar auf die Auflösung des bolschewistischen Russland und die Einbeziehung der russischen Gebiete in ein deutsches Kontinentalimperium. Solche Ideen lebten – völkisch-rassistisch zugespitzt und überwölbt von Lebensraumideen – nach 1933 wieder auf und bestimmten die deutsche Kriegführung und Eroberungspolitik im östlichen Europa nach 1939, vor allem aber nach dem deutschen Überfall auf die Sowjetunion 1941. Der Osten Europas, das war die Lehre, die man aus 1918 zog, war offensichtlich vergleichsweise leicht militärisch zu erobern und politisch zu kontrollieren. So entstanden Germanisierungspläne wie die seit 1940 im »Generalplan Ost« zusammengefassten, zu denen von Anfang an gigantische völkisch-rassistisch bestimmte Siedlungs- und Umsiedlungsprojekte gehörten, die in Ostmittel- und Osteuropa mit genozidaler Gewalt vorangetrieben wurden.[28] Spätestens 1942 sollte sich herausstellen, dass all diesen perfiden Plänen eine gewaltige Fehleinschätzung zugrunde lag.

Nach Brest-Litowsk konnte Lenin der Unruhe im eigenen Lager nur mit Mühe Herr werden. Linke Gegner innerhalb der bolschewistischen Partei kritisierten den Vertrag als »obszönen Frieden«, Lenin selbst bezeichnete ihn als einen »Abgrund der Unterwerfung, Zerstückelung, Versklavung und Demütigung«. Trotzki sprach von einem »Akt brutalen Raubes«, erkannte aber wie einige andere Genossen die politische und ideologische Botschaft, die von diesem Frieden ausgehen würde. Brest-Litowsk sei, so schrieb der seit 1916 inhaftierte Sozialist Karl Liebknecht aus dem Gefängnis im brandenburgischen Luckau, »zur weithin vernehmbaren revolutionären Tribüne« geworden. »Es brachte die Entlarvung der Mittelmächte, die Entlarvung der deutschen Raubgier, der Verlogenheit, Hinterlist und Heuchelei.«[29]

Nicht nur für die Bolschewiki in Russland oder für deutsche Sozialisten, die den Kriegskurs ihrer Partei ablehnten und bekämpften, zeigte der Frieden von Brest-Litowsk das wahre Gesicht der Deutschen beziehungsweise ihrer politischen und militärischen Führung. Auch die Entente fühlte sich in der Wahrnehmung ihrer Kriegsgegner und in ihrer Ablehnung jedweder Friedensgespräche bestätigt. Die Stellungnahme der Londoner Botschafterkonferenz der Alliierten vom 18. März 1918 war eindeutig. Auch wenn der Text der gemeinsamen Verlautbarung deutlich erkennen lässt, wie man sich wand, damit sich aus der Kritik an Brest-Litowsk am Ende nicht die Anerkennung der bolschewistischen Regierung ableiten ließ, war die Kernaussage unmissverständlich: Man beschuldigte die Deutschen eines am russischen Volk verübten politischen Verbrechens, sah in dem Friedensschluss das Muster eines »deutschen Friedens« und in Deutschland den »Zerstörer nationaler Unabhängigkeit, den unversöhnlichen Feind der Menschenrechte und der Würde der zivilisierten Nationen«. Mit einem solchen Deutschland werde man keinen Frieden schließen, sondern weiterkämpfen, um an Stelle dieser Politik der Zerstörung und des Raubes die friedliche Herrschaft des Rechts zu errichten.[30] Die Botschaft von Brest-Litowsk erreichte auch die Schützengräben. Von dort schrieb ein französischer Soldat: »Wer glaubt, Deutschland werde sich mit einem Versöhnungsfrieden zufriedengeben«, dem zeige die »Feigheit der Russen (...), was eine Niederlage an unserer Front bedeuten würde. Es gilt, den deutschen Militarismus für immer zu schlagen, und das muss uns neue Kraft verleihen.«[31] Vermutlich wäre es auch ohne Brest-Litowsk zu keinem Verständigungsfrieden im Westen gekommen, aber wenn die Westmächte noch Argumente brauchten, um einen solchen Verständigungsfrieden abzulehnen, dann hatte ihnen Brest-Litowsk ein Argument geliefert, das stärker nicht sein konnte. Und auch die Wirkung des deutschen Gewaltfriedens auf Kampfgeist und Durchhaltewillen der alliierten Soldaten kann gar nicht hoch genug eingeschätzt werden.

Sicher, das deutsche Ostimperium, das nach Brest-Litowsk Gestalt annahm, war nicht von langer Hand geplant. Aber als sich die Chance bot, weit über eine politische Dominanz und eine ökonomische Durchdringung hinaus eine direkte Beherrschung zu erreichen, ergriffen die deutsche Militärführung und insbesondere Ludendorff diese Chance. Dass Russland dem so wenig entgegensetzte und dass ein Frieden wie der von Brest möglich wurde, verschlug den liberalen Kräften und den Kritikern der OHL die Sprache. Selbst Erzberger sah sich gezwungen, Ludendorff, den er noch kurz zuvor scharf angegriffen hatte, zu loben, als sich der Friedensschluss abzeichnete. Er blicke »mit Bewunderung und Verehrung zu den Männern empor, die Deutschland gerettet haben und die uns mit starker Hand auch durch den letzten Sturm des Krieges führen werden«. Der Vorwurf, er sei »ein Gegner des großen Feldmarschalls oder seines genialen Beraters«, sei »ungerecht und unwürdig«.[32] Bei Harry Graf Kessler paarte sich Euphorie mit antislawischem und vor allem antirussischem Ressentiment. Einem Gesprächspartner legte er dar, »dass durch die neuesten Ereignisse Deutschland der Erbe Peters des Großen geworden sei, dessen Aufgabe, Russland und die russischen Völker zu organisieren, übernommen habe. Keine Annexion, sondern Organisation. Was Peter und Katharina mit unzureichenden Mitteln und Brutalität versucht haben, müssten wir jetzt unter dem Zwang der durch den Krieg geschaffenen weltgeschichtlichen Situation ohne Gewalt, politisch, kulturell und wirtschaftlich durchführen: der slawischen Welt die zur Fruchtbarkeit notwendige feste innere Struktur schenken.«[33] Und nachdem auch Deutschland und Rumänien am 5. März 1918 einen Vorfriedensvertrag unterzeichnet hatten, war Kessler überzeugt: »Die ›Pax Germanica‹ wird für die Ententevölker (…) zu einer schrecklichen Wahrscheinlichkeit.« Dann setzte er noch knapp hinzu: »Nebenbei haben wir am Samstag die Alandsinseln besetzt und unsere Intervention in Finnland angezeigt.«[34]

ENTSCHEIDUNG IM WESTEN

Für das Ringen zwischen der Reichstagsmehrheit des interfraktionellen Ausschusses und ihren zivilen Unterstützern auf der einen Seite und der OHL und dem rechten Lager, das sich in der Vaterlandspartei sammelte und organisierte, auf der anderen waren die Verträge von Brest-Litowsk und Bukarest von entscheidender Bedeutung, denn sie stärkten die Position der OHL nicht nur beim Kaiser. In weiten Teilen der Öffentlichkeit hatte man nun keinen Zweifel mehr daran, dass es der militärischen Führung nach dem triumphalen Erfolg im Osten gelingen werde, im Westen das Blatt zu wenden. Den Auftakt dazu bildete, so sah man es und so war es von Ludendorff auch beabsichtigt, die »Michael-Offensive«, die am 21. März 1918 begann, nicht einmal drei Wochen nach Brest-Litowsk. Die Planungen zu dieser »Großen Schlacht«,[35] die die Entscheidung bringen sollte, hatten bereits im Herbst des Vorjahres begonnen, aber erst nach Brest sah Ludendorff die Stunde für den großen Durchbruchsversuch gekommen. Die Erfolge der deutschen Truppen im Osten – gegen einen Gegner freilich, der im Grunde gar nicht mehr existierte – ließen bei Ludendorff den Entschluss reifen, in einer groß angelegten Offensive alles auf eine Karte zu setzen und eine tiefe Bresche in die alliierten Verteidigungslinien zu schlagen. Vom bayerischen Kronprinzen Rupprecht, der im Westen die zwischen Kanalküste und Somme eingesetzte Heeresgruppe kommandierte, gefragt, was denn das Ziel der Operation sei, antwortete Ludendorff: »Das Wort ›Operation‹ verbitte ich mir. Wir hauen ein Loch hinein. Das Weitere findet sich. So haben wir es in Russland auch gemacht.«[36] Es ging also nicht darum, die deutsche strategische Position durch eine gelungene Offensivoperation zu verbessern, um dann auf dieser Basis in Waffenstillstandsverhandlungen oder Friedenssondierungen einzutreten, sondern Ludendorff zielte auf den totalen deutschen Sieg und die totale Niederlage der Gegner. Zum Denken in politischen, in diplomatischen Kategorien war er weder in der Lage noch willens.

In den ersten Tagen war der Vorstoß erfolgreich. Die deutschen Truppen erzielten erhebliche Geländegewinne und standen bald – fast wie im September 1914 – nur noch 80 Kilometer vor Paris. Von dort feuerte die Artillerie mit der »Dicken Berta« gewaltige Geschosse auf die französische Hauptstadt. Der in Paris geborene und dort einige Jahre aufgewachsene Harry Graf Kessler sorgte sich um die Bauten und Kunstschätze der Stadt: »So viel Feines, Schönes, Unersetzliches« könne getroffen werden. Und zugleich berauschte er sich an der gewaltigen Kraftentfaltung: »Die Spannkraft und Phantasie Deutschlands, seine Überlegenheit wächst ins Dämonische; und wie jeder Dämon sind auch wir zu unserer Dämonie von denen, die sie bedroht, gezwungen worden. Ihre volle Wucht und Bedeutung erhalten die zahlreichen deutschen Friedensbitten erst durch diese allmählich zutage tretende dämonische Kraft, durch die Zerschmetterung Russlands und die ungeheure Organisation und Gewalt des Ansturmes in Frankreich.«[37] Doch zehn Tage später war der gewaltige deutsche Vorstoß erschöpft und kam schließlich zum Stillstand. Ludendorff belog seine Umgebung und vor allem sich selbst, wenn er nun behauptete, »Michael« habe den entscheidenden Angriff nur vorbereiten sollen. Was folgte waren weitere Offensiven, die die Gesamtsituation und die strategische Lage nicht mehr entscheidend veränderten.

Verstärkt durch die nun in großer Zahl in Europa eintreffenden amerikanischen Soldaten widersetzten sich die alliierten Truppen den deutschen Vorstößen und brachten sie schließlich im Juli 1918 zum Stehen.

Die Verträge von Brest-Litowsk und Bukarest wurden noch im Herbst 1918 für null und nichtig erklärt, und Deutschland musste dem zustimmen. Aber die territorialen Veränderungen, die die Verträge festgelegt hatten, wurden dadurch nicht rückgängig gemacht. Nicht erst nach 1919, sondern schon seit 1916/17 nahm im östlichen Europa eine territoriale, geopolitische Struktur Gestalt an, die in ihren Grundzügen bis heute Bestand hat beziehungsweise nach 1990 wieder entstanden ist. Ähnlich wie der Zusammenbruch des Zarenreichs und die Revolutionen des Jahres 1917 löste die Implosion der Sowjetunion in den Jahren 1989 bis 1991 Dynamiken nationaler Unabhängigkeit aus. Diese führten zur Herausbildung einer Staatenwelt, die dem historisch kundigen Beobachter vertraut vorkommen muss. Estland, Lettland und Litauen wurden zu unabhängigen Staaten, ebenso Weißrussland – trotz seiner engen Anlehnung an Moskau. Im Konflikt mit Russland erklärte die Ukraine ihre Unabhängigkeit, die das Land seither und erst recht seit der direkten russischen Annexion der Krim und der indirekten der Ostukraine in einen Bürgerkrieg stürzte, der sich auch aus älteren ukrainisch-russischen Ressentiments und Spannungen speist und in dem Russland die prorussische Seite mehr oder weniger offen unterstützt. Südlich des Kaukasus erklärten Armenien, Georgien und Aserbaidschan ihre Unabhängigkeit, und in Zentralasien entstanden im Zerfall der Sowjetunion mit Kasachstan, Tadschikistan, Kirgistan, Usbekistan und Turkmenistan fünf Staaten, deren Bedeutung mit der Verschlechterung der Beziehungen zwischen Russland und dem Westen seit Beginn der Herrschaft Wladimir Putins gewachsen ist. Nach 1990 ist in Ostmitteleuropa eine politische Ordnung entstanden, in der unabhängige Nationalstaaten anders als nach 1945 nicht nur auf dem Papier existieren, in Wirklichkeit aber imperialer Kontrolle unterworfen sind. Heute verbinden sich nationale Unabhängigkeit und staatliche Souveränität für die Staaten Ostmitteleuropas mit der Zugehörigkeit zu Europäischer Union und zur NATO, mit wirtschaftlicher Verflechtung und militärischem Schutz. Das politische und ökonomische Gewicht Deutschlands in der Region ist beträchtlich, und doch ist die Situation weit entfernt von den Ideen und den – kurzlebigen – Realitäten imperialer Durchdringung am Ende des Ersten Weltkriegs.

Als die Sieger des Krieges 1919 in Paris zusammenkamen, um über den Frieden zu beraten, da schwebte nicht nur die russisch-bolschewistische

Gefahr über den Verhandlungen, sondern auch der Geist von Brest-Litowsk. Zu dem Urteil einer auch moralischen Schuld Deutschlands am und im Ersten Weltkrieg, welches die Verhandlungen der Siegermächte bestimmte und das in die Bestimmungen des Versailler Vertrags einfloss, trug nicht nur die Wahrnehmung des Kriegsbeginns 1914 bei, sondern auch die gerade einmal ein Jahr zurückliegende Erfahrung von Brest-Litowsk. Wann immer in den alliierten Verhandlungen, in offiziellen Verlautbarungen und in Noten an die Deutschen davon die Rede war, die Deutschen hätten Recht durch Gewalt ersetzt und eine deutsche Vorherrschaft über Europa mit brutaler Macht errichten wollen, bezog sich das auch auf Brest-Litowsk. Auf deutscher Seite waren 1919 die Erinnerungen an Brest-Litowsk nicht weniger präsent. Walter Simons, der Generalkommissar der deutschen Delegation in Versailles, warnte nach der Übergabe der Friedensbedingungen an die Deutschen am 7. Mai 1919 vor einer brüsken Zurückweisung. »Wir müssen vermeiden, dass ein schneller Abbruch den Gegnern die gewünschte Gelegenheit gibt, durch einen letzten militärischen Vorstoß Ehre und Siegesbeute zu erwerben und damit die sterbenden militärischen Instinkte ihrer Völker noch einmal aufzupeitschen, so wie es unser erstaunlicher Vorstoß im Osten bei uns tat, nachdem Trotzki die Verhandlungen in Brest abgebrochen hatte. Du kannst Dir denken«, schrieb er an seine Frau, »wie eigentümlich es mir ist, hier jetzt auch in äußerlichen Dingen auf der Stelle zu stehen, auf der ich in Brest so oft die Mitarbeiter Trotzkis habe stehen sehen.«[38]

»Schwarze Tage«
Deutscher Zusammenbruch und Waffenstillstand 1918

MILITÄRISCHE ERSCHÖPFUNG

Während die deutsche Frühjahrsoffensive in sich zusammenbrach, feierte Kaiser Wilhelm II. am 15. Juni 1918 im belgischen Spa sein dreißigstes Thronjubiläum. Im Kreise der militärischen Führung, im Großen Hauptquartier, das im Frühjahr aus Bad Kreuznach nach Belgien verlegt worden war, erhob der Oberste Kriegsherr mit einem »Hurra« sein Glas »auf das Wohl der hohen Führer meines Heeres, des Generalstabes und des gesamten deutschen Heeres« und gab sich siegesgewiss. Den Krieg deutete er als einen »Weltkampf (...) von zwei Weltanschauungen«, der »preußisch-deutsch-germanischen« und der »angelsächsischen«. Und »weil jeder draußen weiß, wofür er kämpft, (...) werden wir den Sieg erringen«.[1] Doch davon war das deutsche Heer weit entfernt. Die Angriffe seit dem 21. März hatten nicht zu den erhofften Erfolgen geführt. Immense Verluste standen strategisch unbedeutenden Geländegewinnen gegenüber, von einem Durchbruch konnte nicht die Rede sein. Überdies trugen diese Geländegewinne zu einer weiteren Überdehnung der deutschen Linien bei, was die Alliierten zu einer Gegenoffensive geradezu einlud, der die erschöpften deutschen Truppen kaum noch etwas entgegenzusetzen hatten.

Obwohl also der Krieg militärisch nicht mehr zu gewinnen war, waren die OHL und Ludendorff zu einem Waffenstillstand oder Friedensgesprächen nicht bereit, im Gegenteil: Als Außenminister Richard von Kühlmann am 24. Juni 1918 im Reichstag für einen Vergleichsfrieden plädierte und sich dafür aussprach, die Hand zu Gesprächen auszustrecken, griff Ludendorff ihn scharf an. Im Parlament hatte Kühlmann zwar vom »glänzenden Verlauf der Operationen in Frankreich« gesprochen, von der »genialen Führung« des deutschen Heeres, bei dem noch immer die Initiative liege. Doch »durch rein militärische Entscheidungen allein ohne alle diplomatischen Verhandlungen« sei angesichts seiner schieren Größe ein Ende des Krieges nicht zu erwarten. Daher trat er behutsam für Gespräche zur Anbahnung eines Friedens ein, »für Schritte in Richtung eines ehrenvollen Friedens« auf der Basis der »Unversehrtheit des Grundgebiets des Deutschen Reiches und seiner Verbündeten«.[2] Damit jedoch hatte der Minister den Siegfrieden als Ziel aufgegeben und den Primat der militärischen Führung öffentlich in Zweifel gestellt. Die Antwort der OHL ließ nicht lange auf sich warten. Im Einklang mit der Vaterlandspartei, die den unbeirrten Siegeswillen und die Siegesgewissheit des deutschen Volkes betonte und sich gegen jeden Zweifel daran verwahrte, unterstrichen Hindenburg und Ludendorff auf einer Pressekonferenz in Spa, dass der militärische Sieg überhaupt nicht in Frage stehe. In weiteren Äußerungen beschuldigten sie Kühlmann, sich in Gegensatz zum Kaiser und seiner Rede zum Thronjubiläum zu stellen, und wiesen ihm die Verantwortung zu »für die weiteren schweren Folgen, die aus dem gestrigen Vorgang für die siegreiche Beendigung des Krieges stehen werden«.

Das war im Kern die spätere Dolchstoßlegende. Diese hatte im Heer und seiner Führung zwar schon seit 1916 Gestalt angenommen in vernehmbaren, aber in der Regel eher allgemeinen Vorwürfen über die angeblich mangelnde Unterstützung der kämpfenden Soldaten durch die Heimat, nun aber lud sie sich immer stärker politisch auf.[3] Die Argumentation verband sich mit der Verschärfung des Gegensatzes von militärischer Führung einerseits und ziviler Reichsleitung sowie demokratischen und liberalen Kräften andererseits und war bereits erkennbar darauf ausgerichtet, diesen Kräften, insbesondere den Parteien des Interfraktionellen Ausschusses, die Verantwortung für eine mögliche Kriegsniederlage zuzuschieben. Dass eine solche Niederlage nicht mehr auszuschließen war, war eine Einsicht, der sich die militärische Führung angesichts der erfolglosen deutschen Operationen nicht mehr verschließen konnte, zumal auch innerhalb der Generalität immer mehr Zweifel aufkamen, dass der Krieg überhaupt gewonnen werden könnte.

Noch aber hielten Hindenburg und vor allem Ludendorff das Heft fest in der Hand, da die zögernden Parteien der Reichstagsmehrheit Kühlmann nicht stützten. Bis weit in die SPD hinein erkannte man nicht, dass es in der Auseinandersetzung mit dem Außenminister und seiner vorsichtigen Friedensinitiative um einen Machtkampf zwischen OHL und ziviler Reichsleitung ging und – mehr noch – um das Gewicht und die Bedeutung des Reichstags und seiner Mehrheitsfraktionen im politischen Gefüge des Kaiserreichs. Als auch der politisch schwache Reichskanzler Graf Hertling, dem es vor allem darum ging, keinen Dissens mit der OHL entstehen zu lassen, dem Außenminister keine Rückendeckung bot, war Kühlmann nicht mehr zu retten. Der Kaiser entließ ihn am 8. Juli 1918. Gestürzt hatte ihn das Militär.

Nachfolger Kühlmanns im Auswärtigen Amt wurde, ganz die Logik der Entwicklungen und die Machtverhältnisse im Sommer 1918 widerspiegelnd, Admiral Paul von Hintze, ein Diplomat, dessen Offiziersrang freilich seinen Hintergrund verriet. Zeitgenössischen Beobachtern galt er als »alldeutsch und Mann der Militärs«.[4] Ludendorff konnte diesen politischen Erfolg kaum genießen, denn nur wenige Tage nach Kühlmanns Sturz fanden die deutschen Vorstöße im Westen, deren Kraft bereits seit Wochen nachgelassen hatte, ihr Ende. Nun gingen die Alliierten zum Gegenangriff über und zwangen die Deutschen in die Defensive. Am 18. Juli 1918 machte sich erstmals die deutliche technisch-materielle Überlegenheit der Alliierten bemerkbar, die nun in großer Zahl Panzer einsetzten, eine Waffe, über welche die Deutschen nicht verfügten. An Nachschub schien es den Westmächten nicht zu mangeln. Darüber hinaus wirkte sich immer stärker die Ankunft amerikanischer Soldaten in Europa aus, die dazu beitrugen, die hohen Verluste, die auch die alliierten Streitkräfte erlitten, auszugleichen.

WAFFENSTILLSTANDSBEMÜHUNGEN UND
REVOLUTION VON OBEN

Als »schwarzer Tag des deutschen Heeres«, wie Ludendorff ihn bezeichnete, ist der 8. August 1918 in die Annalen der Militärgeschichte eingegangen. Unterstützt von Hunderten von Kampfflugzeugen stießen an diesem Tag massive Panzerverbände der Alliierten – rund 600 Tanks waren im Einsatz – bei Amiens in Nordfrankreich gegen die Deutschen vor, die diesem Angriff kaum etwas entgegenzusetzen und gewaltige Verluste hinzunehmen hatten. Gegenstöße waren unter solchen Bedingungen völlig ausgeschlossen; geradezu verzweifelt befahl Ludendorff einen strategischen Rückzug, um die Truppen noch einmal zu stabilisieren. Doch nicht einmal das gelang. Glaubt man einer Aufzeichnung Paul von Hintzes von Anfang 1919, dann gestand Ludendorff Hintze am Rande einer Besprechung im Großen Hauptquartier am 13. August ein, dass der Gegner nicht mehr zu besiegen sei. Ludendorff, so berichtet Hintze, habe ihm damals gesagt: »Er sei sicher gewesen, mit der in Gang befindlichen Offensive den Kriegswillen des Feindes zu brechen und ihn zum Frieden zu nötigen; diese Sicherheit habe er jetzt nicht mehr.«[5]

In einem Kronrat am 14. August war in Anwesenheit des Kaisers davon die Rede, dass man den Kriegswillen der Feinde »durch kriegerische Handlungen nicht mehr zu brechen hoffen dürfe«.[6]

In dieser Situation begann sogar Wilhelm II. davon zu sprechen, dass man sich mit »dem Feind zu verständigen« habe, und schlug sogleich den König von Spanien oder die Königin der Niederlande als mögliche Vermittler vor.[7] Ein Eingeständnis der Niederlage war das noch nicht, zumindest noch nicht ganz, denn die OHL ging davon aus, durch eine strategische Defensive die Lage noch einmal stabilisieren und so die Voraussetzung für Friedensgespräche aus einer Art Pattsituation schaffen zu können. Das waren überaus vage Hoffnungen, die sich zerschlugen, als die Alliierten Ende September sogar die sogenannte Siegfriedline, auf die sich die Deutschen zurückgezogen hatten, überrannten. Warum es so weit gekommen war, daran bestand im Militär kein Zweifel. Für Walter Nicolai, den Chef des geheimen Nachrichtendienstes der OHL, war klar, »dass der Zweifrontenkrieg gegen Ost und West, auf welchen der Generalstab vorbereitet war, (…) zu einem Zweifrontenkrieg gegen den äußeren und den inneren Feind geworden ist«.[8] Der »innere Feind«, das war nicht die zivile Reichsleitung, die ohnehin im Sommer 1918 weitestgehend unter dem Einfluss der OHL stand, sondern das war in der Wahrnehmung der Militärs immer stärker die deutsche Bevölkerung, in der aus Kriegsmüdigkeit und politischer Unzufriedenheit ein revolutionäres Potential von gefährlichster Brisanz entstanden war.

Keineswegs handlungsunfähig, sondern darauf bedacht, die Entwicklung weiterhin zu steuern, verlegte sich die OHL in dieser prekären Situation auf eine Doppelstrategie: Zum einen sollte angesichts der Gefahr einer Revolution die Armee stabilisiert werden, damit sie gegebenenfalls zur Verhinderung beziehungsweise Niederschlagung revolutionärer Unruhen in Deutschland eingesetzt werden konnte. Zum anderen sollte die Verantwortung für die Anbahnung eines Waffenstillstands und damit das Eingeständnis und die Abwicklung der Niederlage der zivilen Führung und insbesondere den Mehrheitsparteien des Reichstags übertragen werden. Dazu indes war eine »Revolution von oben« notwendig, eine Änderung der Verfassung des Kaiserreichs, die zugleich dem Zweck diente, die »Revolution von unten« zu verhindern. Darauf arbeitete die OHL nun systematisch hin. Sie griff dabei Überlegungen auf, die wenige Tage zuvor im Auswärtigen Amt entstanden waren. Dort hatte man als »wichtigste Voraussetzung für die Einleitung des Friedens (…) die sofortige Bildung einer neuen Regierung auf breiter nationaler Basis«

gefordert. Diese Regierung, so ein Memorandum des Außenamts, sollte an US-Präsident Wilson herantreten »mit dem Ersuchen, die Herstellung des Friedens in die Hand zu nehmen«, und ihm zugleich mitteilen, »dass Deutschland bereit ist, den Friedensverhandlungen als Programm die bekannten 14 Punkte des Präsidenten zugrunde zu legen«.[9] Ludendorff erkannte klar, welch doppeltes Potential in der Initiative des Auswärtigen Amtes steckte: die Chance auf einen milden Frieden einerseits, der, so zumindest die Hoffnung, die Substanz der deutschen Streitkräfte nicht gefährden würde; und andererseits eine Möglichkeit, das Militär und insbesondere die OHL aus der Verantwortung für die Abwicklung der Niederlage zu nehmen, sie dadurch gleichsam zu schonen und auf diese Weise ihre politische Macht zu erhalten.

Nach mehr als vier Jahren der Siegespropaganda und einer durch diese Propaganda genährten Zuversicht schlug das Eingeständnis der Niederlage ein wie eine Bombe. Selbst hohe Offiziere standen unter Schock und wollten die Nachricht nicht glauben, dass Ludendorff erklärt habe, »wir seien militärisch am Ende, und daran die Forderung nach einem sofortigen Waffenstillstand geschlossen habe. Ich kann mir gar nicht denken und vorstellen, dass das so wahr sein soll«, schrieb der sächsische Oberst Albrecht von Thaer, immerhin Ludendorffs Chef des Stabes, am 30. September 1918 in sein Tagebuch.[10] Für die geschockten Offiziere in seinem Umfeld verlor Ludendorff seine Aura dennoch nicht, wie sich am Tag darauf bei der Lagebesprechung zeigte: »Als wir versammelt waren«, berichtet Thaer, »trat L. in unsere Mitte, sein Gesicht von tiefstem Kummer erfüllt, bleich, aber mit hoch erhobenem Haupt. Eine wahrhaft schöne germanische Heldengestalt! Ich musste an Siegfried denken mit der tödlichen Wunde im Rücken von Hagens Speer.« Da war der Dolchstoß wieder, jetzt in die Metaphorik germanischer Mythologie gekleidet. Später, 1919, hat auch Hindenburg dieses Bild verwandt: »Wie Siegfried unter dem hinterlistigen Speerwurf des grimmigen Hagen, so stürzte unsere ermattete Front; vergebens hatte sie versucht, aus dem versiegenden Quell der heimatlichen Kraft neues Leben zu trinken. Unsere Aufgabe war es nunmehr, das Dasein der übrig gebliebenen Kräfte unseres Heeres für den späteren Aufbau des Vaterlandes zu retten. Die Gegenwart war verloren. So blieb nur die Hoffnung auf die Zukunft.«[11] Vor dem Untersuchungsausschuss der Weimarer Nationalversammlung zum Kriegsende wiederholte Hindenburg seinen Vorwurf: »Während sich beim Feinde trotz seiner Überlegenheit an lebendem und totem Material alle Parteien, alle Schichten der Bevölkerung in dem Willen zum Siege immer fester zusammenschlossen, und zwar umso mehr, je schwieriger ihre Lage wurde, machten sich bei uns, wo dieser Zusammenschluss bei unserer Unterlegenheit viel notwendiger war, Parteiinteressen breit, (...) und diese Umstände führten sehr bald zu einer Spaltung und Lockerung des Siegeswillens.« Einen ungenannten englischen General zitierend setzte Hindenburg hinzu: »›Die deutsche Armee ist von hinten erdolcht worden.‹ Den guten Kern des Heeres trifft keine Schuld. Seine Leistung ist ebenso bewunderungswürdig wie die des Offizierkorps. Wo die Schuld liegt, ist klar erwiesen.«[12]

Dass Hindenburg und Ludendorff und mit ihnen die gesamte politische Rechte die Dinge nach Kriegsende so darstellen konnten, daran hatten sie selbst entscheidend mitgewirkt, als sie Ende September, Anfang Oktober 1918 beim Kaiser darauf drängten, die Reichsverfassung zu ändern – Stichwort »Revolution von oben« –, eine von den Mehrheitsfraktionen des Reichstags gebildete Regierung zu ernennen und diese mit der Abwicklung der Niederlage zu beauftragen. Nach dem Rücktritt des bisherigen Reichskanzlers Hertling am 30. September war Ludendorffs Linie klar: Er habe den Kaiser gebeten, teilte er den Offizieren der OHL mit, »jetzt auch die Kreise an die Regierung zu bringen, denen wir es in der Hauptsache zu verdanken haben, dass wir so weit gekommen sind. Wir werden also diese Herren jetzt in die Ministerien einziehen sehen. Die sollen nun den Frieden schließen, der jetzt geschlossen werden muss. Sie sollen die Suppe jetzt essen, die sie uns eingebrockt haben!«[13] In seiner Erklärung zur Annahme des Rücktritts von Hertling gab Wilhelm II. ganz im Sinne des Kalküls der OHL seinem Wunsch Ausdruck, »dass das deutsche Volk wirksamer als bisher an der Bestimmung der Geschicke des Vaterlands mitarbeite«. Und er schloss mit den Worten: »Es ist daher Mein Wille, dass Männer, die vom Vertrauen des Volkes getragen sind, in weitem Umfange teilnehmen an den Rechten und Pflichten der Regierung«. Für einen Beobachter wie Graf Kessler klang das »nicht sehr demokratisch«.[14]

Am 3. Oktober 1918 übernahm Prinz Max von Baden, »Bademax«, wie er im politischen Berlin genannt wurde, das Amt des Reichskanzlers. Der liberale Aristokrat, keiner Partei angehörend, aber dem politischen Liberalismus zuneigend und von den Mehrheitsparteien respektiert, sollte nun innenpolitisch die Verfassungsreform auf den Weg bringen, außenpolitisch den Krieg beenden. Seine Regierung bestand vor allem aus parteilosen Ministern. Ihr gehörten aber auch – zum Teil ohne Geschäftsbereich – Vertreter von SPD, Zentrum und der liberalen Parteien an, unter ihnen Philipp Scheidemann und Gustav Bauer (SPD), Friedrich Payer von der Fortschrittlichen Volkspartei (FVP) sowie Karl Trimborn und Matthias Erzberger (Zentrum).[15]

Der OHL konnte es nun gar nicht schnell genug gehen. Um den Zusammenbruch der Front zu verhindern und die Kontrolle über die Armee zu behalten, forderte man die Reichsregierung geradezu ultimativ auf, ein Waffenstillstandsersuchen an den amerikanischen Präsidenten – und nur an diesen – zu richten. Dahinter stand nicht nur ganz allgemein die Hoffnung auf einen Wilson-Frieden auf der Basis der Vierzehn Punkte, sondern auch das Kalkül, durch einen von den USA betriebenen Waffenstillstand die Substanz der deutschen Streitkräfte erhalten und erwartbare weitergehende Bedingungen der europäischen Alliierten, insbesondere Frankreichs, abwehren zu können. Einen sofortigen Waffenstillstand einzuleiten, forderte Ludendorff von Außenminister Hintze schon am 29. September. Drei Tage später, während in Berlin noch die neue Regierungsbildung beraten und der Wortlaut eines möglichen Waffenstillstandsersuchens diskutiert wurde, erhöhte er den Druck. Das deutsche Angebot müsse »sofort nach Washington« gehen, »48 Stunden könne die Armee nicht mehr warten«.[16] Aber noch waren nicht einmal die deutschen Parteiführer präzise über die Lage unterrichtet und vor allem über den nach all den Jahren völlig unerwarteten Entschluss der OHL, einen Waffenstillstand zu fordern. Als ein Vertreter der OHL die Fraktionsführungen des Reichstags am 2. Oktober informierte, fielen auch diese aus allen Wolken. Mit einer solchen Entwicklung hatten sie nicht gerechnet. Man war entsetzt und schockiert. Hatte die OHL noch wenige Wochen zuvor jeden Gedanken an eine Niederlage, ja auch nur an einen Verständigungsfrieden weit von sich gewiesen und wie im Fall Kühlmann als Verrat und Wehrkraftzersetzung gebrandmarkt, so erklärten nun dieselben Generäle den Krieg für verloren. Zur Fassungslosigkeit der Parlamentarier kam die Tatsache, dass sie auf eine solche Situation nicht vorbereitet waren. Es gab in den Schubladen keine Pläne für diesen Fall. Das war nicht nur die Folge von Denkverboten, zum Teil selbst auferlegten Denkverboten, die eine Niederlage nicht einmal als theoretische Möglichkeit zuließen. Es war auch die Folge einer vom Militär, einschließlich des Kaisers, systematisch betriebenen Marginalisierung der zivilen Reichsleitung und erst recht der Parteien und Reichstagsfraktionen, insbesondere der Parteien des Interfraktionellen Ausschusses, die seit 1917 nicht stärker in politische Entscheidungsprozesse eingebunden, sondern eher immer stärker ferngehalten wurden.

Was aber war nun die richtige politische Reaktion? Hätten die Politiker und vor allem diejenigen, die sich spätestens seit 1917 für einen Verständigungsfrieden eingesetzt hatten, das Waffenstillstandsersuchen hinauszögern sollen? Hätten sie gar die Position vertreten sollen, der Abschluss eines Waffenstillstands sei Zuständigkeit des Militärs, nachdem man jahrelang den Primat des Militärs bestritten und bekämpft hatte? Sollten sie es auf sich nehmen, mitverantwortlich zu sein oder verantwortlich gemacht zu werden für eine Fortsetzung des Leidens und Sterbens? Es sei geboten, schrieb Hindenburg am 3. Oktober an den soeben ernannten neuen Reichskanzler, »den Kampf abzubrechen, um dem deutschen Volke und seinen Verbündeten nutzlose Opfer zu ersparen. Jeder versäumte Tag kostet Tausende von tapferen Soldaten das Leben.«[17] Unter solchem – auch moralischem – Druck, der an Zynismus kaum zu überbieten war, richtete der neue Reichskanzler noch am Tag seiner Amtsübernahme über die Schweiz eine Note an den amerikanischen Präsidenten – »und nur ihn!« –, in der er diesen namens der deutschen Regierung ersuchte, »die Herstellung des Friedens in die Hand zu nehmen«. Seine Regierung, so Prinz Max, nehme das von Wilson in seiner Kongressbotschaft vom 8. Januar 1918 sowie in späteren Erklärungen aufgestellte Programm, im Kern also die Vierzehn Punkte, als »Grundlage für die Friedensverhandlungen« an und bitte den Präsidenten ferner, den »sofortigen Abschluss eines Waffenstillstandes zu Lande, zu Wasser und in der Luft herbeizuführen«.[18]

NOTENWECHSEL MIT WILSON

Als ein »Weltdiktator« werde Wilson angerufen, meinte Graf Kessler, der in der Schweiz von dem Waffenstillstandsersuchen erfuhr. In der Tat war es eine der Absichten der deutschen Führung, den amerikanischen Präsidenten zurückzudrängen in die Rolle, die er bis zum Kriegseintritt der USA für sich beansprucht hatte und aus der er sich auch nach dem April 1917 nicht völlig gelöst hatte, wie seine Vierzehn-Punkte-Rede vom Januar 1918 noch einmal unterstrichen hatte. In dieser Schiedsrichterrolle und der mit ihr verbundenen Zuschreibung eines globalen Machtgewichts an die USA lag der wohl wichtigste und übergreifende Grund dafür, dass Wilson nicht nur auf die deutsche Note einging, sondern dass Washington den Notenwechsel fortführte bis hin zu der berühmten Lansing-Note vom 5. November 1918, in welcher die Vereinigten Staaten der deutschen Seite auch im Namen der mit ihnen verbündeten Mächte mitteilten, dass sie gemeinsam bereit seien, erst einen Waffenstillstand und dann Frieden zu schließen. Der deutsch-amerikanische Notenwechsel, der sich vom 3. Oktober bis zum 5. November 1918 hinzog, umfasste auf beiden Seiten jeweils vier Noten. Wegen seiner Rolle für das Zustandekommen des Waffenstillstands und seiner Auswirkungen auf die Pariser Friedenskonferenz sowie auf den Frieden mit Deutschland und die Wahrnehmung von Friedenskonferenz und Friedensvertrag durch die Deutschen ist er im Gesamtkontext von »Versailles« von entscheidender Bedeutung.

Die USA jedoch verstanden sich zu diesem Zeitpunkt nicht mehr als überparteilicher Schiedsrichter, sondern als eine kriegführende Weltmacht. Das hatte der amerikanische Präsident schon im September 1918 deutlich gemacht, als er zusammen mit den anderen Mächten der Entente den österreichischen Vorschlag, sich auf neutralem Boden zu treffen, um über die Grundsätze eines Friedensschlusses zu beraten, schroff zurückwies.[19] Dennoch war die deutsche Hoffnung nicht unberechtigt, dass allein die Vereinigten Staaten und ihr Präsident einen Waffenstillstand und später einen Frieden ermöglichen könnten, der den deutschen Interessen, so wie sie sich im September 1918 darstellten, gerecht werden würde.

Aber es war keineswegs sicher, dass die USA überhaupt auf die deutsche Note vom 3. Oktober reagieren würden. Noch im Frühjahr und Sommer hatte Woodrow Wilson in mehreren öffentlichen Reden keinen Zweifel daran gelassen, dass er alle Annäherungsversuche der Mittelmächte für unehrlich hielt. Er griff insbesondere die deutsche Regierung mehrfach scharf an und verurteilte sie als Vertreterin eigensüchtiger Interessen, willkürliche Zerstörerin der Selbstregierung des deutschen Volkes und als Gefahr für die Demokratie überall in der Welt. Von einem »Frieden ohne Sieg« konnte danach nicht mehr die Rede sein. Stattdessen suchte man den Krieg gegen Deutschland und seine Verbündeten militärisch zu gewinnen und einen »entscheidenden Sieg« zu erringen, wie Wilson in einer Rede Ende August betonte.[20] In einer anderen Rede am 27. September 1918 und damit nur wenige Tage vor dem deutschen Waffenstillstandsersuchen hatte er allerdings auch von einer »unparteiischen Gerechtigkeit« gesprochen, welche die Friedensverhandlungen bestimmen müsse, eine Gerechtigkeit, die keine Begünstigung und keine Abstufung kennen dürfe und nur die gleichen Rechte für alle beteiligten Nationen zulasse.[21]

Trotzdem bleibt es eine Frage, warum die USA auf die deutsche Note vom 3. Oktober 1918 eingingen. Warum ließen sie sie nicht unbeantwortet und vertrauten auf die militärische Entwicklung, die angesichts des immer größeren Übergewichts der alliierten Truppen und der völligen Erschöpfung der Kräfte des Gegners in absehbarer Zeit zu einer totalen deutschen Niederlage führen würde? Wären nicht angesichts der weiteren Entwicklungen, in denen Deutschland außenpolitisch seinen Großmachtstatus nicht verlor und in denen sich innenpolitisch ein aggressiver Nationalismus behaupten konnte, eine totale Niederlage, eine bedingungslose Kapitulation – einschließlich einer militärischen Besetzung des ganzen Landes – und ein Frieden auf dieser Grundlage besser gewesen?

Vor allem in den Jahrzehnten nach 1945 ist diese letzte Frage immer wieder gestellt worden, hat man überlegt, ob nicht auch schon 1918 nach dem Modell »Potsdam« – bedingungslose Kapitulation, vollständige militärische Besetzung Deutschlands, Übernahme der obersten Regierungsgewalt durch die Alliierten – hätte verfahren werden sollen. Fraglos basierte das Modell »Potsdam« auf den Erfahrungen von 1918. Weder wollte man 1945 der Entstehung neuer Legenden – beispielsweise von nicht völlig besiegten Streitkräften – Raum geben noch angesichts der Verbrechen des nationalsozialistischen Deutschlands das Deutsche Reich als Großmacht erhalten und den Deutschen das Recht zugestehen, über ihre weitere politische Entwicklung selbst zu entscheiden. Aber 1918 verfügte man noch nicht über diese späteren Erfahrungen, auch wenn das Modell einer bedingungslosen Kapitulation gerade Woodrow Wilson nicht völlig unbekannt war, hatte doch der amerikanische Bürgerkrieg, den Wilson als Kind erlebt hatte, mit einer bedingungslosen Kapitulation des sezessionistischen Südens geendet. Das war für den Südstaatler Wilson und seine Familie gerade keine positive Erfahrung gewesen, auch wenn der junge Wilson das Scheitern der Konföderierten und den Sieg der Union durchaus begrüßt hatte.[22]

Für Wilson spielte es 1918 durchaus eine Rolle, dass ein Waffenstillstand, womöglich noch im Herbst 1918, den Krieg, der nach den Planungen der Alliierten erst 1919 enden sollte, verkürzen und dem Sterben auf den Schlachtfeldern ein Ende bereiten würde. Aber hinter diesem Argument standen noch andere – politische – Gründe, die erklären helfen, warum sich der Präsident im Herbst 1918 von seinen früheren öffentlichen Äußerungen in diesem Jahr distanzierte und auch die Stimmen führender amerikanischer Politiker und Militärs vom Tisch wischte, die für eine bedingungslose Kapitulation eintraten. Der frühere Präsident Theodore Roosevelt gehörte zu diesen einflussreichen und gewichtigen Stimmen, der Oberbefehlshaber der amerikanischen

Truppen in Europa General Pershing oder der Staatssekretär im Marineministerium Franklin D. Roosevelt, der als Präsident ein Vierteljahrhundert später die amerikanischen Alliierten während des Zweiten Weltkriegs auf das Ziel der »unconditional surrender« verpflichtete.[23] Zu den besten Kennern der amerikanischen Politik am Ende des Ersten Weltkriegs zählt der Historiker Klaus Schwabe, der ein Bündel unterschiedlicher, aber eng miteinander verflochtener Gründe identifiziert hat, aus denen sich die amerikanische Regierung im Oktober 1918 auf einen diplomatischen Notenwechsel mit der deutschen Seite einließ, in dessen Folge am 11. November 1918 ein Waffenstillstand geschlossen wurde.[24]

Zunächst war der Notenaustausch für den amerikanischen Präsidenten Teil der strategischen Kriegführung nicht nur der USA, sondern der Entente insgesamt. Die Aussicht auf einen Waffenstillstand oder gar einen Frieden, wie vage sie auch immer sein mochte, würde nicht nur zur politischen, sondern auch zur militärischen Destabilisierung des Gegners beitragen und damit zu einem weiteren Nachlassen der deutschen Kampfkraft. Das war, wenn man so will, psychologische Kriegführung. Einen Waffenstillstand betrachtete der Präsident darüber hinaus stets als Mittel, den Gegner militärisch zu schwächen, indem man ihm gerade nicht – und anders als die deutsche OHL sich dies erhoffte – die Aufrechterhaltung seiner militärischen Stärke und damit die Möglichkeit einer Wiederaufnahme der Kampfhandlungen zugestand, im Gegenteil: Ein Waffenstillstand musste auf der »Fortdauer der gegenwärtigen militärischen Überlegenheit der Armeen der Vereinigten Staaten und der Alliierten an der Front« beruhen, wie es Wilsons Note vom 14. Oktober formulierte; er musste, wie es in der Note vom 23. Oktober hieß, »eine Wiederaufnahme der Feindseligkeiten seitens Deutschlands unmöglich« machen.[25]

Aber Wilsons Waffenstillstandsstrategie und der Notenwechsel mit der deutschen Regierung richteten sich nicht nur an Deutschland, sondern auch an die verbündeten Mächte in der Entente, allen voran Großbritannien und Frankreich. Es war sein klares Interesse, das Vierzehn-Punkte-Programm, welches bis dahin nicht mehr als deklaratorische Politik gewesen war, gleichsam auf dem Umweg über Deutschland und durch den diplomatischen Austausch mit Berlin zu einer offiziellen Grundlage amerikanischer Politik zwecks Beendigung des Krieges und Gestaltung des Friedens zu machen. Das war bislang nicht erfolgt, doch der Notenwechsel zwang die Alliierten nun, sich zu den Vierzehn Punkten zu verhalten. Die deutsche Seite war klug genug, nicht ihre eigene Auslegung der Vierzehn Punkte in den Notenwechsel einzubringen, was durchaus überlegt worden war, sondern sich lediglich in sehr allgemeiner, unspezifizierter Weise dazu zu bekennen. Heftige Auseinandersetzungen insbesondere zwischen London und Washington waren die Folge, die sich vor allem auf die Frage der Freiheit der Meere (Punkt 2) und die Zukunft der deutschen Kolonien (Punkt 5) bezogen. Der Dissens bezüglich der Freiheit der Meere wurde durch einen Formelkompromiss überbrückt, der auch Eingang in die letzte amerikanische Note am 5. November 1918 fand. In dieser hieß es, dass der »Begriff der Freiheit der Meere verschiedene Auslegungen einschließt«, von denen die alliierten Regierungen, also Großbritannien und Frankreich, »einige nicht annehmen können«. Darüber müsse auf der Friedenskonferenz verhandelt werden.[26] Hinsichtlich der deutschen Kolonien schloss Wilson zwar eine Rückgabe an Deutschland aus, schlug entgegen britischen Vorstellungen aber eine treuhänderische Verwaltung durch die »League of Nations« – den noch zu schaffenden Völkerbund – vor. Gelöst waren die Probleme dadurch keineswegs. Vielmehr wirkten sie in die Pariser Konferenz hinein und belasteten diese erheblich.

Da sich die Deutschen schon in ihrer ersten Note zu den Vierzehn Punkten als Grundlage für die Friedensverhandlungen bekannt hatten, und zwar als Grundlage für Sieger und Besiegte, waren sie, wie Klaus Schwabe formuliert, zum »geheimen Partner« des amerikanischen Präsidenten geworden. Mit Verweis auf die Deutschen konnte Wilson seine europäischen Bundesgenossen auf die amerikanische Linie bringen oder dies zumindest versuchen. Das war alles andere als selbstverständlich. Ob er von Präsident Wilson jemals gefragt worden sei, ob er die Vierzehn Punkte akzeptiere, wollte der französische Ministerpräsident Clemenceau Ende Oktober von David Lloyd George wissen. Er selbst sei nämlich nicht gefragt worden. »Ich auch nicht«, antwortete der britische Premier.[27] Der Dissens über die Vierzehn Punkte brachte die Unterredungen von Wilsons Abgesandtem Edward House mit dem britischen Premier und dem französischen Ministerpräsidenten beinahe zum Scheitern. Als House erfuhr, dass Clemenceau ein Memorandum vorbereitet hatte, das die französischen Einwände gegen die Vierzehn Punkte darlegte, ließ er keinen Zweifel an der amerikanischen Reaktion: In einem solchen Fall würde der Präsident »es für notwendig halten, vor den Kongress zu treten und dort öffentlich darzulegen, wofür Italien, Frankreich und Großbritannien kämpften, und dem Kongress die Freiheit darüber überlassen, ob die Vereinigten Staaten im Licht dieser alliierten Kriegsziele den Krieg fortführen sollten«. Clemenceau und Lloyd George verständigten sich daraufhin kurz per Blickkontakt, und das französische Memorandum verschwand vom Tisch.[28]

Beide Politiker hatten sich schon seit Anfang Oktober skeptisch gegen das amerikanische Vorgehen gezeigt. Wilson »hatte kein Recht, ohne Konsultation auf die deutsche Note zu reagieren«, beklagte sich Lloyd George, der einen amerikanischen Alleingang befürchtete und nicht völlig falsch lag mit seiner Vermutung, der amerikanische Präsident wolle als »der große Schiedsrichter des Krieges auftreten«.[29] Wenn man aber mit Hilfe der Vierzehn Punkte Deutschland zum Einlenken bringen und – darum ging es im Oktober 1918 hauptsächlich – ein rasches Kriegsende erreichen konnte, dann war dies ein starkes Argument für die amerikanische Position. Dieses Argument verlor an Validität, sobald der Waffenstillstand geschlossen und in seinen Hauptbestimmungen – insbesondere der Entwaffnung der Deutschen und der Räumung des von ihnen besetzten Gebiets – umgesetzt war. Insofern war schon im Herbst 1918 abzusehen, dass die Friedensverhandlungen von einem Konflikt über die Vierzehn Punkte überschattet sein würden. Die Deutschen konnten sich also keineswegs darauf verlassen, dass der zu schließende Frieden auf den Vierzehn Punkten in amerikanischer oder gar deutscher Lesart beruhen würde. Woodrow Wilson war sich darüber durchaus im Klaren, als er seinen Vertrauten Oberst House, der die USA Ende Oktober in den Pariser Verhandlungen des Obersten Alliierten Kriegsrats (*Supreme War Council*) über die Bestimmungen des bevorstehenden Waffenstillstands vertrat, instruierte, den britischen und französischen Forderungen nach extrem weitreichenden Waffenstillstandsbedingungen nicht nachzugeben. Er sah zwar auch den Gegensatz zwischen militärischen und politischen Interessen, und ihm war klar, dass Militärs grundsätzlich zu härteren Waffenstillstandsbedingungen neigten.[30] Aber im Herbst 1918 ging es nicht nur um einen Konflikt zwischen Militär und Politik, sondern um politische Differenzen zwischen den Regierungen. Ein zu großer Erfolg und zu viel Sicherheit auf Seiten der Alliierten würden eine echte Friedensregelung im Sinne der amerikanischen Vorstellungen erheblich erschweren, wenn nicht unmöglich machen.[31] Wilsons Interesse richtete sich also darauf, ein durch den Waffenstillstand nicht bereits völlig ausgeschaltetes Deutschland als eine Art politisches Gegengewicht zu den westlichen Alliierten aufzubauen beziehungsweise zu erhalten. Das wiederum würde die USA bei den Friedensverhandlungen in eine Art Vermittlerrolle bringen und ihnen entsprechend ihrer wachsenden

Macht bestimmenden Einfluss auf die Gestaltung der künftigen globalen Friedensordnung verleihen. Hier wird erkennbar, dass die Vereinigten Staaten zu diesem Zeitpunkt eindeutig davon ausgingen, dass die Deutschen an den Friedensverhandlungen beteiligt sein würden. Denn nur in einer solchen Situation konnten die USA ihr politisches Gewicht umfassend ausspielen. Das wussten auch die Deutschen, und darauf setzten sie.

Der beste deutsche Verhandlungspartner, den sich die USA im Herbst 1918 für die Friedenskonferenz vorstellen konnten, war eine deutsche Regierung aus jenen gemäßigten Kräften, die seit Anfang Oktober die Anbahnung eines Waffenstillstands vorangetrieben hatten, also im Wesentlichen die Vertreter der Parteien des Interfraktionellen Ausschusses – Liberale, Sozialdemokraten und Zentrum. Würde man diesen Kräften jetzt das Gespräch verweigern, so die Washingtoner Überlegung, dann stärkte man nur ihre politischen Gegner im rechten Lager und im Militär und deren Interesse, eine demokratische Transformation des Landes zu verhindern. Das würde womöglich außerdem den Krieg verlängern. Wenn aber der Krieg noch länger andauerte, dann würden vermutlich nicht die demokratischen Kräfte der Mitte profitieren, sondern radikale Strömungen, die einen revolutionären Umsturz nach russischem Vorbild herbeiführen wollten und ein bolschewistisches Regime anstrebten – mit unabsehbaren Konsequenzen für Deutschland, aber auch für den Rest Europas. Das war aus amerikanischer Sicht mindestens ebenso schlimm wie eine Fortsetzung der militaristischen Autokratie. In den Monaten der Pariser Konferenz waren es die Deutschen selbst, die die Gefahr einer bolschewistischen Machtübernahme in Deutschland immer wieder als Argument für einen milden Frieden vorbrachten, der die gemäßigten Kräfte der politischen Mitte stabilisieren würde.

Die revolutionäre Regierung des Rates der Volksbeauftragten, die in Deutschland am 9. November 1918 mit der Ausrufung der Republik an die Macht gelangte, war vor diesem Hintergrund in amerikanischer Wahrnehmung genau das, was man durch einen raschen und maßvollen Waffenstillstand hatte verhindern wollen. Samuel Breckinridge Long, ein hoher amerikanischer Diplomat, schrieb schon am 7. November, als die ersten Meldungen von den Matrosen- und Soldatenaufständen Washington erreichten: »Das ist eine der schlimmsten Nachrichten seit vielen Monaten. Wenn das stimmt, dann bedeutet das, dass der Bolschewismus in Deutschland an die Macht kommt.«[32] Und noch gab es den Waffenstillstand nicht. Die vierte und letzte amerikanische Note hatte den Deutschen zwar am 5. November die amerikanische und alliierte Bereitschaft signalisiert, unverzüglich einen Waffenstillstand zu schließen, aber in der Nacht vom 9. auf den 10. November, als Matthias Erzberger im Compiègne die Waffenstillstandsbedingungen abzumildern versuchte, da wusste er »nicht, ob Deutschland noch ein Kaiserreich oder ob die Republik ausgerufen sei«.[33]

Die revolutionäre Umwälzung des 9. November war nicht das Ziel der amerikanischen Politik in der Phase des Notenwechsels im Oktober 1918. Aber für die politische und konstitutionelle Transformation, die das Kaiserreich in jenen Wochen durchlief, waren die USA von entscheidender Bedeutung. Das unterschätzt nicht die Bemühungen der Parteien des Interfraktionellen Ausschusses, die sich spätestens seit 1917 für eine Demokratisierung des Reiches und insbesondere die Parlamentarisierung seiner Verfassung einsetzten, die aber starken Gegenkräften gegenüberstanden, deren Position im Frühjahr 1918 durch den Frieden von Brest-Litowsk noch einmal gestärkt wurde. Erst als nach dem Scheitern der deutschen Militäroperationen im Sommer 1918 die Macht der Militärs allmählich erodierte, konnten die Mehrheitsfraktionen des Reichstags ihre Ziele wieder offensiver vertreten. Sie stießen in dieser Situation auch deshalb auf weniger Widerstand der OHL, weil die Verfassungsreform als »Revolution von oben« inzwischen zum Kalkül der Militärs gehörte, mit dem man die Kontrolle über die politische Entwicklung behalten und zugleich über die USA einen milden Frieden erreichen zu können glaubte. Dieser würde die deutschen Streitkräfte in ihrer Substanz erhalten und überdies die deutsche Machtposition im östlichen Europa nicht antasten. Bald zeigte sich jedoch, dass die OHL ihre eigene innenpolitische Macht in der Schlussphase des Krieges bei weitem überschätzte und dass auch die Alliierten einschließlich der USA nicht bereit waren, das Spiel der Militärs mitzuspielen.

Dass Anfang Oktober mit Prinz Max von Baden als Kanzler eine Regierung gebildet wurde, die sich erstmals in der Geschichte des Kaiserreichs auf eine parlamentarische Mehrheit stützte, reichte den USA keineswegs. Die Ernennung eines neuen Reichskanzlers war für Washington keine umfassende Demokratisierung, und auch der Hinweis des deutschen Außenministers Solf in der Antwortnote, die neue Regierung in Berlin sei »gebildet durch Verhandlungen und in Übereinstimmung mit der großen Mehrheit des Reichstages«, der Reichskanzler spreche »im Namen der deutschen Regierung und des deutschen Volkes«, war Wilson nicht genug. Die »Vernichtung« der »Macht, welche bis jetzt das Schicksal der deutschen Nation bestimmt hat«, sei eine »Bedingung, die vor dem Frieden erfüllt werden muss, wenn der Frieden durch das Vorgehen des deutschen Volkes selbst kommen soll«, ließ Wilson in seiner Note vom 14. Oktober die Berliner Regierung wissen.[34] Es ging also nicht nur um punktuelle Maßnahmen, sondern um einen grundlegenden Systemwandel, um einen Regimewechsel – »regime change« –, wie man das heute nennen würde. Dieser Druck der USA und das Beharren der Mehrheitsfraktionen auf formalen Verfassungsänderungen führten schließlich zu einer umfassenden Parlamentarisierung der Reichsverfassung, in deren Zentrum die Abhängigkeit der Reichsregierung von einer parlamentarischen Mehrheit und das Prinzip der Regierungsverantwortung gegenüber dem Parlament standen. Am 26. Oktober nahm die Reichstagsmehrheit die verfassungsändernden Gesetze an, zwei Tage später traten sie in Kraft. Das Reich war nun eine parlamentarische Monarchie, wenn auch noch immer der Kaiser an seiner Spitze stand und es repräsentierte. In Berlin war man der Ansicht, dass Wilson nicht auf eine Abdankung Wilhelms II. oder gar ein Ende der Monarchie zielte, obwohl die dritte Note noch einmal explizit darauf hingewiesen hatte, dass »die Macht des Königs von Preußen, die Politik des Reiches unter seiner Kontrolle zu halten, noch unzerstörbar ist, dass die entscheidende Initiative noch immer bei denen liegt, die bis jetzt die Herrscher in Deutschland waren«.[35] Zielte das nicht auf die Monarchie und auf den Kaiser? Einige deutsche Politiker, Sozialdemokraten vor allem, konnten sich durchaus mit einer Abdankung des Kaisers anfreunden. »Die Note ist doch gar nicht so schlimm«, äußerte beispielsweise Gustav Noske, der zur Spitze der SPD-Reichstagsfraktion gehörte: »Wenn der Kaiser geht, kriegen wir einen guten Frieden.«[36]

Doch so einfach lagen die Dinge nicht. Denn zu den amerikanischen Bedingungen für einen Waffenstillstand gehörte nicht nur die Demokratisierung der Verfassung – ob nun mit oder ohne Abdankung des Kaisers –, sondern eben auch eine weitgehende Entwaffnung der deutschen Armee, so dass eine Wiederaufnahme der Kampfhandlungen unmöglich war. Hinzu kam das Beharren auf einer sofortigen Einstellung des uneingeschränkten U-Boot-Krieges, der auch im Oktober noch andauerte und mit der Versenkung des Passagierschiffs *Leinster* in der Irischen See am 10. Oktober, bei der über 500 Menschen ums Leben kamen, für neue Empörung in den Ländern der Entente sorgte. Gegen einen solchen Waffenstillstand der Entwaffnung und substantiellen Schwächung der deutschen Streitkräfte wehrten sich die deutsche OHL und insbesondere Ludendorff, dessen Pläne auf diese Weise durchkreuzt wurden. Doch mit seinem Vorschlag, die Waffenstillstandsbemühungen einzustellen, weiterzukämpfen und »den Widerstand mit äußersten Kräften fortzusetzen«, wie er es gegen die Position der Regierung befehlen wollte, konnte sich Ludendorff nicht mehr durchsetzen. Seine Entlassung am 26. Oktober war die Folge, für Graf Kessler »ein Sturz aus ungeheurer Höhe«, den er mit der Entlassung Bismarcks 1890 verglich. Für den Diplomaten, der Ende Oktober 1918 aus der Schweiz nach Berlin gereist war und dort die letzten Tage des Kaiserreichs erlebte, war der Tag der Entlassung des Generals ein »dies ater«, ein schwarzer Tag, und Ludendorff eine »tragische Figur«. Der hellsichtige Beobachter war sich im Klaren darüber, was das bedeutete: »Die Reaktion hat ein Haupt.«[37] Hindenburg hingegen verblieb auf seinem Posten und bildete zusammen mit General Wilhelm Groener die 4. Oberste Heeresleitung, deren Hauptaufgabe nach Abschluss des Waffenstillstands die Rückführung der deutschen Soldaten in die Heimat und die Demobilisierung sein sollte.

Nicht alle Militärs hatten allerdings nach Ludendorffs Entlassung die Vision eines Endkampfs, ja fast muss man sagen die Hoffnung auf einen Endkampf aufgegeben. Vor allem einige Admirale der Marine wehrten sich gegen eine Entwicklung, die ihrer Ansicht nach binnen kurzem zu einer Kapitulation führen musste. Das traf die Admiralität umso mehr, als die hochmoderne und in gewaltigen Rüstungsanstrengungen geschaffene deutsche Schlachtflotte anders als die U-Boote seit 1914 kaum zum Einsatz gekommen war. So entstand der Plan, die Flotte noch einmal aus ihren Häfen auslaufen zu lassen, um im Ärmelkanal die Versorgung der alliierten Truppen aus England abzuschneiden und vor allem um eine Entscheidungsschlacht mit der *Royal Navy* herbeizuführen, dem Erzrivalen der kaiserlichen Marine – bis hin zu dem gespenstischen Szenario einer gewaltigen Selbstversenkung. Von der politischen Führung und der neuen OHL waren diese Pläne nicht gedeckt. Eine solche Entscheidungsschlacht würde vielleicht nicht den deutschen Sieg im Krieg bringen, aber sie würde die Ehre der Flotte retten, meinte man bei der Admiralität. Doch als in Wilhelmshaven und Kiel Ende Oktober das Auslaufen der Kriegsschiffe vorbereitet wurde, begannen die Matrosen zu meutern, die ahnten, worum es ging. Rasch dehnten sich Meutereien und Befehlsverweigerungen von den Schiffen auf die Hafenstädte aus. Soldaten verbündeten sich mit den Matrosen, und einmal entzündet verbreitete sich der revolutionäre Brand in Windeseile über das ganze Land und erreichte am 9. November Berlin.

Die Idee eines Endkampfs, einer letzten Anstrengung aller Kräfte blieb in diesen Tagen allerdings nicht auf die Marine beschränkt, auch wenn sie dort die gravierendsten Folgen hatte. Überall im Militär kursierten solche Gedanken, aber auch in der zivilen Elite gab es Überlegungen eines letzten Aufbäumens. Walther Rathenau, der einflussreiche Industrielle und Intellektuelle, veröffentlichte am 7. Oktober, wenige Tage nach dem deutschen Waffenstillstandsersuchen an die USA, in der *Vossischen Zeitung* den Aufruf zu einer *Levée en masse*, zu einer durch ein nationales »Verteidigungsamt« organisierten Volkserhebung. Deutschland sei »ungebrochen, seine Mittel unerschöpft, seine Menschen unermüdet«, hieß es in dem Aufruf. »Wir wollen alle Frieden«, so hatte der frühere Leiter des Kriegsrohstoffamtes ihn eingeleitet, doch zugleich die Vierzehn Punkte Wilsons als Grundlage für Friedensverhandlungen verworfen. Um einen »Frieden der Unterwerfung« zu verhindern, müssten alle verfügbaren Kräfte, Menschen vor allem, das Volk, in einer gewaltigen Kraftanstrengung mobilisiert werden. Durch einen Volkskrieg, eine Volkserhebung, darauf lief es hinaus, werde man die Front befestigen, und dann könne man – vielleicht – in Friedensverhandlungen eintreten.[38] Der Historiker Michael Geyer hat Rathenaus Aufruf und vergleichbare Überlegungen jener Wochen aus dem engeren Bezugsrahmen der Auseinandersetzungen um einen Waffenstillstand gelöst und sie mit Überlegungen zu Vorstellungen nationaler Selbstzerstörung als Ausformung nationaler Gemeinschaft verbunden. Es ging also auch, folgt man dieser Argumentation, um die bewusste Herbeiführung der nationalen Katastrophe, um mit der unabwendbaren Niederlage umgehen und sie in Denkmuster nationaler Selbstbehauptung einschreiben zu können. Wir werden solchen Gedanken in der Beschäftigung mit dem Versailler Vertrag und der Debatte über seine Unterzeichnung 1919 wieder begegnen, aber sie tauchten dort nicht zum ersten Mal auf.[39]

DIE LANSING-NOTE

Den Abschluss der komplizierten Bemühungen um einen Waffenstillstand bildete die vierte und letzte amerikanische Note vom 5. November 1918, die als »Lansing-Note« in die Geschichte eingegangen ist, benannt nach dem amerikanischen Außenminister, der freilich auch alle anderen amerikanischen Noten unterschrieben hatte. Mehr noch als die vorherigen war diese letzte Note das Produkt einer engen und durchaus nicht konfliktfreien Abstimmung zwischen den USA und ihren europäischen Verbündeten, an der nicht nur Großbritannien, Frankreich und Italien, sondern zumindest punktuell auch Vertreter Belgiens und der Tschechoslowakei beteiligt waren. Im Zerfall Österreich-Ungarns hatte die Tschechoslowakei sich am 28. Oktober als parlamentarische Republik konstituiert und ihre Unabhängigkeit erklärt. Hauptteil der Note war vor diesem Hintergrund ein von Lloyd George entworfenes Memorandum der westlichen Alliierten, das sich auch die Vereinigten Staaten zu eigen machten. In diesem wurden Wilsons Vierzehn Punkte zur Grundlage eines Friedensschlusses mit Deutschland erklärt. Abgesehen von dem nur schwach kaschierten Dissens über die Freiheit der Meere wiesen vor allem die knappen Ausführungen zur Frage der Reparationen bereits voraus auf die Friedenskonferenz. Die Note formulierte nämlich als Friedensbedingung nicht nur die Räumung der von deutschen Truppen besetzten Gebiete, und zwar einschränkungslos – also im Westen wie im Osten –, sondern sie enthielt als weitere Bedingung auch die Formulierung, »dass Deutschland für allen durch seine Angriffe zu Wasser, zu Lande und in der Luft der Zivilbevölkerung der Alliierten und ihrem Eigentum zugefügten Schaden Ersatz leisten soll«.[40]

Vor allem das Wort »Angriffe« – in der englischen Formulierung »the aggression« – und seine Auslegung spielten einige Wochen später in Paris eine wichtige Rolle. Richtete sich die Formulierung auf Schäden, die durch konkrete militärische Handlungen entstanden waren, oder zielte sie auf die deutsche Kriegführung insgesamt? Ging es nur um zivile Schäden oder waren auch militärische Schäden gemeint? Schwang möglicherweise sogar in der Formulierung vom 5. November und erst recht in ihrer Annahme durch die deutsche Seite ein Eingeständnis deutscher Schuld mit, wie es Clemenceau später interpretierte?[41] Deutlich wird an diesem Punkt, dass die Lansing-Note, auf die sich die deutsche Regierung im weiteren Verlauf immer wieder bezog und berief, zwar mit den Vierzehn Punkten eine Friedensgrundlage festgeschrieben hatte, dass aber hinsichtlich der konkreten Inhalte der Vierzehn Punkte erhebliche Interpretationsspielräume und sogar Interpretationsunterschiede bestanden. Das war weder Zufall noch Versehen, sondern auf die Tatsache zurückzuführen, dass die amerikanische Regierung an einem raschen Waffenstillstand interessiert war und sich weder mit der deutschen Seite noch mit den Verbündeten auf eine präzise Auslegung der Vierzehn Punkte verständigen wollte. Mit großer Sicherheit hätte dies – die interalliierten Abstimmungsgespräche in Paris deuten darauf hin – zu erheblichen

Konflikten geführt, die unter Umständen sogar einen Waffenstillstand verhindert und damit die deutsche Seite gestärkt hätten. Der amerikanische Unterhändler House signalisierte aus diesem Grund den alliierten Regierungen mehrfach, dass die USA einer großzügigen Auslegung der Vierzehn Punkte durch die Alliierten nicht im Wege stehen würden.[42]

Vor diesem Hintergrund verliert das in den deutschen Revisionsanstrengungen nach 1919, aber auch von Kritikern des Versailler Vertrags auf alliierter Seite vorgebrachte und in der deutschen wissenschaftlichen Literatur noch weit nach 1945 aufgegriffene Argument, die Lansing-Note sei eine völkerrechtlich bindende Verpflichtung gewesen, an die sich die Alliierten in Versailles nicht gehalten hätten, an Bedeutung.[43] Immer wieder ist in diesem Zusammenhang von der Völkerrechtsfigur eines »pactum de contrahendo« die Rede gewesen, von einem nicht nur politisch, sondern auch rechtlich verbindlichen Vorvertrag. Abgesehen davon, dass es sich dabei um eine im Kontext des Völkerrechts und der internationalen Politik keineswegs etablierte und allseits akzeptierte Rechtsregelung handelt, wie von deutscher Seite immer wieder behauptet wurde, ist es schwer vorstellbar, dass ein so knappes Dokument wie die Note vom 5. November oder auch die Vierzehn Punkte in ihrer Fassung vom 8. Januar 1918 in hinreichender Präzision und Aussagekraft eine friedensvertragliche Regelung präjudizieren konnten, an deren Umfang und Komplexität schon vor Beginn der Pariser Konferenz keinerlei Zweifel bestand. Vielmehr spiegelte sich in der Lansing-Note ein kleinster gemeinsamer Nenner, ein Minimalkompromiss, der möglich wurde, weil man die entscheidenden Detailfragen offenließ, also insbesondere die konkrete Anwendung der Vierzehn Punkte auf den deutschen Fall. Alles andere hätte die unter größtem Zeitdruck stattfindenden Gespräche völlig überfordert. So war die Lansing-Note eine Verhandlungsgrundlage – nicht mehr, aber auch nicht weniger –, deren Bindungswirkung nur so weit reichte, wie zwischen den Alliierten und Deutschland, aber auch unter den Alliierten selbst Einigkeit zu erzielen war. Das zeigte sich in den Monaten der Pariser Konferenz ein ums andere Mal. Beide Seiten beriefen sich wiederholt auf die Lansing-Note, um ihre Positionen oder Forderungen zu stützen. Angesichts der Offenheit der Note war es freilich nicht überraschend, dass mit dem Verweis auf das Dokument völlig unterschiedliche, ja gegenläufige Ansichten vertreten wurden. Gerade für die Deutschen war und blieb – lange über 1919 hinaus – die Lansing-Note eine Illusion, an die man sich klammerte, um Positionen, die keine Durchsetzungschancen hatten, zu bekräftigen. Das wurde schon in den Waffenstillstandsverhandlungen deutlich, zu denen Matthias Erzberger zwei Tage nach Eingang der Lansing-Note nach Frankreich reiste, und noch deutlicher in dem Waffenstillstandsabkommen, das Erzberger am Morgen des 11. November 1918 im Wald von Compiègne für die deutsche Regierung unterschrieb. Viel stärker als die Lansing-Note hätte das Waffenstillstandsabkommen den Deutschen einen Eindruck davon verschaffen müssen, was in den Friedensverhandlungen auf sie zukommen würde.[44]

Auf deutscher Seite war man sich bewusst, dass man sich auf Wilsons Vierzehn Punkte eingelassen hatte, ohne etwas über die Auslegung dieser Punkte zu wissen. Das bestimmte die Anweisung, die der Generalstab der deutschen Waffenstillstandskommission mit Erzberger an der Spitze am 6. November erteilte. Er ging dabei von zwei Prämissen aus, die nicht miteinander zu vereinbaren waren. Einerseits stellte die militärische Führung unmissverständlich fest, dass keine Möglichkeit bestehe, »uns bestimmte Friedensbedingungen gegen das amerikanisch-englisch-französische Heer zu erkämpfen«. Andererseits müsse man »selbstverständlich stets zur Wiederaufnahme des Kampfes bereit sein für den Fall, dass uns Bedingungen gestellt werden sollten, die unsere Zukunft zerstören«. Solche Bedingungen sah man vor allem von britischer und französischer Seite auf Deutschland zukommen, vertraute aber darauf, dass die »tiefgreifenden Unterschiede« zwischen den europäischen Alliierten und den USA angesichts des politischen Gewichts der Vereinigten Staaten, die extremen Bedingungen nicht zustimmen würden, zugunsten der Deutschen auswirken würden. Das lief im Kern auf den Versuch hinaus, einen Keil in die Entente zu treiben. Diese Strategie musste unweigerlich scheitern, weil die USA und Woodrow Wilson selbst ein genuines Interesse daran hatten, bereits im Waffenstillstandsabkommen die deutsche Niederlage glasklar sichtbar zu machen, und weil die drei Mächte trotz nicht zu leugnender Meinungsunterschiede der Primat der Geschlossenheit gegenüber dem deutschen Kriegsgegner verband. Für die Waffenstillstandsverhandlungen verhieß das aus deutscher Sicht nichts Gutes.[45]

COMPIÈGNE

Die Reise Erzbergers nach Frankreich war abenteuerlich, ja gefährlich, und sie war nicht nur politisch hoch riskant. Noch schwiegen die Waffen nicht, und die deutsche Delegation musste die Front überqueren. Auf den Fahrzeugen der Unterhändler wurden weiße Flaggen aufgezogen, Trompeter gaben fortgesetzt kurze Signale, die von französischen Hornisten erwidert wurden. Etwa 150 Meter trennten die feindlichen Linien. In diesem Niemandsland herrschte Lebensgefahr. Auf der anderen Seite wurden Erzberger und seine Begleiter höflich empfangen und sogleich von französischen Soldaten umringt, die wissen wollten, ob der Krieg jetzt endlich zu Ende sei. Die Fahrt ging später mit dem Zug weiter und führte in der Nacht vom 7. auf den 8. November auf Umwegen quer durch Nordfrankreich in die Nähe des an der Aisne gelegenen Ortes Rethonde, knapp hundert Kilometer nördlich von Paris. Mitten im Wald von Compiègne hielt der Zug. Auf einem Nachbargleis war bereits die Delegation der Entente eingetroffen, an ihrer Spitze Marschall Ferdinand Foch, der Oberbefehlshaber der alliierten Streitkräfte in Frankreich, begleitet von seinem Stabschef, dem französischen General Maxime Weygand, sowie dem britischen Admiral Rosslyn Wemyss, *First Sea Lord* der *Royal Navy*, und dessen Stellvertreter Admiral George Hope. Ein amerikanischer Offizier war nicht dabei. Noch am Morgen des 8. November kam es in einem Salonwagen des alliierten Zuges zu einem ersten Treffen der alliierten mit der deutschen Delegation, zu der neben Erzberger auch Alfred von Oberndorff als Vertreter des Auswärtigen Amtes sowie von militärischer Seite General Detlof von Winterfeldt und für die Reichsmarine Kapitän zur See Ernst Vanselow gehörten. Die beiden Offiziere hatten primär beratende Funktion. Dem französischen Marschall stand mit Matthias Erzberger ein ziviler Politiker gegenüber, ein Vertreter des Reichstags, der erst seit wenigen Wochen Einfluss auf Politik und Kriegführung des Reiches nehmen konnte und davor über Jahre politisch marginalisiert worden war. Nicht die OHL, die Kriegführung und Kriegsausgang tatsächlich zu verantworten hatte, schloss nun den Waffenstillstand, sondern ein Reichstagsabgeordneter des Zentrums, der gerade erst als Minister in die Regierung des Prinzen Max von Baden eingetreten war. Zumindest dieses Kalkül Ludendorffs war aufgegangen. Man hatte die Verantwortung für den Waffenstillstand und damit die Besiegelung der Niederlage der zivilen Seite zugeschoben. In der Wahrnehmung der politischen Rechten rückte Erzberger damit an die erste Stelle der »Novemberverbrecher«, wie es schon bald hieß, derjenigen politischen Kräfte also, die man für die Niederlage und den Zusammenbruch des Kaiserreichs verantwortlich machte. Matthias Erzberger bezahlte dafür mit dem Leben. Am 26. August 1921 wurde er von Angehörigen der rechtsterroristischen »Organisation Consul« ermordet.[46]

Das erste Treffen der beiden Delegationen verlief, wie Erzberger später berichtete, geradezu gespenstisch. Auf Französisch forderte Foch die Deutschen auf, ihr Anliegen vorzubringen. Als Erzberger den Marschall daraufhin um die alliierten Vorschläge für einen Waffenstillstand bat und sich dabei auf die letzte amerikanische Note vom 5. November bezog, unterbreitete Foch keine Vorschläge, auf deren Basis die Verhandlung hätte eröffnet werden können, sondern ließ die Bedingungen für einen Waffenstillstand verlesen, welche die deutsche Seite annehmen oder ablehnen könne. Ultimativ wurden der deutschen Delegation dafür 72 Stunden eingeräumt. Eine vorläufige Waffenruhe vor Ablauf dieser Frist wurde abgelehnt. Nach nicht einmal einer Stunde war das Zusammentreffen beendet. In den Bedingungen war neben der Forderung nach unverzüglicher Einstellung aller Kampfhandlungen zu Lande, zu Wasser und in der Luft die sofortige Räumung der von deutschen Truppen besetzten Gebiete in Frankreich und Belgien sowie die Entmilitarisierung aller linksrheinischen Gebiete in Deutschland, ferner die Auslieferung von Kriegsmaterial (darunter 5000 Kanonen, 25 000 Maschinengewehre, 3000 Minenwerfer, 1700 Flugzeuge) sowie zivilen Gütern (darunter 5000 Lokomotiven, 150 000 Eisenbahnwaggons, 5000 Lastkraftwagen) enthalten. Gefordert wurde weiterhin die Ungültigerklärung der Friedensverträge von Brest-Litowsk und Bukarest aus dem Frühjahr 1918 sowie der Abzug aller deutschen Truppen aus den vormaligen Territorien Österreich-Ungarns, Rumäniens und der Türkei. Der Abzug deutscher Truppen aus den vor 1914 zu Russland gehörenden Gebieten, also den seit 1918 unter deutscher Vorherrschaft stehenden Staaten im östlichen Europa, war ebenfalls vorgesehen, und zwar »sobald die Alliierten, unter Berücksichtigung der inneren Lage in diesen Gebieten, den Augenblick für gekommen erachten«.[47] Unter keinen Umständen wollten die Alliierten, das stand dahinter, durch einen schnellen Abzug aus diesen Gebieten mit fragiler Staatlichkeit den bolschewistischen Kräften in Russland eine Gelegenheit zur Ausweitung beziehungsweise Konsolidierung ihrer Macht geben. Der Bürgerkrieg in Russland war mittlerweile in vollem Gange, und die Alliierten unterstützten mit Truppen, Waffen und Versorgungsgütern die antibolschewistische, »weiße« Seite nach

Kräften. So bedeutete der Waffenstillstand zwar das Ende der kurzen Episode des deutschen Ostimperiums, keineswegs jedoch jener staatlich-politischen Ordnung, die in Ostmitteleuropa nach Brest-Litowsk entstanden war. Finnland, die baltischen Staaten und Polen bestanden weiter, die baltischen Staaten zwar zunächst nur bis 1940, aber im Untergang der Sowjetunion nach 1990 gewannen sie ihre Unabhängigkeit zurück und begingen deren hundertsten Jahrestag als Mitglieder der Europäischen Union mit großen Festen.

Es lag vor diesem Hintergrund nahe, dass die deutsche Seite versuchte, aus dem evidenten Antibolschewismus der Alliierten ein Argument für die eigene Sache zu machen. In inoffiziellen Gesprächen, die später am Tag stattfanden, nachdem die Deutschen sich mit den Forderungen der Gegenseite näher befasst hatten, unterstrichen Erzberger und seine Begleiter, dass die Maßnahmen »undurchführbar seien, dass sie Deutschland nicht nur wehrlos machten, sondern dem Bolschewismus ausliefern würden«. Doch diese Einwände änderten nichts an der harten und kompromisslosen Haltung der Alliierten. Statt Entgegenkommen erfuhren die Deutschen Misstrauen. Man bezweifelte ihr ehrliches Interesse an einem Waffenstillstand und unterstellte ihnen, lediglich Zeit gewinnen zu wollen, um die Truppen zu sammeln und danach »zu einem neuen Schlag« auszuholen. Auch die Hoffnung, die amerikanische Karte spielen zu können, zerschlug sich, denn es waren keine amerikanischen Vertreter anwesend, und Marschall Foch betonte ausdrücklich, dass die Waffenstillstandsbedingungen »bindende Verabredungen aller feindlichen Kriegsleitungen und Regierungen« seien. So zerstoben die Hoffnungen auf einen Kompromiss. Lediglich in kleineren technischen Fragen, beispielsweise hinsichtlich der Rückführung der Truppen, kamen die Alliierten den Deutschen minimal entgegen.[48]

Während Erzberger und seine Begleiter in Frankreich auf Reaktionen und Anweisungen aus Deutschland warteten, hatte dort die Revolution ihren Höhepunkt erreicht. Der Kaiser hatte abgedankt und sich ins holländische Exil begeben; Prinz Max von Baden hatte das Amt des Reichskanzlers an den Sozialdemokraten Friedrich Ebert übergeben und Philipp Scheidemann vom Balkon des Reichstags in Berlin die Republik ausgerufen. Aus dem revolutionären Chaos des 9. und 10. November erreichten Erzberger in Compiègne unterschiedliche Botschaften: von Hindenburg aus der OHL, aus dem Auswärtigen Amt und vom neuen Reichskanzler Ebert. Alle hielten die Waffenstillstandsbedingungen für unerfüllbar, forderten Erzberger aber dennoch auf, das Waffenstillstandsabkommen zu unterschreiben. Zugleich richtete die deutsche Regierung auf Erzbergers Rat ein Schreiben an die amerikanische Regierung mit der »Bitte, auf eine Milderung der vernichtenden Bedingungen bei den alliierten Mächten hinzuwirken« sowie sofort die Verhandlungen über einen Präliminarfrieden einzuleiten, von dem sich die deutsche Seite jene milde Behandlung erhoffte, die sich im November 1918 in Deutschland noch immer mit dem Wort »Wilson-Frieden« verband.

ENDE DES KRIEGES?

Am Morgen des 11. November 1918, um 5 Uhr in der Frühe, unterzeichneten Erzberger und die anderen deutschen Vertreter das Waffenstillstandsabkommen. Sechs Stunden später, um 11 Uhr, trat es in Kraft. Der Erste Weltkrieg war zu Ende, zumindest schwiegen die Waffen.

Aber war der Krieg wirklich schon vorbei? Zur Traumatisierung der Deutschen nach 1918 trugen auch der Waffenstillstand von Compiègne und sein Zustandekommen bei. Weithin nahm man in Deutschland den Abschluss des Waffenstillstands und die Behandlung der deutschen Delegation durch Marschall Foch als eine Schmach, als eine Demütigung wahr. Die Feinde der Demokratie und der Weimarer Demokraten nutzten das sogleich zu deren Diskreditierung. Gut zwei Jahrzehnte später rechtfertigten die Nationalsozialisten ihren Aggressions- und Expansionskrieg auch als Überwindung der Schmach von 1918. Symbolisch fand das seinen Ausdruck darin, dass Hitler nach dem deutschen Sieg über Frankreich den Salonwagen von 1918 aus dem Museum holen und wieder in den Wald von Compiègne bringen ließ, wo Deutschland am 22. Juni 1940 Frankreich den Frieden diktierte.[49]

In den Staaten der Entente gingen die Menschen nach Bekanntwerden der Nachricht vom Waffenstillstand auf die Straßen, um das Ende des Krieges und den Sieg zu feiern. Überall läuteten die Kirchenglocken, Dankgottesdienste wurden abgehalten und die Zeitungen druckten Extrablätter. In der französischen Abgeordnetenkammer verkündete Clemenceau das Ende der Kämpfe. In »dieser schrecklichen, großen und wunderbaren Stunde«, so der Ministerpräsident, den schon bald der Beiname »Père de la victoire« – »Vater des Sieges« – schmückte, sei seine Aufgabe erfüllt. In einer Stimmung nationaler Begeisterung, die – immer wieder unterbrochen von jubelnden Zwischenrufen »Vive l'Alsace-Lorraine française« – an den Kriegsbeginn 1914 erinnerte, feierte er die Rückkehr Elsass-Lothringens zu Frankreich, pries die

»Soldaten der Menschheit« für ihren Sieg über die Barbarei und ehrte im Namen der Nation die Toten des Krieges.[50] Über 1,3 Millionen Franzosen waren gefallen, zu denen noch weitere 600 000 zivile Tote kamen. Kaum eine französische Familie war nicht betroffen, hatte nicht Söhne, Brüder, Väter oder Ehemänner verloren. Hinzu kamen die Verwundeten, die als Krüppel, verletzt an Leib und Seele, nach Hause zurückkehrten.

Die Freude in der Stunde des Sieges überdeckte aber nur kurz die schrecklichen Erfahrungen des Krieges, die sich tief in die Menschen eingebrannt hatten und sie nicht mehr losließen. Der Krieg blieb präsent in den Köpfen. In jeder Stadt und jedem Dorf erinnerten nicht nur Ehrenmale für die Gefallenen an das Leiden und Sterben, sondern auch die Verstümmelten, die Kriegsblinden, die nervlichen Wracks der Kriegszitterer und die psychisch Kranken, die im Alltag der Menschen unablässig den Krieg und sein Grauen präsent hielten. Fast stärker noch als in den Kriegsjahren legten sich Trauer und Leid über eine Bevölkerung, die in den Jahren seit 1914 durch die Kriegspropaganda den Gegner zu hassen gelernt hatte. Und dieser Hass verschwand nicht im Augenblick des Sieges, sondern verband sich jetzt mit der Freude über das Ende der Kämpfe und der Trauer um die Toten. Keine Politik konnte sich dieser hoch komplexen Seelenlage der Nation entziehen, selbst wenn sie es gewollt hätte. Zur Politik der Siegermächte, wie sie sich schon bald auf der Pariser Konferenz manifestieren sollte, gehörten nicht nur außen- und sicherheitspolitische Erwägungen, sondern auch diese mentalen und emotionalen Befindlichkeiten einer Gesellschaft, die einen Krieg, der sie tief traumatisiert hatte, nicht einfach hinter sich lassen konnte: nicht am 11. November 1918 und nicht in den Jahren danach.

Auch in England jubelten die Menschen, als Premierminister Lloyd George am Vormittag die Nachricht vom Waffenstillstand verbreitete. In London kündeten Kanonendonner und Leuchtkugeln vom Ende des Krieges. Auch hier hielt es die Menschen nicht in den Häusern. Sie strömten aus Wohnungen und Werkstätten, aus Amtsstuben und Büros, aus Schulen und Universitäten auf die Straßen und ließen ihrer Freude und Erleichterung freien Lauf. Landauf, landab läuteten die Kirchenglocken. In London tat es Big Ben, wie eine Zeitung schrieb, mit der Ausgelassenheit seiner Glocken der Ausgelassenheit der Menschen gleich. In der Downing Street, vor dem Amtssitz des Premierministers, versammelte sich eine Menschenmenge. Eine knappe Ankündigung, dass um 11 Uhr der Krieg vorbei sei, konnte die Erwartungen der Menschen jedoch nicht befriedigen. In einer Demonstration nationaler

Geschlossenheit trat Lloyd George schließlich mit Winston Churchill und Andrew Bonar Law, Vertretern der Konservativen in seinem Kriegskabinett, ans Fenster. Von einem großen Sieg für die Menschen im Lande, für die Alliierten und für die Menschen in den britischen Dominions und Indien sprach der Premier unter den begeisterten Ovationen der Menge, von einem großen Sieg der Menschheit, von einem triumphalen Sieg, wie ihn die Welt noch nicht gesehen habe. Alle Söhne und Töchter des Landes hätten für diesen Sieg ihre Pflicht erfüllt. Jeder verstand diese Anspielung auf Admiral Nelson und den britischen Sieg bei Trafalgar im Jahr 1805.[51]

In Deutschland war ebenfalls Erleichterung über das Kriegsende zu spüren. Aber von Freude und Jubel wie in England oder Frankreich konnte keine Rede sein. Das hatte mit der Niederlage zu tun, an die viele immer noch nicht glauben wollten. Das Zögern lag aber auch an den sich überstürzenden politischen Entwicklungen jener Novembertage, mit denen für die allermeisten Deutschen – gleich welcher politischen Orientierung – eine Welt zusammenbrach. Der Kaiser hatte abgedankt und in allen deutschen Einzelstaaten räumten die Fürsten ihre Throne. Es entstanden Republiken, die sich Volksstaaten oder Freistaaten nannten und von denen man nicht wusste, ob es sich um Räterepubliken nach russischem Vorbild handelte oder um liberal-demokratische Republiken nach westlichem Muster. Die Unsicherheit war groß. Was würde die Zukunft bringen? Würde das Land in Chaos und Bürgerkrieg versinken wie Russland nach dem Oktober 1917? Was würde geschehen, wenn das Millionenheer deutscher Soldaten in die Heimat zurückströmte? Und wie würde der Frieden aussehen, den das besiegte Deutschland nun mit seinen Gegnern schließen musste? Die Waffenstillstandsbedingungen hielten die allermeisten für niederschmetternd. Für Harry Graf Kessler, der zu diesem Zeitpunkt noch nicht seine Wende vom Nationalisten zum Internationalisten, von rechts nach links und vom Kriegsbefürworter zum Pazifisten vollzogen hatte, waren sie ein »Gewaltakt von beispielloser Rohheit, auf die (…) Knechtung des Volkes berechnet. Ein Racheakt Clemenceaus, der Rache fordern wird. ›Blut über Euch und Eure Kinder!‹ Am bittersten wird dieses Dokument Frankreich bereuen.« Nur vorläufig werde man sich beugen müssen, »denn wir haben nichts mehr, keinen Willen, keine Nerven, keine Kraft, kein Heer«.[52]

Der Waffenstillstand vom 11. November war fraglos der wichtigste am Ende des Ersten Weltkriegs, doch er war nicht der einzige. Dass die Allianz der Mittelmächte, der Vierbund aus Deutschland, Österreich-Ungarn, Bulgarien und dem Osmanischen Reich, sich aufgelöst hatte und spätestens seit

Mitte 1918 nur noch auf dem Papier bestand, zeigte sich auch daran, dass die einzelnen Staaten beziehungsweise ihre militärischen Führungen im Herbst 1918 separate Waffenstillstandsabkommen abschlossen. Den Anfang machte Bulgarien, wo die oppositionellen Kräfte, die in der Bevölkerung wachsende Unterstützung fanden, sich immer stärker gegen eine Fortführung des Krieges an der Seite der Mittelmächte richteten. Um der inneren Unruhen Herr zu werden, die angesichts weiterer militärischer Misserfolge nicht nachließen, stimmten Zar Ferdinand I. und seine unter Druck geratene Regierung schließlich einem Waffenstillstand zu, der am 29. September 1918 im Hauptquartier der alliierten Orientarmee in Saloniki unterzeichnet wurde. Die Nachricht von diesem Waffenstillstand beschleunigte jene Entwicklungen in Deutschland, die wenige Tage später zu dem deutschen Waffenstillstandsersuchen an US-Präsident Wilson führten.[53]

Im Spätsommer 1918 war auch das Osmanische Reich am Ende seiner Kräfte. Zu den Zerfallserscheinungen der osmanischen Herrschaft vor allem im arabischen Raum kamen die militärischen Niederlagen gegen britische Verbände, die wiederum von arabischen Einheiten unterstützt wurden. Nach einem erfolgreichen Vorstoß britischer Truppen in Palästina, der einen mehr oder weniger ungeordneten Rückzug der Türken aus der Region auslöste, kam es am 30. September zum Waffenstillstand. An Bord der *Agamemnon*, dem Flaggschiff des britischen Schwarzmeergeschwaders, wurde dieser mit Großbritannien stellvertretend für die anderen Alliierten abgeschlossen. Einen Tag später wurden die Kampfhandlungen eingestellt. Die osmanische Armee musste alle Besitzungen außerhalb Anatoliens, also insbesondere Gebiete in Arabien und Nordafrika, räumen.[54]

Auch im Fall Österreich-Ungarns verband sich das Kriegsende mit dem Zerfall des multinationalen Reichsverbandes. Militärisch ausgelaugt und zu neuen Kraftanstrengungen nicht mehr fähig, hatte die Doppelmonarchie unter Kaiser Karl I., der im November 1916 an die Stelle des mit 86 Jahren verstorbenen Kaisers Franz Joseph getreten war, schon seit dem Winter 1917/18 verschiedentlich versucht, zu einem Sonderfrieden mit der Entente zu gelangen, nachdem Friedensbemühungen gemeinsam mit dem deutschen Verbündeten am Widerstand der OHL gescheitert waren. Kaiser Franz Joseph hatte im österreichisch-ungarischen Vielvölkerreich noch integrierend wirken können, obwohl auch er den zunehmenden Druck nationaler Bewegungen nicht eindämmen konnte. Dem Nachfolger und seinen Regierungen entglitt die Kontrolle völlig. In der Armee kam es 1918 zu Auflösungserscheinungen, in deren Verlauf zum Beispiel tschechische Einheiten auf alliierter Seite in die Kämpfe eintraten. Die politische Desintegration, die sich nicht unbedingt im Streben nach staatlicher Unabhängigkeit äußerte, sondern eher in der Forderung nach größerer Autonomie und einer Liberalisierung und Föderalisierung des Reiches, war offenkundig und bald nicht mehr aufzuhalten. Das »Völkermanifest« des Kaisers vom 16. Oktober 1918, in dem Karl I. eine völlige Umstrukturierung und insbesondere eine Föderalisierung der Habsburgermonarchie ankündigte, kam viel zu spät. Es gab zu diesem Zeitpunkt gar keine Basis mehr für eine einvernehmliche, noch dazu von oben gesteuerte Umgestaltung des Reiches. Am 28. Oktober 1918 erklärte sich die Tschechoslowakei zu einer unabhängigen Republik außerhalb des Reichsverbandes. Drei Tage später kündigte Ungarn die Union mit Österreich. Die Doppelmonarchie gab es nicht mehr.

Auf Karls Friedensinitiative Mitte September, die in Deutschland auf vehemente Kritik stieß, hatten die Alliierten zunächst gar nicht reagiert, weil man politisch und militärisch alle Anstrengungen auf den deutschen Gegner richten wollte. Einem Waffenstillstandsersuchen vom 1. November konnte man sich dann nicht mehr entziehen, obwohl die italienische Seite alles tat, um den Waffenstillstand so lange wie möglich hinauszuzögern und auf diese Weise die italienische Ausgangsposition für die Friedensverhandlungen zu verbessern. Der Waffenstillstand wurde am 3. November mit einer alliierten Kommission unter Leitung des italienischen Generals Pietro Badoglio geschlossen, später einer der führenden Generäle Mussolinis und nach dessen Sturz 1943 italienischer Ministerpräsident. Zu den wichtigsten Bestimmungen des Abkommens gehörte, dass den Alliierten weitgehende Besatzungsrechte für das Gebiet des ehemaligen Österreich-Ungarn eingeräumt wurden und – auf italienisches Betreiben – der Rückzug österreichischer Streitkräfte aus Südtirol und hinter die Brennergrenze.[55]

Doch wie endete der Erste Weltkrieg außerhalb Europas? Die Frage wird uns später noch einmal ausführlich beschäftigen, wenn es im Zusammenhang mit der Pariser Friedenskonferenz um die Gestaltung einer globalen Nachkriegsordnung, um weltweite Interessen der europäischen Mächte und der USA, um Friedensziele außereuropäischer Staaten und die Hoffnungen und Ziele nichteuropäischer Völker geht. In Afrika waren seit 1914 die deutschen Kolonien Kriegsschauplatz. In Togo, Kamerun und Südwestafrika, dem heutigen Namibia, hatten die deutschen Schutztruppen spätestens 1916 kapituliert. Die Kämpfe in der Kolonie Deutsch-Ostafrika dauerten dagegen bis

1918 an. Schon früh von allen Verbindungen mit Deutschland abgeschnitten, führte dort General Paul von Lettow-Vorbeck, der zunächst sogar einige Erfolge gegen die Angriffe britisch-indischer Verbände erzielt hatte, seit 1916 eine Art Guerillakrieg gegen britische und südafrikanische Verbände, der erst mit dem Waffenstillstand von Compiègne beendet wurde. Dieser enthielt eine explizite Klausel, die den Abzug aller deutschen Truppen aus der Kolonie vorsah. Um große Zahlen handelte es sich dabei freilich nicht, denn Lettow-Vorbeck verfügte nur über wenige Hundert Soldaten, die vor allem das Offizierskorps stellten. Der Löwenanteil seiner Streitkräfte rekrutierte sich aus indigenen Hilfstruppen, den »Askari«, die wie vergleichbare Unterstützungskräfte der britischen Truppen in den Kriegsjahren erhebliche Verluste erlitten.[56]

Abgesehen davon, dass die britischen Dominions Australien und Neuseeland die britischen Streitkräfte in Europa durch eigene Truppenkontingente unterstützten, besetzten neuseeländische Streitkräfte bereits 1914 die deutsche Kolonie Samoa, australische Verbände den deutschen Teil – »Kaiser-Wilhelm-Land« – von Neuguinea. Die beiden Pazifikstaaten gingen davon aus, dass ihnen nach dem Krieg die ehemaligen deutschen Kolonien zufallen würden. Das galt auch für die im nördlichen Pazifik gelegenen, zur Kolonie Neuguinea gehörigen Inselgruppen der Marianen, der Karolinen und der Marschallinseln, die allerdings im Herbst 1914 von Japan besetzt wurden, das den Ersten Weltkrieg zu expansivem Ausgreifen im pazifischen Raum nutzte. In Paris stand 1919 die Frage der ehemaligen deutschen Kolonien im Pazifik auf der Tagesordnung. Hier kollidierten japanische und australische Interessen. Darüber hinaus gab es Auseinandersetzungen zwischen den USA, Großbritannien und Frankreich sowie den britischen Dominions zur Zukunft der deutschen Kolonien und ebenso hinsichtlich der japanischen Besetzung des auf dem chinesischen Festland (Halbinsel Shandong) gelegenen deutschen Pachtgebiets Kiautschou mit seiner Hauptstadt Tsingtao. Nachdem britische und japanische Schiffe gleich zu Kriegsbeginn den deutschen Hafen von Tsingtao blockiert hatten, besetzten japanische Truppen in den folgenden Wochen das gesamte Territorium. Die Besetzung der Halbinsel Shandong durch Japan war nur ein Element der aggressiven, gegen China gerichteten Politik Japans in den Jahren des Ersten Weltkriegs. In Paris sollte diese Politik 1919 noch zu heftigen Konflikten führen, und das obwohl Japan seit August 1914 und China seit August 1917 der Entente angehörten.[57]

Schon im Juli 1917 hatte der Soziologe Max Weber in einem Brief an seine Frau Marianne geschrieben: »Im Inland wird es künftig heißen: ›Das Ausland hat uns die Demokratie aufgezwungen.‹ Es ist eine elende Geschichte.«[58] Webers Beobachtung gibt zu denken hinsichtlich der Politik eines »regime change«, für den die amerikanische Deutschlandpolitik 1918 ein frühes Beispiel bietet, aber durchaus kein ermutigendes. Es geht dabei nicht zuletzt um die Frage, wie viel Akzeptanz und damit Stabilität eine von außen erzwungene oder auch nur induzierte demokratische Transformation entwickeln kann. Dass nach dem Zweiten Weltkrieg, als unter historisch exzeptionellen Umständen ein solcher »regime change« gelang und – in den Augen vieler – zu einer glänzenden Erfolgsgeschichte wurde, ist eher die Ausnahme, welche eine Regel bestätigt, die auch angesichts von Beispielen der allerjüngsten Geschichte – Irak und Afghanistan etwa – zu einer zurückhaltenderen Einschätzung führen müsste.

Max Weber machte seine ebenso skeptische wie resignierte Bemerkung im Juli 1917, also wenige Tage nach Bildung des Interfraktionellen Ausschusses im deutschen Reichstag und wenige Tage vor der Friedensresolution, in welcher der Reichstag mit der Mehrheit der Parteien, die dem Interfraktionellen Ausschuss angehörten, zu einem Verständigungsfrieden aufforderte. Wenn schon der Deutsche Max Weber diese ersten Schritte hin zu einer Parlamentarisierung des Reiches als Folge der Entwicklung des Krieges und der durch den Kriegseintritt der Vereinigten Staaten bewirkten Stärkung der Alliierten ansah, um wie viel mehr mussten dann die führenden Politiker in Frankreich, Großbritannien und den USA ein gutes Jahr später die erste tatsächliche Bildung einer parlamentarischen Regierung und die Verfassungsreformen vom Oktober 1918 als Ergebnis äußeren Drucks und der bevorstehenden Kriegsniederlage interpretieren? Hätten sich die Deutschen auch ohne diese Bedingungen auf einen Kurs der Demokratisierung begeben? Nicht nur in London und Paris zweifelten die allermeisten daran. Vielmehr hatte man in den westlichen Staaten vor Augen, dass die militärische Führung und die antidemokratischen Kräfte in Reichstag und Reichsleitung, einschließlich des Kaisers, jeden winzigen Demokratisierungsfortschritt – sei es in der Wahlrechtsfrage, sei es in der Frage der Parlamentarisierung – abblockten, solange sie hoffen konnten, dass Deutschland den Krieg gewinnen würde.

Das waren keine guten Voraussetzungen für einen Waffenstillstand, wie die Deutschen ihn erhofften, als sie am 3. Oktober 1918 ihre Note an Präsident Wilson absandten. In der Tat stand hinter diesem Ersuchen zumindest von

Seiten der OHL noch immer die Idee, einen Waffenstillstand, der die deutsche Armee nicht substantiell schwächte, zur Rekonsolidierung der Kräfte zu nutzen und gegebenenfalls den Krieg wieder aufzunehmen, wenn sich die Friedensverhandlungen nicht so entwickelten, wie man das im Militär und auf der politischen Rechten erhoffte. Es ehrte Matthias Erzberger, dass er Marschall Foch in Compiègne mehrfach versicherte, dass das deutsche Angebot durch und durch aufrichtig sei. Doch die Erfahrung der Alliierten, ob Militärs oder Politiker, sie war nach mehr als vier Jahren Krieg eine andere, was die Ententemächte bis zum Schluss skeptisch und misstrauisch stimmte. Man wollte nicht in eine deutsche Falle gehen. Man wollte den Krieg erst gewinnen, militärisch gewinnen, und den Sieg sichern, auch militärisch sichern, bevor man in Verhandlungen mit den Deutschen eintrat. Dass es zu solchen Verhandlungen später gar nicht kommen sollte, war auf alliierter Seite im Herbst 1918 noch nicht geplant. Dort war die Regierung des untergehenden Kaiserreichs, auch wenn diese über eine parlamentarisch-demokratische Legitimität verfügte, noch immer und in erster Linie die deutsche Regierung, die Regierung desjenigen Landes, das man für den Kriegsbeginn 1914 verantwortlich machte und das, als sich ihm im Osten die Chance des Friedens bot, nicht den Hauch von Kompromiss- und Verständigungsbereitschaft gezeigt hatte. Und das schloss den größten Teil derjenigen demokratischen Kräfte ein, die jetzt die Regierung stellten. Dieser Generalverdacht, wenn man so will, lag auch 1919 noch über der Regierung der Weimarer Republik, und es war nicht nur Frankreich, das dies aus nachvollziehbaren Gründen vor allem so sah.[59]

Ob die deutsche Politik im Herbst 1918 den nötigen Realitätssinn hätte aufbringen können, um das zu erkennen, ist eine andere Frage. Und was wäre die Konsequenz gewesen? So klammerten sich die Deutschen in der Hoffnung auf eine weitere demokratische Entwicklung unter den Auspizien eines milden Friedens an den amerikanischen Präsidenten, der nicht wenigen – insbesondere im demokratischen Lager – im Herbst und Winter 1918, im Vorfeld der Pariser Konferenz, nicht wie ein Kriegsgegner, sondern beinahe wie ein Verbündeter erschien. Das reichte über die Idee, die USA würden eine Art Schiedsrichterrolle einnehmen, weit hinaus und machte Wilson, wie es der Historiker Jost Dülffer einmal ausgedrückt hat, zu einer »Instanz außerhistorischer Entscheidungsgewalt für den künftigen Frieden«.[60] Auch das gehörte zu den deutschen Illusionen im »Traumland der Waffenstillstandsperiode«, die mit dem deutsch-amerikanischen Notenwechsel Anfang

Oktober begann und letztlich erst mit der Übergabe der alliierten Friedensbedingungen an die deutsche Delegation in Versailles am 7. Mai 1919 endete.[61] Nicht nur die Waffenstillstandsbedingungen von Compiègne hätten die Deutschen warnen können, sondern auch die Tatsache, dass in Marschall Fochs Salonwagen französische und britische Offiziere die deutsche Delegation empfingen, aber kein einziger Amerikaner.

II
FRIEDEN SCHLIESSEN
1919/20

Sitzung der Interalliierten Konferenz Mitte November 1918 in Paris
Am 16. November 1918 veröffentlichte die *Illustrated London News* ein Foto der Interalliierten Konferenz, zu der Politiker und Militärs der alliierten und assoziierten Mächte im Uhrensaal am Quai d'Orsay zusammenkamen, um gemeinsam über die bevorstehenden Friedensverhandlungen zu beraten. Die Teilnehmerzahl war groß, und die entsprechend schwer zu leitenden Treffen entwickelten ihre eigene Dynamik. Sie waren geprägt von den zum Teil extremen Kriegszielforderungen und insbesondere den überzogenen territorialen Ambitionen einzelner Mächte. Mitte November 1918 ging es um die Bedingungen des Waffenstillstands mit Deutschland. Erwartungen der Deutschen, der Waffenstillstand würde bereits die Konturen des erhofften milden Friedens erkennen lassen, erfüllten sich nicht. Auf der linken Tischseite sieht man (von links) den japanischen General Nagai, die italienischen Vertreter Di Robilant, Sonnino und Orlando, die amerikanische Delegation mit Oberst House, den griechischen Ministerpräsidenten Venizelos sowie den serbischen Regierungschef Vesnić. Auf der rechten Tischseite sind Marschall Foch, der französische Außenminister Pichon, Ministerpräsident Clemenceau sowie die britische Delegation mit Premier Lloyd George, Schatzkanzler Bonar Law, Kriegsminister Lord Milner und General Haig zu erkennen.

Im Traumland der Waffenstillstandsperiode
Friedenserwartungen vor Konferenzbeginn

»VIVE WILSON!«

Am 13. Dezember 1918, einem Freitag, war ganz Brest auf den Beinen. In der bretonischen Hafenstadt erwartete man die Ankunft des amerikanischen Präsidenten. Die Menschen trugen Festtagskleidung, viele die traditionelle Tracht der Bretagne, die Kinder hatten schulfrei und zogen in Gruppen singend durch die Straßen. Am Bahnhof trafen mehrere Sonderzüge aus Paris ein, denen französische Minister, Abgeordnete, Senatoren und hohe Offiziere entstiegen. Im Hafen nahmen Matrosen und Soldaten Aufstellung, um Woodrow Wilson bei seiner Ankunft in Europa die gebührende Ehre zu erweisen. Gegen 11.30 Uhr kam der amerikanische Geleitzug in Sicht. Mehrere amerikanische Schlachtschiffe und Zerstörer hatten die *George Washington*, das Schiff des Präsidenten, auf ihrer Fahrt über den Atlantik begleitet. Vor der bretonischen Küste hatten sich französische und britische Kriegsschiffe dem Konvoi angeschlossen. Neun Tage zuvor, am 4. Dezember, war Wilson in New York an Bord gegangen und hatte die erste Reise eines amerikanischen Präsidenten nach Europa angetreten. Wilson stand auf der Brücke, als ein französisches Lotsenschiff den Schiffsverband begrüßte, an seiner Seite seine Frau Edith und der französische Botschafter in Washington Jean Jules Jusserand. Etwa eine Meile von den Docks entfernt ging die *George Washington* vor Anker. Geschütze an Land und auf den Kriegsschiffen im Hafen schossen Salut, als eine Barkasse den französischen Außenminister Pichon und Marineminister Leygues zum Schiff des Präsidenten brachte, um diesen zu begrüßen. Wenig später ging Wilson an Land und betrat zu den Klängen der »Marseillaise« und des »Star-Spangled Banner« französischen Boden. Jubel erhob sich, und der französische Außenminister hieß den hohen Gast mit den Worten willkommen: »Wir sind so dankbar, dass Sie herübergekommen sind, um uns die richtige Art von Frieden zu bringen.« Der Bürgermeister von Brest schloss sich dem Willkommensworten an und erinnerte an die Zeit der amerikanischen Revolution und damit an die lange Tradition amerikanisch-französischer Freundschaft. Er sei nach Europa gekommen, erwiderte Wilson, »um einen Frieden zu schaffen in Übereinstimmung mit den Idealen Frankreichs und der Vereinigten Staaten«. Durch die begeisterte Menge, über geschmückte Straßen, vorbei aber auch an riesigen Militärdepots – Brest war der wichtigste transatlantische Nachschubhafen, dort kam auch der größte Teil der amerikanischen Truppen in Europa an – fuhren der Präsident und seine Begleiter zum Bahnhof, wo sie am Nachmittag einen Zug bestiegen, der sie nach Paris brachte. Dort trafen die Amerikaner am anderen Morgen ein.[1]

Der Empfang, den die Hauptstadt dem Präsidenten bereitete, übertraf den in Brest noch. Am Bahnhof Porte Dauphine begrüßten ihn der französische Staatspräsident Raymond Poincaré und Ministerpräsident Clemenceau. Wieder schossen die Kanonen Salut, wieder ertönten die Nationalhymnen, überall sah man amerikanische und französische Flaggen. In offenen Kutschen, Wilson an der Seite von Poincaré, bewegte sich der Corso über die Avenue du Bois de Boulogne, die spätere Avenue Foch, vorbei am Arc de Triomphe, über die Champs Élysées, die Place de la Concorde und die Rue Royale zum Palais Murat in der Rue de Monceau, dem temporären Weißen Haus in Paris. Hunderttausende von Menschen säumten die Straßen und Plätze, jubelten Wilson begeistert zu und feierten ihn – »Vive Wilson!« – wie einen Befreier. Die Zeitungen der Hauptstadt druckten Extrablätter, in denen sich nicht nur der Dank an den Präsidenten spiegelte für den gemeinsamen Kampf und die Freude über den errungenen Sieg, sondern auch die Hoffnung auf Frieden. Wilson und seine Begleiter waren beeindruckt von dem triumphalen Empfang durch die Franzosen und fühlten sich durch die allgemeine Begeisterung bestärkt. Getragen von einer solchen Woge der Zustimmung würde man den Frieden der Gerechtigkeit erreichen können, den zu schließen Wilson nach Europa gekommen war.

Die Szenen von Paris wiederholten sich in den nächsten Wochen in England und Italien, wohin der Präsident reiste, bevor im Januar 1919 die Friedenskonferenz begann. In London empfingen König Georg V. und das gesamte britische Kabinett den Staatsgast, der nach der Kanalüberfahrt am 26. Dezember mit dem Zug aus Dover am Bahnhof Charing Cross eintraf. Die Fahrt über den Trafalgar Square zum Buckingham-Palast glich einem Triumphzug. So triumphal wie in der Hauptstadt wurde Wilson auch in den Städten Carlyle und Manchester begrüßt, denen er einen Besuch abstattete. In seinen Reden, beispielsweise in der Londoner Guildhall, berichtete Wilson von seinen Begegnungen mit Soldaten und betonte, er sei nach diesen Begegnungen noch mehr davon überzeugt, dass die Soldaten, vielleicht ohne sich dessen bewusst gewesen zu sein, vor allem für ein Ziel gekämpft hätten: »Sie kämpften, um eine alte Ordnung loszuwerden und eine neue zu schaffen.« Zentrales Charakteristikum dieser alten Ordnung sei jene instabile Idee des Gleichgewichts der Mächte – Balance of Power – gewesen. Dieses Gleichgewicht sei durch das Schwert bestimmt worden, es sei bestimmt worden durch das labile Verhältnis rivalisierender Ziele; es sei ein Gleichgewicht des Neides und antagonistischer Interessen gewesen. Und er fuhr fort: »Die Menschen, die in diesem Krieg gekämpft haben, waren Menschen aus freien Nationen, entschlossen, diesen Zustand ein für allemal zu verändern. (…) Es darf kein Gleichgewicht der Mächte mehr geben, kein Gegenüber mächtiger Staatengruppen, sondern nurmehr einen einzigen, allumspannenden mächtigen Zusammenschluss von Nationen als Treuhänder des Friedens der Welt.«[2]

Nach einem kurzen Zwischenaufenthalt in Paris reiste Wilson Anfang Januar weiter nach Italien. Entlang der Strecke über Turin und Genua jubelten die Menschen seinem Sonderzug zu. Am 3. Januar traf er in Rom ein. »Viva Wilson«, erscholl es auch dort. Im Vatikan empfing ihn Papst Benedikt XV., der während des Krieges mehrfach vergeblich versucht hatte, Frieden zu stiften. Auf Einladung von König Viktor Emanuel III. hielt Wilson eine Rede vor beiden Häusern des italienischen Parlaments. Große Reiche seien im Krieg zerfallen, so wandte er sich auf Englisch an die Senatoren und Abgeordneten, die den Redner, obwohl nur wenige ihn verstanden, immer wieder mit tosendem Beifall unterbrachen. Und »wir wissen«, so setzte er wie in seiner Londoner Ansprache fort, »dass es kein neues Gleichgewicht der Mächte – Balance of Power – geben kann. (…) Etwas muss dieses Gleichgewicht der Mächte ersetzen, (…) und dies muss ein sorgfältig konstruierter Völkerbund – League of Nations – sein.«

Hatten die führenden Politiker in Frankreich, Großbritannien und Italien bereits die nationale Begeisterung, die dem amerikanischen Präsidenten auf seiner Reise durch Europa entgegenbrandete, mit zunehmender Skepsis zur Kenntnis genommen, so mussten sie sich angesichts ihrer Kriegserfahrung und ihrer Sicherheitsinteressen durch Wilsons Kritik an den Traditionen europäischer Machtpolitik in ihrer Skepsis bestätigt sehen. Was war von einem Präsidenten zu erwarten, der offenkundig die bevorstehende Friedenskonferenz zu dominieren gedachte, der sich dafür des Rückhalts in den europäischen Bevölkerungen sicher sein konnte, dessen Idee einer Friedensordnung sich aber fundamental von den Vorstellungen unterschied, die man in Europa hegte? Das Misstrauen und der Argwohn, die schon mit den Vierzehn Punkten aufgekeimt waren und die sich in den Wochen des deutsch-amerikanischen Notenwechsels im Herbst 1918 verstärkt hatten, erhielten durch Wilsons Reden in London und Rom neue Nahrung. Und die gewaltige Resonanz, die Wilson überall in Europa erfuhr, trug kaum zur Beruhigung bei.

Angedeutet hatte sich das bereits am Tag der Ankunft Wilsons in Paris, als der französische Staatspräsident seinen Gast bei einem Empfang im Élysée-Palast offiziell willkommen hieß. Raymond Poincaré brachte einen Toast auf Wilson aus und pries ihn als leuchtenden Vertreter der Demokratie, als Philosophen universeller Gesetze und als Staatsmann, der politische und moralische Grundsätze in unsterbliche Formeln gefasst habe. Die deutsche Führung, so der Präsident weiter, habe systematisch und brutal einen Krieg geplant. Man werde Dokumente vorlegen, die bewiesen, wie sie diesen Plan von Raub und Zerstörung umgesetzt habe. »Welche Vorkehrungen auch immer wir treffen«, so endete Poincaré, »leider kann niemand sicher sein, dass wir die Menschheit für immer vor künftigen Kriegen bewahren werden.« Umso mehr müsse es darum gehen, erwiderte Wilson auf den Toast des Gastgebers, »den künftigen Frieden der Welt zu sichern und ein Fundament zu schaffen für die Freiheit und das Glück aller Völker und Nationen«. Die Unterschiede – im Ton und in der Sache – waren nicht zu überhören.[3]

Knapp zwei Wochen später, am 29. Dezember 1918, kurz nach Wilsons Rede in der Londoner Guildhall, ergriff Ministerpräsident Clemenceau in der französischen Abgeordnetenkammer in Paris das Wort. »Das gute alte System der Bündnisse, Gleichgewicht der Mächte genannt, wird heute von manchen verflucht. (…) Hätte es aber ein solches Gleichgewicht der Mächte schon vor dem Großen Krieg gegeben, hätten sich England, Amerika, Frankreich und Italien schon vor dem Krieg in einem Bündnis zusammengeschlossen, um die teutonischen Mächte auszugleichen, (…) dann wäre es niemals zu diesem Krieg gekommen.« Mit Entschlossenheit in der Stimme fügte er hinzu: »Obwohl manche ein solches System der Allianzen, ein solches Gleichgewicht der Mächte heute verurteilen, werde ich mich dem nicht anschließen, sondern ein solches System der Allianzen wird während der Friedenskonferenz meine Leitlinie sein.«[4]

Wilson reagierte sofort. In seiner Rede in Manchester erteilte er Clemenceau von jenseits des Kanals eine deutliche Absage. Eine Politik nationaler Machtinteressen könne niemals eine gemeinsame Politik sein, das könne einzig eine Politik des Rechts. Ganz im Sinne ihrer außenpolitischen Tradition seien die USA nicht an europäischer Politik interessiert, sondern an einer amerikanisch-europäischen Partnerschaft auf der Basis des Rechts. Für die USA gehe es nicht nur um den Frieden Europas, sondern um den Frieden der Welt. »Amerika«, so Wilson, »ist an Allianzen nicht interessiert. (…) Die Vereinigten Staaten werden keinem Zusammenschluss von Staaten beitreten, der nicht ein Zusammenschluss aller Staaten ist.«[5]

Dass es zwischen den amerikanischen und den britischen und französischen Friedensvorstellungen Unterschiede gab, konnte zum Jahreswechsel 1918/19 niemanden überraschen. Überraschen musste aber die Schärfe des öffentlichen Schlagabtauschs zwischen Wilson und Clemenceau. Doch diese musste nicht zwangsläufig einen Keil zwischen die Europäer und die USA – zwischen Frankreich und die USA insbesondere – treiben und damit den Erfolg der Friedenskonferenz gefährden. Denn immerhin ließ sich ja argumentieren, dass Clemenceau sich mit seinen Worten in erster Linie auf den Umgang mit Deutschland bezogen hatte und dass seine Position von nachvollziehbaren französischen Sicherheitsinteressen bestimmt war, während Wilson sich zur deutschen Frage gar nicht geäußert, sondern erneut seine Vorstellungen einer globalen Friedensordnung dargelegt hatte. Das waren zwei unterschiedliche Ebenen, so mochte man sich trösten, und warum sollte ein Völkerbund aller Staaten nicht mit einem Vertrag der Siegermächte vereinbar sein, der – auch nach einem Friedensschluss – die Sicherheit Frankreichs vor Deutschland garantierte? Warum sollte nicht möglicherweise sogar ein Völkerbund, wie er dem amerikanischen Präsidenten vorschwebte, so konstruiert sein, dass er die von Frankreich erwünschte Garantiefunktion gleichsam mit übernahm?

Hinter der französischen Position und der Skepsis gegenüber einer eher deliberativen Weltorganisation mit gerichtsähnlichem Charakter stand im Grunde die Furcht Frankreichs, im Falle eines deutschen Angriffs allein dazustehen, schließlich konnte es seiner geopolitischen Situation nicht entfliehen und würde Deutschland als Nachbarn im Osten nicht loswerden. Würden Britannien jenseits des Kanals und die Vereinigten Staaten jenseits des Atlantiks Frankreich angesichts einer deutschen Bedrohung, die man in Paris keineswegs für gebannt hielt, im Zweifelsfalle auch mit Taten – sprich mit militärischer Macht – und nicht nur mit Worten und Rechtsregeln zur Seite stehen? Das war die Frage, um die es ging, und die Reden des Präsidenten hatten sie nicht beantwortet. Doch Woodrow Wilson hatte mit ihnen in England und Italien ein starkes Signal ausgesandt, und die jubelnden Menschenmengen in Europa mahnten die Politiker in Frankreich, Großbritannien und Italien, das Gewicht eines bewusst auf die Öffentlichkeit zielenden Präsidenten und seinen durch den öffentlichen Zuspruch noch gestärkten Durchsetzungswillen nicht zu unterschätzen. Wilson selbst sah den bevorstehenden Friedensverhandlungen durchaus skeptisch entgegen. Schon an Bord der *George Washington* hatte ihn das Gefühl beschlichen, dass die Friedenskonferenz zu einer »Tragödie der Enttäuschung« werden könnte. Er bezog das vor allem auf das Spannungsverhältnis zwischen der Idee nationaler Selbstbestimmung und einzelstaatlichen Machtinteressen und warnte daher vor zu hohen Erwartungen.[6]

HOFFNUNG AUF EINEN WILSON-FRIEDEN

Mindestens ebenso aufmerksam wie in Paris, London und Rom verfolgte man in Berlin den Triumphzug des amerikanischen Präsidenten durch halb Europa und seine öffentlichen Äußerungen. Dort durfte man sich in der letztlich schon vor dem 9. November 1918 entwickelten Strategie bestätigt fühlen, sich auf die USA zu konzentrieren, die mit ihrem überwältigenden politischen und ökonomischen Gewicht ihre Friedensvorstellungen im Geiste der Vierzehn Punkte gegenüber den europäischen Alliierten durchsetzen würden. Die bittere Erfahrung des Waffenstillstands änderte an dieser grundsätzlichen Überzeugung kaum etwas. Und so kam es, dass sich in den Monaten nach dem 11. November fast alle Anstrengungen darauf richteten, über direkte oder indirekte Kontakte zur amerikanischen Regierung eine Modifikation der Waffenstillstandsbedingungen zu erreichen, nicht zuletzt die Aufhebung der alliierten Blockade, die noch immer in Kraft war und im Winter 1918/19 die Ernährungssituation in Deutschland immer schwieriger werden ließ. Aber auch mit Ersuchen um Wirtschaftshilfe oder Initiativen zur Auslegung der Vierzehn Punkte wandte man sich an die USA und suchte so nicht nur eigene Interessen durchzusetzen, sondern zugleich Frankreich und Großbritannien auszumanövrieren, ja regelrecht zu marginalisieren.

Noch am Tag des Waffenstillstands hatte sich Außenstaatssekretär Solf, der nach dem 9. November im Amt geblieben war, gewissermaßen in Fortsetzung des vorangegangenen Notenwechsels ausschließlich an US-Außenminister Lansing gewandt. In einer Note bat »die deutsche Regierung den Präsidenten der Vereinigten Staaten« explizit, »den Beginn der Friedensverhandlungen in die Wege leiten zu wollen«. Durchaus selbstbewusst schlug Solf namens einer Regierung, die sich gerade erst revolutionär konstituiert hatte, vor, »zunächst den Abschluss eines Präliminarfriedens ins Auge zu fassen und ihr mitzuteilen, an welchem Orte und zu welchem Zeitpunkt die Verhandlungen beginnen können«. Die deutsche Regierung lege »auf unverzüglichen Beginn der Verhandlungen besonderen Wert«.[7] Johann Heinrich Graf Bernstorff, der im Auswärtigen Amt die Geschäftsstelle für Friedensverhandlungen leitete, entwickelte dieses unilaterale Vorgehen wenige Tage später zu einer politischen Strategie weiter.

Bernstorff, bis zum Kriegseintritt deutscher Botschafter in Washington, setzte in seiner Denkschrift voraus, dass der Krieg durch die USA entschieden worden und deren Stellung für die Zukunft ausschlaggebend sei. »Die ganze Welt«, so der Diplomat, »wird in wirtschaftliche und finanzielle Abhängigkeit von den Vereinigten Staaten geraten.« Deshalb werde sich Deutschland bei den Friedensverhandlungen politisch an die USA anlehnen und auch »den späteren Wiederaufbau Deutschlands mit ihrer Hilfe durchführen müssen«. Das wies zwar in die Zukunft, war aber eine ebenso hellsichtige wie realistische Einschätzung, wie sich freilich erst einige Jahre später zeigen würde. Es folgte ein Hinweis auf den »Pazifismus« Wilsons, der sich vom »offenen oder verkappten Imperialismus« der europäischen Alliierten abhebe. Man müsse also Wilson in all seinen Vorstellungen unterstützen und werde dann auch dessen Unterstützung erhalten. »Nur auf diesem Wege«, so endete das politikbestimmende Memorandum, »können wir hoffen, den Imperialismus unserer übrigen Gegner einzudämmen und die gegenwärtige Schwäche Deutschlands einigermaßen auszugleichen.«[8]

Das erwies sich in der folgenden Zeit und noch in den frühen 1920er Jahren als kontraproduktiv. Denn die phasenweise geradezu verzweifelte Ausrichtung Deutschlands auf Amerika endete nicht mit dem Abschluss des Versailler Vertrags, sondern setzte sich bei der Umsetzung seiner Bestimmungen – insbesondere der Reparationen – fort, traf aber auf amerikanische Regierungen, die bis 1923/24 gar nicht bereit waren, sich in Europa massiv zu engagieren, erst recht nicht im Sinne deutscher Interessen. Sowohl in der Phase des Waffenstillstands und dann in den Jahren nach der Vertragsunterzeichnung mag diese einseitige Konzentration auf die USA, wie der Historiker Peter Krüger festgestellt hat, ein Fehler gewesen sein, ein Fehler vor allem deswegen, weil Amerika weit weg war und es zu einer Beruhigung beziehungsweise Entspannung der europäischen Situation nur durch einen allmählichen und sehr behutsamen innereuropäischen Interessenausgleich – vor allem zwischen Frankreich und Deutschland – kommen konnte.⁹ Das ist freilich die Perspektive der mittleren 1920er Jahre, der Ära Stresemann–Briand und der Verträge von Locarno, die sich nicht ohne weiteres auf die ersten Jahre nach dem Krieg und noch weniger auf die Phase des Waffenstillstands zurückprojizieren lässt. Eine Politik des Ausgleichs braucht Bereitschaft auf beiden Seiten, und im Winter 1918/19 war eine solche Bereitschaft in Frankreich weder in Politik noch Gesellschaft vorhanden, ja konnte nicht vorhanden sein.

Die deutsche Konzentration auf die USA entsprang aber auch dem Interesse – oder besser der Hoffnung –, mit einem Wilson-Frieden zur innenpolitischen Stabilisierung in Deutschland beitragen zu können. Zunächst ging es insbesondere um die Stabilisierung der Regierung des Rats der Volksbeauftragten, in dem trotz der Parität von MSPD- und USPD-Vertretern die Sozialdemokraten um Friedrich Ebert die führende Kraft waren; später dann, nach den Wahlen zur Nationalversammlung am 19. Januar 1919 und dem Gesetz über die vorläufige Reichsgewalt, um die Regierung Scheidemann aus SPD, Zentrum und der linksliberalen DDP. Den milden Wilson-Frieden, von dem immer wieder die Rede war, werde es, so das Argument, weder mit einer radikal-revolutionären Regierung geben noch mit einer reaktionär-autokratischen, sondern nur mit einer demokratischen, die die Demokratisierung Deutschlands weiter vorantrieb und befestigte. Die frühen Regierungen der Weimarer Republik – und das gilt auch schon für den Rat der Volksbeauftragten, der im Übrigen die Staatssekretäre des untergehenden Kaiserreichs als Berater im Amt ließ – wagten es nicht, die Bevölkerung auf einen anderen Frieden als den moderaten Wilson-Frieden vorzubereiten, weil sie fürchteten, die Enttäuschung der Menschen könnte die ohnehin prekäre innenpolitische Lage weiter destabilisieren. Zu dem Schock, der die Deutschen nach dem Bekanntwerden der Friedensbedingungen am 7. Mai 1919 traf, trug die aus diesen Überlegungen und Motiven gespeiste Politik entscheidend bei. Auch so erklärt sich, warum nach dem Mai 1919 und erst recht nach der Unterzeichnung des Versailler Vertrags das Schlagwort vom »Betrüger Wilson« in Deutschland so weit verbreitet war.[10]

Wenn deutsche Politiker, unter ihnen Ulrich Graf Brockdorff-Rantzau, der im Dezember 1918 das Amt des Staatssekretärs im Auswärtigen Amt übernahm und im Februar 1919 erster Außenminister der Republik wurde, in der Phase vor den Friedensverhandlungen und vor der Übergabe der Friedensbedingungen immer wieder verkündeten, dass Deutschland einen

Sitzung der Geschäftsstelle des Auswärtigen Amtes in Berlin, die eigens zur Vorbereitung der Friedenverhandlungen in Versailles eingerichtet wurde

Kaum war der Waffenstillstand am 11. November 1918 geschlossen, begannen in Berlin unter der Leitung von Außenminister Ulrich Graf Brockdorff-Rantzau (rechte Tischseite, Mitte) die Vorbereitungen auf die erwarteten Friedensverhandlungen. Auf deutscher Seite setzte man große Hoffnungen auf den amerikanischen Präsidenten. Doch in Paris fanden die Deutschen in Woodrow Wilson keinen Fürsprecher. Dass es im Frühjahr 1919 nicht zu direkten Unterredungen kam, durchkreuzte ihren Plan, die Alliierten am Verhandlungstisch gegeneinander auszuspielen und von ihren Meinungsunterschieden zu profitieren. Ebenso wenig erhielt Deutschland nach erfolgter Demokratisierung einen Friedensbonus.

Friedensvertrag nicht akzeptieren werde, der den erwarteten Voraussetzungen, also insbesondere den Zusicherungen der Lansing-Note mit ihrem Verweis auf die Vierzehn Punkte, nicht entsprach, dann war das eine »deutsche Selbstfesselung« und bedeutete eine erhebliche Einschränkung des deutschen Handlungsspielraums.[11] Und diese Selbstfestlegung geschah weniger vor den Siegern, die eine solche deutsche Position kaum überraschen konnte, als vielmehr vor der deutschen Öffentlichkeit. Die brachte man so zwar hinter sich, doch räumte man ihr eine Art Vetoposition ein und billigte ihr das Recht zu, einen Vertrag, der ihren Wünschen und Erwartungen nicht entsprach, abzulehnen. Davon sollten vor allem jene politischen Kräfte profitieren, deren Ablehnung des Versailler Vertrags sich mit einer Ablehnung von Republik und Demokratie verband.

In innenpolitischer Perspektive korrespondierte mit der Erwartung eines Wilson-Friedens die Rede von der im Felde unbesiegten Armee. Diese Behauptung, die immer wieder mit der Dolchstoßlegende in Verbindung gebracht wird, diente insbesondere in den Wochen nach Revolution und Waffenstillstand vor allem republikanischen Politikern dazu, die nach Deutschland zurückströmenden Soldaten in die Republik zu integrieren und keine Kluft zwischen der neuen republikanischen Führung und den Truppen des Weltkriegs entstehen zu lassen. »Eure Opfer und Taten sind ohne Beispiel. Kein Feind hat Euch überwunden. Erst als die Übermacht der Gegner an Menschen und Material immer drückender wurde, haben wir den Kampf aufgegeben.« So begrüßte Friedrich Ebert am 10. Dezember 1918 in Berlin aus dem Westen zurückkehrende Soldaten.[12] In diesen Sätzen spiegelt sich durch die Verwendung der Wir-Form der Versuch, Front und Heimat als eine Gemeinschaft darzustellen und dadurch nationale Geschlossenheit zu postulieren. Die Rede von der Unbesiegtheit im Felde, wie es dann immer wieder hieß, war aber auch ein Argument, mit dem die Hoffnung auf einen Verständigungs-, ja einen Verhandlungsfrieden gerechtfertigt werden sollte: Die deutsche Armee sei eben nicht vernichtend geschlagen worden. Im Hinblick auf die bevorstehenden Friedensverhandlungen führte diese Sicht der Dinge allerdings zu überzogenen Erwartungen. Denn dass die deutsche Armee im Felde nicht besiegt worden sei, war spätestens seit Sommer 1918 nicht nur falsch, sondern vor allem eine Selbsttäuschung. Für die politische Rechte diskreditierte diese Selbsttäuschung die Weimarer Republik, die der im Felde unbesiegten Armee durch die Revolution einen »Schandfrieden« aufgezwungen und ihr dadurch die Ehre geraubt habe.

Dabei sprach schon das Waffenstillstandsabkommen eine ganz andere Sprache. Es war in Compiègne zunächst für 36 Tage abgeschlossen worden, wurde danach noch dreimal verlängert und dabei jedes Mal massiv verschärft, ohne dass die USA einen wie auch immer gearteten mildernden Einfluss geltend gemacht hätten.[13] Gerade weil es nicht, wie die Deutschen gehofft hatten, zu schnellen Verhandlungen über den Frieden oder zumindest einen Präliminarfriedensvertrag kam, gewannen die Verhandlungen in der Waffenstillstandskommission an Gewicht und Bedeutung. Auf deutscher Seite war Matthias Erzberger der Verhandlungsführer, der damit in der neuen Reichsregierung eine Art Querschnittsressort innehatte, was seine politische Macht erhöhte, ihn aber angesichts der weit verbreiteten Erwartung eines Wilson-Friedens auch angreifbarer machte. Die Abstimmung zwischen Erzberger und der Waffenstillstandskommission einerseits und dem Auswärtigen Amt andererseits war alles andere als spannungsfrei, sondern vielmehr von Rivalität geprägt, was sich durch persönliche Ressentiments zwischen Erzberger und dem neuen Außenminister Graf Brockdorff-Rantzau noch verstärkte.[14] Auf alliierter Seite stand Erzberger Marschall Foch gegenüber, dessen Positionen und Forderungen im Hinblick auf eine Schwächung Deutschlands in manchen Bereichen weit über die Ziele Clemenceaus hinausgingen, beispielsweise als er am 10. Januar 1919, eine Woche vor Beginn der Friedenskonferenz, aus Gründen der Sicherheit eine Verlegung der deutschen Westgrenze an den Rhein forderte.[15] Die von Frankreich dominierte Waffenstillstandskommission wurde noch wichtiger, als sich Großbritannien und Frankreich nach dem Abschluss des Waffenstillstands zunehmend dagegen verwahrten, dass die Deutschen sich mit ihren Anliegen und Initiativen ganz im Sinne ihrer einseitigen USA-Strategie stets nur an die amerikanische Regierung wandten. Das wurde ihnen Ende November 1918 schließlich untersagt. Offizielle Kontakte hatten nun über die von den Alliierten gemeinsam gebildete Waffenstillstandskommission zu laufen, was sich schon dadurch begründen ließ, dass sich das Gros der deutschen Vorstöße auf Bestimmungen des Waffenstillstands und deren Umsetzung bezog.[16]

Bereits mit diesen Bestimmungen war Deutschland verpflichtet worden, für allen der Zivilbevölkerung der Alliierten durch seine Angriffe zugefügten Schaden Ersatz zu leisten. Diese Formulierung erhielt im Kern den alliierten Reparationsanspruch. Doch in den ersten Wochen nach dem Waffenstillstand waren mögliche Reparationsforderungen auf deutscher Seite noch kein Thema, dem besonders große Aufmerksamkeit geschenkt wurde. Man war lediglich besorgt, dass die Zuweisung einer Verantwortung für den Krieg über die Formulierung der Lansing-Note hinaus den Alliierten und insbesondere Frankreich und Großbritannien zu einer Ausweitung der Reparationsforderungen Anlass geben könnte. Aus diesem Grund entschloss sich die Reichsregierung ohne konkrete Veranlassung, in einer Note vom 29. November 1918 an die Regierungen der USA, Frankreichs, Großbritanniens, Italiens und Belgiens die Einsetzung einer neutralen Kommission zur Untersuchung der Kriegsschuldfrage nicht nur anzuregen, sondern geradezu zu verlangen. Es erscheine dringend geboten, »die Vorgänge, die zum Krieg geführt haben, bei allen kriegführenden Staaten und in allen Einzelheiten aufzuklären. Ein vollständiges, wahrheitsgetreues Bild der Weltlage und der Verhandlungen zwischen den Mächten im Juli 1914 und der Schritte, welche die einzelnen Regierungen in dieser Zeit unternommen haben, könnte und würde viel dazu beitragen, die Mauern des Hasses und der Missdeutung niederzureißen, die während des langen Krieges zwischen den Völkern errichtet worden sind.«[17]

Die Note blieb über Monate unbeantwortet. Erst am 7. März 1919 – die Friedenskonferenz war längst im Gange – reagierte die britische Regierung. Die Antwort war ebenso knapp wie scharf und unmissverständlich. Man erklärte, »dass es unnötig sei, auf den deutschen Vorschlag irgendeine Antwort zu geben, da nach der Meinung der verbündeten Regierungen die Verantwortlichkeit Deutschlands für den Krieg längst unzweifelhaft festgestellt ist«.[18] Die Berliner Erwiderung drei Wochen später, mit der der Notenwechsel endete, dokumentiert die deutsche Ohnmacht und zwei Monate vor der Übergabe der Friedensbedingungen die bittere Erkenntnis, von einem Wilson-Frieden weit entfernt zu sein. Umso verzweifelter klammerte man sich in der Öffentlichkeit an diesen Strohhalm. Die Alliierten, so hieß es in der deutschen Note, maßten sich mit ihrer Haltung an, »Ankläger und Richter zugleich zu sein, und zwar in einer Sache, in der sie zum Teil gleichfalls der Schuld geziehen werden«.[19] Es war ein Fehler, dass die deutsche Regierung die Kriegsschuldfrage im November 1918 zum Gegenstand eines offiziellen Notenwechsels machte, der zur Verhärtung der wechselseitigen Positionen führte, und es war ein weiterer Fehler, dass sie diese Verhärtung auch noch schriftlich fixierte. In den folgenden Jahren unternahmen die deutsche Politik und insbesondere das Auswärtige Amt gewaltige Anstrengungen, um den Vorwurf der Kriegsschuld nicht nur zurückzuweisen, sondern durch Dokumente und historische Analysen zu entkräften. Ein eigenes Kriegsschuldreferat wurde im Außenministerium dafür eingerichtet. Dem Kampf der Waffen folgte der Kampf der Akten.[20]

Natürlich war die »Kriegsschulddebatte«, wie es bald hieß, nicht das Ergebnis der deutschen Note vom November 1918. So wie in der deutschen Öffentlichkeit schon in den Kriegsjahren selbst die Überzeugung vorherrschte, der Krieg sei Deutschland aufgezwungen worden und ein Verteidigungskrieg gewesen, so zieh man in Großbritannien und Frankreich die deutsche Seite einer aggressiven, auf den Krieg zusteuernden Politik und eklatanter Verletzungen des Völkerrechts, vor allem durch die Missachtung der belgischen Neutralität, gegen die man sich zur Wehr gesetzt habe. »Uns treibt nicht Eroberungslust«, hatte der Kaiser am 4. August 1914 vor den Abgeordneten des Reichstags verkündet. Und der französische Staatspräsident Poincaré hatte am selben Tag erklärt: »In dem Krieg, der jetzt beginnt, hat Frankreich das Recht für sich.« Propagandistisch überhöht, verfestigten sich diese Positionen lange vor Versailles. Die eigene »Kriegsunschuld« war, wenn man so will, ein zentrales Element des nationalen Konsenses und nationaler Geschlossenheit in den Jahren des Krieges und von erheblicher Bedeutung für die nationale Mobilisierung und fortwährende Kraftanstrengung. Die deutsche Seite hat das Thema Kriegsschuld also sicher nicht in der öffentlichen Debatte etabliert. Das war längst geschehen und stellte gerade auf alliierter Seite den Hintergrund dar, vor dem der Waffenstillstand geschlossen und der Friedensschluss vorbereitet wurde. Aber sie hat es in den folgenden Jahren mit großem Aufwand in der innenpolitischen Debatte gehalten.

Die konkreten Bestimmungen des Waffenstillstands und seiner Verlängerungen waren indes nicht vom Argument der Kriegsschuld geleitet, sondern ungleich stärker – und das insbesondere auf französischer Seite – von Sicherheitsinteressen, die sich in den Waffenstillstandsbedingungen militärisch und ökonomisch ausformten. Dahinter standen Bedrohungsvorstellungen und Bedrohungsanalysen, die auch die Entwicklungen vor dem Krieg und den Kriegsbeginn 1914 einbezogen. Die Gefahr bestand nun, so sah man es auf deutscher Seite, dass die Frage der Kriegsschuld in den Friedensverhandlungen von den Alliierten, den Franzosen zumal, dazu benutzt werden könnte, den aus Sicherheitsinteressen abgeleiteten territorialen, militärischen und ökonomischen Forderungen mehr Nachdruck zu verleihen und ihnen zur Durchsetzung zu verhelfen. Das würde einen milden Frieden unwahrscheinlicher machen. Es würde bereits vorhandene – und in der Lansing-Note klar artikulierte – Reparationsansprüche mit einer neuen, einer zusätzlichen Begründung weiter wachsen lassen. Es würde aber auch Deutschland politisch mit einem Stigma versehen und dadurch diskriminieren, und das nicht nur im Friedensschluss selbst, sondern weit darüber hinaus. Ein deutscher Staat, der kurz nach dem Kriegsende alles daransetzte, den Status einer gleichberechtigten Großmacht zu bewahren – und das war mit Ausnahme einiger weniger Stimmen auf der äußersten Linken politischer Konsens –, musste alles tun, dies zu vermeiden.[21] Für Exponenten der politischen Linken bis in die organisierte Friedensbewegung hinein war es nochmals schwerer, eine deutsche Kriegsschuld – im Sinne einer deutschen Verantwortung für den Krieg – einzugestehen, weil das eine Distanzierung von dem »Kriegstopos der nationalen Verteidigung« bedeutet hätte, das Eingeständnis einer gravierenden Fehleinschätzung und damit eine politische Diskreditierung, von der vor allem radikalere Kräfte auf der Linken profitiert hätten.[22]

Doch es ging bei der Zurückweisung einer Schuld am Krieg auch schlicht um das deutsche Ansehen im Ausland, das in den Jahren des Krieges nicht nur durch die feindliche Propaganda, sondern auch durch deutsche Kriegshandlungen – von der Zerstörung von Kulturgütern über den uneingeschränkten U-Boot-Krieg und den Giftgaseinsatz bis hin zu Angriffen auf die Zivilbevölkerung – erheblich gelitten hatte. Nicht zuletzt um diesem Ansehensverlust entgegenzuwirken, ja um ihn zu reparieren, richtete das Auswärtige Amt eine Kulturabteilung ein, die insbesondere Kultur und Wissenschaft in den Dienst des Friedens und der Völkerverständigung stellen sollte.[23] Wenn man sich aber eingestand, dass das deutsche Prestige in der Welt durch den Krieg mit einem Makel versehen war, war dann nicht die offizielle Zurückweisung einer Kriegsschuld auch Eingeständnis eines schlechten Gewissens? Eines schlechten Gewissens, das allerdings nicht dazu führte, dass man sich zu einer deutschen Schuld oder Verantwortung bekannte, sondern dazu, dass man ein solches Eingeständnis zum Teil überaus trotzig verweigerte. So stärkte das Beharren auf der »Kriegsunschuld« jene politischen Kräfte, die nicht zugeben wollten, dass das Kaiserreich und seine politische und militärische Führung nicht erst 1914, sondern schon in den Jahren und Jahrzehnten davor versagt hatten. Dieses unkritische Bild des Kaiserreichs und seiner Eliten stellte eine erhebliche Belastung der Republik dar.

Es ist richtig, dass die Kriegsunschuldlegende zur Verlängerung und gleichzeitig zur Neubegründung eines nationalen Abwehrkonsenses beitrug, von dem vor allem die nationalistische Rechte profitierte, deren Positionen dadurch salonfähig blieben und bis in den politischen Mainstream der jungen Republik hinein ihre vergiftende Wirkung entfalten konnten. Aber man muss diese Argumentation trennen von der Position, ein Eingeständnis deutscher Kriegsschuld hätte den Deutschen einen milderen Frieden beschert. Hätten Großbritannien und insbesondere Frankreich in den Monaten unmittelbar nach dem Weltkrieg eine andere Position vertreten, wenn Berlin nach viereinhalb Jahren eines mörderischen Krieges die Botschaft eines deutschen *Mea culpa* ausgesandt hätte? Dafür gibt es keine Hinweise. Das Gegenteil war der Fall: In der hoch aufgeladenen Stimmung nach dem Sieg war das moralische Urteil eindeutig. Das gilt für die politischen Eliten, aber es gilt mindestens ebenso sehr für die Bevölkerungen, deren Einfluss sich die handelnden Politiker in der Stunde des Sieges nicht entziehen konnten, selbst wenn sie es gewollt hätten. Die kurze Ansprache Raymond Poincarés zur Begrüßung von Woodrow Wilson ist dafür bereits ein Hinweis, und ein noch deutlicherer seine Rede zur Eröffnung der Friedenskonferenz am 18. Januar 1919. Der französische Präsident hätte nicht so gesprochen, öffentlich gesprochen, wenn er sich der überwältigenden Zustimmung der Bevölkerung nicht sicher gewesen wäre. Dass die Massen in Paris, London und Rom dem amerikanischen Präsidenten zujubelten, darf man nicht als Hinweis darauf missverstehen, dass die Menschen einen milden Frieden mit Deutschland wünschten oder dass sie bereit gewesen wären, sich die Idee einer kollektiven Verantwortung für den Krieg, einer gemeinsamen Kriegsschuld aller Mächte zu eigen zu machen. Der Jubel, der Wilson entgegenscholl, speiste sich aus der Freude über den Sieg, der durch den amerikanischen Kriegseintritt möglich geworden war, und aus der tiefen Friedenssehnsucht der Menschen. An ihrer Überzeugung, dass Deutschland für den Krieg verantwortlich war und dafür nun zur Rechenschaft gezogen werden musste, ließen sie keinen Zweifel.[24]

Obwohl sich die deutschen außenpolitischen Anstrengungen nach dem 11. November in allererster Linie auf die bevorstehenden multilateralen Friedens- oder zumindest Präliminarfriedensverhandlungen richteten, deren baldigen Beginn man erhoffte, ja erwartete, gab es auch Versuche einer bilateralen Friedens-, Annäherungs- oder Wiederannäherungspolitik, denen jedoch insgesamt kein großer Erfolg beschieden war, weil die Alliierten alles taten, um solche Bilateralismen zu verhindern und selbst die Regelung bilateraler Verhältnisse zum Gegenstand der großen Konferenz in Paris zu machen. Das galt beispielsweise für Polen, wo seit 1916 ein von Deutschland abhängiger Staat bestand. Mit dem deutschen Zusammenbruch endete diese Episode. In

Warschau gelangte nunmehr der General Józef Piłsudski an die Macht, der während des Krieges mit einer Truppe von ungefähr 10 000 »Legionären« auf der Seite der Mittelmächte gekämpft hatte, von den Deutschen aber interniert worden war, als er sich weigerte, einen Eid auf den Kaiser abzulegen. Der Rat der Volksbeauftragten ermöglichte Piłsudski am 10. November die Rückkehr aus seinem Internierungsort Magdeburg nach Warschau, wo er einen Tag später die militärische Gewalt übernahm und die deutschen Truppen entwaffnete. Am 22. November wurde er Staatschefs eines Landes, das sich zwar für unabhängig erklärte, dessen territoriale Gestalt aber zu dem Zeitpunkt noch völlig offen war. So standen östlich der polnisch-russischen Grenze im Winter 1918/19 noch rund 500 000 deutsche Soldaten unter dem Befehl von Ober-Ost, die Polen vom bolschewistischen Russland isolierten. Harry Graf Kessler, der schon vorher in Kontakt mit Piłsudski gestanden hatte, wurde im Dezember zum außerordentlichen deutschen Gesandten in Warschau ernannt. Er sollte mit der dortigen Führung und Piłsudski persönlich über Grenzfragen, über den von Woodrow Wilson in Aussicht gestellten polnischen Zugang zum Meer und über wirtschaftliche Angelegenheiten sprechen.

Die Alliierten unterbanden diesen Versuch, vor der Friedenskonferenz zu Absprachen zu gelangen, sofort. Man erkannte die polnische Unabhängigkeit an, ließ Polen in den Kreis der kriegführenden Mächte eintreten und avisierte eine Beteiligung an der Friedenskonferenz, was in den folgenden Wochen einer extremen polnischen Expansionspolitik den Boden bereitete. Ähnlich verfuhr man im Fall der Tschechoslowakei, Rumäniens, etwas später dann auch des neu gegründeten Königreichs der Serben, Kroaten und Slowenen, des späteren Jugoslawiens. Kesslers Entsendung nach Warschau, die beinahe daran gescheitert wäre, dass die Volksbeauftragten gern eine Frau als Gesandte dorthin geschickt hätten, endete nach weniger als einem Monat. Im erzwungenen Abbruch der Beziehungen zeigte sich für Kessler Frankreich »auch hier unersättlich in Rachgier und Ehrgeiz; sein dämonischer Hass ist durch unsere Niederlage, wie es scheint, in keiner Weise gedämpft worden«.[25] Deutsche Versuche, mit der neuen Regierung der Tschechoslowakei, die sich Ende Oktober für unabhängig erklärt hatte, vor allem über die Frage der sudetendeutschen Gebiete ins Gespräch zu kommen,[26] scheiterten ebenso wie erste Kontaktaufnahmen mit Dänemark über das Thema der dänischen Minderheit in Nordschleswig. Die Bedeutung der Minderheitenfrage, auf der Pariser Konferenz und in den Jahren danach ein zentrales Thema deutscher und europäischer Politik, wurde bereits in diesen Wochen offenkundig. Auch

Gespräche mit Italien versuchte man über inoffizielle Kanäle anzubahnen, doch diese liefen ebenso ins Leere.²⁷

Im Zerfall des Habsburgerreiches hatte sich schließlich bereits am 21. Oktober 1918 in Wien eine Provisorische Nationalversammlung für Deutschösterreich gebildet, die wenige Tage später eine vorläufige Verfassung verabschiedete. Nachdem Kaiser Karl am 11. November seinen Rückzug aus allen Staatsgeschäften verkündet hatte, ohne indes formell abzudanken, rief die Provisorische Nationalversammlung am darauffolgenden Tag die Republik Deutschösterreich aus, deren erster Kanzler der Sozialdemokrat Karl Renner wurde. Noch am selben Tag forderte die Nationalversammlung nicht nur, die Grenzen des neuen Staates entlang der Sprachgrenzen zu ziehen und also Teile Böhmens, Mährens und Schlesiens sowie Südtirol in den neuen Staatsverband zu integrieren, sondern sie verabschiedete auch eine »Anschlussresolution«, die auf die Vereinigung Deutschösterreichs mit dem Deutschen Reich zielte. Frankreich widersprach dem vehement, sah es doch im Anschluss Deutschösterreichs eine Möglichkeit für Deutschland, seinen politischen und vor allem wirtschaftlichen Einfluss auf den gesamten Donauraum auszudehnen. Mit seinen Verbündeten verständigte sich Paris darauf, die Anschlussfrage auf der Friedenskonferenz zu behandeln und vorher keine vollendeten Tatsachen zuzulassen. Das Pariser Außenministerium stellte Überlegungen an, einen eventuellen Anschluss Deutschösterreichs durch die Abtretung der linksrheinischen Gebiete zu kompensieren. Das führte zu der zurückhaltenden und zögerlichen Reaktion der deutschen Regierung auf die deutschösterreichische Resolution. Fraglos hielt man einen Anschluss Deutschösterreichs für denkbar, ja sogar für erstrebenswert, aber das Risiko, dadurch eine Verschärfung der Friedensbedingungen zu verursachen, wollte man in Berlin nicht eingehen.²⁸

FRIEDENSVORBEREITUNGEN

Die deutschen Vorbereitungen für die Friedenskonferenz wurden vom Auswärtigen Amt koordiniert und erfolgten in einer am 16. November 1918 gegründeten »Kommission zur Vorbereitung von Friedensverhandlungen«. An der Spitze dieser Friedenskommission, damals auch »Paxkonferenz« genannt, stand der letzte kaiserliche Botschafter in den USA, Johann Heinrich Graf Bernstorff, ein erfahrener Diplomat, politisch liberal orientiert, später Mitglied der DDP, für den auch sprach, dass er Präsident Wilson persönlich kannte. Die Kommission hatte etwa 40 Mitarbeiter aus dem auswärtigen Dienst, bediente sich aber des Sachverstands von insgesamt etwa 160 Beratern, die zum Teil aus anderen Ministerien stammten, zum Teil aus der Wissenschaft, der Wirtschaft und dem Finanzleben. Große Namen waren darunter, der Soziologe Max Weber, der Völkerrechtler Walther Schücking, die Bankiers Max Warburg und Carl Melchior, die Industriellen Carl Bosch und Fritz Thyssen. Max Warburg hatte sich bereits seit Oktober 1918 dafür eingesetzt, einen »Friedensrat« aus Politikern, Wissenschaftlern und Wirtschaftsvertretern zu bilden, um den Friedensschluss vorzubereiten. Dahinter stand das starke Interesse der Wirtschaft, an der Konstruktion des Friedens mitzuwirken und dabei die wirtschaftlichen und finanziellen Interessen Deutschlands angemessen zu berücksichtigen.[29]

Monatelang, bis ins Frühjahr 1919, bereitete die Kommission 51 Memoranda vor. Bis ins Detail wurden alliierte Positionen antizipiert und deutsche Gegenpositionen entworfen. Da die Deutschen weder vor noch während der Konferenz irgendwelche offiziellen Informationen über mögliche alliierte Positionen erhielten, orientierte man sich an den sich verändernden Waffenstillstandsbedingungen, vor allem aber an den Informationen, die man der internationalen Presse entnahm. Dort freilich blühten die Gerüchte. Die Fragen, denen die Memoranda, die zum Teil nur weniger als zehn, zum Teil mehrere Hundert Seiten umfassten, sich widmeten, verraten uns etwas über die Themen, von denen die Deutschen annahmen, sie würden in Paris eine Rolle spielen. Allein zehn Papiere beschäftigten sich mit dem Rheinland, aber auch ansonsten spielten territoriale Fragen, zumeist in enger Verbindung mit ökonomischen, eine wichtige Rolle. Sogar die Oberste Heeresleitung trug zu den Friedensvorbereitungen bei. In einer Studie mit dem Titel »Hat der deutsche Generalstab zum Kriege getrieben« traktierten die Militärs die politische und militärische Entwicklung in den Jahren vor 1914 und verteidigten die deutsche Kriegserklärung. Ein anderes Dokument aus der Kriegsgeschichtlichen Abteilung des Generalstabs sammelte zur Entkräftung der Vorwürfe, Deutschland habe gegen das Kriegs- und Völkerrecht verstoßen, Dokumente über solche Verstöße seitens der Alliierten vor dem Weltkrieg, beispielsweise den Burenkrieg der Briten in Südafrika.[30]

Ganz selbstverständlich ging man bei der »Paxkonferenz«, die im Herbst 1918 begann und sich bis in den Mai 1919 fortsetzte, davon aus, dass die Deutschen – eher früher als später – von den Alliierten zu mündlichen Verhand-

David Lloyd George, Arthur Balfour und Edward House während der Konferenz des Interalliierten Ausschusses am 3. Juni 1918 in London

Schon lange vor Kriegsende reiste Oberst Edward House (rechts), der engste Berater des amerikanischen Präsidenten Woodrow Wilson, mehrfach nach Europa, um mit den Regierungen in London und Paris eine gemeinsame Politik für die Zeit nach dem Ende der Kampfhandlungen zu entwickeln. In London traf er sich mit führenden Repräsentanten des gesamten Britischen Empire – im Hintergrund ist beispielsweise der kanadische Premier Robert Borden zu erkennen. Dabei saßen sich die Delegationen nicht an langen Tischen gegenüber, vielmehr fanden die Unterredungen in wechselnden kleinen Gruppen bei einer Tasse Tee und in eher zwangloser Atmosphäre statt. Der Einfluss der USA auf die europäischen Alliierten war enorm, solange der Krieg andauerte. Mit dem Waffenstillstand ließ er spürbar nach. Viel selbstbewusster vertraten Lloyd George und sein französischer Kollege Clemenceau nun wieder ihre Ziele und Interessen. Ein hartes Ringen um gemeinsame Positionen und Kompromisse begann, das sich durch die gesamte Friedenskonferenz zog.

lungen gebeten werden würden. Darauf bereitete man sich vor. Man wollte in Plenarsitzungen in Rede und Gegenrede zu den Vorstellungen der Gegner Stellung beziehen und die eigenen Positionen darlegen. Ferner wollte man in den Kommissionen und Unterkommissionen über Einzelfragen sowie technische Probleme sprechen und war durchaus zuversichtlich, dabei auf Verständnis zu stoßen und zu – aus deutscher Sicht – vernünftigen Kompromissen gelangen zu können. Dabei schwang auch die Hoffnung mit, gerade in kleineren Verhandlungsrunden Differenzen zwischen den Siegern identifizieren und zum eigenen Vorteil nutzen, ja möglicherweise sogar Keile in die Phalanx der Gegenseite treiben zu können, die nicht sehr geschlossen schien. Peter Krüger hat dieses Vorgehen als Modell des Wiener Kongresses bezeichnet. Deutschland habe 1919 versucht, die Rolle Frankreichs und der französischen Delegation unter Talleyrand 1814/15 zu übernehmen, dem es in der Tat gelungen war, die Gegner Frankreichs gegeneinander auszuspielen und so die französischen Handlungsspielräume zu erweitern, ja Frankreich wieder in den Kreis der europäischen Großmächte zurückzuführen.[31] Deutlich moderner war der Plan von Außenminister Brockdorff-Rantzau, gezielt auf die internationale Presse einzuwirken. Dort sollte das Bild eines »neuen Deutschland« verbreitet und dadurch die internationale Öffentlichkeit – nicht zuletzt die britische und die amerikanische – wenn schon nicht für die Deutschen eingenommen, so doch zumindest Verständnis für die deutsche Positionen erweckt werden. In diesem Zusammenhang spielte auch das ambivalente Argument eine Rolle, den internationalen Medien kontinuierlich das Bild größter nationaler Geschlossenheit zu vermitteln. Ambivalent war das deswegen, weil der Druck, den man dadurch zweifellos ausüben wollte, auch auf Deutschland zurückfallen konnte. Der Eindruck nationaler Entschiedenheit und Willensstärke konnte ebensogut zur Verhärtung der öffentlichen Meinung im Ausland beitragen und damit letztlich kontraproduktiv wirken.

Aber was, wenn es gar nicht zu mündlichen Verhandlungen kam? Oder wenn die Alliierten die Verhandlungen nach dem Vorbild von Brest-Litowsk führen und de facto einen Frieden diktieren würden? Das wagte man kaum zu denken. Nur punktuell tauchten solche Befürchtungen auf, vergleichsweise früh im September und Oktober 1918, als die Führungsgremien der SPD überlegten, ob sie Vertreter in die Regierung des Prinzen Max von Baden entsenden sollten. Am 14. Januar 1919, vier Tage vor Eröffnung der Friedenskonferenz, schrieb Außenminister Brockdorff-Rantzau in einer internen Aufzeichnung, »dass wir immerhin darauf vorbereitet sein müssen, dass es überhaupt zu Verhandlungen im eigentlichen Sinne nicht kommt«. Dass die Deutschen nicht von Anfang an dabei waren, ließ sich erklären, denn es ging ja zunächst darum, dass die Sieger gemeinsame Positionen entwickelten, was, so sah man das auch in Berlin, keineswegs einfach sein würde. Als die Konferenz dann begann und es nach einigen Wochen noch keine Anzeichen für eine Einladung der Deutschen an den Verhandlungstisch gab, wuchs die Sorge, dass die Sieger das womöglich gar nicht vorhatten. Die Ahnung wurde – beinahe – zur Gewissheit, als die Siegermächte am 18. April 1919 die Deutschen nach Paris einluden, »um den von den alliierten und assoziierten Mächten festgesetzten Text (…) in Empfang zu nehmen«. Graf Bernstorff kündigte daraufhin an, er werde mit einem Geheimrat und einer Sekretärin nach Paris kommen, um die Friedensbedingungen entgegenzunehmen. Auch wenn die Sieger ihre unüberlegte Formulierung umgehend korrigierten, als der deutsche Außenminister eine Delegation aus subalternen Beamten benannte, und um Nominierung einer zu Verhandlungen bevollmächtigten Delegation baten, war damit doch ein deutlicher Hinweis gegeben.[32] Aber war man in Deutschland auf eine Situation vorbereitet, in der es gar nicht zu direkten Verhandlungen kommen würde? Lange, vielleicht zu lange wollte man nicht wahrhaben, dass die Dinge einen solchen Lauf nehmen könnten. Als es dann im Mai 1919 tatsächlich dazu kam, waren Schock und Entsetzen – nicht nur wegen der Inhalte des Vertragsentwurfs – groß.

Kommissionen und Beraterstäbe, welche die Regierungen und Delegationen im Vorfeld der Friedenskonferenz unterstützten und die Themen der Konferenz vorbereiteten, gab es auch auf Seiten der Alliierten. Schon seit 1917 hatte die britische Regierung einzelne Experten, Wissenschaftler zumeist, beauftragt, Studien zu bestimmten Themen zu verfassen. Es ging dabei vor allem um geographische Fragen vor dem Hintergrund von Grenzziehungen und territorialen Regelungen, aber auch um wirtschaftliche Aspekte. Diese Studien wurden später von der *Historical Section* des *Foreign Office* unter der Leitung des Historikers George W. Prothero aufbereitet und zu einer Serie von Handbüchern zusammengestellt, die den Vertretern und Unterhändlern Großbritanniens als Verhandlungsgrundlage bei der Friedenskonferenz dienen sollten.[33] In Frankreich berief Außenminister Aristide Briand 1917 einen Studienausschuss – *Comité d'Etudes* –, dem unter dem Vorsitz des Historikers Ernest Lavisse 27 Professoren sowie fünf weitere Berater angehörten. Lavisse, 1842 geboren, war zu dieser Zeit einer der bekanntesten französischen Historiker, Mitglied der *Académie Française*, und hatte zahlreiche Bücher zur französischen, aber auch zur preußischen und deutschen Geschichte veröffentlicht sowie verschiedene politische Essays über das deutsche Kaiserreich.[34] In den USA war im Herbst 1917 die »Inquiry« gebildet worden, von der bereits die Rede war.[35] Mit Woodrow Wilson reiste ein großer Teil ihrer Mitglieder im Dezember 1918 nach Europa, um dem Präsidenten und der amerikanischen Delegation bei den Friedensverhandlungen zur Seite zu stehen. Auch die riesige Bibliothek der »Inquiry« wurde von New York nach Paris transportiert. Ihre Ausarbeitungen zu den verschiedenen Fragen und Themenkomplexen fasste die »Inquiry« Anfang Januar 1919 in einem Gesamtdokument, dem »Black Book«, zusammen.[36] Doch für den Rat der Experten schien sich der Präsident nur wenig zu interessieren, und er hielt es offenkundig auch nicht für angebracht, am Vorabend der Konferenz sein engstes Umfeld jenseits der Vierzehn Punkte und einer Reihe von Prinzipienerklärungen über seine konkreten Vorstellungen zu unterrichten. Eines der jüngeren Mitglieder der amerikanischen Delegation, der Diplomat William C. Bullitt, musste den Präsidenten an Bord der *George Washington* geradezu inständig bitten, sich zu seinen Absichten und Vorstellungen für die Konferenz zu äußern. In der sich anschließenden Unterredung wurde deutlich, dass Wilson – wenig überraschend – der Errichtung eines Völkerbunds – *League of Nations* – allerhöchste Priorität einräumte. Dieser Völkerbund, angesiedelt in den neutralen Niederlanden oder in der Schweiz, sollte die Vollmacht haben, Sanktionen gegen jedes Land, das den Weltfrieden störte, zu verhängen und auch durchzusetzen. Obwohl er die Deutschen als eine »geächtete« Nation bezeichnete, räumte Wilson auch ihnen das Recht ein, nach einer »Bewährungszeit« dem Völkerbund anzugehören. Voraussetzung dafür sei die Existenz einer verantwortlichen und vernünftigen Regierung, und das galt auch – wenn nicht erst recht – nach der Novemberrevolution. Der Völkerbund sollte darüber hinaus, am besten vertreten durch einen kleinen Staat, die Treuhandschaft für die ehemaligen deutschen Kolonien übernehmen; diese Treuhandschaft müsse die Interessen der indigenen Bevölkerung berücksichtigen. Bezogen auf die Entschädigungsleistungen, zu denen sich Deutschland in allgemeiner Form bereits durch die Annahme der Lansing-Note verpflichtet hatte, betonte der Präsident, dass diese auf den tatsächlich von Deutschland verursachten Schaden beschränkt bleiben müssten und keine weiteren Zahlungen umfassen dürften. Das zielte offenkundig auf die schon zu diesem Zeitpunkt auf französischer und britischer Seite angestellte Überlegung, den Deutschen die Übernahme der alliierten Kriegskosten aufzuerlegen.

Konferenz in Chaumont am 23. Juni 1918

Hinter dem symbolischen Besuch des französischen Ministerpräsidenten Clemenceau (Bildmitte) im Hauptquartier der amerikanischen Expeditionsstreitkräfte in Chaumont verbargen sich zum Teil tiefe Meinungsunterschiede. Solange der Krieg andauerte, ließ das gemeinsame Ziel, den deutschen Gegner zu besiegen, Konflikte zwischen den Alliierten zurücktreten, aber die Probleme eines von divergierenden Interessen bestimmten Friedensschlusses zeichneten sich bereits ab. Zu den Begleitern Clemenceaus in Chaumont gehörte neben den Generalen Foch und Weygand als einziger Zivilist André Tardieu (links). Er war 1918 verantwortlich für die französisch-amerikanische Kooperation und auf der Pariser Friedenskonferenz der engste Berater des französischen Regierungschefs. Wie Marschall Foch plädierte er für einen harten Frieden mit Deutschland. Anders als in Deutschland, wo die Oberste Heeresleitung bis Oktober 1918 das Heft des Handelns in der Hand hielt, wusste Clemenceau jedoch den Primat des Zivilen in der Politik stets gegen die Militärs zu verteidigen.

Wilson gab sich gewiss und zuversichtlich, dass die USA nicht nur dem Frieden mit Deutschland, sondern der künftigen Friedensordnung insgesamt ihren Stempel aufdrücken könnten. Dazu würden nicht zuletzt die Gegensätze zwischen den europäischen Alliierten – zwischen Frankreich und Italien, aber auch zwischen Frankreich und England – beitragen. Und weil die Vereinigten Staaten die einzige Nation ohne eigene Interessen in diesen Konflikten der Europäer seien, weil die einzige Frage der USA zu jeder einzelnen Regelung des Friedens sein werde, ob sie gerecht sei, würden sich alle europäischen Mächte darum bemühen, mit Washington zu kooperieren beziehungsweise Amerika auf ihrer Seite zu haben. Angesichts des triumphalen Empfangs in Europa musste sich Wilson trotz der bald erkennbaren Meinungsunterschiede mit den europäischen Regierungen, die sowohl öffentlich artikuliert als auch in internen Gesprächen geäußert wurden, in seiner Einschätzung und seinem Optimismus bestätigt fühlen. Diese Zuversicht ließ freilich außer Acht, dass Europa und die Welt dem Präsidenten zujubelten und sich von ihm gleichsam Erlösung erhofften, dass er aber in den Vereinigten Staaten nicht mehr über den Rückhalt verfügte, dessen es bedurft hätte, um in Paris machtvoll und durchsetzungsstark aufzutreten. Aus den Kongresswahlen in den USA am 5. November 1918 waren Wilson und seine Demokratische Partei deutlich geschwächt hervorgegangen. In beiden Häusern des Kongresses, Senat und Repräsentantenhaus, verfügten nun die Republikaner über die Mehrheit, und deren Wortführer wurden nicht müde, den Präsidenten anzugreifen und wegen seiner Außen- und Friedenspolitik scharf zu kritisieren.[37]

WAHLKÄMPFE UND GESELLSCHAFTLICHE STIMMUNGEN

Wilson befand sich in einer schwierigen Situation. Für die Ratifizierung der Friedensverträge brauchte er Mehrheiten im Kongress, im Senat sogar eine Zweidrittelmehrheit. Daran war nach den Novemberwahlen nicht mehr zu denken. Aber schon vor den Wahlen musste es als unwahrscheinlich gelten, dass Wilsons Demokratische Partei im Senat die erforderliche Mehrheit behalten würde. In den letzten Kriegsmonaten hatten sich die Gräben zwischen Republikanern und Demokraten vertieft, Wilson wurde von seinen politischen Gegnern immer schärfer angegriffen. Das waren keine guten Voraussetzungen für die Friedensverhandlungen und die Zustimmung zu den

Verträgen. Von Gegnern aus der Republikanischen Partei, unter ihnen Ex-Präsident Theodore Roosevelt, wurde Wilson heftig kritisiert für seine Bemühungen um einen Waffenstillstand mit der deutschen Regierung. Die schon im Kabinett Max von Baden vertretenen sozialdemokratischen Politiker wollten angeblich nichts anderes als Lenin und die russischen Bolschewisten – eine Revolution. Im aufgeheizten Wahlkampf warf Roosevelt dem Präsidenten seine angebliche Sympathie »für germanisierte Sozialisten und die Bolschewisten aller Couleur« vor. Derartig unter Beschuss, dehnte nun auch Wilson den Wahlkampf auf außenpolitische Fragen aus und machte die bevorstehende Friedenskonferenz zum Thema. Es war schon ungewöhnlich, dass der Präsident sich selbst in den Wahlkampf begab, obwohl es gar nicht um das Präsidentenamt ging. Geradezu fatal war es aber, dass Wilson offensichtlich gar keinen Versuch mehr machte, sich in entscheidenden außenpolitischen Fragen auf einen überparteilichen Konsens zu stützen und so die nötigen Mehrheiten für die abzuschließenden Verträge zu sichern. Statt an die außenpolitische Geschlossenheit zu appellieren, forderte der Präsident in einer Wahlkampfrede am 26. Oktober 1918 die Amerikaner auf, ihm eine demokratische Mehrheit im Kongress zu sichern, damit er seine bisherige Außenpolitik fortsetzen könne. Amerikas Verbündete würden es nicht verstehen, wenn der Kongress jetzt eine republikanische Mehrheit bekäme; in der entscheidenden Stunde des Sieges brauche das Land eine politisch einheitliche Führung.[38]

Der Appell des Präsidenten erreichte das Gegenteil dessen, was er bezwecken sollte: Die Amerikaner wählten am 5. November einen republikanischen Kongress. Wilsons Gegner wandten sich nun erst recht gegen die Politik des Präsidenten. Im Senat wurde Henry Cabot Lodge, einer der schärfsten Kritiker Wilsons, Mehrheitsführer und zugleich Vorsitzender des wichtigen Ausschusses für auswärtige Angelegenheiten. Teddy Roosevelt bestritt dem Präsidenten das Recht, für die amerikanische Bevölkerung zu sprechen; seine politischen Vorstellungen, nicht zuletzt die Vierzehn Punkte, entsprächen nicht dem Willen der Amerikaner. Der Kongress, nicht der Präsident repräsentiere diesen Willen. Kein Zweifel: Wilson war politisch geschwächt. Doch statt Schadensbegrenzung zu betreiben und ein Mindestmaß an außenpolitischer Geschlossenheit wiederherzustellen, vertiefte der Präsident die Gräben weiter. In die amerikanische Delegation, die sich Anfang Dezember auf den Weg nach Paris machte, berief er keinen einzigen namhaften Vertreter der Republikaner. Auch das war ein katastrophaler Fehler, der die Handlungsfähigkeit Wilsons in Paris beeinträchtigte und von Anfang an Zweifel aufkommen ließ, ob die Pariser Ergebnisse in den USA überhaupt auf Zustimmung stoßen würden. Wilson selbst rechtfertigte sein Vorgehen damit, dass alle Spitzenrepublikaner auf Distanz gegangen seien zu seinem Friedensprogramm. Das mochte zutreffen, doch es wäre politisch klug gewesen, ein Angebot zu unterbreiten und dem politischen Gegner den Schwarzen Peter einer Ablehnung zuzuschieben. Für Wilson aber stand wohl fest, dass er mit seinem Appell an die Weltöffentlichkeit und mit der begeisterten Zustimmung, die er dort erfuhr, auch die inneramerikanische Unterstützung gewinnen würde, auf die er zur Durchsetzung seiner Politik zwingend angewiesen war.[39]

Auch in Großbritannien spielten Wahlen eine Rolle. Dort wurde etwa einen Monat nach dem Ende der Kampfhandlungen ein neues Parlament gewählt. Die letzten Unterhauswahlen lagen mehr als acht Jahre zurück; ein Sondergesetz bei Kriegsbeginn hatte die Legislaturperiode bis zum Ende des Krieges verlängert. Das ersparte dem Land einen Wahlkampf in Kriegszeiten, der die zur Schau getragene nationale Geschlossenheit hätte gefährden können, aber das britische Unterhaus wurde im Laufe der Kriegsjahre zu einem alten, erschöpften Parlament, das revitalisiert werden musste. Wenig überraschend erfolgte die Auflösung des Parlaments noch im November 1918. Ein kurzer, intensiver Wahlkampf, wie in Großbritannien üblich, schloss sich an. Erstmals griff nun auch eine Wahlrechtsreform, die Anfang 1918 verabschiedet worden war. Danach hatten alle Männer über 21 Jahren sowie Soldaten über 19 Jahren das Wahlrecht, ebenso Frauen, allerdings nur, wenn sie über 30 Jahre alt und Ehefrauen eines Haushaltsvorstands waren oder selbst Besitz hatten, was nach wie vor etwa ein Fünftel aller Frauen über 30 von Wahlen ausschloss. Hinter der Wahlrechtsreform stand die politische Einsicht, dass man nicht Männern und Frauen, die sich im Krieg für ihr Land eingesetzt und sogar ihr Leben riskiert hatten, das Recht auf politische Mitwirkung verweigern konnte. Aus den Khaki-Wahlen, wie man in Großbritannien Wahlen nennt, die vor dem Hintergrund eines Krieges stattfinden, ging die Kriegskoalition aus Liberalen und Konservativen unter der Führung von Premierminister David Lloyd George mit einem triumphalen Ergebnis als Sieger hervor. Die Koalition und Lloyd George profitierten dabei von der Siegesstimmung nach dem 11. November, aber auch von der Hoffnung und Erwartung der Menschen, nun rasch den Weg zum Frieden und zurück zu gesellschaftlicher und politischer Normalität zu finden.

»To make Britain a fit country for heroes to live in«, war ein Slogan, mit dem Lloyd George den Wahlkampf bestritt. Der Kriegspremier und seine

Die amerikanische Delegation bei den Friedensverhandlungen in Paris

Schon die Größe der Delegation, die im Dezember 1918 in Paris eintraf, spiegelte den politischen Gestaltungsanspruch und das Selbstbewusstsein der aufsteigenden Weltmacht. Mit den offiziellen fünf Konferenzvertretern (sitzend von links: Oberst Edward House, Außenminister Robert Lansing, Präsident Woodrow Wilson, Henry White und General Tasker Bliss) war ein großer Beraterstab mit dem Präsidenten auf der *George Washington* über den Atlantik nach Paris gekommen. Vertreter der Wirtschafts- und Finanzwelt gehörten ebenso dazu wie Diplomaten, Militärs und Wissenschaftler unterschiedlichster Disziplinen. Nur der pensionierte Diplomat White gehörte der Republikanischen Partei an. Ansonsten bezog Wilson seine politischen Gegner, die die Kongresswahlen im November 1918 gewonnen hatten, nicht in die Delegation ein – ein schwerer Fehler, der dazu beitrug, dass der US-Senat den Friedensverträgen – allen voran dem Versailler Vertrag – nicht zustimmte und dass die USA dem Völkerbund nicht beitraten. Dennoch stehen der Kriegseintritt der USA und ihre führende Beteiligung an der Pariser Konferenz für den Beginn des amerikanischen Jahrhunderts und eine Ära des Transatlantizismus, die sich derzeit ihrem Ende entgegenzuneigen scheinen.

Koalition gewannen 523 von 707 Parlamentssitzen und damit eine nahezu erdrückende Dreiviertelmehrheit. Der Sieg von Lloyd Georges eigener Partei, den Liberalen, fiel dabei deutlich bescheidener aus als der der Konservativen, die neben der aufsteigenden *Labour Party* als die eigentlichen Gewinner der Wahlen gelten können. Das war auch eine Folge der Spaltung der Liberalen Partei, in der sich Herbert Asquith, der von Lloyd George 1916 aus dem Amt gedrängte Premierminister, dem Koalitionskurs seines Nachfolgers verweigerte. Abgeschlagen erreichte Asquith mit den alten Liberalen nur noch 36 Mandate, aber auch gemeinsam mit den *Coalition Liberals* von Lloyd George konnte man nicht mehr an frühere Ergebnisse anschließen. Der Krieg mit seiner Ausweitung der Staatstätigkeit und der Stärkung der Rolle des Staates, für die auch Lloyd George stand, hatte den Liberalismus kompromittiert. Und eine Politik sozialer Reformen sahen immer mehr Wähler ohnehin bei der *Labour Party* besser angesiedelt als bei den Liberalen. Auch wenn David Lloyd George noch bis 1922 Premierminister blieb, markierten die Dezemberwahlen 1918 doch eine wichtige Etappe im Niedergang des britischen Liberalismus und im Aufstieg eines von den Konservativen und *Labour* geprägten Parteiensystems. Das wird auch an der Zusammensetzung des britischen Kabinetts deutlich, in dem der fraglos starke Premier Lloyd George von mächtigen und einflussreichen Vertretern der konservativen *Tories* umgeben war, unter ihnen Außenminister Arthur Balfour, Kriegsminister Eric Geddes und Schatzkanzler Andrew Bonar Law, der wenige Jahre später Lloyd George als Premierminister ablöste. Zu den Wahlgewinnern 1918 gehörten schließlich die radikalen irischen Nationalisten der Partei *Sinn Féin*, die 73 Parlamentsmandate errangen und damit in 73 von 105 irischen Wahlkreisen gewannen. Sie nahmen diese Mandate allerdings nicht an, weil sie die Suprematie Londons über Irland nicht anerkannten. Stattdessen riefen die *Sinn Féin*-Vertreter im Jahr darauf ein eigenes irisches Parlament aus, das *Dáil Éireann*, das den irischen Anspruch auf nationale Selbstbestimmung unterstreichen sollte, zur Unabhängigkeitserklärung führte und damit in den Bürgerkrieg der folgenden Jahre, der 1921 durch ein erstes anglo-irisches Abkommen und eine erste Teilung des Landes sein vorläufiges Ende fand.

Trotz der irischen Problematik kam also David Lloyd George Anfang 1919 ganz anders als Woodrow Wilson innenpolitisch gestärkt und mit klarem parlamentarischen Rückhalt nach Paris. Doch die Regierungskoalition, die er führte, stand nicht für eine einheitliche politische Linie bei den bevorstehenden Friedensverhandlungen. Ganz unterschiedliche Interessen und

Positionen hatten ihren Platz in Lloyd Georges Regierung und in der sie tragenden Koalition in Westminster. Befürworter eines milden Friedens gab es ebenso wie Vertreter einer harten Linie. Der Wahlkampf hatte gerade Letzteren starken Auftrieb gegeben, und nicht wenige Politiker überboten sich vor dem Wahltag darin, Wählerstimmen zu gewinnen durch möglichst radikale oder zumindest sehr weitreichende Forderungen hinsichtlich der Friedensverhandlungen und des Umgangs mit den besiegten Gegnern, allen voran Deutschland. Wenn im Wahlkampf die Rede war von der Rückkehr zur Normalität, dann meinte das für viele steigende Löhne und bessere Sozialleistungen, aber auch eine geringere Steuerbelastung als in den Kriegsjahren. All das würde Geld kosten, und da war es wenig überraschend, dass viele der Ansicht waren, die Mittel für die gesellschaftliche Normalisierung und den Weg aus dem Krieg heraus müssten vom besiegten deutschen Kriegsgegner aufgebracht werden. Denn schließlich waren ja auch die britischen Kriegsschulden bei den Vereinigten Staaten zu begleichen. Aus eigener Kraft war das kriegsgeschwächte Großbritannien nicht in der Lage, den Wiederaufbau und den Schuldendienst zu bewältigen. Auf rund 40 Milliarden US-Dollar waren die britischen Staatsschulden bei Kriegsende 1918 angewachsen.[40] Daher war auch Lloyd George für deutsche Reparationen. Deutschland sollte aber nicht nur für Kriegsschäden aufkommen, sondern, so der Premierminister zumindest in den Wochen des Wahlkampfs, für die Kosten des gesamten Krieges. Darüber herrschte Einigkeit. »Wir werden tief in ihre Taschen greifen«, versprach Lloyd George in einer Wahlkampfrede wenige Tage vor der Wahl.

Einige Wochen zuvor hatte er noch ganz anders argumentiert. Am 12. November, einen Tag nach dem Waffenstillstand, hatte er sich für einen gerechten Frieden ausgesprochen, denn nur ein gerechter Frieden werde ein dauerhafter Frieden sein. Man solle den Frieden von 1871 – nach dem Deutsch-Französischen Krieg – als warnendes Beispiel nehmen: »Wir dürfen nicht zulassen, dass irgendwelche Rachsucht, Gier, Eroberungssucht den fundamentalen Grundsatz der Gerechtigkeit über den Haufen wirft.« Nun aber stimmte er in einen breiten Chor drastischer Forderungen ein. »Keine Entschädigung, die wir bekommen können, ist zu hoch, um sie zu fordern«, verkündete der Tory-Politiker Austen Chamberlain, der 1919 Schatzkanzler wurde.[41] Marineminister Geddes wollte »die deutsche Zitrone auspressen, bis ihre Kerne quietschen«. Diese im Wahlkampf formulierte Wendung wurde rasch zu einer breit geteilten Forderung. Der Wunsch nach Rückkehr zur Normalität, wobei nie klar war, was für eine Normalität damit eigentlich gemeint war, verband sich mit der in der britischen Gesellschaft weit verbreiteten Erwartung, nun würden die Deutschen für den Krieg bestraft werden. Der Hass auf die »Hunnen«, der während der Kriegsjahre von der britischen Propaganda geschürt worden war und in der deutschen Kriegführung – vom Umgang mit britischen Kriegsgefangenen bis hin zur Versenkung britischer Passagierschiffe – immer wieder neue Nahrung gefunden hatte, setzte sich auch in Großbritannien über das Kriegsende hinaus fort.

Daran hatte die Northcliffe-Presse, das Zeitungsimperium von Alfred Harmsworth – geadelt Viscount Northcliffe – entscheidenden Anteil. Sie war nicht nur Resonanzkörper für antideutsche Stimmungen und Forderungen nach einem harten Frieden, sondern vertrat solche Positionen auch selbst und übte dadurch gerade im Wahlkampf enormen Druck auf die Politiker aus, die sich dem von Zeitungen wie der *Times*, aber auch und vielleicht stärker noch von Boulevardblättern wie *Daily Mail* und *Daily Mirror* genährten antideutschen Populismus nicht entziehen konnten – und in vielen Fällen auch nicht entziehen wollten.[42]

Von rund 6,1 Millionen britischen Soldaten waren 750 000 aus dem Krieg nicht zurückgekehrt, hinzu kamen weitere 180 000 aus dem Empire, das mit 2,8 Millionen Mann am Krieg beteiligt war. Anders als Frankreich war Britannien zwar kein Kriegsschauplatz gewesen und hatte nicht unter einer deutschen Besatzungsherrschaft zu leiden gehabt, aber dass so viele junge Männer auf den Schlachtfeldern in Flandern ihr Leben gelassen hatten oder verwundet in die Heimat zurückgekehrt waren, machte es denjenigen, die sich für einen Frieden der Versöhnung aussprachen, nicht leicht. Die Chancen pazifistischer Bewerber – nicht selten Angehörige der *Labour Party* – um ein Abgeordnetenmandat waren vor diesem Hintergrund gering. Ramsay MacDonald, der Labour-Führer, verlor 1918 seinen Wahlkreis. Man darf die antideutschen Stimmungen und die Reden, mit denen Politiker diese im Wahlkampf bedienten und aus ihnen Kapital zu schlagen versuchten, nicht leichthin mit dem Hinweis auf die Siegeseuphorie und den Wahlkampf abtun. Natürlich trug die spezifische Situation nach Kriegsende im November und Dezember 1918 dazu bei, dass zum Teil extreme Positionen vertreten wurden und einem Straffrieden das Wort geredet wurde. Aber damit wurden eben auch Erwartungen geweckt, die später – nach der Wahl oder in den Monaten der Friedenskonferenz – nicht einfach zurückzuschrauben waren.[43]

In noch viel stärkerer Weise galt das für Frankreich, obwohl dort erst im Herbst 1919 Wahlen stattfanden. Nach dem 11. November 1918 saß Minister-

Woodrow Wilson in Ypern, Juni 1919

Seit seiner Ankunft in Europa übten vor allem französische Politiker massiven Druck auf Wilson aus, den Schlachtfeldern im Nordosten Frankreichs, den verwüsteten Landschaften, den zerstörten Dörfern und Städten einen Besuch abzustatten. Dieses Begehren entwickelte sich zu einem Politikum ersten Ranges und führte zu schweren Spannungen zwischen den USA und Frankreich. Die Franzosen hofften, dass der amerikanische Präsident nach einem Besuch der Kriegszone und der von den Deutschen besetzten Teile des Landes mehr Verständnis für ihre harten Friedensforderungen haben würde. Wilson entzog sich dem auch von der französischen Presse massiv vertretenen Wunsch vergleichsweise lange, gerade weil er die emotionalisierende Wirkung der Eindrücke fürchtete. Nach Fahrten ins nördliche Frankreich besuchte er im Sommer endlich in Begleitung des belgischen Königs Albert die Schlachtfelder von Ypern, wo zwischen 1914 und 1917 mehrere große Schlachten getobt und wo deutsche Truppen 1917 erstmals Giftgas eingesetzt hatten.

präsident Clemenceau fest im Sattel. Mit überwältigender Mehrheit sprach ihm die Abgeordnetenkammer am 29. Dezember 1918 das Vertrauen aus, lediglich ein Teil der Sozialisten stimmte gegen ihn. Die Hoffnungen und Erwartungen, die sich mit dem Kriegsende und dem bevorstehenden Frieden verbanden, ähnelten denen in Großbritannien, ja sie waren noch stärker ausgeprägt und weiter verbreitet, weil die Kriegserfahrung nicht auf die Soldaten beschränkt blieb, sondern einen großen Teil der Zivilbevölkerung im deutsch besetzten Norden und Osten des Landes einschloss. Dort waren nicht nur ganze Landstriche, auf denen sich kein Leben mehr regte, komplett verwüstet, sondern es waren auch Bergwerke, Industrieanlagen und Verkehrsinfrastruktur zerstört, deren Wiederaufbau viel Zeit und viel Geld kosten würde, Geld, das allein durch Steuererhöhungen, zu denen der französische Staat durchaus bereit war, nicht aufzubringen war. Und auch Frankreich hatte in den Kriegsjahren gewaltige Schuldenlasten aufgetürmt, etwa 28 Milliarden Dollar am Ende des Jahres 1918. Als der französische Finanzminister im Mai 1919 die französische Abgeordnetenkammer um Zustimmung zu Steuererhöhungen zwecks Wiederaufbau aufforderte, versuchte er seinem Anliegen Nachdruck zu verleihen mit dem Hinweis, die Steuern würden auch erhöht, um »unseren Bündnispartnern zu zeigen, dass Frankreich noch weiß, wie man die Opfer erbringt, die die Situation erfordert«.44

Dabei hatte Frankreich bereits ganz andere Opfer gebracht: 1,3 Millionen Franzosen waren gefallen, rund ein Viertel aller Männer zwischen 18 und 30 Jahren. 600 000 zivile Todesopfer kamen noch hinzu. Und 2,5 Millionen Soldaten kehrten mit zum Teil schwersten Verwundungen aus dem Krieg heim. Da war es schwer, die französischen Forderungen nach Sicherheit vor Deutschland, das Insistieren auf der deutschen Kriegsschuld oder das Beharren auf enormen Reparationszahlungen lediglich als Ausdruck von Bestrafung, Rache oder Vergeltung zu betrachten. Vielmehr entwickelte sich durch solche Vorwürfe, die nicht zuletzt die amerikanische Seite und Woodrow Wilson erhoben, im Kreis der Siegermächte und speziell auch zwischen Clemenceau und Wilson eine Atmosphäre des Misstrauens. War den amerikanischen Konferenzteilnehmern wirklich klar, was der Krieg für Frankreich bedeutet hatte und dass hinter den französischen Forderungen nicht die Vision einer neuen Weltordnung steckte, sondern eine Kriegserfahrung, die ihresgleichen suchte?

Auch deswegen versuchten Clemenceau und Poincaré Wilson, seitdem er in Europa eingetroffen war, zu einem Besuch der Schlachtfelder und der zerstörten Städte im Nordosten des Landes zu bewegen. Da schwang die Hoffnung mit, auf diese Weise Verständnis für die französischen Positionen wecken zu können, zum Teil aber auch eine tiefe Verbitterung. Jules Cambon, Generalsekretär des französischen Außenministeriums und 1919 Mitglied der französischen Verhandlungsdelegation, war nicht der Einzige, der nicht verstehen konnte, dass der amerikanische Präsident Anfang Januar 1919 die Kriegsgebiete noch immer nicht besucht hatte. Als man ihm sagte, dass Wilson dafür bislang keine Zeit gehabt habe, brauste der Diplomat auf: »Keine Zeit gehabt! Er hatte genug Zeit, um nach London und Rom zu reisen. Er hatte Zeit für Bankette und Vergnügungen. Stattdessen sollte er den verwüsteten Gebieten einen Besuch abstatten, und zwar keinen kurzen Besuch lediglich im Vorbeifahren. Er sollte sich genügend Zeit nehmen, um zu erfahren, wie Frankreich gelitten hat.«[45]

Eine Woche nach Eröffnung der Friedenskonferenz, am 26. Januar 1919, reiste Wilson, der fürchtete, man wolle mittels der Eindrücke, die auf ihn einwirken würden, Druck auf ihn ausüben oder gar antideutsche Gefühle in ihm wecken, erstmals nach Ostfrankreich und besuchte in der Champagne die völlig zerstörten Städte Château-Thierry und Reims mit seiner in Trümmern liegenden Kathedrale. Ganz Frankreich habe auf diesen Besuch gewartet, kommentierte der amerikanische Korrespondent von *Associated Press*.[46]

Paris – Hauptstadt der Welt
Die Friedenskonferenz als Ort globaler Politik

MACHTHIERARCHIEN
UND KONFERENZORGANISATION

D er Beginn der Pariser Friedenskonferenz wird für gewöhnlich auf den 18. Januar 1919 datiert. Doch die Konferenz hatte längst begonnen, als sie an diesem Tag offiziell eröffnet wurde. Zwar hatte es bis dahin noch keine Plenarversammlung aller Delegierten gegeben, doch die allermeisten Repräsentanten der Siegermächte hielten sich bereits seit Anfang Januar in Paris auf, wo es ohne Unterlass zu Arbeitssitzungen, Planungstreffen und Abstimmungsgesprächen auf allen Ebenen kam, und zwar sowohl innerhalb der einzelnen Delegationen als auch zwischen ihren Angehörigen. Bereits am 12. Januar war der *Supreme Council*, der Oberste Rat, dem die Vertreter der fünf Hauptsiegermächte – also Frankreichs, Großbritanniens, Italiens, der USA und Japans – angehörten, zum ersten Mal zusammengetroffen, auch wenn die Vertreter Japans an dieser Sitzung noch nicht teilnahmen. Der *Supreme Council* wurde auch Rat der Zehn genannt, weil ihm je zwei Vertreter der fünf Staaten angehörten: in der Regel der Staats- beziehungsweise Regierungschef und der Außenminister (mit Ausnahme Japans). In der Sitzung am 12. Januar, die der britische Diplomat Harold Nicolson als »inoffizielle Präliminarsitzung der Bevollmächtigten« charakterisierte, ging es primär um Fragen des Konferenzablaufs, der Verhandlungsorganisation sowie insbesondere der Delegiertenzahl für die einzelnen Staaten.[1]

Dahinter stand auch das Drängen von Vertretern kleinerer Staaten, möglichst rasch in die Verhandlungen einbezogen zu werden, damit sie dort ihre Interessen offiziell artikulieren und eine Marginalisierung durch die Großmächte verhindern konnten. Genau deswegen, um eine informelle Verständigung zwischen den Großmächten zu ermöglichen und eine annähernd gemeinsame Linie zu entwickeln, hatten sich sowohl Wilson als auch Clemenceau lange gegen eine zu frühe Formalisierung der Gespräche gewehrt. Damit freilich stellten sich die Großen Vier beziehungsweise die Großen Fünf in den Augen der kleineren Staaten, aber auch der internationalen Öffentlichkeit, die insbesondere den amerikanischen Präsidenten an seinen Ankündigungen maß, unter Willkürverdacht. Aus diesem Grund musste der Etablierung des *Supreme Council* die Eröffnung der Plenarkonferenz auf dem Fuß folgen, und sei es nur, um danach unter geringerem Druck in kleineren und informelleren Formaten weiter verhandeln zu können.[2] Die erste Plenarsitzung wurde für den 18. Januar 1919, einen Samstag, anberaumt.

Zu diesem Zeitpunkt gab es noch nicht einmal ein Konferenzstatut, das neben dem förmlichen Ablauf der Verhandlungen insbesondere die Zusammensetzung der Konferenz regelte. Gerade über letztere Frage war in Paris, London und Washington seit Abschluss des Waffenstillstands nachgedacht worden, aber zu einem Ergebnis hatte das bis in den Januar hinein nicht geführt. Die entscheidende Frage war nicht, wie man mit den Deutschen und den anderen Kriegsgegnern umgehen sollte, sondern vielmehr, wie sich der Dominanzanspruch der fünf Hauptmächte mit dem Beteiligungs- und Mitbestimmungsanspruch der kleineren Mächte verbinden ließ. Das war zum einen eine rechtliche Frage, denn im Völkerrecht hatte sich im Laufe des 19. Jahrhunderts – basierend auf der Vorstellung staatlicher Souveränität – der Grundsatz der Gleichheit der Staaten durchgesetzt, zum anderen war es eine eminent politische Frage. Die führenden alliierten Mächte hatten in den Kriegsjahren um den Beitritt kleinerer Staaten, gerade auch außerhalb Europas, zur Kriegsallianz geworben. Daraus ergab sich ein unbestreitbarer Anspruch dieser Staaten, auf der Friedenskonferenz vertreten zu sein, selbst wenn sie wie Haiti oder Honduras erst wenige Monate vor Kriegsende Deutschland oder anderen Mittelmächten den Krieg erklärt hatten. Einige südamerikanische Staaten, Bolivien und Peru beispielsweise, hatten nicht einmal den Krieg erklärt, sondern lediglich die diplomatischen Beziehungen zu Deutschland abgebrochen. Dennoch galten sie als alliierte beziehungsweise assoziierte Mächte.

Während man sich in französischen Papieren immer wieder am Wiener Kongress von 1814/15 orientierte, der, streng hierarchisiert von den erst vier, dann – nach Reintegration Frankreichs – fünf europäischen Großmächten beherrscht worden war, rief genau das auf amerikanischer Seite Skepsis hervor. Der Wiener Kongress galt in amerikanischen Augen als Inbegriff der »alten« europäischen Diplomatie und Machtpolitik mit ihrer Missachtung der Rechte und Interessen kleinerer Staaten. Eine Tradition, die man gerade nicht fortsetzen wollte. Das hatte Wilson immer wieder betont. Zugleich freilich gab es auch ein amerikanisches Interesse, effiziente, zielorientierte Verhandlungen nicht durch einen zu großen Teilnehmerkreis zu gefährden und partikularen Interessen und Erwartungen nicht zu viel Raum zu geben. Vor diesem Hintergrund einigten sich die Angehörigen des *Supreme Council* schließlich auf ein komplexes Vertretungsmodell. Zunächst differenzierte man zwischen Staaten mit »generellem« Interesse und Staaten mit »speziellem« Interesse. Die Staaten mit »generellem Interesse« waren die fünf Angehörigen des *Supreme Council*.

Japan war sehr kurzfristig und vor allem auf britisches und amerikanisches Betreiben in den *Supreme Council* aufgenommen worden, um den globalen Ordnungsanspruch der Konferenz und insbesondere des *Supreme Council* zu unterstreichen. Nach Jahrzehnten der Bevormundung durch westliche Staaten hatte sich Japan seit der Jahrhundertwende zur dominierenden Großmacht in Ostasien mit einer starken, kontinuierlich wachsenden Wirtschaft und einer ebenso beeindruckenden militärischen Stärke entwickelt. Die japanische Außenpolitik trug zunehmend konfrontative und expansive Züge, was sich beispielsweise in der Annexion Koreas 1910, aber auch im Ausbau der japanischen Stellung auf dem ostasiatischen Festland äußerte. Die japanische Flotte zählte zu den stärksten der Welt, was aus Sicht der beiden Seemächte Großbritannien und USA ebenfalls für eine Einbindung in die entstehenden Strukturen der internationalen Nachkriegsordnung sprach. US-Präsident Wilson war darüber hinaus an der Mitgliedschaft Japans im Völkerbund interessiert, um dessen globalen Anspruch zu unterstreichen, aber auch um Japan auf diese Weise zusätzlich zu kontrollieren. In den Krieg war Japan schon früh auf der Seite der Alliierten eingetreten, hatte diesen aber primär genutzt, um eigene Interessen zu verfolgen und seinen Machtausbau im asiatisch-pazifischen Raum voranzutreiben. Vertreter Japans in Paris waren zwei hochrangige Diplomaten: der frühere Außenminister Baron Makino Nobuaki und der japanische Botschafter in London Graf Chinda Sutemi. In den Beratungen des *Supreme Council* spielten sie keine große Rolle, hielten sich in den europäischen Angelegenheiten weitgehend zurück und wurden nur aktiv – darin Italien nicht unähnlich –, wenn es um konkrete eigene Interessen ging. Es war vor diesem Hintergrund wenig überraschend, dass Japan im Rat der Vier, der von März 1919 an das eigentliche Entscheidungsgremium der Konferenz wurde, nicht mehr vertreten war. Offiziell ließ sich das damit begründen, dass dem Rat die Staats- oder Regierungschefs angehörten. Damit konnte Japan in Paris nicht dienen.

Während die Staaten mit generellem Interesse in allen Gremien und Ausschüssen der Konferenz vertreten sein sollten, sollten die übrigen Staaten immer dann hinzugezogen werden, wenn ihre Interessen berührt waren. Darüber hinaus entwickelte man einen hierarchisierten Delegiertenschlüssel: Die Großmächte sollten jeweils fünf Delegierte haben; über drei Sitze verfügten Belgien und Serbien als erste Opfer der Aggression der Mittelmächte, sowie auf amerikanischen Druck Brasilien als südamerikanische Führungsmacht; mit jeweils zwei Sitzen waren Staaten vertreten, die, wie es hieß, einen »eingeschränkten Kriegseinsatz« geleistet hatten, also China, Siam, Griechenland, das arabische Königreich Hedschas, Portugal, Rumänien, Polen und die Tschechoslowakei; einen Delegiertensitz erhielten schließlich jene Staaten, die zwar den Krieg erklärt, sich aber nicht an ihm beteiligt hatten, das waren Kuba, Guatemala, Haiti, Honduras, Nicaragua, Panama und Liberia, sowie jene Staaten, die nur die diplomatischen Beziehungen zu den Mittelmächten abgebrochen hatten – Bolivien, Ecuador, Peru und Uruguay.

Ein eigenes Vertretungsrecht wurde ferner den britischen Dominions Kanada, Südafrika, Australien (jeweils zwei Delegierte) und Neuseeland (ein Delegierter) sowie Britisch-Indien (zwei Delegierte) eingeräumt. Damit war, was amerikanische Beobachter sofort zur Kenntnis nahmen, das Britische Empire mit insgesamt 14 Delegierten vertreten, die Vereinigten Staaten hingegen nur mit fünf. Das sei ein Arrangement, schrieb der amerikanische Journalist Charles Thompson schon am 17. Januar 1919, das die Aufmerksamkeit des Senats auf sich ziehen werde, wenn sich dieser mit den Ergebnissen der Konferenz zu befassen habe.[3]

Aus britischer Sicht war die Vertretung des Empire durchaus ambivalent. Vor allem Kanada und Australien hatten im Londoner *Imperial War Cabinet* massiv eine eigenständige Beteiligung der Dominions an den Friedensverhandlungen gefordert, was ihren Kriegseinsatz honorieren, aber auch ihrem Status als sich selbst verwaltende Territorien entsprechen sollte. Über die volle innen- und außenpolitische Autonomie verfügten die Dominions allerdings 1919 noch nicht; diese wurde ihnen erst zwölf Jahre später, 1931, im Statut von Westminster zuerkannt. Indien war kein Dominion, hatte sich aber mit über einer Million Soldaten vor allem im Mittleren Osten am Krieg beteiligt. Auch deswegen hatte die britische Regierung den Indern schon 1917 die Selbstverwaltung zumindest in Aussicht gestellt und einen indischen Vertreter ins *Imperial War Cabinet* geholt.[4] Aber der Weg in die Selbstverwaltung sollte von London aus gesteuert werden. Das zeigt auch die indische Delegation in Paris, die kaum als Repräsentation eines eigenständigen Staates angesehen werden konnte. Sie bestand aus Edwin S. Montagu, dem britischen Staatssekretär für Indien, Ganga Singh, dem Maharadscha von Bikaner, und S. P. Sinha (bald Lord Sinha), die frei waren von allen nationalistischen Ambitionen. War der Anteil Indiens und der Dominions an den britischen Kriegsanstrengungen auch nicht zu leugnen, so war der Regierung in London dennoch klar, dass sie mit dem Zugeständnis eines Vertretungsrechts auch ein politisches Signal in Richtung vollständiger Unabhängigkeit und Souveränität aussenden würde. Demgegenüber stand das erhöhte politische Gewicht Großbritanniens in Paris, zu dem die eigenständige Vertretung des Empire fraglos führen würde. In Paris selbst war das Verhältnis zwischen der Londoner Regierung und den Vertretern Indiens und der Dominions zwar nicht konflikt- und spannungsfrei, aber insgesamt konnte sich Großbritannien durch die Regelung politisch gestärkt fühlen. Das lag auch daran, dass die Vertreter der sechs Länder nicht getrennt auftraten, sondern unter Londoner Regie als *British Empire Delegation*.

Was die britische Position in Paris stärken mochte, schwächte sie im Empire. Das gilt ganz besonders für Indien. Anders als die »weißen« Dominions Kanada, Australien oder Neuseeland besaß die indische Bevölkerung nicht das Recht der Selbstregierung. Indien wurde in komplizierten, immer wieder reformierten Strukturen von London aus regiert, obwohl die Kritik an diesem Herrschaftssystem schon seit geraumer Zeit lauter geworden war. Vor allem der 1885 gegründete *Indian National Congress* (INC) bündelte diese Kritik und erhob als erste landesweit agierende Organisation Forderungen nach größerer nationaler Unabhängigkeit. Doch auch der INC verhielt sich im Ersten Weltkrieg loyal gegenüber Großbritannien. Statt die Tatsache auszunutzen, dass sich kaum noch britische Soldaten auf dem Subkontinent befanden, unterstützte Indien die britische Kriegführung. Auch monetär steuerte Indien einen erheblichen Teil seines Steueraufkommens (10 bis 15 Prozent pro Jahr) zur Finanzierung des Krieges bei.[5] Dahinter stand auch die Erwartung, für diese Loyalität nach Kriegsende gleichsam mit mehr Unabhängigkeit belohnt zu werden. Diese Notwendigkeit erkannte auch die Londoner Regierung. Im August 1917, als noch einmal alle Kräfte des Empires für den Krieg mobilisiert werden mussten, kündigte Edwin Montagu eine verstärkte Beteiligung von Indern an der indischen Verwaltung an sowie »die schrittweise Entwicklung von Institutionen der Selbstregierung mit der Perspektive einer fortschreitenden Verwirklichung verantwortlicher Regierung in Indien als integraler Bestandteil des Britischen Empires«.[6] Der erste Schritt in diese Richtung erfolgte unmittelbar nach Kriegsende mit den »Montagu-Chelmsford-Reformen« des Jahres 1919, benannt nach Staatssekretär Montagu und Lord Frederic Chelmsford, dem britischen Vizekönig in Indien. Bereits im Jahr zuvor angekündigt, bildete die Einführung eines dualen Regierungssystems, der sogenannten Dyarchie, den Kern der Maßnahmen. Damit wurden bestimmte Regierungszuständigkeiten und Ministerien – vor allem auf Provinzebene – Indern übertragen. Schlüsselfelder wie Finanzen und Sicherheit (Polizei) sowie die kompletten Außenbeziehungen blieben jedoch in britischer Hand. Die Reformen waren fraglos ein Fortschritt in Richtung einer stärkeren Beteiligung der Inder an der Regierung ihres eigenen Landes, aber es waren doch Maßnahmen, die von London gewährt und zugestanden wurden. Sie veränderten die imperiale Herrschaft zwar, tasteten ihre Grundstruktur aber nicht an. Mit nationaler Selbstbestimmung, so die Kritiker, hatten die Reformen nichts zu tun.

In der Betonung ihres Rechts auf nationale Selbstbestimmung hatte die indische Nationalbewegung seit der Schlussphase des Krieges eine zentrale Referenzfigur gefunden: Woodrow Wilson. Wie die nationalen Unabhängigkeitsbewegungen in anderen imperial beherrschten Ländern außerhalb Europas bezogen auch die indischen Nationalisten die politischen Grundsätze des US-Präsidenten und seine Ideen einer neuen Weltordnung auf ihre eigene Situation. Innerhalb kürzester Zeit gewann der amerikanische Präsident in Indien größte Popularität, wozu die sich in diesen Jahren dynamisch entwickelnde indische Presselandschaft entscheidend beitrug. Ein führender national orientierter indischer Verlag publizierte Wilsons Reden unter dem Titel »President Wilson: The Modern Apostle of Freedom«. In der Zeitschrift *Young India* schrieb Lala Lajpat Rai, einer der intellektuellen Wortführer der Unabhängigkeitsbewegung: »Nicht nur Europa muss für die Demokratie sicher gemacht werden.«[7]

Doch die Hoffnungen und Erwartungen der Inder wurden doppelt enttäuscht. Während in London die Montagu-Chelmsford-Reformen vorbereitet wurden, verabschiedete im März 1919 der indische *Legislative Council*, eine britisch kontrollierte Gesetzgebungskörperschaft, eine Verordnung, mit der der Kriegszustand mit seinen exekutiven Ausnahmebefugnissen gleichsam in die Friedenszeit hinein verlängert wurde. Stoßrichtung der Maßnahme war in erster Linie die Bekämpfung nationaler Unabhängigkeitsbestrebungen. Überall im Land erhob sich Widerstand dagegen, bei dem der kurz zuvor aus

Südafrika nach Indien zurückgekehrte Mohandas Gandhi eine wichtige Rolle spielte. Erstmals wurde in Indien ein Generalstreik ausgerufen. In dieser angespannten Situation kam es am 13. April 1919 zur Katastrophe von Amritsar. Als sich Tausende von Indern trotz eines Verbots im Jallianwala Bagh versammelten, einem ummauerten Platz in der Stadt im Punjab, ließ der britische Militärbefehlshaber General Reginald Dyer auf die Menge schießen. Es gab mehrere Hundert Tote und weit über tausend Verletzte. Die britische Herrschaft und all ihre Versprechungen von Reform und Selbstregierung waren vollkommen diskreditiert. In den Augen der Nationalbewegung waren die Zusicherungen nichts anderes als ein »vergifteter Kelch«.[8] Der Hoffnung auf nationale Selbstbestimmung, auch genährt durch Woodrow Wilson, folgte die blutige Desillusionierung. Der Kurs des *Indian National Congress*, der bis dahin stets einen starken moderaten, gesprächsbereiten Flügel gehabt hatte, radikalisierte sich.[9]

Zur selben Zeit scheiterten in Paris alle indischen Versuche, die Frage der indischen Unabhängigkeit auf die Tagesordnung der Friedenskonferenz zu setzen oder zumindest ein öffentliches Bekenntnis des amerikanischen Präsidenten zu erreichen. Der INC wählte zwar drei Delegierte, unter ihnen Gandhi, aber auch einen Vertreter der muslimischen Bevölkerung, die das Land in Paris repräsentieren sollten. Diese erhielten aber keine Pässe für die Reise nach Frankreich. Britisch-Indien war daher innerhalb der Delegation des Empires durch Montagu und mit dem Maharadscha von Bikaner und S. P. Sinha durch zwei ranghohe Inder vertreten, die nicht im Verdacht standen, der Nationalbewegung nahezustehen. Der amerikanische Präsident, den Briefe und Petitionen erreichten, entzog sich einer klaren Stellungnahme, verwies die Inder an die zuständigen Stellen und vertröstete sie auf den Völkerbund. In diesen wurde Indien als Gründungsmitglied aufgenommen, was in der britischen Regierung – ebenso wie die Tatsache, dass Indien in Paris in der Empire-Delegation eigene Delegierte hatte – schwere Bedenken auslöste. Edwin Montagu ahnte, dass man zwischen »äußerer Selbstbestimmung« auf der Konferenz oder im Völkerbund und »innerer Selbstbestimmung« auf Dauer nicht würde unterscheiden können und dass die Indien zugestandene »äußere Selbstbestimmung« nicht ohne Konsequenzen auf die Forderungen nach innerer Selbstregierung bleiben würde. Montagu hatte von Anfang an befürchtet, dass Wilsons Idee des Selbstbestimmungsrechts der Völker für die britische Indienpolitik höchste Gefahr bedeutete.[10]

PRÄLIMINARKONFERENZ STATT
FRIEDENSKONGRESS

So spiegelten sich selbst in der Frage der Konferenzorganisation, der nationalen Vertretungen und der Delegiertensitze globale politische Themen und Probleme. Das Konferenzstatut vom 17. Januar 1919 war daher bei Lichte betrachtet viel mehr als nur ein Organisationspapier. Aber es musste trotz aller Schwierigkeiten verabschiedet werden, weil sonst die Konferenz am Tag darauf nicht offiziell hätte eröffnet werden können. Mindestens ebenso wichtig und auch im Konferenzstatut fixiert war die Entscheidung, dass es sich bei dieser Konferenz nur um eine Vorkonferenz handeln sollte. Diese Vorkonferenz sollte zu einer interalliierten Abstimmung über einen Präliminarfrieden mit Deutschland und den anderen Mittelmächten führen, mit dem man vor allem möglichst rasch den Kriegszustand beenden wollte. Darüber hatten sich Lloyd George, Clemenceau und Orlando im Grundsatz bereits bei einem Treffen in London Anfang Dezember 1918 verständigt und dafür auch die Zustimmung der USA erhalten. Man wollte, so hieß es in einer gemeinsamen Resolution nach der Londoner Zusammenkunft, vor der Unterzeichnung eines Präliminarfriedensvertrags eine interalliierte Konferenz in Versailles oder Paris abhalten.[11] Der junge britische Diplomat Harold Nicolson erklärte dazu, dass man sich erst nach einiger Zeit, wenn sich die öffentliche Stimmung in den Siegerstaaten beruhigt hatte und weniger antideutsch geworden war, mit den Deutschen treffen wollte, um den eigentlichen Friedensvertrag auf der Basis der Vierzehn Punkte auszuhandeln. In seinem Tagebuch notierte er: »Wir sind im Begriff, in Paris zusammenzukommen, um den Friedensvertrag zu entwerfen. Wir haben uns darauf verpflichtet, dass die Friedensbedingungen in Einklang stehen werden mit den Vierzehn Punkten. Die öffentliche Meinung wird uns indessen nicht erlauben, dieses Versprechen einzuhalten. Wir müssen daher den endgültigen Vertrag so lange aufschieben, bis die öffentliche Meinung vernünftiger geworden ist. Unsere augenblickliche Aufgabe ist es somit, die Bedingungen für einen Präliminarfrieden zu entwerfen, der es uns ermöglicht, zu demobilisieren, die Blockade [gegen Deutschland] aufzuheben und schließlich mit unseren Gegnern einen Friedensvertrag zustande zu bringen in Einklang mit den Bedingungen, unter denen sie sich ergeben haben.«[12]

In jedem Fall war das Verfahren, erst einen Präliminarfrieden zu entwickeln, nicht unüblich und musste keineswegs von Anfang an auf eine diskriminierende Behandlung der Mittelmächte und insbesondere der Deutschen hinauslaufen. Es war zu diesem Zeitpunkt nicht geplant, die Deutschen von den Friedensverhandlungen komplett auszuschließen und auf einen diktierten Frieden, so wie er dann in Versailles unterzeichnet wurde, zuzusteuern. Aber man sah auf alliierter Seite klar die Notwendigkeit einer internen Vorverständigung, um später den Kriegsgegnern geschlossen gegenübertreten zu können. Der zum Teil erheblichen Meinungsunterschiede im eigenen Lager war man sich mehr als bewusst. Sollte man dem Gegner, den Deutschen zumal, die Möglichkeit bieten, solche Divergenzen auszunutzen, die Alliierten gegeneinander auszuspielen und davon zu profitieren? Diese Gefahr, das »Schreckgespenst eines deutschen Talleyrand«, stand den Alliierten deutlich vor Augen.[13] Und die Deutschen hatten in ihren Konferenzvorbereitungen ja genau diese Strategie entwickelt. Das unterstreicht nur noch einmal, wie präsent allen Akteuren 1919 der über hundert Jahre zurückliegende Wiener Kongress war. In der Tat hatte es der französische Bevollmächtigte Talleyrand damals vermocht, insbesondere aus dem scharfen und bis an den Rand eines Krieges führenden Konflikt zwischen den Alliierten in der sächsisch-polnischen Frage – Preußen und Russland auf der einen Seite, Österreich und England auf der anderen – Nutzen für Frankreich zu ziehen. Es kam damals zu einem gegen Preußen und Russland gerichteten Geheimvertrag zwischen Österreich, England und Frankreich, was die französische Position in Wien erheblich verbesserte, ja zu einer Reintegration Frankreichs in den Kreis der europäischen Großmächte führte. Der britische Historiker Charles Webster, der im Auftrag des *Foreign Office* vor Beginn der Pariser Konferenz und zu deren Vorbereitung eine Studie über den Wiener Kongress verfasste, hat jedenfalls der sächsisch-polnischen Krise im Winter 1814/15 und ihrer Bedeutung für Frankreich große Aufmerksamkeit gewidmet.[14]

Weitere Argumente für eine alliierte Vorverständigung traten hinzu. Weil man den Krieg von alliierter Seite als Krieg zur Wiederherstellung von Recht und Gerechtigkeit geführt hatte und der Frieden nicht nur den Krieg beenden, sondern auch die Grundlagen einer auf Rechtsprinzipien beruhenden internationalen Friedensordnung legen sollte, war es naheliegend, dass man sich über diese Prinzipien, die man mit der Gegenseite nicht zu verhandeln bereit war, vorab verständigen wollte.[15] Und schließlich stellte sich zum Jahreswechsel 1918/19, als diese Vorentscheidungen fielen, die Frage, mit welchen Regierungen man zu diesem Zeitpunkt hätte verhandeln sollen. Welche politischen Repräsentanten verfügten denn überhaupt über die Autorität, über einen Frieden nicht nur zu verhandeln, sondern diesen dann auch innenpolitisch durchzusetzen? Im deutschen Fall war Anfang Januar 1919 die politische Dynamik völlig unabsehbar. War die Revolution beendet? Würde sie sich fortsetzen oder womöglich nach russischem Muster radikalisieren? Würde es zu einem Bürgerkrieg kommen? Besaßen die Sozialdemokraten im Rat der Volksbeauftragten genügend innenpolitischen Rückhalt? Trotz der Wahlen zur Nationalversammlung am 19. Januar und der sich ihr anschließenden Regierungsbildung auf der Grundlage des Gesetzes über die vorläufige Reichsgewalt war die politische Situation in Deutschland unklar. Auch das sprach dagegen, deutsche Vertreter zu früh in die Friedensverhandlungen einzubeziehen.[16]

Im Berliner Außenministerium und in den Arbeitsstäben, die die Friedensverhandlungen planten, stieß das Vorgehen der Alliierten zunächst nicht auf Erstaunen oder Irritation. Es entsprach üblichen Gepflogenheiten, mit denen die deutschen Diplomaten und Völkerrechtler vertraut waren, und dass auch politische Gründe die Alliierten dazu brachten, sich zunächst untereinander zu verständigen, konnte man sich in Berlin denken. Weil man selbst Hoffnungen hegte, Meinungsunterschiede zwischen den Alliierten ausnutzen zu können, musste es plausibel erscheinen, dass diese sich im Vorfeld bemühten, solche Differenzen weitestmöglich auszuräumen. So nutzte man die Wochen nach dem Waffenstillstand dafür, sich selbst intensiv vorzubereiten. Dass die Pariser Dynamiken sich schon nach kurzer Zeit in eine ganz andere Richtung entwickelten, wusste man zunächst nicht. Nur langsam wurde den Deutschen klar, dass es keinen Präliminarfrieden geben würde und dass der Vertragsentwurf, zu dessen Entgegennahme man sie am 18. April nach Versailles einlud, der Entwurf eines finalen Friedensvertrags sein würde, über den man freilich in der Folge mündlich zu verhandeln gedachte.

Im Grunde hätte der Präliminarfrieden den Waffenstillstand ersetzen und damit die Möglichkeit von Friedensverhandlungen schaffen sollen. Dafür war wie bei den großen europäischen Friedensschlüssen des 19. Jahrhunderts – in Wien 1814/15, in Paris 1856 und in Berlin 1878 – das Format eines Kongresses vorgesehen. Dass die alliierten Mächte im Januar 1919 in Paris keinen Kongress eröffneten, sondern eine Konferenz, unterstreicht ihre Absicht, nach einer internen Vorverständigung und dem Abschluss eines Präliminarfriedens, den man sich offensichtlich nicht zu kompliziert vorstellte, mit den eigentlichen Friedensverhandlungen zu beginnen und Deutschland an diesen zu beteiligen. Dazu ist es nicht gekommen. Die Komplexität der

Materie und die divergierenden Interessen zwischen den Alliierten, die von Konferenzbeginn an zeitraubende Krisen und Konflikte mit sich brachten, führten dazu, dass im Laufe des Frühjahrs 1919 die Idee eines Präliminarfriedens faktisch fallen gelassen wurde. Bis dahin war immer wieder von dem bevorstehenden Friedenskongress die Rede gewesen. Dieser Begriff verschwand nun allmählich aus Dokumenten und Aufzeichnungen.[17]

Insbesondere in der amerikanischen Delegation hatte sich zu diesem Zeitpunkt die Meinung durchgesetzt, dass ein Vorfriedensvertrag mit vergleichsweise weitreichenden Bestimmungen ein völkerrechtlicher Vertrag sei, der der Zustimmung des amerikanischen Senats bedürfe. Das jedoch, so Wilson im *Supreme Council*, werde Monate dauern und den Abschluss des finalen Friedensvertrags massiv verzögern. Erst recht, so der Präsident, müsse der Senat befasst werden, wenn die zu diesem Zeitpunkt bereits finalisierte Völkerbundsatzung in den Vorfriedensvertrag integriert werden solle, wie es dem amerikanischen Präsidenten vorschwebte und wie es die Vollversammlung der Konferenz am 25. Januar beschlossen hatte. Nachdem die Problematik am 17. März im *Supreme Council* diskutiert worden war, ließ ein internes Treffen der amerikanischen Delegation einen Tag später an der Bedeutung dieser Entwicklungen keinen Zweifel. Nicht nur war man der Ansicht, dass die Völkerbundsatzung in einen Präliminarvertrag nicht inkorporiert werden konnte, sondern man war sich einig, dass der Präliminarfriedensvertrag, dessen Inhalte sich zu diesem Zeitpunkt klar abzuzeichnen begannen, in Wirklichkeit ein ratifikationsbedürftiger Friedensschluss war.[18] Daraus ergab sich jedoch nicht die Umwandlung der Friedenskonferenz in einen Friedenskongress nach traditionellem Muster. Anders als die Deutschen es erwartet hatten, wurden sie, nachdem die Alliierten sich auf ihren Vertragsentwurf geeinigt hatten, nicht zu Verhandlungen nach Paris gebeten, sondern bekanntermaßen lediglich zur Übergabe der Friedensbedingungen nach Versailles zitiert. Zeitaufwendige mündliche Verhandlungen wurden nicht zugelassen, stattdessen wuchs der ultimative Druck.

18. JANUAR 1919,
DIE KONFERENZ WIRD ERÖFFNET

Der offizielle Eröffnungstermin der Konferenz wurde erst wenige Tage zuvor festgelegt. Dass Clemenceau und der französische Staatspräsident Poincaré von Anbeginn an zielstrebig auf den 18. Januar, den Jahrestag der Gründung des Deutschen Reiches im Schloss von Versailles, als Eröffnungsdatum zusteuerten, ist eher unwahrscheinlich.[19] Dann hätte man die Konferenz auch gleich in Versailles selbst eröffnen können. Als jedoch der 18. Januar als offizieller Eröffnungstag feststand, konnte es wenig überraschen, dass insbesondere die französische Seite mit diesem Datum symbolische Politik betrieb und den Bezug auf die deutsche Reichsgründung einsetzte, um französische Interessen und Erwartungen hinsichtlich des Friedensschlusses zu unterstreichen. Anders als der Waffenstillstand vom 11. November 1918 und später die Übergabe der Friedensbedingungen an die deutsche Delegation am 7. Mai 1919 und die Friedensvertragsunterzeichnung am 28. Juni 1919 passt die Konferenzeröffnung nur bedingt in die bewusste Demütigungspolitik gegenüber Deutschland. Es waren ja auch gar keine deutschen Vertreter anwesend, die man – anders als in Compiègne und später in Versailles – ganz direkt hätte demütigen können.

Hinzu kommt schließlich noch die Tatsache, dass die Aufmerksamkeit der Deutschen Mitte Januar ganz anderen Fragen galt als dem Beginn der alliierten Friedensverhandlungen, an denen man nicht einmal beteiligt war. Was die Menschen in Deutschland in jenen Tagen beschäftigte, gerade auch diejenigen, die das Zeitgeschehen aufmerksam verfolgten, waren die als Spartakusaufstand bezeichneten bürgerkriegsähnlichen Unruhen vor allem in Berlin, die von der Regierung des Rates der Volksbeauftragten mit Hilfe von Freikorps blutig niedergeschlagen wurden. Angehörige dieser Freikorps ermordeten am 15. Januar Rosa Luxemburg und Karl Liebknecht, die der Spartakusgruppe innerhalb der USPD angehörten und für die Errichtung einer Räterepublik nach russischem Vorbild eintraten. Die Ermordung Luxemburgs und Liebknechts löste Unruhen überall in Deutschland aus, die die letzten Tage des Wahlkampfs vor den Wahlen zur Nationalversammlung am 19. Januar überschatteten. Was in diesen Tagen in Paris geschah, ging angesichts dessen nahezu unter. Als einige Jahre später der Publizist Karl Friedrich Nowak eine der frühesten deutschsprachigen Gesamtdarstellungen der Pariser Konferenz und der Entstehung des Versailler Vertrags vorlegte, würdigte er den 18. Januar 1919 mit keinem Satz. Für ihn begann die Konferenz am 12. Januar mit der ersten Zusammenkunft des *Supreme Council*.[20]

Die Eröffnungssitzung der Plenarkonferenz fand im Uhrensaal des französischen Außenministeriums am Quai d'Orsay statt, der im Vorfeld der Verhandlungen Friedenssaal genannt wurde, eine Bezeichnung, die sich indes nie richtig etablieren, geschweige denn durchsetzen konnte. Dafür dass es sich um einen welthistorischen Moment handelte, lief die Zusammenkunft vergleichsweise geschäftsmäßig ab; auf großes Zeremoniell verzichtete man ganz. Teilnehmer wie die britischen Diplomaten Harold Nicolson oder James Headlam-Morley berichteten später in ihren Erinnerungen überaus knapp und eher beiläufig über das Ereignis. Headlam-Morley nannte die Veranstaltung unwürdig und störte sich am Gedrängel der Presseleute, von denen einige sich sogar mit den Delegierten unterhalten hätten.[21] Vor allem amerikanische Journalisten zeigten sich beeindruckt. Die große Statue einer weiblichen Figur, die Frankreich verkörperte und die hinter dem Tisch des Konferenzpräsidiums aufgestellt worden war, hielt der AP-Korrespondent Thompson für eine Statue des Friedens mit der Fackel der Zivilisation in der Hand; Harry Hansen, ein anderer Korrespondent, sah in ihr eine Freiheitsstatue. Thompson, der schon einige Tage zuvor Gelegenheit hatte, den Saal zu besichtigen, war beeindruckt von der Eleganz und Schönheit des Raums: von den in Weiß und Gold gehaltenen Wänden, den roten Vorhängen und den schweren Kronleuchtern. Der Konferenztisch, mit dunkelgrünem Tuch bespannt, war hufeisenförmig aufgestellt, über 70 Delegierte fanden auf Stühlen mit roten Lederpolstern an ihm Platz. Dahinter waren weitere Stühle für Berater, die man heute »Sherpas« nennen würde, aufgestellt.[22]

Um 15 Uhr eröffnete der französische Staatspräsident die Konferenz. Nur in Paris, so Raymond Poincaré, könne diese Konferenz stattfinden, denn die Eroberung von Paris sei mehr als vier Jahre lang das Hauptziel des geschlagenen Feindes gewesen, und mehr als jedes andere Land habe Frankreich unter dem Krieg gelitten. Zusammen mit seinen Verbündeten habe Frankreich einen Kreuzzug der Menschheit für das Recht und die Rettung der Zivilisation geführt, gegen einen Feind, der erst die Hegemonie über Europa habe erobern wollen und dann die Weltherrschaft. Die Schuld der Mittelmächte und insbesondere des Deutschen Reiches sei klar erwiesen, Dokumente aus deutschen Archiven ließen daran keinen Zweifel, stellte Poincaré fest und bezog sich dabei auf Akten der Reichsleitung aus dem Juli 1914, die der bayerische Ministerpräsident Kurt Eisner Ende November 1918 auszugs-

Konferenzeröffnung am 18. Januar 1919 am Quai d'Orsay in Paris

Ein welthistorischer Moment: Im Uhrensaal des französischen Außenministeriums wurde am 18. Januar 1919 um 15 Uhr die Friedenskonferenz eröffnet. Dicht gedrängt saßen die Delegierten und zahlreiche Berater in dem prunkvollen Raum mit Blick auf die Seine. Auch Vertreter der internationalen Presse und etliche Fotografen nahmen an der Eröffnung teil und raubten ihr die Würde, wie kritische Beobachter meinten. Das war der Preis jener »Neuen Diplomatie«, zu der auch die Einbeziehung der – medialen – Öffentlichkeit weltweit gehörte. Der französische Staatspräsident Poincaré erinnerte an den 18. Januar 1871, als im Spiegelsaal des Schlosses von Versailles nach dem Deutsch-Französischen Krieg das deutsche Kaiserreich proklamiert worden war, und verlangte eine Bestrafung der Deutschen für ihre Aggression 1914. Sicherheit – vor Deutschland – müsse künftig an die Stelle von Furcht treten, erklärte der französische Ministerpräsident Clemenceau, den die Delegierten zum Konferenzvorsitzenden wählten.

weise veröffentlicht hatte.[23] Doch der Krieg, so Poincaré, sei auch ein Krieg gewesen zur Befreiung geknechteter Völker, und als solcher habe er sich über die ganze Erde erstreckt. Das bezog sich ohne Frage nicht nur auf den Untergang und die Auflösung des Habsburgerreiches, des Osmanischen Reiches und des russischen Zarenreiches in der Folge des Krieges, sondern war mindestens ebenso sehr eine Reverenz an Woodrow Wilson und das Selbstbestimmungsrecht der Völker. Freie Völker, befreite Völker seien auf der Konferenz vertreten, und Poincaré erwähnte in diesem Zusammenhang die Polen, die Tschechoslowaken und die Jugoslawen. Letztere waren, weil das Königreich der Serben, Kroaten und Slowenen noch nicht anerkannt war, über die serbische Delegation in Paris vertreten. Nicht alle Kroaten und Slowenen waren davon begeistert.

Zu einem Frieden des Rechts gehöre aber auch die Bestrafung der Rechtsbrecher sowie Wiedergutmachung und Entschädigung. Damit näherte sich Poincaré den spezifisch französischen Interessen. Ein Rechtsfrieden, so fuhr er fort, erfordere effektive Garantien gegen eine Wiederkehr, gegen eine Wiederholung des geschehenen Unrechts. Das sei ein Anspruch vor allem derjenigen Nationen, die fremder Aggression ausgesetzt gewesen und dies auch künftig wieder sein könnten, derjenigen, die in ihrer Geschichte viele Male von immer derselben Flut fremder Invasion heimgesucht worden seien. Jeder im Saal verstand die Anspielung, verstand das Bedrohungsszenario, verstand die Sorge, die Frankreich umtrieb, der geschlagene Gegner sei nicht endgültig niedergerungen, sondern werde sich wieder erheben und Frankreich erneut bedrohen. Deswegen forderte der Präsident beides: einen Frieden der Gerechtigkeit und einen Frieden der Sicherheit, was nichts anderes bedeuten konnte als eine dauerhafte und international abgesicherte Schwächung Deutschlands – politisch, militärisch und ökonomisch. Und um das zu unterstreichen, erinnerte Poincaré am Ende seiner Rede an den 18. Januar 1871, als ein deutsches Invasionsheer im Schloss von Versailles das Deutsche Reich proklamiert und zwei französische Provinzen geraubt habe. Von Anfang an sei das Reich mit diesem Makel behaftet gewesen: »Im Unrecht geboren, endete es in Schande!« Mit diesem Ausruf beendete der französische Präsident seine Ansprache und erklärte die Konferenz für eröffnet. Und auch wenn er den Delegierten noch zurief, dass die Zukunft der Welt in ihren Händen liege, so führt doch kein Weg an der Einsicht vorbei, dass es Frankreich – bei allen Meinungsunterschieden zwischen seinen Spitzenrepräsentanten – nicht um eine neue Weltordnung ging, sondern um Sicherheit vor

Deutschland. Frankreich würde, so muss man Poincarés Botschaft verstehen, die Friedensordnung, die zu schaffen man sich in Paris versammelt hatte, daran messen, ob sie diesem Ziel diente.[24]

Nach dem französischen Staatsoberhaupt ergriff als zweiter der amerikanische Präsident das Wort und schlug vor, den französischen Ministerpräsidenten Clemenceau zum Vorsitzenden der Konferenz zu wählen. Das war keine Selbstverständlichkeit, denn protokollarisch stand der amerikanische Präsident als Staatsoberhaupt über dem Regierungschef. Andererseits war es in der internationalen Politik und Diplomatie jener Jahre eher ungewöhnlich, dass ein Staatsoberhaupt sich direkt an Verhandlungen beteiligte. Doch genau darum ging es Wilson, genau deshalb war er – ebenso ungewöhnlich – nach Europa gereist. Er wollte sich selbst für seine Vorstellungen einsetzen, war überzeugt, die Verhandlungspartner am Konferenztisch und in informellen Gesprächen für seine Ideen einer »neuen Diplomatie« jenseits der traditionellen, rein machtpolitisch und von einzelstaatlichen Interessen bestimmten »alten Diplomatie« der Europäer gewinnen zu können. Eine Weile hatte Wilson durchaus mit dem Gedanken gespielt, den Konferenzvorsitz zu übernehmen. Das hätte seinem Selbstverständnis entsprochen und den USA bis zu einem gewissen Grad die Chance geboten, die Rolle eines machtvollen Schiedsrichters zu übernehmen, insbesondere wenn – wie ursprünglich geplant – die Mittelmächte und vor allem die Deutschen nach Ende der interalliierten Abstimmungen mit am Verhandlungstisch sitzen würden. Doch dem Gastgeberland war der Konferenzvorsitz kaum zu bestreiten. Dass das nicht unproblematisch sein würde, dessen war man sich in der amerikanischen und der britischen Delegation durchaus bewusst.[25]

Auch aus diesem Grund hatte man es in Washington und London zunächst vorgezogen, die Konferenz im neutralen Ausland, in den Niederlanden oder in der Schweiz, stattfinden zu lassen. Im Herbst 1918 plädierte Wilson für Lausanne, die britische Seite tendierte eher zu Genf. Demgegenüber sprach sich die französische Regierung von Anfang an für eine Konferenz auf französischem Boden aus.[26] Schon im Oktober 1918 hatte Außenminister Stéphen Pichon Versailles vorgeschlagen, um die Demütigung Frankreichs durch die deutsche Reichsgründung von 1871, diese größte Schmach der jüngeren französischen Geschichte, gleichsam zu tilgen:[27] »Auf unserem Territorium, in Versailles, vor den Toren unserer Hauptstadt, hat Deutschland den Grundstock für seine Weltherrschaft gelegt, die es durch die Vernichtung der Freiheit der Völker aufbaute. Sollte sich nicht dort, gleichsam als Sinnbild des Triumphes der Gerechtigkeit, der Kongress versammeln, dessen wichtigster Grundsatz das Recht der Völker auf Selbstbestimmung sein wird?«[28] Ministerpräsident Clemenceau sprach sich ebenfalls für Versailles aus. Dort hatte im mondänen, erst wenige Jahre zuvor eröffneten Hotel Trianon Palace bereits seit 1917 der *Supreme War Council* der Alliierten seinen Sitz. Argumente für oder gegen die vorgeschlagenen Konferenzorte wurden ausgetauscht. Paris, so hieß es, sei durch die deutschen Angriffe gezeichnet. Würde das nicht die Stimmung der Delegierten beeinflussen, fragte man auf amerikanischer Seite. Welche Auswirkung auf die Konferenz und ihre Teilnehmer würde die französische Öffentlichkeit haben? Würde sie Druck ausüben können? Auf der anderen Seite sprach gegen die Schweiz, dass sich deutsche Staatsangehörige auf neutralem Boden vergleichsweise frei bewegen konnten und dass dies immer wieder zu Begegnungen von schwer einschätzbarer Wirkung führen würde.

Am Ende entschied man sich für Versailles, wo auch im Dezember und in der ersten Januarhälfte erste inoffizielle Beratungen stattfanden. Erst in den Tagen vor der offiziellen Eröffnung wurden der Konferenzsitz und das Konferenzsekretariat ins französische Außenministerium am Quai d'Orsay im Herzen von Paris verlegt, wofür vor allem logistische Gründe sprachen. Doch nur die Präliminarkonferenz der Alliierten sollte in Paris tagen, der eigentliche Friedenskongress mit Deutschland und den anderen Mittelmächten sollte wieder in Versailles stattfinden. So ist es dann ja auch gekommen, nur dass es keinen Kongress mit mündlichen Verhandlungen gab, sondern lediglich zwei Begegnungen zwischen den Deutschen und den Alliierten: bei der Übergabe der Friedensbedingungen am 7. Mai und bei der Unterzeichnung des Vertrags am 28. Juni 1919. Aus der Tatsache, dass die Konferenz in Frankreich stattfand, ergab sich auch, dass Französisch die Konferenzsprache sein würde; dies entsprach durchaus nach wie vor diplomatischen Gepflogenheiten im beginnenden 20. Jahrhundert. Englisch trat als weitere offizielle Konferenzsprache hinzu, wofür sich vor allem die USA einsetzten. In vielen Kommissionen wurde Englisch gesprochen, auch die Unterredungen im Rat der Vier von Ende März an fanden auf Englisch statt, was für den italienischen Ministerpräsidenten Orlando ein viel größeres Problem war als für Clemenceau, der jahrelang in den USA gelebt hatte, einige Jahre sogar mit einer Amerikanerin verheiratet gewesen war und daher fließend Englisch sprach.

Dass Frankreich Gastgeberland war, gab Woodrow Wilson die Chance, im Rahmen des Möglichen seinen protokollarischen Vorrang zu relativieren.

Er betrachtete sich selbst am liebsten wie Lloyd George oder Clemenceau als Regierungschef und gewann dadurch auch Handlungsfreiheit, die ihm der Konferenzvorsitz, der ihm auf neutralem Boden mit größter Wahrscheinlichkeit zugefallen wäre, verwehrt hätte. Der amerikanische Präsident erinnerte in seiner kurzen Rede an die Tradition von Paris als Ort bedeutender internationaler Zusammenkünfte und gab sich zugleich überzeugt, dass nach einem Krieg, der die menschliche Zivilisation zu zerstören gedroht habe, die bevorstehende Konferenz in mancherlei Hinsicht als »der krönende Abschluss der Diplomatiegeschichte der Welt« bezeichnet werden könne.[29]

Nachdem auch der britische Premierminister und der italienische Außenminister Sidney Sonnino sich Wilsons Hommage an Clemenceau und seinem Vorschlag, den französischen Ministerpräsidenten zum Konferenzvorsitzenden zu machen, angeschlossen hatten und sich aus dem Plenum kein Widerspruch dagegen erhoben hatte, ergriff der »Tiger« das Wort. Wie Poincaré sprach auch der Ministerpräsident von der Katastrophe des Krieges und der Notwendigkeit, Vorkehrungen zu treffen, damit eine solche Katastrophe sich nicht wiederhole. Sicherheit müsse an die Stelle von Furcht treten. Dazu freilich bedürfe es der Geschlossenheit, mahnte Clemenceau, und des Willens, widerstreitende Interessen zum Wohle der Menschheit insgesamt zu überwinden. Der Imperativ der Geschlossenheit bezog sich bei Clemenceau nicht nur auf das Verhältnis zwischen den Großmächten, sondern mindestens ebenso sehr auf die kleineren Mächte, die an der Konferenz teilnahmen. Deren Mitspracherechte waren allerdings von Anfang an sehr eng begrenzt, da sie gleichsam unter dem Primat der Großmächte standen. Das zeigte sich wenige Augenblicke später, als Clemenceau, soeben zum Konferenzvorsitzenden gewählt, der Plenarversammlung Vorschläge zum weiteren Procedere unterbreitete. Statt nämlich die anwesenden Ländervertreter zu ermuntern, ihre Positionen und Interessen in künftigen Plenarversammlungen oder Ausschusssitzungen mündlich darzulegen, forderte er sie auf, dem Konferenzsekretariat, zu dessen Geschäftsführer der französische Diplomat Paul Dutasta bestimmt worden war, schriftliche Memoranden zukommen zu lassen. Das sei ein neuartiges System, konzedierte Clemenceau, aber es gehe darum, Zeit zu sparen. Die Stellungnahmen würden vom Konferenzsekretariat geprüft, zusammengefasst und dann der Konferenz wieder vorgelegt. Damit war – abgestimmt zwischen den vier zu diesem Zeitpunkt anwesenden Großmächten – eine klare Konferenzhierarchie etabliert und die Dominanz der Großmächte festgeschrieben.[30]

DOMINANZ DER GROSSMÄCHTE – PRIMAT DES NORDENS

Auf der zweiten Plenarversammlung am 25. Januar 1919 erhob sich dennoch Widerspruch gegen diese Hierarchie und das auf ihr basierende Verfahren. Den konkreten Anlass dafür bildete die Einsetzung einer Reihe von Kommissionen, die sich mit verschiedenen Themen befassen sollten. So ging es am 25. Januar um die eine Woche zuvor beschlossene Kommission für den Völkerbund, die Kommission für die Verantwortung der Urheber des Krieges und deren Bestrafung, die Reparationskommission, die Kommission für internationale Arbeitsgesetzgebung sowie die Kommission für die Internationalisierung von Häfen, Wasserstraßen und Eisenbahnen. In jeder dieser Kommissionen sollten die fünf Großmächte mit jeweils einem Repräsentanten vertreten sein, drei weitere Sitze sollten auf die übrigen Länder verteilt werden. Das führte in der Plenarversammlung zu Empörung und Verärgerung. Der belgische Premierminister Paul Hymans protestierte gegen diese Diskriminierung, und zahlreiche Vertreter anderer Länder, darunter Serbien, Griechenland, Portugal, die Tschechoslowakei, Rumänien, Polen und China, schlossen sich dem an. Pandiá Calógeras, brasilianischer Kriegsminister, kritisierte in scharfen Worten nicht nur die Zusammensetzung der Kommissionen, sondern auch die offensichtlich von den Großmächten bereits getroffenen Vorentscheidungen. Er sei überrascht, so der brasilianische Delegierte, ständig hören zu müssen: »Dies ist bereits entschieden worden, jenes ist bereits entschieden worden. Wer hat diese Entscheidungen getroffen? Wir sind eine souveräne Versammlung, ein souveräner Gerichtshof, und mir scheint, dass das einzige entscheidungsbefugte Gremium die Konferenz selbst ist.«[31]

Clemenceau als Konferenzvorsitzender erkannte den Sprengstoff, der im Protest der kleineren Mächte steckte. Seine Antwort war im Ton diplomatisch und verbindlich, in der Sache indes eindeutig. Es gebe neben der Konferenz aller Mächte auch eine Konferenz der Großmächte. Damit verwies er in aller Offenheit auf die Beratungen der Großmächte im Rat der Zehn und deren Gewicht für die Friedenskonferenz insgesamt und unterstrich die ohnehin klar erkennbare Machthierarchie, wobei er die Privilegierung der Großmächte mit den ungeheuren Opfern der Hauptalliierten rechtfertigte. Ferner führte er die Notwendigkeit, möglichst schnell zu Ergebnissen zu gelangen, als Argument für die auf Effizienz ausgerichtete Organisation der Konferenz an. Eine Entgrenzung der Zahl der Kommissionsteilnehmer werde nur zu einer inhaltlichen Entgrenzung der Kommissionssitzungen führen.³²

Das war sicher nicht falsch. Dennoch offenbarte sich in dem Wortwechsel am 25. Januar mehr als nur ein Dissens über Fragen der Konferenzorganisation. Es ging um Machthierarchien in der internationalen Politik, um das Verhältnis von Großmächten und weniger mächtigen Staaten und damit um die Frage von Gleichheit und Souveränität in der internationalen Staatengemeinschaft. Nicht alle Staaten wollten akzeptieren, dass in der Plenarversammlung die internationale Staatengemeinschaft lediglich repräsentativ und für die Öffentlichkeit inszeniert wurde, während sich im Rat der Zehn, später im Rat der Vier, sowie in den Ausschüssen der Konferenz traditionelle Machtansprüche und hierarchische Denkweisen abbildeten. Hier ging es nicht nur um ein punktuelles Problem, sondern um grundsätzliche Fragen der internationalen Politik und der internationalen politischen Ordnung. Es war vor diesem Hintergrund kein Zufall, dass sich mit Pandiá Calógeras ein brasilianischer Politiker zum Hauptsprecher des Protests gemacht hatte, denn es war dies auch eine Auseinandersetzung über die Frage nach dem Verhältnis zwischen den europäisch-atlantischen Großmächten des Nordens und den Staaten der Südhalbkugel. Deren Vertreter waren nicht zuletzt nach Paris gereist, weil sie sich jenseits der Beendigung des Krieges die Grundlegung einer internationalen Ordnung erhofften und erwarteten, in der ihre Staatlichkeit als vollwertig anerkannt sein würde und in der gerade die Staaten Lateinamerikas nicht länger als Staaten zweiter Ordnung oder minderer Qualität betrachtet und entsprechend behandelt werden würden.

Die Konfrontation, die am 25. Januar aufflammte, war mit der Antwort Clemenceaus noch nicht beendet. Vielmehr flackerte sie wenige Tage später erneut auf, als es bei einem Treffen der Vertreter der 19 kleineren Mächte unter der Leitung des französischen Diplomaten Jules Cambon noch einmal um die Frage der Kommissionsmitgliedschaften ging. Zwar akzeptierten die Delegierten die Zusammensetzung der Kommissionen im Grundsatz, aber Calógeras artikulierte wiederum sein Unbehagen und bezog dieses insbesondere auf die Zusammensetzung der geplanten Kommission für den Völkerbund. Es bestehe, so der Brasilianer, bereits Einigkeit über die Errichtung eines Völkerbunds, und in diesem Völkerbund werde jeder Mitgliedsstaat, gleich ob groß oder klein, mächtig oder weniger mächtig, über eine Stimme verfügen. Diesem Prinzip müsse auch die Zusammensetzung der Pariser Kommission entsprechen. »Vom Völkerbund dürfen wir nicht nur in unseren

Reden sprechen, sondern wir müssen den Geist dieses Bundes in unseren Herzen tragen.«[33] Cambon, Mitglied der französischen Delegation, antwortete dem Brasilianer mit dem ganzen Selbstbewusstsein einer europäischen Großmacht. Die Großmächte hätten über die Einsetzung der Kommissionen in genau der gleichen Weise entschieden, wie sie auch über die Einberufung der Konferenz insgesamt entschieden hätten. Sie würden über jede Rechtfertigung verfügen, so zu handeln: »Wir haben Millionen von Verwundeten und Toten, und wenn es bei der Friedenskonferenz nicht auch um die Frage eines Völkerbundes ginge, dann hätten die Großmächte auch nur allein untereinander beraten können.« Hinter allen Konferenzteilnehmern, so Cambon, stehe die öffentliche Meinung der Welt, und diese öffentliche Meinung werde nicht danach fragen, ob dieser oder jener Staat in dieser oder jener Kommission vertreten gewesen sei, denn das interessiere niemanden, sondern allein nach den Ergebnissen. Der Dissens war unübersehbar.[34]

Es gehört zu den Ergebnissen dieser Entwicklungen der ersten Konferenztage, dass beispielsweise die lateinamerikanischen Staaten bei der Kooperation und Abstimmung ihrer Interessen eine Intensität an den Tag legten, die deutlich über ihre bislang geübte Praxis hinausging. Erfolge dieser Solidarität auch über die lateinamerikanischen Staaten hinaus blieben nicht aus. In der Völkerbundskommission erreichten die mindermächtigen Staaten, dass die Zahl ihrer Vertreter auf neun erhöht wurde, wenngleich Südamerika nach wie vor nur durch einen Staat, Brasilien, vertreten war. Das Interesse der lateinamerikanischen Staaten an einer besseren Repräsentation der minderen Mächte in den Pariser Kommissionen gelangte allerdings in dem Augenblick an die Grenzen seiner Wirksamkeit, als die kleineren europäischen Mächte zu fürchten begannen, ihr eigener Einfluss auf die sie besonders interessierenden europäischen Fragen könnte durch ein zu großes Gewicht außereuropäischer und vor allem lateinamerikanischer Staaten reduziert werden. Aus der Solidarität der kleineren Mächte wurde innerhalb weniger Wochen ein Konflikt zwischen Europäern und Nicht-Europäern, denn das Vorgehen der Lateinamerikaner wurde auch von asiatischen Staaten wie China und Siam (Thailand) unterstützt.

Von dieser Spaltung profitierten am Ende die Großmächte, die diese Entwicklung im Sinne einer Politik des *Divide et impera* zwar nicht strategisch angelegt hatten, die aber schnell den Nutzen der Blockbildung innerhalb der Gruppe der kleineren Mächte erkannten. Der *Supreme Council* änderte unverzüglich den Vertretungsmodus in verschiedenen Kommissionen und verhinderte eine nach Einschätzung der Hauptmächte unangemessene Vertretung lateinamerikanischer Staaten zugunsten kleinerer europäischer Länder. Die Empörung der Lateinamerikaner, die durch Kooperation und gemeinsames Agieren im Rahmen der etablierten Verfahrensregeln ihre Vertretung in den Kommissionen verbessert hatten, war gewaltig. Einige Delegationen dachten darüber nach, die Konferenz ganz zu verlassen. US-Außenminister Lansing warnte Woodrow Wilson sogar vor einem möglichen Sonderfrieden mit Deutschland, dem bestimmte südamerikanische Staaten nun zugeneigt sein könnten – obwohl einige dieser Staaten dem Kaiserreich nicht einmal den Krieg erklärt hatten. Was Wilson stärker besorgte, war die Möglichkeit, dass manche Staaten angesichts dieser Entwicklungen womöglich dem Völkerbund nicht beitreten würden. Würde es nicht, so äußerte Lansing gegenüber Wilson, die Idee des Völkerbunds in den USA selbst noch mehr diskreditieren, wenn ausgerechnet eine große Zahl von Staaten der westlichen, der amerikanischen Hemisphäre sich weigerten, Mitglieder der Organisation zu werden? Am Ende konnte die Krise überwunden werden, aber die Staaten Lateinamerikas hatten doch deutlich gemacht, dass man ihre Interessen nicht einfach ignorieren konnte und dass auch sie über Möglichkeiten verfügten, sich auf der Weltbühne Gehör zu verschaffen. Genau das führte am Ende freilich auch dazu, dass keiner der lateinamerikanischen Staaten die Pariser Konferenz verließ. Im Jahr 1919 war Paris die Weltbühne, die man gerade erst betreten hatte und nicht sogleich wieder verlassen wollte.[35]

Nach der Eröffnungssitzung am 18. Januar trat das Konferenzplenum vor der Unterzeichnung des Versailler Vertrags Ende Juni nur noch sieben Mal zusammen. Zu einem deliberativen Gremium ist die Vollversammlung nie geworden; es war vor allem ihre Aufgabe, Beschlüsse, die anderswo gefallen waren – im *Supreme Council*, später dann im Rat der Vier oder in einem der Konferenzausschüsse –, zu bestätigen. Der *Supreme Council* trat zwischen seiner Etablierung am 12. Januar und seiner Auflösung am 17. Juni 1919 immerhin 70 Mal zusammen, wobei diese Zusammenkünfte in den letzten Monaten der Konferenz immer seltener wurden. Zwischen April und Juni 1919 waren es insgesamt lediglich fünf. An Bedeutung gewann demgegenüber der »Rat der Vier«, der sich am 24. März konstituierte und der – ohne Beteiligung Japans – in der zweiten Hälfte der Konferenz zum eigentlichen Macht- und Entscheidungszentrum wurde. Seine Mitglieder, der amerikanische Präsident, der französische Ministerpräsident, der britische Premierminister und der italienische Ministerpräsident, tagten in kleinster Runde, zumeist in der

Residenz Wilsons, und trafen sich zwischen Ende März und Ende Juni nahezu täglich, mitunter sogar zweimal am Tag. Der französische Übersetzer Paul Mantoux hat insgesamt 149 Sitzungen protokolliert.[36] Wenn man seine Aufzeichnungen aber mit den Protokollen von Maurice Hankey, dem britischen Konferenzsekretär, vergleicht und noch diejenigen des italienischen Dolmetschers Luigi Aldrovandi Marescotti hinzunimmt, kommt man auf eine Gesamtzahl von etwa 200 Sitzungen. Das zeugt bei insgesamt 125 Tagen zwischen dem ersten und dem letzten Treffen, das kurz nach der Vertragsunterzeichnung in Versailles stattfand, von einer großen Intensität der Diskussion. Ganz abgesehen davon verfügen wir mit den Aufzeichnungen Mantoux', Hankeys und Aldrovandi Marescottis über eine ungewöhnlich gute und dichte Überlieferung der Beratungen dieses Gremiums, in der auch – am wenigsten noch bei Hankey – Stimmungen, Spannungen und Auseinandersetzungen, kurz die Atmosphäre der Unterredungen erkennbar werden.[37] Tatsächlich wurden die wesentlichen Elemente des Friedensschlusses mit Deutschland im Rat der Vier besprochen, und in Zusammenarbeit mit einem Redaktionsausschuss wurde dort auch der Entwurf des Friedensvertrags mit Deutschland diskutiert und schließlich verabschiedet. Doch die Zuständigkeit des Rates der Vier und die Themen, mit denen er sich befasste, reichten über den Frieden mit Deutschland weit hinaus. Am 25. April beispielsweise diskutierte der Rat nicht nur die wirtschaftlichen Bestimmungen eines Friedensvertrags mit Deutschland, sondern auch die Frage einer Internationalisierung des Nord-Ostsee-Kanals, die Zukunft des ehemaligen deutschen Pachtgebiets Kiautschou und die Rolle Japans in China sowie die Entwicklung in Syrien.[38]

Dass es überhaupt zur Etablierung des Rates der Vier kam, hatte verschiedene Gründe. Die Konferenz hatte zwar in den ersten beiden Monaten ihrer Tätigkeit durchaus gewisse Erfolge erzielt und nicht zuletzt schon vier Wochen nach der Eröffnung den Entwurf einer Völkerbundssatzung vorgelegt. Das verdankte sich vor allem dem Druck Woodrow Wilsons, für den der Völkerbund als Kernelement der neuen internationalen Ordnung oberste Priorität hatte. In der Frage der Friedensverträge mit den Kriegsgegnern war man jedoch kaum vorangekommen. Zwar befassten sich diverse Kommissionen mit einzelnen Aspekten, aber ein Gesamtbild ergab sich daraus noch nicht. Weder waren Ende März 1919 die Konturen der angestrebten politischen und territorialen Ordnung Europas zu erkennen, noch herrschte auch nur in Ansätzen Klarheit über die finanziellen und militärischen Bestimmungen eines

Die »Großen Vier« am 27. Mai 1919 im Hôtel de Crillon, Quartier der amerikanischen Friedensdelegation

Generationen – nicht nur in Deutschland – verbinden dieses Bild mit der Pariser Konferenz und dem Versailler Vertrag. Es zeigt die »Großen Vier«, die trotz aller Plenarversammlungen und Konferenzausschüsse die eigentlichen Entscheidungen fällten. Sie repräsentierten die Sieger, doch mit der Aufgabe, eine friedliche und stabile neue europäische und globale Ordnung zu schaffen, waren sie überfordert. Die kleineren Mächte auf der Siegerseite wurden in die Gestaltung dieser Ordnung kaum mehr einbezogen als die Verlierer oder das international geächtete Russland. Als »Rat der Vier« trafen sich US-Präsident Wilson, der französische Ministerpräsident Clemenceau, sein italienischer Amtskollege Orlando und der britische Premierminister Lloyd George (von rechts) zwischen Ende März und Ende Juni 1919 nahezu täglich, nicht selten zu zwei Sitzungen am Tag. Die Treffen waren Schauplatz heftiger Konflikte und Auseinandersetzungen, die Ende April 1919 sogar dazu führten, dass der italienische Ministerpräsident und sein Außenminister die Konferenz unter Protest verließen. Die Verhandlungen gingen trotzdem weiter, denn der italienische Einfluss war ohnehin begrenzt.

Friedensvertrags insbesondere mit Deutschland. Zur Stabilisierung der politischen Situation in Deutschland, in Ostmittel- und Südosteuropa trug diese Lage nicht bei, im Gegenteil: Nicht wenige Beobachter fürchteten eine weitere politische, gesellschaftliche und wirtschaftliche Destabilisierung, von der am Ende allein der Bolschewismus profitieren würde. Wenn Wilson nach Paris gereist war, um dem Chaos ein Ende zu bereiten und Ordnung zu stiften, dann war man Ende März 1919 von diesem Ziel weit entfernt. Gerade für Deutschland sah man im Frühjahr 1919 die Bedrohung durch den Bolschewismus noch lange nicht gebannt. So unternahmen in Bayern nach der Ermordung des USPD-Ministerpräsidenten Eisner revolutionäre Kräfte den Versuch, eine Räterepublik zu errichten, was ihnen schließlich Anfang April auch gelang. Zwar war der Münchener Räterepublik nur eine kurze Lebensdauer vergönnt, doch die Entwicklungen in Bayern waren für viele Beobachter – gerade auch in Paris – ein Warnsignal. Wenige Tage später kam es in Ungarn zur Errichtung einer Räterepublik.

Als sich der Rat der Vier am 24. März zum ersten Mal traf, eröffnete Wilson die Sitzung mit der Bemerkung, es gebe derzeit »einen regelrechten Wettlauf zwischen Frieden und Anarchie«.[39] Das galt, so sahen es viele, vor allem für Deutschland, und man entschied sich deshalb dafür, dem Friedensvertrag mit Deutschland oberste Priorität einzuräumen. Dafür aber fehlten fast alle Voraussetzungen; ein Friedensvertrag zeichnete sich nicht einmal in Umrissen ab. Es bedurfte daher einer konzertierten Anstrengung und nicht nur langwieriger Beratungen, sondern klarer Entscheidungen, um einem Friedensvertrag in überschaubarer Zeit näherzukommen. Der *Supreme Council* schien dafür nicht das richtige Gremium. Er beschäftigte sich seit Januar vor allem damit, Gespräche mit den unterschiedlichsten Konferenzdelegationen, offiziellen und inoffiziellen, zu führen, deren Standpunkte und Interessen auszuloten, um auf dieser Basis Grundlagen für die dann in den Friedensverträgen und anderen Abmachungen zu fixierende Ordnung zu schaffen. Es ging dabei um Grenzziehungen, Minderheitenfragen oder Selbstbestimmungsansprüche, Materien von enormer Komplexität, deren Behandlung den Weg hin zu vertraglichen Regelungen nicht erleichterte, sondern eher erschwerte und verzögerte. Man darf nicht vergessen, dass sich die Alliierten noch immer im Kriegszustand mit Deutschland und den anderen Mittelmächten befanden und dass die Demobilisierung der alliierten Truppen deshalb noch nicht begonnen hatte. Auch vor diesem Hintergrund hatten die Alliierten ein massives Interesse daran, möglichst rasch zu einem Frieden insbesondere mit Deutschland zu kommen, um die Soldaten in die Heimat zurückholen zu können.

War der Rat der Vier die Ausformung einer Geheimdiplomatie, die die Pariser Konferenz eigentlich überwinden wollte? Nicht einmal Woodrow Wilson verstand unter der offenen Diplomatie, von der er immer wieder sprach, die totale Öffentlichkeit aller Verhandlungen. Das hatten einige Journalisten, nicht zuletzt aus den USA, durchaus anders erwartet. Sie träumten von öffentlichen Sitzungen, über die in den Medien berichtet werden konnte und an denen die Öffentlichkeit auf diese Weise unmittelbar Anteil nehmen konnte. So weit wollte selbst Wilson nicht gehen, der den ersten seiner Vierzehn Punkt vor allem auf internationale Verträge bezogen wissen wollte. Geheimabkommen wie die Londoner Verträge des Jahres 1915, in denen die Alliierten Italien für einen Eintritt in den Krieg erhebliche territoriale Gewinne insbesondere im Adriaraum in Aussicht gestellt hatten, sollte es nicht mehr geben. Aber Wilson war klar, dass die Pariser Friedensverhandlungen nicht komplett öffentlich stattfinden konnten. Das hätte zu einem noch stärkeren Ringen der verschiedenen Delegationen – und gerade auch der Vertreter kleinerer Staaten – um die Gunst der Öffentlichkeit geführt und den ohnehin hohen Druck auf die Konferenz und ihre Entscheidungen noch weiter erhöht. Öffentlichkeit, das hatten schon die Entwicklungen der Kriegsjahre und die Kriegszieldiskussionen gezeigt, emotionalisierte die Politik. Das konnte ein Vorteil für denjenigen sein, der Emotionen den eigenen politischen Interessen nutzbar zu machen verstand. Es konnte aber die Politik auch unter Zugzwang setzen und rationales Handeln erschweren. Er kämpfe permanent gegen die Macht der Gefühle, denn Gefühle beeinträchtigten das gesunde Urteilsvermögen, gab Wilson zu bedenken, als es im Rat der Vier um eine Anklageerhebung und ein Gerichtsverfahren gegen Wilhelm II. ging. Ohne Emotion gehe gar nichts, entgegnete ihm darauf Clemenceau.[40]

Vom Zusammenprall von Staatsräson und Friedensverantwortung einerseits sowie den entfachten Massenleidenschaften andererseits hat Winston Churchill nicht nur im Hinblick auf 1919 gesprochen.[41] An der Entfachung dieser Massenleidenschaften hatten Krieg und Kriegspropaganda einen erheblichen Anteil gehabt. Eine durch die Kriegspropaganda beeinflusste öffentliche Meinung wirkte nun – wenig überraschend – auf die Friedensverhandlungen ein. Dagegen war kaum anzukommen, aber gerade deshalb mussten nicht auch noch die Sitzungen und Versammlungen öffentlich durchgeführt werden. Dabei dauerte es gerade in den ersten Konferenzwochen selten lange, bis kontroverse Fragen aus den Sitzungen die mediale Öffentlichkeit erreichten. Das galt nicht nur für die wenigen Plenarversammlungen, sondern auch für die Zusammenkünfte des *Supreme Council*, des Rates der Zehn, an denen neben den beiden jeweiligen Spitzenrepräsentanten in der Regel weitere Berater teilnahmen, die zum Teil von sich aus, zum Teil im Auftrag ihrer Regierungen Informationen an die Presse durchstachen mit dem Ziel, bestimmte Verhandlungspositionen zu stärken oder häufiger noch zu diskreditieren. Das hörte zwar nach Beginn der Beratungen im Rat der Vier nicht auf, ließ aber doch spürbar nach. Es waren nicht zuletzt die Deutschen, die in den ersten Monaten der Konferenz, abgeschnitten von jedweder offiziellen Information, auf eine intensive Presseauswertung setzten, um überhaupt Informationen über den Konferenzverlauf zu bekommen und – das war mindestens ebenso wichtig – Erkenntnisse über Meinungsunterschiede und Konflikte auf der alliierten Seite zu gewinnen, die man dann wiederum für die eigene Sache ausnutzen wollte. Auch dem versuchten die Alliierten mit dem Rat der Vier entgegenzuwirken.

GLOBALE METROPOLE PARIS

In den Monaten der Friedenskonferenz war Paris die Hauptstadt der Welt. Immer schon eine der großen europäischen, später dann globalen Metropolen, schlug es auch die Konferenzteilnehmer und all jene, die wegen der Konferenz an die Seine gekommen waren – Politiker, Journalisten, Lobbyisten –, in seinen Bann. Die Stadt war voller Geschichte, der Geschichte einer großen Nation, die sich vom Mittelalter bis in die Gegenwart spannte. Jede Straße, jeder Platz atmete den Geist dieser Geschichte. Zwar waren die Spuren des Krieges noch zu erkennen. Bis auf 80 Kilometer hatten sich deutsche Truppen der Stadt im Frühjahr 1918 noch einmal genähert und sie aus vorgezogenen Stellungen mit Artillerie beschossen. Doch auch diese Angriffe hatte die Stadt überstanden. Nicht minder sichtbar waren freilich andere Spuren des Krieges: zurückströmende Soldaten, Flüchtlinge aus den besetzten und verheerten Gebieten im Nordosten des Landes, Invalide, die in den Straßen bettelten oder ein Auskommen suchten, Mütter und Witwen, die Trauer trugen. Sie alle erinnerten das internationale Publikum, das nach Paris gereist war, tagtäglich daran, dass der mondänen Konferenz mit ihren Versammlungen, aber auch mit ihrem gesellschaftlichen Leben ein mehr als vier Jahre dauernder Krieg vorangegangen war, dessen Folgen noch lange sichtbar und spürbar sein würden.

Hier traf sich nun die Welt, um nicht nur den Krieg zu beenden, sondern um eine friedliche Ordnung zu errichten, die einen neuen Krieg verhindern würde. Die Welt, das waren zunächst die Delegationen der alliierten und assoziierten Nationen, die im Laufe des Dezember 1918 und Anfang Januar 1919 an der Seine eingetroffen waren, um über die Friedensregelung zu beraten. Die Zahl der offiziellen Delegierten, der Bevollmächtigten, die für ihr Land sprechen konnten, war, wie wir gesehen haben, begrenzt. Rechnet man die bevollmächtigten Delegierten aller an der Konferenz beteiligten Staaten zusammen, so kommt man auf eine Zahl von etwa 80. Doch die nationalen Delegationen waren größer, weil sie in vielen Fällen innenpolitische Verhältnisse abbildeten, Parlamente repräsentieren oder in ihnen unterschiedliche Positionen oder Belange vertreten sein sollten. Dazu kamen unzählige Berater, Wissenschaftler verschiedenster Disziplinen, Juristen, Ökonomen, Historiker, Geographen, auf deren Kompetenz die Delegationen angewiesen zu sein glaubten, die sich zum Teil aber auch selbst mit ihrer – tatsächlichen oder vermeintlichen – Expertise ins Spiel gebracht hatten. Gerade diese Beraterstäbe ließen die Delegationen noch weiter anwachsen. Tausende von Menschen gehörten am Ende zu der einen oder anderen Delegation. Hinzu kam noch das Personal der Delegationen, das zum Teil aus den Herkunftsländern mit nach Paris gekommen war, zum Teil aber auch in Frankreich rekrutiert wurde: Bedienungspersonal, Köche, Chauffeure, aber auch Ärzte und Krankenschwestern, die angesichts der noch immer grassierenden Spanischen Grippe mehr zu tun hatten, als allen Beteiligten lieb war. Ganze Hotels mit Hunderten von Betten mieteten die Delegationen an, und nicht alle waren so luxuriös wie das Crillon an der Place de la Concorde, wo der Kern der US-Delegation untergebracht war, oder das Majestic, in dem Mitglieder der britischen Delegation wohnten und zum Teil auch arbeiteten.[42]

Kaum weniger zahlreich war das Heer der Journalisten aus allen Weltgegenden, Auslandskorrespondenten, Dutzende allein aus den USA, die für ihre Zeitungen oder für Presseagenturen über das historische Ereignis berichteten. Die Presseleute bildeten eine Welt für sich mit ihrem nicht endenden Interesse an Neuigkeiten und Informationen, offen für jedes Gerücht und ebenso bereit, solche Gerüchte in die Welt zu setzen oder zu verbreiten. Auch wenn die Verhandlungen der Konferenz und die Sitzungen ihrer Kommissionen, anders als es vor allem amerikanische Journalisten erwartet hatten, nicht öffentlich und unter direkter Beteiligung der Presse stattfanden, so tagte die Konferenz doch unter den Augen der Öffentlichkeit. Das unterschied sie von früheren Zusammenkünften dieser Art, und zur »neuen Diplomatie«, die in Paris von vielen beschworen wurde, gehörte auch dieses permanente öffentliche, mediale Interesse, dem sich die Akteure kaum entziehen konnten. In allem, was sie taten oder unterließen, standen sie unter Erklärungs- und Rechtfertigungsdruck, und die meisten Pressevertreter waren ja nicht neutrale Beobachter, sondern verfolgten mit ihren Blättern und entsprechend deren politischer Ausrichtung bestimmte Interessen mit dem Ziel, auf das Konferenzgeschehen einzuwirken. Umgekehrt versuchten sich manche Politiker der Presse zu bedienen. Clemenceau beispielsweise war bekannt dafür, dass er gezielt Informationen aus vertraulichen Sitzungen an die Presse beziehungsweise einzelne Pressevertreter gab, um medialen Druck für oder gegen bestimmte Positionen aufzubauen, nicht selten gegen amerikanische Positionen. Diese Praktiken des *Leaking*, wie man es heute nennen würde, belasteten die Konferenz zum Teil schwer, führten mehrfach zu Krisen, einmal sogar zur Drohung des amerikanischen Präsidenten, die Konferenz zu verlassen, wenn das *Leaking* nicht eingestellt würde.[43] Dass er aus diesem Grund die *George Washington* nach Brest beordert habe, ließ freilich wiederum Wilson selbst an die Öffentlichkeit sickern.[44] Alle Seiten, das wird daraus erkennbar, versuchten also, die Klaviatur der Medien zu spielen und sie ihren Interessen nutzbar zu machen.

Aber nicht nur die Delegationen aus Staaten der ganzen Welt und ihr medialer Tross machten Paris Anfang 1919 zum globalen Ort. Zu den offiziellen Delegationen und ihren Stäben kamen ungezählte Abordnungen und Interessenvertreter, die darauf hofften, mit ihren Anliegen auf der Konferenz Gehör zu finden. Als Metropole eines Kolonialreichs war Paris auch schon vor dem Krieg ein globaler Ort gewesen, ein Ort, an dem sich unterschiedliche Kulturen und Nationalitäten, verbunden durch die Zugehörigkeit zum französischen Kolonialreich, begegneten. Das war auch nach dem Krieg nicht anders. Doch nicht zuletzt die Friedenskonferenz trug dazu bei, dass Paris in der Zwischenkriegszeit eine noch stärkere Anziehungskraft auf »suchende Wanderer aus der ganzen Welt« ausübte, wie es der spätere senegalesische Präsident Léopold Senghor einmal ausdrückte, als er sich an den »Geist von Paris« jener Jahre erinnerte.[45] Was viele dieser Wanderer verband, zu denen der Vietnamese Nguyen Ai Quoc (Nguyen der Patriot), der sich später

Hô Chí Minh nannte, ebenso gehörte wie der spätere chinesische Ministerpräsident Zhou Enlai, die in den Jahren nach 1918, wenn auch nicht ganz zur gleichen Zeit, nur einen Steinwurf voneinander entfernt lebten, waren ihre antikolonialen und antiimperialistischen Überzeugungen, ihre Opposition gegen die fortgesetzte Unterdrückung politischer und kultureller Eigenständigkeit durch die europäischen Kolonialmächte. In der Literatur wird die Pariser Konferenz oftmals wie ein Folklorefestival beschrieben, wenn von den außereuropäischen Delegationen und anderen Besuchern die Rede ist, die 1919 an die Seine gekommen waren. Da ist die Rede von Arabern in ihren traditionellen Gewändern, von bunt gekleideten Indern mit ihren Turbanen oder von Abessiniern mit ihren weiten weißen oder wüstenfarbenen Überwürfen. Ganz abgesehen davon, dass viele Besucher ihre landestypische Kleidung nur zu besonderen Anlässen anlegten und ansonsten eher »westlich« auftraten, werden solche Beschreibungen der politischen und sozialen Dimension des globalen Paris von 1919 nicht gerecht.

Menschen aus der kolonialen, der westlich – oder nördlich – beherrschten Welt reisten nach Paris, weil sie sich von der Begründung einer neuen Weltordnung im Zeichen des Selbstbestimmungsrechts der Völker, von der seit 1917 so viel die Rede war, auch die eigene Selbstbestimmung, die eigene Unabhängigkeit und wenn nicht das Ende, so doch eine Veränderung imperialer Herrschaft erhofften. Keine politische Botschaft hat Paris im Jahr 1919 mehr zur globalen Stadt gemacht als die Botschaft der Selbstbestimmung, für die kein anderer Politiker so stand wie der amerikanische Präsident Woodrow Wilson. Wenn die Menschen in den sich auflösenden multinationalen Reichen Europas, des Zarenreichs und des Habsburgerreichs vor allem, in Wilson ihren Befreier sahen und sich von seiner Politik und seinem Wirken nationale Autonomie und staatliche Unabhängigkeit versprachen, warum sollte das dann für die Völker des globalen Südens anders sein? Vom *Wilsonian Moment*, der Stunde Wilsons, hat der Historiker Erez Manela gesprochen, von der Hoffnung und den Erwartungen, die sich auf den amerikanischen Präsidenten und auf seinen Einfluss bei der Pariser Konferenz richteten, und von der bitteren Enttäuschung, als diese Erwartungen nicht nur nicht erfüllt, sondern nicht einmal zur Kenntnis genommen wurden: eine Desillusionierung, die, so Manelas Argument, zur Dynamisierung, zum Teil auch zur Radikalisierung antikolonialer Bewegungen in der Zwischenkriegszeit beitrug und – nach 1945 – zu einer Entkolonialisierung im Zeichen von Hass und Gewalt.[46]

Stellvertretend für diese Entwicklung steht die Geschichte von Nguyen Ai Quoc, des späteren Hô Chí Minh, der im Juni 1919, so wird berichtet, den Versuch unternommen habe, Wilson eine Petition mit der Überschrift »Die Forderungen der Menschen von Annam« zu übergeben. Manchen Darstellungen zufolge habe Nguyen sich zu diesem Zweck sogar einen Frack ausgeliehen. Erfolg war ihm nicht beschieden. Zu einer Begegnung mit dem amerikanischen Präsidenten kam es nicht, ja vermutlich hat dieser nicht einmal die Bittschrift des jungen Vietnamesen erhalten. Enttäuscht von Wilson wandte sich Nguyen daraufhin Marx, Lenin und dem Bolschewismus zu.[47] »Es war Patriotismus und nicht der Kommunismus, der mich veranlasste, an Lenin zu glauben«, schrieb Nguyen später, als er sich schon Hô Chí Minh nannte.[48] Und auch der damals 30-jährige Jawaharlal Nehru, Privatsekretär Mahatma Gandhis und 1947 der erste Ministerpräsident des unabhängigen Indiens, war überzeugt, dass die Diskreditierung Wilsons und seiner Ideen das »Gespenst des Kommunismus« nach Asien gebracht habe.[49]

Ähnlich wie Nguyen erging es Kim Kyu-sik, einem jungen Koreaner, der in Paris versuchte, die Weltöffentlichkeit, die Delegierten der Friedenskonferenz, vor allem aber den Präsidenten Wilson für die Unabhängigkeit seines Landes zu gewinnen.[50] Nachdem Korea lange unter chinesischer Herrschaft gestanden hatte, übernahm seit dem Ende des 19. Jahrhunderts Japan die Kontrolle. 1905 errichtete es ein Protektorat über Korea, fünf Jahre später folgte die Annexion, begleitet von einer Politik der Japanisierung und der Unterdrückung aller nationalen Bestrebungen und Unabhängigkeitsforderungen. In Wilsons Vierzehn Punkten und der Idee des Selbstbestimmungsrechts der Völker erblickten die Angehörigen der koreanischen Nationalbewegung – in Korea selbst, aber auch im Ausland, nicht zuletzt in den USA – eine Chance, ihre nationalen Forderungen durchzusetzen. Alle Hoffnungen richteten sich auf den amerikanischen Präsidenten. Wenn es gelang, ihn für die koreanische Sache zu gewinnen und die Unabhängigkeit Koreas auf die Tagesordnung der Pariser Konferenz zu setzen, dann würden die Tage der japanischen Herrschaft gezählt sein. Entschlossen, aber auch zuversichtlich bildete sich in Shanghai eine koreanische Exilregierung. Eine Unabhängigkeitserklärung – eine »Declaration of Independence« nach amerikanischem Vorbild – wurde verfasst.

Am 1. März 1919 proklamierten Anhänger der Nationalbewegung in Seoul die Unabhängigkeit Koreas und riefen zu friedlichen Protesten gegen die japanische Herrschaft auf. Rasch weiteten sich die Proteste aus und

Hồ Chí Minh bei einer Zusammenkunft der Kommunistischen Partei Frankreichs, 1920

Überall auf der Welt weckte die Idee des Selbstbestimmungsrechts der Völker, für die kein Konferenzteilnehmer so sehr stand wie der amerikanische Präsident Wilson, große Hoffnungen. Vertreter kolonialer Nationen versprachen sich von der Pariser Konferenz ein Ende imperialer Herrschaft, zumindest aber größere nationale Autonomie. Ihre Hoffnungen wurden bitter enttäuscht. Vergeblich versuchte der junge vietnamesische Aktivist Nguyen Ai Quoc dem US-Präsidenten eine Petition zu überreichen. Er gelangte nicht einmal in Wilsons Nähe. Nguyen, der sich später Hồ Chí Minh nannte, wandte sich darauf dem Kommunismus als nationaler Befreiungsideologie zu.

erfassten bald das ganze Land. Mindestens ebenso wichtig wie das Echo im Land war den Führern der Bewegung die mediale Aufmerksamkeit der Welt, deren einflussreichste Politiker gerade in Paris versammelt waren. Nachdem es einer Reihe von in den USA lebenden Koreanern – darunter der spätere Präsident Südkoreas Rhee Syng-man, der Wilson als Doktorand in Princeton kennengelernt hatte – nicht gelungen war, amerikanische Pässe für eine Überfahrt nach Frankreich zu erhalten, schaffte es der nicht einmal 30-jährige Kim Kyu-sik, den die koreanische Exilregierung im April 1919 in Abwesenheit zum Außenminister ernannte, mit der chinesischen Delegation nach Europa zu reisen. Aus chinesischer Sicht konnte es nicht schaden, wenn ein Koreaner in Paris die japanische Unterdrückungspolitik anprangerte. Mehr Hilfe war jedoch von China nicht zu erwarten. Mit einem kleinen Mitarbeiterstab errichtete Kim Kyu-sik in der französischen Hauptstadt ein Koreanisches Informationsbüro, das zuallererst die Aufgabe hatte, die Konferenzteilnehmer und die internationale Presse auf die koreanische Situation und das Unabhängigkeitsbestreben aufmerksam zu machen in der Hoffnung, dass so eine Anerkennung der koreanischen Unabhängigkeit durch die Friedenskonferenz zu erreichen sei. »Wenn die zivilisierte Welt irgendetwas auf die Prinzipien gibt, für welche sie so gewaltige Opfer gebracht hat«, hieß es in einem Dokument, »dann muss sie Japan dazu bewegen, Korea sofort freizugeben. (…) Wenn die Alliierten die Unabhängigkeit der Tschechoslowaken nach so vielen Jahrhunderten wiederhergestellt haben, wenn sie Deutschland gezwungen haben, Belgien, Serbien und andere Länder zu räumen, warum sollte dann der Fall des armen Koreas vernachlässigt werden?« Der unter Druck zustande gekommene Annexionsvertrag von 1910 müsse für null und nichtig erklärt werden. Korea, so hieß es in einer Petition an die Delegierten, dürfe nicht ausgeschlossen werden von den Prinzipien, deren Umsetzung schon ihren Ausdruck gefunden habe in der »Wiederbegründung Polens (…) und der Disannexion Elsass-Lothringens nach beinahe einem halben Jahrhundert preußischer Herrschaft«.[51]

Kims Aktivitäten stießen in Paris auf große Sympathie, gerade auch in der amerikanischen Delegation. Doch Präsident Wilson machte sich das koreanische Anliegen nicht zu eigen; einem Treffen mit Kim entzog er sich. Oberst House vertröstete den Koreaner auf den Völkerbund, der sich der Problematik annehmen werde. Man dürfe sich, so der Vertraute des Präsidenten, auf der Konferenz nicht zu viel vornehmen, sonst werde man am Ende gar nichts erreichen.[52] Gar nichts erreicht wurde am Ende in der Korea-

Frage. Die japanische Herrschaft blieb unangetastet, die koreanische Unabhängigkeit eine ferne Hoffnung. Japan war, wie sich auch in der Shandong-Frage zeigte, für Wilsons Pläne und die amerikanische Pazifikpolitik zu wichtig, um es durch eine Anerkennung koreanischer oder chinesischer Forderungen zu brüskieren. »Wie kann jemand, der auch nur halbwegs bei Verstand ist, glauben, dass diese Säbelrassler dazu beitragen werden, die Welt für die Demokratie sicher zu machen«, äußerte ein frustrierter Kim im Sommer 1919 gegenüber einem amerikanischen Vertrauten.[53] Wie in anderen Fällen hatte auch im Fall Koreas ein westlich orientierter und auf den Westen hoffender Antikolonialismus und Antiimperialismus eine schwere Enttäuschung erlitten. Auftrieb erhielten dadurch die koreanischen Sozialisten, die ihre Stunde gekommen sahen. »Kein einziges der 14 Versprechen Wilsons ist umgesetzt worden«, hieß es in einer Denkschrift von 1919. »Daher ist es jetzt ganz selbstverständlich, dass die unterdrückten Völker ihre Arme nach Hilfe von uns Sozialisten ausstrecken.«[54]

So kamen in Paris nicht nur die Delegationen der offiziellen Konferenzteilnehmer zusammen, sondern auch Abordnungen kolonialer Völker und imperial beherrschter Gebiete. Um ihren Anspruch auf Anerkennung und eigene Staatlichkeit zu unterstreichen, bedienten sie sich der gleichen Methoden wie die Diplomaten der anerkannten Staaten: Sie bildeten Delegationen, praktizierten diplomatische Formen und versuchten, der internationalen Presse ihre Anliegen zu vermitteln. Vor allem aber bemühten sie sich – auf diplomatischem Wege – mit den Vertretern der westlichen Mächte in Kontakt zu treten, allen voran mit den USA, um in gleicher Weise von der Idee, von Wilsons Idee der Selbstbestimmung zu profitieren wie diejenigen Nationen – Polen, die Tschechoslowakei oder das Königreich der Serben, Kroaten und Slowenen zum Beispiel –, die es geschafft hatten, offiziell am Konferenztisch Platz zu nehmen. Das stand auch hinter dem Pan-Afrikanischen Kongress, zu dem der afro-amerikanische Bürgerrechtler W. E. B. Du Bois im Februar 1919 in Paris einlud.

Der 1868 geborene Du Bois war nach Studienjahren auch in Deutschland 1895 als erster Afro-Amerikaner in Harvard promoviert worden. Als unter anderem bei Max Weber ausgebildeter Sozialwissenschaftler beschäftigte er sich nicht nur mit der Situation der afro-amerikanischen Bevölkerung in den USA, sondern gehörte 1909 auch zu den Gründungsmitgliedern und seit 1910 zum Vorstand der *National Association for the Advancement of Colored People* (NAACP), der über viele Jahrzehnte wichtigsten afro-amerikanischen

Bürgerrechtsorganisation in den USA. Im Ersten Weltkrieg erblickte Du Bois zum einen eine Gelegenheit für die afro-amerikanische Bevölkerung, ihre immer wieder bezweifelte Loyalität zu den USA unter Beweis zu stellen, insbesondere durch Militärdienst, und dafür gewissermaßen im Gegenzug ein Ende der Diskriminierung zu erreichen. Zum anderen erkannte Du Bois im Krieg und vor allem in den Friedensverhandlungen nach seinem Ende eine Chance, den Kolonialismus der europäischen Mächte in Afrika zu überwinden. In Woodrow Wilsons Idee der Selbstbestimmung der Völker als Grundlage internationaler Ordnung und in seiner antiimperialistischen Rhetorik sah er wichtige Voraussetzungen dafür. Seine Überlegungen fasste Du Bois in einem »Memorandum über die Zukunft Afrikas« zusammen, das der Vorstand der NAACP just am Tag des Waffenstillstands 1918 verabschiedete. Du Bois wurde darüber hinaus beauftragt, eine Delegation zusammenzustellen, die Präsident Wilson die Vorschläge des Memorandums unterbreiten sollte. In dem Papier ging es insbesondere darum, einen unabhängigen zentralafrikanischen Staat zu schaffen, bestehend aus dem belgischen Kongo und den ehemaligen deutschen Kolonien. Doch zu einer Begegnung von Du Bois und Wilson kam es nicht – weder in den USA noch in Paris, wohin Du Bois im Dezember 1918 reiste, um rechtzeitig zur Eröffnung der Friedenskonferenz präsent zu sein. Bis zum Schluss hoffte er darauf, von Wilson zum amerikanischen Delegierten gemacht zu werden, um in der Delegation die Interessen der Afro-Amerikaner zu vertreten, und schrieb dem Präsidenten entsprechend. Reaktionen sind nicht überliefert. Dass Wilson Du Bois zum Delegierten gemacht hätte, selbst wenn er dessen Briefe erhalten hätte, kann als unwahrscheinlich gelten.[55]

Alternativ unternahm Du Bois den Versuch, zu einem Pan-Afrikanischen Kongress nach Paris einzuladen. Unterstützt wurde er dabei von dem Senegalesen Blaise Diagne, der als Vertreter des Senegal der französischen Nationalversammlung angehörte. Du Bois versprach sich von Diagne Kontakte zu den in Paris versammelten Spitzenpolitikern, insbesondere zu Clemenceau, und hoffte, über diesen eine Möglichkeit zu bekommen, seine Anliegen der Friedenskonferenz vorzutragen. Ganz abgesehen davon, dass sich Du Bois und Diagne rasch überwarfen, weil der Senegalese die französische Kolonialherrschaft rechtfertigte, zerschlugen sich auch diese Hoffnungen. Weder die USA noch Frankreich oder Großbritannien hatten ein Interesse daran, Du Bois eine offizielle Bühne zur Präsentation seiner Vorstellungen zu geben, die nicht zuletzt mit den alliierten Plänen für die früheren deutschen Kolonien im

Erster Pan-Afrikanischer Kongress, Paris 1919

Der afro-amerikanische Bürgerrechtler W. E. B. Du Bois (Mitte) setzte sich nicht nur für ein Ende der rassistischen Diskriminierung der afro-amerikanischen Bevölkerung in den USA ein, sondern auch für die Überwindung des europäischen Kolonialismus in Afrika. Zusammen mit dem französisch-senegalesischen Politiker Blaise Diagne (sitzend, zweiter von links) organisierte er im Februar 1919 einen Pan-Afrikanischen Kongress, der nicht von ungefähr in Paris stattfand und an dem immerhin zwölf Vertreter aus neun afrikanischen Ländern teilnahmen. Du Bois kam in der Hoffnung nach Paris, von Präsident Wilson zum offiziellen amerikanischen Delegierten gemacht zu werden. Wie zu erwarten, blieb das eine Illusion. Die moderaten Forderungen des Kongresses verhallten ungehört angesichts des Kolonialismus und des Rassismus der europäischen Großmächte und der USA.

Widerspruch standen. Dass sie sowohl als Angriff auf die britische und französische Kolonialherrschaft in Afrika als auch auf die Diskriminierung der Farbigen in den USA verstanden werden mussten, trug nicht unwesentlich zum Desinteresse der Großmächte bei. So versammelte sich vom 19. bis zum 21. Februar 1919 der Pan-Afrikanische Kongress am Rande der Pariser Konferenz. Immerhin zwölf Vertreter von neun afrikanischen Ländern nahmen teil. Man wählte Diagne zum Präsidenten des Kongresses, Du Bois zum Sekretär. Die Resolutionen, die der Kongress verabschiedete, leitete man an die Großmächte weiter. Weit entfernt von radikalen Forderungen, trat dieser Kongress für moderate Reformen in den afrikanischen Kolonien der europäischen Mächte ein, für ein gemeinsames Vorgehen von Kolonialmächten und indigener Bevölkerung und kleine Schritte in Richtung Selbstverwaltung. Auch Du Bois' Pan-Afrikanischer Kongress berief sich auf Wilson, dessen tief sitzenden Rassismus man freilich unterschätzte. Die Vorschläge des Kongresses waren alles andere als kompromisslos, signalisierten vielmehr über weite Strecken eine der afrikanischen Bevölkerung zugeschriebene Bereitschaft, sich einer durch den Völkerbund ausgeübten Zivilisierungsmission zu unterwerfen. Doch selbst diese moderate Botschaft konnte das Misstrauen der europäischen Großmächte mit ihren kolonialen Interessen und der USA mit ihrer flächendeckend praktizierten rassistischen Diskriminierung nicht überwinden. Bis zu seiner Rückkehr in die USA im April 1919 wurde Du Bois von amerikanischen Geheimdienstmitarbeitern auf Schritt und Tritt verfolgt.[56] Auch wenn Du Bois, Nguyen, Kim Kyu-sik und vielen anderen kein Erfolg beschieden war, trugen sie doch, wenn auch ganz anders als die Mächte am Konferenztisch, dazu bei, dass Paris im Jahr 1919 zumindest für einen historischen Moment die Hauptstadt der Welt war.

Eine Welt des Friedens?
Der Völkerbund und die Kontinuität imperialer Herrschaft

EIN WELTBUND DES FRIEDENS

Vertreter von 34 Ländern waren anwesend, als sich der Völkerbund am 18. April 1946 im Genfer Palast der Nationen selbst auflöste. 42 Staaten hatten ihn 26 Jahre zuvor, am 16. Januar 1920, in Paris gegründet, 58 Staaten gehörten ihm Mitte der 1930er Jahre an. Faktisch hatte der Völkerbund bereits Ende 1939, wenige Monate nach Beginn des Zweiten Weltkriegs, seine Tätigkeit eingestellt. Dass er den Krieg nicht hatte verhindern können, gilt als der letzte Beleg des Scheiterns einer internationalen Organisation, die 1919 auf der Pariser Friedenskonferenz ins Leben gerufen worden war als Grundlage jener friedlichen neuen Weltordnung, die zu schaffen man sich nach dem Ende des Ersten Weltkriegs in der französischen Hauptstadt versammelt hatte. Die Geschichte des Völkerbunds wird bis heute weithin als Geschichte eines Misserfolgs erzählt, eines Misserfolgs, der nicht erst damit begann, dass es der Organisation in den Jahren nach 1930 nicht gelang, dem aggressiven Expansionismus Japans in Ostasien, Italiens in Abessinien, des nationalsozialistischen Deutschlands und der stalinistischen Sowjetunion Einhalt zu gebieten und diese Staaten für ihr Verhalten zur Rechenschaft zu ziehen. Schon bei der Gründung wurden die hochtrabenden Erwartungen enttäuscht, die man 1919 in den Völkerbund gesetzt hatte. Die Vereinigten Staaten, die seine Errichtung seit den Kriegsjahren vorangetrieben hatten wie keine zweite Macht, traten der Organisation nicht einmal bei. Der amerikanische Senat verweigerte der Völkerbundssatzung, die in den Versailler Vertrag inkorporiert war, die Ratifizierung und diskreditierte damit jene Idee, für die sich Woodrow Wilson in Paris mit aller Kraft eingesetzt hatte.

Zu Wilsons wichtigsten Unterstützern gehörte 1919 Lord Robert Cecil, Spross einer berühmten englischen Familie, die seit Jahrhunderten im Dienst der Krone stand. Cecil, der Sohn von Lord Salisbury, der zwischen 1885 und 1902 das Amt des Premierministers innehatte, war Unterstaatssekretär im britischen *Foreign Office*, im Kabinett Lloyd George zuständig für die alliierte

Blockade und schließlich seit November 1918 Leiter der Völkerbundsabteilung. Mit mehr als 80 Jahren richtete Cecil, der 1937 für seine Verdienste um den Völkerbund den Friedensnobelpreis erhalten hatte, 1946 das Wort an die letzte Versammlung dieser Völkergemeinschaft, für die er sich jahrzehntelang – und auch in Paris 1919 – eingesetzt und vor der er so oft gesprochen hatte. Trotz aller Fehlschläge und Enttäuschungen seien die Anstrengungen des Völkerbunds nicht umsonst gewesen, denn zum ersten Mal habe man eine internationale Organisation geschaffen zur Bekämpfung von Aggression und Krieg und um jenseits enger nationaler Interessen dem Frieden der Welt zu dienen. Die Idee, dass die Staaten der Welt zusammenarbeiten müssten, um die Sicherheit aller zu gewährleisten, habe mit dem Ende des Völkerbunds nicht an Bedeutung verloren, betonte Cecil, und schloss seine Rede mit dem Ausruf: »Der Völkerbund ist tot. Lang leben die Vereinten Nationen!«[1]

Die im Juni 1945 in San Francisco gegründeten Vereinten Nationen verstanden sich nicht als Nachfolgeorganisation des Völkerbunds, der auch deswegen noch bis 1946 weiterexistierte, dann aber sein Vermögen einschließlich des Palasts der Nationen in Genf den Vereinten Nationen übertrug. Aber anders als nach dem Ersten Weltkrieg war es 1945 keine Frage mehr, dass die internationale Gemeinschaft eine Organisation brauchte, deren Ziel – bei aller Unvollkommenheit – die Sicherung des Friedens sein sollte. Dass es einer solchen Organisation bedurfte, war ein Vierteljahrhundert zuvor, am Ende des Ersten Weltkriegs, noch alles andere als Konsens, und die Vorstellungen, wie diese Organisation aussehen und funktionieren sollte, gingen zum Teil weit auseinander – wenn sie denn überhaupt zustande kommen würde. Friedensmodelle und Konzepte einer universalen Friedensordnung hatte es in Europa schon seit der Frühen Neuzeit gegeben. Immer wieder hatte die Erfahrung des Krieges zu Bemühungen geführt, den zwischenstaatlichen Frieden zu sichern und die Staatenbeziehungen entsprechend zu organisieren. In seinem *Grand Dessein* entwarf der französische Herzog von Sully im Jahr 1638, mitten im Dreißigjährigen Krieg, eine auf der Koexistenz fünfzehn gleich starker Staaten beruhende Friedensordnung. Der französische Abbé de Saint-Pierre trat im frühen 18. Jahrhundert mit seinem von Gedanken der frühen Aufklärung beeinflussten *Projet pour rendre la Paix perpétuelle en Europe*, das die Bildung eines europäischen Bundesrats sowie verschiedene Kriegsverhütungs- und Mediationsinstanzen vorsah, an die Öffentlichkeit.[2] Noch einflussreicher war Immanuel Kants Schrift *Zum ewigen Frieden* von 1795, verfasst unter dem Einfluss der Revolutionskriege und bestimmt von aufgeklärt-liberalem Gedankengut und der These, dass republikanisch verfasste Staaten – Demokratien, wenn man so will – nicht gegeneinander Krieg führen würden. Für Kant ergab sich Frieden, auch wenn er noch institutionell abzusichern war, aus der liberal-demokratischen Verfasstheit der einzelnen Staaten, eine Idee, die bis in die Gegenwart in der Theorie des »Demokratischen Friedens« weiterlebt.

Im Anschluss an Kant, aber auch vor dem Hintergrund der Neuordnung Europas nach dem Ende der napoleonischen Herrschaft entstanden weitere Friedenspläne, die mit unterschiedlichen Strukturen und Institutionen den zwischenstaatlichen Frieden sichern sollten.[3] Völkerrechtler befassten sich zunehmend mit internationalen Streitschlichtungsmechanismen und einer internationalen Schiedsgerichtsbarkeit. Angespornt durch den technischen Fortschritt und die zunehmende wirtschaftliche Vernetzung der Staaten entstanden dann vor allem seit dem letzten Drittel des 19. Jahrhunderts immer mehr Organisationen, die – oftmals noch auf Europa begrenzt – die internationale Zusammenarbeit und Abstimmung intensivierten.[4] Doch eine Dachorganisation für diesen wachsenden Internationalismus gab es nicht, und noch viel weniger eine von den Staaten getragene Organisation, deren Aufgabe die Sicherung des Friedens und die Sanktionierung von Verstößen gegen den Imperativ des Friedens war. Dem stand gerade in Europa die zunehmende Nationalisierung der Staatenwelt entgegen. Je stärker sich im Laufe des 19. Jahrhunderts der Nationalstaat als Normalform von Staatlichkeit herausbildete, der sich in seinem politischen Handeln als selbstbestimmt und nach innen wie nach außen als souverän verstand, desto schwieriger wurde es, in der entscheidenden Frage von Krieg und Frieden zu Institutionen oder Normen zu finden, die den Souveränitätsanspruch des Staates einhegten. Die Idee des autonomen nationalen Machtstaats widersprach solchen Entwicklungen.

Das sich im 19. Jahrhundert ausdifferenzierende Völkerrecht spielte in diesen Prozessen eine ambivalente Rolle. Es fixierte einerseits das Prinzip souveräner Staatlichkeit normativ, einschließlich des Rechts eines jeden Staates, Krieg zu führen. Andererseits spiegelte sich in der Entwicklung des Völkerrechts auch der Versuch, die staatliche Handlungsfreiheit zu begrenzen, sie an internationale Rechtsregeln zu binden und staatliches Handeln sowie zwischenstaatliche Beziehungen zu reglementieren. Dafür standen nicht zuletzt die großen Haager Konferenzen von 1899 und 1907, die neben der Frage der Abrüstung insbesondere auf die friedliche Beilegung von Konflikten durch eine internationale Schiedsgerichtsbarkeit zielten.[5] Obwohl die

Etablierung solcher Institutionen mit dem staatlichen Souveränitätsanspruch kollidierte, teilweise sogar bis hin zur Weigerung, völkerrechtliche Normen und auf diesen beruhende Handlungsvorgaben überhaupt anzuerkennen, blieben Bestrebungen, den Frieden justiziell zu sichern und Krieg mit Mitteln des Rechts zu verhindern, weiterhin bedeutsam. Sie zielten nicht zuletzt auf die Errichtung eines Weltschiedsgerichts, eines permanenten internationalen Gerichtshofs zur Beilegung zwischenstaatlicher Konflikte.

Daneben jedoch nahmen Vorstellungen Gestalt an, die weniger rechtsförmig als vielmehr politisch waren und die Vision einer Staatenversammlung, gleichsam eines internationalen Parlaments entwickelten, zu dessen Aufgaben auch Friedenssicherung und Konfliktbeilegung gehören sollten. In den USA waren in den Jahren vor dem Ersten Weltkrieg immer wieder neue Konzepte friedlicher Streitschlichtung entworfen worden. Zu diesen gehörten bilaterale Streitschlichtungsverträge beispielsweise mit Kanada oder Großbritannien, die sogar den Weg in den amerikanischen Senat fanden, wo sie aber nicht ratifiziert wurden, weil eine Mehrheit der Senatoren die Beschneidung nationaler Handlungsfreiheit nicht zu akzeptieren bereit war.[6] Dennoch ging die Debatte weiter. Der frühere Präsident Theodore Roosevelt forderte eine »World League for the Peace of Righteousness«, eine Staatenorganisation, die mit einer »internationalen Polizeimacht« ausgestattet sein sollte, um Frieden und die Herrschaft des Rechts gegebenenfalls zu erzwingen. Gerichtsurteile oder Schiedssprüche allein reichten Roosevelt nicht, er zweifelte an ihrer Wirkung, wenn sie im Falle der Nichteinhaltung nicht mit spürbaren Sanktionen verbunden waren.[7]

Der Beginn des Ersten Weltkriegs dynamisierte solche Überlegungen weiter. 1915 gründete sich in Philadelphia unter der Führung des ehemaligen Präsidenten William Howard Taft die »League to Enforce Peace«, die eine internationale Organisation, einen »Weltbund« (World League) forderte, der als Institution kollektiver Sicherheit über eigene, internationale Streitkräfte verfügen sollte, um friedensherstellende oder friedenssichernde Maßnahmen auch durchzusetzen. Im Mai 1916 hielt Woodrow Wilson vor der »League to Enforce Peace« eine große Rede, in der er die Bereitschaft der Vereinigten Staaten signalisierte, »als Partner an einer Assoziation der Nationen« mitzuwirken. Das ging deutlich über ein internationales Gericht hinaus und wies auf die Intension Wilsons hin, sich aus einer Position der Äquidistanz von den kriegführenden Parteien in Europa für Maßnahmen zur Friedensschaffung und Friedenssicherung einzusetzen.[8] Auf der Basis seiner vor der »League to

Enforce Peace« vorgetragenen Überlegungen erläuterte Wilson kurz nach der Wiederwahl zum Präsidenten in einer Rede vor dem amerikanischen Senat am 22. Januar 1917 seine Gedanken zu einem »Frieden ohne Sieg« (»Peace without Victory«) und einem »Friedensbund « (»League of Peace«). Jenseits der Beendigung des gegenwärtigen Krieges, in den die Vereinigten Staaten zu diesem Zeitpunkt noch nicht eingetreten waren, gehe es ihm um die Garantie eines künftigen Friedens. Diese Garantien müssten, so Wilson, in den Friedensverträgen am Ende des gegenwärtigen Krieges verankert werden. Der künftige Frieden müsse organisiert und institutionalisiert, ein »Bund eines kooperativen Friedens« geschlossen werden. Überlegungen der »League to Enforce Peace« aufnehmend, sprach er sich auch für die robuste Ausstattung dieses Friedensbundes mit einer bewaffneten Streitmacht aus, die groß genug sein müsse, um jeder anderen Streitmacht entgegentreten zu können. Als Voraussetzung dafür nannte der Präsident im Januar 1917 einen Kompromissfrieden in Europa – einen durch die USA vermittelten »Frieden ohne Sieg« –, in jedem Fall aber eine Situation, in der die Vereinigten Staaten als neutrale Macht ihr gewachsenes politisches Gewicht ausspielen konnten.[9]

Zwar waren die Vereinigten Staaten nach ihrem Kriegseintritt nicht mehr neutral, doch in der Frage einer künftigen internationalen Organisation zur Sicherung des Friedens bewahrten sie ihre Distanz zu den europäischen Mächten einschließlich ihrer Verbündeten. Die USA waren eine assoziierte, keine alliierte Macht, zu deren Friedenszielen es gehörte, nach dem Krieg eine »allgemeine Gesellschaft der Nationen« (»General Association of Nations«) zu begründen »zum Zwecke wechselseitiger Garantieleistung für politische Unabhängigkeit und territoriale Unverletzlichkeit der großen wie der kleinen Staaten«. Diese Forderung war Punkt 14 und damit der letzte in Wilsons Vierzehn Punkten vom Januar 1918.[10] Der Präsident unterstrich diese Zielsetzung ein halbes Jahr später noch einmal in seiner Rede zum amerikanischen Unabhängigkeitstag in Mount Vernon. Es gehe um »die Errichtung einer Friedensorganisation, die sicherstellen soll, dass die Gesamtmacht der freien Nationen jede Rechtsverletzung verhüten und dazu dienen wird, Frieden und Gerechtigkeit dadurch noch sicherer zu machen, dass sie ein bestimmtes Tribunal der Meinung schafft, dem alle sich beugen müssen und durch das jede internationale Readjustierung, über die sich die beteiligten Völker nicht freundschaftlich einigen können, sanktioniert werden soll«.[11] Wie genau diese Organisation aussehen sollte, ob sie eher ein Weltgericht oder eher ein Weltparlament sein sollte – oder möglicherweise eine Kombination aus beidem –, das ließ Wilson in seinen Äußerungen vor 1919 offen. Der amerikanische Präsident reiste nicht mit dem fertigen Konzept einer »League of Nations« nach Paris, sondern mit eher vagen Vorstellungen. Während der Überfahrt nach Europa äußerte er sich skeptisch hinsichtlich einer zu komplexen Konstruktion, hoffte aber darauf, den »Rat eines Völkerbundes« ins Leben rufen zu können in Gestalt regelmäßiger Botschaftertreffen in einem neutralen Staat. Diese Botschaftertreffen sollten sich mit der Weltlage und insbesondere mit möglichen Kriegsgefahren befassen und darüber den Regierungen berichten, die ihrerseits dann eingreifen müssten, um Kriege zu verhindern.[12]

So vage diese Vorstellungen waren, so deutlich war doch im Laufe des Jahres 1918 geworden, dass sie in den Friedenszielen der amerikanischen Regierung an die oberste Stelle gerückt waren und Wilson sie auf der Friedenskonferenz mit höchster Priorität verfolgen würde. Allein die USA, davon war der Präsident überzeugt, seien dazu in der Lage, denn sie seien die einzige Nation ohne eigene Interessen. Diese Selbstwahrnehmung wurde in den kommenden Monaten geradezu zum Credo der amerikanischen Delegation, aus dem sich nach wie vor ein politischer Dominanzanspruch – im Gewand einer internationalen Schiedsrichterrolle – speiste. Oberst House, Wilsons Vertrauter, war überzeugt, dass die USA mit »sauberen Händen« nach Paris kämen, dass es ihnen nur um Frieden und Gerechtigkeit ginge und dass es daher die Aufgabe Amerikas sei, jenen Kräften entgegenzutreten, die nur darauf aus seien, »aus der Pariser Konferenz nichts Besseres zu machen als der Wiener Kongress«.[13] Wilson selbst neigte zur Überhöhung der bevorstehenden Konferenz und der amerikanischen Rolle dabei. Für ihn war die Konferenz in Paris »ein großartiges Unternehmen der ganzen Welt, ein Unternehmen göttlicher Gnade, Friedens und guten Willens«.[14] Die Hoffnungen, die sich aus einer solchen Einschätzung speisten, konnten im Grunde nur enttäuscht werden. Hier wird erkennbar, wie der Keim der amerikanischen Enttäuschung und Desillusionierung über den Verlauf und die Ergebnisse der Konferenz schon vor ihrem Beginn in hochgesteckten, ja überzogenen Erwartungen angelegt war. Zur Überhöhung der Konferenz und ihrer Bedeutung gehörten im Übrigen das religiöse Pathos und die religiöse Sprache, in die Wilson seine Vorstellungen kleidete und mit denen er ihnen die Aura überlegener Moralität verlieh. Das war keineswegs aufgesetzt, auch wenn es für manchen europäischen Beobachter, den areligiösen Clemenceau beispielsweise, so wirkte, sondern entsprang Wilsons tiefer Verwurzelung im

Glauben. Deshalb gebrauchte er für die Satzung des Völkerbunds den Begriff des »Covenant«, des biblischen Bündnisschlusses zwischen Gott und den Menschen. Der Frieden, um den es dem Präsidenten mit seinem familiären Hintergrund im presbyterianischen Glauben der amerikanischen Südstaaten ging, war nicht nur ein weltlicher Frieden, sondern der von den Menschen ins Werk zu setzende Frieden Gottes, ein Frieden in göttlichem Auftrag.

Trotz aller späteren Enttäuschung lag auch in dieser quasi-religiösen Überhöhung ein wesentliches Element von Wilsons Charisma und seiner Wirkung auf die Menschen in Europa, die einen grausamen Krieg durchlitten hatten und sich nach Frieden sehnten. Mit seiner Idee einer neuen, auf moralischen Grundsätzen ruhenden Weltordnung sprach der amerikanische Präsident aber auch viele Konferenzteilnehmer in Paris an, die nicht nur Wilsons Ernst und seinen Eifer bewunderten, sondern die sich sein Pathos zu eigen machten und wie er nach Paris kamen, um aus der Welt einen besseren Ort zu machen. Das galt vor allem für Angehörige der jüngeren Generation. Jahre später war dem britischen Diplomaten Harold Nicolson klar, dass die Pariser Konferenz nichts anderes bedeutete, »als dass einer Gruppe besiegter Mächte gewisse Kapitulationsartikel durch eine Gruppe siegreicher Mächte auferlegt werden sollten«. Aber er sei doch, so Nicolson, Anfang Januar 1919 mit ganz anderen Motiven und Überzeugungen über den Kanal nach Frankreich gereist: »Wir fuhren nach Paris, nicht nur um einen Krieg zu liquidieren, sondern um eine neue Ordnung in Europa zu begründen. Wir bereiteten nicht nur Frieden, sondern Ewigen Frieden. Der Heiligenschein einer göttlichen Sendung umstrahlte uns. Wachsam, streng, redlich und asketisch mussten wir sein, denn wir waren darauf gerichtet, große, dauernde und edle Dinge zu vollbringen.«[15] Die Enttäuschung, von der Nicolson später in seinen Erinnerungen an 1919 berichtete, war vor diesem Hintergrund vor allem eine Enttäuschung über Woodrow Wilson, von dem sich Nicolson wie viele andere Idealisten im Stich gelassen fühlte. Im Verlauf der Konferenzwochen »fielen wir«, so Nicolson, »immer mehr einem Schwinden unserer Zuversicht, einem Verfall unseres Idealismus, einer Wandlung des Herzens anheim«, und der junge Diplomat, der 1919 so große Hoffnungen auf Wilson gesetzt hatte, war vierzehn Jahre später überzeugt, dass die Anwesenheit des Präsidenten in Paris »ein großes Missgeschick« und »ein geschichtliches Unglück erster Größe« war.[16]

In der Literatur, nicht zuletzt der Erinnerungsliteratur, herrschte allerdings lange Zeit ein anderes Bild der Pariser Konferenz vor: das Bild eines idealistischen Präsidenten, der nach Europa gereist und dort an den machtpolitischen, von engen nationalen Interessen bestimmten Bestrebungen der Europäer, Frankreichs vor allem, gescheitert sei. In dieses Bild fügt sich auch die Vorstellung, allein Wilson sei mit Überlegungen zur Schaffung einer internationalen Organisation, des Völkerbunds, nach Paris gereist, habe nach der Erarbeitung und Verabschiedung der Völkerbundsatzung kaum noch auf die weitere Gestaltung des Friedens eingewirkt und den europäischen Mächten das Terrain überlassen, die dann einen Friedensvertrag nach ihrem Gutdünken konzipiert hätten. Das ist nicht richtig, und das zeigt sich auch an der Frage des Völkerbunds. Weder Frankreich noch Großbritannien waren gegen einen Völkerbund, aber beide Mächte verbanden die Idee einer internationalen Organisation mit ihren je eigenen Interessen. Im französischen Fall waren das in erster Linie und wenig verwunderlich Sicherheitsinteressen in Bezug auf Deutschland. Der Wert einer internationalen Organisation ergab sich in den Augen der Franzosen daraus, ob er ihre Sicherheit vor Deutschland erhöhte oder nicht. Für Paris waren die Prioritäten klar: Ein Friedensvertrag mit Deutschland musste für Frankreich Sicherheit schaffen, und eine internationale Organisation unter Beteiligung der USA konnte, ja musste diesen Frieden dann nicht nur stabilisieren, sondern garantieren. Aus amerikanischer Sicht verhielt es sich genau andersherum: Der Völkerbund sollte die Grundlage einer neuen internationalen Friedensordnung bilden, in welche die Verträge mit den ehemaligen Kriegsgegnern einzufügen waren. Im Rahmen dieser neuen Ordnung konnten die Friedensverträge dann umgesetzt werden. Man musste daher in Paris nicht Regelungen bis ins kleinste Detail treffen, da der Völkerbund die Friedensbedingungen ausgestalten, anpassen, gegebenenfalls sogar korrigieren konnte. »Der Völkerbund wird es richten«, sei die Überzeugung Wilsons gewesen, eine Haltung, die nach dem Urteil von Beobachtern auch dazu beigetragen hat, dass die USA manche Härten in den Friedensbedingungen des Versailler Vertrags akzeptierten.[17]

EMPIRE ALS VÖLKERBUND

Die britischen Überlegungen zu einer internationalen Organisation mit dem Zweck der Friedenssicherung speisten sich aus anderen Quellen. Als sich Premierminister Lloyd George im September 1918, wenige Wochen vor Kriegsende, zur Schaffung eines Völkerbunds bekannte, da wandte er sich gegen die Pazifisten im eigenen Land und plädierte für einen Völkerbund, der nicht nur durch Worte wirken sollte, sondern im Ernstfall auch mit bewaffneter Macht. Daher seien die Alliierten des Weltkriegs, die mit ihren Streitkräften gegen die Rechtsverletzungen der Mittelmächte vorgingen, bereits der Kern des künftigen Völkerbunds. Daneben aber bestehe, so Lloyd George, noch ein anderer Völkerbund: »Das Britische Empire ist ein Völkerbund.«[18] Die Ausführungen des Premierministers machen deutlich, dass sich in den britischen Überlegungen zur Schaffung einer internationalen Organisation zwei Entwicklungsstränge miteinander verbanden: zum einen Konzepte eines multilateralen Systems kollektiver Sicherheit zur Sicherung des Friedens und zur Verhinderung von Aggression und Krieg; zum anderen jedoch Vorstellungen zur Stabilisierung einer imperialen Weltordnung und Sicherung der globalen Suprematie nicht nur Großbritanniens, sondern aller imperialen Mächte. Das war auch ein Versuch, der mächtigen Wirkung des Gedankens nationaler Selbstbestimmung zu begegnen und in imperialen Kontexten diese Idee mit den Realitäten fortgesetzter europäischer Herrschaft zu verbinden.

Anknüpfend an den Internationalismus der Vorkriegszeit, dessen liberale Wurzeln bis ins 19. Jahrhundert zurückreichten, verstärkte der Krieg in England seit 1914 Überlegungen, den Frieden durch eine internationale Organisation zu sichern. 1915 bildete sich die *League of Nations Society*, die mit ihrem Ziel eines organisierten Friedens auch Zuspruch in der Arbeiterbewegung und der *Labour Party* fand. Für die sozialistische *Fabian Society* verfasste der ehemalige Kolonialbeamte Leonard Woolf, der Mann der Schriftstellerin Virginia Woolf, im Jahr 1916 eine Schrift über *International Government*, die rasch den Weg ins britische Außenministerium fand und in zahlreiche Entwürfe zur Schaffung einer internationalen Friedensorganisation einging.[19] Woolfs Studie und viele Konzepte, die sich in der Folgezeit auf ihn bezogen, gingen deutlich über eine internationale Gerichtsbarkeit hinaus und zielten auf politische Institutionen. Immer wieder fiel dabei der Blick zurück auf den Wiener Kongress mit seinem Versuch, eine vertragsrechtlich begründete europäische Friedensarchitektur zu schaffen. Während man einerseits die Dominanz der Großmächte und die Möglichkeiten eines auch illiberalen Interventionismus kritisierte, bewertete man den politischen Charakter und die Multilateralität der Wiener Ordnung günstig. Überhaupt ist bezeichnend, wie intensiv in den Jahren um 1919 der Blick auf den Wiener Kongress und die 1814/15 geschaffene Ordnung war. Wien bildete einerseits nicht zuletzt für Woodrow Wilson eine Negativfolie, vor der er seine Vision des Friedens und einer künftigen internationalen Ordnung entwickelte und von der er sie abhob; Wien stand aber andererseits auch für eine internationale Ordnung, die Europa bis zum Krimkrieg der 1850er Jahre immerhin vier Jahrzehnte Frieden gebracht und Normen, Institutionen und Mechanismen entwickelt hatte, die den Frieden zu sichern halfen.

Im Londoner *Foreign Office* war Unterstaatssekretär Robert Cecil die wichtigste Person, die sich für einen Völkerbund einsetzte. Auf seinen Rat hin beauftragte Außenminister Balfour Anfang 1918 eine kleine Kommission unter Leitung von Lordrichter Walter Phillimore, Vorschläge für einen Völkerbund zu erarbeiten. Phillimores Arbeitsgruppe befasste sich mit drei grundsätzlichen Möglichkeiten einer friedenssichernden Organisation: erstens der Fortsetzung der Kriegsallianz, so wie das zunächst nach den napoleonischen Kriegen bis zur offiziellen Wiederzulassung Frankreichs zum europäischen Konzert auf dem Kongress von Aachen 1818 der Fall gewesen war; zweitens der Schaffung einer globalen Staatenföderation, einer Art Superstaat; und drittens einem mittleren Weg, einer politischen Institution zur Streitschlichtung und Konfliktlösung. Für dieses Modell entschied man sich im *Foreign Office* am Ende; es bestimmte alle weiteren britischen Planungen für einen Völkerbund und floss auch in die amerikanischen Überlegungen ein, die bis zum Vorabend der Pariser Konferenz über die Andeutungen Wilsons kaum hinausgingen. Dieser sperrte sich allerdings gegen die Veröffentlichung des Phillimore-Berichts mit dem Argument, dass keine öffentlichen Diskussionen zur Unzeit hervorgerufen werden sollten. Denn anders als die in den USA diskutierten und präferierten justiziellen Modelle hatte Phillimores Völkerbund im Kern einen politisch-parlamentarischen Charakter. Seine zentrale Einrichtung war eine »Bundeskonferenz« (»Conference of the League«), eine Versammlung von – politischen – Repräsentanten der Mitgliedsstaaten, kein internationales Gericht.[20] Ausgeschlossen war ein solcher internationaler Gerichtshof damit indes keineswegs. Als Robert Cecil Ende 1918 auf der Basis des Phillimore-Berichts einen umfassenderen britischen Entwurf ausarbeitete, war auch dieses Modell um ein Gremium politischer Repräsentanten zentriert. Es enthielt aber zusätzlich neben einem Sekretariat einen internationalen Gerichtshof. Damit waren die beiden Ansätze – politisch und justiziell – miteinander verkoppelt. Auch Cecils Ausarbeitung ging an den amerikanischen Präsidenten, der den britischen Input offenkundig mit großem Interesse aufnahm. Zwar bezeichnete Wilsons Berater Oberst House Cecils Memorandum als »ziemlich unklar oder wirr«,[21] aber als Cecil am Tag nach der Konferenz-

Das britische Imperial War Cabinet im Juni 1919 zu Besuch beim französischen Ministerpräsidenten Clemenceau in der Rue Nitot zu Paris

Imperiale Interessen bestimmten die Konferenzziele Großbritanniens viel stärker als diejenigen Frankreichs, für das die Sicherheit vor Deutschland allerhöchste Priorität besaß. Das beherrschte auch die Diskussionen über den Völkerbund, dessen Wert sich für Frankreich daraus ergab, inwiefern er die deutsche Bedrohung reduzierte. Für Britannien hingegen wurde der Völkerbund danach beurteilt, in welchem Maße er den imperialen Interessen Londons diente. Dort sahen viele im Empire einen Völkerbund avant la lettre. Die Abstimmung zwischen den beiden europäischen Mächten war eng, doch von britischer Seite wurde deutlich mehr Einfluss auf Organisation und Ziele des Völkerbunds genommen. Wichtige Ideengeber für den Völkerbund waren hier der Südafrikaner Jan Smuts und der Brite Robert Cecil, ferner William Massey, Billy Hughes und Louis Botha, die Regierungschefs Neuseelands, Australiens und Südafrikas, die die Völkerbundsmandate nutzten, um sich territorial zu vergrößern.

eröffnung ausführlich mit Wilson über den Völkerbund sprechen konnte, stellte er fest, dass Wilsons Ideen zu einem großen Teil britischen Ursprungs waren und dass es in der amerikanischen Delegation bis dahin keine größeren Bemühungen gegeben hatte, ein detailliertes Völkerbundskonzept zu erarbeiten. Damit wurden dann sogleich Robert Cecil und der amerikanische Jurist David Hunter Miller, ein New Yorker Anwalt und in Paris der Völkerrechtsberater Wilsons, beauftragt.[22]

Zusammen mit dem amerikanischen Präsidenten selbst war Cecil eines der wichtigsten Mitglieder der Völkerbundskommission in Paris, die sich am 25. Januar 1919, eine Woche nach Konferenzeröffnung, konstituierte. In Cecil verbanden sich hohe, aus langjähriger Beschäftigung mit der Thematik gewonnene Sachkompetenz und die persönliche Überzeugung von der Notwendigkeit eines Völkerbunds. Auf dieser Ebene traf er sich mit Wilson, der die Idee eines Völkerbunds mit geradezu missionarischem Eifer vorantrieb. Von mindestens ebenso großer Bedeutung für die Pariser Beratungen über den Völkerbund wie Cecil war ein weiterer Angehöriger der Delegation des britischen Empire: Jan Smuts, der Vertreter Südafrikas. Smuts gehörte fraglos zu den herausragenden Figuren in Paris. Er war burischer Herkunft, hatte zwei Jahrzehnte zuvor noch im Burenkrieg als Guerillaführer gegen die Engländer gekämpft, sich dann aber nach der Niederlage der Buren für eine Politik der Versöhnung von Briten und Buren innerhalb der damals begründeten Südafrikanischen Union ausgesprochen. Als General der britischen Armee kämpfte er im Ersten Weltkrieg, bis er 1917 ins Imperiale Kriegskabinett von Lloyd George berufen wurde. Zusammen mit Louis Botha, ebenfalls burischer Politiker und General, vertrat er 1919 in Paris Südafrika. Seine Überlegungen für einen Völkerbund publizierte er Ende 1918 in einer knapp achtzigseitigen Broschüre mit dem Titel *The League of Nations. A Practical Suggestion*.[23] Organisatorisch bewegte er sich in den Bahnen, die in den Londoner Expertenkreisen zu dieser Zeit diskutiert wurden. Sein Plan sah eine Generalversammlung aller Mitgliedsstaaten vor, in der – basierend auf der Gleichheit aller Staaten – jeder Staat über eine Stimme verfügen sollte, sowie einen Völkerbundsrat als »Exekutivausschuss des Bundes«, dem sowohl die Großmächte als auch einige kleinere Mächte angehören sollten. Ein ständiges Sekretariat sollte die Arbeit von Generalversammlung und Rat koordinieren. Zu dieser politischen Konstruktion kamen verschiedene justizielle Elemente: Mediationsinstanzen, internationale Appellationsgerichte sowie ein permanenter internationaler Gerichtshof.

Eine Welt des Friedens?

Smuts zielte mit seiner Ausarbeitung zum einen auf die Fortsetzung beziehungsweise Verstetigung der alliierten Kooperation der Kriegsjahre. Sein Völkerbundsrat war expressis verbis nach dem Vorbild der Konferenzen der alliierten Regierungschefs in London und Paris am Ende des Krieges konzipiert und sollte durch die Beteiligung der USA erweitert werden. Insgesamt zielte Smuts eindeutig auf eine institutionelle und dadurch kontinuierliche Einbindung der Vereinigten Staaten und im Kern auf eine dauerhafte politische Allianz Großbritanniens beziehungsweise des Britischen Empires mit den USA. Frankreich sollte zwar ebenfalls beteiligt sein, spielte aber in den Überlegungen von Smuts, der in Frankreich vor allem einen imperialen Rivalen Großbritanniens sah, eine bei weitem weniger wichtige Rolle. Die Notwendigkeit neuer internationaler Strukturen und Institutionen ergab sich bei Smuts allerdings auch aus dem Zusammenbruch der europäischen Imperien: des Zarenreichs, des Habsburgerreichs sowie des Osmanischen Reichs, das zwar 1918 noch bestand, aber in Auflösung begriffen war. Der Krieg habe »die imperialen Systeme Europas hinweggefegt und ein Vakuum geschaffen, das der neue Völkerbund füllen« müsse. Das Deutsche Reich wiederum werde zwar den Krieg überdauern, aber es werde kein multinationales Reich mehr sein, sondern die von »Rassen nicht-deutschen Blutes« bewohnten Gebiete verlieren und reduziert werden auf seine deutsche Bevölkerung. Für dieses »atomisierte Europa« werde der Völkerbund eine neue, verbindende Struktur bilden und dazu beitragen, den Frieden zwischen den einzelnen – neuen und alten – europäischen Nationalstaaten zu bewahren. Die Zeiten von Imperien, so sah es Smuts, die von Nationalstaaten errichtet seien und auf der Dominanz einer Nation beruhten, seien vorbei. Das Britische Empire – vom französischen Kolonialreich war in der Schrift nicht die Rede – war demgegenüber für Smuts kein solches Imperium, sondern vielmehr als ein »Völkerbund im Embryonalzustand« eine zukunftsträchtige politische Organisation, »gegründet auf echten Prinzipien nationaler Freiheit und politischer Dezentralisierung«. Viel lieber als vom *British Empire* sprach Smuts daher vom *British Commonwealth of Nations*. Dieses war zwar 1918 noch nicht offiziell gegründet, der Begriff aber fand bereits seit dem späten 19. Jahrhundert in der politischen Sprache Verwendung, um das Verhältnis Großbritanniens mit denjenigen seiner Kolonien zu bezeichnen, die trotz einer fortgesetzten Bindung an die britische Krone allmählich größere politische Unabhängigkeit gewannen.

Angehörige dieses Commonwealth konnten freilich nur Staaten mit weißen Regierungen sein. Der Völkerbund, der Smuts vor Augen stand, war eine

Organisation von Staaten mit weißen, europäischstämmigen Regierungen. Diesen Regierungen und damit dem Völkerbund insgesamt wies Smuts in seiner Schrift eine globale Zivilisierungsmission zu. Der Völkerbund war für ihn das »Organ des normalen, friedlichen Lebens der menschlichen Zivilisation«, der »zivilisierten Gemeinschaft«. Das Recht auf nationale Selbstbestimmung und politische Autonomie erstreckte sich nicht auf nichtweiße Völker. Das wurde deutlich, als Smuts die Frage nach der Zukunft der deutschen Kolonien behandelte. Diese seien »von Barbaren bewohnt« und müssten daher treuhänderisch durch den – weißen – Völkerbund verwaltet werden. In diesen Überlegungen erkennen wir den Ursprung der Völkerbundsmandate, auf die sich die Mächte 1919 in Paris verständigten. Smuts bezog sich in dieser Frage auf Wilsons Vierzehn Punkte und das Selbstbestimmungsrecht der Völker, sah darin aber kein Hindernis für die Ausübung politischer Autorität durch den Völkerbund, die zwar der Zustimmung bedürfe, freilich einer Zustimmung, die sich lediglich darauf beziehen könne, welche Großmacht das Völkerbundsmandat ausübe.[24]

Wie Wilson war Jan Smuts ein Mann, der politische Vorstellungen in idealistische Worte und eine moralisch getönte Sprache zu fassen vermochte. Er bewunderte den amerikanischen Präsidenten wegen seines »moralischen Idealismus« und seiner »Vision einer besseren Welt«, die »uns in der dunklen Nacht des Krieges aufrecht gehalten haben«. Nach dem Ende des Krieges sei es jetzt »an uns, daran zu arbeiten, die Welt in besserer Gestalt zu erneuern, ihre internationale Neuorganisation im Sinne von universaler Freiheit und Gerechtigkeit zu planen und zwischen den Klassen und Nationen jenen guten Willen wiederherzustellen, der das einzig sichere Fundament jedes dauerhaften internationalen Systems ist.«[25] Fast religiös wirkte Smuts' Rhetorik, auch das verband ihn mit Wilson. Und schließlich teilten beide einen biographisch tief verinnerlichten paternalistischen Rassismus, mit dem der eine in Virginia und Georgia aufgewachsen war, der andere im Südafrika der Buren.

Smuts' Schrift lässt deutlich erkennen, in welchem Maße die Idee eines Völkerbunds dem Ziel der Reorganisation und Transformation imperialer Herrschaft und dadurch ihrer Stabilisierung dienstbar gemacht werden konnte. Seine Überlegungen sind nicht nur deshalb von Belang, weil sie die Genese des Völkerbunds in Paris stark beeinflussten und bis ins organisatorische Detail prägten, sondern auch weil sie zeigen, wie eine imperiale Macht den Versuch unternahm, die Idee nationaler Selbstbestimmung einerseits zur Grundlage einer internationalen politischen Ordnung zu machen und

General Jan Smuts und Ganga Singh, der Maharadscha von Bikaner, bei den Versailler Verhandlungen, 1919

Das Britische Empire nahm an der Friedenskonferenz in Paris mit 14 Delegierten teil, unter ihnen als Vertreter Südafrikas General Jan Smuts (links), der noch wenige Jahre zuvor im Burenkrieg gegen die Briten gekämpft hatte. Nun vertrat er die imperialen Interessen Großbritanniens und die Suprematie der weißen »Rasse« nicht zuletzt in der Völkerbundskommission. Für ihn gehörte es zur Zivilisierungsmission des Völkerbunds, den nichtweißen Völkern die Fähigkeit zur Selbstregierung erst noch zu vermitteln. Vor diesem Hintergrund repräsentierte der Maharadscha von Bikaner (rechts) innerhalb der *British Empire Delegation* Indien, nicht aber die an Bedeutung gewinnende indische Unabhängigkeitsbewegung. In China spottete der junge Mao Zedong über den »Clown mit flammend rotem Turban«, der die Interessen Londons vertrete, nicht die des indischen Volkes.

andererseits die potentiell gefährlichen Auswirkungen eines universellen Selbstbestimmungsrechts auf imperiale Herrschaft, europäische Dominanz und weiße Suprematie zu kontrollieren. Das wird uns noch weiter beschäftigen, wenn wir uns der Auflösung der Imperien der Verlierermächte und der Einrichtung der Völkerbundsmandate zuwenden.

FRIEDEN ODER SICHERHEIT?

Die besondere Bedeutung, die Woodrow Wilson der Pariser Völkerbundskommission zumaß, wurde auch darin sichtbar, dass er selbst ihren Vorsitz übernahm. Er begründete das in der Konsequenz früherer Stellungnahmen mit der fundamentalen Transformation der Weltpolitik und der Notwendigkeit einer auf dem Selbstbestimmungsrecht der Völker gegründeten internationalen Friedensordnung, betonte aber auch, dass die USA gerade wegen ihrer nicht nur geographischen Distanz in besonderer Weise berufen seien, der Kommission vorzusitzen. Die Vereinigten Staaten seien »angesichts ihres großen Territoriums und ihrer weitgespannten Seegrenzen in gewisser Weise weniger interessiert an dieser Thematik als die anderen hier versammelten Nationen«. Die Ursachen des Krieges wie Aggressionen der starken Mächte gegen die schwachen, autokratische Regierungen, unter Zwang zusammengehaltene Imperien gehörten der Vergangenheit an. Die Welt müsse sich in einem Völkerbund nun davon endgültig befreien und dadurch zu Frieden gelangen. Genau dafür seien amerikanische Soldaten in die Schlacht gezogen: »Sie kamen als Kreuzfahrer, nicht allein um den Krieg zu gewinnen, sondern um dieses größeren Zieles willen.«[26]

Auch Lloyd George unterstrich die Bereitschaft seines Landes und des Britischen Empire, an der Gründung eines Völkerbunds mitzuwirken. Und die französische Delegation signalisierte gleichfalls Zustimmung. Für sie sprach Léon Bourgeois. Der 1851 geborene Politiker, Vertreter eines sozialen Liberalismus, war Minister in verschiedenen Kabinetten gewesen, zeitweilig auch Ministerpräsident, hatte eine ganze Reihe von Schriften zur Friedenssicherung und zur Schaffung einer internationalen Schiedsgerichtsbarkeit verfasst und sein Land auf den Haager Konferenzen 1899 und 1907 vertreten. Wie kein zweiter französischer Politiker stand er für die Idee eines Völkerbunds, dessen Zeit er nun endgültig gekommen sah. Denn in der interdependenten Welt der Gegenwart mit ihren immer enger werdenden wirtschaft-

Sitzung der Völkerbundskommission am 22. Februar 1919
Noch am Tag der Konferenzeröffnung wurde die Völkerbundskommission gebildet, deren Aufgabe es war, eine Satzung für jene internationale Organisation zu entwerfen, die künftig den Frieden zwischen den Staaten sichern sollte. Den Vorsitz der Kommission übernahm US-Präsident Wilson (Bildmitte, stehend), für den der Völkerbund die allerhöchste politische Priorität besaß. Schon nach wenigen Wochen verabschiedete die Konferenz die Völkerbundsakte, für die Wilson zu Hause jedoch keine Mehrheit erhielt. Für die kolonialen Interessen ihrer Länder – nicht zuletzt in der Frage der Völkerbundsmandate – setzten sich die Vertreter Frankreichs, Léon Bourgeois, und Britanniens, Robert Cecil, ein (sitzend, dritter und vierter von links), während sich Wellington Koo, der Vertreter Chinas (stehend, vierter von rechts), vergeblich gegen die territorialen Ansprüche Japans auf dem chinesischen Festland zur Wehr setzte. Immer wieder kollidierten in der Völkerbundskommission der Grundsatz der Gleichheit der Staaten und die Interessen der imperialen Mächte, die Macht des Rechts und das Recht der Macht.

lichen, finanziellen, intellektuellen und moralischen Beziehungen ließen sich Konflikte nicht mehr lokal begrenzen.[27]

Wie Wilson fand auch Bourgeois mit seinen Ausführungen die Zustimmung der Versammlung. Dennoch kam es am 3. Februar 1919, als sich die Völkerbundskommission erstmals traf, zu den bereits erwähnten Konflikten über die Zusammensetzung des Ausschusses, über die Präponderanz der Großmächte und die schlechte Vertretung der kleineren europäischen und außereuropäischen Staaten, zu deren Sprechern sich der belgische Ministerpräsident Hymans und der brasilianische Vertreter Calógeras machten. Gelöst wurden die diesen Spannungen zugrunde liegenden Probleme zwar nicht, aber immerhin wurde die Zahl der Vertreter kleinerer Mächte von fünf auf neun erhöht. Am Ende gehörten der Kommission die fünf Großmächte des *Supreme Council* an sowie Belgien, Brasilien, China, Griechenland, Polen, Portugal, Rumänien, Serbien und die Tschechoslowakei. Das Übergewicht Europas war eindeutig. Dass es der Kommission dennoch gelang, sich in nur elf Tagen auf den Entwurf einer Satzung für einen Völkerbund zu verständigen, muss vor diesem Hintergrund als ein Erfolg gelten, der sich in erster Linie dem geschlossenen Vorgehen der USA und Großbritanniens verdankte. Aber sowohl die Beratungen in der Kommission als auch die weitere Behandlung des Satzungsentwurfs im Plenum sowie in anderen Gremien ließen erkennen, welcher Sprengstoff in der Völkerbundsthematik steckte. Woodrow Wilson hatte dennoch, so sah er es zumindest selbst, am 14. Februar eines seiner wichtigsten Konferenzziele erreicht. Noch am Abend desselben Tages schiffte er sich auf der *George Washington* ein, um für einige Wochen in die USA zurückzukehren, wo die innenpolitischen Entwicklungen sich gegen ihn wandten, was den Präsidenten auch außenpolitisch massiv zu schwächen begann. Genau einen Monat später, am 14. März, machte er sich erneut nach Paris auf. Am 28. April verabschiedete die Vollversammlung die Völkerbundssatzung, die allen Friedensverträgen der folgenden Monate vorangestellt wurde.

Die Beratungen über den Völkerbund waren aus verschiedenen, miteinander zusammenhängenden Gründen überaus kompliziert und spannungsreich. Die kleineren Mächte wehrten sich dagegen, dass die Völkerbundssatzung eine internationale Machthierarchie expressis verbis festschrieb, indem sie die Mitgliedschaft im Völkerbundsrat ausschließlich auf die Angehörigen des *Supreme Council* – also Frankreich, Großbritannien, Italien, Japan und die USA – begrenzte. Hier zeigte sich, dass der Völkerbund keine völlig neue Struktur darstellte, sondern aus der Kriegskoalition und ihren Institutionen heraus entwickelt wurde. Kein Wunder, dass die Vertreter der kleineren Staaten den Großmächten vorwarfen, sie würden das System des Wiener Kongresses wiederbeleben und die Dominanz der Großmächte auch noch vertraglich festschreiben, statt die Strukturen des Wiener Kongresses zu überwinden, was Wilson immer wieder betont hatte. »Nichts anderes als die Heilige Allianz« vermochte der belgische Ministerpräsident Hymans in dem Vorschlag eines auf die fünf Hauptmächte begrenzten Völkerbundsrats zu erkennen.[28] Das sahen kritische amerikanische Stimmen, zu denen Außenminister Robert Lansing gehörte, genauso. Schon im Januar hatte Lansing resigniert festgestellt: »Es ist doch wieder der Wiener Kongress. Fünf oder sechs Großmächte werden die Welt regieren, wie es ihnen gefällt, und aus der Gleichberechtigung der kleinen Nationen wird nichts.«[29] Wie nicht anders zu erwarten, kritisierten wenige Wochen später auch die Deutschen die Konstruktion des Völkerbundsrats, dem Deutschland ebenso wenig angehören sollte wie dem Völkerbund insgesamt, und lehnten ihn als Wiederbelebung der »unseligen Idee der heiligen Allianz von 1815« ab.[30] Im später verabschiedeten Satzungsentwurf wurde insofern auf die Kritik an der vertraglich fixierten Großmachtsuprematie eingegangen, als dem Völkerbundsrat nicht nur Vertreter der fünf Großmächte, sondern als temporäre Mitglieder auch Vertreter von vier weiteren, durch die Bundesversammlung bestimmten Bundesmitgliedern angehören sollten.

Mindestens ebenso sehr wie die Frage der Rechte kleinerer Staaten belasteten die Erwartungen, die Frankreich an den Völkerbund richtete, die Beratungen. Für Frankreich stand außer Frage, dass der Völkerbund die Kriegskoalition insbesondere der Hauptmächte gegen Deutschland fortschreiben musste. Nur aus diesem Grund war man in Paris überhaupt bereit, die Errichtung eines Völkerbunds auf die Tagesordnung der Friedenskonferenz zu setzen und ihr die Priorität zuzugestehen, die der amerikanische Präsident forderte. Das implizierte zunächst, dass die Verlierermächte des Weltkriegs – vor allem Deutschland – nicht Mitglieder des Völkerbunds werden konnten. Als Verlängerung des Kriegsbündnisses war der Völkerbund in französischer Sicht eindeutig gegen Deutschland und eine künftige deutsche Bedrohung gerichtet und hatte insbesondere den Sicherheitsinteressen der europäischen Mächte und Nachbarn Deutschlands und hier in erster Linie Frankreichs zu dienen. Eine Organisation, die diese Erwartungen nicht erfüllte, war in den Augen der französischen Regierung wertlos. Die französischen Vertreter in der Kommission – neben Léon Bourgeois noch Ferdinand Larnaude, Dekan der Rechtswissenschaftlichen Fakultät der Sorbonne und Mitglied der *Académie Française* – wollten schon in die Präambel der Völkerbundssatzung eine Formulierung aufgenommen wissen, wonach die Unterzeichnerstaaten verbunden seien »in ihrer Verurteilung derjenigen, die den gerade zu Ende gegangen Krieg begonnen haben«.[31] Verschiedene Vertreter anderer Staaten sprachen sich gegen solche Formulierungen aus und setzten sich für versöhnliche, nach vorne blickende Formulierungen ein. Am Beginn des neuen Bundes dürfe kein alter Hass stehen, mahnte der portugiesische Vertreter Batalha Reis. Dahinter standen wichtige politische Überlegungen. Wenn der Völkerbund von seinem Anspruch her als Institution aller Staaten gedacht war, konnte er dann bestimmte Staaten von Anfang an ausschließen? Würde das nicht seinen Anspruch, dem globalen Frieden zu dienen, kompromittieren, ja, würde das nicht möglicherweise sogar dazu führen, dass sich konkurrierende Organisationen der Ausgeschlossenen oder Unzufriedenen herausbildeten?

Am Ende beugten sich die Franzosen solchen Argumenten. Zwar wurde das Deutsche Reich nicht sogleich in den Völkerbund aufgenommen, aber die Möglichkeit einer Aufnahme wurde in die Satzung eingebaut. Sie war freilich an eine Zweidrittelmehrheit in der Vollversammlung gebunden. Das galt ebenso für die Aufnahme eines neuen Mitgliedsstaates in den Völkerbundsrat. Auch wenn damit kein französisches Vetorecht festgeschrieben wurde, so war doch deutlich, dass eine Aufnahme Deutschlands nur zustande kommen konnte, wenn Frankreich dem zustimmte – was nicht zu erwarten war. Erst als sich mit den Locarno-Verträgen von 1925 das deutsch-französische Verhältnis entspannt hatte und – auch das gehört zu Locarno – Großbritannien und Italien entsprechende Sicherheitsgarantien gegeben hatten, war eine Aufnahme Deutschlands in den Völkerbund und dessen Rat möglich. Davon abgesehen waren die Locarno-Verträge gerade nicht unter dem Dach des Völkerbunds entstanden, sondern entsprangen eher traditioneller europäischer Großmachtpolitik, deren Ergebnisse dann allerdings mit dem Völkerbund verknüpft wurden.

Um solche Garantien ging es Frankreich schon 1919. Vor allem wollte man die Vereinigten Staaten und bis zu einem gewissen Grad auch Großbritannien zu einer vertraglich fixierten Garantie der französischen Sicherheit angesichts einer in französischen Augen nach wie vor bestehenden deutschen Bedrohung bringen. Das konnte auch im Rahmen des Völkerbunds geschehen, und entsprechend agierten die französischen Vertreter in der Kommission. Ihr

Vorgehen war eng mit Clemenceau abgestimmt, der zwar im *Supreme Council* keinen Zweifel an seiner Auffassung gelassen hatte, dass »der Völkerbund ein Verteidigungsbund sein musste«, der aber von Anfang an skeptisch war, ob insbesondere die USA sich zu solchen förmlichen Garantien bereitfinden würden.[32] Sollte es nicht möglich sein, aus dem Völkerbundvertrag einen Vertrag zur Garantie der französischen Sicherheit zu machen, dann mussten – so das Kalkül des »Tigers« – zum einen der Friedensvertrag selbst und zum anderen ein zusätzlicher trilateraler Garantievertrag zwischen Frankreich, Großbritannien und den USA die französische Sicherheit garantieren und die deutsche Bedrohung eliminieren. »Lassen Sie sich besiegen«, soll Clemenceau Bourgeois und Larnaude regelrecht instruiert haben, »das macht nichts. Ihre Rückschläge werden mir helfen, zusätzliche Garantien für den Rhein zu fordern.«[33]

Zu solchen formalisierten Garantien aber waren die USA nicht bereit, und erst recht nicht zur Aufstellung von Völkerbundsstreitkräften mit erheblichen amerikanischen Anteilen, deren Hauptzweck es nach dem Willen der französischen Seite sein sollte, die europäische Sicherheit zu garantieren und einer deutschen Bedrohung zu begegnen. Léon Bourgeois hielt es für fraglich, dass Frankreich einem Völkerbund beitreten würde ohne eine solche Streitmacht. Wieder und wieder entgegnete Wilson auf solche Vorstöße: »Alles, was wir versprechen können, (…) ist, unsere Streitkräfte in einem Zustand zu erhalten, der es der Welt erlaubt, sich sicher zu fühlen. Wenn Gefahr droht, werden auch wir kommen und Ihnen zur Seite stehen, aber Sie müssen uns vertrauen. Alles hängt ab von diesem gegenseitigen Vertrauen.«[34]

Auf Zusagen des guten Willens wollte die französische Sicherheitspolitik aber nicht bauen. Zwar formulierte Artikel 10 der Völkerbundssatzung die Verpflichtung aller Bundesmitglieder, »die Unversehrtheit des Gebiets und die bestehende politische Unabhängigkeit aller Bundesmitglieder zu achten und gegen jeden äußeren Angriff zu wahren«, aber einen Interventionsautomatismus enthielt die Satzung nicht und ebenso wenig bundeseigene Streitkräfte mit einem eigenen Generalstab, die direkt vom Rat hätten eingesetzt werden können. Ähnlich unbefriedigend waren aus französischer Sicht die Abrüstungsimperative der Satzung und die Kontrolle beziehungsweise Durchsetzung ihrer Einhaltung. Dass der Völkerbund ein Geschenk der Amerikaner und Briten, die sich eigentlich auch abseits halten könnten, an Frankreich sei, wie es Robert Cecil in einer Kommissionssitzung formulierte, bestätigte letztlich nur das französische Misstrauen, und das erst recht, als Cecil den

Franzosen damit drohte, die USA und Großbritannien könnten auch ein bilaterales Bündnis abschließen.[35] Der Völkerbund, das wurde den französischen Vertretern im Laufe der Beratungen immer klarer, entsprach ganz und gar den visionären Vorstellungen des amerikanischen Präsidenten. Er bedeutete fraglos einen Fortschritt in Richtung einer friedlichen Entwicklung internationaler Beziehungen ganz allgemein. Für das französische Kerninteresse der Sicherheit vor Deutschland indes war der Völkerbund unbrauchbar. Wenn Großbritannien und die USA sich, wie von Robert Cecil gleichsam angekündigt, früher oder später von Europa abwenden würden, dann war Frankreich auf sich allein gestellt. Umso wichtiger wurde daher der Friedensvertrag mit Deutschland. Er musste die Sicherheit vor Deutschland herstellen und gewährleisten, die mit dem Völkerbund nicht zu erreichen war.

Genau dies war ein Argument, mit dem Wilson und seine Umgebung in den USA für den Völkerbund und eine amerikanische Beteiligung daran zu werben versuchten. Ohne den Völkerbund, so schrieb Wilsons Völkerrechtsberater David Hunter Miller im März 1919 dem Bankier Thomas Lamont von J. P. Morgan, der für das amerikanische Finanzministerium nach Paris gereist war, könne man den Franzosen »nicht das Recht verweigern, einen Frieden mit Deutschland zu schließen, der Frankreich das Gefühl von Sicherheit gibt. Ein solcher Frieden aber wäre das Gegenteil von allem, wofür wir stehen.«[36] Wilson selbst hatte in den Wochen seines Aufenthalts in den USA Ende Februar/Anfang März 1919 gemerkt, wie sehr sich seine politischen Gegner, angeführt von Senator Henry Cabot Lodge, dem Vorsitzenden des Außenpolitischen Ausschusses des Senats, in ihrer Ablehnung der Außenpolitik des Präsidenten auf den Völkerbund eingeschossen hatten. Der Völkerbund kompromittiere die amerikanische Souveränität, er ziehe die Vereinigten Staaten in Konflikte, an denen sie keinerlei Interesse hätten, er involviere sie in die Interessengegensätze der europäischen Staaten und verstoße damit gegen zwei fundamentale Prinzipien amerikanischer Außenpolitik: gegen die Warnung des ersten Präsidenten George Washingtons in seiner Abschiedsbotschaft von 1796 vor »verwickelnden Bündnissen« – »entangling alliances« – und gegen die nach dem fünften amerikanischen Präsidenten benannte Monroe-Doktrin von 1823 und den in ihr formulierten Grundsatz der Nichteinmischung der USA in europäische Angelegenheiten.

Dieser Botschaft konnte Wilson sich nicht verschließen, wollte er nicht das ohnehin ständig wachsende Risiko eingehen, dass der Senat den Völkerbund, das Herzstück seiner Politik, verwerfen würde. Mit beträchtlicher

Energie, die ihn an die Grenzen seiner Leistungsfähigkeit brachte und womöglich zu einem leichten Schlaganfall im Frühjahr 1919 führte, setzte sich Wilson, als er im Frühjahr zu den Verhandlungen nach Paris zurückkehrte, daher für die Inkorporation der Monroe-Doktrin in die Völkerbundssatzung ein. Für die innenpolitischen Gegner des Präsidenten ging es im Kern um die amerikanische Souveränität, die politische Handlungsfreiheit und Selbstbestimmung – und zwar in einem ganz anderen Sinn als bei Wilson – der Weltmacht USA. Mit dem Begriff Isolationismus ist diese Position falsch bezeichnet. Es ging Wilsons Gegnern nicht um einen Rückzug der USA auf sich selbst, wohl aber um eine autonom und allein von amerikanischen Interessen bestimmte Außenpolitik. Das entsprang einem fundamentalen Nationalismus, der – anders als die so betrachtet nicht minder nationalistische Politik Wilsons – amerikanische Interessen nicht mit dem Gewicht der USA in internationalen Strukturen und Institutionen zur Geltung bringen wollte, sondern durch eine nicht mit Desinteresse zu verwechselnde politische Bindungslosigkeit.

Wilson war gerade wieder in Paris angekommen, als ihn ein Schreiben von Ex-Präsident William Taft erreichte, in dem sein Amtsvorgänger zusammenfasste, wie ein Friedensvertrag aussehen musste, um den Senat passieren zu können. Es war ein vergiftetes Praliné, das Wilson da erhielt: »Wenn Sie mit einem Vertrag zurückkommen mit der Völkerbundsakte darin, wenn Sie darin spezifische Vorbehalte hinsichtlich der Monroe-Doktrin anbringen, eine begrenzte Dauer des Bundes sowie Rüstungsobergrenzen festsetzen, wenn sowohl im Exekutivrat wie in der Delegiertenversammlung bei allen Beschlüssen Einstimmigkeit erforderlich ist, und wenn ferner eine Bestimmung (…) eingefügt wird, dass Exekutivrat und Delegiertenversammlung keine Beschlüsse treffen werden, sofern die zugrunde liegenden Konflikte rein innenpolitischer Natur sind, dann wird den Argumenten Ihrer Gegner im Senat der Boden entzogen sein.«[37] Daran war freilich nicht zu denken. Es war völlig ausgeschlossen, all diese Forderungen in die Völkerbundssatzung zu integrieren, doch die Protokolle der Beratungen über den ersten Entwurf zeigen, wie Woodrow Wilson sich mit größtem Engagement darum bemühte, Bestimmungen zu verhindern, die in den Augen seiner amerikanischen Gegner die Souveränität der Vereinigten Staaten beeinträchtigten. So enthielt die im April von der Friedenskonferenz akzeptierte Satzung das Einstimmigkeitsprinzip in Rat und Vollversammlung (Artikel 5), die Möglichkeit des Austritts (Artikel 1), die Möglichkeit, einen Konflikt nicht zu regeln, den eine der Parteien als innenpolitisch charakterisiert (Artikel 15), sowie schließlich in Artikel 21 eine ausdrückliche Anerkennung der Monroe-Doktrin als mit der Völkerbundssatzung vereinbar. Insbesondere um diesen letzten Punkt wurde heftig gerungen, weil die meisten Mächte in der Erwähnung der Doktrin eine Privilegierung der USA sahen, die dem Geist des Völkerbunds und der Idee der Gleichheit seiner Mitglieder widerspreche. Und das war ja auch nicht von der Hand zu weisen. Um dem zu begegnen, wurde die Monroe-Doktrin am Ende als ein Beispiel für internationale Vereinbarungen im Sinne des Völkerbunds angeführt. Das war zwar insofern falsch, als es sich bei der Monroe-Doktrin gerade nicht um eine internationale Vereinbarung handelte, sondern um eine einseitige amerikanische Erklärung, doch der Kompromiss trug dazu bei, dass der überarbeitete Satzungsentwurf schließlich angenommen werden konnte.

In der Schlussphase der Beratungen über den Völkerbund hatten noch zwei weitere Fragen für Spannungen gesorgt. Zwar unterstützte die britische Regierung Wilsons Völkerbundspolitik durchaus – Robert Cecil in der Kommission allerdings deutlich stärker als David Lloyd George im Rat der Zehn –, aber man erkannte auch, dass sich Wilsons Interesse an einer Verabschiedung der Völkerbundssatzung womöglich zur Durchsetzung eigener Interessen nutzen ließ. Und diese Interessen bezogen sich im britischen Fall insbesondere auf die maritime Rüstung, wo sich bereits seit geraumer Zeit ein Konflikt zwischen Großbritannien und den USA herausbildete. Als Reaktion auf das Beharren Großbritanniens, seinen Status als mit Abstand stärkste Seemacht der Welt zu konsolidieren, als welche man überdies der amerikanischen Forderung nach absoluter Freiheit der Meere entgegentrat, hatten die Vereinigten Staaten ihrerseits begonnen, ihre Flottenrüstung deutlich voranzutreiben. Zwar gehörten die USA als Ergebnis einer unter Präsident Theodore Roosevelt einsetzenden Politik bereits zu den führenden Seemächten der Welt, aber nun befürchtete man in London, dass es den USA angesichts ihrer überlegenen Wirtschaftskraft schon bald gelingen könne, mit der *Royal Navy* gleichzuziehen, ja sie sogar zu überrunden. Ein maritimes Wettrüsten war in vollem Gange, das die Möglichkeiten Großbritanniens früher oder später überfordern würde. In dieser Situation knüpfte der britische Premier die Zustimmung seines Landes zur Aufnahme eines Vorbehalts hinsichtlich der Monroe-Doktrin in die Völkerbundssatzung an eine Verständigung über die Flottenrüstung, sprich an eine Obergrenze für die amerikanische Rüstung, welche die britische Vorrangstellung nicht gefährdete. Wehrten sich die amerikanischen Vertreter zunächst dagegen, die beiden Fragen zu verknüpfen, so wurde ihnen rasch klar, dass London eine diplomatische Trumpfkarte gezogen hatte. »Wenn ich der britische Marineminister wäre«, äußerte der sonst so konziliante Robert Cecil gegenüber Wilsons Berater House, »und sähe die maritime Sicherheit Britanniens bedroht, und sei es durch Amerika, dann würde ich meinen Landsleuten empfehlen, ihren letzten Shilling dafür auszugeben, die britische Flotte in dem für die Sicherheit des Landes notwendigen Umfang auszustatten.«[38]

Der unerfreuliche Austausch steigerte sich zu einem handfesten Konflikt, der nur dadurch vorübergehend entschärft werden konnte, dass der amerikanische Präsident – um die Erwähnung der Monroe-Doktrin in der Völkerbundssatzung zu sichern – dem britischen Premier seine Bereitschaft erklärte, das amerikanische Marinerüstungsprogramm auf den Prüfstand zu stellen.[39] Die Problematik der Flottenrüstung zwischen den USA und Großbritannien – aber auch im Hinblick auf andere Mächte, insbesondere Japan – war damit freilich mitnichten von der internationalen Agenda verschwunden. Vielmehr führte von Paris 1919 ein direkter Weg zum Washingtoner Flottenabkommen von 1922, das die maritime Parität Großbritanniens und der USA festlegte und zugleich die Superiorität dieser beiden Staaten gegenüber anderen, einschließlich Japans, fixierte.[40] 1919 aber konnte Wilson die Zustimmung des amerikanischen Senats weder durch die Erwähnung der Monroe-Doktrin noch durch die anderen Bestimmungen, in denen sich die Vorbehalte von Wilsons innenpolitischen Gegnern spiegelten, sicherstellen. Zweimal, am 19. November 1919 und noch einmal am 19. März 1920, lehnte der Senat den nach dem Willen Wilsons in den Versailler Vertrag inkorporierten Völkerbundsvertrag ab – und damit eben auch den Friedensvertrag mit Deutschland.

Obwohl die Satzung Genf als Sitz des Völkerbundes festlegte, konstituierte sich der Völkerbundsrat am 16. Januar 1920 wie ein Jahr zuvor die Friedenskonferenz im Uhrensaal des französischen Außenministeriums in Paris. Schon diese Ortswahl zeigt, wie sehr der Völkerbund sich nun angesichts der Nichtbeteiligung der Vereinigten Staaten als eine Fortsetzung der Siegerkoalition des Weltkriegs verstand. Dass der Völkerbund vor diesem Hintergrund in Deutschland zunächst überall der »Versailler Völkerbund« genannt wurde, entbehrt nicht einer gewissen Plausibilität. Zum ersten Präsidenten des Rates wurde Léon Bourgeois gewählt, für den der Tag das »Geburtsdatum der neuen Welt« darstellte.[41] Dennoch war der Völkerbund nicht die gegen Deutschland gerichtete Organisation, die Clemenceau im Jahr zuvor vorgeschwebt hatte. Ohne die Beteiligung der USA und ohne bindende Sicherheitsgarantien war er nicht das Instrument französischer Sicherheitspolitik, das Paris zunächst angestrebt hatte, sondern zunächst eine neuartige internationale Organisation, von der sich erst in den kommenden Jahren erweisen musste, welche politischen Interessen sich mit ihr verbinden ließen und ob es ihr gelingen würde, zu einer friedlichen Entwicklung der internationalen Beziehungen beizutragen.

DIE GEMISCHTE BILANZ DES VÖLKERBUNDS

Organisatorisch bildeten der Völkerbundsrat und die Versammlung der Mitgliedsstaaten den Kern des Völkerbunds. In der Institution des Rates setzte sich die Großmachtdiplomatie des europäischen Konzerts des 19. Jahrhunderts fort, das zwar global erweitert wurde, aber im Grunde doch europäisch bestimmt blieb. Die Generalversammlung trug Züge eines Weltparlaments, einer Staatenversammlung, in der jeder Staat, wie mächtig, bevölkerungsreich oder groß er auch immer sein mochte, mit einem Sitz und einer Stimme vertreten war. Daraus ergab sich von Anfang an ein Spannungsverhältnis zwischen Versammlung und Rat. Als der Rat 1920 gebildet wurde, gehörten ihm Frankreich, Großbritannien, Italien und Japan als ständige Mitglieder an; der *Supreme Council* der Friedenskonferenz verlängerte sich also – ohne die USA – in die Nachkriegszeit. Hinzu traten zunächst vier nichtständige Mitglieder, die von der Generalversammlung gewählt wurden; ihre Zahl wurde im weiteren Verlauf erst auf sechs, später – nach dem Beitritt Deutschlands zum Völkerbund und seiner Aufnahme in den Rat als ständiges Mitglied (1926) – auf neun, in den 1930er Jahren sogar auf elf erhöht. Beschlüsse konnte der Rat nur einstimmig fällen. Nicht nur die permanenten, sondern auch die anderen Ratsmitglieder verfügten also über ein Vetorecht, in dem sich das von der Staatengemeinschaft als fundamental erachtete Prinzip der nationalen Souveränität und Autonomie widerspiegelte, das auch durch Beschlüsse der internationalen Gemeinschaft nicht relativiert werden sollte. Aus diesem Grund galt auch in der Versammlung in den allermeisten Fällen das Einstimmigkeitsprinzip. Nach 1945 erkannte man darin ein zentrales Problem des Völkerbunds sowie eine Ursache seiner Schwäche und beschränkte daher in den Vereinten Nationen das Vetorecht auf die ständigen

Eine Welt des Friedens?

Mitglieder des Sicherheitsrats, der ansonsten ebenso wie die UN-Generalversammlung nach dem Muster des Völkerbunds gebildet wurde. In der UN-Generalversammlung gibt es kein Vetorecht. Mehr als nur ein Verwaltungsstab war das in Genf angesiedelte Sekretariat, das von 1920 bis 1933 von dem britischen Politiker und Diplomaten Eric Drummond geleitet wurde,[42] eine internationale, wenn auch primär europäisch besetzte Behörde, der rund 700 Beamte angehörten: Diplomaten und Experten für alle Aufgabenbereiche des Völkerbunds. Die Angehörigen des Sekretariats genossen diplomatische Privilegien und waren nur dem Völkerbund, nicht ihrem Herkunftsland, zur Loyalität verpflichtet. Darin spiegelte sich der Anspruch des Völkerbunds, die Staatengemeinschaft zu repräsentieren, zugleich aber auch die Spannung mit dem fortgesetzten Souveränitäts- und Autonomieanspruch der nationalen Staaten.[43]

Das Bild des Völkerbunds ist heute differenzierter als in den ersten Jahrzehnten nach 1945, als der Völkerbund in Wissenschaft und Politik weithin als gescheiterter Versuch einer internationalen Staatenorganisation zum Zwecke der Friedenssicherung angesehen wurde. Die Geschichte der Genfer Organisation wurde primär als Teil der Vorgeschichte des Zweiten Weltkriegs betrachtet, und aus dieser Perspektive konnte im Grunde nur eine negative Bewertung erfolgen, denn damit wies man dem Völkerbund Kompetenzen und Möglichkeiten zu, über die er schlicht nicht verfügte. Insbesondere hatte der Völkerbund keine Chance und keine Mittel angesichts der aggressiven Gewalt- und Expansionspolitik Deutschlands, Italiens und Japans in den 1930er Jahren. Das lag freilich auch daran, dass die den Völkerbund tragenden und ihn dominierenden Großmächte bis ins Jahr 1939 vor einem bewaffneten Konflikt mit den Aggressoren zurückschreckten. So betrachtet trug die Appeasement-Politik zum Scheitern des Völkerbunds als Organ der kollektiven Sicherheit und der Friedenssicherung bei.

Allerdings wäre es nicht angemessen, den Völkerbund auf seine Rolle im engeren machtpolitischen Kontext zu reduzieren und ihn lediglich als Institution der traditionellen Diplomatie zu betrachten. Denn das verstellt den Blick auf seine Fortschrittlichkeit und Innovativität im Bereich der internationalen humanitären und technischen Zusammenarbeit. In einer ganzen Reihe von Abteilungen und Unterorganisationen unterstützte und verstärkte der Völkerbund Ansätze einer zumindest zum Teil sogar auf die Zeit vor 1914 zurückgehenden grenzüberschreitenden Kooperation. Diese umfasste Gebiete wie die Wirtschafts- und Finanzbeziehungen, das internationale Gesundheitswesen, Verkehr und Kommunikation, wissenschaftliche und kulturelle Zusammenarbeit, Minderheitenschutz und Flüchtlingspolitik sowie die Bekämpfung von Drogenhandel und Prostitution.[44] Es gab also nicht nur den Völkerbund der »Großen Politik«, sondern – nicht minder politisch – einen anderen Völkerbund, dessen Aktivitäten zunächst eher experimentellen Charakter hatten, die aber heute zu Kernbereichen der internationalen Kooperation nicht zuletzt unter dem Dach der Vereinten Nationen gehören. Von besonderer Bedeutung ist in diesem Zusammenhang die Internationale Arbeitsorganisation (IAO/ILO). Sie war schon eine Sonderorganisation des Völkerbunds, finanziert durch diesen und verankert in dessen Satzung, und nahm bereits im April 1919 in Paris ihre Arbeit auf. In einer Erklärung anlässlich ihrer Gründung verbanden die ILO-Mitgliedsstaaten den Imperativ sozialer Gerechtigkeit und der globalen Verbesserung von Arbeits- und Lebensbedingungen explizit mit dem Ziel universellen und dauerhaften Friedens. Das war auch eine Reaktion auf die Oktoberrevolution und den Kommunismus, die der liberal-kapitalistischen Staatenwelt eine andere Vision innerer und internationaler Ordnung gegenüberstellten. Doch der Anspruch der ILO reichte in seiner Wirkung über diese reaktive Politik hinaus. Erstmals führten zwischenstaatliche Verträge das Programm der Gesellschaftsreform und der Sozialpolitik als Handlungsfelder in die internationale Politik ein. Deutschland wurde schon Ende 1919, sechs Jahre vor seiner Aufnahme in den Völkerbund, in die ILO aufgenommen, die sich – mit Wirkungen weit in die Zeit nach 1945 – für die soziale Demokratie und den demokratischen Wohlfahrtsstaat einsetzte.[45]

Auch wenn die USA dem Völkerbund nicht beitraten, der 1919 auf der Basis der Überlegungen und Entwürfe von Robert Cecil, Jan Smuts und Woodrow Wilson konzipiert wurde, spiegelte dieser einen europäisch-amerikanischen weltpolitischen Dominanzanspruch. Präziser könnte man formulieren: Er spiegelte einen weißen Dominanzanspruch. Angesichts des tief verinnerlichten Rassismus sowohl Wilsons als auch Smuts' ist das kaum überraschend. Zwar gehörte Japan als Großmacht von Gnaden der USA, Großbritanniens und Frankreichs – Italien wurde nicht gefragt – dem Völkerbundsrat als ständiges Mitglied an und erhielt damit seinen Status als Großmacht bestätigt. Zwar gehörten auch China und Siam zu den Gründungsmitgliedern. Doch der Gleichheitsgrundsatz, der sich in der Stimmverteilung in der Vollversammlung widerspiegelte, war ein politischer, ein staatsbezogener Gleichheitsgrundsatz, der auf der Ebene der Völker – und immerhin nannte sich

Deutsche IAO-Delegation vor der Abreise nach Washington, 16. November 1919

Unter dem Dach des Völkerbunds entstand noch vor Unterzeichnung des Versailler Vertrags eine Reihe von Organisationen, wie es sie auch bei den Vereinten Nationen gibt, darunter die Internationale Arbeitsorganisation (IAO/ILO). Angesichts der kommunistischen Herausforderung setzte sie sich für soziale Gerechtigkeit und die weltweite Verbesserung von Arbeits- und Lebensbedingungen ein. Deutschland wurde schon Ende 1919, Jahre vor der Aufnahme in den Völkerbund, Mitglied der IAO, auch das ein Signal, dass der Krieg der Alliierten sich nicht gegen das deutsche Volk, sondern gegen seine Führung gerichtet hatte. An der Arbeitskonferenz in Washington, auf welcher die Aufnahme Deutschlands beschlossen wurde, konnte die deutsche Delegation allerdings nicht teilnehmen, denn sie gelangte nur bis Göteborg. Von dort trat sie Reise über den Atlantik nicht mehr an, da die Konferenz vor ihrem Eintreffen beendet gewesen wäre. Die IAO existiert bis heute als Sonderorganisation der Vereinten Nationen.

die Organisation ja Völkerbund – oder gar der einzelnen Menschen keine Entsprechung fand.

Auch das wurde bereits in Paris offenkundig. Dort hatte sich kurz nach Einsetzung der Völkerbundskommission die japanische Delegation dafür ausgesprochen, in der Präambel der Satzung neben dem Prinzip der Gleichheit der Religionen auch die Gleichheit der Rassen zu verankern. In ihrer Begründung hatten die Japaner dabei – nicht zuletzt um Wilson unter Druck zu setzen – auf die amerikanische Unabhängigkeitserklärung und ihre Formulierung »all men are created equal« hingewiesen. Das war ein durchaus geschickter Schachzug, der aber zunächst zu keiner Entscheidung in der Angelegenheit, sondern nur zu einer Vertagung führte. Gleichwohl war allen Beteiligten die Brisanz des Themas bewusst. Wilson selbst hatte bereits 1917 in einer Kabinettssitzung argumentiert, Amerika müsse sich aus dem Krieg heraushalten, um dafür zu sorgen, »dass die weiße Rasse stark bleibt gegen die gelbe – zum Beispiel die Japaner«.[46] In einer Unterredung mit Oberst House erklärte der britische Außenminister Balfour 1919, die Worte aus der Unabhängigkeitserklärung seien »eine Formulierung des 18. Jahrhunderts, von der er nicht glaube, dass sie zutreffe. Er sei zwar der Ansicht, dass in gewisser Weise alle Menschen eines bestimmten Volkes gleich geschaffen seien, nicht aber, dass ein Mensch aus Zentralafrika einem Europäer gleich sei.« Ratlos erwiderte Oberst House, er wisse nicht, wie man sich politisch den Japanern gegenüber verhalten solle.[47]

Harold Nicolson, der junge britische Diplomat, sah Wilsons Dilemma: »Einerseits schloss die Gleichheit aller Menschen, die im Völkerbundsvertrag proklamiert war, auch die Gleichheit des gelben und des weißen Mannes in sich, ja möglicherweise sogar – o Entsetzen! – die Theorie von der Gleichheit des weißen Mannes und des schwarzen. Andererseits stand fest, dass der amerikanische Senat niemals auch nur im Traum daran denken würde, irgendwelchen Vertrag zu ratifizieren, der einen so gefährlichen Gedanken enthielt.«[48] Wilson selbst konnte die Abwehr des japanischen Vorschlags getrost den Vertretern Großbritanniens und seiner Dominions überlassen. Vor allem der australische Premier William Hughes schloss die Verankerung eines Prinzips der Rassengleichheit in der Völkerbundakte kategorisch aus. Robert Cecil wurde von seiner Regierung angewiesen, diese Position in der Völkerbundskommission zu vertreten. Als am 11. April 1919 die japanische Delegation ihren Antrag erneut vorlegte, kam es zur Abstimmung im Ausschuss, der dem japanischen Antrag mit elf zu sechs Stimmen zustimmte.

Wilson stellt daraufhin fest, dass der Antrag nicht angenommen sei, weil er keine einstimmige Billigung gefunden habe.[49] Die Völkerbundssatzung, die die Plenarversammlung schließlich annahm, enthielt gar keine Aussage mehr zur Gleichheit.[50]

»A WORLD SAFE FOR EMPIRE« – DIE VÖLKERBUNDSMANDATE

Als am 14. Februar 1919 die Vollversammlung der Friedenskonferenz den von der Völkerbundskommission erarbeiteten Entwurf der Völkerbundssatzung diskutierte, ergriff auch Rustem Haidar das Wort.[51] Ein Wort in dem Dokument sei ihm ganz unklar: das Wort »Mandat«. Was dieses Wort bedeute, wollte der Delegierte des arabischen Königsreichs Hedschas wissen, denn »von der Interpretation dieses Wortes hängt die Zukunft all derjenigen Völker ab, die bis heute von Tyrannen unterdrückt worden sind«.[52] Haidar wusste nur zu genau, worum es ging. Sein Interesse richtete sich nicht von ungefähr auf diesen Punkt. In der Tat gehörte zu den zentralen Bestimmungen der Völkerbundssatzung der Artikel 22, der ein Mandatssystem einrichtete, eine Treuhandverwaltung für diejenigen Kolonien und Gebiete, die »infolge des Krieges aufgehört haben, unter der Souveränität der Staaten zu stehen, die sie vorher beherrschten«. Es ging dabei in allererster Linie um die ehemaligen deutschen Kolonien sowie die arabischen Provinzen des Osmanischen Reiches, die bis zum Ende des Krieges – im einen Fall früher, im anderen später – von den Alliierten besetzt worden waren. Als Mandatsmächte wurden in erster Linie Großbritannien und Frankreich eingesetzt, die damit de facto ihre kolonialen Imperien vergrößerten, dafür aber die Legitimation durch die im Völkerbund organisierte internationale Staatengemeinschaft erhielten, in der freilich die europäischen Kolonialmächte Großbritannien, Frankreich und Italien sowie das imperiale Japan als permanente Mitglieder des Völkerbundsrats einen dominierenden Einfluss ausübten. Errichtet wurde das Mandatssystem unter der Prämisse, dadurch einen Beitrag zur Durchsetzung des Selbstbestimmungsrechts der Völker und – wie es in der Völkerbundssatzung hieß – zu ihrem Wohlergehen und ihrer Entwicklung zu leisten. Erkennbar wird in solchen knappen Formulierungen, dass sich das Mandatssystem aus unterschiedlichen, wenn auch miteinander verwandten Quellen und Interessen speiste: aus dem liberalen Internationalismus Wilsons einerseits und der als globale Zivilisierungsmission daherkommenden imperialistischen Politik der europäischen Kolonialmächte andererseits. Die Herausforderung für die in Paris versammelten Großmächte lag darin, beide Ansätze miteinander zu verknüpfen. Die komplexe Beziehung zwischen dem nationalen Prinzip und dem imperialen Prinzip, die von Spannungen ebenso charakterisiert war wie von wechselseitiger Durchdringung und die zu den zentralen Dimensionen der Pariser Konferenz gehörte, wird nirgends deutlicher sichtbar als in der Genese und Umsetzung des Mandatssystems.

In seinen Vierzehn Punkten hatte sich Woodrow Wilson vergleichsweise allgemein für eine »unparteiische Schlichtung aller kolonialen Ansprüche« ausgesprochen und dafür plädiert, »dass bei der Entscheidung aller derartiger Souveränitätsfragen die Interessen der betroffenen Bevölkerung ein ebensolches Gewicht haben müssen« wie die »berechtigten Forderungen« derjenigen Mächte, die solche kolonialen Ansprüche erhoben. Auf seiner Atlantiküberfahrt präzisierte der Präsident seine Vorstellungen gegenüber seinen Beratern. Nachdem er noch einmal betont hatte, dass die bevorstehende Zusammenkunft keine Friedenskonferenz »alten Stils« sein dürfe, sprach er sich dafür aus, dass die deutschen Kolonien in Afrika in den gemeinschaftlichen Besitz des zu schaffenden Völkerbunds übergehen und treuhänderisch für den Völkerbund von einem der kleineren, nichtimperialen Staaten verwaltet werden sollten. Er dachte dabei an ein skandinavisches Land. Die zukünftige Verwaltung müsse sich »in erster Linie an den Interessen der einheimischen Bevölkerung« orientieren.[53] Der Historiker George Louis Beer, der sich in seiner Forschung mit der Geschichte des Britischen Empire beschäftigt hatte und nun zu Wilsons Beratern in der Kolonialfrage gehörte, unterstützte diese Position. »Die Negerrasse« habe bislang »keine Fähigkeit erkennen lassen, sich fortschrittlich zu entwickeln, es sei denn unter der Anleitung [tutelage] anderer Völker«. Warum, so Beer, solle man nicht diese Anleitung mit Hilfe des Völkerbunds internationalisieren, sie internationaler öffentlicher Kontrolle unterwerfen und sie dadurch zugleich von imperialer Herrschaft abgrenzen? Diese Abgrenzung war angesichts der Vorstellungen Wilsons für die öffentliche Vermittlung des Mandatsmodells wichtig. In der Sache selbst stand zumindest Beer dennoch das Britische Empire als Modell vor Augen. In den britischen Kolonien würden »die Rechte der Einheimischen überaus umsichtig und zugleich effizient geschützt«. Ließe sich das nicht auch unter dem Dach des Völkerbunds praktizieren?[54]

Sitzung der Mandatskommission des Völkerbunds

Das Mandatssystem des Völkerbunds wurde geschaffen, um die ehemaligen deutschen Kolonien in Afrika und im Pazifik sowie die nichttürkischen Gebiete des Osmanischen Reiches international zu verwalten. Faktisch kamen die Mandatsgebiete als eine Art Kriegsbeute unter die imperiale Kontrolle vor allem Frankreichs und Großbritanniens. Die Mandatskommission des Völkerbunds sollte die Einhaltung internationaler Normen und die Wahrung der Rechte der indigenen Bevölkerung überprüfen, doch ihre Tätigkeit wurde immer mehr zu einer kosmetischen Angelegenheit in dem Bestreben, wenigstens äußerlich die Form zu wahren. Der Kommission gehörten hochrangige Vertreter der Völkerbundsmitglieder an, die über Erfahrung in der Kolonialverwaltung verfügten. Unter ihnen waren auch Repräsentanten der Mandatsmächte, deren Tätigkeit in den Mandatsgebieten eigentlich von der Kommission kontrolliert werden sollte.

Mit solchen Überlegungen und solchen Legitimationsmustern zur Begründung imperialer Herrschaft ließen sich Brücken schlagen zu britischen Vorstellungen nicht nur über die Zukunft der deutschen Kolonien, sondern auch der anderen Gebiete, über die in Paris entschieden werden sollte. In der Rede von Caxton Hall am 5. Januar 1918 hatte Premierminister Lloyd George zwar erklärt, dass das Prinzip der nationalen Selbstbestimmung außerhalb Europas genauso anzuwenden sei wie in Europa, aber dass die indigenen Bevölkerungen selbst über ihre Zukunft entscheiden sollten, hatte er damit nicht gemeint. Darüber solle eine Konferenz befinden, die die Wünsche und Interessen der Einheimischen zu berücksichtigen habe. Mit Blick auf das Osmanische Reich hatte der Premierminister auf das Recht der Völker im Mittleren Osten hingewiesen, in ihrer jeweiligen Nationalität anerkannt zu werden. Und die künftige Verwaltung der ehemaligen deutschen Kolonien müsse auf deren Zustimmung stoßen, denn die »Häuptlinge und Versammlungen der verschiedenen Stammesorganisationen« seien in der Lage, »für ihre Stämme und deren Angehörige zu sprechen und deren Wünsche und Interessen zu vertreten«. Aber Selbstbestimmung war das nicht. Eher verwies es auf die von Großbritannien vor allem in Indien praktizierte »indirekte Herrschaft« (»indirect rule«), ein System, das lokalen Eliten Herrschafts- und Verwaltungsaufgaben übertrug, ohne die britische Kontrolle und Letztverantwortung dadurch zu relativieren.

Die Idee der Selbstbestimmung konnte man nicht einfach zurückweisen, also musste es darum gehen, wie es Lord George Curzon, früherer britischer Vizekönig von Indien und Angehöriger des *Imperial War Cabinet*, im Dezember 1918 ausdrückte, das »Spiel der Selbstbestimmung mitzuspielen«, um die imperialen Gewinne zu sichern.[55] Der Völkerbund und sein Mandatssystem boten dazu die Möglichkeit. Diesen Gedanken entwickelte auch Jan Smuts in seiner Schrift *The League of Nations* vom Dezember 1918 weiter. Wenn ein Volk Hilfe bei der Selbstverwaltung brauche, dann könne der Völkerbund durch die treuhänderische Beauftragung eines Mitgliedsstaates diese Hilfe zur Verfügung stellen. Auch Smuts band die Errichtung einer Mandatsverwaltung an die Zustimmung der betroffenen Bevölkerung, hielt diese Zustimmung jedoch angesichts des Interesses der Bevölkerung und der Uneigennützigkeit der Mandatsmacht für reine Formsache.[56] In seinen Ausführungen bezog sich Smuts in erster Linie auf den Mittleren Osten; die ehemaligen deutschen Kolonien, insbesondere in Afrika, streifte er nur am Rande. Deutsch-Südwestafrika, daran bestand für Smuts überhaupt kein Zweifel, sollte kein

Mandatsgebiet werden, sondern Teil des südafrikanischen Staatsverbandes. Ähnliche Vorstellungen hatten die Regierungen Australiens und Neuseelands hinsichtlich der deutschen Inselkolonien im Pazifik. Deren Besetzung bereits kurz nach Kriegsbeginn betrachteten sie als Vorentscheidung.

Auch weite Gebiete des Osmanischen Reiches, vor allem im Mittleren Osten, waren bereits während des Krieges von den Alliierten, insbesondere von britischen Truppen, besetzt worden. Doch in dieser Weltregion gab es noch andere Vorentscheidungen, die auf die Gestaltung der Nachkriegsordnung einwirkten. Bereits im April 1915 hatten Großbritannien, Frankreich und Russland in London mit Italien einen Geheimvertrag geschlossen, der Italien für seinen Beitritt zur Entente erhebliche territoriale Gewinne nicht zuletzt auf Kosten des Osmanischen Reiches – Dodekanes, Südanatolien – zusicherte. Darüber hinaus ließ der Vertrag die klare Absicht der Alliierten erkennen, bei einem Sieg die nichttürkischen Gebiete des Osmanischen Reiches unter sich aufzuteilen. Doch nach einem Sieg und einer unmittelbar bevorstehenden Besetzung insbesondere der arabischen Gebiete des Osmanischen Reiches sah es 1915 nicht aus. Vielmehr kam es zu blutigen Kämpfen zwischen den Streitkräften des Osmanischen Reiches und dem britisch-indischen Expeditionskorps, die aber lange keine Entscheidung brachten. Vor diesem Hintergrund versuchte der britische Hochkommissar von Ägypten, Henry McMahon, den Emir Husain von Mekka dafür zu gewinnen, mit seinen arabischen Truppen einen Aufstand gegen die Türken anzuzetteln und so deren Kampfkraft zu schwächen. Dafür sicherte er diesem einen unabhängigen arabischen Staat zu, der den gesamten Fruchtbaren Halbmond, also ein Gebiet von Palästina über Syrien und Mesopotamien bis zum Persischen Golf, umfassen sollte. So zumindest verstand der Emir den britischen Vertreter, der indes nicht von politischer Herrschaft und staatlicher Unabhängigkeit gesprochen hatte, sondern von einem arabischen Kalifat, dem Gebiete mit christlicher Bevölkerung und überdies der Küstenstreifen des heutigen Libanons, Israels und Palästinas nicht angehören sollten.[57] Diese wechselseitigen Missverständnisse waren noch lange Gegenstand heftiger Auseinandersetzungen und Debatten. Gleichwohl setzte Emir Husain den Arabischen Aufstand gegen die osmanische Herrschaft in Gang, dessen militärische Führer seine beiden Söhne Faisal und Abdallah waren. Sie wurden unterstützt und beraten von dem für den britischen Geheimdienst, das *Arab Bureau* in Kairo, arbeitenden Archäologen T. E. Lawrence, der als »Lawrence of Arabia« in die Geschichte eingegangen ist.[58] Zusammen mit britischen und französischen Truppen erzielten die arabischen Kräfte beachtliche Erfolge, und es gelang ihnen, die osmanische Armee immer weiter nach Norden zurückzudrängen. Ein von Ägypten aus eingesetztes britisches Expeditionskorps eroberte in der Schlussphase des Krieges Palästina. Am 1. Oktober 1918 zogen schließlich erst die arabischen Truppen unter Prinz Faisal, dann die britischen in die syrische Hauptstadt Damaskus ein, das zur Hauptstadt des geplanten Arabischen Königreichs werden sollte.[59]

Die Lage verkomplizierte sich allerdings dadurch, dass sich Großbritannien und Frankreich im Sykes-Picot-Abkommen vom Mai 1916 über eine Aufteilung der arabischen Provinzen des Osmanischen Reiches verständigt hatten, die der nahezu gleichzeitigen McMahon-Husain-Korrespondenz nicht entsprach. Der Brite Mark Sykes vom *Arab Bureau* und der französische Diplomat François Georges-Picot setzten in ihren geheimen Unterredungen und Vereinbarungen letztlich nur um, was bereits im Londoner Vertrag von 1915 angelegt war. Frankreich sollte nach dem Krieg die Kontrolle über die syrische Küstenregion einschließlich des Libanons und über das gesamte südöstliche Anatolien erhalten, ferner eine Einflusssphäre, zu der ganz Syrien gehörte sowie die ölreichen Gebiete des heutigen Nordirak um die Stadt Mosul. Großbritannien wiederum sicherte sich die reichen Provinzen Bagdad und Basra im heutigen Zentral- und Südirak bis zum Persischen Golf sowie ein Einflussgebiet, das westlich davon über das heutige Jordanien bis zur Mittelmeerküste und den Stützpunkten Akko und Haifa reichte. Die Küstenzone, Palästina einschließlich Jerusalems, sollte internationalisiert und gemeinsam verwaltet werden.[60]

Palästina wiederum war Gegenstand einer Erklärung, die der britische Außenminister Arthur Balfour am 2. November 1917 mit Einverständnis Frankreichs und Italiens gegenüber der Zionistischen Vereinigung in Großbritannien abgab. In der *Balfour Declaration* stellte der Minister namens der britischen Regierung die »Schaffung einer nationalen Heimstätte für das jüdische Volk« in Aussicht. Was mit dem völkerrechtlich nicht eingeführten Begriff der »nationalen Heimstätte« gemeint war, blieb völlig offen, aber dass die Erklärung zumindest in einer Spannung, wenn nicht im Widerspruch zum Sykes-Picot-Abkommen mit seiner Absicht, Palästina zu internationalisieren, stand, ist evident. Hintergrund der *Balfour Declaration* war der Versuch Londons, die Juden unterschiedlicher Länder, nicht zuletzt der USA, noch stärker für die Kriegführung der Entente zu gewinnen. Ob das gelang, muss zweifelhaft bleiben, zumal keineswegs alle Juden mit dem Zionismus

sympathisierten. Unabhängig davon jedoch brauchte man nur wenig Phantasie, um sich auszumalen, wie die verschiedenen Absprachen, Vereinbarungen und Versprechungen auf die Gespräche über eine Neuordnung des Mittleren Ostens nach dem Ende der osmanischen Herrschaft einwirken würden. Und dass sich aus ihnen massive Konflikte zwischen Juden und Arabern ergeben würden, konnte kundigen Beobachtern nicht entgehen. Dass diese Konflikte die Welt noch mehr als hundert Jahre später beschäftigen sollten und in ihren Weiterungen zu den gefährlichsten Krisenherden unserer Gegenwart zählen, war am Ende des Ersten Weltkriegs freilich nicht abzusehen. Es führt keine direkte Linie aus jenen Jahren in die heutige Zeit, doch es ist unübersehbar, dass sich bereits zwischen 1915 und 1918 eine folgenreiche Konfliktkonstellation entwickelte, die nicht zuletzt auf den unaufgelösten und zum Teil sogar akzeptierten, ja einkalkulierten Widerspruch zwischen einer Politik nationaler Selbstbestimmung und der Persistenz imperialer Interessen zurückgeht. Das trat 1919 in Paris noch deutlicher zutage, wo die Mächte mit den in den Jahren zuvor von ihnen selbst geschaffenen Widersprüchen konfrontiert wurden.

SELBSTBESTIMMUNG VERSUS ZIVILISIERUNGSMISSION

Die Frage der ehemaligen deutschen Kolonien und der nichttürkischen Gebiete des Osmanischen Reiches stand von Beginn an auf der Tagesordnung der Friedenskonferenz und beschäftigte den *Supreme Council* ebenso wie die Plenarversammlung und die Ausschüsse der Konferenz, insbesondere den Völkerbundsausschuss. Zeitweise, so hat es den Eindruck, drängte das Thema sogar die Ausarbeitung der Friedensbedingungen für Deutschland in den Hintergrund, was auch damit zu tun hatte, dass das Mandatssystem ein Teil der Völkerbundssatzung war, die nach dem Willen von Woodrow Wilson mit höchster Priorität behandelt wurde. Treibende Kraft in der Frage der Mandate waren indes nicht die USA, sondern Großbritannien und seine Dominions, vor allem Südafrika, Australien und Neuseeland, die erhebliche Energie darauf verwandten, das Mandatssystem so zu konstruieren, dass es den britisch-imperialen und ihren eigenen Interessen gerecht wurde. Das bedeutete auch, dass man selbst direkte territoriale Annexionen in das Gewand eines Völkerbundsmandats kleiden musste, um nicht vor der

Welt den Anschein zu erwecken, es gehe wie in alten Zeiten einzig und allein um die Verteilung der Beute und um nationale Machtinteressen. Je häufiger Wilson, Lloyd George und andere Vertreter dies jedoch wiederholten, desto offensichtlicher wurde, dass sie sich völlig im Klaren darüber waren, worum es im Kern ging. Umso wichtiger wurde vor diesem Hintergrund das Argument, die Völkerbundsmandate ganz uneigennützig zu übernehmen und so zur Entwicklung und Zivilisierung rückständiger Völker einen Beitrag zu leisten. Mit dem gleichen Argument konnte man freilich auch die direkte Kolonialherrschaft rechtfertigen.

Das war zunächst auch die Position Frankreichs, das den Anspruch erhob, die ehemaligen deutschen Kolonien Togo und Kamerun seinem eigenen Kolonialreich anzugliedern. Eine internationale Organisation wie der Völkerbund, so Clemenceau, könne keine Kolonien haben.[61] Nur die direkte Annexion durch ein einzelnes Land, so der französische Kolonialminister Henry Simon, diene der doppelten Zielsetzung einer »jeden Kolonialherrschaft, die dieser Bezeichnung wert ist: der Entwicklung des Landes und des wirksamen Schutzes der Eingeborenen in der für ihre Entwicklung hin zu einer höheren Zivilisationsstufe notwendigen Zeit«. Und er fuhr fort: »Alle wirklich großen Mächte betrachteten ihre Kolonien als Pflegebezirke, die ihnen von der Welt anvertraut worden seien. Sie hätten diese Pflegschaft angenommen und mit ihr Pflichten übernommen, die Pflicht, die Menschen zu schützen: durch die Kontrolle des Alkoholverkaufs oder des Waffenbesitzes; aber auch die Pflicht, für die Bildung der Gesellschaft zu sorgen. Nur eine große Nation, die über ausgebildete Verwaltungsinstitutionen verfüge, über Personal und Geld, sei zu einer solchen Aufgabe in der Lage. Der Auftrag der Zivilisierung könne daher nur durchgeführt werden unter den Auspizien der Souveränität eines Landes.«[62]

Das unterschied sich wenig von der Argumentation des neuseeländischen Premierministers William Massey, dem es um die Annexion Neuguineas durch Australien und Samoas durch sein eigenes Land ging. Massey war auf Vorschlag Lloyd Georges zusammen mit den Vertretern der anderen britischen Dominions zu denjenigen Sitzungen des *Supreme Council* hinzugebeten worden, in denen es um die Kolonialfrage ging. »Er glaube«, so Massey, »an das Prinzip der direkten Annexion, weil eine direkte Annexion es erlaube, in der Entwicklung der betroffenen Gebiete viel schneller voranzukommen. Das sei besser für die europäischen Rassen, aber auch besser für die eingeborenen Rassen. Australien und Neuseeland wären dann auch in der

Lage, mit der Erziehung der eingeborenen Rassen voranzuschreiten, und das nicht nur in weltlichen Belangen, sondern auch hinsichtlich der Grundlagen des Christentums.«[63] Zivilisierungsmission war auch Mission. Masseys australischen Kollegen Hughes, der sich nicht scheute die Ansprüche seines Landes mit manipulierten Landkarten zu untermauern, die Distanzen und Größen nicht maßstabsgerecht darstellten und auf denen beispielsweise Neuguinea viel kleiner war und viel näher an Australien lag als in der Realität,[64] sicherte dem amerikanischen Präsidenten in diesem Zusammenhang zu, dass Missionare ungehinderten Zugang nach Neuguinea hätten. Er fügte allerdings seiner Antwort auf eine durchaus ernst gemeinte Frage des amerikanischen Präsidenten in rassistischer Wendung hinzu, dass »die armen Teufel dort an vielen Tagen nicht einmal halb so viele Missionare zu essen (bekämen), wie sie bräuchten«.[65]

Angesichts solcher unverhüllten, überhaupt nicht mehr kaschierten, sondern lediglich mit angeblich humanitären Motiven legitimierten Annexionsabsichten standen die Beratungen, wie aus den Protokollen ersichtlich wird, mehrfach kurz vor dem Abbruch. Australien und Neuseeland drohten offen damit, jede weitere Verhandlung über die deutschen Kolonien und die Mandatsfrage zu blockieren, wenn ihnen nicht die pazifischen Territorien zugesprochen würden. Etwas konzilianter im Ton, aber nicht minder hart in der Sache vertrat Louis Botha den südafrikanischen Anspruch auf Südwestafrika. Desillusioniert stellte der amerikanische Präsident fest, dass an dieser Stelle die Wege sich offensichtlich trennten. Das Mandatssystem sei offensichtlich noch nicht präzise durchdacht und ausgearbeitet, stellte der britische Außenminister Balfour fest. Das meinte nichts anderes, als die Mandate so differenziert zu definieren, dass sie allen Erfordernissen und Begehrlichkeiten gerecht werden konnten: von einer quasi-eigenstaatlichen Unabhängigkeit bis hin zur Annexion durch eine andere Macht. Noch im Januar schlug Großbritannien daher ein dreistufiges Mandatssystem vor, das der *Supreme Council* in seiner Sitzung am 30. Januar 1919 akzeptierte. Fast wortwörtlich ging die von Lloyd George eingebrachte Vorlage später als Artikel 22 in die Völkerbundssatzung ein.[66]

In seinem Beschluss einigte sich der *Supreme Council* darauf, die ehemaligen deutschen Kolonien und die nichttürkischen Gebiete des Osmanischen Reiches der Vormundschaft der »fortgeschrittenen Nationen« unter dem Dach des Völkerbunds zu unterstellen. Da diese Gebiete von Völkern bewohnt seien, »die noch nicht in der Lage sind, unter den schwierigen Bedingungen der modernen Welt allein zu bestehen«, sei es eine »heilige Aufgabe der Zivilisation«, für »das Wohlergehen und die Entwicklung dieser Völker« Sorge zu tragen. Weil der Entwicklungsstand der Völker und die geographische Lage sowie der wirtschaftliche Zustand der betroffenen Völker unterschiedlich seien, solle es unterschiedliche Mandatstypen geben. »A-Mandate« kämen für bestimmte Gemeinwesen, die früher zum Osmanischen Reich gehörten, in Betracht. Diese »haben eine solche Entwicklungsstufe erreicht, dass sie in ihrem Dasein als unabhängige Nationen vorläufig anerkannt werden können« und lediglich der »Ratschläge« und »Unterstützung« durch einen Mandatsstaat bedürften, bei dessen Auswahl die Wünsche jener Gemeinwesen zu berücksichtigen seien. »B-Mandate« wurden vorgesehen für Völker insbesondere in den ehemaligen deutschen Kolonien in Zentralafrika – gemeint waren Deutsch-Ostafrika sowie Togo und Kamerun –, deren Entwicklungsstufe es erfordere, »dass der Mandatar dort die Verwaltung des Gebiets übernimmt«. Die Mandatsmacht habe sich um die Bekämpfung des Sklaven- und Waffenhandels sowie des Alkoholmissbrauchs ebenso zu kümmern wie um die Durchsetzung der Religionsfreiheit. Für wirtschaftliche Aktivitäten müssten diese Gebiete allen Mitgliedsstaaten des Völkerbunds offenstehen. Schließlich gebe es Territorien wie Südwestafrika und einige Inseln im Südpazifik, die »infolge ihrer schwachen Bevölkerungsdichte, ihrer geringen Größe, ihrer Entfernung von den Zentren der zivilisierten Welt oder ihrer unmittelbaren Nachbarschaft zum Staatsgebiet des Mandatars am besten nach den Gesetzen des Mandatsstaates und als integrale Bestandteile dieses Staates« verwaltet werden sollten. Diese Formulierung für die »C-Mandate« konnte kaum verbergen, dass es sich hier um faktische Annexionen handelte.[67]

Für Diskussionen sorgte im *Supreme Council* die Frage, ob die Mandatsmächte die ihnen überantworteten Gebiete auch militärisch nützen könnten. Dabei ging es nicht primär um die Einrichtung von Militär- und vor allem Marinestützpunkten, sondern vor allem um die Rekrutierung kolonialer Truppen für die Armeen der Großmächte. In den Armeen der Imperialmächte war das im Weltkrieg bereits geübte Praxis gewesen. Der Beschluss des *Supreme Council* – und entsprechend die spätere Völkerbundssatzung – hatte insbesondere im Hinblick auf die B-Mandate, die ehemaligen deutschen Kolonien in Afrika, die »Errichtung von Festungen oder von Heeres- oder Flottenstützpunkten sowie die militärische Ausbildung der Eingeborenen, soweit sie nicht für Polizeidienste oder für die Verteidigung des Gebiets erforderlich ist«, verboten.[68] Diese Formulierung war das Ergebnis eines harten

Ringens vor allem mit Frankreich, das sich das Recht, in den ehemaligen deutschen Kolonien Soldaten zu rekrutieren, keinesfalls nehmen lassen wollte. Dafür führte man Sicherheitsargumente ins Feld und zog die deutsche Karte. Außenminister Pichon wies darauf hin, dass die Deutschen die Bedeutung der kolonialen Truppen in der französischen Armee im Krieg zu spüren bekommen hätten. Clemenceau verwies auf die fortgesetzte Bedrohung durch Deutschland. Während Amerika weit entfernt sei und Großbritannien überall in der Welt Verantwortung zu tragen habe, sei Frankreich nach wie vor in einer gefährlichen Lage und daher auf koloniale Soldaten angewiesen. Das meine die Formulierung der Beschlussvorlage nicht, erwiderte Lloyd George, sie wolle lediglich die Aufstellung und Ausbildung »großer Negerarmeen zu Angriffszwecken« (»big nigger armies for the purpose of aggression«) verhindern.[69] Auf dieser Grundlage konnte auch Frankreich schließlich das Mandatsystem akzeptieren.

Nach dieser prinzipiellen Einigung ging es im weiteren Verlauf um die konkrete Zuweisung der Mandate. Anfang Mai 1919 verständigte man sich über die ehemaligen deutschen Kolonien. Die Verhandlungen führten vor allem die beiden Kolonialminister Großbritanniens und Frankreichs, Lord Alfred Milner und Henry Simon, die punktuell Vertreter anderer Staaten hinzuzogen, insbesondere Italien, Belgien und Portugal, um deren Ansprüche zu erkunden. Frankreich erhielt Togo und den größten Teil Kameruns bis auf einen Gebietsstreifen im Westen, der an die britische Kolonie Nigeria grenzte. Das ehemalige Deutsch-Ostafrika ging zum größten Teil an Großbritannien, auf Betreiben von Lord Milner wurde das Gebiet nach dem gleichnamigen See Tanganjika genannt, nicht Victoria oder Windsor-Land, was auch vorgeschlagen worden war. Belgien erhielt nach längerem Ringen schließlich zwei ostafrikanische Provinzen, Ruanda und Burundi; Portugal ein kleines Gebietsstück nördlich seiner Kolonie Mosambik, das aber direkt in die Kolonie inkorporiert wurde. Die italienischen Ansprüche auf Nordafrika wurden vorerst verweigert, Italien auf die zu erwartenden Gebietsgewinne im Adriaraum und im östlichen Mittelmeer verwiesen. Im pazifischen Raum fielen die früher deutschen Inselgruppen der Marianen und Karolinen sowie die Marshall-Inseln als Mandate an Japan, Neuguinea ging wunschgemäß an Australien, Samoa an Neuseeland. Die kleine Pazifikinsel Nauru kam 1920 unter britische Mandatsverwaltung, nachdem sich Australien und Neuseeland nicht über das Eiland, auf dem in den Jahren um 1900 reiche Phosphatvorkommen entdeckt worden waren, hatten einigen können.

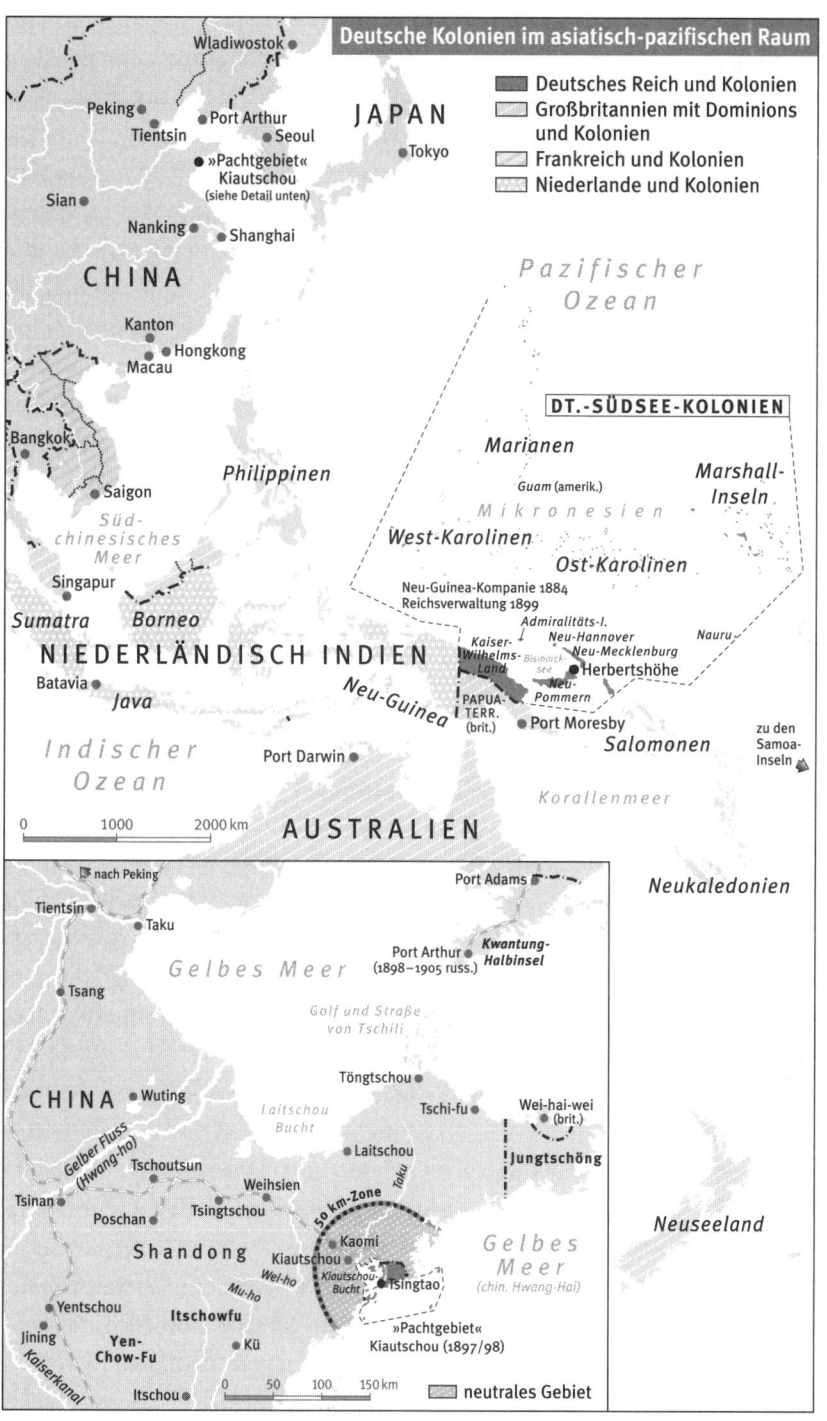

Es war ein kalendarischer Zufall, dass die Entscheidung über die ehemaligen deutschen Kolonien genau an jenem Tag fiel, nämlich am 7. Mai 1919, an dem in Versailles der deutschen Delegation die Friedensbedingungen übergeben wurden. In der Kolonialfrage waren diese ebenso eindeutig wie der Rest des Vertragsentwurfs. Deutschland hatte »zugunsten der verbündeten und assoziierten Mächte auf alle seine Rechte und Titel in bezug auf seine überseeischen Besitzungen« zu verzichten, hieß es dort.[70] Der Aufschrei in Deutschland war groß, und bei der Wut, Empörung und Enttäuschung, die die Deutschen erfassten, spielten auch die Bestimmungen über den Verlust der Kolonien eine wichtige Rolle. In den Versuchen, die Alliierten zum Einlenken zu bewegen, tauchten – wenig überraschend – genau die gleichen Argumente auf, die von den Alliierten – den europäischen zumal – zur Rechtfertigung ihrer territorialen Ansprüche vorgebracht worden waren. Man brauche die Kolonien aus wirtschaftlichen Gründen und als Siedlungsraum für die wachsende Bevölkerung, hieß es in der deutschen Erwiderung auf die alliierten Friedensbedingungen. Vor allem aber habe das deutsche Volk als ein »großes Kulturvolk (…) das Recht und die Pflicht, an der wissenschaftlichen Erforschung der Welt und an der Erziehung unentwickelter Rassen als einer gemeinsamen Aufgabe der zivilisierten Menschheit mitzuarbeiten«. Deutschlands Verbleiben in seinen Kolonien sei »in den Interessen der farbigen Bevölkerung dieser Gebiete begründet«.[71] Das war die Sprache der europäischen Kolonialmächte, eine Sprache der Rechtfertigung kolonialer Herrschaft, eine Sprache, die die europäischen Mächte seit dem 19. Jahrhundert verband. Zur Rechtfertigung des Kolonialismus taugte sie noch, aber nicht für die Deutschen, die keine Kolonialmacht bleiben konnten, weil die Siegermächte mit den gleichen Argumenten wie sie ihre Ansprüche auf die deutschen Kolonialgebiete untermauern, aber darüber hinaus das Mandatssystem des Völkerbunds begründen konnten.

Es war angesichts dieser Argumentation wenig überraschend, dass sich in Paris nicht erst nach der deutschen Erwiderung auf die kolonialen Bestimmungen des Friedensvertragsentwurfs alliierte Stimmen erhoben, die den Deutschen vorwarfen, in ihren Gebieten gerade nicht zur Zivilisierung der indigenen Bevölkerung beigetragen, sondern eine brutale Gewaltherrschaft ausgeübt zu haben. Schon im Januar hatte Lloyd George im *Supreme Council* zu Protokoll gegeben, dass die Deutschen in ihren Kolonien die einheimischen Bevölkerungen sehr schlecht behandelt hätten. So hätten sie in Südwestafrika eine »Politik der Ausrottung« betrieben. Der Premierminister bezog sich dabei auf den in der Tat genozidalen Krieg, den die Deutschen in den Jahren 1904 bis 1908 gegen die Herero und Nama geführt hatten, dem Zehntausende zum Opfer fielen. Anderswo hätten die Deutschen Truppen rekrutiert, deren anerzogenes Verhalten sogar den Bolschewisten Schande machen würde. Neuseelands Premier Massey sekundierte ihm. Ihn hätten Briefe erreicht, in denen Angehörige der eingeborenen Rassen verzweifelt darum gefleht hätten, nie wieder unter deutsche Herrschaft gestellt zu werden.[72] Als die Alliierten am 16. Juni 1919 auf die deutschen Gegenvorschläge zu ihrem Vertragsentwurf vom 7. Mai reagierten, stellten sie schlicht fest, dass die Geschichte der deutschen Kolonialherrschaft es unmöglich mache, »Deutschland die Verantwortung für die Erziehung und Ausbildung der Bewohner seiner ehemaligen Kolonien zu übertragen«.

Noch schwerer aber musste die Deutschen der Vorwurf treffen, dass der von ihnen begonnene Krieg »das größte Verbrechen gegen die Menschheit und gegen die Freiheit der Völker darstellt, das je eine Nation, die sich selbst zivilisiert nennt, begangen hat«.[73] Damit hatte die Kriegsschuldfrage auch in die Regelung des Umgangs mit den deutschen Kolonien Eingang gefunden. Nicht als juristische Begründung beispielsweise von Reparationsansprüchen wurde der Hinweis auf die deutsche Kriegsschuld hier verwandt, sondern als moralisches Urteil, mit dessen Hilfe die unterschiedlichsten Bestimmungen des Friedensvertrags, aber auch die unterschiedlichsten Interessen der Siegermächte gegenüber Deutschland gerechtfertigt und durchgesetzt werden konnten. Noch in seiner kolonialpolitischen Instrumentalisierung – wenn nicht hier sogar besonders – traf dieser Vorwurf die Deutschen schwer, weil sie damit noch einmal in aller Schärfe und hoch symbolisch aus der Gemeinschaft der europäischen Staaten ausgeschlossen wurden.

WURZELN DES NAHOSTKONFLIKTS

Die Frage der deutschen Kolonien und ihrer Umwandlung in Mandate des Völkerbunds war spätestens mit dem Versailler Vertrag geklärt. Doch die Neuordnung im Nahen und Mittleren Osten nahm noch längere Zeit in Anspruch. Sie stiftete ungleich größeren Unfrieden als der Umgang mit den deutschen Kolonien und hatte Folgen, die bis in die Gegenwart reichen. In Anspielung auf die zeitgenössische Vorstellung, der Erste Weltkrieg werde der Krieg sein, der allen Krieg beende, hat der Historiker David Fromkin mit

Blick auf diese Weltregion und die Entwicklungen zu jener Zeit in einem mittlerweile fast ebenso geflügelten Wort vom »Frieden, der allen Frieden beendete«, gesprochen.⁷⁴ Woran lag das? Ausgangspunkt waren die bereits geschilderten widersprüchlichen Abmachungen und Versprechungen der Kriegsjahre, die zum größten Teil mit Blick auf den Krieg selbst und die Verbesserung der Siegeschancen eingegangen worden waren, nicht aber um eine stabile Nachkriegsordnung zu errichten.

Das wurde in Paris unmittelbar evident. Dort warb Emir Faisal, der Sohn des Emirs Husain von Mekka, der schon Ende 1916, zu Beginn des arabischen Aufstands gegen die türkische Herrschaft, den Titel »König der arabischen Länder« angenommen und im Dezember 1918 in Damaskus eine unabhängige arabische Regierung proklamiert hatte, als offizieller Vertreter des arabischen Königreichs Hedschas für einen unabhängigen panarabischen Staat. Seine Hoffnung richtete er vor allem auf den amerikanischen Präsidenten. In einer Denkschrift an die US-Delegation vom Neujahrstag 1919 begründete Faisal den Wunsch nach einem gesamtarabischen Staat nicht primär mit historischen oder kulturellen Argumenten, sondern mit dem rapiden technischen Fortschritt. »Eisenbahnen, Telegraphenleitungen und Luftverkehr machen diese Einheit heute möglich.« Früher hingegen sei es unmöglich gewesen, eine gemeinsame Idee zu verbreiten. »Nation als Kommunikation« würde das später die Nationalismusforschung nennen, die genau die Aspekte, auf die Faisal abhob, als zentrale Gründe für den Aufstieg des modernen Nationalismus benannte.⁷⁵ Punkt für Punkt versuchte Faisal, die Großmächte mit ihren eigenen Positionen zu konfrontieren und sie dadurch zu überzeugen: Die Region sei einst das Zentrum einer großen Zivilisation gewesen; all ihre Bewohner sprächen dieselbe Sprache und gehörten derselben – semitischen – Rasse an; das Gebiet des künftigen Staates bilde sozial und wirtschaftlich eine Einheit; die Araber hätten im Krieg an der Seite der Alliierten gekämpft, 20 000 Männer seien gefallen, Tausende von Zivilisten massakriert worden; und schließlich hätten die Alliierten selbst in den Vierzehn Punkten des amerikanischen Präsidenten das Selbstbestimmungsrecht der Völker versprochen.⁷⁶ Aber auch von kultureller Identität sprach Faisal, nicht konfrontativ und abwehrend, sondern auf Verständigung zielend und dabei doch zugleich dem westlichen Argument der Zivilisierung begegnend: »Wir bitten Sie, uns nicht Ihre gesamte Zivilisation aufzuzwingen, sondern uns dabei zu helfen, aus Ihrer Erfahrung das zu übernehmen, was uns dient.« Natürlich müsse sich ihr Land noch entwickeln, gab Faisal dem *Supreme Council* zu

Die arabische Delegation bei den Pariser Verhandlungen, 22. Januar 1919

Für ihre Unterstützung im Krieg gegen das Osmanische Reich hatte die britische Regierung den Arabern einen unabhängigen Staat in Aussicht gestellt. Zu den Maßnahmen, die zum Ziel führen sollten, gehörte unter anderem, dass der englische Archäologe T. E. Lawrence (dritter von rechts) – Lawrence von Arabien – im Auftrag des britischen Geheimdienstes den Aufstand der Araber gegen die türkische Herrschaft mitorganisierte. Doch dann verständigten sich Großbritannien und Frankreich noch während des Krieges im Sykes-Picot-Abkommen auf die Aufteilung der arabischen Gebiete des Osmanischen Reiches, und die arabische Delegation in Paris unter der Leitung von Emir Faisal (vorne) fühlte sich betrogen. Faisal, der schon 1916 den Titel »König der arabischen Länder« angenommen hatte, warf den Großmächten vor, die Idee eines arabischen Staates und das Selbstbestimmungsrecht der Araber ihren imperialen Interessen unterzuordnen. In den Pariser Beratungen bekannten sich die arabischen Vertreter gesellschaftlich und politisch zu westlichen Werten und Fortschrittsidealen, um die Großmächte für sich einzunehmen. Ob dieser Weg tatsächlich beschritten wurde, darüber lässt sich hundert Jahre später durchaus streiten.

verstehen. Aber dereinst wollten die Araber »das Bindeglied zwischen Osten und Westen sein, um die westliche Zivilisation nach Asien weiterzugeben«.[77]

Doch während Faisal solche hehren Hoffnungen hegte, waren Großbritannien und Frankreich längst dabei, das ins Auge gefasste Mandatssystem zur Umsetzung des Sykes-Picot-Abkommens von 1916 zu nutzen, in dem die beiden Mächte den Mittleren Osten in Einflusszonen aufgeteilt hatten. Im *Supreme Council* konfrontierte ein Angehöriger der arabischen Delegation die Großmächte mit diesem Abkommen und forderte Frankreich und Großbritannien auf, es für null und nichtig zu erklären. Ohne Erfolg. Ganz offen beanspruchte Frankreich im März 1919 auf der Basis des Sykes-Picot-Abkommens die Herrschaft über Syrien, womit in osmanischer Zeit beinahe das gesamte Territorium des Irak, Syriens, Jordaniens, des Libanon und Palästinas bezeichnet wurde, eine Art Groß-Syrien also mit der Hauptstadt Damaskus. An einer Vermittlung, für die sich US-Präsident Wilson einsetzte, waren Paris und London nicht interessiert, und so beteiligten sie sich auch nicht an der von Wilson vorgeschlagenen interalliierten Kommission, die in der Region die Interessen und Wünsche der Bevölkerung in Erfahrung bringen sollte. Nur zwei amerikanische Gesandte, Henry C. King und Charles R. Crane, reisten schließlich im Sommer 1919 nach Syrien. Ihr Bericht, den Woodrow Wilson vermutlich niemals las und der erst zwei Jahre später veröffentlicht wurde, empfahl, die verschiedenen Gebiete als eine Einheit zu behandeln und das Völkerbundsmandat für Syrien nicht Frankreich zu übertragen.[78]

Genau das Gegenteil geschah. Im April 1920 versammelte sich der *Supreme Council* in San Remo an der italienischen Riviera, um den Friedensvertrag mit dem Osmanischen Reich vorzubereiten, der dann im August desselben Jahres in Sèvres abgeschlossen wurde. Großbritannien, Frankreich und Italien waren durch ihre Regierungschefs Lloyd George, Millerand und Nitti vertreten, Japan durch einen Botschafter, die USA, wo der Senat zwischenzeitlich zum zweiten Mal die Ratifikation des Versailler Vertrags abgelehnt hatte, lediglich durch einen Beobachter. Das Ergebnis der Beratungen kann kaum überraschen: Frankreich wurde die Mandatsverwaltung über Syrien und den Libanon zugesprochen, Großbritannien die über Mesopotamien, den späteren Irak, sowie über den kurdischen Nordirak mit seinen Erdölvorkommen, die zu einem Viertel auch von Frankreich ausgebeutet werden durften. Palästina wurde zunächst – wie im Sykes-Picot-Abkommen vorgesehen – internationalisiert und unter Völkerbundsverwaltung gestellt. Der Völkerbund übertrug dieses internationale Mandat allerdings wenig

Die King-Crane-Kommission in Damaskus, 1919

Während Großbritannien und Frankreich im Nahen Osten längst Fakten schufen und Einflusszonen errichteten, reiste im Sommer 1919 im Auftrag Wilsons eine alliierte Delegation unter der Leitung des amerikanischen College-Präsidenten Henry C. King und von Charles R. Crane, einem Unternehmer aus Chicago (beide sitzend am Tisch), in die vormals türkisch beherrschten Gebiete, um die Interessen und Vorstellungen der dortigen Bevölkerung zu erkunden und auf dieser Basis im Rahmen der Vierzehn Punkte Pläne für die Zukunft der Region zu entwickeln. Großbritannien und Frankreich beteiligten sich nicht an der Mission, deren Empfehlungen erst zwei Jahre später veröffentlicht und nicht einmal in Ansätzen umgesetzt wurden. Denn inzwischen war am 20. Januar 1920 der Vertrag von Versailles ratifiziert worden – allerdings nicht von den USA. Damit traten sie auch nicht dem Völkerbund bei, was sich für diesen verhängnisvoll auswirkte.

später Großbritannien. Bereits vor San Remo hatten Gerüchte über die alliierten Aufteilungspläne in der Region heftige Unruhen ausgelöst, die sich nach der Konferenz noch verstärkten. Alsbald marschierten französische Truppen in Syrien ein und zerschlugen das Arabische Königreich mit Waffengewalt. Nach dem Motto »Teile und herrsche« wurde Syrien zerstückelt, damit man das Gebiet besser kontrollieren konnte. Seine Unabhängigkeit gewann Syrien – mehr oder weniger in seiner heutigen Größe – erst in den Jahren des Zweiten Weltkriegs. Das galt auch für den Libanon. Im Irak kam es 1920 zu massiven Unruhen, als Großbritannien die Herrschaft übernahm und sich damit die letzten Hoffnungen auf einen unabhängigen großarabischen Staat zerschlugen. Um die Situation zu beruhigen und die Kontrolle wiederherzustellen, bot London dem von den Franzosen aus Damaskus verjagten Emir Faisal den neu geschaffenen Thron des Königreichs Irak an. Das britische Mandat und damit die Oberherrschaft blieben jedoch erhalten, ja wurden in einem Vertrag von 1922 noch einmal bestätigt. Vor allem außenpolitisch verfügte der Irak über keinerlei Souveränitätsrechte. Das britische Mandat endete erst zehn Jahre später, 1932, mit dem irakischen Beitritt zum Völkerbund.[79]

Der panarabische Nationalismus war zweifelsohne ein Produkt der Kriegsjahre und vor allem der Auflösung des Osmanischen Reiches. Die Entwicklungen jener Jahre setzten antitürkische und arabisch-nationalistische Kräfte frei, die sich – ganz bewusst verstärkt insbesondere durch Großbritannien – bei Kriegsende auch politisch manifestierten. Anders als arabische Geschichtsmythen glauben machen, hat es eine arabische Nation vor dem Ersten Weltkrieg nicht gegeben; ein nationales Zusammengehörigkeitsgefühl, das sich auch politisch ausformte, entstand erst in diesen Jahren, konnte sich aber eng an ältere Traditionen regionaler Identität und Kultur anschließen.[80] Der Wirkungsmacht dieses neuen arabischen Nationalismus widerspricht das nicht, und es gehört in gewisser Weise bis heute zu seinem Erbe, dass er sich mit Unterstützung westlich-europäischer Mächte, Großbritanniens und Frankreichs allen voran, formierte, mit Visionen politischer Einheit auflud und dann von denselben Mächten mit ihren imperialen Interessen bitter enttäuscht, ja, so die Wahrnehmung vieler bis heute, verraten wurde.

Verstärkt wurden solche Wahrnehmungen durch die Entwicklung der Palästina-Frage. Die *Balfour Declaration* von 1917 wird heute weithin als Beginn des Palästinakonflikts, aus dem nach dem Zweiten Weltkrieg der arabisch-israelische Konflikt mit seiner bis in die Gegenwart unverminderten weltpolitischen Brisanz wurde, betrachtet. Das ist richtig und falsch zugleich. Richtig ist, dass die Zusicherung einer »nationalen Heimstätte« für das jüdische Volk in Palästina ein jüdisch-arabisches Spannungspotential enthielt. Dieses musste indes keineswegs zwangsläufig zu einem gewaltsamen und hasserfüllten Konflikt eskalieren. So unterzeichneten wenige Tage vor Beginn der Friedenskonferenz im Januar 1919 in Paris Emir Faisal und Chaim Weizmann, der Leiter der zionistischen Delegation bei den Friedensverhandlungen, eine Vereinbarung, die die Errichtung eines unabhängigen Staates in Palästina im Sinne der *Balfour Declaration* vorsah. Die Abmachung sah den Schutz der arabischen Bevölkerung, ihrer Kultur und Religion vor sowie den freien Zugang der muslimischen Bevölkerung zu den heiligen Stätten des Islam in Jerusalem. Gekoppelt war die Vereinbarung freilich an die Errichtung eines unabhängigen arabischen Staates. Als dieser nicht zustande kam, war das Faisal-Weizmann-Abkommen hinfällig, und die Frage nach der Zukunft Palästinas stellte sich in aller Schärfe. Während zu dem in Damaskus ausgerufenen arabischen Königreich auch Palästina gehören sollte, was jüdischer Einwanderung nicht widersprach, trieb vor allem Großbritannien unter Beteiligung zionistischer Organisationen die Errichtung eines britischen Mandats Palästina voran. Dessen Entwicklung sollte zwar nicht auf eine nationale Unabhängigkeit unter jüdischen Vorzeichen hinauslaufen, wohl aber der Ankündigung der *Balfour Declaration* gerecht werden. Dass das einen jüdischen Staat nicht ausschloss, hatte Chaim Weizmann schon Ende Februar 1919 vor dem *Supreme Council* dargelegt. Damals wollten die Zionisten noch keine unabhängige jüdische Regierung in Palästina, sondern lediglich Verwaltungsstrukturen unter dem Dach eines Völkerbundmandats, die es jährlich siebzig- bis achtzigtausend Juden ermöglichen würden, nach Palästina auszuwandern. Später jedoch, »wenn die Juden dort die große Mehrheit stellten, dann wären sie auch reif, eine Regierung zu errichten, die dem Entwicklungsstand des Landes und ihren Idealen entspreche«.[81]

Als sich in der Folge der Konferenz von San Remo die arabischen Unruhen gegen die europäischen Mächte und ihre Politik im Mittleren Osten verstärkten, hatte das Auswirkungen auf Palästina, wo sich beispielsweise in den Osterunruhen von 1920 der arabische Protest auch gegen die jüdisch-zionistische Einwanderung richtete. Aus dem Versuch Großbritanniens, der Unruhen Herr zu werden, entsprang der 1921 umgesetzte Plan, das Mandatsgebiet Palästina in einen östlichen und einen westlichen Teil zu trennen. Aus dem Teil östlich des Flusses Jordan wurde unter britischer Mandatschaft das

Emirat Transjordanien, das heutige Jordanien, dessen Thron der Emir Abdallah bestieg, der Bruder des fast zeitgleich im Irak inthronisierten Emirs Faisal. Der westliche Teil Palästinas mit der Mittelmeerküste wurde vom Völkerbund ebenfalls Großbritannien als Mandat übertragen mit der Maßgabe, dort die *Balfour Declaration* umzusetzen und entsprechend die Errichtung einer nationalen Heimstätte für das jüdische Volk zu unterstützen. Gebunden war dieser Mandatsauftrag, der nicht auf eine Staatsbildung zielte, ausdrücklich an die umfassende Anerkennung der bürgerlichen und religiösen Rechte der nichtjüdischen Bevölkerungsgruppen in Palästina.[82]

In den Entwicklungen vor hundert Jahren wird in statu nascendi die enorme Komplexität des Nahostkonflikts erkennbar, die bis heute seine Lösung so erschwert, wenn nicht unmöglich macht. Diesen Konflikt auf seine arabisch-jüdische Dimension zu reduzieren, greift viel zu kurz. Auch das wird im Blick auf die Entscheidungen der Jahre um 1919 sichtbar, in denen sich politische, ökonomische und religiöse Dynamiken, imperiale Interessen und nationale Hoffnungen zu einem Problembündel verbanden, das sich durch interne Entwicklungen und externe Einflüsse über Jahrzehnte hinweg immer wieder neu und immer wieder anders ausformte und das vor allem seit einem Jahrhundert zur Entstehung von Gewaltpotentialen und Gewalteruptionen – Krieg, Bürgerkrieg, Terrorismus – beigetragen hat, deren Opfer nicht mehr zu zählen sind.

Die Pariser Konferenz markiert weder das Ende des imperialen Zeitalters noch das Ende des nationalen Zeitalters. Beide Prinzipien, das nationale und das imperiale, wirkten weit über das Jahr 1919 hinaus. Zum Teil prallten sie in massiven Konflikten aufeinander, zum Teil verbanden sie sich, wenn etwa nationale Staaten danach strebten, durch imperiales Ausgreifen ihre nationale Macht zu vergrößern. Die europäischen Imperien, das britische und das französische vor allem, erreichten erst nach dem Ersten Weltkrieg ihre größte Ausdehnung, und die Pariser Konferenz hatte daran entscheidenden Anteil. Maßgeblich auf Druck Großbritanniens schuf sie mit dem Mandatssystem ein politisches Instrument, das gleich mehreren Zwecken diente. Es gab dem Völkerbund, der die Mandate offiziell vergab, eine globale Aufgabe, die nicht mit den Machtinteressen der Großmächte kollidierte. Es ermöglichte mehr noch als die Stabilisierung die Erweiterung vor allem der europäischen Imperien, denn dass die Mandatsverwaltung nur treuhänderisch ausgeübt wurde, interessierte schon bald niemanden mehr. Entscheidend war die tatsächliche Kontrolle über die Gebiete, und diese lag ohne jeden Zweifel bei

Eine Welt des Friedens?

den Mandatsmächten, die zwar Jahr für Jahr ihre Berichte nach Genf schickten, in ihrer Herrschaft indes keiner Einschränkung unterlagen. Dass es nach 1919 »echte« Kolonien gab und Mandatsgebiete, machte keinen Unterschied. Das ausgeklügelte System der A-, B- und C-Mandate wurde allen Machtinteressen und Konstellationen gerecht. In die alte Begründung imperialer Politik als Zivilisierungsmission und *white man's burden* ließ sich das Mandatssystem widerspruchsfrei integrieren und dadurch rechtfertigen. Nicht die Menschen in den Mandatsgebieten trugen die Last, so sah man es in London oder Paris, sondern die imperialen Mächte, deren Bürde durch die Mandate noch vergrößert wurde.

In ebenso genial-schöpferischer wie perfider Weise sorgte das Mandatssystem dafür, dass das insbesondere von den USA vertretene Ziel eines nichtannexionistischen Friedens nicht beschädigt wurde und doch zugleich territoriale Expansion möglich blieb. In ähnlicher Weise ließ sich der Imperativ des Selbstbestimmungsrechts der Völker aufrechterhalten, dem auf dem Papier die Mandate nicht widersprachen, im Gegenteil: Der Weg zur nationalen Selbstbestimmung, so ließ sich argumentieren, er führte über die Mandate. So rettete die Pariser Konferenz die europäischen Imperien, denen der Völkerbund gleichsam eine neue Legitimation schenkte – ganz wie es Jan Smuts in seiner Schrift von 1918 vorausgesehen und beschrieben hatte. Und doch lag in der Umsetzung des Mandatssystems – von der Missachtung nationaler Ansprüche in anderen Fällen ganz abgesehen – auch ein Keim der Destabilisierung und des Zerfalls der Imperien, deren Ausdehnung nicht darüber hinwegtäuschen konnte, dass ihre grundsätzliche Legitimität mehr als jemals zuvor in Frage stand und in den Jahren seither immer stärker und machtvoller in Frage gestellt wurde.

Frieden mit Deutschland?
Die Pariser Verhandlungen und der Vertrag von Versailles

HERAUSFORDERUNGEN UND LESARTEN
EINES FRIEDENSSCHLUSSES

Der Versailler Vertrag ist ein Kompromissfrieden gewesen, allerdings kein Kompromiss zwischen den Alliierten und den Deutschen, sondern ein Kompromiss zwischen den Alliierten, die mit ganz unterschiedlichen Erwartungen und Zielsetzungen in die Pariser Friedensverhandlungen gegangen waren. Bis zum Waffenstillstand hatten die gemeinsamen Kriegsanstrengungen die unterschiedlichen Friedensvorstellungen überdeckt, danach aber traten sie in aller Deutlichkeit zutage. Die Friedensbedingungen, die den Deutschen am 7. Mai 1919 in Versailles übergeben wurden, fußten nicht auf einem breiten Konsens der Alliierten und insbesondere der Hauptmächte USA, Großbritannien und Frankreich, sondern es manifestierten sich in ihnen die unterschiedlichen Interessen und Prioritäten der Sieger. Sie waren das Ergebnis eines harten Ringens, zum Teil massiver Spannungen und Konflikte und eines Verhandlungsprozesses, der in den knapp vier Monaten zwischen Konferenzeröffnung und der Übergabe der Bedingungen an die Deutschen mehrere tiefe Krisen durchlaufen hatte. Von der »Schlacht an der Seine« hat die amerikanische Historikerin Sally Marks gesprochen.[1]

Dass es 1919 in Paris oder Versailles nicht zu mündlichen Verhandlungen mit den Deutschen kam, hat auch damit zu tun, dass man die prekäre Einigkeit, zu der man in den Friedensbedingungen mit Mühe und Not gelangt war, nicht aufs Spiel setzen wollte, indem man den Deutschen Gelegenheit gab, nachzufragen und dadurch die Belastbarkeit der in zum Teil harten Auseinandersetzungen gefundenen Kompromisse zu testen. Angesichts der Tatsache, dass die Deutschen ihrerseits in der Konferenzvorbereitung genau darauf zielten, in mündlichen Verhandlungen – sei es nun plenar oder in Ausschüssen – Positionsunterschiede auf der alliierten Seite zu identifizieren und diese dann der eigenen Sache nutzbar zu machen, hatte die Entscheidung der Alliierten eine hohe Plausibilität. Das wussten auch die

Deutschen selbst, die gleichwohl das gewählte Vorgehen als eine gezielte Demütigung wahrnahmen.

Zu den Krisen der Pariser Verhandlungen trug der innenpolitische Druck bei, der auf den alliierten Politikern lastete. Der Frieden, der geschaffen werden sollte, war ein demokratischer Frieden, denn in Paris verhandelten – anders als hundert Jahre zuvor in Wien – die Führer demokratischer Staaten. Ihr Handeln wurde beeinflusst von ihren heimischen Öffentlichkeiten, von Stimmungen in der Bevölkerung, von Parteien und Parlamenten und von den Medien. Letztere transportierten die gesellschaftlichen Meinungen und beobachteten die Pariser Verhandlungen mit Argusaugen, verfolgten die Delegationen auf Schritt und Tritt, um den Menschen zu Hause über den aktuellen Stand der Dinge, über jedes Ergebnis, jeden Erfolg und Misserfolg zu berichten. In den Kriegsjahren waren in den einzelnen Staaten Friedenserwartungen entstanden und zum Teil auch genährt worden, die nun zwangsläufig in die Pariser Verhandlungen einflossen und auf sie einwirkten. Doch diese Friedenserwartungen glichen sich nur an der Oberfläche. Der kleinste gemeinsame Nenner auf alliierter Seite bestand in der Forderung, dass die Mittelmächte für den von ihnen 1914 begonnenen Krieg und die durch ihn verursachten Schäden und Opfer zur Rechenschaft zu ziehen waren, dass ein neuer Krieg verhindert und Sicherheit geschaffen werden sollte. Aber was bedeutete das im Einzelnen? Was bedeutete das politisch, militärisch, territorial, ökonomisch, finanziell? Wie ließ sich der allgemeine Imperativ der Sicherheit in konkrete Friedensbedingungen umsetzen? War Sicherheit lediglich einzelstaatliche Sicherheit oder konnte aus der Verbindung nationaler Sicherheitsinteressen eine internationale Sicherheitsarchitektur entstehen? Und würde sich eine solche Sicherheitsarchitektur gegen Deutschland richten oder konnte sie Deutschland auch integrieren? Waren Sicherheit und Stabilität in Europa nur gegen oder ohne Deutschland zu erreichen, oder kam es nicht gerade darauf an, Deutschland in eine neue Sicherheitsordnung einzubeziehen? Das waren Fragen, die vor dem Januar 1919 im Grunde nicht und schon gar nicht einvernehmlich beantwortet worden waren. Für die in Paris versammelten Delegationen bedeutete das eine gewaltige Herausforderung. Der amerikanische Präsident war nicht der einzige Politiker, der den Verhandlungen, so sehr er von ihrer historischen Bedeutung überzeugt war und in ihnen eine Gelegenheit erblickte, eine friedlichere Welt zu schaffen, sorgenvoll, ja skeptisch entgegensah, weil er, wie bereits erwähnt, eine »Tragödie der Enttäuschung« fürchtete.[2] In Frankreich erwartete man nach dem Waffenstillstand eine »lutte nouvelle« um den Frieden, und diese »neue Schlacht« würde nicht mit den Deutschen ausgefochten werden, sondern mit den Verbündeten.³ Der Krieg war aber nur dann wirklich zu Ende und vor allem nur dann wirklich gewonnen, wenn er zu einem Frieden führte, in dem sich der unter so gewaltigen Opfern errungene Sieg auch widerspiegelte.

In der älteren Literatur sind die Pariser Verhandlungen, die zu den Friedensbedingungen des 7. Mai und dann zum Versailler Vertrag vom 28. Juni 1919 führten, in eingängige, aber deswegen noch lange nicht zutreffende Narrative gebracht worden. Diese formten sich in starkem Maße auf der Grundlage von Memoiren und Ego-Dokumenten beteiligter Akteure, in denen naturgemäß nicht nur deren Sicht der Dinge zum Ausdruck kam, sondern oftmals auch eine Rechtfertigung des eigenen Handelns und eine Darstellung der Gründe, warum die eigenen Positionen, die womöglich zu einem besseren Frieden geführt hätten, sich nicht durchsetzen ließen.

Vor allem zwei Deutungen ragen heraus. Die erste, die sich direkt auf das Umfeld des amerikanischen Präsidenten 1919 zurückführen lässt, erzählt die Geschichte eines geradezu unversöhnlichen Gegensatzes zwischen Wilsons Versuch, zu einem moderaten Frieden, einem Frieden des Ausgleichs und der Verständigung insbesondere mit Deutschland zu gelangen, und dem französischen Bestreben, oftmals personifiziert in Clemenceau, einen Frieden der Vergeltung, einen harten, einen karthagischen Frieden zu erreichen. Diese Vorstellung habe sich am Ende durchgesetzt. Ausgeformt hat sich diese Sichtweise schon früh und stark in den Schriften von Ray Stannard Baker, dem Pressesprecher Wilsons, der den Konflikt zwischen der amerikanischen und der französischen Position zugleich zu einem Konflikt zwischen neuer Diplomatie – vertreten durch die USA und verkörpert durch die Idee des Völkerbunds – und alter, europäischer Machtpolitik im Zeichen territorialer Veränderungen, strategischer Grenzen und wirtschaftlicher Zugeständnisse stilisierte. Zu dieser Deutung gehört die Geschichte von der »Februarverschwörung« der Europäer, die die einmonatige Abwesenheit Wilsons von der Konferenz von Mitte Februar bis Mitte März 1919 genutzt hätten, um ihre Interessen durchzusetzen und in die Friedensbedingungen hineinzuschreiben. Als Wilson dann nach Paris zurückkehrte, habe er vor vollendeten Tatsachen gestanden. In inneramerikanischer Perspektive lässt sich diese Sichtweise verbinden mit der, wenn man so will, amerikanisch-wilsonianischen Version eines Dolchstoßes. Auch an dieser Deutung wirkte Ray Stannard Baker maßgeblich mit. Wilson habe es zwar zunächst vermocht, sich gegen die Europäer durchzusetzen, dann aber hätten ihm der amerikanische Senat und insbesondere republikanische Gegenspieler wie Henry Cabot Lodge den Dolch in den Rücken gestoßen.[4] Dem steht fast spiegelbildlich – ausgehend von der französischen Rechten der frühen 1920er Jahre – der Vorwurf an Clemenceau gegenüber, aus Schwäche den Sieg aus der Hand gegeben zu haben. Er habe zwar den Krieg gewonnen, hieß es, aber den Frieden verloren, da er sich den Anglo-Amerikanern – Großbritannien und den USA – gebeugt habe, ja sich von Wilson und Lloyd George habe täuschen lassen.

Von den Deutschen ist in beiden Sichtweisen kaum die Rede. In Deutschland entwickelten Politiker, Publizisten und Historiker eine eigene Deutung, die ebenfalls jahrzehntelang auf Geschichtsschreibung und öffentliche Meinung einwirkte: das Narrativ, von den Vereinigten Staaten getäuscht worden zu sein, das Narrativ von Woodrow Wilson als einem Lügner und Betrüger. Für die historische Analyse sind solche schlichten Interpretationsmodelle, die auf politische Überzeugungen oder Grundpositionen zurückgehen, wenig hilfreich, weil sie viel zu schematisch und grobschlächtig sind und hoch komplexe Entwicklungen in allzu einfache Erklärungsmuster bringen. Stattdessen ist doch zu fragen, ob die Pariser Verhandlungen überhaupt von stringenten Vorstellungen und Konzeptionen der einzelnen Akteure geprägt waren. Entsprachen die in Einzelfragen vertretenen Positionen einem konsequent verfolgten Grundmuster? Zogen sich gleichsam präexistierende und sich diametral gegenüberstehende politisch-konzeptionelle Grundüberzeugungen durch die gesamte Konferenz und ließen zwei oder mehr Lager entstehen, die vom ersten bis zum letzten Konferenztag entlang der immer gleichen Linien miteinander rangen?

Wer den Blick auf die konkreten Fragen und Themen wirft, die gerade auch hinsichtlich des Friedens mit Deutschland in Paris vertreten wurden, der wird rasch erkennen, dass die Verhandlungen in Paris viel komplexer und in der Folge auch viel schwieriger waren als aus einer entweder rein nationalen oder einer rein machtpolitischen Sichtweise heraus über lange Zeit angenommen wurde. Frieden schließen, das zeigen auch die alliierten Verhandlungen über den Frieden mit Deutschland, ist mehr als die Umsetzung abstrakter Prinzipien, es ist vielmehr eine politische Auseinandersetzung mit ganz konkreten Fragen und Problemen, die vor dem Hintergrund durchaus unterschiedlicher Interessen und Zielsetzungen nicht nur zwischen den Staaten, sondern zum Teil auch innerhalb einzelner Staaten gelöst werden mussten.[5]

Man muss Wilsons Völkerbundskonzept auch vor diesem Hintergrund betrachten. Es war nicht nur die idealistische Ausformung eines liberalen Internationalismus, sondern es diente, je näher die Pariser Verhandlungen rückten, auch dazu, einen Modus zu schaffen, der half, zwischen divergierenden Positionen zu vermitteln und Spannungen nicht zuletzt zwischen den Alliierten selbst zu überwinden. Auch das erklärt die hohe Bedeutung, die der amerikanische Präsident dem Völkerbund beimaß und seine absolute Priorisierung in den Pariser Verhandlungen. Wilsons Überzeugung, der Völkerbund werde die Dinge schon richten – »the Covenant will put that right« –, bezog sich auch auf die Meinungsunterschiede zwischen den Alliierten, die schlicht nicht alle auszuräumen waren, wenn man in überschaubarer Zeit zu einem Friedensschluss kommen wollte. Es dauerte Monate, bis man sich in den zentralen Fragen auch nur ansatzweise angenähert hatte. Für einen Präliminarfrieden und eine sich daran anschließende – eigentliche – Friedenskonferenz war einfach keine Zeit mehr. Also musste man sich darauf verlassen, wenigstens eine Institution geschaffen zu haben, die sich offener Fragen annehmen konnte.

TERRITORIALE SICHERHEIT

Die französische Seite konnte demgegenüber die Lösung der drängenden Fragen nationaler Sicherheit nicht dem Völkerbund überlassen und in eine nähere oder ferne Zukunft verschieben. Die strukturelle Bedrohung der französischen Sicherheit durch Deutschland war mit dem Kriegsende beziehungsweise dem Waffenstillstand nicht beseitigt. Sie war nach 1918 in den Augen der meisten Franzosen genauso groß wie vor 1914, und das Hauptinteresse Frankreichs richtete sich vor diesem Hintergrund und angesichts der Erfahrung eines viereinhalbjährigen Krieges, der Millionen von Opfern gekostet, weite Teile des Landes verwüstet zurückgelassen und den Staat finanziell ruiniert hatte, auf eine umfassende Herstellung von Sicherheit durch konkrete Maßnahmen, die durch den Friedensschluss getroffen und durch ein effizientes Kontrollregime überwacht und garantiert werden mussten. Noch in den letzten Tagen des Krieges hatte eine offizielle französische Denkschrift formuliert, worum es Frankreich ging: »Um Europa einen dauerhaften Frieden zu sichern, muss das Werk Bismarcks zerstört werden, der ein militarisiertes, bürokratisiertes Deutschland geschaffen hat, planmäßig und ohne

Skrupel eine gewaltige Kriegsmaschine, die Vollendung der Geschichte Preußens als einer Armee, die sich einen Staat geschaffen hat.«[6] Das zielte nicht auf die Einbindung Deutschlands in eine europäische Friedensordnung, sondern auf eine europäische Friedensordnung, deren einziger Zweck es sein musste, die deutsche Gefahr ein für allemal auszuschalten. Deutschland mochte geschlagen sein, aber es verfügte aufgrund seiner Größe, seiner wirtschaftlichen Ressourcen, seiner industriellen Stärke und – in den Augen vieler Franzosen besonders wichtig – aufgrund seiner demographischen Entwicklung noch immer über das Potential, wieder zu erstarken und Frankreich und damit den Frieden in Europa erneut zu bedrohen.

Es war daher wenig überraschend, dass Marschall Foch, Oberkommandierender der französischen Truppen und zugleich Oberbefehlshaber der alliierten Streitkräfte an der Westfront, im Vorfeld des britisch-französisch-italienischen Treffens zur Vorbereitung der Friedensverhandlungen Anfang Dezember 1918 in einem Memorandum als Ausgangspunkt festhielt, dass in Deutschland – und zwar völlig unabhängig von seiner Staatsform: Reich, Republik oder Konföderation – 55 bis 75 Millionen Deutsche lebten, die auch in Zukunft bestrebt sein könnten, die Erfahrung von 1914 zu wiederholen. Dagegen, so der Generalissimus, gelte es Vorkehrungen zu treffen, und zwar insbesondere durch die Schaffung eines Staates aus den deutschen Gebieten links des Rheins, eines Pufferstaates, der mit Frankreich, Luxemburg, Belgien und Großbritannien in einem Bündnis zur Abwehr eines deutschen Angriffs zusammengeschlossen sein sollte. Dieser rheinische Staat – Foch hielt auch die Etablierung mehrerer kleinerer Staaten für denkbar – sollte politisch unabhängig sein, militärisch und wirtschaftlich jedoch in das westliche – sprich das französische – System integriert. Als der britische Premierminister den General an die Vierzehn Punkte Wilsons erinnerte und die Möglichkeit erwähnte, die betroffene Bevölkerung könne mit der Idee nicht einverstanden sein, verwies Foch auf sicherheitsbezogene Argumente, welche die Abtrennung des Rheinlands erforderten, und auf die weit höhere Attraktivität einer Zugehörigkeit zum französischen statt zum deutschen Wirtschaftsraum. Da schwang bereits die Vorstellung einer massiven wirtschaftlichen Schwächung Deutschlands sowohl durch kurzfristige Lieferverpflichtungen als auch durch langfristige Reparationszahlungen mit.[7]

Was Foch den Alliierten im Dezember 1918 vortrug – Vertreter der Vereinigten Staaten nahmen an den Besprechungen nicht teil –, war zu diesem Zeitpunkt nicht allein die Position des französischen Militärs, sondern auch der politischen Führung einschließlich des Ministerpräsidenten. Das gilt auch für das Memorandum, das Foch am 10. Januar, wenige Tage vor Beginn der Friedenskonferenz, den Alliierten vorlegte und in dem er den Gedanken des Rheins als deutsche Westgrenze weiterentwickelte. Dieses Memorandum ging nicht allein auf Foch zurück, sondern war mit André Tardieu abgestimmt, einem der engsten Mitarbeiter und politischen Berater Clemenceaus. Tardieu, nach 1919 Minister für die befreiten Gebiete (Elsass-Lothringen), später auch Ministerpräsident, hatte 1918 die französisch-amerikanische Zusammenarbeit koordiniert. Auf die Entwicklung der französischen Positionen für die Pariser Konferenz hatte er enormen Einfluss. Fochs Ausarbeitung trug zweifellos die Handschrift Tardieus und damit auch Clemenceaus. Für Tardieu war die Frage der linksrheinischen Gebiete »das entscheidende und alles andere beherrschende Problem« bei der Vorbereitung der Pariser Verhandlungen.[8] Dies zu betonen ist wichtig, weil Historiker relativ lange von einem Gegensatz zwischen militärischer und ziviler Führung in Frankreich ausgegangen sind und die Pläne zur Errichtung eines Pufferstaats, einer Abtrennung der linksrheinischen Gebiete von Deutschland und der Festlegung des Rheins als deutsche Westgrenze, dem Militär und nationalistischen Kreisen im Umfeld des französischen Staatspräsidenten Poincaré zugeschrieben haben. Das projiziert indes spätere Entwicklungen des Jahres 1919 zurück auf die Frühphase der Verhandlungen. Clemenceau ging es primär um Sicherheitsgarantien für Frankreich angesichts der auch von ihm zu keinem Zeitpunkt unterschätzten deutschen Bedrohung. Dabei zielte der Ministerpräsident auch auf ein formales Bündnis, ein Garantieabkommen mit Großbritannien und den USA. Solange es jedoch als ungewiss gelten musste, ob ein solches Bündnis zustande kommen würde, so lange fanden auch alternative beziehungsweise komplementäre Sicherheitsmaßnahmen seine Zustimmung.

Sicherheit war der Leitbegriff von Fochs Januar-Memorandum, und zwar nicht allein die Sicherheit Frankreichs, sondern die »Sicherheit der alliierten und assoziierten Mächte«.[9] Da noch nicht erwiesen war, ob ein Völkerbund »ein wirksames Hindernis gegen den Eroberungskrieg« sein könne, müsse man, um den Frieden zu sichern, eher »die Friedenspfänder in Rechnung stellen, die ein kostspieliger Sieg den alliierten Nationen (...) in die Hand gegeben« habe. Die »Preisgabe« dieser Friedenspfänder – womit nichts anderes gemeint war als die nach dem Waffenstillstand von alliierten Truppen besetzten westdeutschen Gebiete – würde die künftige Erhaltung des Friedens gefährden. Die Botschaft war damit klar, sie wurde im weiteren Verlauf der Denkschrift im Detail entwickelt und dabei zunächst in eine historische Perspektive gestellt, die mit Friedrich II. von Preußen begann und vom 18. Jahrhundert her die Geschichte einer »Verpreußung Deutschlands« bis hin zum Krieg 1914 entfaltete. Zwar sei derzeit an eine »Wiederaufrichtung der Kaisermacht« – von Foch nicht unzutreffend als Militärmonarchie bezeichnet – nicht zu denken, aber »eine Republik, die auf den gleichen Grundsätzen der Zentralisierung der Macht und des Militarismus aufgebaut ist (...), wird ebenso viele Gefahren bieten und eine ebenso furchtbare Bedrohung des Friedens darstellen«. Deutschland bleibe daher »noch für lange Zeit (...) eine schreckliche Bedrohung für die Zivilisation«. Die demographisch-zahlenmäßige Überlegenheit Deutschlands habe bis 1917 Russland kompensiert, damit sei aber nicht mehr zu rechnen, und die westlichen Nachbarn allein seien zu schwach, um den deutschen Bevölkerungsvorteil ausgleichen zu können. »Wollen wir«, so lautete die Schlussfolgerung, »den Unternehmungen Deutschlands gegen den Westen Einhalt gebieten, (...) so müssen wir, um die Entscheidung durch die Waffen mindestens aufzuschieben, von vornherein zu allen von der Natur gebotenen Mitteln greifen. Die Natur hat nur eine Schranke über den Weg des einbrechenden Feindes gezogen: den Rhein. (...) Fortan muss der Rhein die militärische Westgrenze der deutschen Völker bilden.« Es gelte, »am Rhein die gemeinsame notwendige Sicherheitsschranke für den Bund der demokratischen Völker aufrechtzuerhalten«, um Deutschland »ein für allemal daran zu hindern, dass es den Krieg und seine Herrschgelüste über diesen Strom trägt«.

Auf dieser Basis nahm Foch seine früheren Überlegungen wieder auf und präzisierte sie. Er forderte eine völlige Entmilitarisierung des Rheinlands (einschließlich einer neutralen Zone auf der rechten, der östlichen Rheinseite), eine dauerhafte Besetzung der linksrheinischen Gebiete durch die Alliierten sowie den wirtschaftlichen Anschluss dieser Gebiete an ein »Zollsystem« der Weststaaten. In geradezu zynischer Weise Wilsons Grundsatz des Selbstbestimmungsrechts der Völker aufnehmend – Foch sprach vom »Grundsatz der Freiheit der Völker« –, mündeten die Überlegungen in den Vorschlag, »die Bildung neuer unabhängiger Staaten am linken Rheinufer« ins Auge zu fassen und den Rhein auf diese Weise zu einer Friedensgrenze zu machen.[10]

Nicht den Hauch von Verständigung oder gar Versöhnung enthielten diese Überlegungen, im Gegenteil: Sie gingen von der Fortexistenz der deutsch-französischen Feindschaft oder – präziser – der deutschen Aggressivität und Bedrohung aus, wie der General Ende Februar noch einmal unterstrich: »Auf die Rheinschranke verzichten, heißt die undenkbare Ungeheuerlichkeit zulassen, dass das mit Blut und Verbrechen bedeckte Deutschland, obwohl es geschlagen ist, das Deutschland, das für den Tod von Millionen Menschen verantwortlich ist, das Deutschland, das unser Land verwüsten und es als Trümmerhaufen zurücklassen wollte, das Deutschland, das sich unterfing, die Welt mit Gewalt zu beherrschen (...) wieder in die Möglichkeit versetzt wird, sein Unternehmen von neuem zu beginnen, als ob es gesiegt hätte.«[11] Das war, so hat es der Historiker Jost Dülffer formuliert, die »Behauptung einer mentalen Unfähigkeit zum Frieden beim Gegner«.[12]

In einer solchen Perspektive wird auch verständlich, warum Foch die Tatsache der sich Anfang 1919 zumindest abzeichnenden Demokratisierung Deutschlands schlicht vom Tisch wischte. Die aggressive Mentalität der Deutschen gleichsam als Nationalcharakter hatte für ihn mit der politischen Verfasstheit der Gesellschaft nichts zu tun. Demokratisierung war für ihn eine Äußerlichkeit und am Ende vielleicht nur ein geschickter Schachzug, um über wahre Absichten hinwegzutäuschen und einen milden Frieden zu erreichen – und damit bessere Voraussetzungen für den nächsten Krieg. Außerdem ließ sich der Rhein, wenn man eine Demokratisierung Deutschlands konzedierte, nicht mehr als Grenze zwischen Freiheit und Unfreiheit, zwischen Demokratie und Autokratie überhöhen. So wie drei Jahrzehnte später in der Zeit des Kalten Krieges die Elbe, so wurde der Rhein jenseits von militärischen und geostrategischen Überlegungen im engeren Sinn zu einer normativ und werthaft aufgeladenen Grenze. Der Rhein, hieß es in einem Memorandum aus dem Umfeld Tardieus, »der über Jahrhunderte als die natürliche Grenze zwischen Deutschland und Frankreich angesehen worden ist, muss in der Folge des Krieges von nun an als die natürliche Grenze zwischen den Demokratien des Nordatlantik und Deutschland angesehen werden«.[13] Frankreich, so war Ende Februar in einer Denkschrift von Tardieu selbst zu lesen, strebe keinen Gebietserwerb an, sondern ziele auf die Beseitigung einer gemeinsamen Gefahr und auf die Herbeiführung eines gemeinsamen Schutzes der »westlichen Demokratien«. »Die gemeinsame Sicherheit der Alliierten erfordert, dass der Rhein nach dem Ausdruck des Präsidenten Wilson« – dem hier gleichsam das Wort im Munde herumgedreht wurde – »›zur Grenze der Freiheit‹ wird.«[14]

Wenn man von solchen Prämissen ausging, und nur dann, waren Überlegungen wie diejenigen Fochs konsequent. Aber konnte sich auf einer solcher Grundlage Sicherheit – von Vertrauen gar nicht zu reden – entwickeln, wechselseitige Sicherheit, die die Anerkennung eines beiderseitigen Interesses voraussetzt, eines beiderseitigen Bestrebens, einen weiteren Krieg zu verhindern und friedliche Beziehungen zu entwickeln? Solange die Sicherheitspolitik auf der einen Seite derartig unilateral gedacht war, konnte sie von der anderen Seite, von Deutschland, nicht als legitim angesehen werden, sondern lediglich als Fortsetzung des Krieges mit anderen Mitteln, als Fortsetzung einer letztlich historischen Dynamik von Über- und Unterordnung, von Stärke und Schwäche, von Macht und Ohnmacht.

Noch im Februar 1919 vertraten Foch und Clemenceau hinsichtlich der deutschen Westgrenze und der territorialen Forderungen Frankreichs dieselbe Linie. Vor dem Auswärtigen Ausschuss des französischen Senats bekräftigte der Ministerpräsident nicht nur den französischen Anspruch auf die Grenzen von 1814, also über die Rückgabe Elsass-Lothringens hinaus die Eingliederung des Saargebiets und der südlichen Pfalz, sondern er sprach in Übereinstimmung mit Foch auch vom linksrheinischen Deutschland als einem mit Frankreich durch eine Zollunion verbundenen autonomen Staat und fügte hinzu: »Man wird das Gebiet so lange besetzt halten, bis es bereit ist, sich mit Frankreich zu vereinigen.«[15] Einer solchen Lösung glaubte man sich Anfang März in Paris nahe, als Wilsons Berater House in einer Unterredung mit Tardieu einer zunächst temporären Abtrennung der linksrheinischen Gebiete zustimmte, die dann, so das französische Kalkül, doch zu einem Dauerzustand werden konnte. Das war in jedem Fall mehr als eine rein militärische Besetzung.[16] Doch in diesem Fall hatte House, so gut er ihn kannte, den Präsidenten falsch eingeschätzt. Von House telegrafisch informiert, wies dieser seinen Vertrauten an, keiner derartigen Lösung – weder zeitlich befristet und erst recht nicht permanent – zuzustimmen und stattdessen die Frage bis zu seiner Rückkehr aus den USA offenzuhalten.[17]

Die Kompromissbereitschaft von House speiste sich aus dem Bemühen, ganz im Sinne Wilsons der Verabschiedung der Völkerbundssatzung oberste Priorität zu geben und die Zustimmung der Alliierten, Frankreichs vor allem, dafür zu gewinnen. Dabei verkannte House allerdings, dass für Wilson seine einzelnen Ziele nicht gegeneinander aufrechenbar waren, dass er also nicht bereit war, zumindest nicht in diesem Fall, zugunsten des Völkerbunds Zugeständnisse hinsichtlich des Selbstbestimmungsrechts zu machen. Als House den Präsidenten unmittelbar nach seiner Rückkehr nach Europa am 13. März über die Entwicklung der Verhandlungen unterrichtete, warf Wilson ihm vor, alles aus der Hand gegeben zu haben, »was ich gewonnen hatte, bevor wir Paris verließen. Er hat nach allen Seiten hin Kompromisse geschlossen.« Nun müsse er, Wilson, »wieder von vorn anfangen, und diesmal wird es schwerer werden«. Das Vertrauensverhältnis zwischen Wilson und House erlitt durch diese Entwicklungen, insbesondere hinsichtlich der Rheinlandfrage, schweren Schaden, von dem es sich im weiteren Verlauf der Konferenz nicht wieder erholte.[18]

Nur einen Tag später trafen sich Wilson, Lloyd George und Clemenceau, um die Rheinlandfrage zu besprechen. Vorbereitet in einer Reihe bilateral britisch-französischer Gespräche im Vorfeld, bei denen die britische Seite wiederholt den Bau eines Tunnels unter dem Ärmelkanal in Aussicht stellte, um britische Truppen im Fall des Falles schnell auf den Kontinent bringen zu können, schlug der britische Premierminister in dieser Begegnung offiziell eine vertraglich fixierte Garantie der französischen Sicherheit – im Kern ein Beistandsabkommen für den Fall eines deutschen Angriffs – durch die Vereinigten Staaten und Großbritannien vor. Zu dem britischen Vorschlag gehörte ferner eine temporäre Entmilitarisierung der linksrheinischen Gebiete und ihre ebenso befristete Besetzung durch alliierte Truppen als Druckmittel für die deutschen Reparationszahlungen. Eine Abtrennung des Rheinlands von Deutschland schlossen sowohl Lloyd George als auch Wilson kategorisch aus.[19] Damit war Frankreich isoliert. Clemenceau musste erkennen, dass Sicherheitskonzepte, die sich auf militärische Überlegenheit und territoriale Maßnahmen wie Pufferzonen oder Gebietsabtretungen stützten, nicht durchsetzbar waren und durch alternative Lösungen wie insbesondere die ins Auge gefassten Garantieverträge ersetzt werden mussten. Auf dem Umweg über die Auseinandersetzung über die Frage der linksrheinischen Gebiete steuerte die Entwicklung nun faktisch auf eine Verlängerung der Kriegsallianz in die Friedenszeit hinein zu, die von Clemenceau stets angestrebt worden war. Es ist vor diesem Hintergrund wenig überraschend, dass der französische Ministerpräsident dem britisch-amerikanischen Vorschlag zustimmte. Nur wenige Stunden nach der trilateralen Unterredung legte Clemenceau seinem engsten Beraterkreis die Alternative dar: »Wir haben die Wahl: entweder Frankreich allein in den linksrheinischen Gebieten oder Frankreich in den Grenzen von 1814, also mit Elsass-Lothringen und einem Teil, wenn nicht sogar dem ganzen Saargebiet, und mit Amerika und Britannien als Verbündeten.«[20]

Schon die Formulierung der Alternativen lässt keinen Zweifel an der Präferenz des französischen Ministerpräsidenten. Dass die Gespräche im März

Woodrow Wilson und David Lloyd George in Versailles
US-Präsident Wilson (Bildmitte links) nahm von Dezember 1918 bis Mitte Februar an den Friedensverhandlungen in Paris teil. Dann reiste er für einen Monat zurück nach Amerika, wo die oppositionellen Republikaner seine Politik immer stärker ablehnten. Wichtige Beratungen in der Deutschlandfrage fielen in die Zeit seiner Abwesenheit, bei denen Oberst House die Vereinigten Staaten nicht mit dem gleichen Gewicht vertreten konnte wie der Präsident selbst und zum Teil auch Zugeständnisse zu machen bereit war – beispielsweise in der Rheinlandfrage –, die Wilson später zurücknahm. Das enge Vertrauensverhältnis zwischen House und dem Präsidenten litt darunter erheblich. Nach seiner Rückkehr aus den USA versuchte Wilson zusammen mit dem britischen Premier Lloyd George (Bildmitte), die französischen Sicherheitsinteressen durch britische und amerikanische Garantiezusagen zu befriedigen, um weitergehende territoriale Forderungen abzuwehren. Im Hintergrund sind zwischen Wilson und Lloyd George Oberst House und General Pershing zu erkennen.

1919 auf eine Art »Nordatlantische Allianz«,[21] eine NATO avant la lettre, hinausliefen, war also nicht nur anglo-amerikanischem Druck und der Verweigerung einer Abtrennung des Rheinlands zu verdanken, sondern auch dem seit der Schlussphase des Krieges von Clemenceau immer wieder artikulierten Interesse an einem Friedensbündnis zwischen Frankreich, Großbritannien und den USA. Ein solches Bündnis hielt der französische Ministerpräsident zunächst zwar für nicht sehr realistisch. Als sich dafür jedoch im März 1919 eine Chance ergab, ergriff er diese. Der NATO-Vergleich liegt jenseits der im engeren Sinne militär- und bündnispolitischen Konstellation auch deswegen nahe, weil die Grenze zwischen dem Vertragsgebiet der Allianz und dem Gegner wie im Sprachgebrauch des Kalten Krieges als »Grenze der Freiheit« charakterisiert wurde und weil von dem ins Auge gefassten Bündnis als Allianz der »westlichen Demokratien« die Rede war, zu denen Deutschland in den Jahren nach dem Ersten Weltkrieg nicht gehörte und zu denen sich gut drei Jahrzehnte später der westliche Teil des Landes, die Bundesrepublik, erst mit dem Beitritt zum westlich-atlantischen Bündnissystem und insbesondere zur NATO rechnen durfte. Dass die Gegner Konrad Adenauers und seiner Politik die Westintegration der Bundesrepublik in die Tradition des von Frankreich betriebenen rheinischen Separatismus der 1920er Jahre stellten, gewinnt vor dem Hintergrund unserer Thematik und der Pariser Diskussion im Frühjahr 1919 eine besondere Note.

Erst angesichts der Entwicklungen im März 1919 kam es nun zu einem scharfen Konflikt zwischen Clemenceau und Marschall Foch. In diesem Konflikt ging es nicht nur um unterschiedliche Vorstellungen von Sicherheit vor einer deutschen Bedrohung, sondern um den Primat – zivil oder militärisch – in Fragen der Sicherheit Frankreichs und, mehr noch, um die politische Rolle des Militärs. Mit allen Mitteln versuchte Foch seiner Idee eines »Rheinischen Friedens«, also der Abtrennung der linksrheinischen Gebiete von Deutschland, zur Durchsetzung zu verhelfen. Ende März führte er Unterredungen mit Wilson, Lloyd George und Clemenceau und erschien sogar vor dem Rat der Vier, der wenige Tage zuvor seine Beratungen aufgenommen hatte. Dort zeichnete er ein dramatisches Bild der deutschen Gefahr. Sein Bedrohungsszenario kulminierte in der Vision einer Invasion Frankreichs durch »germanische Massen« in der Größenordnung von 70 Millionen, womöglich verstärkt durch noch größere »slawische Massen«. Einzig und allein eine Grenze am Rhein könne davor Sicherheit bieten.[22] Fochs theatralischer Auftritt konnte Wilson und Lloyd George, der Foch ohnehin für politisch naiv hielt, nicht umstimmen. Eine weitere Beteiligung Fochs an den Beratungen, womöglich sogar als offizielles Mitglied der französischen Delegation, lehnte Clemenceau ab, gab ihm aber die Gelegenheit, seine Ansicht auch noch einmal vor der Vollversammlung der Friedenskonferenz vorzutragen. »Der Rhein entscheidet alles und er bestimmt alles«, rief der Marschall dort aus. »Wenn wir am Rhein stehen, beherrschen wir das ganze Land, wenn nicht, dann ist alles verloren.«[23]

Doch unabhängig von diesem kleinen Zugeständnis Clemenceaus, das eher wie ein Ventil wirken sollte, verteidigte der Ministerpräsident kategorisch den Primat der Politik, was Foch nicht davon abhielt, bei Staatspräsident Poincaré und den Präsidenten beider Kammern des französischen Parlaments zu intervenieren und Clemenceau dort als eine »Gefahr für Frankreich« zu bezeichnen. In großen Interviews mit der Zeitung Le Matin und der britischen Daily Mail, einem Boulevardblatt der nationalistischen und antideutschen Northcliffe-Presse, wiederholte er sein Bedrohungsszenario und seine Forderung nach dem Rhein als deutscher Westgrenze und brachte Hunderte von Senatoren und Abgeordneten dazu, sich im Parlament für territoriale Abtretungen als Teil des Friedensvertrags auszusprechen.

Frankreich befand sich am Rande einer Verfassungskrise. Sollte das Militär sich derartig in die Politik einmischen dürfen und den konstitutionell geradezu sakrosankten Primat der – zivilen – Politik herausfordern können? Am Ende obsiegte Clemenceau auch deswegen. Das Kabinett stimmte seinem politischen Kurs einstimmig und in Anwesenheit des Staatspräsidenten zu, der sich nicht für Foch einsetzte. Den Antrag der Foch-Anhänger im Senat bezeichnete der Ministerpräsident als »im Gegensatz stehend zu allen demokratischen Prinzipien«, weil er die politische Debatte über den Friedensvertrag den Wünschen der militärischen Führung unterordne, und drohte mit einer Vertrauensfrage. Der Antrag wurde daraufhin zurückgezogen.[24] Geschlagen gab sich der Generalissimus damit indes noch nicht, vielmehr wirkte er im französischen und alliierten Militär darauf hin, sich auf die Wiederaufnahme des Kriegszustandes und einen Vormarsch tief in das deutsche Reichsgebiet hinein vorzubereiten. Das war freilich im Frühjahr 1919 nicht mehr so einfach möglich wie noch wenige Monate zuvor, was an der beginnenden Demobilisierung der alliierten Streitkräfte und ebenso an der deutlich erkennbaren und auch mehrfach artikulierten Zurückhaltung der alliierten Partner lag. Ein französischer Alleingang war schwer vorstellbar, vorbereitet wurde er trotzdem, insbesondere für den Fall einer deutschen Weigerung, den Friedensvertrag zu unterschreiben. Auf dieses Szenario richteten nicht wenige französische Militärs ihre Erwartungen in der Hoffnung, die Rheingrenze doch noch realisieren zu können. Und obwohl die französischen Soldaten im Frühsommer 1919 auf ihre Demobilisierung warteten, um endlich in die Heimat und zu ihren Familien zurückkehren zu können, gab es doch auch dort Stimmen, die nicht den Frieden Clemenceaus und der Zivilisten guthießen, sondern sich auf die Seite der Generäle schlugen.

Der Jubel, der Woodrow Wilson im Dezember 1918 in Brest und Paris entgegenscholl, war unter den französischen Soldaten im Frühjahr 1919 längst verstummt. Wenngleich ganz anders als in Deutschland, so nahm auch in Frankreich die Kritik am amerikanischen Präsidenten zu. Wilson lasse sich von den Deutschen übers Ohr hauen, war ein noch vergleichsweise milder Vorwurf. Der Präsident habe »keine Ahnung, wie man mit dem Feind spricht. Er spricht zu den ›Boches‹ wie zu Menschen; was willst Du denn, er hat nichts gesehen, dieser Amerikaner!« Ein in viereinhalb Jahren Krieg gewachsener Hass tritt uns in solchen Zeilen entgegen, die Fochs Position durchaus stärkten. Nicht wenige Soldaten waren daher auch bereit, den Kampf, falls nötig, wieder aufzunehmen: »Wenn die ›Boches‹ nicht unterzeichnen«, schrieb ein Soldat Mitte Juni 1919 an seine Eltern, »wird es in den von uns eingenommenen Ländern nichts mehr zu lachen geben, sollte die Unterschrift verweigert werden, sind die *poilus* [Frontsoldaten] nämlich entschlossen, alles zu rauben und zu zerstören.« Dass eine solche Stimme kein Einzelfall war, bestätigt der Brief eines Offiziers kurz nach der Vertragsunterzeichnung: »Der Friede wurde von uns allen mit Freude aufgenommen, aber alle wären marschiert, wenn ›sie‹ nicht unterzeichnet hätten.«

Etwa zur gleichen Zeit schrieb ein französischer Soldat an seine Frau: »Ich werde den Frieden nicht bejubeln, er existiert für mich nicht. Das französisch-deutsche Problem ist nicht gelöst, wir haben weiterhin die Macht und den Hass der Germanen vor unserer Haustür. Der ›Boche‹ hat nicht abgerüstet. Wir sind zu schüchtern, zu höflich gewesen. (…) Die Männer im schwarzen Anzug haben die Arbeit der Männer in der blauen Uniform verdorben. Unsere Politiker sind Stümper. Wir hätten Foch als Diktator gebraucht, als Friedensmacher. Wir hatten lediglich ein Parlament und Parlamentarier.«[25] In diesen Zeilen äußerte sich viel mehr als nur eine Unzufriedenheit mit dem vermeintlich zu milden Friedensschluss. Zum Ausdruck kommt hier, in welchem Maße schon 1919 der Vorwurf eines von Parteien und Parlamenten verantworteten angeblich viel zu milden Friedens dem französischen

Journalisten vor dem Schloss von St. Germain, 2. September 1919
Die Pariser Konferenz war ein globales Medienereignis. Als der österreichischen Delegation in St. Germain die Friedensbedingungen übergeben wurden, warteten Hunderte von Journalisten und Fotografen beständig und begierig auf Informationen und Bilder. In dem enormen medialen Interesse spiegelten sich allerdings auch der öffentliche Druck und die großen öffentlichen Erwartungen, die auf den Politikern lasteten. Sich von diesen Erwartungen freizumachen, war kaum möglich. Umgekehrt versuchten mächtige und weniger mächtige Politiker und Konferenzteilnehmer mit speziellen Interessen, die Medien gezielt zu beeinflussen, um die öffentliche Meinung in ihrem Sinne zu steuern. Absichtliche Leaks waren ein beliebtes Mittel in diesem Spiel.

Parlamentarismus und der Demokratie angelastet wurde. Daraus entwickelte sich in den folgenden Jahren eine schwere Belastung der Dritten Republik und eine Stärkung vor allem derjenigen Kräfte auf der nationalistischen Rechten, die sich für eine autoritäre Umformung des Systems einsetzten.

Nach 1919 und gipfelnd in der Ruhrbesetzung 1923 blieb ein unilaterales militärisches Vorgehen Frankreichs, zum Teil als Instrument einer härteren, konfrontativeren französischen Deutschlandpolitik und mit dem Ziel einer »Nachbesserung des Friedens«, stets eine Option.[26] In der Kontinuität des von Foch geforderten »Rheinischen Friedens« stand aber auch bis ins Jahr 1923 der von Teilen des französischen Militärs ermutigte und unterstützte rheinische Separatismus, der – erstmals mit der Ausrufung einer Rheinischen Republik in Wiesbaden am 1. Juni 1919 – auf einen an Frankreich angelehnten autonomen Rheinstaat zielte.[27] Zu diesem Zeitpunkt hatten sich die Alliierten bereits auf einen Kompromiss hinsichtlich der linksrheinischen Gebiete verständigt, der in die am 7. Mai an Deutschland übergebenen Friedensbedingungen und – unverändert – auch in den Versailler Vertrag einging. Das gesamte Rheinland – die linksrheinischen Gebiete sowie eine 50 Kilometer tiefe Zone östlich des Rheins – wurden entmilitarisiert, das linke Rheinufer sowie die Brückenköpfe Köln, Koblenz und Mainz wurden von alliierten – französischen, britischen, belgischen und amerikanischen – Truppen befristet auf 15 Jahre besetzt. Die Rückgabe Elsass-Lothringens an Frankreich stand von Anfang an fest und war in Paris kein ernsthafter Diskussionsgegenstand. An seiner Westgrenze verlor das Deutsche Reich ferner das Gebiet Neutral-Moresnet sowie die beiden mehrheitlich deutschsprachigen Landkreise Eupen und Malmedy, die seit 1815 zur preußischen Rheinprovinz gehört hatten. Die Gebiete kamen zunächst für fünf Jahre unter eine belgische Übergangsverwaltung und wurden 1925 in den belgischen Staatsverband eingegliedert.[28]

Schließlich war auch die Saarfrage Teil des Kompromisspakets, das die Alliierten Ende März 1919 im Rat der Vier schnürten. Hatte sich Clemenceau zunächst noch zuversichtlich gezeigt, dass sein Verzicht auf die Abtrennung des Rheinlands von Deutschland die Zustimmung der Verbündeten zu den französischen Grenzen von 1814, also zu einer Angliederung des Saargebiets und der südlichen Pfalz an Frankreich, erbringen werde, so musste er sich rasch eines Besseren belehren lassen. Ende März kam es im Rat der Vier zu heftigen Auseinandersetzungen zwischen Clemenceau auf der einen sowie Wilson und Lloyd George auf der anderen Seite.[29] Weder Wilson noch Lloyd George wollten die historischen Argumente, die Clemenceau und sein Berater

Tardieu vortrugen, gelten lassen und sprachen sich unmissverständlich gegen die Annexion der beiden Gebiete aus. Man wolle kein neues Elsass-Lothringen schaffen, argumentierte der britische Premier, und der amerikanische Präsident erklärte, dass eine Annexion gegen die von ihm – und den Alliierten – vertretenen Grundsätze für eine Friedensregelung verstieße, Grundsätze, zu denen man sich zum Zeitpunkt des Waffenstillstands eindeutig bekannt habe. Wilson warnte vor einem »Wortbruch«. Selbst das vergleichsweise nüchterne Protokoll der Sitzung lässt die extreme Emotionalität der Auseinandersetzung noch erkennen, die zwar nicht, wie gelegentlich behauptet, zu Handgreiflichkeiten führte, aber doch zu heftigen gegenseitigen Angriffen, die in Clemenceaus Vorwurf an die Alliierten gipfelten, sie verweigerten Frankreich eine »moralische Wiedergutmachung«, wollten nur den Deutschen Gerechtigkeit widerfahren lassen und seien – die schlimmste Bezichtigung unter den gegen Deutschland Verbündeten – deutschfreundlich.[30]

In dem Kompromiss, der in der Saarfrage schließlich nach langem Ringen und komplizierten Verhandlungen zustande kam, wurde nicht zuletzt angesichts der deutschen Zerstörung von nordfranzösischen Kohlegruben das wirtschaftliche Interesse Frankreichs an den Kohleminen der Saar akzeptiert und auch die Notwendigkeit der Ausdehnung französischer Verwaltungsstrukturen auf das Saargebiet anerkannt in dem Bestreben, das Funktionieren der wirtschaftlichen Integration sicherzustellen. Man sah vor, das Saarland dem französischen Wirtschaftsraum einzugliedern und Paris die militärische Kontrolle zu übertragen. De facto sollte Frankreich auch die politische Verwaltung übertragen werden, allerdings durch eine Konstruktion, die das Gebiet dem Völkerbund unterstellte. Eine politische Annexion blieb jedoch ausgeschlossen, vielmehr sollte dem Selbstbestimmungsrecht der Bevölkerung an der Saar dadurch Rechnung getragen werden, dass man nach Ablauf von 15 Jahren eine Volksabstimmung über die politische Zugehörigkeit des Gebiets anberaumte. Diese wurde im Januar 1935 unter Aufsicht des Völkerbunds durchgeführt mit dem Ergebnis, dass mehr als 90 Prozent für die »Heimkehr der Saar« in das Deutsche Reich stimmten. Die nationalsozialistische Propaganda hatte keine Gelegenheit ausgelassen zu betonen, dass es in der Abstimmung um eine deutsche Antwort auf die »Schmach von Versailles« gehe.[31]

Trotz heftiger Kritik, nicht nur seitens des Militärs, sondern auch aus den Parteien und der Presse, stimmte Clemenceau dem Kompromiss zu, für den er, das blieb sein Argument, die britische und amerikanische Garantie der französischen Sicherheit erreicht hatte. Dass Clemenceau die Parlamentswahlen im November 1919 gewann, verdankte er fraglos neben dem Sieg des November 1918 auch dem Friedensschluss von 1919, freilich viel stärker der Tatsache, dass jetzt – endlich – Frieden herrschte, als der konkreten Ausgestaltung des Friedensvertrags. Die öffentliche Stimmung begann sich gegen den Ministerpräsidenten zu wenden, als deutlich wurde, dass die Vereinigten Staaten den Versailler Vertrag nicht ratifizieren und dass damit auch die amerikanischen Garantien der französischen Sicherheit hinfällig werden würden. Nachdem der amerikanische Senat seine Zustimmung verweigert hatte, zog auch Großbritannien seine Verpflichtung zurück, und Frankreich stand, so nahm man es weithin wahr, auf dem europäischen Kontinent allein der deutschen Gefahr gegenüber, die durch die Vertragsbedingungen nicht endgültig gebannt war. Es war dies der Moment, in dem aus dem »Vater des Sieges« der »Verlierer des Sieges« wurde. »Le père de la victoire a perdu la victoire«, hieß es nun.

Dass Clemenceau angesichts solchen Spotts enttäuscht und verbittert wenige Wochen nach seiner Wiederwahl seinen Rücktritt erklärte, kann kaum erstaunen. Seine Politik von 1919 verteidigte er noch bis ans Ende seines Lebens, immer wieder in Auseinandersetzung mit Ferdinand Foch, der seinerseits nicht müde wurde, seine Position zu rechtfertigen. Nach Abschluss des Versailler Vertrags soll er gesagt haben: »Das ist kein Frieden, sondern nur ein Waffenstillstand für 20 Jahre.« Das wird gern von denjenigen zitiert, die nicht einen zu harten Frieden für den Nationalsozialismus und den Zweiten Weltkrieg verantwortlich machen, sondern einen zu milden. Beide Positionen lassen sich nicht aufrechterhalten, weil sie die Entwicklung der zwei Jahrzehnte nach 1919 als vorherbestimmt und zwangsläufig ansehen. Aber das war sie keineswegs. Von 1919 führte auch eine Linie nach Locarno, zu Briand und Stresemann, zu Verständigung, ja sogar Versöhnung. Warum sich diese Linie nicht fortsetzte, ist eine andere Frage. Der Tod Stresemanns spielte dabei ebenso eine Rolle wie die Weltwirtschaftskrise, die von 1930 an zu einer Renationalisierung der Außenpolitik auch in Deutschland und Frankreich beitrug. Kooperation wurde wieder durch Konfrontation ersetzt. Die zwei großen französischen Antagonisten starben beide 1929, Foch am 20. März, Clemenceau am 24. November. Der »Tiger« erlebte noch die Veröffentlichung des *Mémorial de Foch*, eines auf langen Gesprächen mit dem General beruhenden Gedenkbuchs, und reagierte darauf mit seiner Schrift *Grandeurs et misères d'une victoire*, die im Jahr nach seinem Tod erschien.[32]

Zu den territorialen Folgen des Versailler Vertrags gehörte auch, dass der nördliche Teil Schleswigs mit seiner dänischen Bevölkerungsmehrheit nach einer umstrittenen Volksabstimmung 1920 an Dänemark kam. Doch der Konflikt um die Nordgrenze war nichts im Vergleich zu den Auseinandersetzungen um die Frage der künftigen deutschen Ostgrenze. Diese war ein wichtiger Teil dessen, was man in Paris als »polnische Frage« bezeichnete. Polen, wo sich in der Schlussphase des Krieges eine Republik gegründet hatte, gehörte zu den offiziellen Teilnehmern der Konferenz und war dort mit einer Delegation vertreten. Die Ausdehnung des neuen polnischen Staates war Anfang 1919 allerdings noch völlig offen. Die Argumente, die in Paris vorgebracht wurden, um das Territorium Polens zu bestimmen, waren unterschiedlicher Art. Historische Argumente bezogen sich auf den polnischen Staat, so wie er vor der ersten Teilung 1772 existierte, und stellten vor diesem Hintergrund die Wiederherstellung Polens in diesen Grenzen als einen Akt internationaler historischer Gerechtigkeit dar. Hinzu traten Argumente, die das polnische Territorium ethnisch definierten und in diesem Zusammenhang auch Entwicklungen der rund 150 Jahre zwischen der Ersten Polnischen Teilung und der Gegenwart einbezogen. Das lief nicht zwingend auf eine Ausweitung der Ansprüche hinaus, weil sich in einigen ehemals polnischen Gebieten die Bevölkerungsstruktur seither durchaus markant verändert hatte. Wirtschaftliche und strategische Überlegungen bildeten schließlich eine dritte Säule der Argumentation.[33] Immer wieder war hier die Rede von einem Ostseezugang, der maritime Handelsmöglichkeiten eröffnen und so die Lebensfähigkeit des Staates gewährleisten sollte. Davon war auch in den Vierzehn Punkten die Rede gewesen.

Darüber hinaus aber ging es um die Lage Polens zwischen Russland und Deutschland. Der neue polnische Staat musste nicht nur flächenmäßig groß, sondern auch stark genug sein, um zwischen diesen beiden Staaten mit ihrer völlig unklaren politischen Situation bestehen und zugleich durch die Trennung des deutschen und des russischen Machtbereichs eine europäische Sicherheitsfunktion erfüllen zu können. Das war vor allem ein Interesse Frankreichs, für das europäische Sicherheit stets Sicherheit vor Deutschland bedeutete. Viel stärker als Großbritannien und erst recht die USA strebte Frankreich ein enges politisches – sicherheitspolitisches – Verhältnis mit Polen an, das im Kern auf der antideutschen Orientierung beider Staaten beruhte. Wenn Frankreich sich für ein starkes Polen einsetzte, dann musste das, so das Pariser Kalkül, Warschau später geradezu verpflichten, sich an einem von Frankreich dominierten ostmitteleuropäischen Bündnissystem führend zu beteiligen. Und weiterhin war man sich im Klaren darüber, dass polnische Gebietsgewinne auf Kosten Deutschlands eine zuträgliche Entwicklung der deutsch-polnischen Beziehungen erschweren, wenn nicht ganz unmöglich machen würden, wovon Frankreich nur profitieren konnte.

Jenseits solcher Überlegungen konnte Polen seine zentrale Rolle in dem *Cordon sanitaire* zwischen Mittel- und Osteuropa, Deutschland und Russland, nur ausüben, wenn ihm sein territorialer Zuschnitt nicht nur ein Mindestmaß an ökonomischer Prosperität oder wenigstens Prosperitätschancen bot, sondern auch den Aufbau einer halbwegs stabilen Staatlichkeit ermöglichte. Das war 1919 alles andere als selbstverständlich. Denn die Ende 1918 gegründete polnische Republik und die Menschen, die dort lebten, waren durch die Spuren des Krieges schwer gezeichnet. Militärische Operationen hatten alle Gebiete des Landes betroffen: Kampfhandlungen, Durchmärsche, Rückzüge. Ganze Dörfer und Städte waren dem Erdboden gleichgemacht. »Die Heime von Millionen sind zerstört«, berichtete Herbert Hoover, der Leiter der amerikanischen humanitären Hilfsmission später über seine Eindrücke im Januar 1919. Die Menschen lebten »in elenden Hütten. Ihre landwirtschaftlichen Geräte waren weg, die Tiere von den Armeen konfisziert, das Getreide ist nur teilweise geerntet worden. Die Industrie in den Städten lag wegen Rohstoffmangels darnieder. Die Menschen waren arbeitslos und Millionen von ihnen mittellos. (…) Die Eisenbahn funktionierte kaum. In den Städten gab es fast kein Essen. Typhus und andere Epidemien breiteten sich über ganze Provinzen aus.«[34]

Auch die politische Situation war unübersichtlich und instabil. Verschiedene Gruppen und ihre führenden Protagonisten rangen miteinander um die Suprematie. In Warschau stand der General Józef Piłsudski an der Spitze einer Regierung, die als links und deutschfreundlich galt. Aus den USA kam Ignacy Paderewski zurück in sein Heimatland, ein politisch ambitionierter volkstümlicher Pianist, und in Paris stand Roman Dmowski an der Spitze eines polnischen Nationalkomitees, das von den Alliierten als Exilregierung anerkannt wurde.[35] Als Schutzmacht des polnischen Staates verstand sich seit Anfang 1919 immer eindeutiger Frankreich. So sorgte die französische Regierung dafür, dass Deutschland die Gebietsgewinne, die polnische Freiwilligenverbände im sogenannten Posener Aufstand um den Jahreswechsel 1918/19 gemacht hatten, in der Verlängerung des Waffenstillstandsabkommens mit den Alliierten im Februar 1919 anerkennen musste.[36]

Es war kein Zufall, dass diese territorialen Veränderungen zu Lasten Deutschlands im Waffenstillstandsabkommen fixiert wurden, von dem insbesondere nach den Vorstellungen der französischen Seite eine präjudizierende Wirkung auf den Friedensvertrag ausgehen sollte. Die Schwächung Deutschlands, zentrales Element der französischen Sicherheitskonzeption, bezog sich in ihren militärischen, wirtschaftlichen und finanziellen Dimensionen nicht nur auf die unmittelbar an Frankreich angrenzenden deutschen Gebiete im Westen, das Rheinland vor allem, sondern auch auf den Osten des Reiches. In den Pariser Verhandlungen lässt sich hinsichtlich des polnischen Territoriums und damit der deutschen Ostgrenze eine ähnliche Konstellation feststellen wie hinsichtlich der Westgrenze. Großbritannien und die USA setzten sich für eine territoriale Regelung ein, die zwar nach ihrem Bekanntwerden den Deutschen als eine Katastrophe erschien, die aber weit hinter dem zurückblieb, was Frankreich im Schulterschluss mit der polnischen Delegation gefordert hatte. Für Frankreich ging es darum, den polnischen Staat auf Kosten Deutschlands zu stärken und ihn dadurch zugleich in ein gegen Deutschland gerichtetes, von Frankreich dominiertes ostmitteleuropäisches Sicherheits- und Bündnissystem einzubinden. Territoriale Fragen waren in diesem Zusammenhang von wesentlicher Bedeutung. Der Dissens in diesen Fragen äußerte sich in Paris weniger in den verschiedenen Ausschüssen mit ihren Experten, sondern vielmehr auf der Spitzenebene, wo die französischen Vorstellungen auf energischen Widerstand seitens des amerikanischen Präsidenten und des britischen Premierministers stießen.

Roman Dmowski, der die polnische Delegation in Paris anführte, beeindruckte die alliierten Spitzenpolitiker zwar durch seine Eloquenz, seine souveräne Beherrschung der englischen und französischen Sprache und durch seine Fähigkeit, die polnische Situation und die polnischen Interessen mit historischen, juristischen und moralischen Argumenten zu untermauern.[37] Als er, aufgefordert von Clemenceau, Ende Januar 1919 vor dem *Supreme Council* das Wort ergriff, da staunte die ganze Versammlung. Selbst Lloyd George, einer der härtesten Gegner der polnischen Forderungen, erinnerte sich später an eine »überragende Rede«, gehalten zunächst in »reinem und idiomatischem Französisch« und dann wiederholt »in perfektem Englisch«. Für Clemenceau war es ein »meisterhafter Beitrag«.[38]

Aber Dmowskis Vorstellungen der territorialen Gestalt Polens gingen weit über das hinaus, was insbesondere Lloyd George und Wilson zu konzedieren bereit waren. Ganz Posen und Westpreußen sollten künftig zu Polen gehören, der südöstliche Teil Ostpreußens sowie Oberschlesien mit seiner bedeutenden Montanindustrie. Über Westpreußen, den später in Deutschland sogenannten Korridor, sollte Polen Zugang zur Ostsee erhalten, einen etwa 200 Kilometer langen Küstenstreifen einschließlich der Hafenstadt Danzig.[39] Als diese Vorschläge, die nach Dmowskis Auftritt vor dem *Supreme Council* ein »Ausschuss für polnische Angelegenheiten« unter Vorsitz des französischen Diplomaten Jules Cambon weiter ausgearbeitet und präzisiert hatte, Ende März 1919 im Rat der Vier diskutiert wurden, war die Ablehnung durch Lloyd George und Wilson eindeutig. Der britische Premierminister, der ohnehin an der Fähigkeit der Polen zweifelte, einen Staat zu organisieren, stellte die Polonisierung Danzigs ebenso in Frage wie die Eingliederung von Gebieten mit eindeutig deutscher Bevölkerungsmehrheit, etwa den an der Weichsel gelegenen Landkreis Marienwerder.[40] Zunächst eher anekdotisch äußerte der amerikanische Präsident seine Bedenken. Im Gespräch berichtete er Lloyd George, Clemenceau und Orlando von einem Besuch Dmowskis und Paderewskis im Weißen Haus. Er habe die Herren darum gebeten, »ein Polen zu definieren, das ihren Vorstellungen entspricht. Da präsentierten sie mir eine Landkarte, auf der sie einen großen Teil der Erde beanspruchten.«[41] Doch dahinter verbargen sich gravierendere Bedenken, und diese richteten sich weniger auf Polen als auf Frankreich, das kontinuierlich versuche, mehr Gebiete zu gewinnen, größere Entschädigungsleistungen von Deutschland zu erhalten und eine Dominanz in Ostmitteleuropa zu errichten. Das einzige echte Interesse Frankreichs an Polen sei, »Deutschland dadurch zu schwächen, dass Polen Gebiete erhält, auf die es keinerlei Anspruch hat«.[42]

Man darf nicht vergessen, dass die Diskussion über die polnische Frage im Rat der Vier exakt zur gleichen Zeit stattfand wie die heftigen Auseinandersetzungen über den Rhein als deutsche Westgrenze oder eine mögliche Annexion des Saargebiets. Was in diesem Buch nacheinander behandelt wird, wurde in Paris gleichzeitig erörtert, und die beiden Themen standen nicht nur, worauf Wilson hinwies, in einem politischen Zusammenhang, sondern sie wurden auch mehr oder weniger simultan verhandelt. Es kann daher nicht überraschen, dass sich am Ende die französisch-polnischen Maximalforderungen nicht durchsetzten. Dennoch war das Ergebnis, wie es sich in den am 7. Mai übergebenen Friedensbedingungen wiederfand, aus deutscher Sicht inakzeptabel. Dagegen überstieg es durchaus die Vorstellungen, die man sich auf polnischer Seite noch Ende 1918 gemacht hatte.[43] Polen wurde ohne Volksabstimmung der überwiegende Teil Posens und Westpreußens zugesprochen.

Polnische Delegation während der Verhandlungen in Paris, 1919

Für Polen zu sprechen beanspruchten nach 1918 nicht nur der General Józef Piłsudski und der Pianist Ignacy Paderewski, der die Kriegsjahre im amerikanischen Exil verbracht hatte, sondern auch Roman Dmowski (Mitte), der Chef des in Paris angesiedelten Polnischen Nationalkomitees. Er leitete die polnische Delegation auf der Friedenskonferenz. Seine Reden in den Plenarsitzungen und vor dem *Supreme Council* hielt er in perfektem Französisch und ebenso akzentfreiem Englisch. Nachdem Polen im 18. Jahrhundert als eigenständiger Staat von der europäischen Landkarte verschwunden war, erlebte das Land nach dem Ersten Weltkrieg seine Wiedergeburt. Auf Kosten Deutschlands gewann der neue Staat, der in Frankreich und den USA starke Unterstützer hatte, einen Zugang zum Meer, den »Polnischen Korridor«, wie es in Deutschland hieß. Seine endgültige territoriale Gestalt erhielt Polen aber nicht 1919, sondern als Ergebnis von insgesamt sechs Kriegen – darunter der Polnisch-Russische Krieg 1920/21 – erst in den Jahren danach.

Ein polnischer Landkorridor trennte künftig Ostpreußen vom Reichsgebiet ab. Er schuf zugleich einen polnischen Zugang zum Meer mit einem substantiellen Küstenstreifen. Danzig und seine unmittelbare Umgebung erhielten den Status einer »Freien Stadt« unter dem Schutz des Völkerbunds. Zwar gehörte es zum polnischen Zollgebiet, blieb aber doch gesellschaftlich, kulturell und mit Blick auf seine kommunalpolitischen Institutionen eine eher deutsch geprägte Stadt. Für Westpreußen östlich der Weichsel und das südöstliche Ostpreußen wurde für das Jahr 1920 eine Volksabstimmung anberaumt, die eindeutig zugunsten eines Verbleibs bei Deutschland ausging. Das Memelland, der nördlich des Flusses Memel gelegene Teil Ostpreußens, wurde unter alliierte Oberhoheit gestellt, die zunächst von Frankreich ausgeübt, später aber handstreichartig von Litauen übernommen wurde. Das »Hultschiner Ländchen« in Schlesien ging – ohne Abstimmung – an die Tschechoslowakei. Zu einem schwierigen Zankapfel wurde Oberschlesien, das zwar bereits vor der Ersten Polnischen Teilung zu Preußen gehörte, aber aufgrund seiner Bodenschätze und der Schwerindustrie von großer wirtschaftlicher Bedeutung war, weswegen Polen seine Ansprüche auf dieses Gebiet angemeldet hatte. Hier sahen die Friedensbedingungen des 7. Mai zunächst eine komplette Abtretung an Polen vor; im Versailler Vertrag wurde demgegenüber jedoch eine Volksabstimmung vorgesehen, die 1921 dazu führte, dass zwar der größere Teil Oberschlesiens bei Deutschland blieb, das wirtschaftlich bedeutendere östliche Oberschlesien aber an Polen fiel.

Das deutsch-polnische Verhältnis der Zwischenkriegszeit litt von Anfang an unter diesen Bestimmungen. Es spiegelte in gewisser Weise die Situation im Westen des Reiches und im Hinblick auf die deutsch-französischen Beziehungen, wo es jedoch nach 1923 gelang, die extreme Konfrontativität zu überwinden und unter europäischen – westeuropäischen – Auspizien eine auf Akzeptanz des Status quo gegründete Politik der Verständigung in Gang zu bringen, für die die beiden Außenminister Aristide Briand und Gustav Stresemann und die Verträge von Locarno (1925) standen. Zu einem Ost-Locarno ist es nie gekommen, im Gegenteil: Der deutsche Revisionismus nach 1919 richtete sich am stärksten auf Polen oder – präziser – gegen Polen. Das lag daran, dass es hier – anders als im Westen – zu großflächigen Gebietsabtretungen gekommen war, deren Grundlagen, seien sie nun historisch oder ethnisch, in vielen Fällen bezweifelt werden konnten. Darüber hinaus war die Siedlungs- und Bevölkerungsstruktur im östlichen Mitteleuropa eine ganz andere als im Westen; eindeutigen, unumstrittenen und insbesondere

Volksabstimmung Allenstein am 11. Juli 1920

Die ehemals deutschen Territorien, die nach 1919 an Polen fielen, waren in der Regel ethnisch heterogen von Polen und Deutschen besiedelt. Nur in wenigen Gebieten wurden unter Aufsicht der Alliierten Volksabstimmungen über die Zugehörigkeit zugelassen. Ethnische Konflikte bestimmten und belasteten das deutsch-polnische Verhältnis während der gesamten Zwischenkriegszeit. In Oberschlesien sorgte die Teilung des Abstimmungsgebiets 1921 dafür, dass das westliche Oberschlesien bei Deutschland blieb, der wirtschaftlich wichtigere östliche Teil jedoch an Polen kam. Im Jahr zuvor entschied sich die Mehrheit im südöstlichen Ostpreußen um die Stadt Allenstein für den Verbleib bei Deutschland. Nach der Übergabe des Abstimmungsgebiets an die Vertreter der deutschen Regierung verabschiedet sich die alliierte Kommission (rechts) aus Repräsentanten der großen Fünf – Großbritannien, Frankreich, Italien, den USA und Japan –, die zuvor die Abstimmung beaufsichtigt hatte.

ethnisch begründeten Grenzziehungen stand sie letztlich im Wege. Legitimiert auch durch den Imperativ des Selbstbestimmungsrechts der Völker, entfaltete gerade in den neu entstandenen Staaten Ostmittel- und Südosteuropas die Idee des ethnisch homogenen Nationalstaats eine hohe Attraktivität, die nahezu zwangsläufig mit den historisch über Jahrhunderte gewachsenen Realitäten multiethnischer und multikultureller Bevölkerungs- und Siedlungsstrukturen in Widerstreit geraten musste. Der in den Pariser Verträgen vorgesehene Minderheitenschutz sollte zu einer Lösung dieser Problematik beitragen. Darüber hinaus zeigt er, wie sehr sich die Akteure der Brisanz der Situation bewusst waren. Ob Minderheitenschutzrechte und Minderheitenschutzverträge geeignete Mittel waren, der Idee und der Durchsetzung des ethnisch homogenen Nationalstaats im Zeichen des Selbstbestimmungsrechts entgegenzuwirken, musste sich zeigen. Das erste dieser Minderheitenschutzabkommen, abgeschlossen wie der Versailler Vertrag am 28. Juni 1919 und daher auch »kleiner Versailler Vertrag« genannt, wurde von der polnischen Regierung unterzeichnet.

RUSSLAND UND DAS GESPENST DES BOLSCHEWISMUS

Die Beschlüsse der Alliierten in der polnischen Frage waren in Paris nicht nur von deutschlandbezogenen Überlegungen bestimmt, sondern ganz entscheidend auch von den Einschätzungen der politischen Entwicklung in Russland. Und das galt nicht nur für die polnische Frage. Ray Stannard Baker, Wilsons Pressesprecher, hatte überhaupt keinen Zweifel: »Die Auswirkung des russischen Problems auf die Pariser Konferenz war tiefgreifend: Paris ist ohne Moskau nicht zu verstehen. Ohne jemals in Paris vertreten gewesen zu sein, waren die Bolschewisten und der Bolschewismus mächtige Beteiligte. Russland spielte in Paris eine größere Rolle als Preußen. Denn die preußische Idee war geschlagen, während die Macht der russischen Idee weiter wuchs.« Woodrow Wilsons Pressesprecher stand mit seiner Einschätzung nicht allein. Zahlreiche Konferenzbeteiligte kamen zu ähnlichen Urteilen. Der amerikanische Journalist Walter Lippmann sprach im Sommer 1919 vom omnipräsenten Schreckgespenst des Bolschewismus. Der Historiker Thomas A. Bailey hat später das Bild des fünften, unsichtbaren Stuhls geprägt, auf dem Lenin im Rat der Vier gesessen habe.[44] In der Tat war die russische Frage ein permanentes Thema der Pariser Konferenz, und der Faktor Russland wirkte auch immer wieder in ganz unterschiedlichen Zusammenhängen auf die Diskussionen und Entscheidungen der Friedensmacher ein. Aber was war die russische Frage eigentlich? In welcher Gestalt begegnete sie den Konferenzteilnehmern? Und warum war sie ihnen so wichtig?

In Folge der Revolutionen von 1917 und des Friedens von Brest-Litowsk vom März 1918 war Russland aus der Entente ausgeschieden. Das Russische Reich befand sich in Auflösung. Zwischen Ostsee und Schwarzem Meer entstanden von Finnland über das Baltikum und Polen bis zur Ukraine neue, unabhängige Staaten, die sich aus dem russischen Herrschaftsverband gelöst hatten. Vergleichbare Dynamiken entwickelten sich im südlichen Kaukasus, wo mit Armenien, Georgien und Aserbaidschan neue, wenn auch nur kurzlebige Staaten entstanden, sowie in Zentralasien. In Russland selbst, den Kerngebieten des Zarenreichs, tobte ein blutiger Bürgerkrieg. Die Bolschewiki hatten zwar in Petrograd und Moskau die Macht übernommen und im Juli 1918 den letzten Zaren und seine Familie ermordet, aber ihre Herrschaft war alles andere als gefestigt und wurde vielmehr von konkurrierenden politischen Kräften – Monarchisten, Demokraten, Sozialrevolutionäre, Anarchisten – in Frage gestellt und mit Waffengewalt bekämpft. Knapp zwanzig antibolschewistische Regierungen, zum Teil nur mit sehr begrenzter Herrschaft, gab es im Sommer 1918.[45] Die Anhänger der früheren Zarenherrschaft, wiederum in sich gespalten, waren nur ein Gegner der Bolschewisten. Der Bürgerkrieg endete erst Ende 1921.

In den Monaten der Pariser Friedenskonferenz war die Situation in Russland hingegen völlig unübersichtlich. »Wir hatten es tatsächlich niemals mit ermittelten oder auch nur ermittelbaren Fakten zu tun«, erklärte David Lloyd George im britischen Kabinett. »Russland war ein Dschungel, in dem niemand erkennen konnte, was sich auch nur wenige Meter von ihm entfernt befand.«[46] Ob sich die Bolschewisten durchsetzen und ihre Herrschaft stabilisieren würden, war nicht abzusehen. Aber auch die Stärke und die Erfolgsaussichten ihrer Gegner waren nicht einzuschätzen. Alle Versuche, eine gesamteuropäische Ordnung zu schaffen, die Russland miteinbezog, mussten angesichts dieser fundamentalen Unsicherheit ins Leere laufen, und auch die alliierte Politik in Ostmittel- und Südosteuropa stand unter dem Einfluss der russischen Entwicklungen. Aber der russische Bürgerkrieg erschwerte nicht nur die Neuordnung Europas, sondern er war ein globales Problem. Russland erstreckte sich bis zum Pazifik, wo konkurrierende geopolitische Interessen –

japanische, chinesische und amerikanische – aufeinandertrafen, die von der inneren Schwächung des russischen Staates nicht unberührt blieben. Deshalb war die russische Frage auch von weltpolitischer Bedeutung.

Global war allerdings auch die Wirkung, die ideologisch von der Oktoberrevolution ausging, denn im Verständnis der weltrevolutionären Programmatik der Bolschewisten war die Revolution in Russland – ohnehin ein eher unwahrscheinlicher Ort für die erste kommunistische Revolution – nur der Auftakt für eine globale revolutionäre Dynamik, die auf die liberalkapitalistischen und imperialistischen Staaten und ihre Gesellschaften zielte. In den Augen vieler Beobachter stellte die Situation bei Kriegsende, vor allem in Europa, einen geradezu idealen Nährboden für die Ausbreitung des Bolschewismus dar. Das galt insbesondere für die Verliererstaaten des Weltkriegs und die jungen, weder wirtschaftlich noch politisch gefestigten Staaten, die sich im Umfeld des Kriegsendes gebildet beziehungsweise für unabhängig erklärt hatten. Politische Instabilität und scharfe politische Gegensätze, eine nur schwach ausgebildete Staatlichkeit, wirtschaftliche Krisen, soziale Spannungen, ethnische Konflikte, die Demobilisierung der Armeen und andere Kriegsfolgen: All dies waren, so sahen es viele, ideale Bedingungen für Revolutionen und die Errichtung einer kommunistischen Herrschaft nach russischem Muster. Das galt auch für Deutschland, wo es in den Augen der Alliierten – während sie in Paris tagten und weit über das Jahr 1919 hinaus – nicht als ausgemacht galt, dass die parlamentarische Demokratie sich stabilisieren würde, die im Frühjahr 1919 im Entstehen begriffen war.

Nicht nur für Lloyd George – am deutlichsten erkennbar in seinem Fontainebleau-Memorandum vom März 1919 – gab es eine enge Wechselwirkung zwischen der Friedensregelung mit Deutschland und der politischen Stabilisierung der Weimarer Republik.[47] Was wäre die Auswirkung einer bolschewistischen Revolution in Deutschland? Was würde ein revolutionärbolschewistischer deutsch-russischer Schulterschluss bedeuten? War nicht Deutschland ohnehin de facto mit dem revolutionären Russland verbündet? Berlin hatte Lenin die Rückreise aus dem Schweizer Exil ermöglicht, und der Frieden von Brest-Litowsk hatte die Entente geschwächt. Die Bolschewiki hatten darüber hinaus die alliierten Geheimverträge mit ihren territorialen Abmachungen veröffentlicht, sie weigerten sich, die Schulden des Zarenreichs bei den Westmächten anzuerkennen, und hatten überdies ausländische Unternehmen in Russland enteignet. Und ergaben sich nicht auch aus der Tatsache gemeinsame Interessen, dass weder das revolutionäre Russland noch das geschlagene Deutschland in Paris vertreten waren? Würde nicht eine deutsch-russische Allianz die ohnehin prekäre Unabhängigkeit des wiedererrichteten polnischen Staates bedrohen? Und was würde schließlich geschehen, wenn der revolutionäre Funke von Deutschland auf andere Staaten übersprang: Österreich, Ungarn, die Tschechoslowakei oder Polen? Diese Fragen beschäftigten die Friedensmacher, und deswegen war Russland in Paris auch dann ein Thema, wenn es gar nicht im engeren Sinne um Russland ging. Russland, ohnmächtig wie es 1918/19 schien, hatte doch das Potential, die Friedensordnung der Alliierten zu zerstören, zumindest aber ihre Stabilisierung zu verhindern.

Auch vor diesem Hintergrund zog sich die Frage einer alliierten Intervention in Russland wie ein roter Faden durch die Pariser Friedenskonferenz. Zum Zeitpunkt der Konferenz standen allerdings bereits alliierte Truppen auf russischem Boden. Britische Streitkräfte waren im Frühjahr 1918 in Murmansk und einige Monate später zusammen mit amerikanischen Einheiten in Archangelsk gelandet. Über die beiden Eismeerhäfen war bis zum Frieden von Brest der Großteil der alliierten Hilfe für Russland, auch Waffen und Munition, geliefert worden. Das dort noch lagernde Material sollte gesichert, dem Zugriff der Bolschewisten entzogen und – wenn überhaupt – den »weißen« Truppen zur Verfügung gestellt werden, um diese in ihrem Kampf gegen die »Roten« zu unterstützen und auf diese Weise vielleicht sogar den Wiedereintritt eines »weißen« Russlands in den Krieg gegen die Mittelmächte zu erreichen. Britische Streitkräfte rückten aber etwa gleichzeitig auch aus südlicher Richtung, aus dem heutigen Irak, in den Kaukasus sowie von Persien aus in Richtung Kaspisches Meer vor, um die dortigen Erdölvorkommen unter Kontrolle zu bringen. Zugleich besetzten zahlenmäßig wesentlich schwächere französische, griechische und polnische Truppen den Schwarzmeerhafen Odessa. Im Fernen Osten schließlich besetzten amerikanische Streitkräfte den russischen Pazifikhafen Wladiwostok. Woodrow Wilson hatte für die amerikanische Beteiligung an der alliierten Intervention 1918 nur sehr zögerlich grünes Licht gegeben. Den Ausschlag gab schließlich die Sorge vor einer weiteren japanischen Expansion im östlichen Sibirien, die unmittelbar mit amerikanischen Wirtschafts- und Handelsinteressen in der Region kollidiert wäre. Immerhin standen Ende 1918 in der Mandschurei und im östlichen Sibirien 70 000 japanische Soldaten, und Japan machte Anstalten, seine Operationen in Russland weiter in Richtung Westen bis zum Baikalsee auszudehnen.[48]

So befanden sich Ende 1918, am Vorabend der Pariser Konferenz, immerhin rund 180 000 ausländische Soldaten auf russischem Boden. Hinzu kamen noch die etwa 50 000 bis 60 000 Soldaten der berühmten »Tschechoslowakischen Legion«. Dieser Verband war schon in den ersten Kriegsjahren aus tschechischen und slowakischen Kriegsgefangenen der österreichisch-ungarischen Armee gebildet worden. Nach dem Ausscheiden Russlands aus der Entente sollten diese Kräfte an der Westfront zum Einsatz gebracht werden. Da ihnen der direkte Weg in Richtung Westen verwehrt war, unternahm die »Legion« den Versuch, entlang der transsibirischen Eisenbahn nach Wladiwostok und von dort aus per Schiff wieder nach Europa zu gelangen. Dabei wurde sie immer wieder in Kämpfe mit bolschewistischen Kräften und in den russischen Bürgerkrieg verwickelt, in dem sie sich zunehmend aktiv auf die »weiße« Seite stellte. Erst 1920 verließen die Legionäre über Wladiwostok Russland. Die letzten Angehörigen der Legion erreichten Prag im Dezember 1920.[49]

Die alliierte Intervention, insbesondere in den Hafenstädten, verfolgte vergleichsweise begrenzte Ziele. Sie war schlecht koordiniert, eine weiterreichende strategische Planung gab es nicht. Die direkte Einmischung in den Bürgerkrieg zugunsten der »Weißen« war nicht vorgesehen, und auch die indirekte Unterstützung blieb insgesamt eher zurückhaltend. Das lag auch daran, dass die Alliierten schon 1918 keine Übereinstimmung in ihrer Russlandpolitik und insbesondere hinsichtlich des Umgangs mit der bolschewistischen Regierung erzielen konnten. Die drei Möglichkeiten, die sich boten, legte der britische Premierminister im Januar 1919, wenige Tage vor Konferenzeröffnung, im *Supreme Council* dar: Man könne, erstens, die Position vertreten, der russische Bolschewismus sei genauso gefährlich wie der deutsche Militarismus; dann müsse man ihn zerstören. Man könne, zweitens, den Versuch unternehmen, den Bolschewismus in Russland zu isolieren, indem man um Russland herum und insbesondere zwischen Russland und Zentraleuropa einen *Cordon sanitaire* errichte, und zwar sowohl im Sinne einer Handelsblockade, was auf das Aushungern Russlands hinauslaufe, als auch im Sinne einer politischen und militärischen Isolierung. Drittens schließlich könne man versuchen, Vertreter der verschiedenen russischen Regierungen an den Pariser Verhandlungstisch zu bringen, um zum einen eine Verständigung zwischen ihnen zu erreichen, zum anderen eine Lösung des russischen Problems. Denn dieses Problem müsse gelöst werden, so Lloyd George, die Friedenskonferenz könne nicht zu Ende gehen und für sich den Anspruch erheben, eine bessere Welt geschaffen zu haben, wenn gleichzeitig halb Europa und halb Asien in Flammen stünden.[50]

Die Analyse des Premierministers und die Handlungsoptionen, die er darlegte, waren fraglos zutreffend. Doch die Alliierten gelangten weder im Januar 1919 noch in den weiteren Konferenzmonaten zu einer Entscheidung. Stattdessen verfolgten sie alle Möglichkeiten gleichzeitig, aber immer nur in Ansätzen und ohne jede Konsequenz. So sprachen sich Clemenceau, noch radikaler Marschall Foch und auch die italienischen Vertreter mehrfach für eine massive militärische Intervention zugunsten der »Weißen« aus, um die bolschewistische Bedrohung zu bannen. Von britischer Seite vertrat Winston Churchill, mittlerweile Kriegsminister, diese Position. Als freilich Lloyd George am 21. Januar 1919 im *Supreme Council* die Frage stellte, wie viele Soldaten die anderen Mächte für eine solche Militärintervention zur Verfügung stellen würden, war die Antwort Clemenceaus, Orlandos und Wilsons ebenso knapp wie eindeutig: »Keine.«[51] Also verständigte man sich darauf, die verschiedenen Vertreter Russlands zu Verhandlungen einzuladen. Diese Gespräche wollte man nicht auf die bolschewistische Regierung beschränken und ebensowenig, dafür setzte sich insbesondere der amerikanische Präsident ein, auf Abgesandte der »Weißen«, die das immer wieder verlangten. In Paris betrieb die »Russische Politische Konferenz«, eine von Emigranten gegründete Vertretung aller nichtbolschewistischen Kräfte, kräftige Lobbyarbeit. Einer ihrer Hauptsprecher war der frühere zaristische Außenminister Sergej Sasonow, der zugleich als Minister im Exil die im sibirischen Omsk gebildete »weiße« Regierung des Admirals Koltschak vertrat. Der französische Ministerpräsident Clemenceau wiederum weigerte sich, bolschewistische Delegierte nach Paris einzuladen und diesen in der temporären Hauptstadt der Welt eine politische Bühne zu gegeben. So entstand die Idee eines Treffens auf den im Marmarameer und damit näher an Russland gelegenen Prinzeninseln.

Einladungen wurden verschickt, Vorbereitungen getroffen. Die bolschewistische Regierung sagte schnell zu, doch die »weißen« Kräfte verweigerten sich – auch unter französischem Einfluss – einer direkten Begegnung mit den Bolschewisten. Damit war auch diese Option gescheitert. So blieb am Ende, wenn auch halbherzig, der Kurs der Isolierung, ein weiterer Pariser Kompromiss, der jedoch nicht geeignet war, die russische Frage konstruktiv zu lösen. Eher hatte die Politik der Isolierung, auf die man sich mangels weiterer verfügbarer Alternativen verständigte, aufschiebenden Charakter. Sie bediente die antibolschewistischen Interessen der französischen und italienischen

Regierung ebenso wie die Ziele der britischen Führung, wo sich Lloyd George in der Russlandfrage zunehmend unter Druck sah. Die konservativen Minister Churchill und Lord Curzon ermahnten in der liberal-konservativen britischen Koalition zu einer härteren Gangart gegenüber Moskau, und auch mehr als 200 Tory-Abgeordnete forderten den Premierminister im April 1919 auf, die bolschewistische Regierung keinesfalls anzuerkennen.

Nachdem Präsident Wilson mit der Initiative eines Treffens zwischen Vertretern Russlands und der Alliierten gescheitert war, wandte er sich gegen jede Maßnahme, die sein Land über die Intervention von 1918 hinaus noch weiter in die russischen Konflikte involvieren würde. Er sprach sich am 25. März 1919 im Rat der Vier dafür aus, sich nicht weiter in die russischen Entwicklungen einzumischen, sondern »Russland den Bolschewisten zu überlassen. Das Land soll im eigenen Saft schmoren, bis die Umstände die Russen klüger gemacht haben – und so lange sollten wir unsere Anstrengungen darauf beschränken zu verhindern, dass der Bolschewismus in anderen Ländern Europas einfällt.«[52] Dass die Ausbreitung der bolschewistischen Revolution nicht ausgeschlossen war, hatte wenige Tage zuvor die Errichtung der ungarischen Räterepublik durch Béla Kun gezeigt. Das bestärkte die Alliierten in ihrem Kurs, den Bolschewismus in Russland durch einen *Cordon sanitaire* zu isolieren und damit die »bolschewistische Gefahr« wie eine Epidemie zu bekämpfen. Es bedeutete das Abschneiden aller wirtschaftlichen Beziehungen oder dessen, was davon noch übrig war, zugleich aber auch eine politische Stabilisierung all jener Staaten am westlichen Rand Sowjetrusslands, die seit 1918 entstanden waren. Dazu gehörte insbesondere im Falle Rumäniens und Polens eine Stärkung ihrer Streitkräfte, an der die Alliierten, Frankreich vor allem, tatkräftig durch Rüstungslieferungen und Militärberater mitwirkten. Die Isolierung Russlands konnte schließlich auch in die Deutschlandpolitik der Alliierten integriert werden, weil der *Cordon sanitaire* und innerhalb dessen vor allem der neue polnische Staat Russland und Deutschland voneinander trennten. Dass die Existenz Polens zusammen mit dem Ausschluss Deutschlands und Russlands aus der Versailler Friedensordnung den beiden Staaten einen Anreiz zur Kooperation gab, die nach Lage der Dinge deutliche antipolnische Züge tragen musste, gehörte zu den unintendierten Wirkungen dieser alliierten Politik.

Bis in die Bestimmungen des Versailler Vertrags hinein zeigt sich die unentschlossene und von divergierenden Positionen geprägte Politik der Alliierten. Erst kurz vor ihrer Übergabe an die deutsche Delegation am 7. Mai

1919 wurden den Friedensbedingungen zwei Artikel hinzugefügt, in denen es um Russland ging. In ihnen spiegelt sich der alliierte Dissens ebenso wie die völlige Offenheit der Situation, in der man Deutschland gleichwohl zu binden bestrebt war. In Artikel 116 anerkannte das Deutsche Reich die Unabhängigkeit aller Gebiete – in welcher staatlichen Form auch immer –, die vor 1914 zum Russischen Reich gehörten, und räumte Russland ausdrücklich Rechte auf Wiedergutmachungen und Reparationen ein. Auf diese Ansprüche verzichtete die junge Sowjetunion – und Deutschland im Gegenzug – 1922 im Vertrag von Rapallo. Zugleich verpflichtete sich Deutschland in Artikel 117, alle künftigen Verträge oder Abmachungen der Alliierten mit allen Staaten auf dem Gebiet des früheren Russischen Reiches anzuerkennen. Was dies für Verträge sein sollten und mit wem sie abgeschlossen werden sollten, war im Frühjahr 1919 völlig unabsehbar. Inkonsequent blieben die Alliierten auch, als sie einerseits im Mai 1919 die »weiße« Regierung des monarchistischen Admirals Koltschak anerkannten, wobei sie diese Anerkennung an eine demokratische Verfassung banden, und andererseits nur wenig später damit begannen, ihre Truppen aus Russland zurückzuziehen. Das war das Signal für die »Roten«, dass der Westen faktisch von einem Sieg des Bolschewismus ausging, und der Anfang vom Ende der »Weißen«, die bis Ende 1921 vollständig besiegt waren. Bereits im Mai 1920 hatte die Rote Armee Aserbaidschan wieder besetzt, Anfang 1921 folgte Georgien.

Dass es bis zur Niederlage der »Weißen« vergleichsweise lange dauerte, hatte mit dem Polnisch-Russischen Krieg der Jahre 1920/21 zu tun. In der Schwäche Russlands erkannten die polnische Führung und insbesondere Marschall Piłsudski, der Oberbefehlshaber der polnischen Armee, eine Gelegenheit, die 1919 in Paris gezogene polnisch-russische Grenze weiter nach Osten zu verschieben. Dahinter standen imperiale Ambitionen, geleitet von der Idee eines groß-polnischen Staates in den Grenzen des polnisch-litauischen Königsreichs des 18. Jahrhunderts. Bereits seit 1919 war es immer wieder zu Grenzkonflikten und begrenzten polnischen Vorstößen gekommen, aus denen sich im April 1920 mit dem polnischen Angriff auf die Ukraine, die nach der Oktoberrevolution und dem Frieden von Brest-Litwosk nur für kurze Zeit ein eigenständiger Staat gewesen war und sich 1920 bereits wieder unter russisch-bolschewistischer Kontrolle befand, der Polnisch-Russische Krieg entwickelte.

Zunächst zogen im Mai 1920 polnische Truppen in Kiew ein. Es folgte ein sowjetrussischer Gegenangriff, bei dem die polnischen Verbände weit zurück auf polnisches Territorium gedrängt wurden. Im August 1920 erreichte die Rote Armee die Weichsel und stand unmittelbar vor der Einnahme Warschaus. Doch den polnischen Kräften gelang es, das Blatt zu wenden und die russischen Armeen zurückzuschlagen. Dabei kam es zu den letzten großen Kavalleriegefechten der Militärgeschichte. Der Frieden von Riga vom März 1921 verschob die polnische Grenze deutlich nach Osten auf weißrussisches und litauisches Gebiet, wo von einer ethnischen oder sprachlichen Dominanz der Polen nicht mehr die Rede sein konnte. Wilna, die litauische Hauptstadt, wurde polnisch, was die polnisch-litauischen Beziehungen schwer belastete. Zusätzlich zu den schon 1918 nach dem Polnisch-Ukrainischen Krieg an Polen gekommenen westukrainischen Gebieten um die Städte Lemberg und Tarnopol fielen nun auch Teile Wolhyniens an Polen. In den völlig heterogen besiedelten Gebieten kam es immer wieder zu gewaltsamen Auseinandersetzungen und zu Pogromen insbesondere gegen die jüdische Bevölkerung, in denen sich der traditionelle Antisemitismus gerade der ländlichen Bevölkerung antibolschewistisch neu auflud. Weit über 1919 hinaus fand im östlichen Europa die Gewalt kein Ende. Vielmehr bauten sich hier Spannungs- und Gewaltpotentiale auf, die sich in zunehmender Intensität immer wieder brutal entluden und sich schließlich in den 1930er und 1940er Jahren, vorangetrieben durch Stalinismus und Nationalsozialismus, zum Völkermord steigerten.[53] Aber auch vorher schon forderten die Kriege und Bürgerkriege der Jahre nach dem Ersten Weltkrieg massenhaft Opfer. Allein Polen führte, wenn man den »Posener Aufstand« gegen die deutschen Truppen und die bewaffneten Konflikte in Oberschlesien zwischen 1919 und 1921 mitrechnet, in den Jahren zwischen 1918 und 1921 sechs Kriege. Der Krieg gegen Russland war nur einer davon, wenn auch der mit den meisten Opfern. Die Opferzahlen des Polnisch-Russischen Krieges und des russischen Bürgerkriegs lagen höher als die des Ersten Weltkriegs insgesamt. Allein im russischen Bürgerkrieg verloren 12,5 Millionen Menschen ihr Leben.[54]

REPARATIONEN UND DIE
FRAGE DER KRIEGSSCHULD

Krisen, Konflikte und Kompromisse kennzeichneten die Pariser Verhandlungen, insbesondere im Rat der Vier, in den Monaten März und April 1919. An der Frage der territorialen Regelungen ist bereits deutlich geworden, dass es Frankreich nicht gelang, sich mit seinen Maximalforderungen vor allem hinsichtlich der deutschen Westgrenze durchzusetzen. In den Vierersitzungen kollidierten französische Vorstellungen heftig mit amerikanischen Positionen und Woodrow Wilsons Beharren auf seinen bereits vor Kriegsende entwickelten Grundsätzen, fast stärker aber noch mit der Haltung Großbritanniens. Diese war weniger von allgemeinen Prinzipien wie dem Selbstbestimmungsrecht der Völker charakterisiert als vielmehr – gerade im europäischen Kontext – von geopolitischen Überlegungen, die zum Teil an Traditionen britischer Europapolitik seit dem 18. Jahrhundert anschlossen. Nicht zuletzt ging es London darum, nach dem Ausfall Russlands eine kontinentaleuropäische Dominanz Frankreichs zu verhindern, die eine automatische Konsequenz der massiven Schwächung Deutschlands beziehungsweise seiner Ausschaltung als europäische Großmacht sein würde. Die britische Regierung erkannte das Sicherheitsbedürfnis Frankreichs durchaus an, widersetzte sich aber einem Denken, in dem die mehr oder weniger absolute Sicherheit der einen Seite durch die mehr oder weniger absolute Schwächung der anderen erreicht werden sollte. Um einen Frieden zu verhindern, der auf solchen Prämissen beruhte, und weil man zugleich die Sicherheitsinteressen Frankreichs für legitim hielt, brachte Lloyd George wie beschrieben im März 1919 den Vorschlag einer von den USA und Großbritannien vertraglich fixierten Garantie der französischen Sicherheit in die Diskussion.

Der britische Vorschlag einer Sicherheitsgarantie war jedoch nur ein Teil einer umfassenderen Friedenskonzeption, die der britische Premierminister im März 1919 entwickelte und für die die permanenten Konflikte zunächst noch im *Supreme Council* ebenso einen Hintergrund bildeten wie die politischen Entwicklungen in Europa in exakt diesen Wochen. Nachdem es in den Pariser Sitzungen Mitte März wiederholt zu schweren Auseinandersetzungen gekommen war, versammelte Lloyd George am Wochenende des 22. und 23. März seine engsten Berater in einem Landhaus am Rand des Waldes von Fontainebleau, einige Kilometer außerhalb von Paris. Etwas mehr als hundert Jahre zuvor hatte im nahegelegenen Schloss Fontainebleau Napoleon seine

Abdankung erklärt und von dort die Reise ins Exil auf der Insel Elba angetreten. Lloyd George und seine Vertrauten, zu denen der Feldmarschall Henry Wilson, der Chef des Imperialen Generalstabs, Kabinettssekretär Maurice Hankey, der südafrikanische General Jan C. Smuts und Privatsekretär Philip Kerr gehörten, mochten sich in Fontainebleau an das Ende der napoleonischen Herrschaft und die Neuordnung Europas auf dem Wiener Kongress erinnert fühlen. Damals war es das Ziel der englischen Politik, eine erneute französische Hegemonie in Europa zu verhindern, zugleich aber eine europäische Gleichgewichtsordnung zu schaffen, die Frankreich – auch als Gegengewicht zu Russland – nicht ausgrenzte, sondern in die europäische Ordnung und ihre Mechanismen einbezog. Der britische Historiker Charles Webster hatte im Vorfeld der Pariser Konferenz darüber im Auftrag des Londoner *Foreign Office* ein Buch geschrieben, das zum Reisegepäck der britischen Delegation gehörte.[55] Ob Lloyd George oder seine Berater Websters Studie gelesen hatten, wissen wir nicht. Aber in den Tagen nach Fontainebleau erinnerte der Premierminister im Rat der Vier verschiedentlich an den Wiener Kongress. Nach der Niederlage Napoleons, so belehrte Lloyd George am 27. März den Rat der Vier, habe Preußen, vertreten durch den General Blücher, Frankreich vernichtende Waffenstillstandsbedingungen auferlegen wollen. Großbritannien, vertreten durch Wellington und unterstützt durch Castlereagh, einen der erbittertsten Feinde Frankreichs, hätten dem widersprochen. Sie seien der Meinung gewesen, es sei ein großer Irrtum zu versuchen, Frankreich zu zerstören, dessen Fortbestand notwendig gewesen sei für die Menschheit und für die Stabilität Europas.[56]

Mindestens ebenso deutlich wie die Lage in Europa am Beginn des 19. Jahrhunderts standen Lloyd George und seinen Beratern die jüngsten Ereignisse in Europa vor Augen. Am Tag vor dem Treffen in Fontainebleau, am 21. März, hatten in Budapest Kommunisten die Macht übernommen und unter Führung von Béla Kun eine Räterepublik nach russischem Vorbild ausgerufen. Nicht nur in den Augen Lloyd Georges war das ein Warnsignal. Die »bolschewistische Gefahr« war weiter auf dem Vormarsch, und die Bolschewisten, so sah man es, profitierten von der Instabilität in Europa nach Ende des Krieges und insbesondere von der Unsicherheit angesichts der künftigen Entwicklungen in den Verliererstaaten. Die ungarischen Bolschewisten unter Béla Kun würden auch deshalb in der Bevölkerung unterstützt, so die Diagnose der Briten in Fontainebleau, weil die Ungarn befürchteten, dass sie in der Neuordnung des ehemaligen Habsburgerreichs und Südosteuropas zu einem großen Teil unter Fremdherrschaft kommen würden. Diese Einschätzungen flossen ein in das sogenannte Fontainebleau-Memorandum, in dem Philip Kerr, Lloyd Georges Privatsekretär, die Ergebnisse der Beratungen zusammenfasste, ja sie bildete einen wichtigen Ausgangspunkt der Überlegungen und Vorschläge.[57] Denn was sich in Ungarn ereignet hatte – mit möglichen Auswirkungen auf Österreich –, dazu konnte es auch in Deutschland kommen, das politisch labil, wirtschaftlich geschwächt und verunsichert war angesichts der offenen Friedensfrage. Es war für den britischen Premier »die größte Gefahr, die ich in der gegenwärtigen Lage sehe (...), dass Deutschland sich mit dem Bolschewismus zusammentut«. Die Diagnose war eindeutig: Die gegenwärtige Regierung in Deutschland sei schwach, die Situation instabil und unübersichtlich, und genau deshalb könnten die deutschen Bolschewisten, die Spartakisten, wie Lloyd George sie nannte, eine so starke Wirkung entfalten. Sie allein könnten, so ihre Botschaft, »Deutschland aus den unerträglichen Bedingungen erretten (...), die ihm der Krieg hinterlassen hat. Sie bieten dem deutschen Volk an, es von der Verschuldung der Alliierten, von der Verschuldung an seine eigenen, reicheren Schichten zu befreien. Sie bieten ihm die vollständige Herrschaft an in seinen eigenen Angelegenheiten und die Aussicht eines neuen Himmels über einer neuen Erde.« Das sei aber noch nicht das Ende. Denn »wenn Deutschland zu den Spartakisten überläuft, ist es unausbleiblich, dass Deutschland sich mit den russischen Bolschewisten zusammentut. Tritt das ein, so wird ganz Osteuropa in den Kreis der bolschewistischen Revolution verschlungen, und über ein Jahr sind wir vielleicht Zeugen des Schauspiels von fast dreihundert Millionen Menschen, die, in einer großen roten Armee unter deutschen Instruktoren und deutschen Generalen organisiert, mit deutschen Kanonen und deutschen Maschinengewehren ausgerüstet, zur Erneuerung des Angriffs auf Westeuropa bereit sind.«

Weitere Argumente kamen hinzu: »Man mag Deutschland seiner Kolonien berauben, seine Rüstung auf eine bloße Polizeitruppe und seine Flotte auf die Stärke einer Macht fünften Ranges herabdrücken; dennoch wird Deutschland am Ende, wenn es das Gefühl hat, dass es im Frieden von 1919 ungerecht behandelt worden ist, Mittel finden, um Vergeltung an den Siegern zu üben.« Die Alliierten müssten darum, so die britische Argumentation, den Deutschen Friedensbedingungen anbieten, die diese auch akzeptieren könnten. Keine verantwortliche Regierung werde Bedingungen unterschreiben, die »ungerecht sind oder die sie übermäßig belasten«, weil sie sonst sofort

»weggefegt« sein werde. Auf drei grundsätzlichen Prämissen musste der Friedensvertrag nach britischer Vorstellung beruhen: Er müsse, erstens, den Alliierten Gerechtigkeit widerfahren lassen und Deutschland für den Krieg zur Verantwortung ziehen. Er müsse, zweitens, für die Deutschen erfüllbar sein. Und die Friedensregelung müsse, drittens, eine »Alternative zum Bolschewismus« darstellen. Auf dieser Basis skizzierte das Memorandum dann konkrete Friedensbedingungen. Sowohl mit Blick auf den Westen als auch mit Blick auf den Osten Deutschlands widersprachen diese Bedingungen weitgehenden Gebietsabtretungen. Das galt explizit für die Abtrennung des Rheinlands, es galt aber auch für das künftige polnische Staatsgebiet. Der Imperativ war allgemein formuliert, aber die Stoßrichtung gegen Frankreich und das von Frankreich unterstützte Polen war unverkennbar. Lloyd George wandte sich »entschieden dagegen, dass mehr Deutsche aus deutscher Herrschaft unter die Herrschaft einer anderen Nation übertragen werden, als unbedingt notwendig ist«. Und konkreter hieß es dann weiter: »Der Vorschlag der polnischen Kommission« – gemeint war der Pariser Ausschuss unter der Leitung von Jules Cambon –, »dass wir 2 100 000 Deutsche unter die Herrschaft eines Volkes stellen sollen, das eine andere Religion hat und während seiner ganzen Geschichte niemals seine Fähigkeit zu einer stabilen eigenen Regierung bewiesen hat, muss (...) früher oder später zu einem neuen Krieg im Osten Europas führen.«[58]

Lloyd Georges Memorandum und sein Entwurf der Friedensbedingungen ging unmittelbar nach dem Wochenende in Fontainebleau an die anderen Mitglieder des Rates der Vier, der sich genau an diesem Tag, dem 24. März, konstituiert hatte, um die Verhandlungen effizienter zu führen und in kürzerer Zeit zu belastbaren Entscheidungen zu gelangen. Bezeichnenderweise eröffnete Präsident Wilson die erste Sitzung des Rates, indem er davon berichtete, am Vortag von einer Französin auf der Straße gefragt worden zu sein: »Wann werden Sie uns endlich Frieden geben?«[59] Auf das Fontainebleau-Memorandum antwortete Clemenceau wenige Tage später mit einer hoch emotionalen, leidenschaftlichen Rede, die in dem Vorwurf der Deutschfreundlichkeit gipfelte. Er warf Großbritannien vor, mit der Ausschaltung der deutschen Flotte sein Kriegsziel bereits erreicht zu haben und sich für die Sicherheitsinteressen der kontinentaleuropäischen Länder nicht zu interessieren. Er bezichtigte Großbritannien, einen Frieden auf Kosten der ostmitteleuropäischen Länder, allen voran Polen, anzustreben, auf diese Weise zur Destabilisierung dieser jungen Staaten beizutragen und sie der Gefahr einer

Bolschewisierung auszusetzen.⁶⁰ Doch Clemenceaus flammende Rede war nur noch ein letztes Aufbäumen des »Tigers«, der längst erkannt hatte, dass er gegen die britische Position und den britisch-amerikanischen Schulterschluss nichts ausrichten konnte. Längst hatte er darüber hinaus erste Signale hinsichtlich britisch-amerikanischer Sicherheitsgarantien erhalten. So war Clemenceaus kämpferischer Auftritt im Rat der Vier eine Art gesichtswahrendes Rückzugsgefecht, Teil eines politischen Kalküls, das längst auf eine Verlängerung des Bündnisses mit Großbritannien und den USA in die Friedenszeit hinein zielte. Teil dieses Kalküls war vermutlich auch die Intervention Fochs im Rat der Vier wenige Tage später, die ohne Clemenceaus Zustimmung nicht hätte stattfinden können.

Clemenceau hatte das Fontainebleau-Memorandum so aufmerksam gelesen, dass ihm nicht entgangen sein konnte, dass Lloyd George zwar in allgemeinen Formulierungen von einem maßvollen Frieden sprach und hinsichtlich der Gebietsabtretungen eine dezidierte Haltung einnahm, dass er aber in einem anderen Bereich deutlich britische Interessen anmeldete: in der Frage der Reparationen. Anders als bezüglich der territorialen Bestimmungen war hier kein grundsätzlicher Dissens zwischen Frankreich und Großbritannien zu erkennen. Deutschland müsse sich verpflichten, so war auch in den Friedensüberlegungen von Fontainebleau zu lesen, »den Verbündeten vollen Ersatz zu leisten«. Zwar war einschränkend davon die Rede, dass die Reparationsleistungen an die deutsche Zahlungsfähigkeit gekoppelt werden müssten, und ein Gesamtbetrag wurde nicht genannt, aber von ausgesprochener Mäßigung konnte hier nicht die Rede sein. Was die Verteilung der Reparationsleistungen anlangte, sah der von Lloyd George vorgeschlagene Schlüssel vor, dass 50 Prozent an Frankreich gehen sollten, 30 Prozent an Großbritannien und die restlichen 20 Prozent an die anderen betroffenen Alliierten.⁶¹ Bewusst offen gelassen hatte Lloyd George in dem Entwurf, wofür von den Deutschen eigentlich »Ersatz« zu leisten war. In der Lansing-Note vom 5. November 1918, die unabhängig von der Frage nach ihrer rechtlich bindenden Wirkung die Grundlage für die sowohl interalliierten als auch die zu diesem Zeitpunkt noch mit Deutschland geplanten Friedensverhandlungen bildete, hieß es, »dass Deutschland für allen durch seine Angriffe zu Wasser und zu Lande und in der Luft der Zivilbevölkerung der Alliierten und ihrem Eigentum zugefügten Schaden Ersatz leisten soll«.⁶² Das nahm auch das Waffenstillstandsabkommen von Compiègne auf, in dem sich die Sieger Reparationen für zugefügten Schaden vorbehielten.⁶³ Dass der Begriff »Schaden«

weder in der Lansing-Note noch im Waffenstillstandsabkommen präziser definiert wurde, führte in der Folgezeit nicht nur zu kontroversen Diskussionen, sondern vor allem zu Versuchen, den Schadensbegriff im Sinne einzelstaatlicher Interessen zu bestimmen, und das hieß in der Regel: ihn auszuweiten.

Dennoch kann zunächst kein Zweifel daran bestehen, dass es einen Anspruch der Alliierten auf Wiedergutmachung des Schadens gab. Das wurde auch von Deutschland selbst nicht bestritten. Insbesondere in Belgien und Nordfrankreich hatte der Krieg – und hatten die Deutschen – enorme Schäden angerichtet. Der Wiederaufbau war eine Herkulesaufgabe, die gewaltige Ressourcen erfordern würde: Dörfer und Städte mussten wiederaufgebaut werden, es musste Wohnraum geschaffen werden für Millionen von Menschen, Fabriken und Industrieanlagen waren wiederzuerrichten, es fehlte an landwirtschaftlichen Maschinen, aber auch die Tierhaltung und die agrarischen Nutzflächen waren massiv in Mitleidenschaft gezogen. Hinzu kam die Wiederherstellung von Straßen, Brücken und Bahnlinien. Noch auf ihrem Rückzug hatten die Deutschen Kohlegruben geflutet und unbrauchbar gemacht. Genau dafür brauchte man die Reparationen, und man brauchte sie schnell, weil der Wiederaufbau nicht um Jahre verschoben werden konnte. Vor diesem Hintergrund gab es auf alliierter Seite schon um den Jahreswechsel 1918/19 erste Berechnungen. In diesen war von Gesamtschäden in Höhe von bis zu 91 Milliarden Goldmark die Rede, eine Summe, der die französische Regierung unter der Voraussetzung zustimmte, dass mindestens 55 Prozent davon an Frankreich gehen würden. In einer anderen, von französischen und amerikanischen Experten aufgestellten Berechnung war von 64 Milliarden Goldmark als Kosten für den französischen Wiederaufbau die Rede, wenige Wochen später von einer Gesamtsumme von etwa 120 Milliarden Goldmark, die, worauf der Historiker Adam Tooze hingewiesen hat, nicht so weit entfernt war von der 1921 endgültig festgelegten Reparationssumme in Höhe von 132 Milliarden Goldmark.[64]

Dass es keine nennenswerten amerikanischen Reparationen geben würde, wenn sich die Ansprüche auf die durch den Krieg entstandenen zivilen Schäden begrenzten, war von Anfang an klar. Das wurde auch von den amerikanischen Vertretern, die eine Summe von etwa 110 Millionen Goldmark errechneten, niemals ernsthaft bestritten.[65] Insofern gab es zunächst auch keinen Dissens zwischen den USA und Frankreich, dessen erlittener Schaden außerhalb jeder Diskussion stand. Die USA standen nicht nur hinter

Matthias Erzberger mit Heinrich Sahm auf dem Weg nach Spa zu Verhandlungen über die Danziger Frage, 1. April 1919

Von Juni 1919 an war Matthias Erzberger (links) als Reichsfinanzminister mit der Reparationsfrage befasst, die nach Abschluss des Versailler Vertrags die Beziehungen zwischen Deutschland und den Alliierten beherrschte. Im Versailler Vertrag war keine endgültige Reparationssumme genannt, diese wurde vielmehr nach komplizierten Verhandlungen der Alliierten erst 1921 auf 132 Milliarden Goldmark festgesetzt. Schon als Minister ohne Geschäftsbereich in der Regierung Scheidemann war er im Kabinett der große Gegenspieler von Außenminister Brockdorff-Rantzau, der anders als Erzberger die Annahme der alliierten Friedensbedingungen ablehnte. Erzberger stand für eine realistische Politik. Er versuchte nach der Unterzeichnung, die Möglichkeiten, die der Friedensvertrag bot, zu nutzen und ähnlich wie später Stresemann von einer Politik der Konfrontation zu einer Politik der Kooperation zu gelangen. Für die rechten Gegner der Weimarer Republik war er der »Novemberverbrecher« schlechthin. Rechtsradikale Terroristen der »Organisation Consul« ermordeten ihn am 26. August 1921.

dem französischen und in ähnlicher Weise auch dem belgischen Anspruch, sondern bemühten sich, eine eher unparteiische Rolle einzunehmen und die Reparationsanteile an der Gesamtsumme auf der Basis der einzelstaatlichen Ansprüche, also der erlittenen Schäden, festzulegen. Schon bald aber richteten sich Reparationsforderungen nicht mehr nur auf die Wiedergutmachung entstandener Schäden, sondern auch auf die Übernahme der Kriegskosten. Das war ein französisches Interesse, denn es war deutlich geworden, was für einen volkswirtschaftlichen Effekt die Begleichung der Kriegskosten haben würde, die zum allergrößten Teil schuldenfinanziert waren. Es galt aber auch für Großbritannien, dessen Kriegsschäden im Vergleich zu denen Frankreichs zwar gering waren, das aber nicht nur den eigenen Krieg finanziert, sondern auch zu den Kriegskosten der europäischen Verbündeten beigetragen hatte. An die Erstattung dieser Kosten war aber angesichts der Schadensdefinition aus dem Herbst 1918 nicht zu denken.

An exakt diesem Punkt begann sich in der Reparationsfrage eine französisch-britische Allianz herauszubilden, geleitet von dem Ziel, die Kriegskosten in der Reparationsrechnung mit zu berücksichtigen. Eine erste Gesamtforderung, basierend auf Londoner Berechnungen, belief sich Ende Dezember 1918 auf – sage und schreibe – 220 Milliarden Mark.[66] Hinter dieser horrenden Summe standen allerdings nicht nur nüchterne Berechnungen, sondern die Dynamiken der britischen Innenpolitik. Im Wahlkampf vor den Parlamentswahlen Mitte Dezember 1918 hatten Premierminister Lloyd George und führende Mitglieder seiner Koalitionsregierung, zum Teil unter dem Druck beziehungsweise angetrieben von der Northcliffe-Presse auch in finanzieller Hinsicht Versprechungen gemacht, die nach den Wahlen nicht einfach wieder in der Versenkung verschwinden konnten. Man würde nun daran gemessen werden, das war Lloyd George völlig klar, ob man die Zitrone tatsächlich auspresste, bis die Kerne quietschen, wie es sein Minister Eric Geddes formuliert hatte. Aber es waren dennoch nicht nur leere Versprechungen in der Stunde des Sieges und aus einem Wahlkampf, die zu den hohen britischen Reparationsforderungen führten, sondern auch bittere volkswirtschaftliche Notwendigkeiten. Großbritannien saß auf einem riesigen Schuldenberg, blickte immensen sozialpolitischen Herausforderungen entgegen, und es war absehbar, dass der Nachkriegsboom, generiert durch den Übergang zur Friedenswirtschaft, nicht nachhaltig sein würde. Das war Lloyd George in Paris bewusst. Zusätzlich aber stand er unter wachsendem Druck der britischen öffentlichen Meinung. In London machten schon bald Gerüchte die Runde –

zum Teil wurden sie auch bewusst gestreut –, der Premierminister rücke von seinen Wahlkampfversprechen ab, um dafür umso enger mit dem amerikanischen Präsidenten zusammenzuarbeiten. Lloyd George selbst verdächtigte später hochrangige französische Politiker bis hin zu Staatspräsident Poincaré, hinter diesen Gerüchten und Behauptungen zu stehen.[67]

Die britische Innenpolitik erreichte Paris und den Rat der Vier ganz unmittelbar, als Lloyd George im April 1919, mitten in den Verhandlungen über die Reparationen, ein Telegramm von 233 Unterhausabgeordneten seiner eigenen Regierungskoalition erhielt, in dem diese den Premier an seine Wahlkampfversprechen erinnerten und ihn aufforderten, sich in der Reparationsfrage nicht an der deutschen Zahlungsfähigkeit zu orientieren, sondern an den berechtigten Forderungen des Empires.[68]

Lloyd George stand also unter erheblichem Druck, als es im Rat der Vier um die Reparationen ging: zum einen innenpolitisch, zum anderen aber auch mit Blick auf die Reparationsforderungen der anderen Alliierten, die sich ebenfalls und immer stärker für eine Ausweitung der Forderungen auf die Kriegskosten einsetzten. Zwar war sich Lloyd George durchaus bewusst, dass Deutschland gerade angesichts der von ihm nicht nur in Fontainebleau beschworenen »bolschewistischen Gefahr« noch genügend Potential behalten musste, um sich wirtschaftlich zu stabilisieren, aber es wäre für ihn politisch fatal gewesen, eine eher moderate Reparationssumme zu benennen. Genauso wenig konnte er sich allerdings, schon um die Zustimmung der USA nicht zu gefährden, für astronomische Summen einsetzen. Es war in dieser Situation der politisch geschickteste Schachzug, gar keine Reparationssumme zu fixieren. Genau so geschah es dann auch. Deutschland wurde zwar verpflichtet, sofort eine Summe von 20 Milliarden Goldmark für den Wiederaufbau zur Verfügung zu stellen »in Gold, Waren, Schiffen, Wertpapieren oder auf andere Weise«, wie es dann in den Friedensbedingungen hieß; jenseits dessen wurde jedoch eine Reparationskommission gebildet, zu deren Aufgaben die Festlegung der Gesamtsumme binnen zweier Jahre gehörte. Es war diese Kommission, auf deren Empfehlung im Frühjahr 1921 die deutsche Reparationssumme auf 132 Milliarden Goldmark beziffert wurde. Die deutsche Regierung wurde ultimativ unter Drohung der Besetzung des Ruhrgebiets aufgefordert, dieser Summe, die allerdings faktisch deutlich unter der nominellen Höhe lag, zuzustimmen.[69]

In der Forschung hielt sich lange die Behauptung, Frankreich habe in Paris eine moderatere Lösung der Reparationsfrage verhindert, um auch auf diese Weise seine Sicherheit vor Deutschland zu erhöhen; auch eine gerade in diesem Zusammenhang lange in antagonistisch deutsch-französischen Kategorien verharrende deutsche Geschichtsschreibung hat diese Position vertreten. Heute ist deutlicher, dass Frankreich seine Position ohne britische Unterstützung nicht hätte durchsetzen können, ja dass es genuine britische Interessen gab, die Fixierung einer – gemessen an späteren Zahlen – relativ niedrigen Reparationssumme zu vermeiden.[70] So deutlich sich das Fontainebleau-Memorandum für maßvolle territoriale Regelungen aussprach, so wenig enthielt es vergleichbare Positionen hinsichtlich der Reparationen. Das verändert auch das Bild von Lloyd George auf der Pariser Konferenz, der lange als Vermittler zwischen französischen Hardlinern und amerikanischen Wilsonianern galt. Die Realität ist auch hier komplexer und entzieht sich solchen vereinfachenden Interpretationen. Wie Wilson und Clemenceau verfolgte Lloyd George eine an britischen Interessen – so wie er sie wahrnahm und für richtig erachtete – orientierte Politik, die in unterschiedliche Interessenkonstellationen und aus diesen resultierende Bündnisse führte. Kooperierte er in der territorialen Frage mit Wilson, so stand er in der Reparationsfrage auf der Seite Clemenceaus, und zwar jeweils mit allem politischen Gewicht, das er in die Waagschale werfen konnte.

Vor allem auf das amerikanische Interesse, Deutschland keine unrealistischen und letztlich – auch für die Alliierten – kontraproduktiven Reparationsforderungen aufzuerlegen, ging das Bemühen zurück, in den Friedensbedingungen, wenn man schon keine realistische Reparationssumme festlegte, zu unterscheiden zwischen einem – theoretischen – Anspruch und der – tatsächlichen – deutschen Zahlungsverpflichtung. Aufgrund dieser Differenzierung und angesichts der schweren Konflikte im Rat der Vier in der Reparationsfrage entstanden jene Vorschläge und Formulierungen, die zu den Artikeln 231 und 232 zunächst der alliierten Friedensbedingungen und dann auch des Versailler Vertrags selbst führten, also zum sogenannten Kriegsschuldartikel des Vertrags, wie ihn die deutsche Seite unmittelbar nach seinem Bekanntwerden zu nennen begann. Hier ist zunächst hervorzuheben, dass Artikel 231 nicht darauf gerichtet war, Deutschland die moralische Verantwortung für den Krieg zuzuweisen. Die Alliierten, insbesondere Frankreich und Großbritannien, mögen von dieser Kriegsschuld überzeugt gewesen sein, brachten das wiederholt zum Ausdruck und ließen dies die Deutschen auch zu unterschiedlichen Gelegenheiten und nicht zuletzt bei der Übergabe der Friedensbedingungen am 7. Mai erkennen. Aber sie formulierten zu diesem Zweck nicht den Artikel 231. An Wahrnehmung und Wirkung dieses Artikels ändert das freilich nichts.

Die Vollversammlung der Pariser Konferenz hatte noch an ihrem Eröffnungstag einen Ausschuss für Kriegsverantwortung und Kriegsverbrechen (Commission on the Responsibility of the Authors of the War and the Enforcement of Penalties) gebildet. Aber nicht dort wurde der Artikel 231 entworfen und diskutiert, sondern in der ebenfalls am 18. Januar gebildeten Kommission für Wiedergutmachung (Commission on the Reparation of Damage). Hier spielte vor allem der junge amerikanische Wirtschaftsanwalt John Foster Dulles, der spätere amerikanische Außenminister, der auf Empfehlung seines Onkels Robert Lansing mit in die amerikanische Delegation gekommen war, eine wichtige Rolle. Im Reparationsausschuss war Dulles dafür zuständig, die unterschiedlichen reparationspolitischen Interessen in kompromissfähige Formulierungen zu bringen. Es war zwar nicht die Absicht von Dulles', mit dem Artikel 231 ein moralisches Verdikt auszusprechen, aber seine Formulierung wirkte genau so, wenngleich man auf den Begriff der »moralischen Verantwortung« explizit verzichtete. Als nämlich Norman Davis, ein Angehöriger des US-Finanzministeriums, im Rat der Vier vorschlug, zunächst Deutschlands »moralische Verantwortung« für den Krieg und alle seine Folgen festzustellen und dann die rechtliche Haftung zu begrenzen, fand er damit kein Gehör.[71] Stattdessen suchte Dulles nach einer Formulierung, durch welche eine deutsche Gesamthaftung für alle Kriegskosten ausgeschlossen werden sollte. Hatte ein erster Formulierungsvorschlag gelautet, dass »Deutschland und seine Verbündeten *für alle* Verluste und Schäden verantwortlich sind«, so besserte er später nach und schlug vor zu formulieren, »dass Deutschland und seine Verbündeten *als Urheber aller* Verluste und aller Schäden verantwortlich sind«.

Im Reparationsausschuss ging es nicht um ein moralisches Urteil, sondern um eine juristisch wasserdichte Formulierung für einen komplizierten politischen Kompromiss. Um Clemenceaus und Lloyd Georges Drängen auf eine deutsche Anerkennung einer prinzipiell umfassenden, auf alle Kriegskosten bezogenen Zahlungsverpflichtung zu begegnen, fügte Dulles auch diese Anerkennung noch ein. Der Textvorschlag las sich dann insgesamt so: »Die verbündeten und assoziierten Regierungen erklären und Deutschland erkennt an, dass Deutschland und seine Verbündeten als Urheber aller Verluste und aller Schäden verantwortlich sind, welche die verbündeten und assoziierten Regierungen und die Angehörigen ihrer Staaten infolge des ihnen durch den Angriff Deutschlands und seiner Verbündeten aufgezwungenen Krieges erlitten haben.«[72] Es ging hier um die deutsche Haftung und nicht um eine prinzipielle Aussage zur Kriegsschuld. Dennoch enthielt die Formulierung eine moralische Begründung dieser Haftung. Und weil die Deutschen bereits seit dem Herbst des Vorjahres nichts anderes erwarteten, als die alleinige Verantwortung für den Krieg zugewiesen zu bekommen, weil sie sich, wie wir gesehen haben, bereits im November 1918 unaufgefordert und ohne Anlass von dieser Verantwortung distanziert hatten, konnten sie nun die Formulierung des Artikels 231 nicht anders lesen als das moralische Verdikt einer umfassenden und alleinigen Kriegsschuld. Dass der Artikel zum Abschnitt »Wiedergutmachung« des Vertragsentwurfs gehörte und nicht zum Abschnitt »Strafbestimmungen«, was angesichts der deutschen Deutung viel näher gelegen hätte, änderte an dieser Wahrnehmung ebenso wenig etwas wie der Wortlaut des Artikels 232, in dem die Absicht der Alliierten und insbesondere der USA noch einmal klar zutage trat, der umfassenden Verantwortung beziehungsweise Haftung eine begrenzte Zahlungsverpflichtung gegenüberzustellen: »Die verbündeten und assoziierten Regierungen erkennen an, dass die Hilfsquellen Deutschlands nicht ausreichen, um die vollständige Wiedergutmachung aller dieser Schäden und aller dieser Verluste sicherzustellen (…)«. An Wahrnehmung und Wirkung des Artikels 231 konnte diese Formulierung nichts ändern. Das hatte mit den deutschen Erwartungen zu tun, hinter denen man, gerade in der uneingeforderten Zurückweisung der Kriegsschuld, ein Eingeständnis der Verantwortung erkennen kann. Es ergab sich aber auch aus der Art und Weise, wie Anfang Mai den Deutschen die Friedensbedingungen in Versailles übergeben wurden.

Auf diese Friedensbedingungen hatten sich die Alliierten in konfliktreichen Sitzungen bis Ende April verständigt. Für die heftigsten Konflikte nach den Auseinandersetzungen über die Frage der deutschen Westgrenze sorgten dabei gar nicht primär die deutschen Fragen. Es waren vielmehr der Streit über die italienischen Ansprüche auf Dalmatien und den Adriahafen Fiume und – nunmehr im Rat der Zehn – die Ansprüche, die Japan auf Gebiete auf dem chinesischen Festland erhob, insbesondere auf die ehemalige deutsche Kolonie Kiautschou und die Halbinsel Shandong. Der Streit um Fiume und der Konflikt um Shandong beherrschten im April 1919 über mehrere Wochen die Verhandlungen. Zusammen mit den Auseinandersetzungen über Deutschland brachten sie die Verhandlungen an den Rand des Scheiterns, weil die Interessengegensätze in den verschiedenen Fragen aufeinander einwirkten und die Konferenz auch atmosphärisch belasteten. Worin lag das Konfliktpotential des Fiume-Problems und der Shandong-Frage? Und wie wirkten Fiume und Shandong auf die Pariser Konferenz und den Frieden mit Deutschland ein?

FIUME-KRISE UND SHANDONG – MESSEN MIT ZWEIERLEI MASS

An den Auseinandersetzungen über die Rheinlandfrage und die Reparationen hatte sich Italien kaum beteiligt, wie auch insgesamt der italienische Ministerpräsident Vittorio Emanuele Orlando und sein Außenminister Sidney Sonnino an der Friedensregelung mit Deutschland ein eher geringes Interesse zeigten. Die Ambitionen Italiens richteten sich in Paris viel stärker auf die Verträge mit Österreich, Ungarn und dem Osmanischen Reich. Von diesen versprach sich die italienische Regierung erhebliche territoriale Gewinne und den Aufstieg Italiens zur führenden Mittelmeermacht, die nicht nur die Adria beherrschte, sondern ihren Einfluss bis weit in den östlichen Mittelmeerraum, in die Ägäis und an die südanatolische Küste ausdehnte. Es war ein gewaltiges imperiales Programm, mit dem die italienische Delegation nach Paris gereist war, und weil Italien als Siegermacht des Weltkriegs zu den Großen Vier gehörte, war man zuversichtlich, dieses Programm auch verwirklichen zu können.[73] Der Rechtswissenschaftler Orlando, ein Sizilianer, hatte bereits verschiedenen Kabinetten als Minister angehört, als der liberale Politiker 1917 das Amt des Regierungschefs übernahm. Zwar stand Italien 1918 auf der Seite der Sieger, aber die Euphorie über den eigenen Sieg sowie über die Niederlage und die Auflösung des Habsburgerreiches, des alten Gegners, und über die Eroberungen im Nordosten des Landes hielt nicht lange an. 670 000 Italiener hatten ihr Leben im Krieg verloren, und über eine Million Versehrte sorgten für eine anhaltende Präsenz des Krieges im italienischen Alltag. Hinzu kam die Erinnerung an die katastrophale Niederlage von Caporetto 1917, die Italien an den Rand der Niederlage und zur fast völligen Auflösung seiner Armee geführt hatte. Nur mit massiver Unterstützung der Alliierten und durch gewaltige Rüstungsanstrengungen gelang eine prekäre Restabilisierung. Die politische Spaltung des Landes zwischen den sozialistischen Gegnern des Krieges und dem nationalen Lager mit seinen imperialen Ambitionen konnte dadurch nicht überwunden werden, und noch ehe nach

Ende des Krieges der Siegesjubel verklungen war, sorgten die Kriegsfolgen für neue Konflikte. Die astronomischen Schulden bei den Alliierten, die enormen Kosten zur Versorgung von Kriegsopfern und Hinterbliebenen, die auch dadurch vorangetriebene Geldentwertung, die Arbeitslosigkeit und die Probleme der gesellschaftlichen und wirtschaftlichen Reintegration der Kriegsheimkehrer führten das Land in eine schwere Krise. Der Sieg und der Frieden, für den die Italiener nach Kriegsende vor allem dem amerikanischen Präsidenten enthusiastisch dankten – in vielen Städten gab es nun einen Corso Wilson –, hatten nicht zum Ende der Entbehrungen der Kriegsjahre geführt, wie es die Menschen hofften, sondern die Not war auch in der Nachkriegszeit nicht gewichen. Die daraus geborene Enttäuschung trug zur Verschärfung sozialer Spannungen ebenso bei wie zu wachsenden politischen Auseinandersetzungen.[74]

Um dieser Enttäuschung und ihren politischen Folgen zu begegnen, setzten Orlando und Sonnino in Paris alles daran, durch maximale territoriale Gewinne einen nationalen Schulterschluss zu erreichen, von dem sie sich eine gesellschaftliche und politische Beruhigung versprachen – und ihr eigenes politisches Überleben. Geradezu verzweifelt und ohne jede Kompromissbereitschaft kämpfte die italienische Delegation vor diesem Hintergrund um die italienischen Gebietsforderungen und geriet darüber schon bald mit den drei anderen Siegermächten, vor allem den USA, in einen scharfen Konflikt. Nur diese territorialen Forderungen interessierten Orlando und Sonnino, und sie setzten damit ihre bereits in den Kriegsjahren und mit den Bedingungen für den Kriegseintritt begonnene Politik des »sacro egoismo« fort. Von allen in Paris vertretenen Delegationen verfolgte die italienische am stärksten einen Kurs, der nicht nur von nationalen Interessen, sondern so gut wie ausschließlich von genuin innenpolitischen Erwägungen bestimmt war. Fast könnte man von Sozialimperialismus sprechen.[75] Nicht wenige Beobachter aus dem Lager der Entente charakterisierten die italienische Politik als gierig, habsüchtig und unersättlich.

Der Ausgangspunkt der italienischen Forderungen war ein Vertrag, den die europäischen Ententemächte selbst im April 1915 mit Italien geschlossen hatten. Der Londoner Vertrag sah den italienischen Kriegseintritt auf alliierter Seite vor und sicherte Italien dafür die Anerkennung territorialer Ansprüche und deren Einlösung im Falle eines Sieges zu. Es handelte sich dabei in erster Linie um Gebiete, die unter österreichisch-ungarischer Herrschaft standen: das Trentino und das deutschsprachige Südtirol bis zum Brenner,

Frieden mit Deutschland?

Julisch-Venetien, Triest, die Halbinsel Istrien und die norddalmatinische Küste mit ihren Inseln. Hinzu kamen Ansprüche auf einen Flottenstützpunkt (Valona) an der albanischen Küste, auf das Protektorat über Albanien, auf zahlreiche griechische Inseln in der Ägäis sowie türkische Gebiete um die Stadt Adalia (Antalya). Erwähnt wurden in dem Vertrag auch koloniale Besitzungen in Afrika, die zwar später in Paris keine Rolle mehr spielten, die aber für die nationalistische Rechte in Italien als Teil ihrer imperialen Träume deshalb von Bedeutung waren, weil sie die »Schmach von Adua«, die Niederlage Italiens im Krieg gegen Äthiopien 1896, ausgleichen sollten.[76]

Ohne die Friedensregelungen abzuwarten und in dem Bestreben, die Pariser Konferenz vor vollendete Tatsachen zu stellen, besetzten italienische Truppen schon unmittelbar nach dem Waffenstillstand mit Österreich-Ungarn im Herbst 1918 die in London zugesicherten Gebiete im Nordosten Italiens und im Adriaraum. Über die Londoner Abmachungen hinaus ging dabei die Besetzung der kroatischen Hafenstadt Fiume (Rijeka). Die »Perle der Adria«, wie die Stadt genannt wurde, war der Seehafen des ungarischen Reichsteils der Habsburgermonarchie und durch Bahnlinien nicht nur mit ihrem unmittelbaren Hinterland, sondern mit Ungarn und Österreich, mit Budapest und Wien verbunden. In der Kernstadt Fiume selbst gab es eine italienische Bevölkerungsmehrheit, die Einwohner des gesamten städtischen Gebiets waren jedoch überwiegend kroatisch. Doch nicht nur das war 1919 ein Problem, sondern auch die Tatsache, dass das Habsburgerreich, zu dem die Stadt einst gehörte, nicht mehr existierte. Kroatien war nicht länger Teil Ungarns, sondern Teil des neuen südslawischen Staats der Serben, Kroaten und Slowenen, der sich Ende 1918 gebildet hatte und der – über die serbische Delegation – auch in Paris vertreten war. Jugoslawien, dessen Grenzen Anfang 1919 noch völlig unklar waren, wehrte sich dagegen, zentrale Küstenabschnitte und erst recht die wirtschaftlich und militärisch wichtige Hafenstadt Fiume Italien zu überlassen, und fand dabei in US-Präsident Wilson einen mächtigen Unterstützer.

Wilson befürwortete nicht nur die Bildung eines jugoslawischen Staats – die USA erkannten als erste Macht im Februar 1919 das Königreich der Serben, Kroaten und Slowenen an –, sondern für ihn verstießen die italienischen Ansprüche auch massiv gegen den Grundsatz des Selbstbestimmungsrechts. Zeigte sich der Präsident hinsichtlich Südtirols und der Brennergrenze noch zu Zugeständnissen bereit, weil der Alpenhauptkamm eine sowohl natürliche als auch strategische Grenze bildete, so war er nicht bereit, den italienischen

Forderungen an der Adria und insbesondere denen nach der dalmatinischen Küste und Fiume entgegenzukommen. Dass sich die Italiener wieder und wieder auf den Londoner Vertrag beriefen, half ihnen bei Wilson nicht, im Gegenteil: Der Londoner Vertrag war in den Augen des Präsidenten ein Paradebeispiel jener »alten Diplomatie«, die auf Geheimabkommen, territorialen Absprachen und rein egoistischen Machtinteressen beruhte, der Wilson seine »neue Diplomatie«, transparent und auf der Basis des Selbstbestimmungsrechts, in Paris entgegenzusetzen gedachte. So wurden Jugoslawien und Wilson in Paris die wichtigsten Gegner Italiens. Dessen Vertreter arbeiteten mit allen Mitteln daran, eine Konsolidierung des jugoslawischen Staates zu hintertreiben. Auf dem diplomatischen Parkett setzte man alle Hebel in Bewegung, um die Anerkennung Jugoslawiens zu verhindern, das geradezu zwangsläufig und durch seine bloße Existenz die italienischen Machtambitionen im Adriaraum durchkreuzte. Mit allem hatte Italien bei Kriegsende gerechnet, nur nicht mit der Gründung eines großen ostadriatischen Staates, der den Italienern wie ein Nachfolger des Habsburgerreiches vorkam. Mit Geld und Waffen unterstützten sie den gegen Jugoslawien gerichteten montenegrinischen Separatismus und versuchten, die Wirtschaft des neuen Staates durch eine Handelsblockade zu lähmen. In Großbritannien und Frankreich fand man allerdings keine Verbündeten in dieser Politik. Vor allem Frankreich, das einem jugoslawischen Staat zunächst skeptisch gegenüberstand, erkannte bald, dass ein starkes Jugoslawien im Hinblick auf den österreichischen und noch mehr den ungarischen Revisionismus wichtige Sicherheitsfunktionen erfüllen konnte.[77]

Der Adriakonflikt war die schwerste Krise der Friedenskonferenz. Bereits Anfang April 1919 waren die Gegensätze im Rat der Vier deutlich geworden, doch offen zum Ausbruch kam der Konflikt am 19. April. Über das Osterwochenende beschäftigte er den Rat sechs Tage lang mehr oder weniger ununterbrochen.[78] Am Ende der Auseinandersetzung stand keine Einigung, sondern der Abzug der italienischen Delegation von der Konferenz. Erst am 5. Mai, zwei Tage vor Übergabe der Friedensbedingungen an die Deutschen, kehrten die Italiener an den Verhandlungstisch zurück. An den letzten Vereinbarungen der Alliierten über den deutschen Friedensvertrag hatten sie keinen Anteil. Wieder und wieder erklärte Woodrow Wilson, dass er sich an den Geheimvertrag von 1915 nicht gebunden fühle, da die USA zu diesem Zeitpunkt noch keine kriegführende Macht gewesen seien, und dass er nicht bereit sei, die territorialen Ansprüche Italiens zu Lasten Jugoslawiens anzuerkennen, weil diese gegen das Prinzip der nationalen Selbstbestimmung verstießen. In der schärfer werdenden Auseinandersetzung zogen Orlando und Sonnino alle Register. Sie verwiesen nicht nur auf das Selbstbestimmungsrecht der italienischen Bevölkerungsmehrheit in der Stadt Fiume selbst, sondern auch auf die seit der Römerzeit und später durch die Zugehörigkeit zur Republik Venedig historisch enge Beziehung Dalmatiens zu Italien. Und wenn selbst Danzig zu einer Freien Stadt gemacht werden solle, um die Rechte der deutschen Bevölkerung dort gegen Polen zu schützen, dann behandele man die Deutschen, »unsere schlimmsten Feinde, besser als die Italiener als Freunde und Verbündete«.[79]

Clemenceau und Lloyd George wanden sich. Sie fühlten sich durch den Londoner Vertrag gebunden, aber in dem sei von Fiume nicht die Rede gewesen. Das war der Versuch, einen Kompromiss herbeizuführen, zu dem jedoch weder Wilson noch Orlando, der nun damit drohte, die Konferenz zu verlassen, bereit waren. Aber auch mit anderen Mitteln versuchten die Italiener Druck auszuüben. Wenn Fiume nicht Italien zugesprochen werde, werde das einen Sturm des Protestes in der italienischen Bevölkerung mit unabsehbaren politischen Folgen auslösen.[80] Damit hatte Orlando nicht unrecht, denn die Erwartungen in Italien waren in der Tat hoch, wurden aber durch den Ministerpräsidenten selbst auch immer wieder genährt, der sich in Parlament und Presse optimistisch zur Durchsetzung der italienischen Forderungen äußerte. Doch Wilson blieb hart: »Es bricht mir das Herz«, beschwor er Orlando und Sonnino, »aber als Vertreter der Vereinigten Staaten (…) habe ich keine andere Wahl. Ich kann die Prinzipien, auf denen mein Mandat für diese Verhandlungen beruht, nicht verletzen.«[81] Lloyd George sprach darauf von der »ernstesten Situation seit Konferenzbeginn«. Das Sitzungsprotokoll notierte nüchtern: »Herr Orlando zeigt Zeichen lebhaftester Gefühle.« Aus anderen Quellen wissen wir, dass er sich von seinem Platz erhob, ans Fenster trat, schluchzte und zu weinen begann.[82] Doch weder Emotionalität noch Theatralität brachten den italienischen Ministerpräsidenten seinem Ziel auch nur einen Schritt näher. Stattdessen verschärfte der amerikanische Präsident jetzt den Konflikt, indem er sich entschloss, über die Köpfe der italienischen Delegation hinweg seine Position der italienischen und der internationalen Öffentlichkeit darzulegen. Amerika sei ein Freund Italiens, hieß es in einem Artikel Wilsons, der am 24. April 1919 zuerst in der französischen Zeitung *Le Temps*, dann aber auch in der italienischen Presse veröffentlicht wurde. »Die Bande der Sympathie, die unsere beiden Länder vereinen, sind durch das gemeinsam und für den gleichen Zweck vergossene Blut noch enger geworden. Doch unsere Position ist von Grundsätzen geleitet, die ich respektieren muss. Es geht hier nicht um unsere eigenen Interessen, sondern es geht um das Recht der Völker auf Selbstbestimmung und um das Recht der Welt auf einen sicheren und dauerhaften Frieden.«[83]

Empört erklärte Orlando daraufhin, dass Italien die Friedenskonferenz verlassen werde. Die Veröffentlichung habe seine »Autorität als Vertreter des italienischen Volkes beschädigt«. Er müsse nach Rom zurückkehren, um diese beschädigte Autorität wiederherzustellen und sich dem italienischen Volk zu erklären.[84] Hinter Wilsons Presseoffensive stand die Vorstellung, durch einen Appell an die italienische Bevölkerung Druck auf die Regierung und die Politiker ausüben zu können. Hatten nicht die Menschen in Italien noch vor wenigen Wochen Wilson begeistert und zu Tausenden zugejubelt? Und bedeutete dieser Jubel nicht eine Zustimmung zu Wilsons Politik? Mit dieser Einschätzung lag Wilson falsch. Die Menschen hatten Wilson bejubelt, weil die Vereinigten Staaten das Ende des Krieges, den Sieg und den Frieden herbeigeführt hatten. Doch nun ging es um die Siegesprämie für Italien, und diese wollte man sich in der Stunde nationaler Euphorie nicht durch Wilson aus der Hand schlagen lassen. Italien hatte, wie Orlando selbst in Paris erklärte, »aus der Fiume-Frage eine nationale Frage gemacht«, eine Frage der nationalen Ehre, wie sich ergänzen ließe.[85] Die Begeisterung für Wilson schlug von einem Tag auf den anderen in Ablehnung und Hass um. Noch stärker aber wandte sich insbesondere das nationale Lager in Italien gegen die Vertreter des Landes in Paris, allen voran Orlando, dem man vorwarf, den italienischen Sieg zunichte gemacht zu haben. Vom »verstümmelten Sieg«, der »vittoria mutilata«, war nun die Rede, was Enttäuschung und Hass zugleich zum Ausdruck brachte. Urheber dieser Parole war der Dichter und Fliegerheld des Krieges Gabriele D'Annunzio, ein politischer Populist, der sich sogleich an die Spitze einer nationalen Bewegung setzte, um die italienischen Forderungen doch noch durchzusetzen. Ministerpräsident Orlando unternahm nichts dagegen, weil er glaubte, die nationale Empörung würde ihm in Paris helfen. Doch auch er hatte sich verrechnet. Hatte ihm zunächst das Parlament noch mit überwältigender Mehrheit das Vertrauen ausgesprochen, so verlor er zunehmend die politische Unterstützung, als deutlich wurde, dass ihm in Paris kein Erfolg beschieden war. Lloyd George hatte das schon im April kommen sehen: »Ich fürchte, Orlando wird hinweggefegt werden von der Bewegung, deren Entwicklung er selbst zugelassen hat.«[86] Zwar kehrten Orlando und

Sonnino nach nur zwei Wochen wieder nach Paris zurück, doch ihre Autorität war sowohl in Paris als auch zu Hause schwer angeschlagen. Mitte Juni 1919, wenige Tage vor Abschluss des Versailler Vertrags, traten sie von ihren Ämtern zurück. Orlandos Nachfolger wurde für eine Übergangszeit der radikalliberale Politiker Francesco Nitti, der für Italien auch den Friedensvertrag mit Deutschland unterzeichnete.

Der Adriakonflikt war damit noch nicht beendet. Die in Paris gefundene Lösung sah vor, dass der größte Teil Dalmatiens zu Jugoslawien kommen und Fiume eine Freie Stadt unter der Kontrolle des Völkerbunds werden sollte. Protest und Empörung in Italien waren die Folge. In dieser Situation scharte Gabriele D'Annunzio einige Hundert militante Nationalisten um sich und eroberte mit dieser Truppe im September 1919 handstreichartig Fiume, wo er ohne Billigung der Regierung in Rom den von ihm diktatorisch beherrschten »Freistaat Fiume« errichtete, der in den folgenden Monaten zu einem Sammlungsort nationalistischer und faschistischer Kräfte wurde und zum Ausgangspunkt einer geplanten Machtübernahme in Rom. Zum Aufstieg Mussolinis und der Regierungsübernahme seiner Faschisten trug das von D'Annunzio nationalistisch aufgepeitschte Klima, das Italien in den folgenden Jahren nicht zur Ruhe kommen ließ, entscheidend bei.

Der Machtverlust Wilsons in den USA und das Desinteresse Frankreichs und Großbritanniens an der Fiume-Frage führten 1920 zu einer bilateralen vertraglichen Lösung zwischen Italien und Jugoslawien. Italien verzichtete zwar auf den größten Teil seiner dalmatinischen Ansprüche, erhielt aber fast die gesamte Halbinsel Istrien. Fiume blieb ein »Freistaat«, allerdings mit Italien eng verbunden, nicht zuletzt durch einen kleinen Küstenstreifen, der die Stadt mit dem italienischen Istrien verband. D'Annunzio weigerte sich, den Vertrag anzuerkennen, erklärte Italien den Krieg, sah sich aber gezwungen aufzugeben, als die italienische Marine die Stadt unter Beschuss nahm. Fast zeitgleich mit Mussolini in Rom übernahmen 1922 auch in Fiume Faschisten die Macht. Zwei Jahre später folgte die Annexion der Stadt durch Italien und ihre Eingliederung in den italienischen Staat. Erst nach dem Zweiten Weltkrieg kam Fiume, nunmehr als Rijeka, zu Jugoslawien. Heute gehört es zu Kroatien. Seit dem Jahr 2000 unterhalten Österreich und Ungarn dort einen Freihafen.

In den letzten Apriltagen 1919 trafen in Paris Nachrichten aus Italien ein, die erkennbar werden lassen, wie sehr die Beratungen und Entscheidung der Friedenskonferenz einen globalen Wahrnehmungszusammenhang hatten entstehen lassen. Das bezieht sich nicht nur auf die Konferenzteilnehmer in Paris, sondern auch auf die Öffentlichkeiten in nahezu allen Ländern der Welt. Mag deren Interesse auch primär national ausgerichtet gewesen sein, Medien und öffentliche Meinung stellten doch die nationalen Fragen in eine weitere, übernationale Perspektive. Alles war mit allem verbunden. Zumindest ließen sich Verbindungen herstellen. So traf am 24. April ein Telegramm des amerikanischen Botschafters in Italien in Paris ein, in dem dieser über große Protestkundgebungen in Rom berichtete und dabei nicht zu erwähnen vergaß, dass die Menge auf ihrem Zug durch die Stadt vor der japanischen Botschaft in lautes Jubelgeschrei ausgebrochen war. Das sei doch »bemerkenswert«, meinte Woodrow Wilson, als er Clemenceau und Lloyd George darüber informierte.[87] Längst hatte zu diesem Zeitpunkt die internationale Presse darüber berichtet, dass es in Paris fast zeitgleich mit der Fiume-Krise zu einem weiteren Konflikt gekommen war, den der amerikanische Präsident für nicht weniger schwerwiegend hielt als den über die italienischen Adria-Forderungen. Es ging um die – im Kern – chinesisch-japanische Auseinandersetzung über die chinesische Provinz Shandong, für Wilson im April 1919 »das schwierigste und verwirrendste Problem, mit dem wir bisher konfrontiert worden sind«.[88]

Auf das auf dem chinesischen Festland gelegene Gebiet, eine ins Gelbe Meer ragende Halbinsel und ihr fruchtbares, am Gelben Fluss gelegenes Hinterland, erhob Japan Ansprüche, denen China seine eigenen Rechte entgegenstellte. Dass der Streit in Paris überhaupt auf die Agenda gelangte, lag daran, dass Teile von Shandong, insbesondere das Land um die Bucht von Kiautschou mit der Stadt Tsingtao (Qingdao), seit 1898 als Pachtgebiet deutscher Kolonialbesitz waren. Wie andere europäische Mächte auch hatte das Deutsche Reich damit einen militärischen Stützpunkt in Ostasien erworben, der aber zugleich den Ausgangsort bildete für die wirtschaftliche Erschließung und Ausbeutung Chinas. China befand sich zwar als Land insgesamt nicht unter kolonialer Herrschaft, musste aber doch seit der zweiten Hälfte des 19. Jahrhunderts eine wachsende Präsenz der westlichen Mächte akzeptieren. Das Verhältnis des Westens zu China, primär von ökonomischen Interessen geleitet, beruhte nicht auf Gleichrangigkeit, sondern auf einer erzwungenen Anerkennung der westlichen Interessen und ihrer Suprematie durch China, die ihren Ausdruck insbesondere in den »Ungleichen Verträgen« fand, in denen China Frankreich, Großbritannien und den USA, später auch Deutschland Souveränitätsrechte abtreten musste. Dazu gehörte das

Recht auf die wirtschaftliche Erschließung des Landes, aber auch ein Sonderstatus für westliche Staatsangehörige in China, die nicht chinesischen Gesetzen und chinesischer Rechtsprechung unterworfen waren, sondern der Jurisdiktion ihrer Heimatländer. Auch Japan hatte sich in den Jahren vor dem Ersten Weltkrieg in China festgesetzt und bezog das chinesische Festland immer stärker in seine eigene imperiale und expansive Politik ein.

Vor diesem Hintergrund bot der Erste Weltkrieg Japan eine günstige Gelegenheit, seinen Einfluss in China weiter auszudehnen. Japan erklärte Deutschland noch im August 1914 den Krieg, besetzte im November Kiautschou und übernahm die Konzessionen, die die Deutschen in Shandong erworben hatten. Zwar machte China seine eigenen Ansprüche geltend, konnte sich jedoch gegen Japan nicht durchsetzen, im Gegenteil: Japan nutzte die politische Schwäche und Instabilität Chinas nach dem Ende des Kaiserreichs und der Errichtung der Republik aus und zwang die Regierung in Peking, die japanische Kontrolle über Shandong anzuerkennen. Unter massivem politischen Druck und mit kaum kaschierten militärischen Drohungen stellte Japan der chinesischen Regierung im Januar 1915 ein Ultimatum mit 21 Forderungen, das Peking im Mai 1915 akzeptierte. Durch diese hochaggressive Politik sicherte sich Tokio nicht nur Shandong, sondern auch weitreichende andere Zugeständnisse, darunter Konzessionen in der Mandschurei, Rechte in der chinesischen Eisen- und Stahlindustrie sowie die Nutzung von Häfen. Das alles verstärkte seine Präsenz und seinen Einfluss in China enorm.[89] Doch im Land der Mitte löste diese Politik einen Aufschrei nationaler Empörung aus. Der 25. Mai 1915, der Tag, an dem Peking auf die japanischen Forderungen einging, war für die an Bedeutung gewinnende nationale Bewegung in China ein Tag der Demütigung. Diese Demütigung trug zur Stärkung der nationalen Kräfte in China bei. Sie forderten nationale Einheit und Geschlossenheit, nicht zuletzt um sich der Bevormundung und Erniedrigung durch ausländische Mächte zu entziehen.

In zwei geheimen Verträgen mit Japan im Februar und März 1917 erkannten Frankreich und Großbritannien zwar nicht die 21 Forderungen an, wohl aber den japanischen Anspruch auf Shandong und die ehemaligen deutschen Rechte. In denselben Verträgen sicherten die beiden europäischen Mächte Japan auch die im nördlichen Pazifik gelegenen Inselgruppen der Karolinen und Marianen sowie die Marschall-Inseln zu, die bis 1914 deutscher Kolonialbesitz waren. Die beiden Abkommen von 1917 sind durchaus mit den geheimen Verträgen zu vergleichen, die die Ententemächte in

Europa abgeschlossen hatten, beispielsweise mit dem Londoner Vertrag von 1915, in dem Italien für seinen Kriegseintritt territoriale Gewinne in Aussicht gestellt wurden. Auch in Ostasien ging es darum, japanische Unterstützung zu gewinnen, vor allem für die Seekriegführung im Pazifik, zu der sich die Europäer angesichts des U-Boot-Kriegs im Nordatlantik immer weniger in der Lage sahen. Aber die territorialen Zusicherungen gingen im Fall der Verträge mit Japan nicht zu Lasten eines Kriegsgegners, sondern zu Lasten eines neutralen Landes, das schon wenige Monate später, im August 1917, auf der Seite der Alliierten in den Krieg eintreten sollte. Das war der Unterschied zum Londoner Vertrag. Der chinesische Kriegseintritt im Sommer 1917 wiederum erfolgte auch, weil man sich in Peking dafür die Unterstützung der eigenen Ansprüche hinsichtlich Shandongs versprach sowie – darüber weit hinausgehend – eine Anerkennung als gleichrangige und gleichberechtigte Macht auf der internationalen Bühne. Militärisch war die chinesische Kriegserklärung eher von geringerer Bedeutung. Aber immerhin schickte China knapp 100 000 Arbeiter nach Europa, die vor allem in Nordfrankreich die alliierten Streitkräfte entlasteten bei der Errichtung von Befestigungsanlagen und beim Ausheben von Schützengräben.[90] Die größten Hoffnungen in China richteten sich aber auf die Vereinigten Staaten und ihren Präsidenten.

Zwar hatten auch die USA und Japan im November 1917 ein Abkommen geschlossen, in dem es um China ging, doch Washington hatte darin nur in sehr vager Form die besonderen Interessen Japans in China anerkannt, ohne das zu präzisieren. Von Shandong war in der Vereinbarung nicht die Rede. Umgekehrt hatte sich Japan – und darin lag das eigentliche Interesse der USA – zur Fortsetzung der Politik der *open door* in China bekannt, also zu einer Gleichberechtigung aller Mächte bezogen auf Wirtschafts- und Handelsbeziehungen mit China. Das sollte einer japanischen Dominanz entgegenwirken. So interpretierte man dieses Abkommen auch in China. Dass die USA die aggressive japanische Politik gegen China unterstützen würden, konnte man sich nicht vorstellen. Vielmehr erwartete man von Woodrow Wilson Verständnis für die chinesische Situation und die Unterstützung der chinesischen Interessen. Wilson war ungemein populär in China. Er stand in den Augen vieler für einen neuen, einen anderen Westen, der China respektieren würde, und für eine internationale Ordnung, die auf der Gleichberechtigung westlicher und nichtwestlicher Staaten beruhte. Die Vierzehn Punkte wurden in der chinesischen Presse publiziert, und man bezog die Forderungen des Präsidenten – Selbstbestimmung, Gerechtigkeit, Frieden – in ganz

besonderer Weise auf China und Ostasien. Eine Zeitung aus Shanghai bezeichnete die Vierzehn Punkte als »Leuchtturm für die Völker der Welt«, und chinesische Intellektuelle verglichen Wilsons Konzeption mit der konfuzianischen Idee des »datong«, eines universellen Friedens.[91]
Erfüllt von solchen Hoffnungen feierte man im ganzen Land das Kriegsende. Drei Feiertage setzte die Regierung an. An einer Siegesparade in Peking nahmen 60 000 Menschen teil. Durch die Straßen der Städte zogen Menschen mit Transparenten, auf denen in lateinischer Schrift »To make the world safe for democracy« zu lesen war.[92] Die Erwartungen an den amerikanischen Präsidenten waren so groß, dass sie fast nur enttäuscht werden konnten. Am Vorabend der Pariser Konferenz warnte Paul S. Reinsch, der amerikanische Botschafter in China: »Die begierige Aufmerksamkeit, die man Ihren Worten widmet, das Vertrauen, das die Chinesen in Ihre Politik und Ihre Ziele setzen, sind ein Beweis für den Wunsch, dem Weg der amerikanischen Politik und ihrer Bestrebungen zu folgen (...). Sollte aber das derzeitige chinesische Vertrauen enttäuscht werden, dann wären die Folgen einer solchen Desillusionierung auf die moralische und politische Entwicklung Chinas katastrophal. Anstatt jenseits des Pazifiks eine chinesische Nation zu haben, die mit unseren eigenen Idealen sympathisiert, wären wir dann konfrontiert mit einer materialistischen Militärorganisation unter rücksichtsloser Herrschaft.«[93] Wilson und der amerikanischen Delegation war nur zu bewusst, was in Paris auf dem Spiel stand.

China war auf der Friedenskonferenz mit einer fünfköpfigen Delegation vertreten, deren Zusammensetzung die politische Zerrissenheit des Landes spiegelte. Ein Teil der Delegierten vertrat die Regierung in Peking, unter ihnen der Delegationsleiter Lu Zhengxiang, der chinesische Außenminister. Vertreten war aber auch die primär in den südchinesischen Provinzen mächtige Kuomintang-Regierung, die der Pekinger Regierung, an deren Spitze mit diktatorischer Macht der ehemalige kaiserliche General Yuan Shikai stand, die Legitimität bestritt. Die beiden rivalisierenden Regierungen hatten sich jedoch verständigt, die chinesischen Interessen in Paris gemeinsam zu vertreten. Wortführer der Chinesen an der Seine war Wellington Koo, ein junger, im Westen ausgebildeter Diplomat und Völkerrechtler mit einem Doktortitel der New Yorker Columbia-Universität.[94] Die Großmächte hatten noch vor Beginn der Verhandlungen entschieden, China den Status einer Macht mit »eingeschränktem Kriegseinsatz« zuzuweisen, die wie Polen, Portugal und Siam in der Vollversammlung über zwei Sitze verfügte. Einer der beiden offiziellen chinesischen Bevollmächtigten in Paris war Wellington Koo. Während andere Regionalmächte wie Brasilien und die Angriffsopfer von 1914 – Belgien und Serbien – drei Sitze hatten, nahm Japan fünf Sitze ein und war überdies mit Frankreich, Großbritannien, Italien und den USA Mitglied des *Supreme Council*. Das musste hinsichtlich der chinesischen Interessen noch nichts bedeuten, versetzte Japan aber in eine günstigere Ausgangsposition und war auch eine symbolische Botschaft. Diese verband sich mit einer diplomatischen Niederlage, als es der chinesischen Delegation nicht gelang, über die Shandong-Frage hinaus ihre politischen Ziele auf die Konferenzagenda zu bringen, darunter die Beendigung des Systems der »Ungleichen Verträge« und der extraterritorialen Jurisdiktion.[95]

Umso größer wurde das Gewicht der Shandong-Frage, die Ende Januar erstmals im *Supreme Council* auf der Tagesordnung stand. Die japanische Delegation hatte zunächst versucht, China von den Beratungen auszuschließen mit der Begründung, die Shandong-Frage betreffe nur Japan und Deutschland. Wilson aber bestand auf der Beteiligung Chinas und distanzierte sich bei dieser Gelegenheit gleich von dem Ausdruck »Verteilung der Beute«. Der schließlich doch hinzugebetene Wellington Koo legte in einer ebenso geschliffenen wie eindrucksvollen Rede die chinesische Position dar. Er bezog sich dabei nicht nur auf die Prinzipien internationaler Ordnung und insbesondere das Recht auf nationale Selbstbestimmung, die Wilson in den Vierzehn Punkten und seinen anderen Grundsatzerklärungen 1918 zur Grundlage der Friedensregelung gemacht hatte, sondern brachte durchaus selbstbewusst auch das Gewicht Chinas mit seinen 400 Millionen Einwohnern ins Spiel. Ferner betonte er die Bedeutung Shandongs, das nicht nur ein integraler Teil Chinas sei, sondern »die Wiege der chinesischen Kultur, der Geburtsort von Konfuzius und Menzius, das Heilige Land der Chinesen«. So dankbar China den Alliierten und Japan sei für die Befreiung Kiautschous von deutscher Herrschaft, so wenig könne er dafür die Geburtsrechte seiner Landsleute verkaufen. Auf solche Argumente ging Baron Makino, der japanische Vertreter im *Supreme Council*, gar nicht ein; er verwies stattdessen auf das chinesisch-japanische Abkommen von 1915, die Verträge mit Großbritannien und Frankreich sowie darauf, dass die Regierung in Peking erst im September 1918 diese Übereinkünfte noch einmal bestätigt habe. In der Tat hatte es zu diesem Zeitpunkt einen geheimen Notenwechsel zwischen Peking und Tokio gegeben, der auch deswegen zustande gekommen war, weil er mit einem japanischen Kredit an China in Höhe von 20 Millionen Yen verbunden war. Diesen

Notenwechsel bestätigte Koo, betonte aber zugleich, dass alle Vereinbarungen mit Japan nur unter massivem Druck abgeschlossen worden und daher nichtig seien. Zu einer Entscheidung kam es nicht.[96]

Auch wenn die amerikanischen Vertreter in den folgenden Wochen nicht müde wurden, den Chinesen Sympathie für ihre Anliegen zu versichern, entwickelten sich die Dinge doch in einer Weise, dass Ende April, als das Thema Shandong im Rat der Vier wieder zur Sprache kam, mit Zustimmung des amerikanischen Präsidenten eine Entscheidung gegen China getroffen wurde. Dass Wilson nunmehr die japanischen Forderungen unterstützte, hatte in allererster Linie damit zu tun, dass er auf keinen Fall riskieren wollte, Japan als Gründungsmitglied des Völkerbunds zu verlieren. Nicht nur mit Blick auf die asiatisch-pazifische Welt war eine Beteiligung Japans aus Wilsons Sicht von entscheidender Bedeutung, sondern auch angesichts der keineswegs gelösten amerikanisch-japanischen Spannungen und Konfliktpotentiale. Der Völkerbund, so sah es Wilson, würde ohne Japan ein Torso bleiben, und der Präsident wäre dann mit seinem Kernprojekt gescheitert. Den japanischen Delegierten war das nur zu bewusst, als sie im Rat der Vier am 22. April unverhohlen erklärten, dass man den Friedensvertrag, der ja die Völkerbundsakte enthalten sollte, nicht unterschreiben werde, »wenn die Territorien und die Rechte, die wir fordern, uns nicht ohne jede Einschränkung zugesprochen werden«. Auch eine Mandatslösung komme nicht in Betracht.[97]

Die starke Position Japans war auch ein Resultat der diplomatischen Niederlage, die Tokio einige Wochen zuvor erlitten hatte, als der japanische Antrag, in die Völkerbundsakte eine Klausel zur Gleichheit der Rassen aufzunehmen, am Widerstand der USA und Großbritanniens gescheitert war. Eine zweite Niederlage konnte man, so sah das auch Wilson, Japan nicht zumuten. Das Echo in der japanischen Presse war damals gewaltig gewesen. Im Zentrum der Kritik stand dabei der amerikanische Präsident, dem man – in Japan wie in Paris – vorwarf, von Gleichheit der Nationen zwar zu reden, aber eigentlich davon nichts wissen zu wollen.[98] Über die Vorwürfe der Medien hinaus kam es in Japan zu Angriffen auf amerikanische Staatsbürger, nicht zuletzt christliche Missionare, die man auch mit den antijapanischen Protesten und Unabhängigkeitsbestrebungen in Korea in Verbindung brachte.[99] Die japanischen Vertreter befürchteten nicht von ungefähr, dass Wilson sich auch in der Shandong-Frage gegen Japan wenden könnte, denn in jenen Tagen, in denen Shandong wieder auf die Tagesordnung rückte, hatte Wilson mit aller Macht und ohne Kompromissbereitschaft den italienischen Ansprüchen auf Fiume und die dalmatinische Adriaküste widersprochen und damit die Abreise der italienischen Vertreter aus Paris provoziert. Es war also durchaus nicht sicher, dass sich Japan just in dieser Situation mit vergleichbaren Forderungen – noch dazu auf Kosten eines verbündeten Landes – durchsetzen würde.

Japan konnte sich durchsetzen, weil der Völkerbund in den Augen Wilsons im Zweifelsfalle ohne Italien gegründet werden konnte und man ohnehin von der baldigen Rückkehr der Italiener nach Paris ausging, aber auf Japan meinte der Präsident nicht verzichten zu können. »Mir ist bewusst«, betonte Wilson im Rat der Vier, »dass es einen offenkundigen Widerspruch gibt zwischen meiner Haltung in dieser Frage und meiner Position in der italienischen Frage. (…) Was Japan betrifft, müssen wir alles tun, was notwendig ist, damit es dem Völkerbund beitritt. Wenn das nämlich nicht geschieht, dann macht Japan im Fernen Osten, was es will.«[100]

Großbritannien und Frankreich hielten sich in der Angelegenheit eher zurück, verwiesen allerdings auf ihre Verträge mit Japan von 1917 und waren durchaus auch daran interessiert, ihre eigenen Rechte in China nicht zu gefährden. Lloyd George zeigte sich beeindruckt, wie die Japaner ihre Interessen durchsetzten, indem sie sich der »Phraseologie des Westens über das Recht der Menschheit und den Völkerbund« bedienten. Sie seien wahrlich »die Preußen des Fernen Ostens«.[101] Aus all diesen Gründen wurde am Ende mit zweierlei Maß gemessen: Shandong wurde kein zweites Fiume. Den Preis dafür zahlte China. Zwar erhielt Wellington Koo noch einmal die Gelegenheit, die chinesischen Argumente darzulegen – einer direkten Begegnung entzogen sich die Japaner[102] –, aber Ende April stand fest: Shandong würde unter japanischer Kontrolle bleiben. Es half nichts, dass Koo darauf hinwies, welchen antiwestlichen Effekt eine solche Entscheidung haben würde, da sie nicht nur in China jene Kräfte stärken würde, die sich unter dem Slogan »Asien den Asiaten« sammelten.[103] Dass man den Japanern abrang, eine Rückgabe Shandongs in der Zukunft zuzusichern,[104] konnte weder die Chinesen noch die Weltöffentlichkeit darüber hinwegtäuschen, dass Ende April 1919 China nicht nur eine diplomatische Niederlage erlitten hatte und regelrecht verraten worden war – wie es auch viele amerikanische Beobachter sahen –, sondern dass Wilsons Idee einer neuen Weltordnung schweren Schaden genommen hatte.

Protestnoten und Presseerklärungen der chinesischen Delegation waren nur eine Folge der Entscheidung. Enttäuschung mischte sich darin mit Wut.

Japanische Delegation in Paris, 1919

Die aufstrebende Pazifikmacht Japan war in Paris mit einer großen Delegation anwesend und gehörte zusammen mit Frankreich, Großbritannien, Italien und den USA sogar dem Supreme Council an. Anders als die anderen Großmächte war Japan jedoch nicht durch seinen Regierungschef und seinen Außenminister vertreten, sondern durch deren Vorgänger und den japanischen Botschafter in London, was das Gewicht Tokios allerdings nicht entscheidend reduzierte. Die territorialen Ambitionen Japans bezogen sich nicht nur auf einige Inseln im nördlichen Pazifik, die deutscher Kolonialbesitz gewesen waren, sondern insbesondere auf das deutsche koloniale Pachtgebiet Kiautschou und die zum chinesischen Festland gehörende Halbinsel Shandong. Japan gelang es, seine Ansprüche durchzusetzen, weil Paris und London dies Tokio schon in den Kriegsjahren zugesichert hatten und weil US-Präsident Wilson nicht auf die Mitgliedschaft Japans im Völkerbund verzichten wollte. Den Preis bezahlte China.

Wieder war eine Illusion geplatzt. Langfristig viel wichtiger war die Reaktion in China. Dort formierte sich innerhalb weniger Tage ein breiter, schichtenübergreifender nationaler Protest, der sich nicht nur gegen die Shandong-Entscheidung und den Friedensvertrag richtete, sondern gegen die Politik des Westens ganz allgemein. Wieder war China gedemütigt worden: von Japan, vor allem aber vom Westen, ohne den Tokio sich nicht hätte durchsetzen können. Dagegen musste man sich wehren. Der chinesische Student, der sich später erinnerte, stand nicht allein: »Als uns die Nachrichten von der Pariser Konferenz schließlich erreichten, waren wir geradezu schockiert. Uns wurde bewusst, dass die ausländischen Mächte immer noch selbstsüchtig und militaristisch waren und dass sie alle große Lügner waren. Wenige von uns schliefen am Abend des 2. Mai, und mit meinen Freunden diskutierte ich die ganze Nacht. Wir kamen zu dem Ergebnis, dass (…) wir uns nicht länger abhängig machen dürften von den Prinzipien irgendeines sogenannten großen Führers wie Woodrow Wilson (…). Es gab keine andere Möglichkeit: Wir mussten den Kampf aufnehmen.«[105]

Am 4. Mai 1919 versammelten sich Hunderte Demonstranten vor dem Tor des Himmlischen Friedens in Peking. Auf ihrem Protestzug durch das Regierungsviertel und vor die Botschaften der westlichen Mächte kam es zu Ausschreitungen, später überall im Land zu teils gewalttätigen Unruhen, die sich gegen die eigene Regierung richteten. Doch die nationale Empörung war von Anfang an auch international orientiert. Chinesen in den USA und in Westeuropa nahmen ihn auf. Westliche Medien berichteten breit. Überall erhob sich Protest, war auf Transparenten zu lesen: »Gebt uns Qingdao zurück!«, »Lehnt die 21 Forderungen ab!«, »Boykottiert japanische Waren!«, »Beschützt unser Land!«, »China den Chinesen!« oder »Nieder mit den Verrätern!«.[106] Gegen Wilson, der vor 1919 wie ein Heiliger verehrt worden war, richteten sich nun der Zorn und die Frustration der Chinesen. Auf einem Flugblatt der Studentenunion Shanghai war zu lesen, »[wir] warteten auf den Tagesanbruch dieses neuen Messias. Aber für China ging die Sonne nicht auf. Stattdessen wurde uns die Wiege unserer Nation geraubt.«[107]

Der Protest verebbte nicht. Aus ihm entstand über regionale, kulturelle und soziale Grenzen hinweg eine nationale Bewegung, ein reaktiver, gegen den Westen gerichteter Nationalismus. Trotz ihrer Politik in China waren die westlichen Nationen dort lange Zeit ein Vorbild gewesen; am Westen hatte man sich politisch, sozial und kulturell orientiert. Das war nun kaum noch möglich. Im Frühjahr 1919, mit dem chinesische Historiker die Zeitgeschichte

Chinas beginnen lassen, erfuhr die Idee einer westlich-kapitalistischen Moderne in China einen Sinnverlust, der nicht zu kompensieren war.[108] Die politische Spaltung des Landes wurde dadurch indes nicht überwunden, im Gegenteil: Die nördliche Regierung in Peking war diskreditiert und mit dem Odium des Verrats belastet; die Kuomintang-Regierung im Süden sah genau darin eine Chance, ihre eigene Macht zu stärken. Es begann eine Zeit fortgesetzter politischer Instabilität, der Fragmentierung und innerer Konflikte, die das Land in den 1920er und 1930er Jahren so schwächten, dass es dem japanischen Expansionismus und der japanischen Aggression kaum noch etwas entgegenzusetzen hatte.

Nicht zu den Ursachen, wie man es gelegentlich lesen kann, sondern zu den Folgen des 4. Mai 1919 gehört – geboren aus der Enttäuschung über den imperialistischen westlichen Kapitalismus und seine Machtpolitik – der Aufstieg des Kommunismus in China. In Shanghai gründete sich, unterstützt von Beratern der Moskauer Komintern, im Juni 1921 die Kommunistische Partei Chinas, der sich nicht wenige Studenten anschlossen, darunter die von ihrem Studium in Frankreich zurückgekehrten Zhou Enlai und Deng Xiaoping.[109] Für den jungen Mao Zedong, damals 25 Jahre alt, reichte die Bedeutung der Ereignisse über China weit hinaus: »Indien war zwar durch einen Clown mit flammend roten Turban [gemeint war der Maharadscha von Bikaner, der zur Delegation des Britischen Empires gehörte] auf der Friedenskonferenz vertreten, aber die Forderungen des indischen Volkes wurden nicht berücksichtigt.« Korea, so Mao im Sommer 1919, habe zwar den Verlust seiner Unabhängigkeit – durch Japan – zu beklagen, »aber es wurde von der Friedenskonferenz schlicht ignoriert. So viel zum Thema Selbstbestimmungsrecht der Völker! Ich finde, das ist wirklich schamlos!«[110]

Als am 28. Juni 1919 die deutschen Vertreter den Spiegelsaal von Versailles betraten, waren die chinesischen Plätze am großen Hufeisentisch leer. China unterschrieb den Versailler Vertrag nicht, denn in dessen Artikeln 156 bis 158 wurde Shandong Japan zugesprochen. Von der Regierung in Peking hatten die chinesischen Vertreter in Paris sich eine Anweisung zur Vertragsunterzeichnung erbeten. Diese traf angesichts der Unruhen in China nicht rechtzeitig ein. Alle Versuche, die chinesische Position in einem Vorbehalt zu den Vertragsbestimmungen, in einem Anhang oder einer beigefügten Note aktenkundig zu machen, scheiterten. Als die Delegation am Mittag des 28. Juni ihr Quartier im Pariser Hotel Lutétia verlassen wollte, um – auch ohne Unterschrift – an der Zeremonie in Versailles teilzunehmen, verhinderten das chinesische Demonstranten, die das Hotel regelrecht belagerten, um eine chinesische Unterschrift mit allen Mitteln zu unterbinden.[111]

Dem Völkerbund trat China dennoch bei, weil es weiter an der Pariser Konferenz teilnahm und im September den Friedensvertrag mit Österreich unterschrieb, in dem es keine Shandong-Klauseln gab und dem ebenso wie dem Versailler Vertrag die Völkerbundsakte vorangestellt war. Mit Deutschland schloss China ebenfalls im September 1919 einen separaten, bilateralen Friedensvertrag. Diesem Beispiel folgten, nachdem der Senat die Ratifizierung des Versailler Vertrags zweimal abgelehnt hatte, 1921 auch die Vereinigten Staaten. Shandong spielte in der amerikanischen Ratifizierungsdebatte eine wichtige Rolle. Eine im Senat vorgeschlagene Änderung sah die Rücknahme der Shandong-Entscheidung vor. Den Vertrag konnte das nicht retten. Für David Hunter Miller, Woodrow Wilsons Völkerrechtsberater, waren die Tränen, die insbesondere republikanische Senatoren wegen Shandong vergossen, nichts als Krokodilstränen. Shandong sei für sie nur ein Vorwand, und China ihnen völlig egal.[112] Unter amerikanischer Vermittlung und angesichts diplomatischen Drucks auf Japan erhielt China 1922 die komplette Souveränität über Shandong. 15 Jahre später besetzten japanische Truppen das Gebiet erneut.

EINE FRAGE DER NATIONALEN EHRE: UNTERZEICHNEN IN VERSAILLES?

Zwar waren die Diskussionen über die deutschen Friedensbedingungen auch nicht von umfassendem Einvernehmen geprägt. Doch nach der Einigung in der Grenz- und Territorialfrage sowie im Hinblick auf die Reparationen gelangte man nach der Krise der Konferenz im April vergleichsweise rasch zu gemeinsamen Positionen. Die militärischen Bedingungen wurden im Vertragsentwurf als »Anfang einer allgemeinen Beschränkung der Rüstungen aller Nationen« charakterisiert, tatsächlich jedoch liefen sie auf eine Diskriminierung Deutschlands hinaus, die in erster Linie von französischen und britischen Interessen bestimmt war, letztere insbesondere im Hinblick auf die Seestreitkräfte. Den Kern der Bestimmungen bildete die Reduktion der Heeresstärke auf 100 000 Mann und der Marine auf 15 000 Mann. Daraus ergab sich fast schon zwangsläufig die Abschaffung der allgemeinen Wehrpflicht, die jedoch explizit in die Bestimmungen aufgenommen wurde, um

Chinesische Völkerbundsdelegation, Genf 1920

China unterzeichnete den Versailler Vertrag nicht, bei der Zeremonie am 28. Juni 1919 im Spiegelsaal von Versailles blieben die chinesischen Plätze leer. Aber es trat dem Völkerbund bei und entsandte 1920 eine Delegation zur ersten Völkerbundsversammlung in Genf. Geleitet wurde diese von Eugene Chen (sitzend, zweiter von rechts), der in den 1920er Jahren Außenminister der Kuomintang-Regierung von Sun Yat-sen war. Zu der Delegation gehörte auch Wellington Koo (sitzend, dritter von rechts), der China bereits 1919 in Paris vertreten hatte. Koo war ein im Westen ausgebildeter und an der New Yorker Columbia-Universität promovierter Jurist. Er wandte sich nicht nur gegen die von imperialen Interessen bestimmte Chinapolitik der westlichen Mächte, sondern insbesondere gegen die japanischen Ansprüche auf chinesische Festlandsgebiete. Selbstbewusst verwies Koo auf die Bedeutung Chinas, auf sein ökonomisches Gewicht und seine kulturelle Tradition. Dass Japan im Versailler Vertrag die Halbinsel Shandong zugesprochen wurde, konnte er dennoch nicht verhindern.

die Ausbildung großer Reservekontingente zu verhindern. Aus demselben Grund wurde die Dienstzeit der Berufssoldaten auf ein Minimum von zwölf Jahren festgelegt, für Offiziere mindestens bis zum 45. Lebensjahr. Einen Generalstab durfte es nicht mehr geben. Moderne Waffen wie Panzer, U-Boote und Flugzeuge, ja überhaupt eine Luftwaffe, durfte Deutschland nicht besitzen. Befestigte militärische Anlagen im Rheinland und in der entmilitarisierten Zone östlich des Rheins waren zu schleifen. Zur Überwachung dieser und zahlreicher anderer, präzise festgelegter Bestimmungen wurde eine Interalliierte Kontrollkommission gebildet.[113]

Ebenso diskriminierend wie die militärischen Bestimmungen waren auch – jenseits der Reparationen – die wirtschaftlichen. Sie widersprachen über weite Strecken der alliierten Wiedergutmachungspolitik, deren Ziel es doch eigentlich hätte sein müssen, Deutschland wirtschaftlich in die Lage zu versetzen, die geforderten Reparationsleistungen zu erbringen und eine gewisse wirtschaftliche Leistungskraft zu erreichen, die auch politisch stabilisierende Wirkung haben würde. Die handelspolitischen Friedensbedingungen sprachen jedoch eher dagegen. Deutschland musste allen Alliierten für fünf Jahre einseitig die Meistbegünstigung gewähren und Polen und Frankreich sogar die zollfreie Einfuhr ihrer Waren zusichern. Insgesamt musste das Deutsche Reich sich zu einer – wiederum einseitigen – Niedrigzollpolitik verpflichten, indem viele deutsche Zolltarife auf dem niedrigen Stand von 1914 eingefroren wurden. Ähnliche handelspolitische Wirkung hatte die Internationalisierung der großen und für die Handelsschifffahrt wichtigen Flüsse Elbe, Oder, Donau und Memel. Hinzu kam noch – mit fließenden Übergängen in den Wiedergutmachungsbereich – die Beschlagnahmung von Auslandsvermögen. Auf all diese Bedingungen hatten sich die Alliierten in ihren Verhandlungen verständigt, ohne dass die Deutschen Informationen darüber erhalten hätten, abgesehen von gelegentlichen Gerüchten oder auf diesen beruhenden Meldungen der internationalen Presse.

Auch die Einladung einer deutschen Friedensdelegation nach Versailles, die am 18. April 1919 erging, enthielt keinerlei Hinweise. In äußerster Knappheit kommunizierte die entsprechende Note lediglich den Beschluss des *Supreme Council*. Danach waren die »deutschen Delegierten für den 25. April abends nach Versailles einzuladen, um dort den von den alliierten und assoziierten Mächten festgesetzten Text der Friedenspräliminarien in Empfang zu nehmen«.[114] Von Verhandlungen – mündlich oder schriftlich – war in dieser Note nicht die Rede. Die deutsche Regierung entschied daraufhin, wie bereits erwähnt, lediglich drei Angehörige des Auswärtigen Amtes nach Frankreich zu entsenden, die dort die Dokumente entgegennehmen und sie dann der Berliner Regierung vorlegen sollten. Das akzeptierten die Alliierten nicht. In der erneut knappen und scharfen Antwortnote wurde die deutsche Regierung aufgefordert, »dass sie Bevollmächtigte nach Versailles entsendet, die ebenso vollständig ermächtigt sind, die Gesamtheit der Friedensfragen zu verhandeln wie die Vertreter der alliierten und assoziierten Regierungen«. Daraufhin benannte die Reichsregierung die sechsköpfige deutsche Friedensdelegation, an deren Spitze Außenminister Ulrich Graf Brockdorff-Rantzau stand. Ferner gehörten ihr als Vertreter der die Regierung tragenden Parteien Reichsjustizminister Otto Landsberg (SPD) und Reichspostminister Johann Giesberts (Zentrum) an, der Präsident der preußischen Landesversammlung und Vorsitzende des Zentralrats der Arbeiter- und Soldatenräte Robert Leinert, der Hamburger Bankier Carl Melchior sowie der Völkerrechtler und Pazifist Walther Schücking.

Am 28. und 29. April reiste die deutsche Delegation nach Versailles, neben den offiziellen Vertretern des Reiches gehörten ihr rund 180 Personen an, Diplomaten, hohe Ministerialbeamte, Militärs, Wissenschaftler, Vertreter der Finanzwelt und der Industrie, die zum größten Teil schon in den Vormonaten als Experten für die verschiedensten Themen an den Friedensvorbereitungen mitgewirkt hatten. Aber auch eine Reihe von Journalisten waren dabei. Drei Sonderzüge fuhren über Köln und durch Belgien nach Nordfrankreich, wo auf französische Veranlassung die Fahrt verlangsamt werden musste, damit die Reisenden Gelegenheit hatten, die Verwüstungen des Krieges selbst zu sehen. Walter Simons, der aus der Rechtsabteilung des Auswärtigen Amtes stammende Generalsekretär der deutschen Friedensdelegation – 1920/21 war er Außenminister –, war von den Eindrücken überwältigt. »Wir kamen«, schrieb er seiner Frau, »durch dieses zerbombte, verwüstete Land, das einst so reiche Früchte getragen hat; vorbei an zerstörten Dörfern und Städten, menschenleer bis auf die Räumeinheiten bei ihrer Arbeit. Wir überquerten Behelfsbrücken, während die ursprünglichen Bauwerke unter uns im Fluss lagen. Wir hielten an Bahnhöfen zwischen eingestürzten Gebäuden, abgebrannten Lokschuppen und explodierten Munitionszügen, solange bis wir alles gesehen hatten, was wir ertragen konnten. Nur ein kleiner Teil des Chaos war beseitigt; unglaublich viel bleibt noch zu tun.«[115] Viktor Schiff, ein sozialdemokratischer Journalist, der die Delegation begleitete, schrieb später: »Wir sollten auf die Büßerrolle gedrillt werden, die man uns zugedacht hatte.

Man wollte den Hass im voraus begründen, der uns in Versailles umgeben würde.«[116] Das ist einerseits nicht falsch, verkennt aber, dass es den Alliierten und vor allem Clemenceau auch darum ging, den Deutschen – ähnlich wie einige Wochen zuvor Woodrow Wilson – das Ausmaß der Verwüstung und Zerstörung vor Augen zu führen, nicht als Ausdruck unversöhnlichen Hasses, sondern als Begründung der harten Friedensbedingungen, aber auch als Hinweis auf die tiefen Spuren des Krieges, die den Deutschen in dieser Form erspart geblieben waren. Dennoch ist der bewusst demütigende Charakter der deutschen Reise nach Paris nicht zu verkennen, der sich nicht auf die Übergabe der Friedensbedingungen beschränkte, sondern schon vorher sichtbar wurde.

In Versailles angekommen, wurde die deutsche Delegation in zwei benachbarten Hotels untergebracht, dem Hotel des Réservoirs und dem Hotel Suisse; in einem dritten Hotel, dem Hotel Vatel, befanden sich die Journalisten. Der Empfang war kühl und unfreundlich, aber was hatte man erwartet? In ihrer Bewegungsfreiheit waren die Delegierten deutlich eingeschränkt. Aus Brettern errichtete Gänge verbanden die Hotels, Zäune zogen einen engen Kreis um die Quartiere, nur ein kleiner Teil des Schlossparks war zugänglich. Begründet wurde das damit, dass man die Deutschen nicht möglichen Anfeindungen durch die französische Bevölkerung aussetzen wolle. Völlig aus der Luft gegriffen war das nicht. Es mag dieser Atmosphäre geschuldet sein, dass viele Deutsche die Hotels, insbesondere das Hotel des Réservoirs, wo die wichtigeren Delegierten wohnten, als ungemütlich und kalt empfanden. Bald entdeckte man auch, dass in den Zimmern und vor allem in den Besprechungsräumen Abhörgeräte installiert waren und dass zum Hotelpersonal auch Spitzel gehörten. Max Warburg, der Hamburger Bankier, berichtete, wie man aus dieser Not rasch eine Tugend machte: »Wollten wir der Presse oder der Regierung etwas zur Kenntnis bringen, so brauchten wir es nur zu notieren und die Zettel auf unseren Tischen herumliegen zu lassen. Diese Art der Übermittlung funktionierte rasch und sicher.«[117]

Der Tanz hatte zwar begonnen, wie es Max Warburg ausdrückte, aber die Deutschen wurden völlig im Ungewissen gehalten über das geplante Verfahren und mussten sich damit abfinden, einen Tag um den anderen zu warten. Besprechungen füllten die Tage, unterbrochen von Mahlzeiten und Spaziergängen im frühlingshaften Park. Die Delegation versuchte sich zu wappnen für das, was auf sie zukommen würde. Bestimmt waren die deutschen Erwartungen – und dies nicht erst in Versailles – von dem Vorsatz, um jeden Preis

Deutsche Delegation in Versailles, 7. Mai 1919

Isoliert vom Konferenzgeschehen und der französischen Öffentlichkeit, war die deutsche Delegation in zwei Hotels am Rand des Parks von Versailles untergebracht. An ihrer Spitze stand Außenminister Ulrich Graf Brockdorff-Rantzau (dritter von rechts). Weitere »Verhandlungsführer« – obwohl es zu Verhandlungen gar nicht kam – waren (von links) Robert Leinert, Präsident der preußischen Landesversammlung und Vorsitzender des Zentralrats der Arbeiter- und Soldatenräte, der Hamburger Bankier Carl Melchior und Reichspostminister Johann Giesberts, ein Zentrumspolitiker, sowie (von rechts) der Marburger Völkerrechtsprofessor und Pazifist Walther Schücking und Reichsjustizminister Otto Landsberg (SPD). In Berlin war man unsicher, ob man überhaupt eine formale Delegation nach Versailles schicken sollte, denn wenn es nur um die Übergabe von Friedensbedingungen ging, welchen Sinn hatte dann eine Verhandlungsdelegation. Auf einer solchen bestanden indes die Alliierten. Als die Aufnahme entstand, warteten bereits die Wagen, mit denen die Delegation zur Übergabe der Friedensbedingungen ins Hotel Trianon Palace gefahren wurde.

an den Vierzehn Punkten Wilsons, so wie es in der Lansing-Note zugesichert worden war, festzuhalten. Noch immer klammerte man sich an die Hoffnung, der amerikanische Präsident werde nicht Partei sein, sondern eine Art vermittelnde Rolle ausüben und insbesondere die möglicherweise extremen französischen und britischen Ansprüche mäßigen. Das musste nicht zwingend darauf hinauslaufen, die Alliierten auseinanderzudividieren, wenngleich Brockdorff-Rantzau bei den Verhandlungsvorbereitungen ein solches Vorgehen als taktisches Mittel in seine Überlegungen einbezog. Auf einem »Frieden des Rechts« wollte der Außenminister beharren, und das war nicht allein auf die Einlösung der im Kontext der Lansing-Note und des Waffenstillstands gegebenen Zusagen bezogen, sondern implizierte auch die Erwartung, ein freies, ein demokratisches Deutschland – nicht mehr das autokratische Kaiserreich – werde nun mit anderen Demokratien gleichsam auf Augenhöhe verhandeln. Aus dem Zuschauerraum des Theaters, in dem das Stück von der Freiheit gespielt werde, sei Deutschland, so der Außenminister schon zu Jahresbeginn, aus eigenem Entschluss auf die Szene gestiegen. In »Solidarität der Demokratie« wolle es »gleichberechtigt Seite an Seite mit den anderen Völkern gehen«.[118] Diese Solidarität konnte sich nach Einschätzung Brockdorff-Rantzaus auch aus der gemeinsamen Abwehrhaltung der Demokratien – der westlichen Demokratien – gegen die bolschewistische Bedrohung speisen. Vor allem Großbritannien und die USA, mit Einschränkungen aber auch Frankreich, könnten kein Interesse daran haben, Deutschland durch einen harten Frieden zu schwächen und politisch zu destabilisieren und es so dem Bolschewismus auszuliefern.[119] Das entsprach durchaus alliierten Positionen, wie sie beispielsweise Lloyd George in seinem Fontainebleau-Memorandum entwickelt hatte, das man freilich in Deutschland nicht kannte. Es gehörte indes nicht viel dazu, zu einer solchen Einschätzung zu gelangen. Der Fehler lag darin, daraus unmittelbaren Nutzen für die deutsche Sache abzuleiten. Die Dinge lagen doch komplizierter, und der Antibolschewismus der Westmächte war nicht das überwölbende Dach aller ihrer Interessen und Friedensziele, der Imperativ, dem sie alle anderen Zielsetzungen unterordneten.

Auf der Basis solcher Überlegungen entwickelten die Deutschen aber ihre Friedensvorstellungen und -pläne, die freilich spätestens am 7. Mai 1919 zu bloßer Makulatur wurden. Angesichts der alliierten Ziele und trotz aller Konflikte auf der Seite der Sieger gab es jedoch schon vor dem 7. Mai nicht den Hauch einer Chance, die deutschen Ideen zu realisieren. Nicht einmal die Rückgabe Elsass-Lothringens wollten die Deutschen vorbehaltlos anerkennen.

Aktentruhe mit Unterlagen der deutschen Verhandlungsdelegation in Versailles, 1919

Die Deutschen hatten sich auf intensive Verhandlungen vorbereitet und waren nicht nur mit einer 180 Mitglieder starken Delegation in drei Sonderzügen nach Versailles gereist, sondern auch mit Truhen voller Akten. Zu jedem denkbaren Thema hatten Experten umfangreiche Ausarbeitungen angefertigt, die die deutschen Positionen darlegen sollten. Es ging um wirtschaftliche, finanzielle, militärische und territoriale Fragen, und die Papiere spiegelten die Befürchtungen der Deutschen. Andere Unterlagen dienten dem Zweck, dem Kriegsschuldvorwurf zu begegnen, den man seit den Tagen des Waffenstillstands antizipierte. Doch es kam zu keiner Aktenschlacht. Ultimativ wurden die Deutschen aufgefordert, schriftlich zu den alliierten Friedensbedingungen Stellung zu nehmen. Monatelange Vorbereitungen liefen ins Leere.

Territoriale Veränderungen im Westen des Reiches wurden kategorisch ausgeschlossen und im Osten an mehr oder weniger unüberwindliche Hindernisse geknüpft. Reparationsverpflichtungen wurden auf ein absolutes Minimum reduziert, das noch hinter die reine Wiedergutmachung ziviler Schäden zurückfiel. Großbritannien wäre völlig leer ausgegangen.[120] Die deutschen Friedensvorbereitungen wurden ganz und gar von der Reparationsfrage beherrscht, weil die Reparationsverpflichtungen, die auf jeden Fall Bestandteil des Friedensvertrags sein würden – daran zweifelten auch die optimistischsten Deutschen nicht –, über Deutschlands künftige wirtschaftliche Stärke entscheiden würden, damit über sein politisches Gewicht und den Anspruch, als europäische Großmacht weiterzubestehen. Vor diesem Hintergrund war den Deutschen seit dem Waffenstillstand klar, dass es einen nahezu unauflöslichen Zusammenhang gab zwischen der Reparationsfrage und der Kriegsschuldfrage. Wenn also Deutschland danach trachtete, seine Reparationsverpflichtungen zu minimieren und die »Schwere der Bedingungen« zu reduzieren, dann musste man eine alleinige Verantwortung für den Krieg zurückweisen.[121] Das entsprach in spiegelverkehrter Weise ziemlich genau den Überlegungen, die in Paris auf alliierter Seite im Reparationsausschuss angestellt wurden.

Die Alliierten würden, dessen war man sich nach der Einladung der Friedensdelegation vom 18. April sicher, den Deutschen einen kompletten Friedensvertragsentwurf übergeben mit der Erklärung, wie es in den Instruktionen des Reichskabinetts für die Friedensunterhändler hieß, dass dieser »nur angenommen oder abgelehnt werden kann«. Einen eigenen Gegenentwurf wollte man in einer solchen Situation nicht vorlegen, sondern vielmehr »einzelne Gegenvorschläge« machen, um in kleinen Verhandlungsgruppen, in mündlichen Diskussionen mit Experten, Zugeständnisse zu erreichen.[122] Am 7. Mai zerschlugen sich auch diese Hoffnungen. Die Aufforderung, sich zur »Mitteilung der Friedenspräliminarien« einzufinden, hatte die Delegation nur zwei Tage zuvor erhalten.[123] Aus ihr ging auch hervor, dass es keine mündlichen Verhandlungen geben würde und dass man binnen 15 Tagen eine schriftliche Antwort erwartete. Am 7. Mai, einem Mittwoch, wurde die Delegation – sechs offizielle Bevollmächtigte, fünf weitere Diplomaten und zwei Dolmetscher – von französischen Chauffeuren die kurze Strecke zum Hotel Trianon Palace gefahren, wo die Übergabe der Friedensbedingungen stattfand. Das Schloss von Versailles selbst sollte der Unterschriftszeremonie vorbehalten bleiben. Angekündigt von einem französischen Oberst, betraten die Deutschen den großen Saal, wo an hufeisenförmig aufgestellten Tischen die Vertreter der alliierten und assoziierten Mächte sich von ihren Plätzen erhoben hatten, darunter Delegierte von Ländern, die sich gar nicht mit Deutschland im Kriegszustand befanden – Bolivien und Ecuador beispielsweise –, oder von Ländern, die erst im Zusammenbruch der Mittelmächte ihre Unabhängigkeit erklärt hatten, etwa Polen und die Tschechoslowakei. Aber auch Vertreter des arabischen Königreichs Hedschas waren anwesend, das Teil des Osmanischen Reiches gewesen war, mit dem noch kein Friedensvertrag geschlossen war.

Am vierten Jahrestag der Versenkung der *Lusitania*, woran vor allem die anglo-amerikanische Presse erinnerte, wandte sich Clemenceau als Vorsitzender der Konferenz in knappen Worten und mit klarer, aber nicht lauter Stimme an die deutschen Delegierten. Es sei nicht die Zeit für überflüssige Worte: »Die Stunde der Abrechnung ist da: Sie haben uns um Frieden gebeten. Wir sind geneigt, ihn Ihnen zu gewähren.« Der »zweite Versailler Friede« sei abzuschließen, betonte Clemenceau, und stellte damit wie bereits durch die Ortswahl den Bezug her zum Deutsch-Französischen Krieg, dem am 26. Februar 1871 der Präliminarfrieden von Versailles gefolgt war. Dieser »zweite Versailler Friede« sei »zu teuer erkauft worden (...), als dass wir nicht einmütig entschlossen sein sollten, sämtliche uns zu Gebote stehenden Mittel anzuwenden, um jede uns geschuldete berechtigte Genugtuung zu erlangen«. Was folgte, war der Hinweis auf die weiteren Modalitäten, die sich freilich – keine Verhandlungen, zweiwöchige Frist – in den Duktus der kurzen Ansprache fügten. Nicht gleichberechtigte Nationen standen sich hier gegenüber und auch nicht nur Sieger und Besiegte, sondern Repräsentanten der Alliierten und derjenigen Macht, welcher man die Verantwortung für den Krieg anlastete und die nun dafür zur Rechenschaft gezogen werden sollte.

Nachdem Clemenceau geendet hatte, antwortete der deutsche Außenminister. Ulrich Graf Brockdorff-Rantzau hatte sein Amt wenige Wochen nach der Revolution übernommen. Obwohl er aus dem diplomatischen Dienst des Kaiserreichs stammte und einer alten holsteinischen Adelsfamilie angehörte, entschloss sich der Rat der Volksbeauftragten, ihn zum Nachfolger des letzten kaiserlichen Außenministers Wilhelm Solf zu machen. 1869 geboren, bei Kriegsende also knapp 50 Jahre alt, stand er für außenpolitische Erfahrung und diplomatische Professionalität. Er vertrat liberale Positionen und hatte sich schon in der letzten Kriegsphase als deutscher Gesandter in Kopenhagen für eine Außenpolitik der Verständigung im Sinne Wilsons ausgesprochen. Aristokratisch vom Scheitel bis zur Sohle, war er eine sensible, komplizierte Persönlichkeit. Hohe Intelligenz paarte sich mit geradezu maßloser Ambition, aber auch Missgunst und Kritikunfähigkeit. Der Exzentriker, der die Nacht zum Tag machte, der arbeitete, wenn andere schliefen, verfügte durchaus über Ausstrahlungskraft, die sich allerdings eher im persönlichen Gespräch und in kleinen Gruppen entfaltete als in der größeren Öffentlichkeit. Ein begnadeter Redner war er nicht.[124]

Im Gegensatz zum französischen Ministerpräsidenten, der im Stehen gesprochen hatte, erhob sich Brockdorff-Rantzau nicht von seinem Platz, sondern blieb sitzen. Als politische Geste von größter Wirkung ist diese Szene, wenn nicht ins Gedächtnis der Menschheit, so doch auf jeden Fall in das Gedächtnis der am Krieg beteiligten Nationen, Frankreichs und Deutschlands allen voran, eingegangen. Anders als David Lloyd George es später darstellte, um das Verhalten Brockdorff-Rantzaus zu rechtfertigen und den Eindruck einer ungeheuren Arroganz zu relativieren, stand der deutsche Außenminister nicht kurz vor einem physischen Zusammenbruch. Vielmehr hat er sich bewusst für diesen Affront entschieden. Im Vorfeld hatte er verschiedene Angehörige der deutschen Delegation, unter ihnen Walter Simons, Max Warburg und Carl Melchior, gefragt, ob er aufstehen oder sitzen bleiben solle. Gegen den Rat der Befragten entschloss er sich – womöglich unter dem Eindruck der Ansprache Clemenceaus –, sich nicht zu erheben. Es mag eine Rolle gespielt haben, dass er nicht wie ein Angeklagter vor einem Tribunal erscheinen und wahrgenommen werden wollte, in der deutschen und der internationalen Öffentlichkeit, aber auch vor sich selbst. Der Eindruck, den er dadurch auslöste, war katastrophal. Selbst Angehörige der deutschen Delegation hielten das Sitzenbleiben für einen »bösen faux pas«.[125] Es verstärkte die Wirkung seiner Rede um ein Vielfaches. Nicht die Worte des Deutschen waren später das Hauptthema der Gespräche im Umfeld der alliierten Delegationen, sondern die Tatsache, dass Brockdorff-Rantzau sitzen geblieben war. Doch auch die Worte ließen erkennen, dass es dem Minister nicht um Konzilianz ging, nicht darum, auch nur einen Funken Verständnis zu zeigen für die alliierte und insbesondere die französische Haltung.

Verschiedenste Redeentwürfe, an denen unterschiedliche Verfasser – Politiker, Diplomaten, Wissenschaftler – mitgewirkt hatten, waren vor dem 7. Mai vorbereitet worden.[126] Am Ende war eine knappe Erwiderung übrig geblieben, die die Bereitschaft der Deutschen signalisierte, bei der Annahme der Bedingungen »bis an die Grenze des Möglichen zu gehen« und das übergebene Dokument »mit gutem Willen« zu prüfen.¹²⁷ Doch nicht für diesen Text von nur drei Sätzen entschied sich Brockdorff-Rantzau, sondern für eine ungleich längere Fassung, ungleich länger auch als die Rede des französischen Ministerpräsidenten. Da sie auf Deutsch gehalten wurde und Satz für Satz ins Französische und Englische übersetzt werden musste, schien sie sich schier endlos hinzuziehen. Ohne dass bei Clemenceau davon die Rede gewesen wäre, stand im Zentrum der deutschen Erwiderung, die mit Worten der Verbitterung und Empörung begann, die Zurückweisung der deutschen Kriegsschuld. Man sei sich im Klaren über »den Umfang unserer Niederlage, den Grad unserer Ohnmacht«, hob der Minister an, um dann von der »Wucht des Hasses, die uns hier entgegentritt«, zu sprechen. »Es wird von uns verlangt«, so fuhr er fort, »dass wir uns als die allein Schuldigen am Kriege bekennen; ein solches Bekenntnis wäre in meinem Munde eine Lüge.« Von Krankheit und Krisis Europas vor 1914 sprach Brockdorff-Rantzau, von der unheilvollen Wirkung des Imperialismus, doch immer wieder kam er zurück auf die Frage der Kriegsschuld, der deutschen Verantwortung für den Krieg und die deutschen Verbrechen im Krieg, von denen Clemenceau nicht gesprochen hatte, nur um dann den Spieß gleichsam umzudrehen und den Alliierten die Fortsetzung der Blockade Deutschlands nach dem Waffenstillstand vorzuwerfen. Hunderttausende Angehörige der deutschen Zivilbevölkerung seien an den Folgen der Blockade zugrunde gegangen – »mit kalter Überlegung getötet«, nachdem der Sieg bereits errungen gewesen sei. »Daran denken Sie, wenn Sie von Schuld und Sühne sprechen.«

Dass Brockdorff-Rantzau eine deutsche Verpflichtung zum Wiederaufbau Belgiens und Nordfrankreichs akzeptierte, dass er sich zum Völkerbund bekannte und zur »wirtschaftlichen und sozialen Solidarität der Völker« und dass er am Ende seiner Rede einen »Rechtsfrieden« beschwor, konnte angesichts solcher Worte und der Umstände seiner Rede keine Wirkung entfalten. Für einen amerikanischen Beobachter aus dem Beraterkreis Wilsons stand fest: »Durch die Grobheit seiner Worte und die Unhöflichkeit seines Benehmens spielte er in die Hände Clemenceaus, der immer schon behauptet hatte, dass Deutschland als Produkt einer Politik von ›Blut und Eisen‹ als Grundlage des Friedens in Europa nur die Sprache der Gewalt versteht.«¹²⁸ Auch die Großen Drei, Clemenceau, Lloyd George und Wilson – Orlando praktizierte noch immer die Politik des leeren Stuhls –, konnten sich der Wirkung der Rede nicht entziehen. Sie reagierten wütend, empört und insbesondere Wilson bis zu einem gewissen Grad auch enttäuscht.

Was hätte eine andere Rede bewirkt? Was wäre geschehen, wenn Brockdorff-Rantzau sich erhoben hätte? Die Friedensbedingungen lagen längst fest. Sie waren, wie wir gesehen haben, ein Kompromiss, das Ergebnis eines harten Ringens. Von diesem Kompromiss abzuweichen, auch nur in einzelnen Fragen, hätte zu neuen Auseinandersetzungen geführt und den Abschluss des Friedensvertrags weiter verzögert. Aber es war nicht nur eine Frage der Zeit. Bei allen Meinungsunterschieden waren sich die Alliierten doch einig, dass Deutschland die Hauptverantwortung für den Krieg trug, dass der Friedensvertrag dieser Verantwortung, der Kriegsschuld, Rechnung tragen und Vorsorge getroffen werden musste, damit Deutschland sich nicht binnen kurzem wieder zu einer Bedrohung entwickeln würde. Ob die Maßnahmen, die der Vertragsentwurf dafür vorsah – von den Reparationen über die territorialen Bestimmungen bis hin zur militärischen Schwächung –, die richtigen waren, ob nicht gerade diese Maßnahmen einem aggressiven deutschen Revisionismus Tür und Tor öffneten, Deutschland in eine außenpolitische Isolation drängten und damit das Sicherheitsproblem nicht lösten, sondern eher vergrößerten, ist eine andere Frage. In der Retrospektive fällt das Urteil fraglos anders aus, aber das überlegene Wissen der Spätergeborenen stand den damaligen Akteuren nicht zur Verfügung. Abgesehen davon ignorieren solche Überlegungen die Tatsache, dass Akteure wie Wilson, Clemenceau und Lloyd George, aber auch – ganz anders und doch vergleichbar – Brockdorff-Rantzau und die deutsche Regierung nicht im luftleeren Raum handelten, sondern in innenpolitischen Kontexten und unter dem Einfluss öffentlicher Stimmungen und Meinungen. Die Rede des deutschen Außenministers war auch eine innenpolitische Rede, sie richtete sich nicht zuletzt an ein deutsches Publikum, war der Versuch, durch Konfrontation und Moralisierung nationale Geschlossenheit zu erzeugen, um dadurch doch noch zu alliierten Konzessionen zu gelangen – vor allem in den Ehrfragen, der Kriegsschuldfrage insbesondere, die für Brockdorff-Rantzau oberste Priorität besaßen.[129]

Das schon erwähnte Telegramm der britischen Unterhausabgeordneten aus dem April zeigt ebenfalls, wie sehr die Akteure in Paris oder Versailles sich stets auch auf innenpolitischem Terrain bewegten und bewegen mussten. Es verdeutlicht die Schwierigkeit, nach viereinhalb Jahren Krieg und angesichts enormer Erwartungen, aber auch Versprechungen miteinander einen Frieden auszuhandeln, der den Krieg gleichsam vergessen machte. Das war nicht nur für Frankreich unmöglich. Der Historiker Gerd Krumeich hat vor

Übergabe der Friedensbedingungen am 7. Mai 1919 im Hotel Trianon Palace

Die Siegermächte ließen die Deutschen spüren, dass sie den Krieg verloren hatten, und man wies ihnen von Anfang an auch die Kriegsschuld zu. Die Übergabe der Friedensbedingungen, die einzige Begegnung der deutschen Vertreter mit den Siegern vor der Vertragsunterzeichnung, wurde zu einer Szene der Konfrontation, was der deutsche Außenminister Graf Brockdorff-Rantzau noch dadurch verstärkte, dass er sich bei seiner Erwiderung auf den französischen Ministerpräsidenten Clemenceau nicht von seinem Platz erhob. Aus den verschiedenen vorbereiteten Redeentwürfen wählte Brockdorff-Rantzau den schärfsten. Selbst den Deutschen wohlgesinnte Beobachter waren empört. Das Bild zeigt am vorderen Tisch die deutsche Delegation mit Außenminister Graf Brockdorff-Rantzau in der Mitte.

diesem Hintergrund zu Recht darauf hingewiesen, dass selbst ein umfassendes deutsches Schuldeingeständnis an der mentalen Disposition der französischen Gesellschaft, die tief geprägt, ja geradezu traumatisiert war durch die Erfahrung des Krieges, kaum etwas geändert hätte. Für eine »Politik des freundlichen Ausgleichs«, wie sie Mitte der 1920er Jahre Briand und Stresemann betrieben, fehlte unmittelbar nach Kriegsende und zu Beginn der 1920er Jahre jede Voraussetzung. Dass Deutschland sich demokratisiert hatte, konnte an dieser Disposition nichts ändern, zumal die Stabilität der Demokratie und die politische Entwicklung des Landes in den Monaten der Pariser Konferenz völlig unsicher erscheinen mussten.[130]

Aber wäre die deutsche Seite nicht dennoch gut beraten gewesen, nicht von Beginn an, also seit Abschluss des Waffenstillstands, der Frage der Kriegsschuld eine solche Bedeutung zuzuweisen? Musste man nicht damit rechnen, genau dadurch das – wenn auch geringe – Maß an Konzilianz, Verständigungs- und vielleicht auch Kompromissbereitschaft zu zerstören, das es auf amerikanischer und in Ansätzen auf englischer Seite durchaus gab? Hinzu kam noch etwas: In dem Maße, in dem die Deutschen – die Regierung in Berlin, aber auch all jene Beraterstäbe und Friedensvorbereitungsgruppen im Vorfeld der Versailler Delegation – die Frage der deutschen Verantwortung für den Krieg zum Thema machten und den Kriegsschuldvorwurf als Angriff auf die nationale Ehre empört von sich wiesen, desto mehr solidarisierten sie sich gerade in der Wahrnehmung von außen mit den Eliten des Kaiserreichs und unterliefen »ihren eigenen Anspruch, ein neues, durch die Revolution geläutertes Deutschland zu vertreten, das mit seiner Vergangenheit gebrochen habe«.[131] In ihren Antwortnoten auf die alliierten Friedensbedingungen, in der »Note zur Frage der deutschen Kriegsschuld« vom 13. Mai, in der »Note über die Schuldfrage« vom 24. Mai, aber auch in der »Mantelnote« zu den deutschen Gegenvorschlägen vom 29. Mai wiesen die Deutschen ja nicht nur erneut den Kriegsschuldvorwurf zurück, sondern erklärten sich auch außerstande, »der früheren deutschen Regierung« diese Schuld zuzusprechen. Die Reaktion auf die Note vom 13. Mai folgte wenige Tage später im Rat der Vier. Wilson brachte sein Erstaunen darüber zum Ausdruck, dass die Deutschen entgegen ihrer Zustimmung zu den Waffenstillstandsbedingungen nunmehr erklärten, sie hätten den Krieg nicht verursacht. Lloyd George erwiderte prompt: »Das zeigt doch nur, dass Deutschland sich noch immer in der Hand seiner früheren Führung befindet oder aber diese noch nicht losgeworden ist.«[132]

Dem Schock, den die Friedensbedingungen auslösten, folgte die Empörung, die Deutschland wie eine Welle überrollte und eine nationale Geschlossenheit erzeugte, die man nach den Monaten der Revolution, der Republikgründung, schärfster politischer Gegensätze und bürgerkriegsähnlicher Zustände kaum für möglich gehalten hätte. Leider hat uns Harry Graf Kessler, der kluge Beobachter und Kommentator der Zeitläufte, keine Aufzeichnungen über diese Tage hinterlassen. Seine Stimmung war »seit 7. Mai, seit der Überreichung der Friedensbedingungen so gedrückt, dass keine Lust zum Schreiben«.[133] Aber in Politik und Öffentlichkeit machten Entrüstung, Enttäuschung und Zorn sich Luft. Noch vergleichsweise zurückhaltend notierte der liberale Theologe und Politiker Ernst Troeltsch in seinen *Spectator-Briefen*, in der Literatur seither nur selten komplett zitiert: »Das Traumland der Waffenstillstandsperiode, wo jeder sich ohne die Bedingungen und realen Sachfolgen des bevorstehenden Friedens die Zukunft phantastisch, pessimistisch oder heroisch ausmalen konnte, ist geschlossen.«[134] Zeitungen unterschiedlichster politischer Couleur titelten mit Schlagzeilen wie »Die unannehmbaren Friedensbedingungen. Nein!«, »Über alles Maß!« oder »Frieden der Vernichtung«.[135] Die Reichsregierung verbot die Durchführung öffentlicher Vergnügungsveranstaltungen für eine Woche. Nicht in Weimar, wo sie eigentlich tagte, sondern in der Aula der Berliner Universität versammelte sich am 12. Mai die Nationalversammlung zu einer Debatte über den Friedensvertragsentwurf. Der Ort war mit Bedacht gewählt. Johann Gottlieb Fichte hatte hier nach der preußischen Niederlage gegen Napoleon 1806 seine »Reden an die deutsche Nation« gehalten. Heute spreche Fichte wieder zu den Deutschen, betonte Wilhelm Kahl, Professor der Rechte in Berlin und DVP-Abgeordneter in der Nationalversammlung, in seiner Eröffnungsrede, und zwar als »Sinnbild des nie verzagenden Mutes, das Vorbild des Patrioten in schwerster Zeit, entschlossen, Leben und alles einzusetzen für Volk und Vaterland. Werden in diesem Sinne hier Entschlüsse und Beschlüsse gefasst und ausgeführt, dann ist es der Anfang zum Wiederaufstieg, vielleicht durch noch tiefere Schächte und durch noch dunklere Nächte, aber der Aufstieg zur Höhe ist gewiss.«[136]

Philipp Scheidemann, der sozialdemokratische Reichsministerpräsident, bezeichnete den Vertrag als einen »Mordplan« und als »unannehmbar«. Sein Ausruf »Welche Hand müsste nicht verdorren, die sich und uns in solche Fesseln legt?« ist seither immer wieder zitiert worden. Für Scheidemann und viele andere Deutsche war der Frieden kein Frieden, sondern die Fortführung des Krieges. Er sprach von »Deutschlands Leiche« auf dem »Schlachtfelde von Versailles« und davon, dass »nicht der Krieg, sondern dieser harte, kasteiende Arbeitsfriede (…) das Stahlbad für unser aufs tiefste geschwächte Volk« sein werde. Als sei »das blutige Schlachtfeld von der Nordsee bis zur Schweizer Grenze noch einmal in Versailles lebendig geworden, als kämpften Gespenster über all den Leichenhügeln noch einen letzten Kampf des Hasses und der Verzweiflung«, so schien es ihm. »Wehe denen, die den Krieg heraufbeschworen haben«, schloss Scheidemann, »aber dreimal wehe über die, die heute einen wahrhaften Frieden auch nur um einen Tag verzögern.« Paul Hirsch, der sozialdemokratische preußische Ministerpräsident, rief im Namen der deutschen Staaten aus: »Lieber tot als Sklav'!« Vom »Vernichtungswillen der Entente« sprach der DDP-Abgeordnete Conrad Haußmann, von der »Fortführung des Krieges gegen Wehrlose« die SPD-Abgeordnete Clara Schuch.

Neben der Zentrumsabgeordneten Helene Weber war Schuch eine der beiden Frauen, die in der Debatte das Wort ergriff. Sie erinnerte an das Leid von Frauen, insbesondere als Mütter und Ehefrauen, in den Kriegsjahren und entwickelte aus dieser Erfahrung des Leids und der Trauer nicht nur deutscher Frauen den Imperativ eines Friedens der Versöhnung und der Gerechtigkeit. Die Friedensbedingungen der Alliierten waren vor diesem Hintergrund für sie eine »Grausamkeit gegen das menschliche Fühlen der Frauen, gegen die heiligsten Gefühle, die überhaupt die Menschen bewegen können, gegen Eltern-, Gatten- und Kindesliebe«. Als »Trägerinnen des Lebens« und nicht als »Dienerinnen des Todes« müssten sich, so die Sozialdemokratin, Frauen überall in der Welt nicht nur gegen den Krieg, sondern auch gegen die alliierten Friedensbedingungen einsetzen, weil gerade Frauen wollten, »dass dieser Krieg der letzte gewesen ist«. Als Mütter mit der Verpflichtung für die Zukunft ihrer Kinder müssten Frauen – und auch »unsere Schwestern in den heute uns noch feindlichen Ländern« – den Friedensvertrag »um der Menschheit willen, um der Zukunft willen« ablehnen.

Für Gustav Stresemann, den späteren DVP-Außenminister, machte der Vertrag aus Deutschland »ein zerstückeltes Reich, machtlos, rechtlos, ehrlos, auf ewige Zeit zur Fronarbeit verurteilt, von Fremdvölkern wie von Sklavenhaltern regiert. Es ist möglich, dass wir zugrunde gehen, wenn wir den Vertrag nicht unterzeichnen. Aber wir alle haben die Empfindung: es ist sicher, dass wir zugrunde gehen, wenn wir ihn unterzeichnen.« Eine »Drachensaat« war der Vertrag für Arthur Graf Posadowsky-Wehner von der DNVP: »Wenn uns dieser Friedensvertrag aufgedrängt wird, so sind das Drachenzähne, die unsere Feinde in deutschen Boden säen, und aus diesen Drachenzähnen werden einst bewaffnete Männer entstehen und auch uns wieder die Freiheit bringen.« Das war die Drohung mit einem zweiten Weltkrieg, den selbst der aus dem Zentrum stammende Präsident der Nationalversammlung Konstantin Fehrenbach beschwor: Der Vertrag sei nichts anderes als die »Verewigung des Krieges. Und jetzt richte ich mich an unsere Feinde in einer Sprache, die auch sie verstehen: memores estote, inimici, ex ossibus ultor! [Bedenkt, Feinde, aus den Knochen der Toten wird der Rächer erstehen!] Wenn unsere Feinde es mit ihren Kindern und Enkeln gut meinen, dann besinnen sie sich noch einmal.« Denn auch in Zukunft würden »deutsche Frauen Kinder gebären, und die Kinder, die in harter Fron aufwachsen, werden (…) mit dem Willen erzogen werden, die Sklavenketten zu brechen und die Schmach abzuwaschen, die unserem deutschen Antlitz zugefügt werden will.«

Selbst die USPD erhob ihren Protest gegen die Friedensbedingungen, gab sich aber zugleich gewiss, die Weltrevolution, die auf dem Marsche sei, werde den »Friedensvertrag, der uns jetzt aufgezwungen wird, revidieren«. Und der Pazifist Ludwig Quidde forderte dazu auf, »unser ganzes Dichten und Trachten« darauf zu richten, »diesen Frieden wieder zu beseitigen«, denn »diese Bedingungen (…) sind unannehmbar, sie sind insbesondere für diejenigen unannehmbar, die den Gedanken der Völkerverständigung, die Idee des Pazifismus vertreten«. »Nein! Nochmals Nein! – und zum dritten Male Nein!«, rief Quidde, der letzte Redner der Debatte am Ende aus und erntete dafür stürmischen Beifall.

Nie vorher und nie später hat es im Reichstag der Weimarer Republik – und weit über das Parlament hinaus in der deutschen Gesellschaft – eine solche Einmütigkeit und Geschlossenheit gegeben. Nicht wenige fühlten sich an das »Augusterlebnis« und den »Burgfrieden« von 1914 erinnert. Doch genau darin lag das Problem. Die Kultur des Krieges verlängerte sich in die Zeit des Friedens hinein, der nicht als Frieden wahrgenommen wurde, sondern als Fortführung des Krieges. Ob dafür die Alliierten mit ihren Friedensbedingungen verantwortlich waren oder die Deutschen mit ihrer Weigerung, die Realität der Niederlage anzuerkennen, ist eine Frage, die kaum weiterführt, die aber bis in die Geschichtsschreibung hinein über viele Jahrzehnte die Frontstellungen des Krieges verlängert hat: von den großen Dokumenteneditionen der Außenministerien in den 1920er und 1930er Jahren bis hin zu der erbitterten Kontroverse über die Thesen des Hamburger Historikers Fritz Fischer in den Jahren um 1960, in welcher in der Auseinandersetzung über die deutsche Kriegsschuld 1914 stets auch über den Versailler Vertrag gestritten wurde. Denn wenn das Kaiserreich nicht die alleinige oder auch nur die Hauptverantwortung für den Ersten Weltkrieg trug, war dann nicht der Frieden von Versailles ein falscher Frieden? Leicht wurde auf diese Weise aus der »Kriegsschuldfrage« eine »Friedensschuldfrage«, wie es schon 1922 der völkisch-nationalistische Publizist Max Hildebert Boehm genannt hatte.[137] Diese Debatten fortzuführen, ist hundert Jahre nach den Ereignissen unergiebig, auch wenn sich nach der Veröffentlichung des Buches *Die Schlafwandler* gerade in Deutschland vereinzelte Stimmen erhoben, die dazu aufforderten, im neuen Lichte auf den Kriegsbeginn auch einen neuen Blick auf den Friedensschluss zu werfen. Da verbinden sich ein neues deutsches Selbstbewusstsein und Bekenntnisse zu einer stärker von Eigeninteressen geleiteten Nationalstaatlichkeit, oftmals antieuropäisch eingefärbt, mit einer geschichtspolitischen Exkulpation des Kaiserreichs, die dessen autoritäre Verfasstheit marginalisiert und seine aggressive Außen- und Kriegspolitik im Vorfeld von 1914 relativiert.

Die nationale Geschlossenheit, die sich in Deutschland nach dem 7. Mai 1919 nicht nur in der Berliner Sitzung der Nationalversammlung äußerte, sondern auf Straßen und Plätzen überall im Land, war ein Schulterschluss gegen den »Gewaltfrieden«, wie es immer wieder hieß. »Im Protest fand die gedemütigte Nation sich wieder«, hat der Historiker Peter Krüger geschrieben.[138] Aber dieser neue »Burgfrieden« war – ähnlich wie der alte – kurzlebig, und er richtete sich ausschließlich auf die Abwehr der Friedensbedingungen. Zur Stabilisierung der jungen Republik und ihrer Demokratie trug er nicht bei. Hinter dem »Nein, nein und nochmals nein!« stand kein demokratischer Konsens, keine Gemeinsamkeit, die sich auf die 1919 in Deutschland entstehende politische Ordnung bezog, und auch keine Übereinstimmung in der Bewertung des Kriegsendes und der Revolution. In der Verurteilung des Friedens von Versailles waren sich bis in ihren Untergang so gut wie alle politischen Kräfte in der Weimarer Republik einig, doch davon konnte die Republik nicht profitieren, im Gegenteil: Nachdem der Vertrag unterzeichnet war, dauerte es nicht lange, bis die Frage nach der richtigen Politik zu seiner Überwindung, zur Revision des Vertrages, zu scharfen Konflikten führte. Und es war dann nur noch eine Frage der Zeit, bis die Verantwortung für den Friedensschluss 1919 mit der Verantwortung für die Kriegsniederlage, für das Ende der Monarchie, für Revolution und Republikgründung verknüpft wurde. Hellsichtig hatte das schon früh der Hamburger Bankier Max Warburg erkannt, der sich weigerte, in der deutschen Delegation eine exponierte Rolle zu übernehmen. Ein Jude könne das »nie und nimmermehr« machen; »antisemitische Angriffe würden auf alle Fälle die Folge sein«. Warburg sollte recht behalten. Als er, der in Versailles eine beratende Rolle spielte, Ende Juni 1919 in seine Heimatstadt zurückkehrte, verteilten völkische Aktivisten an der Börse Schmähzettel gegen den jüdischen Bankier. Es ging darin um Warburg, doch die judenfeindlichen Angriffe zielten weit über ihn hinaus.[139]

Die Geschlossenheit der Heimat bestärkte die deutsche Delegation in Versailles und insbesondere Außenminister Brockdorff-Rantzau in ihrer Entschiedenheit, sich im Rahmen ihrer bescheidenen Möglichkeiten gegen den alliierten Vertragsentwurf zur Wehr zu setzen. Angesichts des enormen Zeitdrucks begann unmittelbar nach dem 7. Mai ein »Notenkrieg«, der Versuch, in einem schriftlichen Austausch deutsche Positionen darzulegen, um zumindest punktuelle Veränderungen der Bedingungen zu erreichen. Die ausschließliche Schriftlichkeit des Austauschs ließ dabei von Anfang an kaum erwarten, dass es zu substantiellen Zugeständnissen oder Kompromissen kommen würde. Immer wieder bemühten sich die Deutschen daher, doch noch zu mündlichen Verhandlungen zu gelangen, und sei es nur in einzelnen, zunächst eher praktisch-technischen Fragen, die freilich als eine Art Türöffner wirken sollten. Dafür aber bestand keine Chance. Einmal, Anfang Juni, schienen solche Gespräche über das hochkomplexe Thema der Reparationen und die deutsche Zahlungsfähigkeit in die Nähe zu rücken. Wilson und Lloyd George waren grundsätzlich bereit, solchen Unterredungen, allerdings allein auf Expertenebene, zuzustimmen, doch sie scheiterten am Widerstand Clemenceaus, der genau erkannte, welches Einfallstor sich hier öffnen würde. Als der amerikanische Präsident im Rat der Vier vorschlug, Gespräche mit Carl Melchior und Max Warburg, den beiden deutschen Bankiers und Finanzexperten, aufzunehmen, die als zugänglich und vernünftig galten, begründete er dies auch damit, dass die Deutschen den Vertrag in einer Weise deuteten, die den Intentionen der Alliierten nicht entspreche. Clemenceau lehnte den Vorschlag kategorisch ab. Der einzige Grund, warum die Deutschen das Gespräch suchten, sei »die Absicht, uns zu spalten«.[140] Dabei gab es auch deutsche Vorschläge, schriftlich unterbreitet, aus denen ersichtlich wurde, dass Deutschland nicht alle Bestimmungen in Bausch und Bogen ablehnte. So akzeptierte man das Hunderttausend-Mann-Heer und bot eine – allerdings zinsfreie – Reparationssumme in Höhe von immerhin 100 Milliarden Goldmark an. Das Angebot war aber an die nahezu vollständige territoriale Unversehrtheit des Reiches gekoppelt und konnte daher nicht auf die Zustimmung der Sieger stoßen.[141]

Der eigentlich entscheidende Gegenstand des deutsch-alliierten Notenwechsels war letztlich die Kriegsschuldfrage. Diese besaß zwar zentrale Bedeutung im Reparationszusammenhang, und es ging fraglos darum, den Reparationsforderungen, wie sie im Artikel 231 des Vertragsentwurfs begründet wurden, den Boden zu entziehen. Doch die Frage der Kriegsschuld löste sich zunehmend aus diesem Sachkontext und wurde von deutscher Seite zum Teil sogar bewusst für sich genommen thematisiert. Der Artikel 231 wurde immer mehr als »Kriegsschuldartikel«, so die sich rasch einbürgernde deutsche Bezeichnung, gelesen und verstanden und immer weniger als eine Bestimmung im Abschnitt »Wiedergutmachungen« an vergleichsweise entlegener Stelle des Vertrages. In ihrer »Note über die Schuld am Kriege« vom 13. Mai kappte die deutsche Seite die Verbindung von Kriegsschuld- und Wiedergutmachungsfrage dann völlig. Deutschland habe mit der Akzeptanz der Lansing-Note vom 5. November 1918 die Verpflichtung zur Wiedergutmachung übernommen, und zwar »unabhängig von der Frage der Schuld am Kriege«.

Wenn dem so war, warum drehte sich dann alles immer mehr um die Kriegsschuldfrage? Seit den Tagen des Waffenstillstands hatte sie ein Eigengewicht bekommen und sich schließlich zu einer Frage der nationalen Ehre entwickelt. Damit fügte sie sich in die diplomatische Strategie Brockdorff-Rantzaus, der in der Wahrung der deutschen Ehre oder Würde, Begriffe, von denen seine Papiere durchzogen sind, ein zentrales Ziel der Friedensverhandlungen sah. Und in der deutschen Politik und Öffentlichkeit, soweit Letztere über den Friedensprozess informiert war, waren abstrakte, aber emotional stark aufgeladene Wertbegriffe wie Ehre oder Würde so wirkmächtig, weil sie die komplizierten Einzelfragen der Friedensregelung, die kaum überschaubar waren, in eine größere Perspektive stellten. Sie wirkten gewissermaßen komplexitätsreduzierend. Der Boden dafür war schon lange vor 1918 bereitet. Gerade die deutsche Außenpolitik war spätestens seit Beginn der wilhelminischen Ära als Politik der nationalen Ehre betrieben worden, ob nun im kolonialen Zusammenhang, ob hinsichtlich der Flottenpolitik und insbesondere in internationalen Konfliktsituationen, in denen politisches Verhalten in starkem Maße von einem Ehrverständnis geleitet war, das seinen Weg aus der Adels- und Militärkultur in die internationalen Beziehungen gefunden hatte. Die Individualisierung der Nation als Kollektivsubjekt trug dazu entscheidend bei. So wurden Ehre und Ehrverlust – Schmach und Schande – zu politischen, außenpolitischen Kategorien, und es ist kein Zufall, dass diese Begriffe – Ehre, Schmach, Schande – in der deutschen Wahrnehmung und Bewertung des Friedens omnipräsent waren. Darum also ging es, wenn die Deutschen in ihrer Note vom 13. Mai die Alliierten erneut aufforderten, Beweise vorzubringen für die angebliche deutsche Verantwortlichkeit.[142] Die unablässige Thematisierung der Kriegsschuld ging zurück auf Brockdorff-Rantzau und seine Delegation. Doch der Kurs des Außenministers stieß im Berliner Kabinett auf immer größere Skepsis. Nicht wenige Kabinettsmitglieder ahnten, dass das Pochen auf der Kriegsschuldfrage den Deutschen nicht helfen, sondern ihnen vielmehr schaden würde. Ein Kabinettsbeschluss vom 14. Mai wies die Delegation in Versailles ausdrücklich an, die Schuldfrage nicht weiter zum Gegenstand der »Verhandlungen« zu machen. Das geschah nicht.[143]

So begann sich das Thema der Kriegsschuld zu verselbständigen, wie die schriftliche alliierte Antwort auf die deutsche Note zeigt. Deutschland habe im November 1918, wie es in einer von Clemenceau unterschriebenen Note vom 20. Mai 1919 heißt, seine Verantwortlichkeit zugegeben, indem es der Verpflichtung zur Wiedergutmachung zugestimmt habe, die sich nach der Lansing-Note »aus dem Angriff Deutschlands zu Lande, zu Wasser und in der Luft« ergebe. Mit der Veränderung der Regierungsform in Deutschland, also dem Übergang zur Demokratie, habe die Frage überhaupt nichts zu tun; es sei also müßig auf mögliche Verfehlungen »der früheren Regierung« zu verweisen.[144] Hier zerplatzte eine weitere deutsche Illusion: die Illusion, Regimewechsel und Demokratisierung würden zu einem milden Frieden, einem Wilson-Frieden, führen. Der Übergang zur Demokratie wurde von den Alliierten zur Kenntnis genommen, aber er hatte keinen Einfluss auf die Ausgestaltung der Friedensbedingungen. Noch war ja nicht einmal klar, ob sich die demokratisch-republikanische Regierung würde halten können, und außerdem war man sich auf alliierter Seite ja keineswegs sicher, ob dem Regimewechsel tatsächlich auch ein Elitenwechsel gefolgt war. Im Notenwechsel, der insbesondere auf deutscher Seite erkennbar davon geprägt war, früher oder später in der Öffentlichkeit Wirkung zu entfalten, erklärte der deutsche Außenminister in der nächsten Note, der »Note über die Schuldfrage« vom 24. Mai, die Frage nach der Verantwortlichkeit für den Krieg zur »Lebensfrage des deutschen Volks«.

Wie groß die Bedeutung war, die man in der deutschen Delegation der Thematik beimaß, wird daran deutlich, dass eigens zur Vorbereitung dieser

Note vier hochkarätige Experten nach Versailles geholt wurden: der Historiker Hans Delbrück, der Soziologe Max Weber, der Völkerrechtler Albrecht Mendelssohn Bartholdy und Max Graf Montgelas, ein pensionierter bayerischer General, der als der beste Kenner der Dokumente zum Kriegsausbruch galt. Von Anfang an war allerdings klar, dass dieses Kleeblatt kaum Spielraum haben würde, um eigene Positionen zu entfalten. Man habe alles Material gesammelt, erklärte Brockdorff-Rantzau, die Erwiderung sei nahezu fertiggestellt. »Es kommt darauf an, den Wert unseres Materials durch die Autorität dieser Herren zu erhöhen.«[145] Max Weber, der im Januar 1919 in der *Frankfurter Zeitung* nur einer Macht, dem zaristischen Russland, einen unbedingten Kriegswillen und damit die Kriegsschuld zugeschrieben und ansonsten davor gewarnt hatte, die Friedensverhandlungen mit »Schulderörterungen« zu belasten,[146] merkte zu spät, dass er und die drei anderen Experten lediglich instrumentalisiert werden sollten. Es sei scheußlich gewesen, »um nichts hat man mich gefragt«, schrieb er seiner Frau. In Versailles ertränkte er seinen Frust in Alkohol.[147] Eine besondere Handschrift Webers in der Note vom 24. Mai, der »Professorendenkschrift«, ist in der Tat nicht zu erkennen. Langwierig legte das Papier die deutsche Interpretation der Lansing-Note dar, bezog Stellung zu der »äußerlichen Tatsache, dass die formelle Kriegserklärung von Deutschland ausgegangen war«, und ging schließlich – um in der Metaphorik des Notenkriegs zu bleiben – zur Gegenattacke über. Auch Deutschland könne seinerseits eine erhebliche Schadensrechnung aufstellen. Dann wurde, ohne dass man ihn beim Namen nannte, der amerikanische Präsident scharf angriffen. In der Note wurde nicht nur an die Vierzehn Punkte erinnert, sondern den Alliierten und insbesondere den USA auch unterstellt, dass es sich bei den Forderungen nach Parlamentarisierung und Entfernung des Kaisers nur um eine »Kriegslist« gehandelt habe.[148] Es war schwer vorstellbar, mit solchen Bezichtigungen im deutschen Sinne auf Wilson einwirken zu können.

Fünf Tage später, am 29. Mai – die von den Alliierten gesetzte Frist war bis zu diesem Tag, Brockdorff-Rantzaus 50. Geburtstag, verlängert worden –, fassten die Deutschen ihre Kritik an dem Vertragsentwurf und ihre Gegenvorschläge in einem umfangreichen Dokument zusammen, das sie zusammen mit einer »Mantelnote« den Alliierten übermittelten. Mit dieser Mantelnote war die nächste Eskalationsstufe im »Krieg um die Kriegsschuld« erreicht, denn zu nichts anderem hatte das deutsche Insistieren auf dieser Frage geführt. Das zeigt allein die Sprache, die alle diplomatischen Gepflogenheiten missachtet. So war von der »Undurchführbarkeit« des Vertrages die Rede und davon, dass »ein ganzes Volk seine eigene Ächtung, ja sein Todesurteil unterschreiben« solle. Kritik und Ablehnung der Friedensbedingungen enthielten einen Appell für »Gerechtigkeit« und »Ehrenhaftigkeit« und gipfelten in einem Satz, den Lenin nicht besser hätte formulieren können, dass nämlich in dem Vertragsentwurf eine »sterbende Weltanschauung imperialistischer und kapitalistischer Tendenzen (...) ihren letzten entsetzlichen Triumph« feiere.[149]

Bei solchen Tönen war es ausgeschlossen, dass die deutschen Vorschläge, die in bestimmten Fragen durchaus Entgegenkommen signalisierten und die Bereitschaft, auf die alliierten Forderungen einzugehen, noch irgendeine konstruktive Wirkung erzielten. Und wenn die Konzilianz in Einzelfragen den Zweck gehabt haben sollte, einen Keil zwischen die Siegermächte zu treiben, dann erreichten die deutschen Angriffe das genaue Gegenteil – ganz abgesehen davon, dass Wilson es leid war, ständig an seine Vierzehn Punkte erinnert zu werden.

Knapp drei Wochen ließen sich die Alliierten Zeit für ihre Antwort, für die deutsche Delegation in Versailles und das politische Deutschland eine Zeit gespannten Wartens. Zwar kam es im Rat der Vier und in anderen alliierten Gremien durchaus zu kontroversen Diskussionen, am Ende aber gab es nur an einem Punkt ein Entgegenkommen, das diese Bezeichnung auch verdiente: Für Oberschlesien, das nach den ursprünglichen Vorstellungen direkt an Polen hätte fallen sollen, wurde eine Volksabstimmung anberaumt, die 1921 dazu führte, dass das Gebiet geteilt wurde. Der westliche Teil blieb bei Deutschland, der wirtschaftlich wichtigere östliche wurde polnisch. Davon abgesehen hielten die Alliierten jedoch uneingeschränkt an ihren Bedingungen fest. Dass sie nicht bereit waren, weitere Änderungen auch nur in Erwägung zu ziehen, machten sie nun in ihrer »Mantelnote« deutlich, die nicht anders zu lesen ist als eine Erwiderung auf die deutschen Noten – insbesondere diejenigen zur Kriegsschuld – der vergangenen Wochen. Der Entwurf zu dieser Mantelnote stammte aus der Feder von Philip Kerr, dem Privatsekretär von Lloyd George, der auch an der Formulierung des eher moderaten Memorandums von Fontainebleau aus dem März 1919 mitgewirkt hatte. Das mag ein Hinweis darauf sein, wie sich die Stimmung im alliierten Lager in der Zwischenzeit verändert hatte, auch wenn man die Tatsache nicht überbewerten sollte, dass von Berater- und Mitarbeiterstäben zuweilen widersprüchliche Vorlagen und Entwürfe produziert werden. In den 1920er

Jahren jedenfalls zählte Kerr in Großbritannien zu den Kritikern des Versailler Vertrags, als Lord Lothian unterstützte er später die Idee eines europäischen Föderalismus.[150]

In der Mantelnote vom 16. Juni lösten die Alliierten nun ihrerseits die Kriegsschuldfrage von der Reparationsfrage und begründeten in schärfsten Formulierungen den gesamten Friedensvertrag aus der – letztlich alleinigen – deutschen Verantwortung für den Krieg. Die Kriegsschuldfrage wurde jetzt in einer Weise gegen die Deutschen gewandt, die alle bisherigen Thematisierungen der Problematik in den Schatten stellte. Das deutsche Verhalten 1914 und während des Krieges, das bis dahin moralisch verurteilt wurde, galt nun als kriminell. Der Friedensvertrag sollte nicht Wiedergutmachung für angerichteten Schaden festlegen, sondern ein Verbrechen bestrafen. Das »Urteil (…) der Gesamtheit der zivilisierten Welt«, wie es gleich zu Beginn der Note hieß, war das Urteil über einen Angeklagten, dem mit dem im August 1914 von Deutschland begonnenen Krieg »das größte Verbrechen gegen die Menschheit und gegen die Freiheit der Völker (…), welches eine sich für zivilisiert ausgebende Nation jemals mit Bewusstsein begangen hat«, zur Last gelegt wurde. »Getreu der preußischen Tradition« hätten die »Regierenden Deutschlands (…) die Vorherrschaft in Europa angestrebt. (…) Sie haben getrachtet, sich dazu fähig zu machen, ein unterjochtes Europa zu beherrschen und zu tyrannisieren, so wie sie ein unterjochtes Deutschland beherrschten und tyrannisierten.« Doch die Verantwortlichkeit Deutschlands beschränke sich »nicht auf die Tatsache, den Krieg gewollt und entfesselt zu haben«. Deutschland sei vielmehr »in gleicher Weise für die rohe und unmenschliche Art, in der er geführt worden ist, verantwortlich«. Auf Deutschland laste eine »schreckliche Verantwortlichkeit« für »Verbrechen gegen die Menschlichkeit und gegen das Recht«. Dass die deutsche Seite immer wieder einen »Frieden der Gerechtigkeit« eingefordert hatte, wurde nun gegen sie gewendet: Gerechtigkeit sei »die einzig mögliche Grundlage für die Abrechnung dieses fürchterlichen Krieges. Gerechtigkeit ist das, was die deutsche Delegation verlangt, und das, von dem diese Delegation erklärt, man habe es Deutschland versprochen. Gerechtigkeit soll Deutschland werden.«

Das war nun wahrlich nicht mehr der juristisch-technische Versuch eines John Foster Dulles, eine deutsche Wiedergutmachungsverpflichtung zu begründen; dies war eine nicht mehr steigerbare moralische Verurteilung, die Deutschland durch seine Unterschrift unter den Vertrag anerkennen sollte und anerkennen musste. Denn die Note war, wie die Alliierten am Schluss unmissverständlich zum Ausdruck brachten, »ihr letztes Wort in der Angelegenheit«. Der Frieden könne nur noch »angenommen oder abgelehnt werden«. Ihre Bereitschaft zu unterzeichnen habe die deutsche Seite binnen fünf Tagen – später verlängert auf sieben – mitzuteilen. Tue sie dies nicht, werde der Waffenstillstand beendet, und der Krieg werde, das war die Botschaft, aus den Konferenzsälen in Paris und Versailles nach Deutschland getragen und nicht mit Denkschriften und Erklärungen geführt werden, sondern mit der Gewalt der Waffen.[151]

Für Außenminister Brockdorff-Rantzau und die deutsche Delegation, die sich sogleich auf die Rückreise nach Deutschland machte, nach Weimar, um genau zu sein, das in diesen Tagen die faktische deutsche Hauptstadt war, stand fest, dass eine Unterzeichnung ausgeschlossen war. In einer Denkschrift, die die Delegierten mit dem Minister an der Spitze noch im Zug für die Reichsregierung verfassten, wurde der Vertrag als »unerträglich«, »unerfüllbar«, »rechtsverletzend« und »unaufrichtig« bezeichnet.[152] Gerade Brockdorff-Rantzau selbst, der Ehre und Würde Deutschlands zum Angelpunkt seiner Friedensvorstellungen gemacht hatte, konnte zu keiner anderen Bewertung gelangen. Er war, das trägt zur Erklärung seiner Verbitterung bei, auch persönlich gescheitert. In der Einschätzung der Friedensbedingungen gab es in der deutschen Politik keinen Dissens. Die Ablehnung war, wie sich schon am 12. Mai in der Nationalversammlung gezeigt hatte, einhellig. Die Frage war freilich – und darüber gingen die Meinungen auseinander –, wie man mit den Bedingungen und dem Ultimatum umgehen sollte. Welche Möglichkeiten bestanden? Was würde geschehen, wenn die deutsche Regierung die Unterschrift verweigerte? In der Denkschrift äußerte sich die Delegation dazu nicht. Ernst Schmitt, ein Diplomat, der zur Entourage Brockdorff-Rantzaus gehörte, erklärte: »Die Folgen der Nichtunterzeichnung sind ungewiss, alle Möglichkeiten sind offen; die Folgen der Unterschrift dagegen sind sicher: die Vernichtung der deutschen Wirtschaft und damit die Vernichtung des deutschen Volkes.«[153] Der Minister selbst stellte Vermutungen an über eine Spaltung der Allianz der Sieger und über stärker werdende Tendenzen in der Stimmung der Bevölkerung der Siegerländer, die sich gegen den Vertrag richten würden. Doch substantiell war das alles nicht.

Aber es gab auch andere Stimmen. Schon vor dem 16. Juni hatte Matthias Erzberger, der Zentrumspolitiker, Vorsitzender der Waffenstillstandskommission und Minister ohne Geschäftsbereich, am Kurs des Außenministers Kritik geübt. Dahinter standen politische Rivalitäten der beiden starken

Figuren der deutschen Außenpolitik, die durch die unterschiedliche soziale Herkunft der beiden und die Dünkelhaftigkeit Brockdorff-Rantzaus noch verstärkt wurden, aber eben auch unterschiedliche Einschätzungen der Lage und der Interessen Deutschlands. Zusammen mit dem Sozialdemokraten Eduard David, der in den Wochen von Kriegsende und Revolution Unterstaatssekretär im Auswärtigen Amt gewesen war und der Regierung jetzt als Minister ohne Geschäftsbereich angehörte, verfasste Erzberger Anfang Juni eine Denkschrift zu den Folgen einer Unterzeichnung oder Nichtunterzeichnung des Friedensvertrags, die er am 3. Juni dem Kabinett vorlegte. Darin stellte er die Folgen einer Unterzeichnung weder optimistisch noch verharmlosend dar, erkannte aber in der Beendigung des Kriegszustands beziehungsweise des Endes der alliierten Drohung mit der Wiederaufnahme des Krieges die entscheidende Voraussetzung für eine Beruhigung der Lage in Deutschland, die wirtschaftliche Stabilisierung und den Wiederaufbau. Im Falle der Nichtunterzeichnung rechnete Erzberger mit dem sofortigen Wiederbeginn der Kampfhandlungen. Alliierte Truppen würden weit über das Rheinland hinaus tief in das Reichsgebiet vorstoßen, die verschiedenen Reichsteile militärisch voneinander trennen und dadurch einen Zerfallsprozess, die »Atomisierung Deutschlands«, auslösen. Die Versorgung mit Lebensmitteln, aber auch mit Kohle werde zusammenbrechen, Unruhen wären die Folge, russische Verhältnisse und ein blutiger Bürgerkrieg. Erzbergers Zusammenfassung der Folgen einer Unterschriftsverweigerung ließ an Deutlichkeit nichts zu wünschen übrig: »I. Zertrümmerung des Reiches, Auflösung desselben in Einzelstaaten. (…) II. Nach kurzer Frist müsste doch Frieden geschlossen werden, aber nicht vom Reich, sondern von den Einzelstaaten, denen zur Bedingung gemacht würde, keine Einheitsbildung mehr einzugehen. Dieser Friede wäre ein noch schlimmerer als der jetzige. III. Sturz der Regierung und Ersetzung derselben durch Unabhängige [USPD] und Kommunisten, Auflösung der Reichswehrbrigaden, Ordnungslosigkeit im ganzen Lande.« Nichts anderes als das Ende Deutschlands – Finis Germaniae – sagte Erzberger damit voraus.[154]

Und er hatte recht mit seinem Szenario. Es entsprach genau den Plänen, die das alliierte Militär unter dem Oberbefehl von Marschall Foch seit Mai 1919 entwickelt hatte. Am 20. Juni erweiterte sich der Rat der Vier, was längere Zeit nicht mehr geschehen war, wieder zum Obersten Kriegsrat (*Supreme War Council*), und die alliierten Befehlshaber – alle vier Mächte waren vertreten – stellten ihre Planungen vor und erhielten das Placet der Politik. Marschall Foch legte dar, dass im Falle einer deutschen Nichtunterzeichnung ein militärischer Vorstoß unmittelbar bis zur Weser führen würde, ein anderer entlang der Mainlinie nach Süddeutschland. Zugleich sollten tschechoslowakische und polnische Truppen, versorgt und bewaffnet durch die Alliierten, auf das Reichsgebiet vorrücken. Ziel war die völlige Lähmung der deutschen Industrie und Versorgung, mindestens ebenso wichtig aber der Abschluss separater Waffenstillstandsabkommen insbesondere mit den süddeutschen Staaten Baden, Württemberg und Bayern. Deren Regierungen werde man dann zu getrennten Friedensverträgen einladen: »Kommen Sie nach Versailles, und wir machen Frieden mit Ihnen«, fasste Clemenceau diese Überlegung zusammen, und Foch unterstrich, dass Deutschland auf diese Weise bis zur Machtlosigkeit verkleinert werden könne. Hier blitzten die Sicherheitsvorstellungen Fochs, die einige Wochen zuvor im Rat der Vier und von Clemenceau zurückgewiesen worden waren, noch einmal auf. Hätte die deutsche Regierung die Unterschrift verweigert, hätte das Militär die Pläne auch in die Tat umgesetzt, daran kann kein Zweifel bestehen. Die Frage, die Foch am Ende des Alliierten Kriegsrats stellte, war präzise: »Heute ist der 20. Juni. Wenn es bis zum 23. Juni, sieben Uhr abends, keine Antwort der Deutschen gibt, habe ich dann die uneingeschränkte Vollmacht, mit dem Vorstoß zu beginnen?« Das Protokoll notiert: »Zustimmung«.[155]

Einem solchen alliierten Vorstoß hätten die deutschen Streitkräfte, die sich in voller Auflösung befanden, nichts entgegensetzen können. Darüber waren sich Wilhelm Groener, Erster Generalquartiermeister und Chef der Obersten Heeresleitung, und Gustav Noske, der sozialdemokratische Reichswehrminister, einig. Das trug dazu bei, dass schon vor der Übergabe der endgültigen Vertragsbedingungen am 16. Juni der im Mai in der Sitzung der Nationalversammlung so einmütig artikulierte Konsens zu zerbröckeln begann – zwischen, aber auch innerhalb der Parteien. In der Regierungskoalition aus SPD, Zentrum und DDP sprach sich die DDP, der der Außenminister nahestand, klar gegen eine Unterzeichnung aus. Sozialdemokratie und Zentrum hingegen waren gespalten. Für einen Moment sah es nach dem 16. Juni so aus, als würde sich aufgrund der Empörung über das in der alliierten Mantelnote geradezu brutal artikulierte Kriegsschuldverdikt eine neue, zumindest weitgehende Geschlossenheit einstellen. Die Ablehnung der Unterzeichnung und damit die Wiederaufnahme der Kampfhandlungen schienen nicht mehr ausgeschlossen. Dies war die Situation, in der Admiral Ludwig von Reuter, der Befehlshaber des in der Bucht von Scapa Flow auf den Orkney-Inseln internierten größten Teils der deutschen Kriegsflotte, den

Befehl gab, die Schiffe für eine Selbstversenkung vorzubereiten und so zu verhindern, dass sie im Kriegsfalle unmittelbar in britische Verfügungsgewalt kamen. Am 21. Juni wurde der Befehl ausgeführt.[156]

Doch es kam nicht zu neuen Kampfhandlungen. Zwar waren sich alle Parteien einig in ihrem Urteil über den Vertrag, aber für eine Politik der Ablehnung, die unweigerlich in die Katastrophe führen musste, fand sich doch keine Mehrheit. In den dramatischen Tagen zwischen dem 16. und dem 23. Juni, dem Ablauf des Ultimatums, jagte in Berlin und vor allem in Weimar eine Sitzung die andere. Nicht nur das Kabinett trat mehrfach zusammen, auch die Fraktionen und Parteivorstände berieten, die Fraktionsführungen des Reichstags und die Regierungschefs der Länder. Besprechungen des Militärs kamen hinzu, und Vertreter des Militärs, darunter immer wieder General Groener, wurden zu Sitzungen ziviler Gremien hinzugezogen. In der Regierung sprach sich neben Außenminister Brockdorff-Rantzau auch Reichsministerpräsident Philipp Scheidemann gegen eine Unterzeichnung aus. Und sie standen nicht allein. In einer Kabinettssitzung am 18. Juni kam es zu einer Abstimmung, die knapp mit acht zu sechs zugunsten der Unterzeichnungsbefürworter ausging, vielleicht aber auch, wie sich Erzberger später zu erinnern meinte, mit einem Patt von sieben zu sieben. Protokolliert wurden die Kabinettssitzungen dieser Tage nicht. Trotz einer Rücktrittsdrohung Scheidemanns sprach sich die SPD-Fraktion einen Tag später für eine Annahme des Vertrags aus, und im Zentrum kam eine Mehrheit für die Annahme zustande, die noch größer war. In beiden Fraktionen gaben die Argumente des Reichswehrministers hinsichtlich der aussichtslosen militärischen Lage und die Informationen des Ernährungsministers über den zu erwartenden Zusammenbruch der Versorgung den Ausschlag für die Entscheidung. Allein die DDP blieb ihrer ablehnenden Haltung treu. Nach einer weiteren, extrem konfliktreichen Kabinettssitzung am Abend des 19. Juni, die keine Annäherung der Positionen brachte, erklärte Ministerpräsident Scheidemann dem Reichspräsidenten die Demission seiner Regierung. Außenminister Brockdorff-Rantzau reichte seinen Rücktritt auch persönlich ein. Das Reich hatte keine Regierung mehr.

Die neue Regierung, mit deren Bildung Friedrich Ebert am 21. Juni den bisherigen Arbeitsminister Gustav Bauer, einen Mann der Gewerkschaften, beauftragte, bestand nur noch aus zwei Parteien, SPD und Zentrum, verfügte aber dennoch in der Nationalversammlung zahlenmäßig über eine Mehrheit. Die wichtigsten Ministerämter übernahmen nun Politiker, die für eine

Unterzeichnung waren: Hermann Müller, einer der beiden Vorsitzenden der SPD, wurde Außenminister, Gustav Noske blieb Reichswehrminister, mit Eduard David wurde ein weiterer Sozialdemokrat Innenminister; Matthias Erzberger übernahm für das Zentrum das Finanzministerium. Bis zum Ablauf der alliierten Frist verblieb nicht mehr viel Zeit. Am 22. Juni, einem Sonntag, versammelte sich die Nationalversammlung in Weimar, um über die Unterzeichnung abzustimmen und zugleich der Regierung das Vertrauen auszusprechen. Mit 237 zu 138 Stimmen – und damit nicht mit allen Stimmen der rotschwarzen Koalition – nahm die Versammlung in namentlicher Abstimmung den Antrag der beiden Regierungsfraktionen an, der aus einem Satz bestand: »Die Nationalversammlung ist mit der Unterzeichnung des Friedensvorschlags (sic!) einverstanden.« Kurz darauf wurde mit 235 zu 89 Stimmen (bei 69 Enthaltungen) der Regierung Bauer das Vertrauen ausgesprochen. Eine entscheidende Voraussetzung für das Votum war die Tatsache, dass die Regierung die Annahme des Vertrags unter einen klaren Vorbehalt gestellt hatte. Die deutsche Regierung sei bereit zu unterzeichnen, »ohne jedoch damit anzuerkennen, dass das deutsche Volk der Urheber des Krieges sei und ohne eine Verpflichtung nach Artikel 227 bis 230 des Friedensvertrags zu übernehmen«. In diesen Artikeln, den sogenannten Strafbestimmungen, in Deutschland rasch auch »Ehrparagraphen« genannt, ging es um eine Anklage gegen den Kaiser vor einem alliierten Tribunal sowie die Auslieferung und Aburteilung deutscher »Kriegsverbrecher«.[157] Damit war erneut die alles beherrschende Kriegsschuldfrage ins Zentrum gerückt.

Ausgestattet mit diesem Vorbehalt, erklärte die deutsche Regierung unmittelbar nach der Sitzung der Nationalversammlung, also einen Tag vor Ablauf des Ultimatums, den Alliierten ihre Bereitschaft, den Vertrag zu unterschreiben. Die Reaktion der Siegermächte folgte noch am selben Abend: Die Zeit der Erörterungen sei vorbei, die Alliierten könnten »keinerlei Abänderung oder Vorbehalt annehmen«. Der Vertrag sei innerhalb der gewährten Frist – es blieben weniger als 24 Stunden – in der vorgelegten Form zu unterzeichnen und anzunehmen oder abzulehnen.[158] Die Nachricht aus Paris traf um Mitternacht in Weimar ein. Die Nationalversammlung musste am Montag erneut zusammentreten. Wieder schien es so, als würden die Mehrheitsverhältnisse kippen und sich nicht genügend Abgeordnete finden, die einer Unterschrift zustimmten. Diese Stimmung wurde genährt durch Informationen, dass das Militär – denn in den »Ehrparagraphen« ging es ja um die Auslieferung deutscher Offiziere – die Regierung bei einer Unterzeichnung nicht länger unterstützen würde. In der Tat hatte es schon seit einiger Zeit Pläne gegeben, die zum Teil auch von zivilen Amtsträgern unterstützt wurden, in den östlichen Provinzen Preußens so etwas wie einen Militärstaat zu errichten, von dieser Bastion aus eine Volkserhebung in ganz Deutschland in Gang zu setzen und die Berliner Regierung zu stürzen. Solche Befürchtungen spitzten sich nun zu, und auch der Reichswehrminister konnte sie nicht völlig von der Hand weisen. Vor allem die Zentrumsfraktion geriet in dieser Situation ins Schwanken. Am Vormittag des 23. Juni kam es in größter Hektik und Unübersichtlichkeit zu weiteren Sitzungen, Besprechungen und Treffen, die zum Teil gleichzeitig, zum Teil nacheinander stattfanden. Im Umfeld des Reichspräsidenten sondierte man kurzzeitig sogar die Bereitschaft der Rechtsparteien DVP und DNVP, selbst die Regierung zu übernehmen. Doch dazu erklärten sich diese nicht bereit. Der Verantwortung für die Ablehnung des Vertrags und der damit verbundenen Folgen wollte sich die Rechte nicht stellen. War es nicht klüger, eine Zustimmung zu erreichen, an der man nicht mitwirken musste und von der man sich dann – unmittelbar und später – distanzieren konnte?

Aus diesem Kalkül entstand der Vorschlag der Rechtsparteien, durch eine Erklärung in der Nationalversammlung auch jenen Abgeordneten ehrenhafte »vaterländische Gründe« zu konzedieren, die sich für die Annahme aussprachen. Dass war ein rein taktischer Schachzug. Den Hass der Rechten auf diejenigen, die sich für die Unterzeichnung einsetzten, verminderte er nicht. Immer stärker zog Erzberger, der schon den Waffenstillstand abgeschlossen hatte und nun für die Annahme des Vertrages warb, diesen Hass auf sich. In seinem Tagebuch befürchtete Harry Graf Kessler am 23. Juni, »dass Erzberger das Schicksal Liebknechts teilen wird«, und fügte hinzu: »Allerdings nicht wie Liebknecht unverschuldet, sondern durch seine unheilvolle Tätigkeit selbstverschuldet.« Der Zentrumspolitiker, so der Graf schon einige Tage zuvor, stehe »an der Spitze des Rennens in den Rachen der Entente«.[159] Mit seiner Prophezeiung sollte Kessler, der gewiss nicht als radikaler Nationalist gelten kann, recht behalten. Dennoch war insbesondere für die Zentrumsfraktion der perfide Vorschlag einer »Ehrenerklärung« von erheblicher Bedeutung. Dazu kam ein eindringliches Votum von OHL-Chef Groener, der in einem Telegramm an Reichspräsident Ebert die Wiederaufnahme des Kampfes für »aussichtslos« erklärte. Und er sah eine Chance, weitere Kämpfe und eine vom Militär ausgehende »Umsturzbewegung im Innern« zu verhindern, wenn der Reichswehrminister entsprechend auf die Truppe einwirke und von Offizieren und Soldaten Loyalität gegenüber dem Vaterland verlange.¹⁶⁰ Vor den Offizieren der OHL erklärte der General am 23. Juni, er halte »die Wiederaufnahme des Kampfes für Wahnsinn. Ein solcher Entschluss würde nicht nur erhebliche Blutverluste, die Zerstörung weiterer blühender Gebiete und Industriezentren, langjährige feindliche Besetzung für unser Wirtschaftsleben wichtiger Gebiete nach sich ziehen, sondern (...) einen restlosen Vernichtungskrieg Frankreichs gegen Deutschland zur Folge haben.«¹⁶¹

Am Nachmittag um 15 Uhr trat die Nationalversammlung zur Entscheidung zusammen. Nicht nur Graf Kessler empfand die Spannung als »ungeheuer. Die Luft drückt schwül. Gegenrevolution, Krieg, Aufstand drohen wie nahe Gewitterwolken.«¹⁶² Stunden zuvor waren Freikorpssoldaten ins Berliner Zeughaus eingedrungen, hatten sich der dort aufbewahrten französischen Fahnen aus dem Krieg von 1870 bemächtigt, diese in Benzin getränkt und Unter den Linden verbrannt. Dazu sangen sie das Deutschlandlied und »Die Wacht am Rhein«.¹⁶³ In Weimar fasste Reichsministerpräsident Bauer knapp und nüchtern die Entwicklungen der letzten Wochen, Tage und Stunden zusammen, forderte dann, die »Folterszene« zu beenden, und rief die Abgeordneten auf: »Unterschreiben wir! Das ist der Vorschlag, den ich Ihnen im Namen des gesamten Kabinetts machen muss. Bedingungslos unterzeichnen! Ich will nichts beschönigen. (...) Nur trennt uns jetzt eine Frist von knappen vier Stunden von der Wiederaufnahme der Feindseligkeiten. Einen neuen Krieg könnten wir nicht verantworten, selbst wenn wir Waffen hätten. Wir sind wehrlos. Wehrlos ist aber nicht ehrlos!« Der Rede des Ministerpräsidenten folgten die Stellungnahmen von DDP, DVP und DNVP, die sich für die Ablehnung des Vertrages aussprachen und, wie angekündigt, ihre »Ehrenerklärungen« abgaben. Es werde, wie der Abgeordnete Heinze von der DVP es formulierte, selbstverständlich anerkannt, »dass auch die Gegner unserer Ansicht nur aus vaterländischen Gründen handeln«.¹⁶⁴ Da keine namentliche Abstimmung stattfinden sollte, forderte Versammlungspräsident Fehrenbach die Abgeordneten, die der Ansicht seien, die Regierung sei »nach wie vor ermächtigt, den Friedensvertrag zu unterzeichnen«, auf, sich von den Plätzen zu erheben. Wie der Präsident feststellte, erteilte die Nationalversammlung »mit großer Mehrheit« ihre Zustimmung. Nur 15 Minuten hatte die Sitzung gedauert. Wenig später wurde die Entscheidung dem deutschen Vertreter in Versailles telegrafisch übermittelt, der sie zwei Stunden vor Ablauf der Frist den alliierten Verbindungsoffizieren mitteilte. Die Alliierten erwiderten mit der Einladung an die deutsche Regierung zur Vertragsunterzeichnung in Versailles.

VERSAILLES, 28. JUNI 1919

Der 28. Juni 1919 war ein strahlender Sommertag.[165] Genau fünf Jahre zuvor war in Sarajevo der österreichisch-ungarische Thronfolger Franz Ferdinand erschossen worden. Die deutsche Delegation, ungleich kleiner als im April und Mai, war am Vortag mit einem Sonderzug in Versailles eingetroffen und wieder im Hotel des Réservoirs untergebracht. An ihrer Spitze standen Außenminister Hermann Müller und Johannes Bell, der Reichsverkehrsminister, als Vertreter der beiden Parteien in der Regierungskoalition. Begleitet wurden sie von einigen wenigen Diplomaten und Ministerialbeamten. In Versailles herrschte an diesem Samstag Volksfeststimmung. Tausende waren mit dem Zug aus Paris gekommen, begierig, einen Blick auf die Geschehnisse und auf jene zu erhaschen, die im Mittelpunkt dieses Tages standen. Um 15 Uhr sollte im Schloss von Versailles die Unterschriftszeremonie beginnen. Doch schon lange vorher trafen die Vertreter der Siegermächte ein: die offiziellen Delegierten, aber auch ihre Entourage, Diplomaten, Militärs, hohe Beamte, die bei diesem welthistorischen Ereignis dabei sein wollten. Nur die chinesische Delegation fehlte. In großer Zahl war auch die Presse anwesend, auch Journalisten aus Deutschland, die mit der deutschen Delegation angereist waren. Zahllose Fotografen machten deutlich, dass die Bilder aus Versailles um die Welt gehen würden. Erstmals waren auch Kamerateams vor Ort, die das Geschehen für die Wochenschauen der Kinos auf Zelluloid bannten. Schlosshof und Schloss brummten vor Unruhe, und dennoch lag eine gespannte Erwartung über der Szene.

Als einer der letzten Teilnehmer betrat der amerikanische Präsident eine knappe Viertelstunde vor Beginn der Zeremonie den Spiegelsaal des Schlosses. Amerikanische Soldaten, an der Fensterseite aufgestellt, salutierten. Französische Kürassiere, die rotweiße Uniformen und silberne Helme mit schwarzen Federn trugen, bildeten die Ehrenwache. Zugegen waren auch einige hochbetagte Veteranen des Krieges von 1870/71, dessen Geschichte mit dem Schloss Versailles und dem Spiegelsaal in so besonderer Weise verbunden war. Was bereits in der Wahl von Versailles als Ort der – wenigen – Begegnungen und der schriftlichen Verhandlungen zwischen den deutschen Verlierern und den alliierten Siegern zum Ausdruck gekommen war, das steigerte sich nun in der Wahl des Schlosses als Ort der Vertragsunterzeichung: die Erinnerung an den Krieg von 1870, mehr noch aber an die Proklamation des Deutschen Reichs im Spiegelsaal zu Versailles am 18. Januar 1871. Diese

Johannes Bell und Hermann Müller vor der Abfahrt nach Versailles

Der deutsche Protest und die deutsche Empörung über die Friedensbedingungen und den ultimativen Druck der Alliierten änderten nichts an dem ihnen vorgelegten Vertrag. In einem Sonderzug machten sich Außenminister Hermann Müller (SPD) und Verkehrsminister Johannes Bell (links), ein Zentrumspolitiker, schließlich Ende Juni auf den Weg nach Versailles, um den Friedensvertrag zu unterzeichnen. Nach dem Rücktritt der Regierung Scheidemann waren sie gerade erst in ihre Ämter gekommen und hatten sich keineswegs danach gedrängt, die Unterschrift für Deutschland zu leisten. Die Weimarer Nationalversammlung hatte der Unterzeichnung mit den Stimmen von SPD und Zentrum zugestimmt, und die Vertreter der Rechtsparteien hatten den Befürwortern der Unterzeichnung zynisch »vaterländische Gründe« zugebilligt.

Erinnerung und die Schmach, die sich für Frankreich mit der Gründung des Kaiserreichs an diesem für französische Macht und Größe stehenden Ort noch mehr als mit der Kriegsniederlage verbanden, sie sollten mit der Zeremonie gleichsam getilgt, ausgelöscht werden.

»18 Janvier 1871 – 28 Juin 1919 – Voici L'Heure De La Justice« titelte *Le Petit Parisien* an diesem Tag. Als Akt symbolischer Politik richtete sich die Inszenierung des Friedensschlusses viel stärker an die Franzosen als an die anderen Alliierten oder die Deutschen. Deren Demütigung hatte bereits am 7. Mai stattgefunden und in den Tagen um den 11. November 1918 im Wald von Compiègne. Am 28. Juni 1919 ging es dagegen nicht so sehr um die Demütigung der Deutschen als vielmehr um den Stolz und die gleichsam in Krieg und Sieg wiedergewonnene Ehre der französischen Nation. Ein deutscher Diplomat, der der Zeremonie beiwohnte, empfand die Wahl des Spiegelsaals als Ort der Unterzeichnung zwar als geschmacklos, war aber überzeugt, wie er seinem Tagebuch unter dem unmittelbaren Eindruck der Ereignisse anvertraute, »dass die ganze Veranstaltung seitens unserer Gegner nicht darauf abgestellt war, uns zu demütigen«.[166] Genauso wenig freilich war es der Zweck des »Theaterspiels«, wie es ein Beobachter nannte, einen Frieden der Versöhnung zu schließen, den geschlagenen Gegner nun wieder in die Gemeinschaft der Nationen aufzunehmen und ihn als gleichberechtigt anzuerkennen. Dazu war man – was auch in der Nichtaufnahme in den Völkerbund zum Ausdruck kam – nicht bereit, zu tief saß gerade in Frankreich die Feindschaft, zu groß waren Hass und Misstrauen. Aus französischer Sicht war der 28. Juni der Tag der Vergeltung, der Tag der Revanche. Dafür standen die »gueules cassées« in den Fensternischen, von Clemenceau demonstrativ begrüßt, von den deutschen Delegierten vermutlich nicht einmal wahrgenommen, ganz anders als der hochdekorierte französische Offizier, der, mit nur einem Bein schwer kriegsversehrt, vor den wartenden deutschen Delegierten auf- und abging, während diese in einem Vorraum auf den Beginn der Zeremonie warteten.[167]

Im Spiegelsaal, der »galérie des glaces«, dem größten Saal des Schlosses mit mehr als 70 Metern Länge, mehr als zehn Metern Breite und einer Höhe von gut zwölf Metern, war es hell an jenem Nachmittag. Durch 17 Fenster, die sich zur Gartenseite öffneten, flutete das Licht in den Raum, reflektiert von den 17 Spiegeln auf der gegenüberliegenden Seite. Das verlieh dem Saal zusätzliche Größe. Und dennoch war es eng. Hinter den Tischen der Delegierten, die wie bei der Übergabe der Friedensbedingungen hufeisenförmig aufgebaut waren, standen die Gäste dicht an dicht bis in die weiter entfernten Teile des

Unterzeichnung des Friedensvertrags im Spiegelsaal von Versailles, 28. Juni 1919

Genau fünf Jahre nach dem Attentat von Sarajevo gingen die Bilder der Vertragsunterzeichnung um die Welt. Dicht gedrängt standen die Gäste des Friedensschlusses am Nachmittag des 28. Juni 1919 im Spiegelsaal des Schlosses von Versailles um den Hufeisentisch der offiziellen Delegierten. Die Zeremonie war eine französische Inszenierung: im Schloss Ludwigs XIV., an exakt jenem Ort, wo 48 Jahre zuvor das Deutsche Reich ausgerufen worden war. Reden wurden nicht gehalten. Die deutschen Bevollmächtigten Johannes Bell und Hermann Müller setzten ihre Unterschrift unter den Vertrag. Ihnen folgten, beginnend mit Woodrow Wilson, die Delegierten der Siegermächte. Kanonendonner im ganzen Land verkündete das Ende des Krieges. Auf den Straßen feierten die Menschen. Die Deutschen verließen das Schloss durch einen Seiteneingang und traten noch am Abend die Rückreise nach Berlin an.

Saals, wo auch ein Bereich speziell für die Presse vorgesehen war. Wer weiter hinten saß oder stand, der sah nicht viel von dem historischen Ereignis, aber er war immerhin dabei. Auch von außerhalb des Saals spähten neugierige Beobachter durch geöffnete Türen und Fenster auf das Geschehen. Kaum einer dürfte den prachtvollen Deckengemälden größere Aufmerksamkeit geschenkt haben: der »Roi Soleil« im Zentrum der Darstellungen seiner militärischen Erfolge. Die deutschen Vertreter dürften dafür wohl kein Auge gehabt haben, als sie – anders als die Vertreter der anderen Länder – begleitet von vier Offizieren der Hauptsiegermächte durch einen Nebeneingang in den Saal geführt wurden. Auch das sollte Machthierarchien zum Ausdruck bringen.

Mit etwas Verspätung, etwa zehn Minuten nach drei Uhr, begann die Zeremonie, eröffnet durch die Anordnung Clemenceaus: »Bringen Sie die Deutschen herein!« Es war still im Saal, als die Delegation eintrat. Niemand erhob sich. In ihren schwarzen Anzügen nahmen die beiden Minister zunächst am Hufeisentisch Platz, zwischen den Delegationen Japans und Brasiliens. Clemenceau ergriff erneut das Wort, aber anders als seine Ansprache am 7. Mai oder Poincarés Rede am 18. Januar waren seine fünf Sätze knapp, präzise und bestimmt: »Die Sitzung ist eröffnet. Die alliierten und assoziierten Mächte auf der einen und das Deutsche Reich auf der anderen Seite haben sich auf die Friedensbedingungen geeinigt. Der Text ist vervollständigt und niedergelegt worden, und der Präsident der Konferenz hat schriftlich bestätigt, dass der Text, der nun unterschrieben werden wird, identisch ist mit dem, der in 200 Kopien an die deutsche Delegation ausgehändigt worden ist. Die Unterschriften werden jetzt vorgenommen, und sie stellen die feierliche Verpflichtung dar, die durch diesen Friedensvertrag festgelegten Bestimmungen zuverlässig und wortgetreu auszuführen. Ich fordere nun die Delegierten des Deutschen Reichs auf, den Vertrag zu unterzeichnen.«[168] Nachdem die Sätze laut ins Englische und leise ins Deutsche übersetzt worden waren, traten Müller und Bell in die Mitte des Hufeisens, wo gegenüber dem Präsidium die Unterschriftentische aufgebaut waren. Mit ihren mitgebrachten Füllfederhaltern leisteten sie um 15.12 Uhr ihre Unterschrift. Für Johannes Bell, der über kein persönliches Siegel verfügte, hatte man kurz zuvor noch ein billiges Siegel beschafft. Danach begaben sie sich zurück zu ihren Plätzen. Eine pathetische Erklärung, die zwei Diplomaten noch kurzfristig vorbereitet hatten, wurde nicht abgegeben. Es gab dafür keine Gelegenheit und auf deutscher Seite auch nicht den Willen.[169]

Beginnend mit dem amerikanischen Präsidenten, setzten nun die Delegierten der Länder einer nach dem anderen ihre Unterschriften unter den Vertrag. Erst nach etwa einer halben Stunde erhob sich Clemenceau noch einmal und erklärte die Sitzung für beendet. In diesem Augenblick ertönten Gewehrsalven und Kanonenschüsse, vielfach wiederholt im ganzen Land. In Versailles entlud sich die Freude in einem Hupkonzert. Im Park des Schlosses gingen die Fontänen an. Die Menschen feierten. Wilson, Lloyd George und Clemenceau nahmen ein kurzes Bad in der Menge. Dann verließ der amerikanische Präsident das Schloss und begab sich noch am Abend desselben Tages von Paris nach Brest, wo er am folgenden Morgen an Bord der *George Washington* die Rückreise über den Atlantik antrat.

Die Deutschen verließen den Saal wie sie gekommen waren – durch einen Nebeneingang. Man geleitete sie zurück in ihr Hotel. Am Abend gegen 20 Uhr traten sie die Heimreise an und trafen am frühen Morgen des 30. Juni am Potsdamer Bahnhof in Berlin ein. Am Tag der Unterzeichnung erschien die konservative preußische *Kreuzzeitung* mit einem Trauerrand. In seiner Zeitschrift *Die Zukunft* berichtete der Journalist Maximilian Harden, der sich für die Annahme des Vertrags eingesetzt hatte, über die Stimmung in der Bevölkerung und in der Presse: »Leitartikel mahnen an die Pflicht, in jedem deutschen Kinde den Trieb zur Rächung der dem Vaterlande angetanen Schmach zu nähren. Todesanzeigen künden, dass einem ›der Schmachfriede das Herz brach‹, dass einer erspart blieb, ›Deutschlands tiefste Erniedrigung zu sehen‹.« Das sei, so Harden, die gleiche »Gemütsart, die einst schrieb: ›In stolzem Glück zeige ich den Heldentod unseres einzigen Sohnes an.‹«[170] In den Köpfen der Menschen war der Krieg noch nicht zu Ende. Auf Matthias Erzberger wurden in den Tagen um den 28. Juni drei Attentatsversuche verübt.[171]

KEIN KARTHAGO-FRIEDEN

Nun wird – wenn die Ermattungsepoche vorbei sein wird – der Friede diskreditiert sein, nicht der Krieg.«[172] Max Weber, der Soziologe, der im Mai 1919 einige Tage in Versailles verbracht hatte, an die er sich nicht gern erinnerte, sollte recht behalten mit seiner Einschätzung. Weithin galt der Versailler Vertrag sehr bald schon als ein schlechter Vertrag, und ein echter Frieden, so sahen es gerade in Deutschland und Frankreich sehr viele, konnte auf dieser Grundlage nicht entstehen. Diese Sichtweise der Zeitgenossen ist rasch in die politische und historische Urteilsbildung eingeflossen, wo sie sich später – vor allem nach 1945 – mit Erklärungen zum Aufstieg Hitlers verband, zur nationalsozialistischen Machtübernahme und den Ursachen des Zweiten Weltkriegs. Gerade vor diesem Hintergrund stieß die Kritik am Versailler Vertrag auf breite Zustimmung. Aber war der Vertrag, wenn man ihn aus seiner Zeit betrachtete, wirklich so schlecht, war er der Schlussstein eines gescheiterten Friedens? Die emotional so aufgeladene Wahrnehmung des Friedensschlusses und seines Zustandekommens hat schon in den Jahren nach 1919 den Blick auf die Möglichkeiten versperrt, die der Vertrag bot. Der nationalkonservative Historiker Gerhard Ritter, 1888 geboren, Offizier im Ersten Weltkrieg und 1919 ein scharfer Kritiker des Vertrags, äußerte über drei Jahrzehnte später, 1951, nun freilich angesichts der Erfahrung des Nationalsozialismus und des Zweiten Weltkriegs: »Für eine kluge, besonnene und geduldige deutsche Politik, die für unseren Staat nichts anderes erstrebte, als ihn zur friedenssichernden Mitte Europas zu machen, eröffneten sich – auf lange Sicht gesehen – die besten Chancen.«[173]

In der Tat enthielt der Vertrag für das Deutsche Reich und für eine friedliche internationale Ordnung Chancen und Entwicklungsmöglichkeiten. Das meint nicht nur, dass es schlimmer hätte kommen können, auch wenn das sicherlich mit Blick auf die französische Rheinpolitik oder die astronomischen Reparationsvorstellungen Großbritanniens zutrifft. Der Versailler Vertrag war zweifellos ein Diktatfrieden, die Deutschen hatten bei seiner Ausgestaltung keinerlei Mitspracherecht, aber er war kein »karthagischer Frieden«, wie es seit 1919 im Anschluss an Jan Smuts und John Maynard Keynes immer wieder hieß. Karthago wurde in drei Kriegen vollständig zerstört, der punische Staat existierte danach nicht mehr. Davon konnte mit Blick auf Deutschland 1919 keine Rede sein. Zwar verlor das Deutsche Reich fast ein Siebtel (43 000 Quadratkilometer) seines Staatsgebiets (ohne die Kolonien) und etwa zehn Prozent seiner Bevölkerung (etwa 6,5 Millionen Einwohner, einschließlich nichtdeutscher Bevölkerungsanteile), zwar büßte es rund 15 Prozent der landwirtschaftlichen Produktion, ein Drittel seiner Kohlevorkommen und mehr als die Hälfte seiner Eisenerzvorkommen ein und wurde durch die unmittelbar festgelegten Reparationsleistungen (Auslieferung fast der ganzen Handelsflotte, elf Prozent des Rinderbestandes, Kohlelieferungen an Frankreich, Belgien, Luxemburg und Italien in Höhe von 40 Millionen Tonnen pro Jahr) wirtschaftlich extrem geschwächt. Aber es blieb nicht nur als Staat, sondern als europäische Macht – ganz anders als 1945 – erhalten.

Frieden mit Deutschland?

Kein Zweifel: Dem Reich waren politisch, militärisch und wirtschaftlich harte Bedingungen auferlegt worden, doch es war nach wie vor eine potentielle Großmacht. Es konnte sich kooperativ wie konfrontativ durchaus wieder entfalten. So hart der Vertrag 1919 wirken mochte, er enthielt doch erhebliche Entwicklungsmöglichkeiten. Als Instrument internationaler Politik war er durchaus flexibel. Das zeigt sich beispielsweise an der offen gehaltenen Reparationsfrage. Diese demonstriert allerdings auch, dass Entwicklungsfähigkeit und Flexibilität sich nicht nur zu deutschen Gunsten auswirken mussten. Sowohl eine konfrontative, harte Reparationspolitik war denkbar und wurde phasenweise auch betrieben als auch eine kooperative, um Verständigung bemühte.

Der Staatsrechtler Carl Schmitt hat gerade diese Offenheit in den 1920er Jahren scharf kritisiert und den Siegermächten die »systematische Unbestimmtheit« des Vertrags vorgeworfen, die kein anderes Ziel habe, als ein letztlich permanentes Interventionsrecht der Alliierten zu begründen und zu ermöglichen. Für Schmitt war ein Vertrag mit derartigen Unbestimmtheiten kein Friedensvertrag, denn ein Friedensvertrag habe den Sinn, »den Krieg zu beenden und den Zustand des Friedens zu begründen. Durch solche Unbestimmtheiten aber wird die Grenze zwischen Krieg und Frieden selbst unbestimmt gelassen (…).«[174] Für nicht wenige waren wie für Schmitt der Versailler Vertrag und der durch ihn begründete Friedenszustand eine Fortsetzung des Kriegs nach dem Krieg. Davon war auch Max Weber überzeugt. Ihm schien klar: »Nun kommt ja erst die Schikane, da ja die Bedingungen *nicht* erfüllt werden, eine lange Reihe von ewigen Demütigungen und Quälereien – darin sind die Franzosen Meister.«[175] Feinde blieben Feinde auch im Sprachgebrauch – auf allen Seiten. Schmitt und mit ihm viele seiner Landsleute unterstellten den Alliierten in der Konzeption des Vertrags und seiner Bestimmungen eine zielgerichtete Systematik und Stringenz, die es in Paris aber gar nicht gab. Die Offenheit des Vertrags an vielen Stellen, ganz besonders in der Reparationsfrage, war das Ergebnis eines Kompromisses zwischen unterschiedlichen Positionen und Interessen. Keiner der Großen Vier war mit dem Ziel in die Verhandlungen gegangen, die Reparationssumme bewusst offen zu lassen. Daraus entstanden in den Folgejahren Handlungsräume. Allerdings sorgte die Offenheit gerade in der Reparationsfrage auch dafür, dass das Thema nie zur Ruhe kam, dass es bis zur Einstellung der Zahlungen 1932 ein ständiger Streitpunkt in der internationalen Politik und den Finanzbeziehungen war.

Gerade für die deutsche Politik ergaben sich aus Offenheit und Flexibilität des Vertrags Möglichkeiten, von einem Frieden der Schwächung zu einem Frieden der Verständigung und der Kooperation auf europäischer Ebene zu gelangen. Abhängig war das jedoch nicht allein von der deutschen Seite, sondern es bedurfte auch der Kooperations- und Verständigungsbereitschaft der Siegermächte und ganz besonders Frankreichs. Dort blieb die Furcht vor Deutschland und einer neuen deutschen Bedrohung weit über 1919 hinaus Grundgegebenheit der Außenpolitik. Man kannte das militärische, ökonomische und nicht zuletzt demographische Potential des östlichen Nachbarn, und man wusste nur zu genau, dass der Versailler Vertrag dieses Potential nicht zerstört hatte. Vom »Waffenstillstand für 20 Jahre« soll Marschall Foch gesprochen haben, und er stand damit nicht allein. »Der Frieden ist unterzeichnet. Jetzt muss der Krieg beendet werden«, war am 29. Juni 1919 auf der Titelseite der sozialistischen *L'Humanité* zu lesen. Doch die Furcht vor Deutschland ins Konstruktive und Kooperative zu wenden, war in der französischen Gesellschaft nach den Erfahrungen des Krieges alles andere als einfach. Man musste dazu erst erkennen, dass eine Politik des Zwangs und der Konfrontation wie in der Ruhrbesetzung 1923 nicht mehr, sondern weniger Sicherheit schuf, und es bedurfte dazu – wie schon 1919 in Paris – des wohlmeinenden Drucks anderer Mächte, allen voran Großbritanniens und der USA. Beide Faktoren zusammen bewirkten nach der Krise von 1923 den Übergang zur Locarno-Politik, weil sich auch auf deutscher Seite die Politik der Konfrontation erschöpft und das Land im Jahr der Hyperinflation in die Katastrophe geführt hatte. Die traditionelle Sicherheitspolitik war an ihre Grenzen gelangt. Je stärker man Sicherheit vor allem mit militärischen Überlegungen und Mitteln zu erreichen versuchte, desto größer wurde die Unsicherheit. Das führte zu neuen Formen und Instrumentarien internationaler Sicherheit, die zum Teil schon 1919 angelegt waren, nun aber entwickelt und zu einer »hybriden Sicherheitsordnung« (Patrick Cohrs) ausgebaut wurden: von Institutionen kollektiver Sicherheit wie insbesondere dem Völkerbund, der bis zu Beginn der 1930er Jahre eine Blütephase erlebte, über multilaterale Garantieverträge (Locarno) bis hin zu den Bemühungen, die internationalen Finanzbeziehungen einschließlich der Reparations- und Kriegsschuldenfrage in ein europäisch-atlantisches Sicherheitssystem einzubeziehen. Die Wiege dieses europäisch-atlantischen Sicherheitssystem stand in Versailles, auch wenn der amerikanische und der britische Garantievertrag für Frankreich, unterzeichnet mit dem Versailler Vertrag am 28. Juni 1919, nicht in Kraft traten.[176]

Frieden mit Deutschland?

Der Versailler Vertrag war das »Grundgesetz der deutschen Außenpolitik« (Peter Krüger); er beherrschte und bestimmte die Entwicklung der Außenbeziehungen der Weimarer Republik, die bis zu ihrem Ende auf Versailles bezogen waren. Es blieb bis 1933 die Herausforderung deutscher Außenpolitik, nicht nur immer wieder neu ihr Verhältnis zu Versailles zu bestimmen, sondern auch in der Auseinandersetzung mit dem Vertrag und in seiner Fortentwicklung und Transformation deutsche Interessen zu verfolgen. Revision hieß die Überschrift, unter der diese Politik stattfand. Revisionspolitik war von 1919 an die Politik des Umgangs mit dem Versailler Vertrag. Die Mittel, Wege und Ziele der Revision standen im Zentrum des politischen Diskurses der Republik – und nicht nur des außenpolitischen. Denn der Versailler Vertrag war nicht nur das außenpolitische Grundgesetz, sondern er wirkte schon in der Phase seiner Entstehung, also letztlich seit November 1918, auch auf die deutsche Innenpolitik ein. Nach der Novemberrevolution musste so schnell wie möglich ein funktionierender Staat mit handlungsfähiger Regierung entstehen, damit man die deutschen Interessen bei den zu erwartenden Friedensverhandlungen vertreten konnte. Das beschleunigte den Weg zu den Wahlen vom 19. Januar 1919 und zur Konstituierung der Verfassungsorgane.

Die Wirkung von Versailles auf die deutsche Gesellschaft war ambivalent. Auf der einen Seite fand die Republik in der Ablehnung des Vertrags und der Friedensbedingungen zu nationaler Geschlossenheit. Kriegserlebnis und Burgfriedensmentalität wurden gleichsam in die Nachkriegszeit verlängert.[177] Die Berliner Sitzung der Nationalversammlung vom 12. Mai ließ das klar zutage treten, aber auch die vielen anderen Kundgebungen, die in den Tagen nach der Bekanntgabe der Friedensbedingungen landauf, landab stattfanden. Aber Republik und Demokratie konnten von dieser negativen Geschlossenheit nicht profitieren, zumal der Konsens in der Ablehnung des Vertrags nur wenig später von einem scharfen – allen Ehrenerklärungen zum Trotze – Dissens über die Frage der Unterzeichnung überlagert wurde. Diese Polarisierung, greifbar in den dramatischen Junitagen 1919, wirkte desintegrierend; sie spiegelte nicht nur die Zerrissenheit der Weimarer Gesellschaft und ihrer politischen Kultur, sondern trug entscheidend zu ihr bei.[178]

Erst mit den Friedensbedingungen vom 7. Mai, der alliierten Mantelnote vom 16. Juni und schließlich mit dem Vertrag selbst wurde den Deutschen klar, dass sie den Krieg verloren hatten. Unter der Wucht dieser Hammerschläge endete nicht nur Troeltschs Traumland, sondern eine Realitätsverweigerung, die im Oktober 1918, in den Wochen des Waffenstillstandsersuchens, begonnen und sich bis ins Frühjahr 1919 hinein fortgesetzt hatte; eine Selbsttäuschung, die durch die Vorstellung, im Felde unbesiegt geblieben zu sein, noch verstärkt wurde. Was blieb, war eine trotzige Opposition, die sich aber kaum noch auf das Kriegsende beziehen konnte, sich dafür aber umso stärker auf den Kriegsbeginn richtete. Die Deutschen mochten zwar den Krieg verloren haben, aber schuldhaft begonnen hatten sie ihn nicht. Genau an diesem Punkt begann die Kriegsschuldfrage ihre politische Wirkung zu entfalten und sich weithin zur Kriegsunschuldlegende zu entwickeln, mit der zugleich das Kaiserreich und seine Eliten historisch entlastet wurden. Das diskreditierte, gerade auch in den Augen des Auslands, den demokratischen Neubeginn und ließ Systemtransformation und Gesinnungswandel zweifelhaft erscheinen. Wer die Neutralität Belgiens verletzte und in Nordfrankreich einmarschierte, der hatte keinen Verteidigungskrieg geführt, und je stärker die Deutschen auch in Versailles derartige Positionen zu vertreten schienen, desto heftiger wurde die alliierte Reaktion darauf, was dazu führte, dass sich die Frage der Verantwortung für den Krieg immer mehr aus dem Reparationszusammenhang löste und sich politisch verselbständigte – mit einem Höhepunkt in der alliierten Mantelnote vom 16. Juni.

Der Versailler Vertrag sollte mehr sein als nur der Friedensschluss mit Deutschland. Er sollte die Grundlage bilden für die europäische, ja globale Friedensordnung, die zu schaffen sich die Alliierten in Paris versammelt hatten. Auch deswegen standen am Anfang – von Woodrow Wilson vorangetrieben – die Beratungen über den Völkerbund, und auch deswegen wurde die Völkerbundsakte in den Versailler Vertrag inkorporiert. Gleichwohl waren mit Versailler Vertrag und Völkerbundsakte die Beendigung des Krieges und die Schaffung einer Nachkriegsordnung noch nicht abgeschlossen. Der Versailler Vertrag war nur der erste in der Serie der insgesamt fünf Pariser Vorortverträge. Er war in vielerlei Hinsicht der wichtigste, weil in den Verhandlungen, die zu ihm führten, auch Fragen grundsätzlicher Bedeutung behandelt wurden. Für die Gestalt annehmende Nachkriegsordnung aber waren die Verträge von Trianon, Neuilly, St. Germain und Sèvres beziehungsweise Lausanne keinesfalls von untergeordneter Bedeutung – und für die Länder, die von diesen Verträgen betroffen waren, und die in ihnen lebenden Menschen erst recht nicht.

Vergeben und vergessen?
Die Strafbestimmungen der Friedensverträge

SCHULD UND SÜHNE

»Kein Sieg kann eine Amnestie für so viele Verbrechen rechtfertigen«, erklärte der französische Ministerpräsident im September 1918.[1] Der deutsche Zusammenbruch stand bevor, das Ende des Krieges war absehbar. Die Bestrafung deutscher Kriegsverbrecher – was immer das präzise meinte – war in allen Kriegsjahren ein alliiertes Kriegsziel gewesen. Politische Reden geben ebenso Zeugnis davon wie diplomatische Akten. Erwartungen waren entstanden – in Politik und Öffentlichkeit. Was bedeuteten diese Erwartungen für den Friedensschluss? Zwar führte kein direkter Weg von Clemenceaus Absage an eine Amnestie zu den »Strafbestimmungen« des Versailler Vertrags und der anderen Friedensverträge mit den Mittelmächten. Diese waren vielmehr das Ergebnis komplizierter und konfliktreicher Verhandlungen zwischen den Siegermächten. Abzusehen war aber schon früh, dass der Frieden nach dem Großen Krieg mit einer europäischen Tradition brechen würde, die bis zum Beginn der Neuzeit zurückreichte: der wechselseitigen Amnestiezusicherung der Kriegsgegner. Schuld sollte »außgetilget« oder »in Vergeß gestellt« werden, lesen wir in Friedensverträgen des 16. und 17. Jahrhunderts.[2] »Perpetua oblivio et amnestia« hieß es im Westfälischen Frieden von 1648, und ähnliche Formulierungen des »Vergessens und Vergebens« fanden sich seither in allen europäischen Friedensverträgen. Mit der »Oblivionsklausel« sicherten sich die vertragschließenden Parteien das wechselseitige Vergessen des Vergangenen zu; ein Erinnerungsverbot sollte verhindern, dass alter Streit und ungeklärte Schuldfragen neuen Krieg auslösten. »Amnestia« hingegen, ebenfalls ein Vergessen, implizierte eine Straflosigkeit, die sich aus der gegenseitigen Vergessenszusicherung zwingend ergab. »In amnestia consistit substantia pacis« war vom 17. bis ins 19. Jahrhundert ein nahezu selbstverständlicher Grundsatz jeder Friedensregelung, und selbst wenn die Begriffe »amnestia« oder »oblivio« in den Verträgen nicht auftauchten, waren sie doch stets mitgedacht. »Dass mit dem Friedensschlusse auch die

Amnestie verbunden sei, liegt schon im Begriff desselben«, schrieb Kant 1797 in seiner *Metaphysik der Sitten*.

Dass das »Vergeben« und »Vergessen« in Friedensverträgen des 19. Jahrhunderts kaum noch auftauchte, mag man mit dieser Tradition erklären. Aber es setzte doch auch ein Wandel in den internationalen Beziehungen und den diplomatischen Praktiken ein. Der Frankfurter Frieden von 1871 zwischen dem Deutschen Reich und Frankreich verzichtete ganz auf traditionelle Formeln und beschränkte sich auf konkrete Bestimmungen. Dass Frankreich fünf Milliarden Goldfranc zahlen musste, wurde ohne jede Begründung in den Vertrag aufgenommen und auf jeden Fall nicht mit einer »Kriegsschuld« in Verbindung gebracht. Überhaupt wurden Feststellungen zu Kriegsursachen oder Kriegsschuld vermieden. Friedensverträge mussten mittlerweile in der Regel von Parlamenten ratifiziert werden und waren Gegenstände öffentlicher Diskussion. Das stand der Aufnahme von Oblivionsklauseln im Wege. »Strafbestimmungen« enthielten die Verträge des 19. Jahrhunderts auch nicht. Erst in der zweiten Hälfte des 19. Jahrhunderts entwickelte sich allmählich ein kodifiziertes Kriegsvölkerrecht, gegen dessen Normen zu verstoßen Strafen nach sich ziehen konnte – in der Regel durch die jeweils eigene Militärgerichtsbarkeit.

Mit dem Ersten Weltkrieg schlug das Pendel nun deutlich in die andere Richtung aus. Nach einem mehr als vierjährigen Krieg, dessen Ideologisierung und moralische Aufladung über Medien und Propaganda tief in die Kriegsgesellschaften eingedrungen waren, der aber auch als »totaler Krieg« die Zivilbevölkerung ganz anders erfasst und betroffen hatte, war an ein »Vergessen« und »Vergeben« nicht mehr zu denken, im Gegenteil: Die Friedensverträge von 1919 – nicht nur der Versailler Vertrag – waren durchzogen von der Erinnerung an den Krieg und noch stärker von der moralischen Stigmatisierung, ja Kriminalisierung des Kriegsgegners, der nicht mehr »nur« der Feind war, sondern ein Verbrecher, der aus einer moralisch überlegenen Position bestraft werden musste. Der Sieg konnte die Erinnerung an die Verbrechen nicht tilgen; er schuf, in den Worten Clemenceaus, gerade nicht die Voraussetzung für eine Amnestie, sondern die Voraussetzung für Bestrafung. Es war vor diesem Hintergrund völlig ausgeschlossen, dass die Note der deutschen Friedensdelegation vom 29. Mai 1919 an den »Strafbestimmungen« des drei Wochen zuvor übergebenen Vertragsentwurfs irgendetwas ändern würde. Die deutsche Note empfahl, die »durch die Kriegsverhältnisse bedingten Verfehlungen der Angehörigen beider Parteien, wenn das allgemeine Rechtsempfinden dies irgend gestattet, dem Vergessen anheimzugeben«. Daran war 1919 nicht zu denken. Und so ragte auch in dieser Beziehung, in Gestalt der »Strafbestimmungen«, der Krieg in den Frieden hinein.³

DIE LEIPZIGER PROZESSE

Am 5. Februar 1920 veröffentlichte das *Berliner Tageblatt* eine Liste mit den Namen von 890 Personen, deren Auslieferung die Alliierten von der deutschen Regierung verlangten, um sie vor ein Kriegsgericht zu stellen. Grundlage dieses Auslieferungsbegehrens war der Artikel 228 des Versailler Vertrags, in dem die deutsche Regierung das Recht der Alliierten anerkannt hatte, Personen wegen Verstößen »gegen die Gesetze und Gebräuche des Krieges« vor Gericht zu stellen, und sich bereit erklärt hatte, die Angeklagten auszuliefern. 97 Personen sollten vor britischen Gerichten angeklagt werden, jeweils 334 vor französischen und belgischen Gerichten, 51 vor polnischen, 41 vor rumänischen, 29 vor italienischen und vier vor jugoslawischen. Das Gros der Angeklagten waren einfache Soldaten, Unteroffiziere und niedrige Offiziere, aber auch die Feldmarschälle Hindenburg und Mackensen sowie General Ludendorff und Großadmiral von Tirpitz waren vertreten, ferner als einer der wenigen Nichtmilitärs der ehemalige Reichskanzler Theobald von Bethmann Hollweg.⁴ Anfang Februar 1920 war die Liste dem Leiter der deutschen Friedensdelegation in Paris, dem Diplomaten Kurt Freiherr von Lersner, übersandt worden. Die Delegation war nach der Unterzeichnung des Friedensvertrags, der am 10. Januar 1920 in Kraft getreten war, und solange die Friedenskonferenz noch andauerte, zuständig für die Verbindung zwischen den alliierten Regierungen und der deutschen in allen Fragen der Umsetzung der Vertragsbestimmungen. Empört wies Lersner die Liste zurück. Kein deutscher Beamter, schrieb Lersner in einer Antwortnote an den französischen Präsidenten der Friedenskonferenz Alexandre Millerand, den Nachfolger Clemenceaus im Amt des Ministerpräsidenten, werde sich bereitfinden, »in irgendeiner Weise an der Ausführung des Auslieferungsverlangens mitzuwirken. Eine solche Mitwirkung wäre es, wenn ich die Note Euerer Exzellenz an die Deutsche Regierung weiterleiten wollte. Ich sende sie daher in der Anlage zurück.«⁵

Der Berliner Regierung teilte Lersner mit, sein Amt in Paris nicht länger wahrnehmen zu können, und trat unmittelbar die Rückreise an. Die Liste allerdings hatte er vorher noch abschreiben lassen und nach Berlin übermittelt. Dort zögerte die Reichsregierung nicht, sie sofort an die Presse weiterzugeben, so dass man sie reichsweit und nicht nur im *Berliner Tageblatt* lesen konnte. Als der französische Geschäftsträger die Liste offiziell dem deutschen Reichskanzler in Berlin übergab, war also nicht nur die Reichsregierung bereits bestens informiert.[6] Die Welle der Empörung, die durch Deutschland ging, ist durchaus mit der Reaktion auf die Übergabe der Friedensbedingungen am 7. Mai 1919 zu vergleichen. Nicht nur die Presse protestierte wütend. Auf den Straßen versammelten sich die Menschen zu Kundgebungen – die Professoren der Berliner Universität veranstalteten Unter den Linden einen Demonstrationszug –, und der Reichsrat sowie viele Länderregierungen und Länderparlamente verabschiedeten ablehnende Resolutionen. Reichspräsident Ebert dankte für Zuschriften »aus allen Teilen und Schichten des Volkes«, die »von der tiefgehenden Erregung der Bevölkerung über das Auslieferungsverlangen der Gegner und von der Genugtuung über die ruhige standhafte Haltung der Regierung Zeugnis ablegen«. Er und die Reichsregierung seien »alles daran zu setzen gewillt (…), um Deutschland diese schwerste aller Forderungen zu ersparen«.[7] Einen anderen, viel schärferen Ton schlugen die Rechtsparteien und die nationalistische Presse an. Sie wandten sich nicht nur gegen die Auslieferung, sondern stilisierten die auf der »Liste genannten Personen sogleich zu nationalen Helden und sprachen von einer »Ehrenliste«. Hier endete der parteiübergreifende Konsens. In der Ablehnung der Auslieferung waren sich die politischen Lager einig, aber zu Ehrenerklärungen für die militärische Elite des Kaiserreichs und für hochrangige Offiziere, die mit größter Wahrscheinlichkeit Kriegsverbrechen begangen hatten, wollte sich gerade die Sozialdemokratie nicht verstehen.

Dennoch war der Reichsregierung die nationale Empörung willkommen. Denn sie lieferte ein weiteres Argument für den politischen Kurs, den Berlin schon seit dem Herbst des Vorjahres eingeschlagen hatte. Dieser lief darauf hinaus, von Deutschen begangene Kriegsverbrechen durch die deutsche Justiz zu ahnden, um so den alliierten Auslieferungsforderungen zu begegnen. Bereits am 18. Dezember 1919 war ein von der Nationalversammlung beschlossenes »Gesetz zur Verfolgung von Kriegsverbrechen und Kriegsvergehen« in Kraft getreten, das dem Reichsgericht in Leipzig, also dem obersten deutschen Gericht, diese Aufgabe übertrug. Bereits während der Beratungen über das Gesetz war jedoch deutlich geworden, dass es nicht in erster Linie um eine ernsthafte deutsche Strafverfolgung ging, sondern darum, die Alli-

Der Gesandte Kurt von Lersner mit Mitgliedern der deutschen Friedensdelegation im Park von Versailles, 1919

Vergeben und vergessen nach Krieg und Gewalt, das ist ein Thema der Menschheitsgeschichte. 1919 war daran nicht zu denken. Stattdessen gehörten zu den Friedensbedingungen die »Ehrparagraphen«, wie man sie in Deutschland nannte. Führende deutsche Militärs und Politiker, unter ihnen Hindenburg, Ludendorff und Bethmann Hollweg sollten vor Gericht gestellt, selbst Kaiser Wilhelm II. vor einem internationalen Tribunal angeklagt werden. Kurt Freiherr von Lersner (dritter von links), nach der Vertragsunterzeichnung Verbindungsmann zwischen den Alliierten und der deutschen Regierung, weigerte sich, die Liste der Angeklagten nach Berlin weiterzuleiten. Auch wenn die den Friedensverträgen von 1919/20 folgenden Leipziger und Istanbuler Kriegsverbrecherprozesse am mangelnden Strafverfolgungswillen der Alliierten und der ebenso mangelnden Kooperationsbereitschaft der Deutschen und Türken scheiterten, gelten sie heute als wichtige Etappe in der Entwicklung des Völkerstrafrechts bis hin zum Internationalen Strafgerichtshof in Den Haag.

ierten von Auslieferungsersuchen auf der Basis des Artikels 228 des Versailler Vertrags abzuhalten. Es gehe nicht um eine strafrechtliche Selbstreinigung, betonte in der *Deutschen Juristenzeitung* der Rechtswissenschaftler und DVP-Abgeordnete Wilhelm Kahl, sondern darum, die Auslieferung »deutscher Offiziere und Bürger an feindliche Gerichtsbarkeit zu verhindern«.[8] Zusammen mit der nationalen Aufwallung trug das Gesetz dazu bei, dass die Alliierten nur wenige Tage nach der Übergabe der Liste einen Rückzieher machten und sich damit einverstanden erklärten, dass die Verfahren gegen die Beschuldigten in Deutschland und vor einem deutschen Gericht durchgeführt würden. Die entsprechende Note der Alliierten vom 16. Februar 1920 ging von der Feststellung aus, dass Deutschland sich außerstande sehe, den Verpflichtungen der einschlägigen Artikel des Versailler Vertrags nachzukommen. Das akzeptierte man, beharrte allerdings grundsätzlich auf den Rechten aus den einschlägigen Vertragsbestimmungen. Vor allem werde man prüfen, »ob das von Deutschland vorgeschlagene Verfahren (…) nicht ausschließlich darauf hinausläuft, die Schuldigen der gerichtlichen Bestrafung für deren Vergehen zu entziehen«. Die Alliierten würden »in einem solchen Fall voll und ganz ihr Recht ausüben und die Schuldigen vor ihr eigenes Gericht stellen«.[9]

Die alliierte Note, übermittelt durch den britischen Geschäftsträger in Berlin, zeigt vor allem, dass es hinsichtlich der Umsetzung der Strafbestimmungen des Versailler Vertrags keinen Konsens mehr zwischen den Alliierten gab. Die USA wirkten an den Beratungen und Entscheidungen nicht mehr mit. Frankreich, das der ersten Note mit der langen Namensliste noch seinen Stempel aufgeprägt hatte, war mit seiner radikalen Politik immer stärker isoliert. Italien und vor allem Britannien waren nicht länger bereit, den französischen Kurs zu unterstützen. In London hatte man schon den Umfang der ersten Liste für einen Fehler gehalten und erst recht die Tatsache, dass die Pariser Regierung nicht davon abzubringen war, prominente Namen wie Hindenburg, Ludendorff oder Bethmann Hollweg auf die Liste zu setzen. Das werde, so die britische Befürchtung, nicht nur zu neuer nationaler Empörung in Deutschland führen, sondern vor allem zu einem Erstarken nationalistischer Kräfte und der politischen Rechten. Revolutionäre Unruhen von links könnten die Folge sein. Die Gefahr einer Bolschewisierung Deutschlands hielt man in London noch lange nicht für gebannt, zumal auch deutsche Vertreter in ihrem Bemühen um eine eher moderate Umsetzung der Friedensbedingungen immer wieder davor warnten. Einschätzungen wie diejenige

Kurt von Lersners waren in der britischen Regierung nicht unbekannt. »Bei Auslieferung der auf der Liste stehenden weltbekannten, vortrefflichen Männer«, so schrieb der Diplomat 1919, »werden Ströme von Blut fließen, Revolution und furchtbarer Kampf in der Heimat ausbrechen.«[10] Frankreich hingegen ging es zwar auch um die Kriegsverbrechen und deren Ahndung, darüber hinaus aber – und mindestens ebenso sehr – darum, durch ein Nachgeben in der Auslieferungsfrage nicht ein falsches politisches Signal hinsichtlich des Gesamtvertrags zu geben.[11]

Doch damit konnte sich Paris nicht mehr durchsetzen. Das zeigt auch die Liste, die etwa drei Monate später, am 7. Mai 1920, exakt ein Jahr nach Übergabe der Friedensbedingungen in Versailles, der deutschen Regierung übermittelt wurde. Sie enthielt nur noch die Namen von 45 Personen, die vor dem Reichsgericht angeklagt werden sollten. Zwar wurde diese Liste als »Probeliste« charakterisiert, um den guten Willen und die Kooperationsbereitschaft der Deutschen zu prüfen, und die Alliierten behielten sich ausdrücklich ihre vertraglichen Rechte auf eigene Strafverfolgung vor. Dennoch hatte die deutsche Seite einen Erfolg erzielt und faktisch eine Revision des Friedensvertrags an einem entscheidenden Punkt erreicht. Das war ein großer Schritt, wenn man bedenkt, dass in den dramatischen Tagen vor der Vertragsunterzeichnung im Juni 1919 die Strafbestimmungen der Artikel 227 bis 230 zusammen mit dem Artikel 231 eine so herausragende Rolle gespielt hatten. Damals hatten die Deutschen unter dem Druck des Ultimatums den Versuch unternommen, ihre Bereitschaft zur Unterzeichnung mit einem Vorbehalt hinsichtlich exakt dieser Artikel zu verbinden, und die Alliierten hatten genau das kategorisch abgelehnt. Freiherr von Lersner stand mit seiner Bewertung der Entwicklung im Frühjahr 1920 nicht allein: »An der Einigkeit des deutschen Volkes zerbrach diese erste große Forderung, die die Entente-Regierungen auf Grund des Versailler Diktats an uns stellten, wie Glas an einem Fels.«[12]

Doch nicht einmal gegen die 45 Personen auf der »Probeliste«, Fälle, in denen die Vorwürfe eindeutig waren und die Beweislage mehr als erdrückend, wurden vor dem Reichsgericht Verfahren eröffnet. Vielmehr fanden in den Jahren 1921 und 1922 in Leipzig elf Prozesse gegen lediglich 17 Angeklagte beziehungsweise Beschuldigte statt, von denen einige auf der »Probeliste« gar nicht aufgeführt waren.[13] Vier dieser Verfahren endeten mit – milden – Verurteilungen, sieben mit Freisprüchen. Dazu hatte auch ein eilends verabschiedetes Ergänzungsgesetz zu dem Gesetz zur Verfolgung von Kriegsverbrechen und Kriegsvergehen von 1920 beigetragen, welches dem Oberreichsanwalt die

Möglichkeit gab, auch in solchen Fällen die Eröffnung einer Hauptverhandlung zu beantragen, in denen er keinen hinreichenden Tatverdacht erkannte, also keine Anklage erheben wollte. Es ging dabei um nichts anderes als die Inszenierung von Verfahren, in denen »Kriegsbeschuldigten«, wie man sie nannte, eine Bühne für ihre Rechtfertigung und Selbstentlastung geboten wurde. Gedacht war gleichsam an Schauprozesse, aber nicht gegen die Angeklagten oder Beschuldigten, sondern für sie. Vom »Schauprozessgesetz« ist deswegen auch gesprochen worden.[14] Die Rede von den »Kriegsbeschuldigten« erlebte im Übrigen nach 1945 eine – wenig überraschende – Renaissance, als deutsche Kriegsverbrecher des Zweiten Weltkriegs in der deutschen Öffentlichkeit weithin verharmlosend als »Kriegsbeschuldigte« oder »Kriegsverurteilte« bezeichnet wurden.

In der französischen Nationalversammlung bezeichnete Ministerpräsident Aristide Briand die Leipziger Prozesse als »comédie, parodie de justice et scandal« – als »Komödie, Justizparodie und Skandal«.[15] Zwar kündigten die Alliierten daraufhin an, nunmehr eigene Verfahren auf Grundlage des Artikels 228 des Versailler Vertrags durchzuführen und entsprechende Auslieferungen zu verlangen. Dazu aber ist es nicht mehr gekommen. Lediglich in Belgien und Frankreich fanden in den Jahren danach einige Hundert Verfahren in Abwesenheit der Angeklagten statt, die freilich in ihrer Durchführung und hinsichtlich ihrer Ergebnisse weit entfernt waren von den Strafverfolgungs- und Ahndungsabsichten des Jahres 1919. Nach den Verträgen von Locarno verzichteten beide Staaten auf weitere Prozesse in absentia.[16] Die über 1700 deutschen Ermittlungsverfahren, die zum Teil auf Basis der ersten alliierten Liste, zum Teil aus eigener Initiative aufgenommen worden waren, wurden sukzessive eingestellt.[17] In welchem Maße das deutsche Vorgehen in allererster Linie von der Absicht geleitet war, eine Verurteilung deutscher Kriegsverbrecher überhaupt zu vermeiden, wird aus der retrospektiven Bewertung von Gustav Radbruch deutlich. Der angesehene, wahrlich nicht nationalistisch eingestellte sozialdemokratische Rechtswissenschaftler und Reichsjustizminister in den Jahren 1921/22 schrieb nach 1945 in seinen Erinnerungen: »Eine schwere Belastung des Reichsgerichts waren die Kriegsverbrecherprozesse. Sie mussten während meiner Amtszeit zunächst dilatorisch behandelt werden. (…) Als der Oberste Rat [der Alliierten] sein Désintéressement an dem weiteren Verlauf der Kriegsverbrecherprozesse deutlich zu erkennen gab, fiel für uns jeder weitere Grund zu einer weiteren dilatorischen Behandlung fort. Nun wurden die zahlreichen auf haltlose

Beschuldigungen gegründeten Verfahren durch Reichsanwaltschaft und Reichsgericht eingestellt.«[18]

Die Leipziger Prozesse werden oft als ein Versuch gewertet, Verstöße gegen völkerrechtliche Normen wie hier das humanitäre Kriegsvölkerrecht mit strafrechtlichen Mitteln zu ahnden, und vor diesem Hintergrund in ein Narrativ integriert, das von Versailles und den Leipziger Verfahren über den Nürnberger Prozess am Ende des Zweiten Weltkriegs bis zur Einrichtung eines Internationalen Strafgerichtshofs in Den Haag im Jahr 1998 reicht. Doch die deutschen Prozesse nach dem Ersten Weltkrieg sind gerade kein Beispiel für die erfolgreiche Durchsetzung und Anwendung völkerstrafrechtlicher Normen, sondern vielmehr ein Beispiel für den fehlenden staatlichen Willen, ernsthafte Strafverfahren wegen des Verdacht auf Kriegsverbrechen durchzuführen. Sie stärken in einer bis heute geführten juristischen und politischen Diskussion das skeptische Argument derer, die bezweifeln, dass sich nach staatlicher oder staatsverstärkter Kriminalität ein genuiner staatlicher Strafverfolgungswillen auf nationaler Ebene bilden kann, und die daher für internationale Gerichte plädieren.[19] So argumentierten etwa zwanzig Jahre nach den Leipziger Prozessen auch internationale Politiker und Juristen, als es in der Schlussphase des Zweiten Weltkriegs um die Frage der Ahndung deutscher Kriegs- und Menschheitsverbrechen ging. »Was können wir von Versailles und Leipzig lernen«, fragte 1944 der amerikanische Kriminologe Sheldon Glueck in seinem Buch *War Criminals: Their Prosecution and Punishment*. Seine Antwort war eindeutig: Man dürfe nicht wieder darauf vertrauen, dass die Deutschen selber im Falle deutscher Kriegsverbrecher Gerechtigkeit walten lassen würden. Für die Deutschen seien Kriegsverbrecher Helden. Ein internationales Gericht müsse die deutschen Verbrechen ahnden.[20]

Für Henry Morgenthau, den amerikanischen Finanzminister am Ende des Zweiten Weltkriegs, waren die Leipziger Prozesse ein »Fiasco«, für den britischen Außenminister Anthony Eden ein »Unternehmen unter einem schlechten Stern«.[21] Und Robert H. Jackson, der amerikanische Chefankläger im Nürnberger Hauptkriegsverbrecherprozess 1945/46, stellte noch in seinem Eröffnungsplädoyer am 21. November 1945 den Zusammenhang zwischen Leipzig und Nürnberg her, als er sich mit dem Problem der »Siegerjustiz« auseinandersetzte. Diese war für Jackson zwar keine ideale Lösung, aber »entweder müssen die Sieger über die Besiegten richten, oder wir müssen es den Besiegten überlassen, über sich selbst zu richten. Nach dem Ersten Weltkrieg haben wir gelernt, wie sinnlos die letztere Vorgehensweise ist.«[22] In dieser Perspektive, gleichsam ex negativo, waren die Leipziger Prozesse ein wichtiger Schritt auf dem Weg nach Nürnberg und zur weiteren Herausbildung einer internationalen völkerstrafrechtlichen Ordnung.

Allerdings wurden in den Leipziger Verfahren, so defizitär und von politischen Interessen geleitet sie waren, zumindest punktuell Bewertungsmaßstäbe zugrunde gelegt, die auch in der weiteren Entwicklung des Völkerstrafrechts bis an die Schwelle der Gegenwart von Bedeutung sind. So verurteilte das Reichsgericht beispielsweise zwei Wachoffiziere eines deutschen U-Boots wegen Beihilfe zum Totschlag, weil sie nach der Versenkung des englischen Lazarettschiffs *Llandovery Castle* im Juni 1918 durch Positionsangaben die Beschießung von Überlebenden, die sich in Rettungsboote geflüchtet hatten, ermöglichten. Der Chef der deutschen Hochseestreitkräfte, der als Zeuge geladen war, zeigte sich entsetzt. Nie sei im Flottenkommando der Gedanke aufgetreten, »dass die Bestimmungen des allgemeinen Strafrechts irgendwie in Zusammenhang gebracht werden könnten mit der Durchführung eines Krieges oder einer Kampfaufgabe«. Genau das aber war der Punkt. Der Verstoß gegen kriegsvölkerrechtliche Normen zog unmittelbar individuelle strafrechtliche Konsequenzen nach sich – auch wenn es sich bei der *Llandovery Castle* nur um einen Einzelfall handelte und die beiden Angeklagten Jahre später nach einer Wiederaufnahme des Verfahrens freigesprochen wurden. Darüber hinaus wurde in diesem Fall noch eine wichtige Rechtsaussage getroffen, die ebenfalls bis heute in völkerstrafrechtlichen Zusammenhängen eine zentrale Rolle spielt. Die beiden Angeklagten hatten nämlich behauptet, im Zusammenhang mit der Beschießung der Überlebenden auf Befehl gehandelt zu haben. Dieser Einwand sei, so das Gericht, zurückzuweisen, wenn »der Befehl sich offenkundig, für jedermann, auch den Untergebenen, zweifelsfrei erkennbar als verbrecherisch darstellt«. Der britische Völkerrechtler Hersch Lauterpacht sprach später vom »manifest illegality principle« – dem »Prinzip offenkundiger Illegalität«. Im deutschen Völkerstrafgesetzbuch sowie im Statut für den Internationalen Strafgerichtshof ist heute vom »Offenkundigkeitsprinzip bei Kriegsverbrechen« die Rede.[23]

»HANG THE KAISER!«

Weder in Leipzig noch anderswo wurden Spitzenrepräsentanten des kaiserlichen Deutschlands angeklagt. Dabei hatte Artikel 227 des Versailler Vertrags, der erste in dem Abschnitt der Strafbestimmungen, klar postuliert: »Die alliierten und assoziierten Mächte stellen Wilhelm II. von Hohenzollern, ehemaligen deutschen Kaiser, unter öffentliche Anklage wegen schwerster Verletzung der internationalen Moral und der Heiligkeit der Verträge.« Ein besonderer Gerichtshof solle gebildet werden, »um den Angeklagten (…) zu richten«. Diese Formulierungen standen am Ende einer langen Diskussion auf der Pariser Friedenskonferenz. Ihre Ursprünge reichen jedoch bis in die ersten Kriegswochen zurück. So war schon im Oktober 1914, wenige Monate nach Kriegsbeginn, in einer englischen Zeitschrift ein Artikel erschienen, in dem der deutschen Einmarsch in Belgien nicht als Kriegshandlung, sondern als verbrecherischer Akt bezeichnet wurde, für den die Verantwortlichen vor Gericht gestellt und verurteilt werden müssten. Nicht einmal ein Jahr später kam ein englisches Gericht, das die Versenkung der *Lusitania* untersuchte, zu dem Schluss: »Dieses abscheuliche Verbrechen hat das internationale Recht und die Konventionen aller zivilisierten Völker verletzt, und wir klagen deshalb die Befehlshaber des Unterseeboots, den deutschen Kaiser und die deutsche Regierung, auf deren Befehl die Besatzung gehandelt hat, des Massenmordes an.«[24] Der Verbrechensvorwurf stand also lange vor dem Kriegsende im Raum. Er bezog sich – allgemein – auf die deutsche Kriegführung: von der Verletzung der belgischen Neutralität über den uneingeschränkten U-Boot-Krieg bis hin zu den deutschen Kriegsgräueln in Belgien und in Nordfrankreich, den Erschießungen und Deportationen sowie der Zerstörung von Kulturgütern. Über die Kriegspropaganda wirkten diese Verbrechensvorwürfe tief in die Öffentlichkeit hinein, insbesondere in Frankreich und Großbritannien, und die zum Kriegsende hin stärker werdende Forderung nach einer Ahndung der deutschen Verbrechen speiste sich auch daraus. Nach 1917 belebten die alliierten Regierungen den Vorwurf der deutschen Kriegsgräuel und Kriegsverbrechen auch deswegen neu, um die Menschen – Soldaten wie Zivilisten – wieder für den Krieg, der in sein viertes Jahr ging, zu motivieren und um alle Ressourcen, auch die mentalen, für den Krieg zu mobilisieren. Organisationen wie die »Ligue Souvenez-vous« in Frankreich oder das »National War Aims Committee« in Großbritannien wirkten dabei mit.[25]

In besonderer Weise richtete sich der Verbrechensvorwurf gegen Kaiser Wilhelm II., aus dessen verfassungsrechtlichen Machtbefugnissen sich leicht eine Verantwortung für die deutsche Politik (vor 1914) und die deutsche Kriegführung (seit 1914) ableiten ließ. Als eine Symbolfigur stand der »Kaiser«, wie ihn die Briten auf Deutsch nannten, für das autokratische und aggressive Deutschland ebenso wie für die deutschen Kriegsverbrechen. Hatte sich insbesondere die britische Regierung in den ersten Kriegsjahren noch zurückgehalten mit öffentlichen Verbrechensvorwürfen und Forderungen nach Bestrafung, um nicht die deutschen Kräfte und den deutschen Widerstand dadurch zu stärken, war das in den letzten Kriegsmonaten und angesichts der seit dem Sommer 1918 absehbaren deutschen Niederlage anders. Die Angriffe auf den Kaiser verschärften sich, und die Forderungen, ihn zur Rechenschaft zu ziehen, wurden immer lauter. Der Wahlkampf, der unmittelbar nach dem Waffenstillstand im November 1918 begann, trug dazu seinen Teil bei. Neben der Reparationsfrage waren die Verantwortung des Kaisers für den Krieg und die in ihm begangenen Verbrechen sowie die Notwendigkeit einer Bestrafung ein zentrales Wahlkampfthema. Der Kaiser müsse angeklagt und vor Gericht gestellt werden, forderte Premierminister Lloyd George öffentlich in seinen Wahlkampfreden. Das populäre »Hang the Kaiser!« spitzte das weiter zu, schuf aber auch – ähnlich wie der Slogan »Germany will pay« – Erwartungen für die Zukunft. In den Waffenstillstandsbedingungen von Compiègne war von einer Auslieferung und Bestrafung Wilhelms II., der zwei Tage zuvor abgedankt hatte und sich nun im holländischen Exil befand, indes nicht die Rede und ebenso wenig von einer Ahndung deutscher Kriegsverbrechen, denn die Deutschen sollten den Waffenstillstand ja unterschreiben, man wollte sie nicht durch Forderungen, die ihnen gleichsam gegen die nationale Ehre gingen, zur Fortsetzung der Kämpfe aufstacheln.[26]

Zugleich freilich diskutierte das *Imperial War Cabinet* in London intensiv über die Verfolgung deutscher Kriegsverbrechen und eine Anklageerhebung gegen den Kaiser. Neben Lord Curzon, der als *Lord President of the Council* dem *Imperial War Cabinet* angehörte, befürwortete Lloyd George selbst eine Anklage gegen Wilhelm II. Curzon, der wenige Tage zuvor Gespräche mit Clemenceau geführt hatte, unterstützte in London die Absicht der französischen Regierung, einen Prozess gegen den Kaiser anzustrengen: Wilhelm II., so Curzon, sei »der Erzverbrecher der Welt, und weil in jedem anderen Lebensbereich auch ein Verbrecher zur Verantwortung gezogen wird, wenn man seiner habhaft wird, sehe ich nicht ein, dass er seiner gerechten Bestrafung entgehen soll, bloß weil er ein Kaiser ist und in einem anderen Land im Exil lebt«. Der Premierminister stimmte dem zu, wendete seine Argumentation aber ins Allgemeine: »Herrscher wie er, die die ganze Welt ins Elend stürzen, müssen für alle Zeiten gewarnt sein, dass sie früher oder später zur Rechenschaft gezogen werden.« Aber es gab auch kritische Stimmen. Jan C. Smuts, der Südafrika im *Imperial War Cabinet* vertrat, fragte nach, wegen welcher Verbrechen denn Anklage erhoben werden solle? Weil er die Welt in den Krieg gestürzt habe, erwiderte Lloyd George. Das sei, so Robert Borden, Premierminister Kanadas, ein »Menschheitsverbrechen« – ein »crime against humanity«.[27]

Damit war ein Begriff in die Diskussion gelangt, der seit 1945 als völkerstrafrechtlicher Tatbestand etabliert ist, der im Nürnberger Prozess einen Hauptanklagepunkt bildete und der heute neben Kriegsverbrechen, dem Verbrechen der Aggression und Völkermord zu den vom Internationalen Strafgerichtshof in Den Haag verfolgten Straftatbeständen zählt.[28] 1918 indes war »crime against humanity« noch kein etablierter Rechtsbegriff, wohl aber ein Begriff, der in der politischen Sprache der Zeit und vor dem Hintergrund staatlicher Gewalthandlungen zunehmend Verwendung fand. So hatte 1913 eine internationale Kommission des *Carnegie Endowment for International Peace* die während der Balkankriege 1912/13 von allen Beteiligten verübten Grausamkeiten untersucht: Massaker an der Zivilbevölkerung, die Vertreibung von ethnischen oder religiösen Minderheiten oder die Misshandlung und Ermordung von Kriegsgefangenen. In ihrem 1914 veröffentlichten Bericht sprach die Kommission von »Verbrechen gegen die Menschlichkeit«.[29] Das ging deutlich über Verstöße gegen das in der Haager Landkriegsordnung von 1899/1907 kodifizierte Kriegsvölkerrecht hinaus. Kurze Zeit später tauchte der Begriff im Zusammenhang mit dem Völkermord an den Armeniern wieder auf. Im Osmanischen Reich kam es zum schrecklichen Höhepunkt der schon im späten 19. Jahrhundert einsetzenden türkischen Politik der Verfolgung dieser christlichen Minderheit, als im Jahr 1915 etwa 600 000 bis 800 000 Armenier systematisch deportiert oder ermordet wurden.[30] In einer öffentlichen Erklärung, die der türkischen Regierung übergeben wurde, warnten die Alliierten im Mai 1915, dass sie die Verantwortlichen für diese Verbrechen gegen die Menschlichkeit und die Zivilisation persönlich zur Rechenschaft ziehen würden.[31] Damit hatte man nicht nur staatliches Handeln kriminalisiert, sondern zugleich die Absicht erklärt, diese staatliche Kriminalität zu verfolgen und die individuell Verantwortlichen dafür strafrechtlich zu belangen und zur Rechenschaft zu ziehen.

Für das internationale Recht war das eine revolutionäre Entwicklung. Zum einen relativierte es die für das moderne Völkerrecht zentrale Idee der staatlichen Souveränität und Autonomie und das daraus resultierende Prinzip der Nichteinmischung in innere Angelegenheiten eines Staates. Völkerrecht und Strafrecht waren auch aus diesem Grund zwei klar voneinander getrennte Sphären. Denn während das Völkerrecht in seinem klassischen Verständnis die Rechtsbeziehungen zwischen den Staaten als Völkerrechtssubjekten regelt, hat das Strafrecht eine eher innerstaatliche und innergesellschaftliche Funktion. Es fixiert Grundregeln gesellschaftlichen Zusammenlebens und droht dem Einzelnen bei Verstößen gegen diese Regeln Sanktionen an. Damit war es ein zentrales Element von Staatlichkeit und nationaler Souveränität.[32] Doch genau diese Trennung wurde gerade in der Zeit des Ersten Weltkriegs von Politikern und Juristen in Frage gestellt, wenn sie sich explizit oder implizit für die individuelle Verfolgung von Verstößen gegen völkerrechtliche Normen aussprachen. Auf diese Weise gewannen jenseits der Staaten Individuen eine Völkerrechtssubjektivität. Völkerrechtsverbrechen, verantwortet oder begangen von einzelnen Personen, sollten verfolgt werden können. Das reichte bis zu Regierungschefs oder gar Staatsoberhäuptern, die für ihre Entscheidungen und ihr Handeln keine Immunität mehr in Anspruch nehmen können, sondern individuell strafrechtlich verfolgt werden sollten. Das war zwar in den Jahren des Ersten Weltkriegs als internationale Rechtsnorm noch nicht etabliert, aber sowohl die rechtliche als auch die politische Diskussion wiesen deutlich in diese Richtung.[33]

Der Begriff »crime against humanity« war also politisch bereits etabliert, als ihn der kanadische Premierminister Borden Ende 1918 im *Imperial War Cabinet* verwandte. Als Rechtsfigur und Tatbestand sollte er die strafrechtliche Verfolgung des Kaisers ermöglichen. Ausschlaggebend waren in der Diskussion die Ausführungen des britischen *Attorney General* Frederick Smith, des späteren Lord Birkenhead, der schon seit einiger Zeit Überlegungen zu einem internationalen Tribunal angestellt hatte, vor dem Wilhelm II. angeklagt werden konnte. Smith erhielt vom Kabinett den Auftrag, die Frage in einer Juristenkommission zu erörtern. Das Votum dieser Kommission war eindeutig. In einer weiteren Kabinettssitzung legte Smith dar, dass der Kaiser »hauptsächlich und persönlich verantwortlich ist für den Tod von Millionen junger Männer (…). Wenn dieser Mann entkommt, werden die Leute überall sagen, dass er entkommen ist, weil er ein Kaiser ist. (...) Sie werden sagen, dass hochrangiger Einfluss ausgeübt worden sei, um ihn zu retten.« Dem gelte es entgegenzutreten. Darüber hinaus aber entwickelte Smith ein – in der Sprache der Juristen – generalpräventives Argument: »Lassen wir Herrscher, die über Krieg entscheiden, wissen, dass sie damit ihre persönliche Sicherheit aufs Spiel setzen.« Er halte es für schwierig, »Prozesse gegen untergeordnete Kriminelle anzustrengen, wenn man es zulässt, dass der Ex-Kaiser davonkommt«. Kritische Stimmen hatten vor diesem Hintergrund keine Chance mehr. So warnte Austen Chamberlain, als Schatzkanzler ebenfalls Angehöriger des Kriegskabinetts, davor, dass ein Verfahren gegen den Kaiser das deutsche Volk entlasten und außerdem zu nationalistischen Gegenreaktionen führen könne. Und würde ein öffentlicher Prozess dem Kaiser nicht auch die Möglichkeit bieten, den Spieß gleichsam umzudrehen und Anklage zu erheben gegen die alliierten Regierungen? »Seine Verteidigung könnte zu einem Prozess gegen uns werden«, gab der konservative Minister zu bedenken.[34] Doch am Ende setzte sich die Linie des *Attorney General* durch, welcher der Premierminister zustimmte, und das Kabinett fasste den Beschluss, »dass der Ex-Kaiser, soweit dies in der Macht der britischen Regierung liegt, persönlich zur Verantwortung gezogen werden soll für seine Verbrechen gegen das internationale Recht«.[35] Was mit Wilhelm II. bei einer Verurteilung geschehen sollte, ließ man in London zunächst offen. Allerdings tauchten in den Überlegungen und Beratungen immer wieder Hinweise auf das Schicksal Napoleons und seine Verbannung zunächst nach Elba, dann nach St. Helena auf. Eine solche Zwangsexilierung erschien attraktiv, doch man erinnerte sich auch an Napoleons Rückkehr aus Elba, seine Herrschaft der hundert Tage und die Macht, die er in dieser Zeit noch einmal entfalten konnte. Das holländische Exil hielt man vor diesem Hintergrund für wenig geeignet. Immerhin gab der *Attorney General* 1919 eine wissenschaftliche Studie über die britische Entscheidung, Napoleon in die Verbannung auf St. Helena zu schicken, in Auftrag.[36]

Die französische Position lag nicht weit von der britischen entfernt. Schon während des Krieges hatte Frankreich begonnen, Beweise für deutsche Kriegsverbrechen zu sammeln. Erste Versuche noch im Jahr 1914, deutsche Soldaten vor Gericht zu stellen, liefen ins Leere, weil die Deutschen sofort Gegenmaßnahmen ergriffen und ihrerseits französische Offiziere festsetzten – mehr als Geiseln denn als Angeklagte. Nachdem er 1917 das Amt des Ministerpräsidenten übernommen hatte, war Clemenceau sowohl in seiner öffentlichen Rhetorik als auch in den Beratungen mit den Alliierten eindeutig. Anfang Oktober 1918 beschloss die französische Regierung hinsichtlich der deutschen Kriegsverbrechen, dass »die Täter und die Befehlsgeber dieser Verbrechen zur Verantwortung gezogen werden, und zwar moralisch, strafrechtlich und finanziell«.[37] Der Kaiser sollte vor Gericht gestellt werden, und es sollte Strafverfahren wegen deutscher Kriegsverbrechen geben. Auf den französischen Kriegsverbrecherlisten befanden sich bereits mehr als 2000 Namen. Ähnlich wie Lloyd George in Großbritannien konnte sich Clemenceau des Rückhalts in der Bevölkerung sicher sein. Die Medien sahen den Prozess gegen Wilhelm II. als erste Bewährungsprobe des von Woodrow Wilson angestrebten Völkerbunds. Rechte Blätter warnten allerdings davor, allein im Kaiser den Schuldigen zu sehen: »Die *Boches* bleiben immer die *Boches*, alle schuldig, also alle verantwortlich«, schrieb die konservative *La Presse* und vertrat damit eine Kollektivschuldthese.[38] Die französischen Strafforderungen fügten sich in das Gesamtkonzept eines punitiven Friedens, eines Straffriedens, der sowohl symbolisch als auch materiell die deutsche Schuld ahnden und zugleich den französischen Sieg bestätigen sollte. Aber eine Verurteilung des Hohenzollernkaisers war in dem Maße, in dem man die »Verpreußung« und Militarisierung Deutschlands und damit seine Aggressivität auf die Hohenzollern als preußische Dynastie zurückführte, auch Teil französischer Sicherheitspolitik. Wenn die Hohenzollern eine Bedrohung der französischen Sicherheit waren, dann war es nur konsequent, Wilhelm II. als Kriegsverbrecher und insbesondere wegen der deutschen Aggression 1914 anzuklagen und zu verurteilen.

Paris und London vertraten also die gleiche Linie, als im Januar 1919 die Beratungen über die Strafbestimmungen eines Friedensvertrags mit Deutschland begannen. Diese Beratungen fanden in erster Linie in der gleich zu Konferenzbeginn gebildeten »Kommission zur Verantwortlichkeit der Urheber des Krieges und zur Durchsetzung der Strafen« statt. Es war eine der wichtigsten Aufgaben der Kommission zu prüfen, ob die Urheber des Krieges rechtlich zur Verantwortung gezogen werden, also Staatsoberhäupter und hohe Amtsträger wegen eines Aggressionskriegs strafrechtlich verfolgt werden könnten. Daneben ging es um die Dokumentation der von den Mittelmächten begangenen Verstöße gegen die Gesetze und Gebräuche des Krieges – vor allem im Sinne der Haager Landkriegsordnung – und um die Frage nach der Verantwortung von Angehörigen der militärischen Führung und hochrangiger Einzelpersonen für gegen die Alliierten gerichtete Kriegsrechtsverletzungen, also die Frage der Vorgesetztenverantwortlichkeit. Schließlich musste die Kommission Vorschläge entwickeln, welche Gerichte und welche Verfahrensregeln für die Strafverfolgung in Betracht kamen.[39]

In den Beratungen der Kommission und später auch im *Supreme Council* sowie im Rat der Vier prallten rasch die unterschiedlichen Positionen der europäischen Mächte, Britanniens und Frankreichs allen voran, und der Vereinigten Staaten aufeinander. Die Vertreter der europäischen Staaten, zu denen in dieser Kommission auch noch Belgien, Griechenland und Serbien gehörten, plädierten für ein internationales Tribunal, vor dem der Kaiser angeklagt werden sollte. Die Anklage sollte sich dabei nicht auf die Verantwortung Wilhelms II. für den Kriegsbeginn 1914 richten, sondern auf seine Verantwortung für Verstöße gegen das Kriegsrecht, beispielsweise durch die Anordnung des uneingeschränkten U-Boot-Kriegs, sowie auf Verletzungen der »Gesetze der Menschlichkeit« – »laws of humanity«. Dieser Begriff tauchte zwar schon in der Präambel der Haager Konvention von 1899 auf, war aber noch keine völkerrechtlich präzise definierte Norm und daher als Grundlage für eine Anklage hoch problematisch. Man begegnete dem mit dem Argument, dass die Friedenskonferenz in ihren Beratungen und Beschlüssen im Licht der Katastrophe des Krieges das Recht weiterentwickle und modernisiere. Man schaffe aber kein neues Recht. Für Ferdinand Larnaude, den französischen Vertreter, ging es bei dem Bezug auf die »Gesetze der Menschlichkeit« nicht darum, einen Tatbestand nur für diesen speziellen Fall zu konstruieren, sondern darum, einem neuen Bewusstsein in der Weltmeinung Rechnung zu tragen.

Überhaupt spielte die öffentliche Meinung in der Argumentation der Strafverfolgungsbefürworter eine wichtige Rolle. Politik und Recht müssten öffentliche Erwartungen erfüllen, betonten der britische und der französische Vertreter übereinstimmend. Gerade deswegen sei ein internationales, öffentliches Tribunal, vor dem der Kaiser sich zu verantworten habe, so wichtig. International musste der Prozess sein, um den Geltungsanspruch internationalen Rechts und internationaler Normen zu bekräftigen und um zugleich zu demonstrieren, dass der Krieg von den Alliierten aus validen Gründen geführt worden sei, aus Gründen, die auch nach Kriegsende noch Bestand hatten. International musste er aber auch sein, weil das die symbolische Wirkung des Verfahrens verstärken würde. Für ein Urteil dieser Bedeutung und angesichts der Schwere der Verbrechen bedürfe es, betonte ein französischer Experte, »einer erhabenen Rechtsprechung mit weit widerhallenden Auseinandersetzungen und einer größeren Bühne«. Das deutet in die Richtung eines Schauprozesses, in jedem Falle eines politischen Prozesses, in dem es nicht nur um eine strafrechtliche Verurteilung im engeren Sinn ging, sondern auch um eine politische Botschaft, um ein Geschichtsbild und um ein moralisches Urteil. Gerade vor diesem Hintergrund war eine Anklage gegen Wilhelm II. und ein Verfahren gegen ihn in den Augen der europäischen Vertreter so wichtig. Besonders der britischen Regierung war es auch darum zu tun, in einem Prozess gegen den Kaiser das deutsche Kaiserreich und seine autokratischen Strukturen zu diskreditieren.[40]

Mit all diesen Argumenten stießen die Europäer auf den Widerspruch der USA, deren Außenminister Robert Lansing der Kommissionsvorsitzende war. Die Skepsis der Vereinigten Staaten richtete sich dabei weniger auf die Verfolgung von Kriegsverbrechen und deren unmittelbare Täter als vielmehr auf die Absicht, Wilhelm II. sowie andere – politische und militärische – Spitzenrepräsentanten des Kaiserreichs vor einem internationalen Gericht anzuklagen. Lansing, selbst ein auf dem Feld des internationalen Rechts erfahrener Jurist, und seine Berater argumentierten dabei auf zwei Ebenen. Zum einen äußerten sie rechtliche Bedenken. Die Errichtung eines internationalen Strafgerichts sei völkerrechtlich nicht gedeckt; die Ahndung von Kriegsverbrechen liege entweder beim Militär selbst oder bei nationalen Gerichten. Das ergebe sich aus dem Prinzip der nationalen Souveränität. Damit schützten sich die USA zugleich davor, sich womöglich dereinst selbst vor einem internationalen Tribunal verantworten zu müssen. Noch knapp hundert Jahre später führte dieses Argument dazu, dass die USA dem Internationalen Strafgerichtshof in Den Haag nicht beitraten. Ferner, so Lansing, sei es 1914 kein justiziabler Tatbestand gewesen, einen Krieg zu beginnen; weder Wilhelm II. noch sonst irgendjemand könne also als Urheber des Krieges zur Rechenschaft gezogen werden, ohne gegen das rechtliche Rückwirkungsverbot – »nulla poena sine lege« – und den Grundsatz der Gleichheit der Staaten zu verstoßen. Ein Rückgriff auf die vage und als Rechtsnorm nirgends fixierte Kategorie der »Gesetze der Menschlichkeit« sei rechtlich ebenfalls unmöglich. Und schließlich genieße der ehemalige Kaiser als Staatsoberhaupt strafrechtliche Immunität.

Zum anderen aber führten die amerikanischen Vertreter auch politische Argumente ins Feld. Ein Prozess insbesondere gegen Wilhelm II. werde in Deutschland zu Unruhen und – das Argument ist uns bereits vertraut – möglicherweise zu einer bolschewistischen Revolution führen. Darüber hinaus widerspreche ein internationales Strafverfahren gegen den Kaiser der amerikanischen Absicht, in Europa und weltweit eine auf Verständigung gegründete Friedensordnung, überwölbt vom Dach des Völkerbunds, zu errichten. Dass französische und britische Vertreter nicht müde wurden, das geplante Verfahren und den Völkerbund miteinander zu verknüpfen, konnte dieses Argument nicht entkräften. Für die USA und ihren Präsidenten konnte der Völkerbund nicht die Bühne für einen rechtlich fragwürdigen Schauprozess sein; für die europäischen Vertreter, die französischen allen voran, die der Völkerbundsidee ohnehin kritisch gegenüberstanden, verlor der Völkerbund aber weiter an Attraktivität, wenn er nicht der Ort eines solchen internationalen Prozesses sein konnte. Ein Konsens war nicht zu erzielen. Lansings Vorschlag, Wilhelm II. in einer öffentlichen Erklärung moralisch zu verurteilen, reichte den europäischen Alliierten nicht aus. Die Erklärung hätte folgenden Wortlaut haben sollen: »Im Namen all derer, die ihr Leben geopfert haben, damit die Freiheit überleben kann, im Namen all der Wehrlosen, die unaussprechliche Grausamkeiten ertragen mussten, im Namen all derer, deren verwüstetes und ausgeplündertes Land Zeugnis ablegt von der Bosheit des Angeklagten, im Namen der Menschheit, der Gerechtigkeit und der Zivilisation, verurteilt die empörte Welt die Taten Wilhelms von Hohenzollern, ehemals Deutscher Kaiser und König von Preußen, als schändlich und überantwortet sie dem Urteil der Geschichte.«[41] Dass die Europäer damit nicht zufriedenzustellen waren, kann kaum überraschen, aber die USA hatten damit deutlich gemacht, dass sie einem strafrechtlichen Verfahren gegen Wilhelm II. nicht zustimmen würden. Das legten sie am Ende der Kommissionsberatungen, als eine Mehrheit sich für ein solches Verfahren aussprach, in einem Minderheitenvotum – das der Nürnberger US-Chefankläger Robert H. Jackson 1945 als »unreif« bezeichnete – noch einmal ausführlich dar.[42]

Der Dissens der Kommission setzte sich im Rat der Vier fort. Clemenceau und Lloyd George bemühten sich, Wilson von einem Strafverfahren gegen den Kaiser zu überzeugen, doch der Präsident blieb bei der Position seines Außenministers.[43] Das Ergebnis war ein Kompromiss, der Eingang in die Strafbestimmungen des Versailler Vertrags fand. Mit Artikel 227 hatten die USA sich durchgesetzt. Dort hieß es: »Die alliierten und assoziierten Mächte stellen Wilhelm II. von Hohenzollern, ehemaligen Deutschen Kaiser, unter öffentliche Anklage wegen schwerster Verletzung der internationalen Moral und der Heiligkeit der Verträge. Ein besonderer Gerichtshof wird gebildet werden, um den Angeklagten (…) zu richten. (…) Der Gerichtshof wird sich bei seinem Urteil von den höchsten Grundsätzen der internationalen Politik leiten lassen (...).« Auch wenn von einer Anklage vor einem Gerichtshof die Rede war: Von einem regulären Strafverfahren wegen Kriegsverbrechen war das geplante Vorgehen weit entfernt. In den bewusst vagen Formulierungen spiegelt sich der politische Charakter des geplanten Verfahrens. Nicht rechtliche – strafrechtliche oder völkerrechtliche Normen – bildeten die Grundlage von Anklage und Verurteilung, sondern die »höchsten Grundsätze der internationalen Politik«, die nirgends präziser definiert wurden. In den Artikeln 228 bis 230 hingegen, die sich mit Kriegsverbrechen deutscher Soldaten beschäftigten, setzten sich Frankreich und Großbritannien durch. Allerdings verzichtete man hier auf jeden Bezug zu den »Gesetzen der Menschlichkeit« und erklärte, Anklagen und Verurteilungen auf Handlungen »gegen die Gesetze und Gebräuche des Krieges« stützen zu wollen. Die in diesen Artikeln erklärte Verfolgungsabsicht endete wenige Jahre später mit den Leipziger Prozessen.

Doch auch das Vorhaben, den Kaiser öffentlich anzuklagen, scheiterte. Zwar hatte Artikel 227 konstatiert, dass die Alliierten die niederländische Regierung ersuchen würden, »den ehemaligen Kaiser zum Zwecke seiner Aburteilung auszuliefern«. Aber schon im Rat der Vier war man sich einig darüber gewesen, dass dies kein leichtes Unterfangen sein würde. Lloyd George schlug damals vor, die Niederlande im Falle einer Weigerung nicht in den Völkerbund aufzunehmen.[44] Ein erstes Auslieferungsersuchen ging im Januar 1920 an die Regierung in Den Haag. Die Note erinnerte nicht nur an die deutschen Verbrechen im Krieg, für welche die Verantwortung bis in die höchste Spitze des Staates reiche, sondern man übte auch moralischen Druck aus: Die Regierung der Niederlande wolle gewiss nicht die »Vergewaltigung der wesentlichsten Grundsätze der internationalen Solidarität« decken und schon gar nicht »den Schein erwecken, den Hauptführer zu beschützen, indem sie ihm Zuflucht auf ihrem Gebiet gewährt«, sondern vielmehr »das Gericht, das von Millionen Stimmen von Opfern verlangt wird, erleichtern«. Als neutraler Staat im Weltkrieg und nach Kriegsende auch an guten Beziehungen zu Deutschland interessiert, lehnten die Niederlande ab: Sie seien keine vertragschließende Partei; es habe vor dem Krieg kein Statut über Verbrechenstatbestände und deren Bestrafung gegeben; und schließlich sei die Gewährung von Asyl Ausdruck fundamentaler Rechtsüberzeugungen und jahrhundertealter Traditionen. Eine zweite alliierte Note im Februar 1920 wies die niederländische Regierung auf den Präzedenzcharakter des Falles hin. Eine Weigerung wäre ferner eine Missachtung der gemeinsamen Forderung des größten Teils der zivilisierten Welt. Darüber hinaus bestehe die Gefahr, dass der Ex-Kaiser, der sich so nah an der deutschen Grenze aufhalte, zu einer neuen Bedrohung für die Menschheit werde, so die Note, die mit einem Hinweis auf Napoleons Rückkehr aus Elba endete. Das könne man verhindern, erwiderte die niederländische Regierung und verwies ansonsten nochmals auf die Argumente der ersten Antwortnote.[45] Alliierte Versuche, den Druck auf die Niederlande zu erhöhen, diplomatische Maßnahmen und wirtschaftliche Sanktionen anzudrohen sowie – mittlerweile – einen Ausschluss aus dem Völkerbund, führten zu nichts, im Gegenteil: Eric Drummond, der britische Generalsekretär der Genfer Organisation, warnte, ein solches Vorgehen werde den Völkerbund beschädigen, weil alle Gegner der Organisation ja nur darauf warteten, zeigen zu können, dass der Völkerbund nichts anderes sei als das Instrument einer antideutschen Politik der Alliierten.[46] Auch der französische Vorschlag eines Prozesses in Abwesenheit, um wenigstens ein Zeichen zu setzen, wurde nicht umgesetzt.[47] So verblieb Wilhelm II. in den Niederlanden; seit Mai 1920 lebte er im Haus Doorn in der Provinz Utrecht, nicht mehr ganz so nah an der deutschen Grenze wie zunächst, und starb dort 21 Jahre später.

DIE ISTANBULER PROZESSE

Auf der Liste der 890 Personen, deren Auslieferung die Alliierten Anfang Februar 1920 von Deutschland verlangten, um sie wegen Kriegsverbrechen anzuklagen, befanden sich auch neun türkische Staatsangehörige, die beschuldigt wurden, für die Massaker an den in der Türkei lebenden Armeniern verantwortlich gewesen zu sein. Zu ihnen gehörten der ehemalige osmanische Großwesir, also Regierungschef, Mehmed Talaat Pascha und der frühere Kriegsminister Ismail Enver Pascha.[48] Dass sich diese Namen auf der deutschen Liste befanden, hat nicht nur damit zu tun, dass das Osmanische Reich und Deutschland im Krieg verbündet gewesen waren, sondern auch mit den Dynamiken der alliierten Strafverfolgungs- und Ahndungspolitik.

Talaat und Enver hatten bereits Anfang November 1918, wenige Tage nach dem Waffenstillstand zwischen den Alliierten und dem Osmanischen Reich, Istanbul verlassen. Ein deutsches Schiff brachte sie zunächst nach Odessa, von wo aus sie auf dem Landweg nach Berlin gelangten. Nach einem

Militärputsch 1913 an die Spitze der osmanischen Regierung gekommen, waren sie in den Kriegsjahren mit diktatorischen Befugnissen die eigentlichen Machthaber in Istanbul und als solche verantwortlich für den Völkermord an den Armeniern. Beide entstammten der jungtürkischen Bewegung, die sich im späten 19. Jahrhundert gebildet hatte. Forderungen nach politischen Reformen, nach Liberalisierung und Konstitutionalisierung, verband diese Bewegung, die sich im »Komitee für Einheit und Fortschritt« organisierte, mit einer türkisch-muslimisch ausgerichteten Politik der nationalen Geschlossenheit und der Abwehr auswärtiger, christlich-europäischer Interventionen. Aufgrund ihrer christlichen Religion und ihrer Autonomieforderungen galten die etwa 1,5 Millionen Armenier, die vor allem in den östlichen Provinzen Anatoliens lebten, als eine Bedrohung dieser Politik. Bereits 1896 war es – ausgelöst durch armenische Autonomieforderungen – zu Unruhen gekommen und zu ersten Massakern an der armenischen Bevölkerung. Während knapp zwei Jahrzehnte später, nach Beginn des Weltkriegs, die armenische Unabhängigkeitsbewegung entschied, dass sich die Armenier loyal gegenüber demjenigen Staat verhalten sollten, auf dessen Gebiet sie lebten, also entweder gegenüber dem Osmanischen Reich oder gegenüber Russland, schlugen sich radikalere armenisch-nationalistische Kräfte in der Türkei, angespornt durch russische Propaganda, auf die Seite des Zarenreichs. Ihre Hoffnung war ein unabhängiger armenischer Staat im östlichen Anatolien. Desertionen armenischer Soldaten aus der osmanischen Armee, Guerillaaktivitäten und ein bewaffneter Aufstand in der Stadt Van führten zur Entwaffnung aller armenischen Soldaten und zu ihrer Überführung in Arbeitsbataillone, zu Deportationen der in der Nähe des Kriegsgebiets wohnenden armenischen Zivilbevölkerung und zu ersten lokalen Massakern. Mitte 1915 begann dann eine systematische, von der Regierung in Istanbul angeordnete und orchestrierte und von regionalen und lokalen türkischen Beamten und Militärs ausgeführte Deportations- und Vernichtungspolitik, die rasch lokale Eigendynamiken entwickelte und sich innerhalb kürzester Zeit nicht mehr auf die Kriegsgebiete beschränkte. Hunderttausende fielen dem Völkermord, ein Begriff, der zu der Zeit noch nicht existierte, zum Opfer. Von Gräueln, von Massakern, ja von einem Holocaust sprach man 1915.[49]

Als »Verbrechen gegen die Menschlichkeit« verurteilten die Alliierten schon 1915 die Geschehnisse und drohten damit, die Verantwortlichen zur Rechenschaft zu ziehen. Als sich 1918 die türkische Niederlage abzeichnete, die jungtürkische Regierung gestürzt wurde und britische Truppen von See aus in Istanbul einzogen, versuchte die neue türkische Regierung die Friedensaussichten für das Osmanische Reich dadurch zu verbessern, dass sie nicht nur den Jungtürken des »Komitees für Einheit und Fortschritt« die Verantwortung für die Armeniermorde zuwies, sondern dass sie unter britischem Druck – Außenminister Balfour wollte Talaat und Enver auf jeden Fall hängen sehen – auch ihre Bereitschaft erklärte, die Verantwortlichen für diese Verbrechen vor ein türkisches Militärgericht zu stellen.[50] Bis April 1919 wurden über hundert Verdächtige verhaftet und in insgesamt vier Verfahren vor Gericht gestellt. Es handelte sich dabei um Angehörige des früheren Istanbuler Regierungsapparats, vor allem aber um regionale und lokale Amtsträger und Militärs. Anklage erhoben wurde in Abwesenheit auch gegen die Spitze der jungtürkischen Regierung der Kriegsjahre, das sogenannte Triumvirat aus Talaat, Enver und Ahmet Cemal Pascha. Der türkische Chefankläger hatte – anders als wenig später die deutsche Reichsanwaltschaft in den Leipziger Prozessen – keinen Zweifel an der Schuld der Istanbuler Regierungsmitglieder: »Die Katastrophe, welche die Armenier betroffen hat, war kein lokales oder isoliertes Ereignis. Sie war das Ergebnis der vorsätzlichen Entscheidung eines zentralen Gremiums, das sich aus den angeklagten Personen zusammensetzte; die Tötungen und die Exzesse, die stattgefunden haben, beruhten auf mündlichen und schriftlichen Befehlen dieses zentralen Gremiums.«[51] 18 Todesurteile verhängte das Gericht, doch nur drei der Verurteilten befanden sich in türkischer Haft. Sie wurden 1919 und 1920 hingerichtet. Ausgesprochen wurden auch Verurteilungen zu langjährigen Haftstrafen und zu Arbeitslager.

Doch es wurden längst nicht alle Angeklagten verurteilt. Denn bereits kurz nach Eröffnung der Verfahren ließen politische Entwicklungen den Ahndungswillen der osmanischen Regierung erlahmen. Der britische Druck ging merklich zurück, und die britische Autorität litt unter der einseitigen Positionsnahme Londons im Griechisch-Türkischen Krieg, der etwa zur gleichen Zeit mit der Besetzung Smyrnas durch griechische Truppen begonnen hatte. Hinzu trat die Ablehnung der Verfahren durch die an Stärke gewinnenden Kräfte um Mustafa Kemal, die die Verfahren und die in ihnen zutage tretende Willfährigkeit der Regierung des Sultans gegenüber den Alliierten offen und immer heftiger kritisierten. Viele Verfahren in Istanbul wurden eingestellt, oder es erfolgten Freisprüche; Angeklagte entkamen unter zum Teil dubiosen Umständen aus dem Gefängnis. Um die Fortsetzung der Prozesse zu ermöglichen, internierten die Briten daraufhin etliche Angeklagte auf der griechischen Insel Limnos sowie auf Malta. Doch nur eine kleine Gruppe blieb länger in britischer Hand, nachdem das Londoner Kabinett beschlossen hatte, sich nur noch für die Strafverfolgung derer einzusetzen, die der Misshandlung britischer Kriegsgefangener im Krieg beschuldigt wurden. Aber selbst diese Häftlinge kamen auf freien Fuß, nachdem die nationalistische Regierung 1921 im Gegenzug eine Reihe britischer Offiziere hatte verhaften lassen und London damit erpresste. Anders als im Vertrag von Sèvres 1920, dem Friedensvertrag mit dem Osmanischen Reich, war im Vertrag von Lausanne 1923, den die inzwischen entstandene Türkei mit den ehemaligen Gegnern des Osmanischen Reiches abschloss, von Strafverfahren wegen Kriegsverbrechen und der Armeniermorde nicht mehr die Rede. Die Istanbuler Verfahren und die hinter ihnen stehende alliierte Strafverfolgungsabsicht endeten zwar anders als die auf den Strafbestimmungen des Versailler Vertrags gegründeten Leipziger Prozesse, doch kaum weniger unrühmlich. Die Verfolgung der in Abwesenheit verurteilten Hauptangeklagten nahmen armenische Nationalisten selbst in die Hand. Im Zuge der »Operation Nemesis« wurden Talaat Pascha und weitere führende Jungtürken in Berlin erschossen, andere türkische Politiker und Funktionäre wurden in Rom und Tiflis getötet. 1926 waren von den in Istanbul zum Tode verurteilten 18 Angeklagten zehn nicht mehr am Leben.[52]

Trotz ihres Scheiterns sind sowohl die Leipziger als auch die Istanbuler Prozesse, die in der Geschichte des Völkerstrafrechts weithin vergessen sind – so wie auch der Völkermord an den Armeniern über viele Jahrzehnte vergessen, verdrängt und geleugnet wurde –, wichtige Schritte auf dem Weg hin zu einer internationalen Strafrechtsordnung gewesen, weil in diesen Verfahren Rechtskonzepte entwickelt wurden, die heute im internationalen Strafrecht eine wichtige Rolle spielen. Das reicht vom Prinzip der Vorgesetztenverantwortlichkeit über die Problematik des Handelns auf Befehl (Befehlsnotstand) bis hin zu dem Grundsatz, dass auch Repräsentanten eines Staates durch ihr Handeln individuelle Verantwortung tragen und daher als Individuen strafrechtlich verfolgt werden können. Am Ende des Zweiten Weltkriegs hat die internationale Gemeinschaft in der Auseinandersetzung vor allem mit den deutschen, aber auch mit den japanischen Kriegs- und Menschheitsverbrechen diese Grundsätze weiter systematisiert. Im Londoner Statut von 1945 wurden sie in Vertragsform gebracht; auf ihnen beruhten die Nürnberger Prozesse der Jahre 1945 bis 1949, aber auch der Tokioter Prozess von 1946 bis 1948. Die Vereinten Nationen haben sie als »Nürnberger Prinzipien« 1946 und noch einmal 1950 bestätigt. Knapp fünf Jahrzehnte später, in den 1990er Jahren, flossen sie in das Römische Statut zur Errichtung eines permanenten internationalen Strafgerichtshofs ein. Gerade das Scheitern der Leipziger und der Istanbuler Prozesse ist aber ebenfalls von Bedeutung gewesen für den Weg zu den Nürnberger Prozessen und zum Völkerstrafrecht der Gegenwart. Man hat aus den Fehlern der Jahre nach 1918 zu lernen versucht, wollte aus Nürnberg kein zweites Leipzig werden lassen, aber doch zugleich an der Absicht festhalten, Verbrechen gegen das Völkerrecht nicht ungesühnt zu lassen. Schon die Verfahren in Leipzig und Istanbul haben sichtbar werden lassen, dass internationales Strafrecht in hohem Maße politisiert ist, dass es politischen Rahmenbedingungen unterliegt und politischen Dynamiken ausgesetzt ist. Die gleiche Empörung, die sich 1919 in Deutschland gegen die Anklage des Kaisers richtete und gegen die Auslieferung möglicher Kriegsverbrecher, richtete sich nach den Jugoslawienkriegen der 1990er Jahre gegen die Haager Strafverfahren gegen Slobodan Milošević und Radovan Karadžić.

Die Fragen, die 1918 im britischen Kabinett diskutiert wurden, sind auch heute noch von Belang. Welche politischen Wirkungen lösen internationale Strafverfahren aus? Befördern sie nach Kriegen, Bürgerkriegen oder Gewaltherrschaft den Übergang zu Frieden und Demokratie? Oder behindern sie diesen Übergang durch die Verlängerung von Konflikten in den Gerichtssaal hinein? Wirken solche Gerichtsverfahren versöhnend oder vertiefen sie innergesellschaftliche Spaltungen und internationale Konflikte? In welchem Verhältnis stehen internationales Strafrecht und nationale Souveränität? Kann Völkerstrafrecht mehr sein als die Justiz der Sieger, das Recht der Mächtigen, über die Machtlosen zu urteilen? In der aktuellen Auseinandersetzung über Möglichkeiten und Grenzen des Völkerstrafrechts sowie – in einem weiteren Sinne – über *Transitional Justice* werden diese Fragen politisch und wissenschaftlich kontrovers diskutiert. Die Entwicklungen am Ende des Ersten Weltkriegs, die Strafbestimmungen der Verträge von Versailles und Sèvres sowie die Prozesse von Leipzig und Istanbul liefern für solche Diskussionen reiche Bezüge, und auch sie lassen historische Linien erkennen, die aus den Jahren von Versailles bis in unsere Gegenwart führen.

Alte Reiche und neue Staaten
Die Auflösung des Habsburger und des Osmanischen Reiches

GEWALT UND SELBSTBESTIMMUNG

Noch viel weniger als im Westen endete 1919 der Krieg im Osten und Südosten Europas. Dort ging er nicht nur in den Köpfen weiter, sondern es wurde weiter gekämpft und gestorben. Sicher, auch im Westen des Kontinents kam es zu bewaffneten Konflikten: das deutsch-französische Verhältnis beruhigte sich erst nach der Ruhrbesetzung 1923, die junge Weimarer Republik wurde in ihren ersten Jahren – und dann wieder von 1930 an – von bürgerkriegsähnlichen Unruhen erschüttert, und in Irland folgte dem Unabhängigkeitskrieg der Jahre 1919 bis 1921 ein brutaler und blutiger Bürgerkrieg (1922/23), dessen Folgen sowohl in der irischen als auch in der britischen Gesellschaft bis heute spürbar sind. Doch eine wahre Gewaltexplosion ereignete sich im östlichen und südöstlichen Europa. Dort waren die Jahre zwischen dem Ersten und dem Zweiten Weltkrieg keine Zwischenkriegszeit, wie wir – in unserer Perspektive – die Zeit nach 1918/19 zu nennen pflegen, sondern eine Zeit von Kriegen, Bürgerkriegen, gewaltsamen Unruhen und mörderischen Pogromen, die bis zum Zweiten Weltkrieg nicht endeten und sich schließlich mit dessen genozidaler Gewalteskalation verbanden.[1] Die Dynamiken von Krieg und Gewalt speisten sich aus zwei miteinander verbundenen Quellen: der Auflösung der multiethnischen Landimperien im Osten und Südosten Europas, des russischen Zarenreichs, des Osmanischen Reichs und des Habsburgerreichs – und auch die Gebietsverluste des Deutschen Reiches im Osten lassen sich so betrachten – einerseits und der Entstehung neuer Staaten und einer neuen politisch-territorialen Ordnung aus den zerfallenden beziehungsweise aufgelösten Großreichen andererseits.

Diese Staatenordnung wurde nicht friedlich am Pariser Verhandlungstisch entworfen, beschlossen und dann umgesetzt, sondern sie bildete sich seit der Schlussphase des Ersten Weltkriegs, seit 1917, heraus und veränderte sich in den Jahren nach dem Ersten Weltkrieg weiter. Die territoriale Ordnung der Pariser Beschlüsse und Friedensverträge der Jahre 1919 und 1920 war in diesen Entwicklungen so etwas wie eine Momentaufnahme, der Versuch, einen Status quo zu definieren und ihn zugleich zu fixieren, was allenfalls teilweise gelang. In den Pariser Verhandlungen trafen der Ordnungsanspruch der Großmächte und die rivalisierenden Interessen der regionalen Staatenwelt aufeinander. Dieses Aufeinandertreffen war konflikthaft und führte in vielen Fällen zu Lösungen, denen keine Dauer beschieden war und die weder Stabilität noch Frieden brachten. Die Herausbildung einer neuen geopolitischen Ordnung mit ihren Spannungs- und Konfliktpotentialen verband sich ferner mit der nicht minder konfliktgeladenen inneren Entwicklung in den jungen, oftmals neu gegründeten Staaten. Die Kriege und Bürgerkriege in der Region, die immer wieder ineinander übergingen, weil beispielsweise Bürgerkriegsparteien von anderen Staaten unterstützt wurden, waren Staatsbildungskriege. Sie waren Kriege, die ähnlich wie in der Epoche der Frühen Neuzeit zur Herausbildung von Staatlichkeit führten: mit Blick auf die Entstehung und Festlegung von Grenzen, auf innere staatliche Strukturen sowie den Herrschaftsanspruch des Staates und dessen Durchsetzung. Erst nach sechs Kriegen standen die Grenzen des wiedergegründeten polnischen Staates fest, die dann wenigstens einige Jahre Bestand hatten.[2] Was der amerikanische Historiker und Sozialwissenschaftler Charles Tilly über die Staatsbildung im 16./17. Jahrhundert sagte, trifft gerade im östlichen und südöstlichen Europa auch auf die Entwicklungen der Jahre um 1919 zu: »War made the state, and the state made war.«[3]

In Ostmittel- und Südosteuropa eine nationalstaatliche Ordnung zu schaffen, gehörte weder zu den Kriegszielen der Entente noch zu den Zielen der Mittelmächte. Bis 1917 waren Großbritannien, Frankreich und dann auch die Vereinigten Staaten mit dem Zarenreich verbündet; Österreich-Ungarn und das Osmanische Reich kämpften an der Seite Deutschlands. Dennoch wurde das nationale Prinzip eine mächtige Waffe im Krieg. Durch eine Politik nationaler Unabhängigkeit, zumindest aber nationaler Unabhängigkeitsversprechen versuchten beide Seiten die jeweils andere zu destabilisieren und Kräfte freizusetzen, die zur Schwächung des Gegners beitragen sollten. Aus diesem Grund betrieb das Deutsche Reich mitten im Krieg die Gründung eines polnischen Staates und warf es 1917 die Brandfackel nationaler Unabhängigkeit in das revolutionär erschütterte Russische Reich. Die hegemoniale Ordnung, die Deutschland im Frieden von Brest-Litowsk in Osteuropa errichtete, gründete auch auf dem Gedanken nationaler Unabhängigkeit, freilich in einem deutschen Hegemonialsystem. Umgekehrt motivierte Großbritannien die Araber mit der Aussicht auf nationale Unabhängigkeit und einen arabischen Staat zu Aufständen gegen die osmanische Herrschaft und zum Krieg an der Seite britischer Truppen. Aussichten auf Gebietsvergrößerungen auf Kosten Ungarns bewegten Rumänien 1916 dazu, sich der Entente anzuschließen. Es war ein gefährliches Spiel, das man da betrieb, weil der universale Anspruch des nationalen Prinzips über spezifische Interessenkonstellationen vor dem Hintergrund des Krieges weit hinausging. Konnte man es schaffen, die geweckten oder verstärkten nationalen Ambitionen zu steuern und – gleichsam dosiert – nur den jeweils eigenen, begrenzten Zielen nutzbar zu machen? Oder entfesselte man eine Dynamik, die später zauberlehrlingshaft nicht mehr unter Kontrolle zu bringen war?

Aus der Sicht der gefestigten Nationalstaaten Westeuropas mit ihrer vergleichsweise hohen nationalen, kulturellen und ethnischen Homogenität mochten nationale Staaten und eine auf das Nationalitätenprinzip gegründete Ordnung relativ stabil erscheinen. Aber galt das auch für den Osten des Kontinents, wo Heterogenität und Diversität die politischen Landkarten bestimmten und wo es kaum vorstellbar war, dass sich Staaten und eine Staatenordnung auf der Basis nationaler Homogenität herausbilden würden? Wie sollte es gelingen, aus einem multiethnischen und multikulturellen Gebilde wie dem Habsburgerreich eine nationalstaatliche Ordnung zu schaffen? Von der Bevölkerung des Habsburgerreichs gaben im Zensus von 1910 mit 23 Prozent beinahe ein Viertel Deutsch als ihre Muttersprache an, 20 Prozent Ungarisch, 16 Prozent Tschechisch oder Slowakisch, zehn Prozent Polnisch, neun Prozent Serbisch, Kroatisch oder Bosnisch, acht Prozent Ukrainisch, sechs Prozent Rumänisch, zwei Prozent Slowenisch und anderthalb Prozent Italienisch. Der Rest, das waren immerhin noch 2,3 Millionen Menschen, verteilte sich auf andere Sprachen oder Dialekte.[4] Warnungen gab es genug. Der britische Außenpolitiker Lord Robert Cecil warnte davor, an die Nationalität zu glauben, »als wäre sie eine Religion«. Er war skeptisch, »dass ein auf die bloße Nationalität gegründeter europäischer Frieden ohne weitere Sicherheiten wünschenswert oder sogar in jeder Hinsicht vorteilhaft wäre«.[5]

Aber das nationale Prinzip als politisches Ordnungsprinzip war schon in der Schlussphase des Krieges nicht mehr zurückzudrängen, im Gegenteil: Die Vierzehn Punkte Woodrow Wilsons verliehen ihm noch zusätzliche Wirkungsmacht. Die globale Ordnung, die nach Ansicht des amerikanischen Präsidenten aus dem Frieden am Ende des Krieges hervorgehen sollte und für die die Vereinigten Staaten sich einsetzen würden, war eine auf dem

Selbstbestimmungsrecht der Völker beruhende Ordnung. War das nicht eine Kampfansage an die europäischen Imperien, das Versprechen einer nationalstaatlichen Ordnung anstelle der überkommenen Großreiche? Zwar hatte Wilson in seiner Vierzehn-Punkte-Rede im Januar 1918 den Begriff des Selbstbestimmungsrechts der Völker noch vermieden, aber er hatte von der Unabhängigkeit Polens gesprochen und ansonsten von Grenzziehungen anhand von »klar erkennbaren Linien der Nationalität«. Wenig später, im Februar 1918, bekannte sich der Präsident dann auch expressis verbis zum Selbstbestimmungsrecht. Aber meinte das tatsächlich und gerade mit Blick auf Ostmittel- und Südosteuropa die Schaffung einer Vielzahl einzelner nationaler Staaten, zielte es tatsächlich von Anfang an auf die Auflösung des Habsburgerreiches? Den Vierzehn Punkten war das nicht zu entnehmen. Den »Völkern Österreich-Ungarns«, so hieß es in Punkt 10, »sollte die freieste Gelegenheit zu autonomer Entwicklung gewährt werden«.[6] Das war auch innerhalb eines fortbestehenden, freilich reformierten und weiter liberalisierten Reichsverbunds möglich. Als das »Völkermanifest« von Kaiser Karl im Oktober 1918 den Völkern des österreichisch-ungarischen Reiches Reformen dieser Art und größere nationale Autonomierechte in Aussicht stellte, war es dafür allerdings zu spät. Der Zerfall des Imperiums war nicht mehr aufzuhalten – weder von innen noch von außen.

Selbstbestimmung – *self-determination* – meinte für Wilson nicht zwingend das Recht nationaler Unabhängigkeit und Staatsbildung auf der Basis eines ethnischen oder auch kulturellen nationalen Selbstverständnisses; Selbstbestimmung war für ihn nicht notwendig beziehungsweise ausschließlich das Recht einer Nationalität, sich von anderen Nationalitäten unabhängig als Staat zu konstituieren und damit – durchaus auch im wörtlichen Sinne – abzugrenzen. Selbstbestimmung war für den amerikanischen Präsidenten gerade in der politischen und Verfassungstradition seines Landes auch das Recht der Selbstregierung *(self-government),* das nicht unbedingt an nationale Homogenität gekoppelt war. Eher folgte es einem westlichen Nationsverständnis, in dem die Nation sich als politische Gemeinschaft durch die politische Willensentscheidung freier Individuen bildete.[7] Beide Lesarten schlossen sich nicht aus, standen aber doch in einem Spannungsverhältnis. Eine klare Definition dessen, was er unter Selbstbestimmung verstand, hat Wilson nicht gegeben beziehungsweise bewusst vermieden. Auch in seinem engsten Umfeld wusste man es nicht: »Wenn der Präsident von Selbstbestimmung spricht«, fragte sich sein Außenminister Robert Lansing, »was für eine Einheit hat er dann im Kopf? Meint er eine Ethnie, meint er ein territoriales Gebiet oder meint er eine Gemeinschaft?«[8] In Paris 1919 war es vor diesem Hintergrund offenkundig die Absicht der Siegermächte, zumindest in ihrer europäischen Neuordnungspolitik beide Logiken miteinander zu verknüpfen, also demokratische Nationalstaaten zu begründen beziehungsweise eine Ordnung demokratischer Nationalstaaten zu errichten, die beiden Vorstellungen gerecht wurde und gerade deshalb, so die optimistische Einschätzung, stabil und friedlich sein würde. Anspruch und Realität klafften indes auch hier weit auseinander.

Im Ersten Weltkrieg und durch die Friedensschlüsse, die ihm folgten, lösten sich die multiethnischen europäischen Landimperien auf. Für weite Teile Europas, auf jeden Fall aber für seine östliche Hälfte, war nicht das 19. Jahrhundert das nationale Jahrhundert, sondern das beginnende 20. Jetzt erst wurde in den Zerfallsstaaten der Großreiche, ob sie nun schon im 19. Jahrhundert entstanden waren wie Griechenland, Serbien und Bulgarien oder erst am Ende des Weltkriegs wie die baltischen Staaten, Polen und die Tschechoslowakei, die Nation zum primären politischen und kulturellen Bezugspunkt sozialer Ordnung.[9] Der Krieg und die sich ihm anschließenden Friedensschlüsse waren nicht der Durchbruch des Nationalismus. Dieser hatte seine Wirkungsmacht längst entfaltet, bestimmte nun aber – auch in internationaler Perspektive – mit seinen Vorstellungen und Ansprüchen stärker denn je die staatlich-politische Ordnung. Dazu gehörte untrennbar die Idee nationaler Macht und Stärke, die ganz wesentlich auf nationaler Einheit und Geschlossenheit gründen musste. Kulturelle und insbesondere ethnische Heterogenität, die Existenz nationaler Minderheiten, standen der Vorstellung nationaler Geschlossenheit und Stärke entgegen. Da aber so gut wie alle Staaten Ostmittel- und Südosteuropas in der Zeit nach 1918 keine ethnisch homogenen Nationalstaaten waren, entstanden fast überall nationale Homogenisierungsbestrebungen, die die Politik dieser Staaten und ihre innere Entwicklung entscheidend beeinflussten, ja bestimmten. Die Dynamik der innerstaatlichen und zwischenstaatlichen Gewalt in den Jahren nach dem Weltkrieg ist ohne diesen Hintergrund nicht zu begreifen. Dieser lässt auch verständlich werden, warum sich die Eskalation der Gewalt nicht auf die Verliererstaaten des Kriegs beschränkte und warum sie nicht nur mit der These einer durch den Krieg und seine Gewalterfahrung gesteigerten Brutalisierung zu erklären ist.

ÖSTERREICH UND DIE TSCHECHOSLOWAKEI

Schon der Zusammenbruch des Zarenreichs 1917/18 hatte eine Welle von Nationalstaatsgründungen ausgelöst, und so war es auch beim Untergang des Habsburgerreichs. In der Auflösung der imperialen Ordnung entstanden auch hier Chancen und Möglichkeitsräume für nationale, auf Unabhängigkeit und Staatsbildung zielende Bestrebungen. Diese standen in der Kontinuität nationaler Strömungen und Bewegungen aus dem 19. Jahrhundert, die sich aber in den Jahren des Krieges verstärkten. Dazu trug die Kriegserfahrung der Soldaten ebenso bei wie die schlechte Versorgungslage in der Heimat und die immer stärker wahrgenommene Diskrepanz zwischen imperialer Herrschaft und nationaler Partizipation. Auch der Tod des österreichischen Kaisers Franz Joseph im November 1916 spielte in diesem Zusammenhang eine wichtige Rolle. Seit 1848 saß der mit 18 Jahren zum Kaiser gekrönte Monarch auf dem Thron, länger als die allermeisten Menschen in seinem Todesjahr zurückdenken konnten. Franz Joseph verkörperte das Reich, er bildete jenseits aller Nationalitätenunterschiede und aller nationalen Spannungen eine Klammer für das Imperium, weil er Identifikationsmöglichkeiten bot und die Einheit des Reiches personifizierte. Mit seinem Tod und vor dem Hintergrund der sich verschlechternden Kriegslage verstärkten sich nationale Spannungen und das nationale Aufbegehren gegen die imperiale Zentralmacht. Föderalisierungspläne wie die schon aus der Vorkriegszeit stammende sozialdemokratische Idee eines »demokratischen Nationalitätenstaats«, geleitet von dem Ziel, durch eine Politik demokratisch-nationaler Reformen den Erhalt des Reiches zu sichern, hatten in dieser Situation kaum noch eine Chance. Das gilt auch für das »Völkermanifest« von Kaiser Karl, das zumindest für den österreichischen Reichsteil auf die Errichtung eines Staatenbunds und nationale Autonomierechte zielte. Im ungarischen Reichsteil, der von der Slowakei im Norden und Siebenbürgen im Osten bis an die kroatische Adriaküste im Süden reichte, stießen solche Überlegungen bei der ungarischen Bevölkerungsmehrheit, die das Königreich auch politisch dominierte, auf wenig Gegenliebe. In beiden Reichsteilen wurden in den letzten Kriegsmonaten die Unabhängigkeitsbestrebungen immer heftiger. Es kam zu einer »wahren Orgie der Abkehr vom Reich« (Pieter Judson). Zum Teil von den Alliierten unterstützt, formten sich Nationalräte, die seit Oktober 1918 nationalrevolutionäre Regierungen bildeten und unabhängige Staaten ausriefen. Die Revolutionen verliefen alles in allem vergleichsweise friedlich, gerade weil nationale Eliten vielfach an ihnen mitwirkten. Ihre Stoßrichtung war in erster Linie national, nicht sozialistisch oder bolschewistisch. Auch das charakterisierte die Transformation, in der das Habsburgerreich sich auflöste. Ein präzises Datum für sein Ende lässt sich nicht angeben.[10]

Als Kaiser Karl im März 1919 mit seinem alten »Hofzug« in die Schweiz ausreiste, gab es sein Reich längst nicht mehr. In Feldkirch, der Grenzstation, wurde Stefan Zweig, der zufällig am selben Tag aus der Schweiz nach Österreich zurückkehrte, Zeuge der Ausreise des Kaisers. Selbst für den Schriftsteller, des Monarchismus ganz unverdächtig, war es ein »historischer Augenblick (…), erschütternd für einen, der in der Tradition des Kaiserreichs aufgewachsen war, der als erstes Lied in der Schule das Kaiserlied gesungen hatte«. Sogleich gingen freilich auch seine Erinnerungen zurück an den alten Kaiser Franz Joseph und an jenen »nebeligen, nassen Wintertag (…), da man mitten im Kriege den greisen Mann in der Kapuzinergruft zur letzten Ruhe bettete. ›Der Kaiser‹, dieses Wort war für uns der Inbegriff aller Macht, allen Reichtums gewesen, das Symbol von Österreichs Dauer (…). Und nun sah ich seinen Erben, den letzten Kaiser von Österreich, als Vertriebenen das Land verlassen. Die ruhmreiche Reihe der Habsburger, die von Jahrhundert zu Jahrhundert sich Reichsapfel und Krone von Hand zu Hand gereicht, sie war zu Ende in dieser Minute. Alle um uns spürten Geschichte, Weltgeschichte in dem tragischen Anblick.« Für Zweig war in diesem Augenblick »die fast tausendjährige Monarchie erst wirklich zu Ende. Ich wusste, es war ein anderes Österreich, eine andere Welt, in die ich zurückkehrte.«[11]

In Wien hatten die Angehörigen der deutsch-österreichischen Nationalversammlung am 12. November 1918 die Republik »Deutsch-Österreich« ausgerufen. Erste Gesetze des neuen Staates galten der Grenzziehung. Deutsch-Österreich sollte Österreich selbst umfassen, Südtirol, die südliche Steiermark sowie die von Deutschen besiedelten Gebiete Böhmens, Mährens und Schlesiens. Schon zuvor, bei der Ausrufung der Republik, hatten die Wiener Abgeordneten ihren Willen erklärt, sich der am 9. November in Berlin proklamierten »Deutschen Republik« anzuschließen. Mit der Verabschiedung der österreichischen Verfassung im März 1919 bestätigte die inzwischen neu gewählte »Konstituierende Nationalversammlung« diesen Beschluss. Die österreichische Regierung hatte zu diesem Zeitpunkt schon Gespräche mit der deutschen Seite aufgenommen. Angesichts der innen- wie außenpolitisch völlig offenen Situation im Frühjahr 1919 einigte man sich auf ein schrittweises Vorgehen, dem aber auf beiden Seiten das Ziel eines österreichischen

Beitritts zum Deutschen Reich zugrunde lag. Nur wollte man, insbesondere auf deutscher Seite, die Friedensverhandlungen nicht durch die österreichische Frage belasten. Außenminister Brockdorff-Rantzau war überzeugt, dass die Alliierten, wenn sie denn dem österreichischen Beitritt zustimmten, anderswo, voraussichtlich im Westen des Reiches, am Rhein, Kompensationen verlangen würden.[12] Denn bereits im Winter war deutlich geworden, dass die Alliierten einem »Anschluss«, wie es bald hieß, skeptisch gegenüberstanden. Vor allem Frankreich widersetzte sich dem Beitritt Österreichs, der dem sicherheitspolitischen Konzept, welches den Pariser Vorstellungen von einem künftigen Deutschland zugrunde lag, diametral entgegenstand. Das französische Konzept zielte auf eine möglichst dauerhafte Schwächung Deutschlands, wirtschaftlich, aber auch demographisch. Ein Zusammenschluss mit Österreich würde das konterkarieren. »Wenn mit Österreich sieben Millionen Menschen zur deutschen Bevölkerung dazukommen, wird die Macht unserer deutschen Nachbarn in bedrohlicher Weise anwachsen«, betonte Clemenceau Ende März 1919 im Rat der Vier.[13] Wilson war zwar nicht wohl angesichts der Kompromittierung des Selbstbestimmungsrechts, welches ein Anschlussverbot bedeuten würde. Wie seine Berater sah aber auch er den Zusammenhang zwischen der Rheinlandfrage, die sich in diesen Tagen zwischen den Alliierten konflikthaft zuspitzte, und der Österreichfrage. Würde man nicht durch eine Vereinigung Österreichs mit Deutschland den Franzosen eine zusätzliche Rechtfertigung ihrer Rheinlandambitionen liefern? Dieses Argument setzte sich durch, und auch wenn die USA hinsichtlich eines Anschlussverbots und seiner Aufnahme in die Friedensbedingungen nicht in die Initiative gingen – schon gar nicht öffentlich –, sperrten sie sich doch in keiner Weise dagegen, sondern wirkten an der Formulierung des einschlägigen Artikels im Versailler Vertrag aktiv mit. Wilson, der ursprünglich einmal die Idee einer »Quarantänezeit« ventiliert hatte, die Deutschland vor einem Anschluss Österreichs durchlaufen müsste, setzte sich – formal gesichtswahrend, in der Sache jedoch ohne Bedeutung – für eine Bestimmung ein (Artikel 80), die Deutschland zur Anerkennung der Unabhängigkeit Österreichs in den Grenzen von 1919 verpflichtete. Eine Veränderung dieser Situation wurde an die Zustimmung des Völkerbunds gebunden, die faktisch angesichts des Vetorechts Frankreichs im Völkerbundsrat als ausgeschlossen gelten konnte.[14]

Diese Bestimmung wurde auch in den Vertrag von St. Germain, den Friedensvertrag mit Österreich vom 10. September 1919, aufgenommen, der das Land überdies verpflichtete, sich nicht mehr »Deutsch-Österreich« zu nennen, sondern »Republik Österreich«. Der Vertrag von St. Germain kam wie der Versailler Vertrag ohne Beteiligung Österreichs und nach demselben Muster wie der Vertrag mit Deutschland zustande. Anfang Juni 1919, knapp einen Monat nach der Übergabe der deutschen Friedensbedingungen, wurden auch Österreich die Vertragsbedingungen übergeben. In St. Germain, im Westen von Paris, nur einige Kilometer von Versailles entfernt, leitete Staatskanzler Karl Renner, ein Sozialdemokrat, die österreichische Delegation. Renner betonte nicht nur, wie es die Deutschen taten, die demokratische Transformation Österreichs, sondern er argumentierte auch, anders als das die Deutschen konnten und wollten, mit der staatlichen Diskontinuität. Die österreichische Republik sei nicht der Nachfolgestaat des auseinandergefallenen und nicht mehr existierenden Habsburgerreiches. »Wir stehen vor Ihnen als einer der Teile des besiegten und untergegangenen Reiches. (...) Unsere junge Republik ist wie alle anderen [neuen Nationalstaaten auf dem Gebiet des alten Reichs] entstanden und ist ebenso wenig wie diese der Nachfolger der Monarchie.«[15] Genau über diese Frage hatte es im Rat der Vier intensive Diskussionen gegeben, denn es stellte zumindest völkerrechtlich einen Unterschied dar, ob man Österreich als neu gegründeten Staat behandelte wie Polen und die Tschechoslowakei oder als Nachfolger des Kaiserreichs. War Österreich ein neuer Staat, dann befand man sich, so die Experten, nicht im Kriegszustand mit ihm. Dann konnte man auch keinen Friedensvertrag schließen und musste Österreich nach einer formalen Anerkennung seiner neuen Staatlichkeit vertraglich zwingen, die Existenz und die Grenzen seiner Nachbarstaaten anzuerkennen. Und man musste es auch sogleich in den Völkerbund aufnehmen. Der amerikanische Präsident und der britische Premier neigten in diese Richtung. Gegenwind kam aus Frankreich und noch stärker aus Italien, das jede Entwicklung, die eventuell Auswirkungen auf seine territorialen Ansprüche haben könnte, abwehrte. Am Ende wurde, auch wenn das in der Sache letztlich keinen Unterschied bedeutete, ein Friedensvertrag geschlossen, der die junge Alpenrepublik als Nachfolgerin des Kaiserreichs Österreich betrachtete.[16]

Der Vertrag, der in großer Eile fertiggestellt wurde und reich war an Inkonsistenzen und Widersprüchen, legte die künftige österreichische Heeresstärke auf 30 000 Mann fest und verpflichtete die Republik zu Reparationszahlungen, deren Höhe wie im deutschen Fall noch festzulegen war. Den Reparationsanspruch der Alliierten begründete der Vertrag im Artikel 177 mit

Karl Renner nach der Ankunft der österreichischen Delegation in St. Germain, Mai 1919

Dass es das Habsburgerreich nicht mehr gab, half dem kleinen Rumpfstaat Österreich 1919 nicht. Der Alpenrepublik, die mit dem einst riesigen Vielvölkerreich nichts mehr zu tun hatte, wurden ähnlich harte Friedensbedingungen auferlegt wie Deutschland. Kanzler Karl Renner (im hellen Anzug) suchte in St. Germain selbstbewusst und unbelastet aufzutreten und verwies immer wieder auf die Auflösung der Habsburgermonarchie und den demokratischen Regimewechsel in seinem Land. Doch die Alliierten ließen sich nicht beeindrucken. Im Friedensvertrag von St. Germain wurde dem deutsch-österreichischen Staat der Anschluss an das Deutsche Reich verboten, obwohl Bevölkerung und Parlament mit großer Mehrheit dafür waren. Das »Anschlussverbot« war auch Teil des Versailler Vertrags. Knapp zwei Jahrzehnte später, 1938, konnten die Nationalsozialisten die Annexion Österreichs als Revision der Verträge von 1919 rechtfertigen, und Adolf Hitler erklärte vom Balkon der Wiener Hofburg den Eintritt seiner Heimat in das Deutsche Reich.

der gleichen Formulierung wie der Artikel 231 des Versailler Vertrags, ohne dass es zu einer vergleichbaren Auseinandersetzung über die Frage der Kriegsschuld gekommen wäre. Die österreichische Delegation legte in St. Germain ein umfassendes Kriegsschuldbekenntnis ab, das ihr umso leichter fiel, als sich der neue Staat selbst – unabhängig von der Position der Alliierten – nicht in die staatsrechtliche Kontinuität des Kaiserreichs stellte. Auch die Strafbestimmungen im Vertrag von St. Germain konnten anders ausfallen als die des Versailler Vertrags, weil Kaiser Franz Joseph verstorben war und sein Nachfolger nicht für den Kriegsbeginn 1914 verantwortlich gemacht werden konnte.

Die Reaktion auf die Friedensbedingungen in Österreich war auch deswegen weniger empört als tief enttäuscht und verbittert. Die Regierung ordnete eine dreitägige Staatstrauer an, die sich vor allem auf die territorialen Bestimmungen des Vertrags bezog. Anders als man es in Wien erwartet hatte und anders als es dem Grundsatz nationaler Selbstbestimmung entsprochen hätte, fielen die deutschsprachigen Gebiete Böhmens, Mährens und Schlesiens sowie das deutschsprachige Südtirol nicht an Österreich, sondern an die Tschechoslowakei und Italien. Die südliche Steiermark um die Stadt Marburg (Maribor) kam zu dem neu gegründeten Königreich der Serben, Kroaten und Slowenen (Jugoslawien). Im südlichen Kärnten, dem Gebiet um Klagenfurt, wurde für 1920 eine Volksabstimmung angesetzt, die einem komplexen Abstimmungsmodus folgte. Das Abstimmungsgebiet wurde in zwei Teile geteilt: den stärker slowenisch geprägten unmittelbar nördlich der Grenze zu Jugoslawien und den stärker deutsch geprägten. In dem stärker slowenischen Teil sollte die Abstimmung zuerst stattfinden; wenn sie zugunsten Jugoslawiens ausging, dann sollte auch im eher deutschen Gebiet abgestimmt werden. Dazu kam es nicht, denn der südliche, stärker slowenisch geprägte Teil sprach sich mit deutlicher Mehrheit für den Verbleib bei Österreich aus.[17] Auf Drängen Wiens kam schließlich ein kleiner Landstreifen mit einer mehrheitlich deutschsprachigen Bevölkerung, der bis dahin zu Ungarn gehörte, zu Österreich: das spätere Burgenland. Nur ein kleiner Teil um die Stadt Ödenburg (Sopron) gelangte nach einer Volksabstimmung wieder zu Ungarn. Über die Gründe für diese territoriale Verschiebung ist viel spekuliert worden. Nicht auszuschließen ist, dass die Alliierten auf diese Weise Konfliktpotential zwischen Österreich und Ungarn schaffen wollten, um eine gemeinsame Revisionspolitik der beiden Verliererstaaten zu verhindern.

Dennoch gehörten 1919 knapp 40 Prozent der deutschsprachigen Bevölkerung des ehemaligen österreichischen Teils der Habsburgermonarchie nicht zu Österreich, das sich gerade deswegen noch härter getroffen fühlte als das Deutsche Reich. Die Republik Österreich war 1919 nur noch ein Schatten des früheren Kaiserreichs, »ein ungewisser, grauer und lebloser Schatten der früheren kaiserlichen Monarchie«, der, wie es Stefan Zweig formulierte, »auf der Karte Europas dämmerte. Die Tschechen, die Polen, die Italiener die Slowenen hatten ihre Länder weggerissen; was übrig blieb, war ein verstümmelter Rumpf, aus allen Adern blutend.«[18] Nur wenige hielten den Staat für überlebensfähig. Er verfügte kaum über wirtschaftliches Potential und industrielle Strukturen, war aber auch landwirtschaftlich und damit im Hinblick auf die Ernährung der Bevölkerung in einer prekären Lage, weil er von den großen Getreideanbaugebieten insbesondere in Ungarn abgeschnitten war. Die Verkehrsinfrastruktur war dysfunktional. Bahnstrecken, die noch kurz zuvor ein riesiges Gebiet erschlossen, endeten jetzt an eng gezogenen Grenzen und glichen in den Worten Stefan Zweigs »kläglichen Stümpfen«. Für ein so kleines Land war Wien eine viel zu große Hauptstadt; dort lebten etwa zwei Millionen Menschen, fast ein Drittel der Gesamtbevölkerung. Alles an Wien, noch kurz zuvor die Metropole eines 50-Millionen-Reiches, schien zu groß für die Hauptstadt eines kleinen Alpenstaates. Die Straßen und Plätze der Donaustadt sowie ihre Bauwerke, sie erinnerten die Österreicher an eine imperiale Vergangenheit, die an ihr Ende gekommen war. Aussichten bot für viele nur der Anschluss an Deutschland. Dennoch machte sich in den Jahren nach dem Krieg kein prodeutscher Enthusiasmus breit, denn wenn Österreicher und Deutsche auch vieles verband, so trennte sie doch auch einiges, darunter das Preußentum und der Protestantismus. Dass die Anschlussfrage trotzdem politische Wirkung entfaltete, lag an der Hoffnung auf eine auch materiell bessere Zukunft, die sich mit ihr verband. In Österreich wie in Deutschland wurde das »Anschlussverbot« zu einem zentralen Element des politischen Revisionismus und die Idee eines »Großdeutschen Reiches«, mit dem die »Sprengung der Ketten von Versailles« – und St. Germains – gelingen sollte, zu einer Kernforderung der radikalen Rechten, die insbesondere in Süddeutschland und Österreich Anhänger fanden.

Die im Oktober 1918 ausgerufene Erste Tschechoslowakische Republik existierte fast genau 20 Jahre. Ihr Ende kam mit dem Münchner Abkommen vom 29. September 1938, in dem die europäischen Siegermächte des Ersten Weltkriegs – Großbritannien, Frankreich und Italien – sich mit dem nationalsozialistischen Deutschland auf eine Abtretung der sudetendeutschen (deutsch-böhmischen und deutsch-mährischen) Gebiete der Tschechoslowakei an das Deutsche Reich verständigten. Die tschechoslowakische Regierung war an diesem Abkommen nicht beteiligt. In den Hauptstädten Westeuropas, vor allem in Paris und London, wurden die deutschen Ansprüche auf das Sudetenland weithin als legitim im Sinne des Selbstbestimmungsrechts der Völker betrachtet, die Beschlüsse der Pariser Konferenz und die Bestimmungen des Vertrags von St. Germain 1919, durch welche diese Gebiete zur Tschechoslowakei gekommen waren, als falsch. Die Appeasementpolitik Großbritanniens und Frankreichs, die mit dem Münchner Abkommen ihren Höhepunkt erreichte, gründete auch auf dieser Einschätzung. Wegen der Fehler von 1919 wollte man nicht in den Krieg ziehen. »Wie schrecklich, wie seltsam, wie unglaublich wäre es, wenn wir Schützengräben ausheben und Gasmasken anprobieren müssten wegen einer Auseinandersetzung in einem weit entfernten Land und in einem Volk, von dem wir keine Ahnung haben«, ließ der britische Premierminister Neville Chamberlain im September 1938 seine Landsleute in einer Radioansprache wissen und wurde für seinen Erfolg gefeiert.[19] Für Hitler war das Münchner Abkommen indes nur ein Zwischenschritt, in gewisser Weise sogar ein Misserfolg, weil die ursprünglichen deutschen Planungen schon für den Herbst 1938 vorgesehen hatten, unter dem Vorwand der Befreiung der Sudetendeutschen die Tschechoslowakei anzugreifen. Das musste nun noch einmal verschoben werden. Als Tschecho-Slowakische Republik (Zweite Republik) überlebte der 1918 gegründete Staat noch wenige Monate, bevor deutsche Truppen im März 1939 in Prag einmarschierten, der tschechische Landesteil als »Protektorat Böhmen und Mähren« unter deutsche Herrschaft kam und aus der Slowakei ein pseudo-unabhängiger deutscher Vasallenstaat wurde.

Entstanden war die Tschechoslowakei im Herbst 1918. Aus dem tschechische Nationalrat heraus, der noch auf das »Völkermanifest« Karls I. zurückging, allerdings nicht mehr die föderale Umgestaltung des Reiches anstrebte, sondern die tschechische Unabhängigkeit, wurden am 28. Oktober 1918 in Prag völlig friedlich die tschechische Unabhängigkeit und eine tschechoslowakische Republik ausgerufen. Bereits zehn Tage zuvor hatte die von den Alliierten anerkannte tschecho-slowakische Exilregierung in den USA unter der Führung des späteren Staatspräsidenten Tomáš Masaryk eine Unabhängigkeitserklärung verfasst, die die Bildung eines freien, demokratischen, republikanischen tschecho-slowakischen Staates vorsah. Wenig später wurde der Prager Hauptbahnhof in Wilson-Bahnhof umbenannt. Nach Autonomiezusagen für den slowakischen und den noch weiter östlich gelegenen karpato-

Kartenarbeit im Hotel Astoria, das Teile der britischen Delegation beherbergte

Wenn nach 1918 der »Krieg in den Köpfen« weiterging, dann gehörten Landkarten dabei zu den wichtigsten Waffen. Die Friedenskonferenz wurde zu einer wahren Schlacht der Karten. Aus der Auflösung der Vielvölkerreiche Österreich-Ungarn, Russland und des Osmanischen Reiches und den deutschen Gebietsabtretungen resultierten territoriale Forderungen insbesondere der Staaten in Ostmittel- und Südosteuropa. Mit zum Teil gefälschten, zum Teil die Realität verzerrenden Karten erhoben diese weitreichende Gebietsansprüche, die sie historisch, ethnisch, kulturell, religiös oder ökonomisch begründeten. In vielen Fällen stimmte nichts von alledem. Mit ihrem eigenen Kartenmaterial waren die Hauptmächte im »Rat der Vier« überfordert. Die Bevölkerungs- und Siedlungsstrukturen in Ostmittel- und Südosteuropa waren für sie in der Regel »böhmische Dörfer« – im wahrsten Sinne des Wortes. Besonders groß war die Herausforderung bei den Karten zu Polen, das als Staat wiedererstand und dessen Grenze komplett neu festgelegt werden musste.

ukrainischen Landesteil schlossen sich diese dem neuen Staat an. Nur die mehrheitlich deutschsprachige Bevölkerung im nördlichen Böhmen, im nördlichen Mähren und in Schlesien verweigerte sich und erklärte ihre Zugehörigkeit zu Deutsch-Österreich. Ihr Widerstand war jedoch nur von kurzer Dauer. Truppen des neuen tschechoslowakischen Staats rückten in die Gebiete vor, die schnell in die Prager Staatsverwaltung integriert wurden. Die Proteste, unterstützt auch aus Deutschland und Österreich, hielten an, wurden aber blutig niedergeschlagen. Im März 1919 starben bei einem Massaker durch tschechoslowakische Soldaten 54 Menschen, darunter Frauen und Kinder, mehr als 1000 wurden verletzt.[20] Durch derartige militärische Gebietsbesetzungen – und das gilt nicht nur für die Tschechoslowakei – wurden lange vor den Pariser Friedensregelungen Fakten geschaffen, die zum Teil eklatant gegen das Selbstbestimmungsrecht verstießen und weder kulturelle Zugehörigkeiten noch politische Willensbekundungen respektierten, von denen aber dennoch die allermeisten in den Verträgen bestätigt wurden. In Paris war die Regierung der Tschechoslowakei, die von den Siegermächten als kriegführende Partei auf Seiten der Alliierten anerkannt worden war, offiziell vertreten. Das begünstigte die Prager Verhandlungsposition. Dennoch kam es immer wieder zu Auseinandersetzungen über die künftigen Grenzen des tschechoslowakischen Staates, die – das war allen Beteiligten klar – mit den Prämissen eines nationalen Selbstbestimmungsrechts kollidierten. Die Bevölkerung des neuen Staats bestand gut zur Hälfte aus Tschechen, etwa 23 Prozent waren Deutsche und 14 Prozent Slowaken; hinzu kamen rund fünf Prozent Ungarn und drei Prozent Ruthenen sowie weitere kleinere Bevölkerungsgruppen.

Vor diesem Hintergrund ging es den tschechoslowakischen Vertretern in Paris vor allem darum, plausible Gründe für eine dem Selbstbestimmungsrecht widersprechende Grenzziehung zu entwickeln. Auch hier werden Muster erkennbar, die über den tschechoslowakischen Einzelfall hinausweisen. Wieder und wieder tauchten historische Argumente auf, die nicht nur die historische Existenz einer tschechischen Nation, sondern auch die historische Zugehörigkeit bestimmter Gebiete zu dieser Nation belegen sollten. Als der tschechoslowakische Außenminister Edvard Beneš im Februar 1919 im Rat der Zehn die Gebietsansprüche seines Staates begründete, spielten historische beziehungsweise solche geschichtsbezogenen Argumente eine wichtige Rolle. Historische Überlegungen seien zwar nicht bestimmend, aber man müsse ihnen doch ein gewisses Gewicht in der öffentlichen Meinung einräumen. Aus historischen Gründen hätten sich die Tschechen immer wieder gegen die deutschen Massen um sie herum bewaffnen müssen, erklärte Beneš und entwickelte dann ein antideutsches Geschichtsbild: Die Tschechoslowakei sei »die Avantgarde der slawischen Welt im Westen und deshalb ständig bedroht durch den deutschen Expansionismus. Die germanischen Massen konnten sich nicht nach Westen ausdehnen, weil dort der Weg durch hoch entwickelte Nationen versperrt gewesen sei. Deshalb hätten sie Ventile in Richtung Süden und Osten gesucht, wo ihnen aber Polen und Tschechen im Weg gewesen seien. (...) Die Tschechen hatten schon immer die besondere Aufgabe, der teutonischen Flut zu widerstehen«, und es sei ihr Selbstverständnis, die Beschützer der Demokratie gegen den »Germanismus« zu sein, ihre Pflicht, zu jeder Zeit die Deutschen zu bekämpfen.[21] Und zugleich stärkten die Prager Vertreter 1919 das Argument, nun in vergleichbarer Weise ein Bollwerk gegen den Bolschewismus zu bilden. Auch dafür bedürfe es eines starken, eines stabilen und eines geschlossenen Staates.

Dennoch stießen die Prager Grenzvorstellungen auf Kritik, vor allem auf amerikanischer Seite. Unterstützt wurden sie hingegen von Frankreich. Man habe versucht, erläuterte Jules Cambon Anfang April im *Supreme Council*, ethnischen Forderungen gerecht zu werden, habe aber doch auch strategische und ökonomische Aspekte berücksichtigen müssen. Eine rein ethnisch bestimmte Grenze würde die Tschechoslowakei wehrlos machen und wirtschaftlich verkrüppeln. Präsident Wilson habe doch selbst erklärt, so Cambon, die neuen Staaten sollten so errichtet werden, dass sie überleben könnten. Trotzdem stehe, entgegnete US-Außenminister Lansing, eine militärisch begründete Grenzziehung im Gegensatz zum Geist des Völkerbunds, der internationalen Abrüstung und der Politik der Vereinigten Staaten, so wie sie Präsident Wilson in seinen Vierzehn Punkten dargelegt habe. In seiner Erwiderung verwies der französische Vertreter auf das Grundproblem der Neuordnung Ostmittel- und Südosteuropas. Man könne nicht allein ethnische Prinzipien zugrunde legen. Denn »wenn eine Nation errichtet werden solle allein unter strikter Berücksichtigung der nationalen Gefühlslage jedes Dorfes, dann sähe das Land am Ende aus wie das gepunktete Fell eines Leoparden«.[22]

Genau das war das Problem. Es war in Ostmittel- und Südosteuropa schlicht unmöglich, ethnisch homogene Nationalstaaten zu bilden. Das wiederum trug dazu bei, dass auch jenseits des tschechoslowakischen Falls andere Kriterien und Interessen in die Entscheidungsfindung nicht nur einbezogen wurden, sondern sie in vielen Fällen sogar bestimmten. Hinzu kam die enorme Komplexität der Situation. Es ging – tatsächlich und im übertragenen

Sinne – um »böhmische Dörfer«. Im britischen Unterhaus fragte Lloyd George im April 1919: »Wie viele Mitglieder des Hauses haben jemals etwas von Teschen gehört? Ich gestehe unverhohlen, dass ich noch nie etwas davon gehört habe.«[23] Auch die hinzugezogenen Experten – Historiker, Geographen, Ökonomen – konnten die Komplexität nur begrenzt reduzieren. Sie trafen auf nationale Delegationen, die ihre Ansprüche mit allen Mitteln zu rechtfertigen versuchten. Wieder und wieder wurden im *Supreme Council* oder im Rat der Vier gefälschte Landkarten vorgelegt, wie überhaupt die Kartographie sich in diesen Jahren zu einer hochpolitischen Legitimationswissenschaft entwickelte. Landkarten und ihre Darstellungen sollten politische Ansprüche unterstützen – zuerst in Paris im Vorfeld der Friedensverträge, später dann im Interesse ihrer Revision und in den Konflikten, die sich aus den Pariser Entscheidungen ergaben.[24] Es mangelte schlicht an Wissen, und da, wo man über das Wissen verfügte, lagen die Dinge doch in der Regel so kompliziert, dass jede Lösung, die man fand, dieser Kompliziertheit nicht gerecht wurde. Es war darum wenig überraschend, dass viele der Pariser Entscheidungen über die östliche Hälfte Europas zu Enttäuschungen und Unzufriedenheiten führten, und das nicht nur auf Seiten der Verlierer, sondern oftmals auch auf Seiten derer, die sich zu den Gewinnern rechneten.

GEWINNER UND VERLIERER IN SÜDOSTEUROPA

Ganz gewiss nicht zu den Gewinnern gehörte Ungarn. Gerade in Deutschland ist der Blick auf die Pariser Friedenskonferenz und die Vorortverträge oftmals so stark auf den Versailler Vertrag gerichtet, dass der Friedensvertrag von Trianon vom 4. Juni 1920 kaum zur Kenntnis genommen wird. Dabei war dieser Vertrag härter und in seinen Bestimmungen extremer als der Vertrag mit Deutschland. In Trianon wurde, wie die britische Historikerin Zara Steiner gesagt hat, ein »echter Siegfrieden« geschlossen.[25] Ungarn verlor über 70 Prozent seines Territoriums und etwa zwei Drittel der Bevölkerung, die vor dem Krieg im Königreich Ungarn gelebt hatte. Darunter waren drei Millionen Ungarn, die von nun an außerhalb der Grenzen ihres Landes leben mussten, davon über eine Million allein in Rumänien. Rund sieben Millionen Ungarn verblieben in dem Rumpfstaat. Dem Land wurden zunächst noch unbestimmte Reparationsverpflichtungen auferlegt, seine Armee wurde auf ein Maximum von 35 000 Mann reduziert. Es kann kaum überraschen, dass Ungarn neben Deutschland in den Jahren nach 1920 die massivste Revisionspolitik betrieb und sich in den 1930er Jahren dem nationalsozialistischen Deutschland annäherte, von dem es sich – nicht zu Unrecht – eine Unterstützung seiner Revisionsforderungen versprach. Dass Ungarn in den Jahren des Zweiten Weltkriegs die Gebietsverluste von Trianon weitgehend ausglich, ja sich sogar vergrößerte, war nur eine Momentaufnahme. 1945 nahm es in etwa wieder das Gebiet ein, das der Vertrag von Trianon vorgesehen hatte.

Am Ende des Ersten Weltkriegs hatte sich in Ungarn wie auch in anderen Teilen der Habsburgermonarchie eine Republik gebildet, die sich am 16. November 1918 völlig aus dem früheren Reichsverband löste und zu einem unabhängigen Staat wurde. Bis dahin war das Königreich Ungarn in der Folge des »Ausgleichs« von 1867 eine konstitutionelle Monarchie gewesen, an deren Spitze der König von Ungarn stand, der zugleich der Kaiser von Österreich, des zweiten Reichsteils, war. Innerhalb des östlichen, des ungarischen Reichsteils hatten die Ungarn eindeutig das Übergewicht, das sie auch politisch zu sichern versuchten, was in den Jahrzehnten vor 1914 immer wieder zu Nationalitätenkonflikten führte. Nach der Loslösung von Österreich schloss Ungarn wenige Tage später in Belgrad einen eigenen Waffenstillstand mit den Alliierten. Alle Hoffnungen, den ungarischen Staat wenigstens in seinen Kernbestandteilen retten zu können, zerschlugen sich schnell. Kroatien war im Begriff, sich dem neuen Königreich der Serben, Kroaten und Slowenen anzuschließen, die Slowakei gehörte künftig zur tschechoslowakischen Republik. Das war vorauszusehen gewesen und daher für die ungarische Regierung akzeptabel. Doch nun drangen mit Zustimmung der Alliierten serbische Truppen ins südliche Ungarn vor, während zugleich rumänische Streitkräfte weite Teile Siebenbürgens besetzten. Auch hier wurden ähnlich wie im Fall der Tschechoslowakei Tatsachen geschaffen, die in Paris und später im Friedensvertrag nicht mehr verändert wurden.

Die Regierung in Budapest unter dem gemäßigten Ministerpräsidenten Graf Károlyi, einem ungarischen Adligen, der im Januar 1919 zum Präsidenten gewählt wurde, geriet daraufhin unter massiven politischen Druck. Überdies wurde sie von der Bevölkerung zunehmend für die desolate Versorgung verantwortlich gemacht, die in den Wintermonaten 1918/19 von Tag zu Tag schlechter wurde. Die Wirtschaft lag völlig am Boden, von alliierter Seite war keine Hilfe zu erwarten, weil man den Druck auf das Land nicht lockern wollte. In Budapest und dann auch in anderen Städten des Landes kam es zu

Unruhen und Streiks. Nach dem Rücktritt Károlyis bildete sich zunächst eine sozialistisch-kommunistische Koalitionsregierung, die jedoch schon nach wenigen Tagen durch die Rätediktatur des ungarisch-jüdischen Kommunisten Béla Kun – eine Räterepublik nach russischem Vorbild – abgelöst wurde. Weit über Ungarn hinaus entfaltete das Gespenst des Bolschewismus damit noch stärker als zuvor seine Wirkung. Die bolschewistische Revolution war nunmehr, so sah man es in Paris, im Herzen Europas angekommen. Wo würde sie als nächstes ausbrechen? In Wien? In Berlin? Wie konnte man ihr entgegenwirken? Eine Antwort gab der britische Premierminister in seinem Memorandum von Fontainebleau, das wenige Tage nach Béla Kuns Machtübernahme in Ungarn entstand. Die Friedensverträge müssten schnell geschlossen werden, so Lloyd George, und sie müssten moderat ausfallen, um nicht den Funken der Revolution in die Verliererländer, vor allem aber nach Deutschland zu tragen.[26]

Von der unübersichtlichen und instabilen Situation in Ungarn hoffte Rumänien zu profitieren, das Anfang April 1919 seine Truppen in Richtung Westen vorrücken ließ, weit über die Demarkationslinie hinaus, die durch den Waffenstillstand gezogen worden war. Das französische Militär hatte stillschweigend sein Einverständnis signalisiert. Im August wurde Budapest von rumänischen Truppen eingenommen, während gleichzeitig tschechoslowakische Einheiten von Norden und jugoslawische von Süden auf ungarisches Gebiet vorstießen. Béla Kun floh aus Budapest, die Rätediktatur war nach 153 Tagen am Ende. An einen Friedensvertrag, der gemäß der ursprünglichen Absicht der Alliierten mit dem österreichischen parallelisiert werden sollte, war angesichts dieser Entwicklungen gar nicht mehr zu denken. Erst musste die Situation in Ungarn geklärt werden, dann konnte der Frieden geschlossen werden. Das dauerte, denn nur unter ultimativem Druck der Alliierten zogen sich die rumänischen, aber auch die tschechoslowakischen und jugoslawischen Truppen wieder hinter die ursprünglichen Demarkationslinien zurück. Sie hinterließen eine unglaubliche Verwüstung. Vor allem für die rumänischen Truppen war die Invasion ein einziger Raub- und Beutezug, der die Wirtschaft Ungarns noch mehr lähmte. Von dem Chaos profitierten konservativ-nationalistische politische Kräfte, die unter der Führung des Admirals Miklós Horthy, des letzten Oberbefehlshabers der österreichisch-ungarischen Marine, gleichsam im Windschatten der Rumänen und zum Teil sogar in Zusammenarbeit mit ihnen die Kontrolle über das Land übernahmen. Dem »weißen Terror«, einer wilden und brutalen Verfolgung der Anhänger der Räterepublik, fielen zahllose Sozialisten, Kommunisten, aber auch Juden zum Opfer. Nach dem Rückzug der fremden Truppen übernahm Horthy die politische Macht in Ungarn. Auf einem Schimmel hielt er Einzug in Budapest und ließ sich zum Staatsoberhaupt und Reichsverweser wählen. Am 23. März 1920 erklärte er Ungarn zum Königreich. Der Thron blieb allerdings unbesetzt. Mehrere Versuche des letzten Habsburgerkönigs Karl, den ungarischen Thron zu besteigen, scheiterten. Horthy blieb bis 1944 Staatsoberhaupt und starker Mann in Ungarn.[27]

Der Admiral hatte damit auch den Oberbefehl über die wenigen Patrouillenboote auf der Donau, die der Friedensvertrag Ungarn zugestand. Diese gehörten zu den minimalen Konzessionen, die der ungarischen Delegation noch gemacht wurden, bevor sie am 4. Juni 1920 im Schloss Trianon im Park von Versailles zu unterzeichnen hatte. Ansonsten aber bestätigte der Vertrag vor allem in territorialer Hinsicht die Vorentscheidungen, die seit Ende 1918 längst gefallen waren. Alle Versuche der ungarischen Delegation, den Alliierten insbesondere die ethnischen Verhältnisse und die Siedlungsstrukturen nahezubringen – riesige Karten wurden entrollt – änderten daran nichts.[28] Kroatien mit dem fruchtbaren Slawonien war von nun an ein Teil Jugoslawiens; die Stadt Fiume (Rijeka), an der kroatischen Adriaküste gelegen und bis 1918 ungarischer Seehafen, wurde über Jahre hinweg zum Zankapfel zwischen Italien und Jugoslawien. Die Slowakei gehörte zur Tschechoslowakischen Republik so wie auch die ruthenische Karpato-Ukraine, die sich östlich an die Slowakei anschloss. Das bereits erwähnte Burgenland im Westen fiel zum allergrößten Teil an Österreich. Viel schmerzhafter war der Verlust von Gebieten mit mehrheitlich ungarischer Bevölkerung. Das betraf im Süden die Regionen Batschka, Baranya und Teile des Banats, die an das jugoslawische Königreich abzutreten waren. Der Rest des Banats sowie vor allem Siebenbürgen fielen an Rumänien; dort gab es Landstriche, die zum Teil bis zu 90 Prozent von Ungarn bewohnt und – seit Jahrhunderten – besiedelt waren. So wurde der Tag des Friedensschlusses für Ungarn zu einem nationalen Trauertag, der 4. Juni zu einem Tag der Erinnerung und des Aufbegehrens gegen den Frieden von Trianon. Hinter den Gebietsabtretungen, die im ungarischen Falle mit der Umsetzung des Prinzips nationaler Selbstbestimmung nichts mehr zu tun hatten, standen keine langfristigen Interessen der alliierten Großmächte, sondern in erster Linie die Begehrlichkeiten der Nachbarländer, insbesondere Rumäniens, ihre Territorien auf Kosten Ungarns zu vergrößern. Angesichts der ethnischen Heterogenität in der Region war an klare, ethnisch bestimmte Grenzziehungen nicht zu denken. Béla Kuns Räterepublik führte im Frühsommer 1919 zu einer Schwächung Ungarns, von der die Nachbarstaaten profitierten. Von der Komplexität der Situation überfordert und ohne eine klare gemeinsame Linie akzeptierten die Alliierten die Entwicklungen.

Südlich von Ungarn waren Serbien und Kroatien Gewinner der territorialen Regelungen von Trianon. So wie Slowenien österreichische Gebiete, so brachten Serbien und Kroatien vormals ungarische Territorien in das junge Königreich der Serben, Kroaten und Slowenen ein, das sich am Ende des Krieges gebildet hatte. Es war ein unwahrscheinlicher Staat, der 1918 entstand, von den verschiedensten Spaltungen durchzogen: Katholische Christen in Slowenien und Kroatien standen orthodoxen Christen in Serbien gegenüber. Hinzu kamen vor allem in Bosnien Muslime. Auch die historischen Erfahrungen, zum großen Teil und über Jahrhunderte im Habsburgerreich oder unter türkischer Herrschaft gesammelt, waren ganz unterschiedlich. Im Ersten Weltkrieg hatten Slowenen, Kroaten und Serben auf unterschiedlichen Seiten gekämpft. Das waren schwierige Voraussetzungen für einen gemeinsamen Staat. Noch unwahrscheinlicher als seine Gründung war seine Lebensdauer, die immerhin – mit kurzen Unterbrechungen in den Jahren des Zweiten Weltkriegs – bis in die 1990er Jahre reichte, als sich nach Ende des Kalten Krieges der über viele Jahrzehnte aufgestaute nationale Hass in Krieg und Bürgerkrieg gewaltsam entlud und sich der großserbische Nationalismus noch einmal mörderisch aufbäumte. Zusammengehalten wurde Jugoslawien – Südslawien – durch eine eher postulierte als tatsächlich existierende ethnische und kulturelle – südslawische – Verbundenheit, vor allem aber, das wurde nach 1919 rasch sichtbar, durch den Dominanzanspruch Serbiens, der in den Jahrzehnten nach 1945 durch den aus Kroatien stammenden autoritärkommunistischen Führer Tito zwar abgefedert, aber niemals wirklich zugunsten einer föderativen Gleichrangigkeit der Teilstaaten aufgegeben wurde.

In Paris war Jugoslawien 1919 nicht repräsentiert, sondern lediglich das zur Entente gehörende Serbien. Zur serbischen Delegation gehörten allerdings auch Vertreter Sloweniens und Kroatien, vor allem der Kroate Ante Trumbić. Zusammen mit dem Serben Nikola Pašić stand Trumbić an der Spitze der offiziell serbischen, faktisch aber jugoslawischen Delegation. Pašić und Trumbić vertraten nicht erst in Paris zwei unterschiedliche Vorstellungen eines südslawischen Staates. Entstanden war der »Jugoslawismus« – nicht zuletzt als Antwort auf die österreichisch-ungarische Fremdherrschaft –

Vertragsunterzeichnung im Schloss Trianon, 4. Juni 1920

In Deutschland wird häufig vergessen, dass der Vertrag von Trianon Ungarn zum größten Verlierer des Friedensschlusses machte. Mit dem Prinzip nationaler Selbstbestimmung hatten die Bestimmungen nichts mehr zu tun. Stattdessen setzten sich die Begehrlichkeiten der ungarischen Nachbarn durch. Die Tschechoslowakei, Jugoslawien, vor allem aber Rumänien waren die Gewinner. Sie erhielten Gebiete, die zum Teil zu 90 Prozent von Ungarn bewohnt waren. Die USA waren an den Verhandlungen nicht mehr beteiligt, sie unterschrieben den Vertrag nicht, und auch Großbritannien zeigte sich wenig interessiert. Das erhöhte das Gewicht Frankreichs, das seinen Einfluss in Südosteuropa indirekt über die Gebietsgewinne der dortigen Staaten erhöhte. Die Atmosphäre in Trianon hatte nur noch wenig mit der zu tun, die bei der Unterzeichnung des Vertrags von Versailles im Jahr zuvor geherrscht hatte. Man sieht den französischen Ministerpräsidenten Alexandre Millerand mit der italienischen Gräfin Bonin Longare sowie den italienischen Botschafter in Paris, Graf Lelio Bonin Longare, mit Jeanne Millerand beim Rundgang durch den Park.

schon um die Jahrhundertwende. Entscheidend verstärkt und zum Teil auch radikalisiert hatte er sich aber erst in den Jahren des Ersten Weltkriegs. Für Serbien war der Erste Weltkrieg ein Existenzkampf, in dem das Land mit 1,2 Millionen Kriegstoten furchtbare Verluste hinzunehmen hatte – in Relation zur Gesamtbevölkerung die höchsten aller kriegführenden Staaten. Mit 53 Prozent kehrten mehr als die Hälfte aller Männer zwischen 18 und 55 Jahren nicht aus dem Krieg zurück. Nur ein starker, großer serbischer Staat, das war die Folgerung, würde sich in Zukunft behaupten können, würde nicht wieder dem Herrschaftsanspruch der einen oder anderen Großmacht anheimfallen. Die Idee Jugoslawien, die daraus entstand, war die eines letztlich großserbischen Staates. Nikola Pašić vertrat sie mit seiner seit 1915 auf Korfu angesiedelten Exilregierung.

Von kroatischer und slowenischer Seite, wenn man das so schematisieren kann, kamen andere Vorstellungen. Auch sie waren »jugoslawistisch« geprägt, stellten aber nicht zuletzt die historisch gewachsenen Unterschiede zwischen den einzelnen südslawischen Völkern in Rechnung und widersetzten sich einem Vormachtanspruch der Serben, den sie auch mit dünkelhaften kulturellen Argumenten zurückwiesen. »Sie wollen«, soll Trumbić einmal einem französischen Gesprächspartner gesagt haben, »die Kroaten, Slowenen und Dalmatiner, die durch eine jahrhundertelange kulturelle, moralische und geistige Gemeinschaft mit Österreich, Italien und Ungarn zu reinen Abendländern geworden sind, nicht mit diesen halbzivilisierten Serben, diesen Balkanhybriden aus Slawen und Türken vergleichen.«[29] Das Ziel, das der von ihnen in London ins Leben gerufene »Jugoslawische Ausschuss« vertrat, war ein föderaler Staat, in dem die drei Völker gleichberechtigt vertreten sein sollten.[30] Zwar konnten sich die Anhänger beider Modelle im Sommer 1917 in der Erklärung von Korfu auf die Errichtung eines südslawischen Nationalstaats verständigen, wie der neu zu schaffende Staat aber konkret aussehen, was für eine Verfassung er haben sollte, das ließ man offen, wohl wissend, welches Konfliktpotential in dieser Frage lag.

Wie kaum anders zu erwarten, traten die nur notdürftig kaschierten Gegensätze in dem Moment wieder zutage, als sich mit dem Ende des Kriegs und dem Zusammenbruch der Habsburgermonarchie die Frage einer südslawischen Staatsgründung ganz akut stellte. Ende Oktober proklamierte der noch auf Kaiser Karl zurückgehende kroatische Nationalrat in Zagreb die Gründung eines »Staats der Serben, Kroaten und Slowenen«. Als dessen Vertreter einige Wochen später in Belgrad weilten, um die Vereinigung mit

Vertreter Jugoslawiens vor einem Treffen mit der amerikanischen Delegation, Paris, wohl 1919

Ein unwahrscheinlicher Staat: Serbien, Kroatien und Slowenien schlossen sich am Ende des Weltkriegs zum Königreich der Serben, Kroaten und Slowenen – später Jugoslawien genannt – zusammen. In Paris gehörte der serbischen Delegation auch der Kroate Ante Trumbić (links) an, denn Kroatien war als Teil Österreich-Ungarns nicht mit einer eigenen Abordnung vertreten und Jugoslawien zu Konferenzbeginn noch nicht anerkannt. Geleitet wurde die Delegation von Nikola Pašić (zweiter von links), einem serbischen Nationalisten, und dem ebenfalls serbischen Milenko Radomar Vesnić (zweiter von rechts). Vor allem auf Kosten Österreich-Ungarns, aber auch in heftigen Auseinandersetzung mit Italien gehörte Jugoslawien zu den territorialen Gewinnern in Südosteuropa. Das junge, von Serbien dominierte Königreich war allerdings von Anfang an von nationalen, nicht zuletzt historisch und religiös fundierten Spannungen zerrissen, seine staatliche Einheit blieb stets prekär. In den Jahrzehnten nach 1945 wurde es mit harter Hand von dem kroatischen Kommunisten Tito zusammengehalten. Nach Ende des Kalten Krieges zerfiel es in Bürgerkrieg und genozidaler Gewalt.

Serbien zu verhandeln, verkündete dort der serbische Prinzregent Alexander Karađorđević seinerseits die Gründung eines jugoslawischen Staates, des Königreichs der Serben, Kroaten und Slowenen, zu dem nun auch Montenegro gehören sollte. Dieses kleine Land in den Schwarzen Bergen, daher auch der Name, unabhängig seit dem Berliner Kongress 1878, ein Königreich seit 1910, hatte im November 1918 seinen Monarchen gestürzt und sich dem entstehenden südslawischen Königreich angeschlossen. Das führte zu gewaltsamen Auseinandersetzungen, in denen sich königstreue, monarchistische Montenegriner, die »Grünen«, und die proserbischen »Weißen« bekämpften. Bis in die 1990er Jahre blieb Montenegro ein Teilstaat Jugoslawiens, bis 2006 in einer losen Union mit Serbien verbunden, bevor es nach einem Referendum seine Unabhängigkeit erklärte. Die Befürworter der Unabhängigkeit warben mit der Farbe Grün für ihr Ziel, die Gegner mit der Farbe Weiß.

Den jugoslawischen Königsthron bestieg Peter I., der Vater Alexanders. Für die Alliierten kam die Staatsgründung überraschend. Wieder einmal wurden sie in Paris vor vollendete Tatsachen gestellt. Insbesondere Großbritannien und Frankreich sträubten sich gegen eine schnelle Anerkennung des neuen Staates, wollten vielmehr die südslawische Frage im Gesamtkontext der Neuordnung Südosteuropas behandelt und geklärt wissen. Allerdings fanden die »Jugoslawen« in US-Präsident Wilson einen Befürworter ihrer Staatsbildung, der darin nicht völlig zu Unrecht die Umsetzung des Selbstbestimmungsrechts und überdies ein schönes Beispiel für die von ihm befürwortete Kooperation unterschiedlicher Nationalitäten erblickte und das Königreich schon im Februar 1919 anerkannte. Zaudernd folgten Großbritannien und Frankreich einige Monate später. Italien hingegen betrachtete den neuen Staat von Anfang an als seinen Gegner und hatte dafür seine Gründe. Ein selbstbewusster jugoslawischer Staat mit Kroatien und Slowenien und ihrer Adriaküste würde sich, dessen war man sich in Rom sicher, den italienischen Ansprüchen auf just diese Küstengebiete, die Halbinsel Istrien und Dalmatien, lange Zeit venetianisches Herrschaftsgebiet, widersetzen. Im Konflikt um die kroatische Hafenstadt Fiume (Rijeka) spitzte sich diese Auseinandersetzung bereits im Frühjahr 1919 in Paris zu und zog sich bis ins Jahr 1924, als die Stadt im Vertrag von Rom in zwei Teile geteilt wurde. Istrien hingegen, das die Alliierten Rom 1915 zusammen mit anderen Gebieten für seinen Kriegseintritt versprochen hatten, blieb bis nach dem Zweiten Weltkrieg italienisch und war auch in den Jahren nach 1945 noch lange ein Streitobjekt der internationalen Politik.

Andere territoriale Konflikte gab es 1919 zwischen Jugoslawien und Rumänien, insbesondere um das Banat mit seinem Hauptort Temeswar. Wieder wurde die Geschichte in Anschlag gebracht, um die Forderungen zu untermauern. Für Milenko Vesnić, Angehöriger der serbisch-jugoslawischen Delegation in Paris, war das Banat für Serbien, was die Île de France für Frankreich oder die Toskana für Italien ist. Im 17. Jahrhundert habe dort die Wiedergeburt Serbiens begonnen, es sei die Wiege der serbischen Literatur, seiner Kunst und seines Theaters; dort sei die Idee Groß-Serbiens entstanden.[31] Der rumänische Ministerpräsident Ion Brătianu widersprach heftig und bezog sich seinerseits auf den Bukarester Vertrag mit den Alliierten vom August 1916, in dem diese Rumänien für seinen Kriegseintritt das Banat und andere Gebiete – er nannte Transsylvanien (Siebenbürgen) und die Bukowina – zugesagt hätten. Freilich hatte Rumänien nach der Eroberung Bukarests durch deutsche Truppen einen separaten Friedensvertrag mit Deutschland geschlossen, den Bukarester Vertrag, das Pendant zum Vertrag von Brest-Litowsk. Dessen Ratifizierung hatte es aber so lange hinausgezögert, bis das Kriegsglück sich 1918 wieder wendete. Dann erklärte Rumänien Deutschland am 10. November, einen Tag vor dem Waffenstillstand, erneut den Krieg. Brătianus Forderungen lösten eine kontroverse Diskussion über die Bindungswirkung der Geheimverträge aus den Kriegsjahren aus, die Serbien-Jugoslawien sich anzuerkennen weigerte. Aus dem Kreis der Hauptmächte erhielt Rumänien bezeichnenderweise Unterstützung durch Italiens Ministerpräsidenten Orlando. Er wolle zwar nicht die Geheimverträge verteidigen, die neuerdings »aus der Mode gekommen« seien, aber Frankreich, Großbritannien und Italien hätten 1916 einen Vertrag mit Rumänien abgeschlossen, an den man sich nun – geheim oder nicht geheim – zu halten habe. Orlando wusste nur zu gut, wovon er sprach.

In ihrer Ratlosigkeit, wie mit den konkurrierenden Ansprüchen umzugehen war – die Begründungen hingen auf beiden Seiten in der Luft –, entschieden sich die Alliierten schließlich für eine Teilung des Banats. Mit Siebenbürgen und der Bukowina, die zum österreichischen Teil des Habsburgerreichs gehört hatte, sowie Bessarabien, das sich nach 1917 von Russland gelöst hatte, fielen noch weit größere Territorien an Rumänien, das sich flächenmäßig mehr als verdoppelte. Gerade mit Blick auf Bessarabien und die Bukowina, aber auch insgesamt hinsichtlich der territorialen Forderungen hatte Ministerpräsident Brătianu in Paris immer wieder das Bolschewismus-Argument bemüht. Rumänien sei das Land, wo sich Europa gegen den

Bolschewismus sammeln müsse, legte er dem *Supreme Council* dar. Der sei keine politische Doktrin, sondern eine gefährliche und ansteckende Seuche, die bekämpft werden müsse. Rumänien müsse in die Lage versetzt werden, »dieser Seuche zu widerstehen, nicht im eigenen Interesse, sondern im Interesse Europas und, ohne zu übertreiben, der globalen Zivilisation«.[32]

Zuerst aber und vor allem musste sich Rumänien angesichts der ungarischen Revisionsforderungen wappnen, die für die Existenz des groß-rumänischen Staates in den Jahren nach 1920 eine permanente Bedrohung waren. Da man sich in Bukarest nie sicher war, ob die westlichen Alliierten zu ihren Sicherheitsversprechen stehen würden, betrieb man eine eigene, südosteuropäische Sicherheitspolitik, die im Frühjahr 1921 zum Abschluss einer Defensivallianz mit der Tschechoslowakei führte, in der man sich für den Fall des Angriffs einer dritten Macht wechselseitigen Beistand zusicherte. Für die Prager Regierung ergänzte der Vertrag mit Rumänien ein Abkommen mit dem Königreich der Serben, Kroaten und Slowenen, das man bereits im Jahr zuvor eingegangen war. Auch dieses Bündnis war eindeutig gegen Ungarn gerichtet, aus jugoslawischer Sicht zusätzlich gegen Italien und damit eine eigentlich verbündete Macht. Mit einem dritten Bündnisvertrag im Juni 1921 zwischen Rumänien und Jugoslawien waren nun alle großen Profiteure der Verkleinerung Ungarns miteinander verbündet. Das Ergebnis, niemals multilateral bestätigt, war die »Kleine Entente«, die formal bis zum Ende der Tschechoslowakei 1938 bestand, auch wenn sie angesichts der politischen Veränderungen der 1930er Jahre schon vorher ihre Bedeutung verlor. In den 1920er Jahren hingegen gehörte sie zur antirevisionistischen Sicherheitsarchitektur des Donauraums und wurde deswegen von Frankreich unterstützt, das freilich mit dem gleichen Ziel auch Fühler in Richtung Ungarn ausstreckte. Genau deshalb weitete Paris seine eigene, aktive Bündnispolitik nicht auf die Kleine Entente aus. Der französisch-tschechoslowakische Vertrag von 1924 war in erster Linie gegen Deutschland gerichtet, vergleichbare Verträge mit Rumänien oder Jugoslawien folgten nicht. Paris war bei aller Sympathie nicht bereit, sich vertraglich auf die völlig unüberschaubaren Eventualitäten im südöstlichen Europa einzulassen, so sehr es auch daran interessiert war, dass der Donauraum weder direkt noch indirekt zu einem deutschen Einflussgebiet werden würde, wie der massive Widerstand gegen den Plan einer deutschösterreichischen Zollunion in den Jahren 1930/31 zeigt.[33]

In Südosteuropa war Rumänien der große Gewinner des Weltkriegs und der Friedensschlüsse. Der Bevölkerungszuwachs – knapp 30 Prozent der

Bevölkerung waren keine Rumänen – stellte das Land in den folgenden Jahren vor eine gewaltige Herausforderung. Eine Politik der Rumänisierung, die auf politische und administrative Dominanz ebenso abzielte wie auf kulturelle Assimilation der nichtrumänischen Bevölkerung, führte immer wieder zu heftigen Konflikten und gewaltsamen Auseinandersetzungen, die sich mit sozialen Spannungen in dem weitgehend agrarisch und vorindustriell geprägten Land verbanden. Die neu hinzugekommenen Bevölkerungsgruppen unterschiedlicher Provenienz waren anfangs durchaus willens, sich in den neuen Staatsverband einzugliedern. An ihrer grundsätzlichen Situation – dem Leben in multiethnischen Zusammenhängen – hatte sich prinzipiell nicht viel geändert. So übermittelten die Führer der deutschsprachigen Gemeinde in Czernowitz in der Bukowina noch im November 1918 der Regierung in Bukarest telegrafisch eine Loyalitätsbekundung, die, wie Pieter Judson betont, nicht anders gehalten war als vergleichbare Adressen an die Wiener Regierung. Man schwor der neuen Regierung die Treue und erbat die Freiheit, sich selbst um die lokalen Belange kümmern zu dürfen. Die Antwort aus Bukarest ist nicht überliefert. Ob es eine gab, ist fraglich. Aber etwa zur gleichen Zeit entwickelte der nationalistische, groß-rumänische Historiker Ion Nistor eine ganz andere Idee: »Heute, da das Nationalprinzip triumphiert, da die alten Staaten in sich zusammenstürzen und aus ihren Trümmern verjüngte Nationalstaaten emporwachsen innerhalb der ethnischen Grenzen eines jeden Volks, muss der ›Bukowinismus‹ verschwinden. (…) Die Bukowina hat sich mit Rumänien vereinigt und innerhalb dieser Grenzen ist kein Platz für den *homo bucovinensis*, sondern nur für den *civis Romaniae*.«[34]

Relativ gesehen viel mehr Territorium als Deutschland verlor neben Ungarn auch Bulgarien, das 1915 auf der Seite der Mittelmächte in den Krieg eingetreten war, sich an der Eroberung Serbiens beteiligt und 1916 Rumänien den Krieg erklärt hatte. Die Prozedur des Friedensschlusses glich auch im Falle Bulgariens derjenigen der anderen Verlierermächte. Bulgarien war nicht mit einer Delegation in Paris vertreten, erhielt im September 1919 die Friedensbedingungen ausgehändigt, die das Land im Vertrag von Neuilly vom 27. November 1919 akzeptierte. Vor allem drei große Gebietsabtretungen, insgesamt etwa zehn Prozent seiner Fläche, hatte der Schwarzmeerstaat hinzunehmen, und in allen drei Gebieten stellten Bulgaren die Mehrheit der Bevölkerung. Die südliche Dobrudscha fiel an Rumänien, das dadurch seinen Anteil an der Schwarzmeerküste erheblich vergrößerte. Von den etwa 300 000 Menschen, die in diesem Raum lebten, waren lediglich 10 000 Rumänen.[35] An das

Königreich der Serben, Kroaten und Slowenen fielen einige Gebiete im Westen Bulgariens, darunter die Enklave Strumitza. Mit dieser hatte sich, wie er sich später erinnerte, der britische Diplomat Harold Nicolson schon im November 1918 im Keller des *Foreign Office* in London beschäftigt, als ihn die Nachricht vom Waffenstillstand erreichte. Für ihn stand Strumitza für die Detailprobleme des Friedensschlusses, in deren Vielzahl und Komplexität sich die Delegationen und ihre Experten einarbeiten mussten, ohne daraus eine konsistente Gesamtregelung entwerfen zu können.[36] Besonders schmerzhaft aber war für Bulgarien der Verlust Westthrakiens, eines Gebietsstreifens zwischen Griechenland und dem Osmanischen Reich, der auf etwa 200 Kilometern Länge an die Ägäis grenzte und Bulgarien damit direkten Zugang zum Mittelmeer – ohne die Passage von Bosporus und Dardanellen – verschaffte. Dieses Gebiet kam zwar zunächst unter alliierte Verwaltung, aber es war klar, dass Griechenland, in Paris vertreten durch seinen Ministerpräsidenten Eleftherios Venizelos, als Teil seiner groß-griechischen Politik längst seinen Anspruch darauf erhoben hatte. Er wurde nicht müde, die Aggressivität und den Militarismus Bulgariens, des »Preußens auf dem Balkan«, zu betonen, kaschierte damit freilich nur notdürftig den eigenen Expansionismus.[37] Schon 1920 kam Westthrakien zu Griechenland und blieb griechisch, auch nachdem die großgriechischen Träume von Venizelos im Griechisch-Türkischen Krieg gescheitert waren.

Zu dem Verlust der auch wirtschaftlich wichtigen Territorien kamen immense Reparationsforderungen. Bulgarien war das einzige Land, dessen Reparationsschuld schon 1919 festgelegt wurde. Sie belief sich auf 2,25 Millionen Goldfranc, eine angesichts der desolaten Lage des Landes und seiner rückständigen Wirtschaftsstruktur völlig unrealistische Forderung. Die einzelnen Jahresraten, die zu leisten gewesen wären, überstiegen zusammen mit sonstigen bulgarischen Auslandsschulden den gesamten Staatshaushalt bei weitem, was dazu führte, dass die Zahlungsverpflichtung bald schon reduziert und schließlich ganz gestrichen wurde.[38] In der Zeit unmittelbar nach dem Friedensschluss kamen freilich noch erhebliche Lieferverpflichtungen für Vieh und Agrarprodukte sowie Eisenbahnausrüstung, die an Jugoslawien, Griechenland und Rumänien gingen, hinzu. Die Stärke der bulgarischen Armee wurde auf 20 000 Mann festgelegt, ihre Funktion laut Vertragstext auf »die Erhaltung der Ordnung innerhalb des bulgarischen Gebietes und den Grenzschutz«, polizeiliche Aufgaben also, beschränkt. Zu den Folgen des Vertrags und insbesondere seiner Gebietsabtretungen gehörten große Flucht-

Unterzeichnung des Friedensvertrags von Neuilly mit Bulgarien, 27. November 1919

Dass es einmal ein Großbulgarisches Reich gegeben hatte, das wusste zu Beginn des 20. Jahrhundert kaum noch jemand, denn in Neuilly-sur-Seine wurde am 27. November 1919 der Friedensvertrag mit einem schwachen, instabilen Bulgarien abgeschlossen und dieses durch den Frieden noch weiter geschwächt. Der vom griechischen Ministerpräsidenten Venizelos als »Preußen auf dem Balkan« bezeichnete Kriegsverbündete des Deutschen Reiches verlor Territorien an Griechenland, Rumänien und Jugoslawien, darunter besonders schmerzlich das westliche Thrakien mit seinem Zugang zur Ägäis, das griechisch wurde. Wirtschaftlich brach das Land unter der ihm auferlegten Reparationslast binnen kürzester Zeit zusammen. Seine Geschichte in der Zwischenkriegszeit war von permanenten Staatsstreichen, Putschversuchen, bürgerkriegsähnlichen Zuständen und nicht endender Gewalt bestimmt.

bewegungen, die das Land wirtschaftlich und sozial schwer belasteten. Politische Stabilität ließ sich auf solchen Grundlagen nicht erreichen. Es gelang dem Staat nicht, sich zu konsolidieren. Von scharfen Spannungen, Konflikten und divergierenden Interessen zerrissen, kam es nicht nur zu ständigen Regierungswechseln, sondern auch immer wieder zu Putschversuchen und Staatsstreichen durch das Militär, die das Land nicht zur Ruhe kommen ließen. Unruhen und Aufstände wurden zum Teil mit brutalem Terror niedergeschlagen; Gewalt und Gegengewalt prägten den Alltag.[39]

MULTIETHNISCHE STAATEN UND IHRE MINDERHEITEN

Neue Nationalstaaten mit ihren Herrschafts- und Geschlossenheitsansprüchen und nationale Minderheiten mit ihrem Wunsch nach Schutz und Autonomierechten prallten in Ostmittel- und Südosteuropa nach 1918 wie nirgendwo sonst aufeinander. Die Pariser Vorortverträge gaben etwa 60 Millionen Menschen neue, eigene Staaten, doch zugleich machten sie weitere 25 Millionen zu Minderheiten.[40] Das war eine gewaltige Herausforderung sowohl für die jungen Staaten, ihre innere Ordnung und Stabilisierung, als auch für das internationale System. Denn Ungarn, Bulgarien oder Deutschland machten sich zu Fürsprechern der zu anderen Ländern gehörenden Minderheiten. Revisionismus war in vielen Fällen auch Irredentismus. Umgekehrt verwahrten sich Rumänien, Jugoslawien oder Polen gegen äußere Einmischungen in ihre inneren Angelegenheiten und ihre frisch errungene, wie ein Augapfel gehütete staatliche Souveränität. Gleichsam zerrieben zwischen diesen Konflikten wurden jene Minderheiten, die keinen Staat zur Unterstützung ihrer Interessen im Hintergrund hatten: allen voran Juden und Zigeuner, die, wie es Mark Mazower ausdrückt, kein Heimatland besaßen. Das schuf enormes Konfliktpotential.

Den Friedensmachern in Paris war diese Problematik durchaus bewusst, und deswegen ergänzten sie die Regelungen der Friedensverträge durch in der Regel bilaterale Minderheitenschutzabkommen, insgesamt 13 an der Zahl, welche die Alliierten mit den Staaten Ostmittel- und Südosteuropas schlossen: von den baltischen Staaten über Polen und die Tschechoslowakei bis zu Rumänien, Jugoslawien und Griechenland. Die Minderheitenschutzabkommen und die Gründung der neuen Nationalstaaten waren komplementär gedacht. Sie basierten auf der Idee nationaler Selbstbestimmung, die nach der Auflösung der multiethnischen Großreiche in neuen Nationalstaaten zum Ausdruck kommen sollte, die in der Regel weder ethnisch noch kulturell homogen waren, aber ihre nationalen Minderheiten schützten.[41] Eine Ausnahme bildeten hier lediglich die Verliererstaaten des Krieges, die durch Gebietsabtretungen gleichsam ethnisch homogenisiert wurden. Das gilt für Österreich und Ungarn, mit gewissen Abstrichen auch für Deutschland und die entstehende Türkei. Was freilich von den Pariser Siegermächten als komplementär wahrgenommen wurde, war politisch durchaus widersprüchlich und in der Umsetzung schwierig und konfliktbeladen. Folglich kam es zu Spannungen, die sich häufig gewalttätig entluden, die jungen Staaten in den ersten Jahren ihrer Existenz kaum zur Ruhe kommen ließen und dazu beitrugen, dass die Demokratie in den allermeisten Staaten keine Wurzeln schlagen konnte. Am Vorabend des Zweiten Weltkriegs war von den nach 1918 entstandenen Staaten nur noch die Tschechoslowakei eine Demokratie.

Keine Chance hatten 1919 Überlegungen wie die des amerikanischen Präsidenten, der zunächst darüber nachgedacht hatte, eine allgemeine Minderheitenschutzklausel, beruhend auf dem Selbstbestimmungsrecht der Völker, in die Satzung des Völkerbunds aufzunehmen. Übertrug man aber der internationalen Gemeinschaft den Minderheitenschutz, musste man diese auch mit entsprechenden Rechten und Mitteln zu seiner Durchsetzung ausstatten.[42] Das stieß anfangs auf die Zustimmung Frankreichs, das aus sicherheitspolitischen Erwägungen – gerichtet gegen das bolschewistische Russland und mehr noch gegen Deutschland – die Bildung neuer Nationalstaaten in der östlichen Hälfte Europas vorantrieb und in einer allgemeinen Minderheitenschutzklausel ein Mittel erblickte, diese Staaten vor irredentistischen Forderungen zu schützen.[43] Aber sowohl aus Wilsons eigenem Umfeld wie vor allem aus der britischen Delegation erhob sich Widerspruch gegen den Vorschlag. Eine solche Universalisierung würde »amerikanische Neger, Südiren, Flamen oder Katalanen« ermutigen, sich über die Köpfe ihrer Regierungen hinweg an den Völkerbund zu wenden, warnte Lord Eustace Percy, ein britischer Diplomat. Sein Kollege James Headlam-Morley stimmte zu: Eine solche allgemeine Klausel würde dem Völkerbund das Recht geben, »Chinesen in Liverpool zu beschützen, Katholiken (sic!) in Frankreich, Franzosen in Kanada, ganz abgesehen von den ernsthafteren Problemen wie dem der Iren«, und sie würde im Widerspruch stehen zur Souveränität aller Staaten der Welt.[44] Die Brisanz der irischen Frage stand jedem britischen Delegationsmitglied 1919 klar vor Augen; nicht wenige Entscheidungen in Paris wurden in ihrem Licht getroffen. Für London ging es in Paris gerade in der Frage nationaler Minderheiten, ihrer Rechte und ihres Schutzes, mindestens ebenso sehr um Irland wie um Polen und Rumänien. Wilsons Überlegungen waren damit vom Tisch. Dazu trug allerdings auch die Auseinandersetzung im Pariser Völkerbundsausschuss über die Aufnahme des Prinzips der Gleichheit der Religionen und Rassen in die Völkerbundsatzung bei. Für die Gleichheit und Gleichbehandlung der Rassen hatte sich vor allem Japan eingesetzt, während sich der amerikanische Präsident, unterstützt von Britannien und Australien, dagegen wehrte. Dieser Auseinandersetzung fiel auch eine allgemeine Minderheitenschutzklausel in der Satzung des Völkerbunds zum Opfer.[45]

Die Minderheitenfrage wurde immer stärker zur Souveränitätsfrage. Der britische Delegierte Headlam-Morley warnte vor einem »Superstaat« und meinte damit einen mit Rechten zur Durchsetzung des Minderheitenschutzes ausgestatteten Völkerbund.[46] Nicht anders als Polen oder Rumänien argumentierte Großbritannien in den offiziellen Verhandlungen nicht mit den spezifischen nationalen Belangen, in diesem Fall der Herrschaft über Irland, sondern – völkerrechtlich und damit viel allgemeiner – mit dem Prinzip staatlicher Souveränität. Der Unterschied war freilich, dass Polen, Rumänien oder die Tschechoslowakei in Paris de facto gezwungen wurden, Minderheitenschutzabkommen zuzustimmen, während vergleichbare Maßnahmen für die Großmächte völlig außer Frage standen. Polen, das den ersten Minderheitenschutzvertrag unterzeichnete, sträubte sich lange dagegen, beugte sich schließlich aber dem Druck der Großmächte, die mit den Kompromissregelungen für Danzig (Freie Stadt) und Oberschlesien (Volksabstimmung) signalisiert hatten, dass man die Friedensbedingungen mit Deutschland auch noch verändern konnte und dass Polen davon nicht profitieren würde. Auch deswegen wurden der Versailler Vertrag und das Minderheitenschutzabkommen zwischen den Alliierten und Polen, der »kleine Versailler Vertrag«, am selben Tag unterzeichnet.

In dem Vertrag, dem Muster für alle weiteren Abkommen, verpflichtete sich Polen, allen Einwohnern des Landes »ohne Unterschied der Geburt, der Staatsangehörigkeit, der Sprache, des Volkstums und der Religion den umfassendsten Schutz ihres Lebens und ihrer Freiheit zu gewähren«, und gab allen Einwohnern »das Recht auf freie private und öffentliche Ausübung jeden Bekenntnisses, jeder Religion oder Weltanschauung«, den Anspruch auf die polnische Staatsbürgerschaft sowie das Recht, soziale, kulturelle oder religiöse Einrichtungen und Schulen zu unterhalten. In Gebieten mit großen Minderheitsanteilen sollten solche Einrichtungen sogar vom polnischen Staat finanziert werden. Eigene Artikel schützten die besonderen Rechte der jüdischen Bevölkerung, beispielsweise den Sabbat. Ein kleiner Rest der ursprünglichen Idee, den Völkerbund mit dem Minderheitenschutz zu betrauen beziehungsweise ihn zu gewährleisten, fand sich in der Befugnis des Völkerbunds – allerdings nur der Ratsmitglieder –, tatsächliche oder mögliche Verletzungen von Minderheitenrechten zu thematisieren und gegebenenfalls Maßnahmen zu treffen, die freilich nicht näher spezifiziert waren.[47]

Die Minderheitenschutzverträge sind – auch in der Wissenschaft – scharf kritisiert worden. Man sei damit, so heißt es, auf halbem Wege stehen geblieben, hätte zwar den Minderheiten bestimmte Rechte gegeben, jedoch keinen offiziellen Status als Gemeinschaften mit korporativen Rechten (politisch oder rechtlich). Internationale Unterstützungs- oder Schutzmaßnahmen seien nicht wirksam verankert worden. Und der Druck, dem die staatlichen Regierungen ausgesetzt gewesen seien, den Abkommen zuzustimmen, habe eher zu deren Verhärtung und zu Ressentiments beigetragen als zur Stärkung ihres Umsetzungswillens.[48] Diese Kritik ist nicht von der Hand zu weisen, aber sie übersieht in rechtlicher und politischer Perspektive den Fortschritt, den die Schutzabkommen dennoch bedeuteten, auch wenn sie unter äußerem Zwang entstanden und bestenfalls Kompromisse darstellten, viele Fragen unbeantwortet ließen und Spannungen sowie schwere Konflikte in den Folgejahren nicht verhinderten. Die Verträge waren ein Versuch, mit der Realität multiethnischer und multikultureller Staaten umzugehen und diese Multiethnizität und Multikulturalität zunächst einmal rechtlich zu sichern. Vor weiterreichenden Maßnahmen schreckten die Großmächte, Frankreich und Großbritannien, zurück, weil für sie die Minderheitenschutzabkommen in einem größeren internationalen Kontext standen, bei dem es um Stabilisierung, nicht Schwächung der neuen Staaten und ihrer Regierungen ging. Ein Übermaß an Minderheitenschutz hätte jedoch genau diese Schwächung bewirkt und damit nicht nur einzelne Staaten, sondern die gesamte staatlich-territoriale Ordnung im östlichen Europa bedroht, die ohnehin auf einer höchst prekären Grundlage ruhte. In Polen beispielsweise belief sich der Anteil der nichtpolnischen Bevölkerung auf mehr als ein Drittel. Kaum voraussehbar war zudem, in welchem Maß die Schutzverträge den »Heimatstaaten« der Minderheiten ein außen- und revisionspolitisches Instrument an die Hand gaben, das diese – beispielsweise Deutschland gegenüber Polen – wirksam einzusetzen verstanden. Die »Heimatstaaten« unterstützten, wie es Carole Fink formuliert hat, die Minderheitenregelungen nicht, sondern nutzten sie aus.[49]

Mit Blick auf ihre Minderheiten und die Zusammensetzung ihrer Bevölkerung waren viele der neuen Staaten im östlichen und südöstlichen Europa faktisch nichts anderes als kleine, multinationale Imperien. Doch sie verstanden sich nicht als solche, sondern als nationale Staaten. Sie stellten sich in die Tradition der nationalen Unabhängigkeitsbewegungen des 19. und frühen 20. Jahrhunderts und verkoppelten dieses Selbstverständnis mit der wilsonianischen Idee des Selbstbestimmungsrechts der Völker, die sie fast ausschließlich ethnisch oder kulturell interpretierten. Das stärkte den Imperativ nationaler Geschlossenheit, der die Vorstellung nationaler Heterogenität im Wege stand. Homogenisierung, nicht Akzeptanz von Unterschiedlichkeit war vor diesem Hintergrund die politische Zielvorstellung. Es ging nicht um Diversitätstoleranz, sondern um Assimilation, Anpassung, Angleichung der Minderheit. Ein brasilianischer Völkerbundsdelegierter kleidete die Forderung nach Assimilation 1925 in liberal klingende Worte: Es sei nicht das Ziel der Minderheitenschutzverträge, einen Zustand zu zementieren, in dem bestimmte gesellschaftliche Gruppen sich »ständig als Fremde« fühlen müssten, sondern man solle vielmehr versuchen, die Bedingungen für eine »vollständige nationale Einheit« zu schaffen.[50]

Assimilation zur Überwindung von Heterogenität konnte, musste aber nicht auf Freiwilligkeit beruhen. Vor allem Unterricht und Erziehung bildeten hier wichtige Ansatzpunkte, die wiederum Voraussetzungen schufen für sozialen Status beziehungsweise sozialen Aufstieg in den jeweiligen Gesellschaften. Doch wenn sich die Menschen nicht assimilieren wollten, hatten sie dann nicht – Schutzverträge hin oder her – ihr Bleiberecht im nationalen Staat verwirkt, konnte man sie dann nicht vertreiben?[51] Vor diesem Hintergrund waren die Jahre nach 1918 in Ostmittel- und Südosteuropa auch eine Zeit massenhafter Migration. Menschen flüchteten oder wurden vertrieben, verließen Räume, die zum Teil über Jahrhunderte ihre Heimat gewesen waren, um sich in Ländern anzusiedeln, die nun als ihre Heimatländer galten. Doch nicht überall öffneten sich die Türen. Die wirtschaftliche Krise und die kastastrophale Versorgungslage standen einer großzügigen Aufnahme von Flüchtlingen und Vertriebenen oftmals im Wege, die zu Abertausenden ihr Schicksal als Gestrandete, als Staatenlose bewältigen mussten. Als »völkerrechtlich vogelfrei« hat der Rechtswissenschaftler Hans Kelsen die Staatenlosen bezeichnet. Mit dem »Nansen-Pass«, benannt nach Fridtjof Nansen, dem Völkerbundskommissar für Flüchtlinge, versuchte der Völkerbund seit 1922 diesen Menschen, deren massenhafte Existenz man nicht ignorieren konnte, wenigstens einen rechtlichen Status zu geben.[52]

Und wenn die Menschen nicht gehen wollten oder keinen Ort hatten, wohin sie gehen konnten? War dann nicht – und das nicht nur in der Theorie – die physische Vernichtung eine Möglichkeit, die Minderheitenfrage zu lösen und den ethnisch reinen Nationalstaat zu schaffen? Auch in diesem Licht hat sich in den letzten Jahren unser Blick auf die Vielvölkerreiche, wie man sie lange genannt hat, die nach dem Ersten Weltkrieg untergingen beziehungsweise aufgelöst wurden, verändert. Das gilt vor allem für das Habsburgerreich, das wir heute nicht mehr so leichthin als »Völkerkerker« bezeichnen, wie es jene Nationalisten taten, die nach 1918 auf den Trümmern dieses Reiches und unterstützt von den Großmächten neue Staaten und zum Teil extrem brutale nationalistische Regime errichteten. Im Vergleich zu den allermeisten dieser Staaten nimmt sich die Koexistenz unterschiedlicher Völker und Kulturen im Habsburgerreich, ohne dass man dieses dadurch verklären würde, friedlich aus.[53]

»KRANKER MANN AM BOSPORUS«

Die »Konvention über den Bevölkerungsaustausch« vom 30. Januar 1923 zwischen Griechenland und der Türkei hatte mit den Ideen von Minderheitenschutz und des friedlichen Miteinanders von unterschiedlichen Bevölkerungsgruppen in einem multiethnischen oder multireligiösen Staat nichts mehr zu tun. Sie war von Großbritannien und Frankreich sanktioniert, ja unter deren maßgeblicher Beteiligung zustande gekommen und bedeutete eine radikale Abkehr von den Ideen und der Politik des Minderheitenschutzes. Die Konvention, die nach wenigen Monaten, im Juli 1923, in den Friedensvertrag von Lausanne integriert wurde, mit dem für die Türkei der Erste Weltkrieg endete und zugleich auch der Griechisch-Türkische Krieg der Jahre 1920 bis 1922, sah einen umfassenden Bevölkerungsaustausch zwischen Griechenland und der Türkei vor, der nicht auf freiwilliger Basis erfolgen sollte, sondern verpflichtend war. Rund 1,2 Millionen griechisch-orthodoxe Einwohner der Türkei mussten ihre Heimat in Anatolien aufgeben und nach Griechenland übersiedeln; umgekehrt mussten etwa 400 000 Muslime insbesondere das nördliche Griechenland verlassen. Zum Teil wurden durch die

Konvention Vertreibungen nachträglich legitimiert, die bereits in den Jahren zuvor stattgefunden hatten. So war der Großteil der griechischen Bevölkerung schon 1922 aus Anatolien geflohen.

Sowohl Griechenland als auch die Türkei veränderten sich durch diese Zwangsmigration massiv und wurden zu mehr oder weniger homogenen Nationalstaaten, wobei die Religion das Hauptkriterium für die nationale Zugehörigkeit bildete. Angehörige der griechisch-orthodoxen Kirche wurden als Griechen gewertet, Muslime als Türken. In Anatolien, wo vor dem Ersten Weltkrieg der muslimische Bevölkerungsanteil bei 80 Prozent lag, lebten nun als Folge des Völkermords an den christlichen Armeniern und der Vertreibung der »Griechen« 98 Prozent Muslime. In der nordgriechischen Provinz Makedonien betrug im Jahr 1923 der griechische Bevölkerungsanteil 89 Prozent, zehn Jahre zuvor waren es lediglich 43 Prozent gewesen. Saloniki, über Jahrhunderte ein Ort vieler Kulturen, Sprachen und Religionen, wurde nunmehr als Thessaloniki eine griechische Großstadt.[54] Das christlich geprägte Smyrna in Kleinasien gab es nicht mehr; die Hafenstadt an der Ägäis hieß jetzt Izmir und hatte schon bald einen dominant türkisch-muslimischen Charakter. Bilder der Vertriebenen, die sich von West nach Ost und von Ost nach West in Bewegung setzten, Hab und Gut zurücklassen mussten und in bitterer Armut sowie tief traumatisiert den Versuch eines Neubeginns zu machen gezwungen waren, gingen um die Welt. Ihre neue Heimat war ihnen völlig fremd. Nicht als Landsleute, sondern als Fremde wurden sie behandelt, und das erst recht, weil sie die materiellen Verteilungskämpfe in der Not- und Krisenzeit nach dem Ersten Weltkrieg noch verschärften. Der Massenexodus der Muslime aus Griechenland und der Griechen aus der Türkei war kein punktuelles Ereignis, sondern vielmehr bis in die Jahre nach dem Zweiten Weltkrieg der Auftakt für Jahrzehnte der Zwangsmigration im Zeichen der Vorstellung des ethnisch oder kulturell homogenen Nationalstaats. Mit Wirkungen bis in die Gegenwart hat sich die Idee des homogenen Nationalstaats als angebliche Normalform moderner Staatlichkeit seither in die Köpfe vieler Menschen eingebrannt.[55]

Der Griechisch-Türkische Krieg der Jahre 1920 bis 1922, zu dessen Folgen die Konvention von Lausanne gehörte, war in Südosteuropa und im östlichen Mittelmeerraum eine Verlängerung des Ersten Weltkriegs, der dort mit den Waffenstillständen im Herbst 1918 nicht endete, sondern noch jahrelang andauerte, zu neuen Gewaltexzessen, neuem Leid und zahllosen Opfern führte. Fast ein Jahrzehnt dauerte der Erste Weltkrieg für die Türkei. Wenn man die

Eleftherios Venizelos bei den Friedensverhandlungen, 3. Juni 1919

Der griechische Ministerpräsident Eleftherios Venizelos (rechts) strebte mit dem Friedensschluss nichts Geringeres an als ein Groß-Griechenland, das insbesondere auf Kosten Bulgariens und des Osmanischen Reiches entstehen sollte. Venizelos, der sein Land nach anfänglichem Abwarten 1917 auf der Seite der Alliierten in den Krieg geführt hatte, witterte während der Pariser Verhandlungen die Chance, seine »Große Idee« – *megali idea* – zu realisieren: ein Griechenland der »zwei Kontinente und fünf Meere«. Im britischen Premierminister Lloyd George hatte er seinen wichtigsten Unterstützer. Von diesem ermutigt, ja geradezu aufgefordert, besetzten griechische Truppen im Mai 1919 die kleinasiatische Hafenstadt Smyrna. Der blutige Griechisch-Türkische Krieg, begleitet von grausamen Massakern, war die Folge. An seinem Ende stand nicht nur der griechische Rückzug, sondern die brutale Vertreibung der christlichen Bevölkerung aus Kleinasien und Anatolien, die dort zum Teil über Jahrhunderte gelebt hatte. Der Traum von Groß-Griechenland war ausgeträumt, aber der griechisch-türkische Konflikt reicht in seinen Auswirkungen bis in unsere Tage hinein.

Balkankriege der Jahre 1912/13 noch mitrechnet, dann waren es über zehn Kriegsjahre. Das Osmanische Reich, das in diese Kriegsdekade hineingegangen war, existierte an ihrem Ende nicht mehr. Nun gab es die im Oktober 1923 ausgerufene Türkische Republik, die mit dem Großreich, aus dem sie hervorgegangen war und in dessen Nachfolge sie sich stellte, nicht mehr viel gemein hatte. Während die Balkankriege das Ende des Osmanischen Reiches als europäische Macht besiegelten und seine europäischen Gebiete auf das Hinterland von Konstantinopel reduzierten, stand am Ende des Ersten Weltkriegs die Auflösung des Osmanischen Reiches selbst. In seiner Hochzeit hatte es ein Territorium beherrscht, das sich von Südosteuropa und dem Schwarzmeerraum weit auf die arabische Halbinsel, den östlichen Mittelmeerraum und das nördliche Afrika bis nach Algerien erstreckte. Freilich war die geographische Ausdehnung, ja Überdehnung, auch ein Grund für den Niedergang des Reiches. Der »kranke Mann am Bosporus«, wie es in Europa hieß, und die »orientalische Frage« gehörten zu den Dauerthemen der internationalen Politik des 19. Jahrhunderts. Auch der Beginn des Ersten Weltkriegs ist ohne die durch diesen Niedergang ausgelösten machtpolitischen Dynamiken – insbesondere die Konkurrenz Russlands und Österreich-Ungarns auf dem Balkan – nicht zu erklären.

Bereits in den Jahren des Ersten Weltkriegs entwickelten die Mächte der Entente, wie wir gesehen haben, Pläne für eine Neuordnung des Nahen und Mittleren Ostens nach dem Ende des Krieges und der antizipierten Niederlage des Osmanischen Reiches. Vor allem Großbritannien und Frankreich zielten auf eine Beherrschung dieser Region, wie nicht zuletzt das Sykes-Picot-Abkommen von 1916 zeigt. Gleichzeitig hatte Großbritannien aber den Arabern als Lohn für ihre Unterstützung im Krieg gegen das Osmanische Reich einen arabischen Staat zugesagt. Auch hinsichtlich der Türkei selbst beziehungsweise ihres anatolischen Kernlands hatten die Alliierten sich widersprechende beziehungsweise wechselseitig ausschließende territoriale Versprechungen mit Blick auf die Ägäisküste sowie das südliche und südöstliche Anatolien an Italien und Griechenland gemacht. Die Pariser Friedenskonferenz stand damit auch vor der Herausforderung, diese Widersprüche aufzulösen und in ein Gesamtkonzept territorialer und politischer Neuordnung zu integrieren. Zunächst freilich, in den ersten Monaten der Pariser Verhandlungen, beherrschten andere Themen die Agenda: neben der Schaffung des Völkerbunds vor allem der Frieden mit Deutschland, der in den Augen der Alliierten oberste Priorität hatte. Dennoch begannen zumindest

Gespräche über die Region zwischen Europa, Asien und Afrika. An diesen war zwar das Osmanische Reich selbst nicht beteiligt, das wie die anderen Mittelmächte von den Verhandlungen ausgeschlossen blieb, dafür aber umso mehr andere Delegationen, offizielle und inoffizielle, die ihre jeweiligen Interessen und Vorstellungen zunächst zu Gehör bringen und dann auch durchzusetzen versuchten. Dass diese Interessen sich widersprachen und zum Teil scharf konfligierten, trug nicht zur Beschleunigung der Verhandlungen und der Vorbereitung des Friedensvertrags bei. Griechische, armenische, kurdische, jüdische und arabische Vertreter, sie alle meldeten ihre Ansprüche an.

Während die osmanisch beherrschten Gebiete vom Irak über Syrien und Jordanien bis in den Libanon und nach Palästina in das in Paris entwickelte Mandatssystem des Völkerbunds gepresst wurden und damit de facto eine britisch-französische Dominanz in dieser Region etabliert wurde, waren die restlichen Gebiete, einschließlich des türkischen Kernlands, nicht einfach in Völkerbundsmandate umzuwandeln, obwohl auch dies durchaus diskutiert wurde und für einen Moment sogar ein amerikanisches Mandat für ganz Anatolien zur Debatte stand. Diese Idee scheiterte dann allerdings wie auch andere mögliche amerikanische Mandate an der Weigerung des Washingtoner Senats, mit dem Versailler Vertrag auch die Völkerbundsakte zu ratifizieren.[56] Insbesondere in Armenien hätte ein amerikanisches Mandat nichts anderes bedeutet als eine vermutlich militärisch gestützte Mission zum Aufbau eines Staates, zum *state-building*. Das war im amerikanischen Senat 1919 noch viel weniger durchzusetzen als die Billigung der Völkerbundsakte, wären die USA doch damit eine dauerhafte Verpflichtung unter extrem unsicheren Umständen eingegangen. Dazu waren sie 1919 nicht bereit, und auch hundert Jahre später wird dieses Thema in den USA angesichts der Erfahrungen in Vietnam – sowie gegenwartsnäher in Afghanistan und im Irak – politisch höchst kontrovers diskutiert. Dem Ziel der Pazifizierung und der politischen Stabilisierung, vielfach verbunden mit machtpolitischen Interessen, stehen dabei die Risiken massiver Konfliktverschärfung und eines unüberschaubaren, kostspieligen und verlustreichen militärischen Engagements gegenüber.

Im Waffenstillstand von Mudros Ende Oktober 1918 stimmte das Osmanische Reich nicht nur der Besetzung der Meerengen und damit der Kontrolle Istanbuls durch die Alliierten zu, sondern auch dem militärischen Rückzug aus allen nichtanatolischen Gebieten. Das war de facto das Ende der osmanischen Herrschaft außerhalb der Türkei. Darüber hinaus behielten sich die Alliierten das Recht vor, türkisch-anatolische Gebiete zu besetzen. Dahinter standen auch die Zusagen, die Großbritannien, Frankreich und – damals noch – Russland 1915 im Londoner Geheimabkommen hinsichtlich türkischer Gebiete an Italien gemacht hatten. Diese kollidierten nun freilich mit griechischen Ambitionen, die der griechische Ministerpräsident Eleftherios Venizelos, dessen Land nach anfänglicher Neutralität 1917 auf der Seite der Alliierten in den Krieg eingetreten war, in Paris geschickt vertrat. Venizelos erblickte in der Niederlage der Mittelmächte und insbesondere Bulgariens und des Osmanischen Reichs die Gelegenheit, seine »Große Idee« – *megali idea* – zu verwirklichen: ein Groß-Griechenland als Land der »zwei Kontinente und fünf Meere« (gemeint waren die Ägäis, das Marmarameer, das Schwarze Meer, das Ionische Meer und das zentrale Mittelmeer). 1919 zielte das neben Thrakien und dem südlichen Albanien vor allem auf die östliche Küste der Ägäis, das westliche Kleinasien, auf das Venizelos auch angesichts einer über 2000 Jahre zurückreichenden Siedlungstradition und einer griechisch geprägten Kultur meinte Ansprüche erheben zu können.

ALLIIERTE POLITIK UND TÜRKISCHE NATIONALBEWEGUNG

Vor allem der britische Premierminister Lloyd George sympathisierte nicht nur allgemein mit Venizelos, sondern er sah in den griechischen Ansprüchen ein Mittel, italienische Forderungen zu konterkarieren, die Ministerpräsident Orlando und sein Außenminister Sonnino in Paris immer lauter und unverhohlener vortrugen. Es entsprach dieser Logik, dass Lloyd George im Mai 1919, kurz nachdem der Konflikt mit Italien wegen der Adriastadt Fiume seinen Höhepunkt erreichte, den Griechen einseitig grünes Licht gab, die kleinasiatische Hafenstadt Smyrna, ein altes, von osmanischen Christen bewohntes Handelszentrum, und ihr Hinterland zu besetzen. Das war nur vage abgestimmt im Rat der Vier, aus dem temporär ein Rat der Drei geworden war, nachdem Orlando die Konferenz verlassen hatte und nach Rom zurückgekehrt war. Den Vorwand dafür lieferte ein angeblich vor Smyrna gesichtetes italienisches Kriegsschiff. Warnungen aus dem *Foreign Office*, vor allem aber aus dem britischen Generalstab, zeigten keine Wirkung. Man dürfe weder, so hieß es dort, den türkischen Nationalismus unterschätzen noch – und gerade vor diesem Hintergrund – die Stärke der türkischen Armee.⁵⁷ Doch Lloyd George und erst recht Venizelos änderten ihre Haltung nicht. Am 15. Mai besetzten griechische Truppen Smyrna. Von der griechisch-orthodoxen Bevölkerung wurden sie begeistert begrüßt. Doch auf der türkisch-muslimischen Seite organisierte sich rasch Widerstand. Aus einer türkischen Kaserne fiel ein Schuss. Noch heute erinnert in Izmir ein Denkmal an diesen Schuss und seinen Schützen, Hasan Tahsin, mit dem der türkische Kampf gegen die griechische Besetzung begann. Er endete mehr als drei Jahre später mit der Rückeroberung Smyrnas, das von nun an Izmir hieß. Im Mai 1919 war der türkische Schuss der Auftakt zu einer Gewalteskalation. Griechische Truppen gingen mit äußerster Brutalität gegen türkische Soldaten vor, aber auch die griechische Bevölkerung rottete sich zusammen, plünderte, brandschatzte, raubte und mordete. Türkische Muslime setzten sich zur Wehr und riefen zur Vergeltung auf. Es gab Hunderte von Toten, Muslime und Christen. Griechische Truppen drangen in den nächsten Wochen weiter nach Osten vor und besetzten – begleitet von entsetzlichen Massakern, denen ebenso entsetzliche Racheakte folgten – westanatolisches Gebiet.

Die Brutalität des griechischen Vorgehens, die auch von einer unabhängigen alliierten Untersuchungskommission bestätigt wurde, führte landesweit zu nicht minder brutalen Gewalttakten muslimischer Türken gegen die christliche Bevölkerung. Doch sie trug darüber hinaus entscheidend dazu bei, dass sich jenseits des besetzten Gebiets national-türkischer militärischer Widerstand gegen die griechische Besetzung zu formieren begann. Organisiert wurde dieser Widerstand von Mustafa Kemal Pascha, einem General der türkischen Armee. Kemal, der eigentlich für die Demobilisierung der Streitkräfte zuständig war, hatte sich schon in den Monaten nach dem Waffenstillstand dafür eingesetzt, aus aufgelösten Armeeverbänden bewaffnete guerillaartige Einheiten im Dienst der nationalen – türkischen – Sache zu machen. Doch seine Aktivitäten richteten sich nicht nur gegen die griechische Besetzung und die Ambitionen anderer, nichttürkischer Mächte, sondern mindestens ebenso sehr gegen Sultan Mehmed VI. in Istanbul und seine türkische Regierung. Diesen warfen Kemal und die Offiziere, die sich ihm in immer größerer Zahl anschlossen, vor, nichts gegen die griechische Besetzung zu unternehmen und sich dem Willen der Alliierten völlig zu unterwerfen. Großbritannien verlangte daraufhin vom Sultan die Entlassung Kemals, der dieser jedoch zuvorkam, indem er den – offiziellen – Armeedienst quittierte.⁵⁸

Nicht nur militärisch, sondern politisch und mit immer größerem Erfolg organisierte Kemal nun die türkische Nationalbewegung. Er operierte dazu nicht in Istanbul, sondern in Anatolien, wo er auf seinen rastlosen Reisen immer mehr Anhänger mobilisierte. Zwei Nationalkongresse mit Vertretern aller türkischen Provinzen im Juli und im September 1919 wählten Kemal zu ihrem Vorsitzenden. Er war damit der unangefochtene Führer der national-türkischen Widerstands- und Befreiungsbewegung. Beide Kongresse verabschiedeten Erklärungen, welche die territoriale Integrität und Souveränität der Türkei in den Grenzen des Waffenstillstands von 1918 forderten und dazu aufriefen, eine Armee zur Erhaltung der türkischen Souveränität zu bilden. An den Sultan in Istanbul appellierte man, dem Druck der Alliierten nicht nachzugeben. Das von Kemal geleitete Repräsentativkomitee der nationalen Bewegung mit Sitz im zentralanatolischen Ankara entwickelte sich rasch zur Gegenregierung. In einem »Nationalpakt« wurden Integrität und Souveränität der Türkei erneut als zentrales Ziel der Nationalisten bestätigt. Dieser muslimische Nationalismus knüpfte durchaus an die osmanisch-imperiale Tradition der Türkei an, auch wenn er sich in Gegensatz zur osmanischen Regierung in Istanbul stellte. Landesweit kam es zu Kundgebungen für den Nationalpakt, in denen sich die Redner immer wieder auf das Selbstbestimmungsrecht der Völker und auf Wilsons Vierzehn Punkte bezogen und die imperialistische Haltung der Großmächte, Großbritanniens, Frankreichs und Italiens, scharf kritisierten. Der Erfolg der nationalistischen Bewegung, so eine These des Historikers Erik-Jan Zürcher, erklärt sich auch aus ihrem Selbstbild und ihrer Selbstdarstellung als antiimperialistische Bewegung und zugleich dem wieder und wieder beschworenen Ziel einer Bewahrung des Reiches.

Der Siegeszug der nationalen Bewegung erreichte seinen vorläufigen Höhepunkt bei den letzten Parlamentswahlen des Osmanischen Reiches Ende 1919, wo sie die überwältigende Mehrheit der Abgeordnetensitze errang. Das neu gewählte Parlament bestimmte mit der offiziellen Verabschiedung des Nationalpakts zugleich die Ziele türkischer Politik – eine Kampfansage vor allem an die Alliierten. Die britische Regierung stellte Istanbul daraufhin unter britische Militärverwaltung, einige prominente Nationalistenführer wurden verhaftet und der Sultan aufgefordert, das Parlament aufzulösen. Dem entzogen sich die Nationalisten, indem Kemal in Ankara eine »Große Nationalversammlung« einberief, der sowohl Abgeordnete des Istanbuler Parlaments als auch neu gewählte Vertreter aus ganz Anatolien angehörten. Die

Alte Reiche und neue Staaten 451

Große Nationalversammlung, die im April 1920 zusammentrat, war Parlament und Regierung in einem. In einem feierlichen Schwur verpflichtete diese sich im Juli 1920 auf den Nationalpakt. Daraus folgte nicht nur die Ablehnung, sondern die Bekämpfung des Friedensvertrags von Sèvres, den die Alliierten nicht mit der Regierung der Nationalisten, sondern mit der Regierung des Sultans einen Monat später abschlossen.[59]

Dieser Friedensvertrag folgte dem Muster der Verträge von Versailles, St. Germain, Neuilly und Trianon. Er wurde am 10. August 1920 im Ausstellungssaal der berühmten Porzellanmanufaktur von Sèvres abgeschlossen und erlegte dem Osmanischen Reich, das ja immer noch existierte, Reparationsverpflichtungen auf, deren Höhe noch zu bestimmen war. Ferner beschränkte er die Größe der Armee auf 50 000 Mann, wobei den Streitkräften ausschließlich Polizei- und Grenzschutzfunktionen zufielen. Es waren jedoch nicht diese Bedingungen, sondern die territorialen Bestimmungen, welche die Absicht der Alliierten deutlich machten, das Osmanische Reich nicht nur als Imperium aufzulösen, sondern die aus diesem Reich hervorgegangene Türkei zu einem unbedeutenden Staat mit großer Vergangenheit und ohne jede Zukunft zu machen. Die nichttürkischen und vor allem die arabischen Reichsteile wurden abgetrennt, nachdem sie schon Monate zuvor auf der Konferenz von San Remo als Völkerbundsmandate unter britische und französische Kontrolle gekommen waren. Die Türkei selbst wurde auf das zentrale Anatolien reduziert. Istanbul und die Meerengen blieben zwar türkisch, wurden aber unter internationale – sprich alliierte – Verwaltung gestellt. Ganz Thrakien fast bis zum Bosporus, ein großer Teil der ohnehin schon von griechischen Truppen besetzten Ägäischen Inseln und der Raum Smyrna wurden Griechenland zugesprochen. Die Inseln der südlichen Ägäis (Dodekanes) und das südöstliche Anatolien mit Adania (Antalya) sollten italienisch werden. Weiter östlich wurden südanatolische und kurdische Gebiete der französischen Mandatszone Syrien zugeschlagen. Kilikien, der südliche Teil Anatoliens, wurde französische Einflusszone. Vorgesehen wurde ferner die Errichtung eines autonomen Kurdistan, dessen Grenzen allerdings nie genauer definiert wurden. Als unabhängiger Staat wurde schließlich Armenien anerkannt, zu dem auch weite ostanatolische Gebiete gehören sollten.

Übrig blieb ein türkischer Rumpfstaat, der nicht im Entferntesten etwas mit den territorialen Vorstellungen der Nationalbewegung und der Nationalversammlung in Ankara zu tun hatte. In deren Augen hatten der Sultan und seine Regierung in Istanbul durch die Unterzeichnung des Vertrags von Sèvres ihre letzte Glaubwürdigkeit verloren, während andererseits der Widerstandswille der Nationalisten und ihr Rückhalt in der türkisch-muslimischen Bevölkerung wuchsen. Auch deshalb entschloss sich Kemal, mit den nationalistischen Streitkräften in den Kampf zu ziehen und die Autorität Istanbuls nicht mehr anzuerkennen. Schritt für Schritt ging die türkische Armee nun gegen die Ergebnisse von Sèvres vor. Der erste Gegner war Armenien, das im November 1920 geschlagen wurde und einen türkischen Diktatfrieden akzeptieren musste. Nur eine winzig kleine Republik Armenien blieb übrig, die sich vor allem aus antitürkischen Motiven Ende 1920 als Sowjetrepublik der sich formierenden Sowjetunion anschloss. Um das Armenienproblem zu lösen und die Kräfte anderweitig konzentrieren zu können, hatte sich Kemal schon seit geraumer Zeit bemüht, mit der jungen Sowjetunion in Verhandlungen zu kommen. Auf der russischen Seite von Nationalitätenkommissar Josef Stalin geführt, mündeten diese im März 1921 in einem türkisch-russischen Freundschaftsvertrag. Dieser bestätigte einerseits die Zugehörigkeit Armeniens zur entstehenden Sowjetunion, beließ aber der Türkei die Provinzen Ardahan und Kars, die Russland, das sie nach dem Berliner Kongress 1878 gewonnen hatte, nach dem Frieden von Brest-Litowsk wieder an die Türkei abtreten musste. Die türkisch-sowjetische Grenze hat sich seither nicht mehr verändert.

Zu dem Abkommen gehörten aber auch finanzielle und materielle Unterstützungsleistungen der Russen für die Türkei, darunter Waffen und Munition, die sich für die Fortführung des türkischen Kampfes als entscheidend erwiesen. Die türkischen Truppen rückten jetzt auf das kurdische Gebiet vor und brachten es rasch unter Kontrolle. Ebenso rasch distanzierten sich die Alliierten von ihrer im Vertrag von Sèvres fixierten Absicht, ein autonomes Kurdistan zu errichten. Nach diesen türkischen Erfolgen, die die Popularität Kemals in der türkischen Bevölkerung weiter wachsen und die Autorität des Sultans weiter schrumpfen ließen, richteten sich nun alle Anstrengungen Kemals auf den Westen des Landes. Dort ging es im Grunde nur noch um die Vertreibung der Griechen. Denn sowohl Italien als auch Frankreich schieden schnell aus der antitürkischen Front aus, weil sie angesichts der Stärke und Entschlossenheit der türkischen Armee empfindliche Verluste befürchteten und weil sie eine weitere Einflusssteigerung Griechenlands und – mit ihm – Großbritanniens in der Region ablehnten.[60] Mehrere Verträge besiegelten das Ende der alliierten Gemeinsamkeit gegenüber der Türkei, aber auch gegenüber Griechenland.

Unterstützt von Großbritannien, rückten in dieser Situation griechische Streitkräfte aus den besetzten Gebieten um Smyrna in Richtung Zentralanatolien vor und standen schließlich etwa 50 Kilometer vor Ankara. Dort allerdings wurden sie von den türkischen Truppen deutlich zurückgeschlagen. Angesichts der sich erkennbar zugunsten der Türkei entwickelnden militärischen Kräfteverhältnisse und der politischen Situation in der Türkei, wo die Macht der Nationalisten und Kemals beständig zunahm, versuchten die Alliierten nun aus einer Position der Neutralität heraus zwischen Griechen und Türken zu vermitteln. Doch es mangelte ihnen an Bereitschaft, Griechenland zu unterstützen, ja den Griechen womöglich sogar mit Streitkräften zu Hilfe zu kommen, und damit war ein Kompromiss nicht mehr möglich. Insbesondere die britische Position war jetzt von Überlegungen getragen, die weniger mit Griechenland und der Türkei zu tun hatten als vielmehr mit dem Britischen Empire. Denn inzwischen gewannen im Londoner Kabinett Argumente – häufig aus dem *India Office* – immer größeres Gewicht, die davor warnten, eine Politik zu betreiben, die als antimuslimisch wahrgenommen werden könnte. Führende Politiker wie Lord George Curzon, Arthur Balfours Nachfolger als Außenminister und lange Zeit britischer Vizekönig in Indien, verwiesen auf die Auswirkungen einer solchen Politik. Man würde, so Curzon, »damit die muslimischen Empfindlichkeiten in der ganzen orientalischen Welt in höchst gefährlicher und gänzlich überflüssiger Weise aufstacheln«, und es könnte »sehr leicht aus einem dumpfen Grollen ein wilder Aufruhr entstehen«. Natürlich dachte der ehemalige Vizekönig in Indien dabei an die muslimische Bevölkerung in Britisch-Indien, wo Atatürk bereits als »Schwert des Islam« gepriesen wurde.[61] So waren neben Hindus und Sikhs auch Muslime Opfer des Massakers von Amritsar geworden, das im April 1919 von britischen Truppen an jenen begangen wurden, die für mehr Autonomie und Unabhängigkeit demonstriert hatten. Die Zurückhaltung Großbritanniens hinsichtlich einer militärischen Besetzung Istanbuls, die in London verschiedentlich diskutiert wurde, speiste sich auch aus solchen Quellen.[62]

Was folgte war Ende August, Anfang September 1922, nachdem die türkischen Truppen ihre entscheidende Offensive begonnen hatten, der Rückzug der griechischen Truppen nach Smyrna. Er geriet zu einer ungeordneten, heillosen Flucht, der sich die griechische Bevölkerung der anatolischen Städte vor lauter Angst und in sicherer Erwartung der türkischen Vergeltung anschloss. Aus Furcht und Enttäuschung der Griechen wurde Hass, der sich in der Verwüstung von Dörfern und kleinen Städten in dem großen Rückzugsgebiet äußerte. Die griechischen Soldaten, die Smyrna erreichten, wurden zum größten Teil mit Schiffen evakuiert. Doch der Krieg gegen die Türken hatte mehr griechische Soldaten das Leben gekostet als alle Kriege zwischen 1897 und 1918, an denen Griechenland beteiligt war: zu 23 000 Toten kamen 50 000 Verwundete sowie weitere 18 000 Soldaten in türkischer Gefangenschaft.[63]

Mit der Evakuierung der griechischen Soldaten aus Smyrna fand der Krieg aber noch kein Ende. In den ersten Septembertagen waren täglich rund 30 000 christliche Flüchtlinge in der Hafenstadt angekommen. Eine weitere Flucht über das Meer war nicht möglich, an Evakuierung nicht zu denken. Die Stadt platzte aus allen Nähten, als sie am 9. September 1922 von türkischen Truppen eingenommen wurde. Nun rächten sich die türkischen Muslime. Ein fürchterliches Blutbad begann. Kein Christ war seines Lebens sicher. Rettung war nicht in Sicht. Winston Churchill sprach später von einer »Höllenorgie«, die ihren entsetzlichen Höhepunkt am 13. September erreichte, als zuerst das armenische und dann die anderen christlichen Viertel der Stadt, in der über Jahrhunderte Christen und Muslime gelebt hatten, in Flammen aufgingen. Vor dem sicheren Feuertod suchten sich viele Menschen durch die Flucht ins Meer zu retten, wo sie jämmerlich ertranken. Die Alliierten griffen nicht ein.[64]

DIE KONFERENZ VON LAUSANNE

Der erfolglose Versuch von David Lloyd George, den Krieg gegen die Türken wiederaufzunehmen und die Kontrolle über Istanbul zu gewinnen, trug zu seinem Sturz am 19. Oktober 1922 bei. Bereits am 11. Oktober war in Mudanya am Marmarameer ein Waffenstillstand geschlossen worden. Wenige Wochen später, am 30. November, begannen in Lausanne in der Schweiz Friedensverhandlungen. Mustafa Kemal hatte zunächst Izmir, wie Smyrna nun hieß, als Konferenzort vorgeschlagen, doch das lehnten die Alliierten ab. So stark waren sie dann doch noch. Die Verhandlungen am Genfer See, zu denen Frankreich, Großbritannien, Italien und Griechenland – dieses als Siegermacht des Ersten Weltkriegs – einluden, annullierten den zwar abgeschlossenen, aber nie in Kraft getretenen Vertrag von Sèvres und revidierten seine Bestimmungen umfassend. In einem Versuch, die türkische Seite zu schwächen, hatten die Ententemächte zunächst sowohl die Regierung des

Türkische Delegation auf der Konferenz von Lausanne, Juli 1923

Die Konferenz von Lausanne 1922/23 beendete nicht nur den Griechisch-Türkischen Krieg, sondern führte auch zu einem neuen Friedensvertrag mit der Türkei, der an die Stelle des Vertrags von Sèvres vom 10. August 1920 trat. Die Bestimmungen von Sèvres wurden von den nationalistischen Kräften in der Türkei unter Mustafa Kemal – Atatürk – niemals anerkannt und diejenigen, die den Vertrag im Namen des letzten Sultans das Osmanischen Reiches unterzeichnet hatten, als Vaterlandsverräter beschimpft. Inzwischen war der Sultan aus Istanbul geflohen, und das Osmanische Reich existierte nicht mehr. Die Türkei war in Lausanne durch ihre nationalistische Regierung vertreten, und anders als in Sèvres saßen die türkischen Delegierten in Lausanne mit am Verhandlungstisch. Sie wurden angeführt von dem türkischen Außenminister İsmet Pascha (İsmet İnönü, sitzend, vierter von links), einem Weggefährten Atatürks, der selbstbewusst die Interessen seines Landes vertrat. Anhängern der in jüngster Zeit von der türkischen Führung betriebenen Politik des Neo-Osmanismus gilt der in Lausanne von den Nationalisten ausgehandelte Vertrag als diplomatische Niederlage, ja Schande.

Sultans in Istanbul als auch die nationaltürkische Regierung in Ankara eingeladen. Das trug direkt zum Ende des Sultanats bei. Als die Regierung in Istanbul nämlich eine gemeinsame Delegation vorschlug, kannte die Empörung in Ankara keine Grenzen mehr. Die Nationalversammlung lehnte nicht nur den Vorschlag ab, sondern beschloss am 1. Dezember 1922 die Abschaffung des Sultanats und aller seiner Institutionen. Zwei Wochen später, am 17. November, floh Mehmed VI., der letzte Sultan, aus der Stadt auf ein britisches Kriegsschiff. Am Tag darauf wählte die Nationalversammlung seinen Thronfolger Abdülmecid zum Kalifen, zum geistlichen Oberhaupt der Muslime ohne jegliche politische Rechte.[65]

Die Konferenz von Lausanne unterschied sich fundamental von der Pariser Konferenz und dem Zustandekommen der Vorortverträge. Die Türkei, vertreten durch ihre nationalistische Regierung, saß als Verhandlungspartner von Anfang an mit am Tisch. Das spiegelte die im Vergleich zu Ende 1918 völlig veränderte Machtsituation. Die USA waren nicht mehr beteiligt. Dafür war die junge Sowjetunion, die sich am 30. Dezember 1922 offiziell gegründet hatte, vertreten, denn es ging auch um Fragen – vor allem territoriale –, die den Staat betrafen, der zwar in Paris 1919 omnipräsent, doch nicht anwesend war. Für die Entente führte vor allem der britische Außenminister Lord George Curzon die Verhandlungen. Für Italien saß Benito Mussolini mit am Verhandlungstisch.

Die Verhandlungen begannen mühsam, weil der Versuch der Alliierten, Druck auf die diplomatisch unerfahrenen Vertreter der Türkei auszuüben, an deren durch den Sieg über die Griechen gestiegenem Selbstbewusstsein abprallte. Nur nach einer längeren Unterbrechung Anfang 1923 setzte man sich erneut zusammen. Die Gespräche führten schließlich am 24. Juli 1923 zu einem Friedensvertrag, in dem die Forderungen des türkischen Nationalpakts von 1920 nahezu vollkommen umgesetzt wurden, auch wenn Italien und Griechenland einige Inseln in der Ägäis behielten und Großbritannien seine Ansprüche – qua Völkerbundmandat – auf die ölreichen Gebiete um Mossul im nördlichen Irak verteidigte. Von einem unabhängigen armenischen Staat im Osten der Türkei, viel größer als die kleine armenische Sowjetrepublik, war nicht mehr die Rede und noch viel weniger von einem autonomen Kurdistan. Das lag auch nicht mehr im Interesse der syrischen und irakischen Mandatsmächte Frankreich und Großbritannien, zu deren Mandaten ebenfalls kurdische Gebiete gehörten. Hundert Jahre später steht die kurdische Frage noch immer auf der Agenda der Weltpolitik. Kurdische Bevölkerungsgruppen leben

Russische Delegation auf der Konferenz von Lausanne, Juli 1923

Bei der Konferenz von Lausanne offenbarte sich, dass die Zeiten sich geändert hatten. Die Türkei saß nun mit am Verhandlungstisch, die USA waren nicht mehr vertreten. Für Italien nahm Benito Mussolini teil. Fünf Jahre nach der Oktoberrevolution endete auch die internationale Ächtung der revolutionären russischen Regierung, die ihre Macht mittlerweile stabilisiert hatte. Während man Vertreter Russlands, das im Krieg dreieinhalb Jahre lang auf der Seite der Westalliierten gekämpft hatte, nach Paris gar nicht erst eingeladen hatte, waren in Lausanne – ganz offiziell – Vertreter der jungen Sowjetunion dabei, die sich nach dem Ende des Bürgerkriegs am 30. Dezember 1922 gründete. Leiter der sowjetischen Delegation war der Volkskommissar für auswärtige Angelegenheiten Georgi W. Tschitscherin. Er prägte die Außenpolitik der frühen Sowjetunion bis ins Jahr 1930 und bahnte dem Paria der Staatengemeinschaft einen Weg zurück in die internationale Politik.

heute vor allem auf den Territorien der Türkei, Syriens und des Irak. In den Tagen, in denen dieses Kapitel geschrieben wurde, belagerten türkische Truppen die im nördlichen Syrien unweit der Grenze zur Türkei gelegene Stadt Afrin. Im syrischen Bürgerkrieg seit 2011 war das Gebiet um Afrin zu einer Hochburg des kurdischen Widerstands gegen die Herrschaft des syrischen Diktators Baschar al-Assad geworden, was auf türkischer Seite Befürchtungen hinsichtlich einer Stärkung des kurdischen Einflusses weckte. Gedeckt von Russland, der Schutzmacht des syrischen Assad-Regimes, gingen türkische Truppen gegen das kurdische Gebiet vor. Die Kurden wiederum wurden als Gegner der Terrormiliz »Islamischer Staat« (IS) von den USA unterstützt, was nicht nur die Spannungen zwischen den USA und Russland erhöhte, sondern auch zwischen den NATO-Verbündeten USA und Türkei.

Gegen den Willen Griechenlands kam durch den Vertrag von Lausanne das östliche Thrakien an die Türkei, die damit im Wesentlichen ihre bis heute existierenden Grenzen gefunden hatte. Die Meerengen Bosporus und Dardanellen wurden – unter Einbeziehung der Sowjetunion – internationalisiert und unter die Kontrolle einer internationalen Kommission mit einem türkischen Vorsitzenden gestellt. Von Reparationsforderungen war nicht mehr die Rede. In dem Vertrag wurde sogar relativ vage Bezug genommen auf eine Verpflichtung der Türkei, die Rechte von Minderheiten zu wahren. Abgesehen davon, dass die Einhaltung dieser Verpflichtung keiner internationalen Kontrolle unterlag, bezog sie sich vor dem Hintergrund der jüngsten Ereignisse in ihren einzelnen Bestimmungen auf, wie es im Vertragstext heißt, »nichtmuslimische« und damit religiöse – also vor allem christliche, aber auch jüdische – Minderheiten. Die quantitativ bedeutsame Frage der muslimischen Bevölkerung in Griechenland und der griechisch-orthodoxen Bevölkerung im Gebiet Smyrna/Izmir war bereits vor Unterzeichnung des Vertrags in der »Konvention über den Bevölkerungsaustausch« vom Januar 1923 geregelt worden.

Der Vertrag von Lausanne gehört zwar nicht in die Reihe der Pariser Vorortverträge, aber er war der letzte Vertrag, der in unmittelbarem Zusammenhang mit dem Ersten Weltkrieg stand. In seinen Bestimmungen spiegelt sich daher nicht nur die Situation am Ende des Ersten Weltkriegs, Ende 1918 und 1919, sondern die Entwicklungen seither. Zu diesen Entwicklungen gehört die Entstehung eines türkischen Nationalstaats in der Nachfolge des Osmanischen Reichs, aber auch die Erfahrung neuer Kriege und neuer Gewalt in dieser Weltregion. In der Neuordnung der Welt nach 1918 spielen die

Entwicklungen, die erst zum Vertrag von Sèvres und dann zum Vertrag von Lausanne führten, eine entscheidende Rolle. Der moderne Nahe und Mittlere Osten und die moderne Türkei, so wie wir sie heute kennen, sind ohne die schon in die Kriegsjahre zurückreichenden Vorentscheidungen und Weichenstellungen nicht zu verstehen. Das betrifft auch die Spannungen und Konflikte in dieser Weltregion, die – ein Blick in die Tageszeitung beweist es – nicht nachgelassen haben und in denen die Spuren der Jahre um 1919 bis heute zu erkennen sind. Nicht immer sind diese Spuren geradlinig, und nicht jeder historische Bezug ist widerspruchsfrei, wie beispielsweise in jüngerer Zeit der Aufstieg eines neuen Osmanismus als türkische Nationalideologie zeigt.

III
VON VERSAILLES ZUM ZWEITEN WELTKRIEG

Neville Chamberlain nach der Rückkehr aus München

Am 30. September 1938 kehrte der britische Premierminister Neville Chamberlain (Bildmitte) aus Deutschland zurück, wo er am Tag zuvor das Münchener Abkommen unterzeichnet hatte. Erneut beugten sich damit die europäischen Mächte der nationalsozialistischen Gewaltpolitik, die im Gewand einer Revision der Versailler Bestimmungen daherkam. Auf dem Flughafen Heston im Westen Londons, wo Chamberlain landete, bezeichnete er die Lösung des »tschechoslowakischen Problems« als Vorstufe zu einer größeren Regelung, durch die ganz Europa Frieden finden werde. »Peace for our time« – »Frieden für unsere Zeit« – habe er aus München mitgebracht, betonte er später in einer Ansprache vor Downing Street 10 und bezog sich dabei auf seinen Vorgänger Benjamin Disraeli, der 1878 mit diesen Worten vom Berliner Kongress zurückgekehrt war. Anders als 1878 dauerte es 1938 nicht einmal ein Jahr, bis sich Deutschland und Britannien im Krieg befanden. Die britische und die französische Appeasementpolitik speisten sich aus einer breit geteilten Einschätzung, dass der Frieden von 1919 ein falscher Frieden gewesen sei, vor allem aber aus der Sorge vor einem neuen Krieg. Appeasementpolitik ist seit 1938 diskreditiert, der Begriff »Appeasement« negativ besetzt. Die Erinnerung an Chamberlain und seinen französischen Kollegen Daladier steht bis in die Gegenwart für mangelnden Widerstand gegen eine Politik der Gewalt und des Rechtsbruchs.

DER ANTI-VERSAILLES-KONSENS

Am 23. Juli 1919, einen Monat nach jenen dramatischen Tagen, in denen die deutsche Nationalversammlung unter ultimativem Druck beschlossen hatte, den Friedensvertrag zu unterzeichnen, und zwei Wochen, nachdem sie diesen Vertrag mit einer Mehrheit von 209 zu 116 Stimmen ratifiziert und damit zugleich zu einem Reichsgesetz gemacht hatte, gab Reichsministerpräsident Gustav Bauer – die Bezeichnung Reichskanzler wurde erst mit Inkrafttreten der Weimarer Verfassung im August 1919 eingeführt – vor der Nationalversammlung eine Regierungserklärung ab. »Sie haben vor 14 Tagen«, so wandte sich der Sozialdemokrat an die Abgeordneten, »unter dem Zwang der Weltlage den Friedensvertrag ratifiziert. Damit ist eine Epoche abgeschlossen, die den gewaltigen Aufstieg Deutschlands und seinen tragischen Zusammenbruch umfasste. (...) Aber das Leben geht weiter, wir dürfen keinen Tag mit rückschauenden Betrachtungen verlieren. Selbst der Abschiedsschmerz muss für jeden einzelnen ein Ansporn sein, mit beiden Händen bei der Aufgabe zuzufassen, unter der sich uns heute die Zukunft darstellt: bei der Erfüllung, bei der Abtragung und schließlich bei der Revision des Vertrages von Versailles. Der bitterernste Augenblick muss uns Veranlassung geben, die Bilanz unserer Lage zu ziehen, mehr aber noch, die künftige Marschroute zu bestimmen, die für die deutsche Republik sich ergibt. Ich lasse daher die Vergangenheit, lasse die Abrechnung über die Schuld dafür, dass alles so gekommen ist, und lasse den unveränderlichen Protest gegen die Vergewaltigung beiseite. Denn nun gilt es, nach vorn zu sehen und Blick und Schritt vorwärts zu richten.«[1]

Bauers Wunsch erfüllte sich nicht. Die Vergangenheit ruhte nicht, weder im Parlament noch in der deutschen Gesellschaft, und noch viel weniger ruhte die »Abrechnung über die Schuld dafür, dass alles so gekommen ist«. Vielmehr stand die Weimarer Republik bis an ihr Ende im Schatten des Krieges und des Kaiserreichs, und gerade in den nicht endenden Auseinandersetzungen über den Friedensvertrag ging es nie nur um Fragen der Außenpolitik, das Verhältnis zu anderen Mächten und die Umsetzung der Friedensbestimmungen. Vielmehr waren die Auseinandersetzungen über den Versailler Vertrag stets auch innenpolitische und gesellschaftliche, in denen die Republik über ihr Verhältnis zum Kaiserreich, über dessen politische Verfassung, seine Machtstrukturen und seine Eliten stritt – und damit über sich selbst und die demokratisch-parlamentarische Ordnung, die sich seit dem November 1918 in Deutschland zu entwickeln begann. Versailles war in Politik und Gesellschaft der Weimarer Republik omnipräsent; die Ablehnung des Friedensvertrags und die Empörung über sein Zustandekommen reichten von der äußersten Rechten bis ganz nach links. Breiteste Zustimmung war Außenminister Hermann Müller sicher, als er in der Ratifizierungsdebatte im Juli 1919 ausrief: »Aufrecht erhalten bleibt heute und immerdar unser einstimmiger Protest gegen diese vertraggewordene Vergewaltigung.«[2] Ebenso einig war man sich in der Forderung nach Revision, darin, dass die Vertragsbestimmungen verändert, abgemildert, manche sogar ganz gestrichen werden müssten: die Reparationsforderungen, die territorialen Bestimmungen, aber auch die »Ehrparagraphen« einschließlich des Artikels 231 mit ihrer moralischen Verurteilung Deutschlands. Doch schon die Frage nach der richtigen Revisionspolitik löste heftigen Streit aus, in den ersten Jahren der Republik bestimmt durch den Gegensatz von »Erfüllungspolitik« und »Katastrophenpolitik«. Dahinter standen kooperative und konfrontative Politikansätze, und die Weimarer Außenpolitik ist durch die Konjunkturen und Wechselbeziehungen dieser Politikansätze charakterisiert. Freilich wurde darüber nicht allein in Berlin entschieden, sondern auch bei den Siegermächten. Kooperative Ansätze mussten ins Leere laufen, wenn dazu auf alliierter Seite keine Bereitschaft bestand wie beispielsweise im Jahr 1923, als mit der französischen Ruhrbesetzung die extrem konfrontative Politik des französischen Ministerpräsidenten Poincaré eine Verständigung unmöglich machte. Umgekehrt schnitt eine aggressive deutsche Außenpolitik nach dem Tod Stresemanns und vor dem Hintergrund einer Renationalisierung der internationalen Beziehungen mühsam erreichte Kooperationsfortschritte wieder ab.[3]

Von diesen außenpolitischen Entwicklungen unabhängig, durchzog die Ablehnung von Versailles das gesamte öffentliche Leben der Republik. Keine Kinovorführung verlief ohne Filmstreifen oder Lichtbilder gegen den »Schandfrieden«, überall erinnerten Plakatwände und Litfaßsäulen an die »Schmach von Versailles«, einschlägige Bilder und Plakate hingen in Geschäften und Gaststätten, in Biergärten, Sportstätten und Parkanlagen. In zahlreichen Gemeinden wurden von unterschiedlichen Initiatoren Gedenksteine aufgestellt oder Gedenktafeln angebracht mit der Mahnung, den Vertrag und das Ziel seiner Überwindung nicht zu vergessen. Wanderausstellungen zum Thema, besonders wichtig die Ausstellung »Deutschland und der Friedensvertrag« der Liga zum Schutze der deutschen Kultur, wurden in ganz Deutschland und gerade in kleineren und mittleren Städten gezeigt, und in den Schulen war der Vertrag, dessen Behandlung in die Lehrpläne aufgenommen wurde, nicht nur im Geschichtsunterricht ein Thema.[4] Der Protest gegen den Vertrag, so hat es den Anschein, einte die Deutschen weit über das Jahr 1919 hinaus. Doch das ist ein oberflächlicher Befund beziehungsweise ein Befund, der nicht über die wesentlichen Auswirkungen hinwegtäuschen darf: Die geschlossene Ablehnung des Vertrags und der Wille, ihn zu überwinden, trugen weder zur Überwindung politischer und sozialer Gegensätze bei noch zur Stabilisierung der Republik, geschweige denn zur Akzeptanz der parlamentarischen Demokratie. Der Anti-Versailles-Konsens war rein negativ, er orientierte die Deutschen auf ein negatives Ziel und entfaltete keinerlei konstruktive Wirkung. Er überwölbte zwar, wie es aussah, politisch unterschiedliche und zum Teil weit auseinanderliegende Richtungen und Lager, aber er trug in keiner Weise dazu bei, jene Distanzen, Trennlinien und Spaltungen zu überwinden, die sich nicht auf den Versailler Vertrag bezogen und erst recht nicht aus ihm resultierten, sondern hinter denen fundamentale politische und ideologische Unterschiede lagen, die sich auf die Legitimität der Republik und die Akzeptanz der liberalen, parlamentarischen Demokratie bezogen. Der Anti-Versailles-Konsens war in dieser Perspektive eine Verlängerung des »August-Erlebnisses« von 1914 in die Weimarer Zeit hinein. Er erzeugte oder – präziser – er spiegelte eine emotional aufgeladene und durch Feindbilder verstärkte nationale Geschlossenheit vor, die jedoch von tiefen Klüften durchzogen war und in keiner Weise demokratiestabilisierend wirkte.

Schon 1919 zeigte sich in der Frage um Annahme oder Ablehnung der Friedensbedingungen, Unterschreiben oder Nichtunterschreiben die tiefe Zerrissenheit der Gesellschaft.[5] Die Lager, die sich in dieser Frage im Juni 1919 gegenüberstanden, in der Nationalversammlung und in der Öffentlichkeit, waren nicht im Dissens über die Friedensfrage entstanden, sondern in ihnen verlängerten sich die politischen Konfliktlinien des späten Kaiserreichs, der Kriegsjahre und der Revolutionsmonate in die Republik hinein. Versailles wirkte nicht konfliktbildend, sondern verschaffte den nationalistischen, antidemokratischen Kräften des späten Kaiserreichs eine Möglichkeit, ihren Nationalismus auf einem Politikfeld zu artikulieren, auf dem ihnen von den Demokraten kaum widersprochen werden konnte. Versailles war eine Chance, den antidemokratischen Nationalismus, der sich am Ende des Kaiserreichs in der Vaterlandspartei gesammelt hatte, nach den Erschütterungen von Kriegsende, Revolution und Republikgründung zu restabilisieren und ihm zugleich eine breit akzeptierte vordergründige Stoßrichtung zu geben, den Kampf gegen Versailles, hinter dem man das eigentliche Ziel, die Überwindung der Demokratie, gut tarnen konnte. Instrumentalisieren ließ sich dafür vor allem die Kriegsschuldfrage, das zentrale Element des Anti-Versailles-Konsenses. In ihr kristallisierten sich zum einen in besonderer Weise nationale Ehrvorstellungen. Zum anderen war für die Rechte die Ablehnung des Kriegsschuldvorwurfs zugleich ein Mittel, die politische und militärische Führung des Kaiserreichs, einschließlich des Kaisers selbst, zu entlasten und zu rehabilitieren. Und dies geschah nicht nur mit Blick auf den Sommer 1914, sondern ganz allgemein und in dem Bestreben, die autoritäre Ordnung des Kaiserreichs gegen die Republik in Stellung zu bringen.

Manche Demokraten erkannten diese Instrumentalisierung der Kriegsschuldfrage und die Gefahr einer daraus resultierenden Stärkung antidemokratischer Kräfte und hinterfragten vor diesem Hintergrund den engen Schulterschluss in der Kriegsschuldfrage. Den Zentrumsvorsitzenden Wilhelm Marx erreichte ein Brief, der auf die Gefahr hinwies, die der Republik durch eine überzogene Kriegsschuldagitation erwachsen konnte. Für die DNVP, so der Autor des Briefs, sei die Frage der Kriegsschuld keine »sittlich-rechtliche« Frage, sondern ein taktisches Mittel auf dem Weg zu ihren antidemokratischen Zielen.[6] Das hielt die von Marx geführte Reichsregierung 1924 nicht davon ab, im Reichstag eine Mehrheit für den Dawes-Plan und die Neuregelung der Reparationsfrage durch die Abgabe der Erklärung zu sichern, dass die »wahre Verständigung und Versöhnung zwischen den Völkern« nicht vollendet werden könnten, solange nicht das deutsche Volk von der »Bürde dieser falschen Anklage« befreit sei und sich als »Verbrecher an der Menschheit« abgestempelt sehe.[7] Der Sozialdemokrat Carlo Mierendorff warf der »Schuldfragenbewegung« vor, Missbrauch mit dem Artikel 231 zu treiben, und riet allen demokratischen Kräften, sich von der Agitation der Rechten zu distanzieren. Eduard Bernstein, sozialistisches Urgestein und seit 1920 wieder Reichstagsabgeordneter der SPD, schrieb 1924 an Karl Kautsky, der 1918/19 im Auftrag des Rates der Volksbeauftragten Untersuchungen zum Kriegsbeginn 1914 angestellt hatte:[8] »Von der These aus, dass das kaiserliche System nicht allein schuld am Kriege sei, (...) ist es leicht, den Massen plausibel zu machen, dass das Kaisertum zu Unrecht gestürzt worden und die ›Judenrepublik‹ und ihre Erfüllungspolitik an allem Übel schuld seien, unter dem Deutschland leide.«[9]

Genau darum ging es. Genau dafür wurden Versailles und die Kriegsschuldfrage funktionalisiert und instrumentalisiert. Versailles war nicht die

Ursache für den rechten Hass auf die Republik und ihre demokratischen Repräsentanten, der von Anfang an antisemitisch aufgeladen war, aber dieser Hass fand in Friedensschluss wie Kriegsschuldfrage neue Nahrung und in den Augen seiner Träger neue Bestätigung. Die gesamte Friedensregelung, das »Versailler Talmud-Diktat«, wie es in einem völkischen Pamphlet von 1924 hieß, wurde als Werk des internationalen Judentums dargestellt mit dem einzigen Ziel, die deutsche Nation zu zerstören und – ganz im Sinne der nach 1918 kursierenden *Protokolle der Weisen von Zion*, einer antisemitischen Fälschung – die jüdische Weltherrschaft herbeizuführen.[10] Bewusste Absicht richte das deutsche Volk zugrunde, schrieb Hitler in *Mein Kampf*. Die Politik, »durch freiwillige Unterwerfung die Gnade der Sieger gewinnen zu können« – gemeint war die »Erfüllungspolitik« –, enthülle sich »als höchst raffinierte, eisigkalte Logik im Dienste des jüdischen Welteroberungsgedankens und -kampfes.«[11] Angesichts der Vorwürfe an Woodrow Wilson, die Deutschen belogen, sie mit den Vierzehn Punkten gleichsam in den Waffenstillstand gelockt und danach mit dem Friedensvertrag betrogen zu haben, lag es nahe, den amerikanischen Präsidenten als Handlanger des internationalen Judentums und des jüdischen »Mammons« darzustellen und so zugleich den völkisch-nationalistischen Antikapitalismus und Antiamerikanismus zu nähren.[12] Grinsend reiße Shylock »aus dem deutschen Volkskörper ganze Stücke lebend heraus«, hieß es mit Blick auf die Gebietsabtretungen.[13] Hier wurde präfiguriert, was später, in den Jahren des Zweiten Weltkriegs, in der nationalsozialistischen Hetze gegen Präsident Franklin D. Roosevelt als Handlanger des Weltjudentums propagandistisch breit ausgewalzt wurde.

Doch zugleich ging es eben auch um die jüdisch-bolschewistischen »Novemberverbrecher« in Deutschland, diejenigen Kräfte, die man für den Zusammenbruch 1918, den Waffenstillstand, die Revolution sowie schließlich für den Abschluss des Friedensvertrags verantwortlich machte und denen man in den Jahren nach 1919 ihre »Erfüllungspolitik« vorwarf. An dieser Stelle verbanden sich das Thema der Kriegsschuld und der Vorwurf des Dolchstoßes, der in Gestalt der »Friedensschuldfrage« mit dem Versailler Vertrag verbunden werden konnte. Walther Rathenau und Matthias Erzberger wurden als »Novemberverbrecher« und als »Friedensschuldige« ermordet. Im Reichstag warf einige Jahre später ein DNVP-Abgeordneter der SPD vor, nach dem Krieg die »Schuldlüge« auf Deutschland genommen zu haben, weil ihr Hass gegen das alte System stärker gewesen sei als »die Treue zum neuen Vaterland«.[14] Dass die Rechtsparteien im Juni 1919 denjenigen, die im

Reichstag für eine Vertragsunterschrift votierten, »vaterländische Motive« zugebilligt hatten, daran erinnerte man sich schon wenig später nicht mehr. »Vaterländische« Gedichte, eine keineswegs unwichtige Form politischer Positionierung, ließen keinen Zweifel an dem Zusammenhang von demokratischer Verfassung und Versailler Vertrag beziehungsweise, was konkret bedeutete: an der Verantwortung demokratischer Politiker für den Versailler »Schandfrieden«. In einem Gedicht, veröffentlicht in der Zeitschrift *Deutschlands Erneuerung*, hieß es 1924: »Herr, mach' uns frei von dem Gesindel, / Das unsres Volkes Seele fälscht; / Von all dem schwarzrotgoldnen Schwindel, / Der uns verjudet und verwelscht. // Herr, mach' uns wieder unverdrossen! / Von Neid und Zwiespalt mach' uns frei! / Die Ketten, die der Feind gegossen, / Die brechen wir dann selbst entzwei!«[15] Wer den Vertrag überwinden wollte, das war die Botschaft, der musste erst Republik und Demokratie überwinden.

Es war für die demokratischen Parteien, allen voran die SPD, schwer, wenn nicht unmöglich, eine differenzierte Bewertung des Versailler Vertrags zu entwickeln und vor allem eine Politik, in der sich die Ablehnung des Vertrags mit konstruktiven Schritten zu seiner erträglichen Umsetzung verband. Der alte Vorwurf an die »vaterlandslosen Gesellen«, national unzuverlässig zu sein, er wirkte aus dem Kaiserreich in die Republik hinein und erschwerte eine offensive Decouvrierung und Bekämpfung der eigentlichen Motive der Rechten, ihrer antirepublikanischen und antidemokratischen Instrumentalisierung von Versailler Vertrag und Kriegsschuldfrage. Hinzu kam aber noch etwas: Insbesondere im Auswärtigen Amt wurde die Aufrechterhaltung einer starken und möglichst geschlossen erscheinenden Anti-Versailles-Stimmung in der deutschen Bevölkerung und über Parteigrenzen hinweg als nützlich für die deutsche Revisionspolitik betrachtet. Der Druck der öffentlichen Meinung sollte außenpolitisch gewinnbringend eingesetzt werden. Von solchen Überlegungen geleitet, richteten sich die Dokumentensammlungen und andere Veröffentlichungen aus dem Außenministerium und seinem Kriegsschuldreferat nicht allein an das Ausland und die Siegermächte, sondern stets auch an die deutsche Öffentlichkeit, deren breite Übereinstimmung gerade in der Zurückweisung der Kriegsschuld nicht nachlassen sollte. Zu diesem Zweck wirkte das Auswärtige Amt an der Gründung und vor allem der Finanzierung der »Zentralstelle für Erforschung der Kriegsursachen« mit sowie – noch breitenwirksamer – des »Arbeitsausschusses Deutscher Verbände« (ADA). Der Arbeitsausschuss war eine Dachorganisation von Verbänden aus allen Bereichen der Gesellschaft, von der Caritas über den Deutschen Städtetag bis hin zu den Studenten- und Burschenschaften, eine »Mammutpropaganda-Zentrale« zur Zurückweisung des Kriegsschuldvorwurfs. Ein Jahr nach seiner Gründung gehörten ihm etwa 500 bis 600 Organisationen an, Anfang der 1930er Jahre beinahe 2000.[16]

Kriegsschuldreferat, ADA und verwandte Anstrengungen waren erfolgreich. Sie stabilisierten die Anti-Versailles-Stimmung in der deutschen Gesellschaft und damit allerdings auch den antidemokratischen Nationalismus der Rechten, der im großen nationalen Schulterschluss nicht nur salonfähig blieb, sondern sogar die diskursive Vorherrschaft übernehmen konnte. Das galt erst recht für die Jahre seit 1925. Die Erfolge von Stresemanns Verständigungspolitik, die Verträge von Locarno und die Aufnahme Deutschlands in den Völkerbund, führten keineswegs zu einem Nachlassen der Revisionspropaganda. Eher war das Gegenteil der Fall. Stresemann selbst glaubte, für seine Politik auf revisionspolitische Zustimmung angewiesen zu sein, und stärkte dadurch jene Kräfte, die ihn bis zum Äußersten bekämpften. Noch wichtiger war allerdings, dass mit Hindenburg ein Exponent der Rechten das Amt des Reichspräsidenten übernahm. Mochte sich Hindenburg auch noch so republikanisch geben, er stärkte jene Kräfte, die mit Versailles zugleich die Republik ablehnten. Diese agierten nun in der Kriegsschuldfrage immer aggressiver, gaben beispielsweise das französische »Gelbbuch« zum Kriegsausbruch – mit seinen massiven Fälschungen – neu heraus sowie eine deutsche Ausgabe des vom französischen Senat in Auftrag gegebenen Berichts von Émile Bourgeois und Georges Pagès über die Verantwortung für den Krieg (1921), dessen Einseitigkeit längst erwiesen war.[17] Hindenburg selbst erzeugte 1927 mit seiner Ansprache bei der Einweihung des Tannenberg-Denkmals in Ostpreußen zusätzlichen Rückenwind für diese Kräfte: »Die Anklage, dass Deutschland schuld sei an diesem größten aller Kriege, weisen wir, weist das deutsche Volk in allen seinen Schichten einmütig zurück! Nicht Neid, Hass oder Eroberungslust gaben uns die Waffen in die Hand. Der Krieg war uns vielmehr das äußerste, mit den schwersten Opfern des gesamten Volkes verbundene Mittel der Selbstbehauptung einer Welt von Feinden gegenüber.« Der Krieg sei noch nicht zu Ende, weil die Feinde ihn weiterführten, rief vier Jahre später, bei der Tannenberg-Feier 1931, der ehemalige Generalfeldmarschall August von Mackensen aus.[18]

War es nur naiv, wenn der Historiker Wilhelm Mommsen, Mitglied der liberalen DDP, behauptete, die »Einheitsfront gegen Versailles« führe zum »Kennenlernen der verschiedenen politischen Gruppierungen und zur Entstehung des Bewusstseins, dass es trotz aller Gegensätze *ein* Volk ist, dem alle politischen Richtungen dienen«?[19] Tatsächlich sicherte der Anti-Versailles-Nationalismus der extremen Rechten in zunehmendem Maße die Diskursdominanz und stärkte sie dadurch. Das wurde 1929 in der von DNVP, Stahlhelm und NSDAP initiierten Anti-Young-Plan-Kampagne offensichtlich. In dieser ging es vordergründig um die Ablehnung des Young-Plans, einer neuen – und endgültigen – Reparationsregelung, tatsächlich jedoch um einen Frontalangriff auf die republik- und demokratiebejahenden Kräfte, der mit einem Appell an den Anti-Versailles-Affekt der Bevölkerung geführt wurde. Stärker als in den Jahren zuvor wurde in der Propaganda gegen den Young-Plan die politische Okkupation des Freiheitsbegriffs erkennbar. Das angestrebte Volksbegehren zielte auf die Verabschiedung eines »Freiheitsgesetzes« durch den Reichstag. Freiheit war nicht republikanisch-demokratische Freiheit, nicht die Freiheit des Individuums, sondern die Freiheit eines durch den Friedensvertrag und seine Folgen »versklavten« oder »geknechteten« Volkes, die Befreiung von den »Fesseln von Versailles«, die »Sprengung der Ketten«, um nur die meistverwandten Bilder zu zitieren. Im Reichstag bezeichnete Kanzler Heinrich Brüning den Young-Plan, an dessen Zustandekommen Deutschland selbst mitgewirkt hatte, als »Diktat«.[20] Zum Anti-Versailles-Diskurs gerade der späten Weimarer Jahre gehören dieser nationalistische Freiheitsbegriff und ein geradezu pervertiertes Freiheitspathos integral hinzu, und dieses wirkte weit hinein in die Zeit des Nationalsozialismus, dessen aggressive Außenpolitik bis an die Schwelle des Krieges propagandistisch als Freiheitspolitik dargestellt wurde. Der Aufstieg der Nationalsozialisten und vor allem ihr Durchbruch bei den Reichstagswahlen von 1930, als die NSDAP 18,3 Prozent der Stimmen erreichte und damit zur zweitstärksten Fraktion wurde, sind ohne den Mobilisierungseffekt der Anti-Young-Plan-Kampagne nicht zu verstehen. Die Schwäche der Demokraten hingegen nahm weiter zu. Sie konnten revisionspolitisch nicht punkten, stellte der bayerische SPD-Politiker Wilhelm Hoegner 1931 fest. Man habe dem deutschen Volk die Erfüllungspolitik zu schmackhaft gemacht und schon nach der französischen Ruhrinvasion 1923 die starke nationale Welle nicht genutzt. Das täte jetzt die NSDAP.[21]

Im Auswärtigen Amt glaubte man noch immer, diese Dynamiken weiter für die eigenen politischen Absichten nutzen und, vor allem, sie kontrollieren zu können, und das erst recht nach dem Übergang zu einer wieder viel konfrontativeren, in der Sache und im Ton aggressiveren Außenpolitik nach dem

Tod Stresemanns. Der Staatssekretär im Auswärtigen Amt, Bernhard Wilhelm von Bülow, der Stresemanns verständigungsorientierten Staatssekretär Carl von Schubert abgelöst hatte,[22] instruierte nach den Reichstagswahlen 1930 den außenpolitisch unerfahrenen neuen Außenminister Julius Curtius, der gerade an der Generalversammlung des Völkerbunds in Genf teilnahm, auf die Mitschuld des Auslands am Wahlergebnis und an der schlimmen inneren Lage Deutschlands hinzuweisen und zu betonen, dass diese auf den Versailler Vertrag und das ganz ungenügende Entgegenkommen der Siegermächte zurückzuführen sei. Die Siegermächte hätten die »zehn Jahre mit großen moralischen Opfern betriebene Verständigungspolitik« erfolglos bleiben lassen, »deren Meilensteine die Totensteine einiger unserer besten Führer, wie Erzberger und Rathenau, sind«.

In der Tat erreichte der Versailler Vertrag Anfang der 1930er Jahre, in der Agonie der Republik, den Höhepunkt seiner Karriere als »Kristallisationspunkt aller Nöte und Leiden des deutschen Volkes«, wie es Peter Krüger formuliert hat. Ernst von Weizsäcker, damals Leiter des Abrüstungsreferats im Auswärtigen Amt, in der NS-Zeit dann Staatssekretär in der Wilhelmstraße, sprach 1930 von einer »patriotischen Welle«, die dazu beitrage, »uns wieder ein Stück gegenüber dem Ausland vorzuschieben. (…) Solange die Nazis nur randalieren und die Regierung zur politischen Aktivität treiben, ohne sie etwa zu stürzen, sollen sie mir als Folie willkommen sein.« Zynisch kommentierte 1932 – die Nationalsozialisten waren mit weit über 30 Prozent zur mit Abstand stärksten Partei im Reichstag geworden – Staatssekretär Bülow, dessen Karriere sich im »Dritten Reich« nahtlos fortsetzte, dass »unsere innenpolitischen Wirrnisse (…) uns außenpolitisch gar nicht schlecht bekommen«. So wurden die sich verschärfende innenpolitische Krise und mit zunehmender Wirkung der Wirtschaftskrise das Elend der deutschen Bevölkerung zum »wichtigsten Trumpf im riskanten Spiel der deutschen Außenpolitik«.[23]

Doch nicht nur die Diplomaten in der Berliner Wilhelmstraße verschätzten sich, sondern die wilhelminischen Eliten insgesamt, die in ihrem Bestreben, die Republik zu überwinden, mit Versailles argumentierten. Sie konnten die »patriotische Welle«, wie Weizsäcker es nannte, nicht reiten und wurden von noch weiter rechts überholt.[24] Zauberlehrlingsgleich entfesselten sie die Kräfte des Anti-Versailles-Syndroms, erzielten damit durchaus wichtige revisionspolitische Teilerfolge, insbesondere das Ende der Reparationen und das Zugeständnis der militärischen Gleichberechtigung 1932, stärkten damit aber die Nationalsozialisten und trugen zu deren Machtübernahme 1933 bei. Diese ist nicht durch Versailles zu erklären und schon gar nicht eine direkte Folge des Versailler Vertrags. Wohl aber war sie, wenn auch gewiss nicht ausschließlich, ein Ergebnis der politischen und ideologischen Instrumentalisierung des Vertrags, die insbesondere von den Nationalsozialisten von Anfang an mit dem Ziel betrieben wurde, die Republik zu diskreditieren und die Demokratie zu zerstören. Selbst kluge Beobachter wie der liberale Historiker Friedrich Meinecke, der 1930 vor dem Hintergrund der Anti-Young-Plan-Kampagne davon sprach, dass der »Versailler Friede die letzte und stärkste Ursache des Nationalsozialismus« sei, haben hier zuweilen verkürzend geurteilt, damit aber zu einer Einschätzung beigetragen, die sich nicht nur in der älteren deutschen Forschung und Publizistik nach 1945 noch geraume Zeit halten konnte.[25] Nicht wenige Deutsche haben allerdings nach 1945 die Verantwortlichen in Versailles – und damit die Alliierten – auch deshalb für Hitler haftbar gemacht, um sich selbst zu entlasten und die Gründe für den Aufstieg und die Machtübernahme des Nationalsozialismus zu externalisieren.

REVISIONSPOLITIK ALS GEWALTPOLITIK

Dass es den Nationalsozialisten gelang, sich an die Spitze des antidemokratischen und republikfeindlichen Versailles-Revisionismus zu setzen, lag auch daran, dass die NSDAP sich wie keine andere Partei zum Sprecher der Frontsoldaten des Ersten Weltkriegs machte und nicht müde wurde, den Kampf gegen Versailles als Kampf einer – jungen – Generation darzustellen, die sich auf den Schlachtfeldern und in den Schützengräben des Weltkriegs für Deutschland geopfert habe. Diese Generation – »im Felde unbesiegt« – sei dann aber durch den Waffenstillstand sowie den Versailler Vertrag verraten und durch dessen »Ehrparagraphen« auch noch moralisch ins Unrecht gesetzt worden, und dies nicht nur von den Siegern, sondern auch vom eigenen Land und dessen republikanisch-demokratischer Regierung. Doch ihr Blutopfer, so hieß es immer wieder, könne nicht umsonst gewesen sein. Wie kein anderer politisierte und radikalisierte Hitler die Kriegserfahrung dieser Generation, und er war damit auch deshalb so erfolgreich, weil er selbst dieser Generation angehörte und daher die gemeinsame Kriegserfahrung und den soldatischen Nationalismus zur Basis seines politischen Wirkens machen konnte. Selbst Frontsoldat, schrieb er sich in die Opfergemeinschaft des Weltkriegs ein, ja setzte sich an ihre Spitze. Wenn Hitler von Hindenburg und anderen Angehörigen der alten Eliten als »böhmischer Gefreiter« bezeichnet wurde, musste er sich vor diesem Hintergrund dagegen nicht wehren. Im Gegenteil, die abschätzige Bezeichnung stärkte seine Authentizität.

Die Außenpolitik der Weimarer Republik war für Hitler, wie er in *Mein Kampf* darlegte, wobei er diese Argumentation später immer weiter verlängerte, eine Ausdehnung der freiwilligen Unterwerfung unter die Sieger, die im November 1918 begonnen und zu »einer immer größeren Schwächung unseres Staates geführt hat«. Und weiter: »Sowie man einmal den schandbaren Waffenstillstand unterschrieben hatte, brachte man weder die Tatkraft noch den Mut auf, den sich später immer wiederholenden Unterdrückungsmaßnahmen der Gegner nun plötzlich Widerstand entgegenzusetzen. (…) So wechselten in Deutschland Entwaffnungs- und Versklavungsedikte, politische Wehrlosmachung und wirtschaftliche Ausplünderung miteinander ab, um endlich moralisch jenen Geist zu erzeugen, der im Dawesgutachten ein Glück und im Vertrag von Locarno einen Erfolg zu sehen vermag.« Das deutsche Volk werde auf diese Weise hinuntergezogen »in das Dasein einer Sklavenrasse«.[26] Vor allem aber richte sich »die Wut der internationalen Volkausbeuter zu Versailles (…) gegen das alte deutsche Heer«, den »Hort der Freiheit unseres Volkes«.[27] Jedoch: »Friedensverträge, deren Forderungen wie Geißelhiebe Völker treffen, schlagen nicht selten den ersten Trommelwirbel für die spätere Erhebung«, schrieb Hitler 1924. »Maßlose Erpressung« und »schmachvollste Erniedrigung« müssten zu einem »Schrei nach deutscher Freiheit« führen, zu dem Schrei: »Wir wollen wieder Waffen!«[28]

Das war mehr als die nationalistische Freiheitsrhetorik des aggressiven Revisionismus, es zielte von Anfang an auf einen neuen Krieg, auf die Wiederaufnahme des Krieges, der 1918 nicht verloren gewesen sei, sondern der wegen des Dolchstoßes, des von Juden und Bolschewisten herbeigeführten Zusammenbruchs der Heimat, nicht habe weitergeführt werden können. Deswegen mussten erst diese Kräfte bekämpft und überwunden werden, musste die Nation zu neuer Geschlossenheit und Wehrhaftigkeit finden, um dann auf dieser Grundlage den noch nicht vollendeten Krieg wiederaufnehmen zu können. Das bedeutete zunächst die Zerstörung der Demokratie, danach die Errichtung und Stabilisierung der nationalsozialistischen Herrschaft, begleitet von einer Politik der massiven Wiederaufrüstung, und schließlich den Krieg.[29] In nationalsozialistischer Perspektive endete der Erste Weltkrieg nicht am 11. November 1918, sondern am 22. Juni 1940 im Wald von Compiègne.

Seine Friedensbekundungen nach 1933 verband Hitler stets mit Hinweisen auf die von ihm selbst erlebten Schrecken des Krieges. Die deutsche Regierung, erklärte er im Mai 1933 in seiner »Friedensrede« vor dem Reichstag, strebe nach Frieden, um ihre politischen Ziele verwirklichen zu können: die Verhinderung des angeblich drohenden kommunistischen Umsturzes, die Lösung der sozialen Probleme, insbesondere die Beseitigung der Massenarbeitslosigkeit, und die Wiederherstellung einer stabilen und autoritären Staatsführung. Um diese Ziele zu erreichen, müssten jedoch auch die Mängel des Friedensvertrags behoben, müsse der »Zerreißung der Welt in Sieger und Besiegte« und der Behandlung Deutschlands als »Nation zweiter Klasse« ein Ende bereitet werden. Unverhohlen war vor diesem Hintergrund die Drohung, dass Deutschland eine »Verewigung der Disqualifizierung Deutschlands« und die Verweigerung der Gleichberechtigung nicht akzeptieren werde.[30] Damit war dem Austritt aus dem Völkerbund und dem Verlassen der Genfer Abrüstungskonferenz im Herbst 1933 der Boden bereitet. Dahinter stand die deutsche Weigerung, sich weiter in multilaterale Strukturen einbinden zu lassen und dadurch in den Handlungsspielräumen eingeengt zu werden. Das betraf insbesondere die Revisionspolitik, die seit der Ära Stresemann multilateral und auf dem Verhandlungswege betrieben worden war. Dagegen hatte sich im Auswärtigen Amt allerdings schon seit 1930 zunehmender Widerspruch erhoben. Hitlers Politik stieß deshalb in der Wilhelmstraße nicht auf Opposition. Im Gegenteil, das Außenministerium, dessen Spitze mit Außenminister Neurath und Staatssekretär Bülow 1933 unverändert geblieben war, drängte Hitler geradezu in den Unilateralismus.

Die nationalsozialistische Revisionspolitik verfolgte von 1933 an stets zwei Ziele: einerseits die Befreiung von außenpolitischen und militärischen Restriktionen, die auf den Versailler Vertrag zurückgingen, insbesondere die Begrenzung der Streitkräfte, und andererseits die Stabilisierung der Herrschaft durch revisionspolitische Erfolge. Hier schlossen die Nationalsozialisten an ihre Politik und ihre Propaganda der Jahre vor 1933 an. Ihnen war bewusst, dass sie mit Erfolgen im »Kampf gegen Versailles« die Zustimmung zum Regime deutlich erhöhen und weitere Popularität gewinnen konnten. Daher entwickelte sich die nationalsozialistische Außenpolitik, die zielstrebig auf einen Krieg zusteuerte, als Revisionspolitik, allerdings als eine einseitige, konfrontative und aggressive Revisionspolitik. Deren Vertreter wurden jedoch nicht müde, die Legitimität der deutschen Interessen und zugleich die grundsätzliche Friedensorientierung des Deutschen Reiches zu betonen, was durch einen Vertrag wie dem deutsch-polnischen Nichtangriffspakt von 1934 noch zusätzlich unterstrichen wurde. Dieser schien noch über die Verständigungs- und Versöhnungspolitik Stresemanns hinauszugehen, war in Wirklichkeit jedoch von rein taktischer Bedeutung und stellte kein Hindernis für den deutschen Angriff auf Polen fünf Jahre später dar.[31] Als ein Erfolg, gerade gegenüber dem Ausland, konnte auch die Volksabstimmung im Saargebiet im Januar 1935 gelten, in der sich über 90 Prozent der Stimmberechtigten für die »Heimkehr« der Saar ins Reich entschieden. Zwar hatte es im Vorfeld eine massive prodeutsche Kampagne gegeben, aber die Abstimmung fand unter Aufsicht des Völkerbunds statt.

Schritt für Schritt sprengte Deutschland, wie es in der Propaganda stets hieß, die Ketten von Versailles. 1935 setzte man sich mit der Wiedereinführung der allgemeinen Wehrpflicht über die militärischen Beschränkungen des Versailler Vertrages hinweg. Im Jahr darauf marschierten deutsche Truppen ins entmilitarisierte Rheinland ein. Auch die Bestimmungen über die Internationalisierung der deutschen Flüsse wurden gekündigt. In klarem Bewusstsein von der Bedeutung des Kriegsschuldvorwurfs für die Rechtfertigung der Bestimmungen des Versailler Vertrags, die das Deutsche Reich seit 1933 unilateral aufkündigte, in klarem Bewusstsein aber auch für die symbolische Wirkung, die dieser Schritt in Deutschland haben würde, zog Hitler am vierten Jahrestag der nationalsozialistischen Machtübernahme, am 30. Januar 1937, in aller Form die deutsche Unterschrift unter den »Kriegsschuldartikel« 231 des Versailler Vertrags zurück. Noch der Einmarsch deutscher Truppen in Österreich und der »Anschluss« vom März 1938 wurden als Akt der Revision gerechtfertigt, als Überwindung einer vermeintlichen Selbständigkeit Österreichs, die »in den Friedensverträgen fundiert und von der Gnade des Auslandes abhängig war«, um die »Bildung eines wahrhaft großen Deutschen Reiches zu verhindern«, sowie als Realisierung einer schon 1918 artikulierten Willensbekundung auf der Basis des Selbstbestimmungsrechts der Völker.[32] Während die Vorbereitungen für den Rassen- und Raumkrieg längst angelaufen waren, begann die »Zerschlagung« der 1918 gegründeten Tschechoslowakei mit der Eingliederung der sudetendeutschen Gebiete. Darüber verständigte sich Hitler mit den Vertretern der europäischen Siegermächte Großbritannien, Frankreich und Italien, jedoch ohne Beteiligung der Tschechoslowakei im Münchener Abkommen vom September 1938. Wieder spielte zur Begründung das Selbstbestimmungsrecht (in diesem Fall der Sudetendeutschen) eine Rolle, sowie zusätzlich – gerade auch in der britischen

Politik – die Einschätzung, dass die Prager Regierung die Rechte der deutschen Minderheit kontinuierlich verletzt habe. Dass es Hitler nicht um Minderheitenschutz und nationale Selbstbestimmung ging, offenbarte wenige Monate später der deutsche Angriff auf die Tschechoslowakei, der mit der Errichtung des Reichsprotektorats Böhmen und Mähren und des deutschen Vasallenstaats der Slowakei endete. Ein weiteres halbes Jahr später, am 1. September 1939, herrschte nach dem deutschen Überfall auf Polen in Europa wieder Krieg.

DIE POLITISCHEN FOLGEN DES JOHN MAYNARD KEYNES

In einer anderen Perspektive war das Münchener Abkommen von 1938 der Höhepunkt der vor allem britischen und französischen Appeasementpolitik, die als eine entscheidende Voraussetzung für die außenpolitischen »Erfolge« Hitlers gelten kann und ihn in seinem Entschluss bestärkte, einen Eroberungskrieg zu beginnen. Die Politik des Appeasement speiste sich zu einem erheblichen Teil aus der in Politik und Öffentlichkeit Großbritanniens und Frankreichs an Bedeutung gewinnenden Kritik am Versailler Vertrag wie überhaupt an den Verträgen und der Friedensordnung von 1919 und 1920. Vor diesem Hintergrund erschienen die deutschen Revisionsinteressen, so aggressiv und einseitig sie verfolgt wurden, zunehmend als legitim.

Das war freilich keine Entwicklung erst der 1930er Jahre. Insbesondere in Großbritannien waren der Versailler Vertrag, aber auch die anderen Vorortverträge von Beginn an skeptisch betrachtet worden. Zwar war auch Premierminister Lloyd George alles andere als enthusiastisch von der Vertragsunterzeichnung am 28. Juni 1919 nach London zurückgekehrt, aber der wichtigste Stichwortgeber der Kritik an dem Vertragswerk und seinen Bestimmungen war John Maynard Keynes. Mit seinem Buch *Die wirtschaftlichen Folgen des Friedensvertrages*, das im englischen Original noch Ende 1919 erschien, leistete der junge englische Wirtschaftswissenschaftler einen entscheidenden und weit über Großbritannien hinaus wahrgenommenen und wirksamen Beitrag zur Diskreditierung und Delegitimierung des Versailler Vertrags. »Wenn heute in breiten Kreisen des englischen Volkes die Überzeugung Platz gegriffen hat, dass der Friede von Versailles in seiner ursprünglichen Form nicht durchführbar ist, (...) so ist das in erster Linie das Verdienst dieses

Buches«, schrieb 1920 der liberale, keineswegs radikal nationalistische deutsche Ökonom Moritz Julius Bonn, der im Jahr zuvor der deutschen Delegation in Versailles angehört hatte und seit 1920 Berater der Reichsregierung in Reparationsfragen war, in seinem Vorwort zur deutschen Ausgabe. Keynes' Buch sei »der erste Trompetenstoß gewesen, der das schlummernde Gewissen der Welt erweckt. Und wenn es im letzten Augenblick gelingen sollte, Europa von dem Abgrund zurückzureißen, dem Verblendung, Erschlaffung, Mangel an moralischem Mut und an geistiger Klarheit in allen Ländern Sieger und Besiegte zutreiben, so wird das zum guten Teil John Maynard Keynes zuzuschreiben sein.«[33]

Keynes selbst, geboren 1883, hatte in den Jahren des Ersten Weltkriegs seine wissenschaftliche Karriere am King's College in Cambridge unterbrochen, war in den Dienst des britischen Schatzamts getreten und gehörte als Vertreter dieses Ministeriums 1919 zur britischen Delegation in Paris. Mit seinen Vorschlägen für moderate deutsche Reparationszahlungen und eine Reduktion, wenn nicht sogar eine Streichung der alliierten Kriegsschulden insbesondere bei den USA konnte sich Keynes in Paris nicht durchsetzen. Die Friedensvertragsbestimmungen mit Deutschland hielt er für katastrophal, verließ daher noch vor der Vertragsunterzeichnung, Anfang Juni 1919, die britische Delegation und quittierte den Staatsdienst. Unter dem auch emotionalen Eindruck dieser Entwicklungen schrieb er im Sommer 1919 sein Buch, in dem er den Friedensvertrag mit Deutschland und vor allem seine Reparationsregelungen nicht nur aus wirtschaftlichen, sondern auch aus moralischen Gründen scharf kritisierte. Dabei nahm er auch die Kritik auf, die schon seit Juni 1919 Jan Smuts, der Vertreter Südafrikas in Paris, immer deutlicher geäußert hatte. Von Smuts stammt auch die Bezeichnung »Karthago-Frieden«, die allerdings von Keynes popularisiert wurde. Der Ton des gesamten Werkes war zum einen anklagend, zum anderen zutiefst pessimistisch: »Die Politik der Versklavung Deutschlands für ein Menschenalter, der Erniedrigung von Millionen lebendiger Menschen und der Beraubung eines ganzen Volkes sollte abschreckend und verwerflich sein, selbst wenn sie möglich wäre, selbst wenn sie uns reicher machte, selbst wenn sie nicht den Verfall der ganzen europäischen Kultur zur Folge hätte.« Und weiter: »Der Friedensvertrag enthält keine Bestimmungen zur wirtschaftlichen Wiederherstellung Europas, nichts, um die geschlagenen Mittelmächte wieder zu guten Nachbarn zu machen, nichts, um die neuen Staaten Europas zu festigen, nichts, um Russland zu retten. Auch fördert er in keiner Weise die wirtschaftliche Interessengemeinschaft unter den Verbündeten selbst.« Und Keynes endete mit einer düsteren Prophezeiung: »Wenn wir absichtlich auf den Ruin Mitteleuropas ausgehen, dann wird (...) die Vergeltung nicht ausbleiben. Nichts kann dann auf längere Zeit den letzten inneren Kampf zwischen den Kräften des Rückschritts und den verzweifelten Zuckungen des Umsturzes aufschieben, vor dem die Schrecken des letzten deutschen Krieges in nichts verschwinden werden und der, wer auch immer Sieger bleiben mag, die Kultur und den Fortschritt des bestehenden Geschlechts vernichten wird.«[34]

Seit 1919 ist immer wieder auf die Schwachstellen und Fehlannahmen in Keynes' Werk hingewiesen worden,[35] doch das tat der Wirkung seines Buches keinen Abbruch, das innerhalb kürzester Zeit zum Bestseller avancierte – und das weit über England hinaus. Wer immer den Versailler Vertrag insgesamt oder auch nur seine – eigentlich 1919 ja gar nicht erfolgte – Reparationsregelung aus welchen Gründen auch immer kritisieren wollte, der fand in Keynes' Schrift ein Referenzwerk, zu dessen Attraktivität gerade die Kombination aus wirtschaftswissenschaftlichem Sachverstand und moralischer Urteilsstärke entscheidend beitrug.[36] Weit über die Zwischenkriegszeit hinaus war Keynes der Kronzeuge all derer, die nicht nur den Versailler Vertrag als zu hart und als ökonomisch falsch kritisierten, sondern die im Einklang mit der Prophezeiung des englischen Ökonomen den Vertrag für den Aufstieg des Nationalsozialismus und für den Zweiten Weltkrieg verantwortlich machten. Im Deutschland nach 1919 wurde Keynes begierig gelesen, und das Buch wurde zum argumentativen Arsenal derer, die jegliche Reparationszahlungen ablehnten. Diese konnten nun gestützt auf den prominenten Experten von alliierter Seite auch für unmöglich und – mit Blick auf die Verknüpfung mit dem Kriegsschuldvorwurf – für moralisch verwerflich erklärt werden. Für diejenigen politischen Kräfte um Finanzminister Matthias Erzberger oder Wiederaufbau- und später Außenminister Walther Rathenau, die in den Jahren nach 1920 eine realistische Reparationsregelung auszuhandeln und zu akzeptieren bereit waren, war Keynes' Buch kontraproduktiv, und es trug in dieser Perspektive nicht nur zur Verschärfung der innenpolitischen Auseinandersetzungen in Deutschland bei, sondern auch zu jener reparationspolitischen Konfrontation, die 1923, im Jahr der Ruhrkrise und der Hyperinflation, eskalierte.[37]

Keynes war indes in den Jahren nach Versailles kein einsamer Rufer. Mit unterschiedlichen Akzenten und auch jenseits der Reparationsfrage folgten andere Kritiker dem Ton, den der Engländer angeschlagen hatte. Zu ihnen gehörte der italienische Politiker Francesco Nitti, Angehöriger des linksliberalen *Partito Radicale Italiano*, der 1919 in Paris als Nachfolger Orlandos für sein Land den Versailler Vertrag unterschrieben, an seinem Zustandekommen aber keinen Anteil hatte. Nitti, der von 1919 bis 1920 Ministerpräsident war, zu den Gegnern des italienischen Faschismus gehörte und aus Protest gegen die faschistische Regierung 1922 sein Abgeordnetenmandat niederlegte, veröffentlichte schon 1921 sein Buch *L'Europa senza pace*, das unter den Titeln *Das friedlose Europa* und *Europa am Abgrund* von 1922 an in deutschen Übersetzungen erschien und ebenfalls breit rezipiert wurde. Für Nitti war der Versailler Vertrag nichts anderes als ein »Mittel zur Fortsetzung des Krieges«, ein »neues System des Kampfes« mit dem Ziel, »Deutschland zu zerstückeln und seine wirtschaftliche und politische Einheit, ja seine Existenz selbst zu vernichten«. Das bezog der italienische Politiker, der seine Positionen in weiteren Publikationen fortentwickelte, nachdem ihn 1924 die Faschisten ins Exil in der Schweiz getrieben hatten, nicht nur auf die Reparationsfrage, das »tödliche Missverständnis der Wiedergutmachung«, sondern ebenso auf die territorialen Bestimmungen, die Besetzung des Rheinlands und den Verlust der Kolonien. Seine Forderung nach Revision des Friedensvertrags verband Nitti mit scharfer Kritik am Kriegsschuldvorwurf gegen Deutschland, der zu einer »Kriegswaffe« geworden sei.[38] So bestritt auch er die Legitimität des Vertragswerks.

Stimmen wie diejenigen Nittis und Keynes' schufen schon früh entscheidende Voraussetzungen für eine immer breitere und offenere politische Distanzierung von den Friedensverträgen mit dem Versailler Vertrag im Zentrum und von der Ordnung, die die Verträge von 1919/20 geschaffen hatten. Zur politischen Isolierung Frankreichs, das bis zur Ruhrbesetzung an seiner konfrontativen Politik der Vertragsdurchsetzung insbesondere gegenüber Deutschland festhielt, trug diese Stimmung, der Vorwurf, man habe den falschen Frieden geschlossen, erheblich bei. Doch selbst in Frankreich gab es Stimmen, die in den europäischen Chor der Vertragskritik einfielen, die den Friedensvertrag nicht für zu mild hielten und sich für eine härtere Durchsetzung seiner Bestimmungen aussprachen, vor allem der schließlich 1920 festgelegten Reparationsforderungen, sondern für zu hart. Zu ihnen gehörte der französische Generalkonsul und Gesandte a. D. Alcide Ebray, der 1924 das Buch *La paix malpropre* veröffentlichte, das im Jahr darauf in deutscher Übersetzung unter dem Titel *Der unsaubere Frieden* erschien. Für den früheren Diplomaten, der sich immer wieder auf John Maynard Keynes, aber auch auf Nitti bezog, war der Frieden von Versailles ein »Gewaltfrieden«.[39] »Revision« – »im allgemeinen Interesse und im besonderen Interesse Frankreichs« – lautete der Imperativ, den Ebray aus diesem Urteil ableitete.[40]

Durch Veröffentlichungen wie die von Keynes, Nitti und Ebray – andere, weniger prominente Autoren ließen sich ergänzen – war die Legitimität einer Revision der Friedensverträge politisch lange vor der Machtübernahme der Nationalsozialisten 1933 etabliert. Aber es waren eben vor allem die Nationalsozialisten, die davon profitierten und die ihre aggressiv-expansive Politik als Revisionspolitik tarnen konnten. Dass insbesondere eine deutsche Revisionspolitik als prinzipiell legitim anerkannt wurde, dass der Versailler Vertrag in den Jahren nach 1919 immer weniger Verteidiger fand – und dies gerade auch in den ehemaligen Siegerstaaten –, gehört zu den Dynamiken des Appeasement, das im Laufe der 1930er Jahre in Großbritannien und Frankreich politikbestimmend wurde und das nicht nur zu den außenpolitischen »Erfolgen« des nationalsozialistischen Deutschlands beitrug, sondern auch jene nationalsozialistische Politik begünstigte, die auf kontinentaleuropäische Hegemonie zielte und dabei den Angriffs- und Eroberungskrieg von Anfang an mit einkalkulierte, ja planmäßig herbeiführte. Die britische und französische Appeasementpolitik ergab sich keineswegs ausschließlich aus dem Legitimitätsverlust der Versailler Ordnung und der Pariser Vorortverträge, aber sie wurde durch diesen Legitimitätsverlust gestützt und ließ sich auch aus ihm begründen. Weit entfernt von einer direkten Kausalitätslinie, die vom Versailler Vertrag zum Zweiten Weltkrieg führt, lässt sich auf diese Weise ein komplexerer Zusammenhang herstellen zwischen dem Ende des Ersten und dem Beginn des Zweiten Weltkriegs.

APPEASEMENT

Appeasement war als Begriff und als politisches Konzept insbesondere in Großbritannien längst etabliert, als der englische Ausdruck von 1933 an immer stärker auf die Politik des nationalsozialistischen Deutschlands bezogen wurde. In der Wahrnehmung der Gegenwart wird Appeasement weithin und nahezu ausschließlich mit der britischen Beschwichtigungspolitik gegenüber Deutschland nach 1933 und vor allem im unmittelbaren Vorfeld des Zweiten Weltkriegs in Verbindung gebracht – mit einem Höhepunkt im Münchener Abkommen vom September 1938. Aus dieser Perspektive gewinnt der Begriff dann auch seine heute eindeutige und geradezu irreversible pejorative Konnotation. Das Bild des von der Münchener Konferenz zurückkehrenden britischen Premierministers Neville Chamberlain steht in heutiger Wahrnehmung nicht nur für eine pro-deutsche, pro-nationalsozialistische Politik, sondern viel allgemeiner für Schwäche gegenüber Diktatoren, für mangelnden Widerstand gegenüber einer Politik der Gewalt und der Aggression sowie für ein politisches Zurückweichen auf Kosten anderer. Diese Sichtweise wurde in Großbritannien selbst geprägt, als nach Kriegsbeginn 1939 und angesichts der drohenden Niederlage 1940 Kritiker der Appeasementpolitik der Vorkriegsjahre mit deren Vertretern abrechneten, am einflussreichsten jene drei Journalisten aus unterschiedlichen politischen Lagern, die unter dem Pseudonym »Cato« das Buch *Guilty Men* veröffentlichten, in dem sie Premierminister Chamberlain und seinen Unterstützern die Schuld für den Krieg und die zu diesem Zeitpunkt nicht auszuschließende Niederlage Britanniens zuwiesen.[41] Damit war ein neuer Schulddiskurs etabliert, der jenen älteren Schulddiskurs ablöste, der – beginnend mit John Maynard Keynes – um die Schuld am Versailler Vertrag kreiste. Premierminister Lloyd George wurde vor diesem Hintergrund dafür kritisiert, in Paris 1919 einen zu harten Frieden zugelassen und eine europäische Ordnung akzeptiert zu haben, die von Anfang an keinen Bestand haben konnte, weil sie nicht auf die Akzeptanz der europäischen Mächte, einschließlich der Verlierer des Weltkriegs – allen voran Deutschlands –, stieß und nicht nur von den Verlierern als illegitim betrachtet wurde.

In der Tat hatte Lloyd George in seinem Fontainebleau-Memorandum von Ende März 1919 den Versuch unternommen, die Grundlinien eines gemäßigten Friedens zu entwickeln.[42] Dahinter stand bei ihm, wie wir gesehen haben, die bolschewistische Bedrohung, die Sorge, ein zu harter Frieden könne in Deutschland zu einer »spartakistischen Revolution«, wie Lloyd George es nannte, führen und dadurch ganz Europa ins Chaos stürzen. Das aber lag nicht im Interesse Britanniens, das als globale Macht auf politische und ökonomische Stabilität in Europa angewiesen war. 1934, ein Jahr nach der nationalsozialistischen Machtübernahme, vertraute Neville Chamberlain, damals noch Schatzkanzler, seinem Tagebuch an: »Unser größtes Interesse ist der Frieden im Sinne einer allgemeinen Befriedung. Wenn morgen völlige Sicherheit in Europa herrschen würde, dann wäre das für unsere weiten Handels- und Finanzverflechtungen der größtmögliche Segen.« Ein stabiles Europa war aber in den Jahren nach 1919 auch die Voraussetzung für politische und gesellschaftliche Stabilität in Britannien selbst, für die Überwindung der wirtschaftlichen Nachkriegskrise und damit auch für soziale Ruhe. Handel, unternehmerische Aktivität und Beschäftigung in Britannien ließen sich nicht wiederherstellen ohne die Befriedung ganz Europas – »unless you *appease* the whole of Europe« – betonte Lloyd George im April 1922 im Londoner Unterhaus.[43] Die *Federation of British Industries*, der wichtigste Unternehmerverband des Landes, forderte 1921 und seither immer wieder eine Revision nicht nur der britischen Deutschlandpolitik, sondern der Deutschlandpolitik aller Siegermächte mit dem Argument, die Wiederherstellung der deutschen Wirtschaft sei der Schlüssel zur Erholung des Welthandels und damit auch der britischen Ökonomie. Nur ein prosperierendes Deutschland könne den europäischen Markt und die europäischen Handelsbeziehungen beleben, für ein »mageres Deutschland« werde man zu zahlen haben.[44]

Solche Argumente wogen schwer angesichts der Herausforderung, die britische Weltmachtstellung – politisch, ökonomisch, militärisch – zu verteidigen. Das war ohne wirtschaftliche und soziale Stabilität im Mutterland nicht zu leisten. Das Empire hatte zwar in der Folge des Friedensschlusses von 1919 seine größte Ausdehnung erfahren, die britische imperiale Herrschaft aber war gerade angesichts dieser Ausdehnung, die man auch als Überdehnung bezeichnen könnte, prekärer denn je. Überall in den Kolonialgebieten, den alten wie den neuen, war London mit nationalen Unabhängigkeitsbewegungen konfrontiert, zu deren Verstärkung zunächst der Krieg, dann aber auch die Enttäuschung über den Friedensschluss und seine Missachtung des Selbstbestimmungsrechts gerade in kolonialen Kontexten erheblich beigetragen hatten. Ein neuer Krieg, dessen war man sich in London schon in den 1920er Jahren sicher, würde diese Unabhängigkeitsbestrebungen massiv verstärken. Der Zusammenbruch des Empires, so die Befürchtung, war dann nicht mehr auszuschließen. Dass diese Sorge nicht unberechtigt war, zeigen die Entwicklungen in den Jahren des Zweiten Weltkriegs und vor allem danach.

Und für welches Ziel sollte man Krieg führen beziehungsweise eine Politik betreiben, die den Krieg als Option einschloss? Für jene internationale Ordnung von 1919, die nicht nur in Großbritannien kaum noch Befürworter hatte? Für die Bestimmungen eines Friedensvertrags, den immer mehr Menschen und immer mehr Angehörige der politischen Eliten für einen schweren Fehler hielten? Sollte man dafür einen Krieg riskieren? Sollte man dafür nicht nur die nächste junge Generation des Landes auf die Schlachtfelder schicken, sondern womöglich das Land und seine Menschen auch dem Risiko des Luftkriegs, des Bombenkriegs, den Militärs und Politiker für unausweichlich hielten, aussetzen? Man kann bei der Suche nach Gründen für die Appeasementpolitik der 1930er Jahre die Kriegserfahrung der Menschen, ihre Erinnerung an einen Krieg und sein Leid, die 1933 noch nicht einmal zwei Jahrzehnte zurücklagen, und ihren überwältigenden Wunsch, einen neuen Krieg zu vermeiden, gar nicht hoch genug einschätzen. Wie eine giftige Wolke hing die Erfahrung des Weltkriegs in den 1930er Jahren über Großbritannien. Am Ende der berühmten Debatte der *Oxford Students Union* 1933 schloss sich eine große Mehrheit der Studenten dem Antrag an, »unter keinen Umständen für den König und das Land zu kämpfen«. Später im Jahr gewann die *Labour Party* eine wichtige Nachwahl – und weitere Wahlerfolge sollten folgen – mit einem Wahlkampf, der sich gegen Aufrüstungsmaßnahmen aussprach. 1935 wandte sich die britische *League of Nations Union* mit einer Umfrage an Millionen von Menschen, die sich mit überwältigender Mehrheit für die friedliche Regelung von Konflikten aussprachen. Vor dem Hintergrund solcher gesellschaftlichen Stimmungen übernahm Chamberlain 1937 das Amt des Premierministers, und was er im Jahr darauf, unmittelbar nach dem Einmarsch deutscher Truppen in Österreich und dem »Anschluss«, vor dem Unterhaus äußerte, entsprach genau der Meinung der großen Mehrheit der Briten. Seine Politik beruhe auf einer festen Grundlage: dem Wunsch, Krieg zu vermeiden und sich mit den deutschen Forderungen auf friedliche Weise auseinanderzusetzen. »Im Krieg gibt es keine Gewinner. Im Krieg gibt es nur Leid und Zerstörung für alle, die an ihm beteiligt sind.«[45]

Die Politik des Appeasement ruhte also auf einer doppelten moralischen Grundlage: auf dem aus den Erfahrungen des Ersten Weltkriegs gespeisten Bestreben, das Land und seine Menschen nicht schon wieder in den Krieg zu führen, sondern einen neuen Krieg zu verhindern, der vermutlich wiederum viele Jahre dauern und mit enormen Opfern verbunden sein würde; und auf der Überzeugung, die deutsche Revisionspolitik sei berechtigt und beruhe auf dem falschen, auch moralisch falschen, weil ungerechten Frieden von 1919. Zwischen der Politik der Weimarer Regierungen, die auf Revision des Versailler Vertrags zielte, und der von ganz anderen Vorstellungen geleiteten Politik der Nationalsozialisten wurde vor diesem Hintergrund kaum unterschieden, wenn man nicht sogar wie Philip Kerr, nunmehr Lord Lothian, den Weg der Deutschen in die NS-Herrschaft und die Zustimmung zum Regime aus dem Versailler Vertrag und der Friedensordnung von 1919 erklärte. Die

Deutschen hätten sich, so Lothian 1938, für die Diktatur entschieden als dasjenige »Mittel, mit dem sie ihre nationale Einheit und ihre nationalen Rechte sichern konnten«.[46] Auch trennte man weithin die Bewertung der deutschen »Revisionspolitik« von der Politik der Gewalt und des Terrors, die das NS-Regime in Deutschland selbst von 1933 an praktizierte. Man verurteilte die Diskriminierung der Juden und die Verfolgung politischer Gegner, erkannte aber zugleich die einseitige Revisionspolitik des Regimes als legitim an. Dazu trugen auch die Kriegsmemoiren von Lloyd George bei, die in zwei Bänden 1933 und 1936 erschienen und in denen der ehemalige Premier den Kriegsschuldvorwurf von 1919 an Deutschland relativierte, indem er feststellte, die europäischen Mächte seien 1914 in den Krieg »hineingeschlittert«. Einer der Väter des Versailler Vertrags trug so zu seiner Delegitimierung bei und verlieh der Appeasementpolitik dadurch Rückhalt. Weniger gewichtig, aber doch nicht ohne Einfluss waren auch die ebenfalls 1933 publizierten Erinnerungen von Harold Nicolson an die Friedenskonferenz, an der er als junger Diplomat teilgenommen hatte und an der er nun kein gutes Haar ließ.[47] Nevile Henderson, 1937 bis 1939 britischer Botschafter in Berlin, wurde nicht müde, wieder und wieder auf die Ungerechtigkeit des Versailler Vertrags hinzuweisen und seine umfassende Revision zu fordern – und dadurch zu rechtfertigen.[48] Das führte bis zum Münchener Abkommen 1938, das man nicht nur abschloss, um einen Krieg zu vermeiden, den Hitler eigentlich schon im Herbst 1938 gegen die Tschechoslowakei hatte führen wollen, sondern auch um der durch den Versailler Vertrag verletzten Selbstbestimmung der Sudetendeutschen zu ihrem Recht zu verhelfen. Darüber hinaus interessierte man sich wenig für die ethnischen Probleme und Konflikte im östlichen Mitteleuropa, die – wie schon 1919 – viel zu kompliziert waren und mit denen man sich nicht auskannte und auch nicht auskennen wollte. Sollte man wegen der Sudetenfrage wirklich in den Krieg ziehen, wegen »eines Streits in einem weit entfernten Land und zwischen Menschen, von denen wir keine Ahnung haben«, wie Chamberlain nach dem Münchener Abkommen feststellte.[49] Noch nie in seinem Leben habe er etwas von Teschen gehört, hatte Lloyd George im April 1919 in ähnlicher Tonlage vor dem Unterhaus geäußert. Auch dieses Desinteresse gehört zu den Hintergründen der britischen Appeasementpolitik.

Als freilich nach dem Münchener Abkommen deutlich wurde, dass damit das Ende der deutschen Forderungen keineswegs erreicht war und dass die deutsche Politik keineswegs auf Revision des Vertrags von 1919 zielte, sondern auf territoriale Expansion und politische Dominanz, begann sich die Stimmung in Britannien und insbesondere in der britischen Elite zu verändern. Dazu trug auch die Verschärfung der antijüdischen Politik des NS-Regimes bei, insbesondere und wenige Wochen nach München die Pogrome des 9. November 1938. Vor diesem Hintergrund erschien nun die Annexion der sudetendeutschen Gebiete, die sogleich zur Vertreibung der jüdischen Bevölkerung in diesem Raum geführt hatte, in einem anderen Licht. Und mit der »Zerschlagung der Rest-Tschechei«, dem Einmarsch deutscher Truppen in Prag im März 1939 war der letzte Zweifel an den deutschen Absichten beseitigt. Die Garantie der staatlichen Integrität Polens durch die Westmächte war die Folge.

NOCH EINMAL COMPIÈGNE

Zur britischen Appeasementpolitik und ihrer Anerkennung legitimer deutscher Revisionsinteressen gehörte geradezu spiegelbildlich die Kritik an der angeblich überzogenen antideutschen französischen Sicherheitspolitik. Während britische Politiker in der Locarno-Phase der europäischen Nachkriegspolitik Mitte der 1920er Jahre den Versuch unternommen hatten, deutsche Revisions- und französische Sicherheitsinteressen miteinander zu vereinbaren und in multilaterale Vertragsstrukturen zu überführen, wurde die Berechtigung der französischen Interessen – und Befürchtungen – von britischer Seite in den 1930er Jahren, als es nötiger gewesen wäre denn je, immer weniger anerkannt. Stattdessen wuchs der Druck Londons auf Paris, sich der britischen Deutschlandpolitik und damit dem Appeasement anzuschließen. Von der »englischen Gouvernante« hat der französische Historiker François Bédarida in diesem Zusammenhang gesprochen.[50]

In der Tat war die britische Politik gegenüber dem nationalsozialistischen Deutschland von entscheidender Bedeutung für das französische Verhalten angesichts der aggressiven deutschen Außenpolitik, die seit 1933 unilateral eine Bestimmung des Versailler Vertrags nach der anderen aufkündigte beziehungsweise sich mit Waffengewalt über diese Bestimmungen hinwegsetzte. Solange Großbritannien indessen darauf setzte, die als legitim erachteten deutschen Interessen ließen sich befriedigen und es sei Berlin lediglich um Revision zu tun, war eine erfolgreiche Eindämmungspolitik ausgeschlossen. Einen französischen Alleingang hielten die wechselnden Regierungen in

Paris für unmöglich. Deshalb musste Frankreich auch die aus seiner Sicht gravierendste Verletzung des Versailler Vertrags, den Einmarsch deutscher Truppen in das entmilitarisierte Rheinland im März 1936, akzeptieren. Frankreich verlor damit nicht nur die wichtigste Garantie für die Fortgeltung der Versailler Bestimmungen, sondern büßte – stärker als Großbritannien – gegenüber seinen Verbündeten in Ostmittel- und Südosteuropa, Polen und Rumänien allen voran, erheblich an Glaubwürdigkeit ein.[51] Angesichts dieser Entwicklungen mussten alle Bemühungen, die Paris unmittelbar nach 1933 vorangetrieben hatte, ins Leere laufen, eine gemeinsame europäische Front unter Einschluss der Sowjetunion und des faschistischen Italiens gegen die aggressive deutsche Politik zustande zu bringen. Anfangserfolge in diese Richtung hatte es allerdings durchaus gegeben. Zu diesen gehörten der Eintritt der Sowjetunion in den Völkerbund 1934, eine französisch-britisch-italienische Garantieerklärung für Österreich im selben Jahr, aus der sich 1935 die sogenannte Stresa-Front entwickelte, ein Abkommen, mit dem Paris, London und Rom nach der einseitigen Kündigung der Rüstungsbestimmungen des Versailler Vertrags nochmals die Verträge von Locarno von 1925 bekräftigten. Doch der antideutsche Konsens hatte keine belastbare Grundlage. Bereits wenige Wochen nach Stresa signalisierte das deutsch-britische Flottenabkommen vom Juni 1935, dass Großbritannien die Rüstungs- beziehungsweise Abrüstungsbestimmungen von 1919 für obsolet hielt. Und die Zustimmung Italiens zu der gemeinsamen Politik und dem allenfalls oberflächlichen Schulterschluss wurde durch Zugeständnisse Frankreichs und Britanniens hinsichtlich der expansiven italienischen Abessinienpolitik teuer erkauft.

Zu der spezifisch französischen Ausformung der Appeasementpolitik – der Begriff als solcher existierte im französischen Sprachgebrauch nicht – trugen die sich in den 1930er Jahren verschärfenden Spannungen zwischen antikommunistischen und antifaschistischen Kräften in der französischen Politik und Gesellschaft bei. Die politische Linke zeigte sich antifaschistisch und warb für die Einbeziehung der Sowjetunion in Strukturen kollektiver, gegen die deutsche Aggression gerichteter Sicherheit. Auf der rechten Seite des politischen Spektrums begegnete man jeder Annäherung an die stalinistische Sowjetunion mit großer Skepsis, und zugleich mehrten sich dort die Stimmen, die dafür plädierten, die Konflikte mit dem Nachbarn östlich des Rheins zu entschärfen. Solche Positionen speisten sich auch aus einer gewissen Bewunderung für den Aufstieg und die Kraftentfaltung der faschistischen Diktatur in Italien, der nationalsozialistischen in Deutschland, die im starken

Kontrast stand zur wahrgenommenen Krise und Schwäche der republikanischen Demokratie in Frankreich.

Wie im britischen Fall trugen die imperialen Lasten, die sich durch die neuen kolonialen Gebiete in Afrika (Togo, Kamerun) und im Mittleren Osten (Syrien und der Libanon) noch steigerten, zu dieser Krisenwahrnehmung bei. Die Kolonien brachten ökonomisch kaum Gewinn, vielmehr kosteten sie Geld. Nationale Unabhängigkeitsbewegungen gewannen an Stärke, und im französischen Mutterland erodierte der imperiale Konsens. Antiimperialistische Bewegungen in Asien und Afrika fanden immer mehr Unterstützer in Frankreich selbst. Das verschärfte die politischen Konflikte dort. Zwar waren die Kolonien für viele Franzosen noch immer ein wichtiger Ausweis französischer Weltgeltung und einer globalen Machtposition ihres Landes. Doch diese Wahrnehmung konnte die Schwäche des Landes in Europa und insbesondere in der Auseinandersetzung mit Deutschland nicht ausgleichen, im Gegenteil: Zwischen dem globalen Machtanspruch und der europäischen Machtlosigkeit klaffte eine tiefe Lücke. So erlebte das Land einen schmerzhaften politischen Abstieg, der umso schwerer zu verarbeiten war, als er so gar nicht zum gewonnenen Weltkrieg und dem Siegerstatus von 1919 passen wollte. Den Krieg gewonnen, den Frieden aber verloren zu haben, dieser Vorwurf, der sich zunächst gegen Clemenceau richtete, wurde in den Jahren nach Versailles zur dominierenden politischen Selbsteinschätzung der Franzosen. Wirtschaftliche Krisen, die nicht enden wollten, beutelten Frankreich. Zu ihren Gründen gehörte neben der Tilgung der gewaltigen Kriegsschulden auch der Wiederaufbau des zerstörten Nordostens des Landes, der ungeheure Summen verschlang. Aber auch die alles andere als reibungslose Reintegration der verlorenen Provinzen Elsass und Lothringen forderte einen hohen Aufwand, und dies nicht nur finanziell. Die wirtschaftlichen Krisen mit ihren sozialen und politischen Folgen, Arbeitskämpfen und politischer Radikalisierung, erschütterten die Republik zusätzlich und ließen überall die Einschätzung wachsen, nicht über die Kraft zu verfügen, die Versailler Ordnung aufrechterhalten, der deutschen Bedrohung nichts entgegensetzen zu können. Schwäche und Abstieg, so haben es französische Historiker noch lange nach dem Zweiten Weltkrieg gesehen, führten geradezu unausweichlich auf den Krieg von 1939, die Niederlage von 1940 und das Ende der Dritten Republik zu.[52]

Solche Einschätzungen übersehen, dass auch in Frankreich – und dies noch viel stärker als in Großbritannien – die kollektive Erfahrung des Krieges einer Außenpolitik im Wege stand, die den Krieg – gegen Deutschland – nicht nur als Drohung, sondern als tatsächliche Option mit einbezog. Der Siegesenthusiasmus von 1919 hielt nicht lange an; stattdessen bestimmte in der postheroischen französischen Gesellschaft immer stärker die Trauer über das Leid und die Toten – fast 900 französische Soldaten waren an jedem einzelnen der 1560 Kriegstage gestorben – die öffentliche und die private Erinnerung an den Krieg. Ein positives Kriegsbild konnte auf einer solchen Grundlage nicht entstehen, für Heroisierung und Glorifizierung gab es kaum Raum, und auch deshalb zauderten die französischen Regierungen der 1930er Jahre, auf die nationalsozialistische Politik und die zunehmende deutsche Aggressivität mit Kriegsdrohungen zu reagieren. Dabei fanden sie nicht zuletzt die Unterstützung wichtiger Veteranenverbände wie der *Union Fédérale des Anciens Combattants* mit ihren in den 1930er Jahren fast einer Million Mitgliedern, deren Spitzenrepräsentanten im September 1938 mit dem französischen Ministerpräsidenten Édouard Daladier nach München reisten, um ihre Zustimmung zum Münchener Abkommen und zum Erhalt des Friedens durch dieses Abkommen zu signalisieren.[53] Unmittelbar bevor er nach München fuhr, wurde Daladier eine Petition gegen den Krieg überreicht, die in nur drei Tagen 150 000 Franzosen unterschrieben hatten.[54] Der Krieg in den Köpfen, der 1919 einen Frieden der Versöhnung unmöglich gemacht hatte, erfuhr in Frankreich spätestens seit Mitte der 1920er Jahre eine Transformation, in der die Trauer den Hass immer stärker zu überwinden begann und in der die Einsicht in die Sinnlosigkeit des modernen Krieges den Primat des Friedens stärkte. Bis 1933 ließ sich auf dieser Basis auch Politik mit Deutschland betreiben. Angesichts der Gewaltpolitik des Nationalsozialismus freilich blieb diese Friedensorientierung chancenlos, ja sie spielte dem NS-Regime in die Hände.

Spätestens mit dem Einmarsch der Wehrmacht in Prag endete auch das französische Appeasement, eine Politik, die viel ausschließlicher als die britische auf Deutschland gerichtet war. Nach der »Zerschlagung« der verbündeten Tschechoslowakei im Frühjahr 1939 erneuerte Frankreich seine Garantiezusagen für Polen und Rumänien und erneuerte gleichzeitig und zusammen mit England die Anstrengungen, die Sowjetunion für ein antideutsches Bündnis zu gewinnen. Das scheiterte im August 1939, als Deutschland und die Sowjetunion den Hitler-Stalin-Pakt schlossen. Zwei Tage nach dem deutschen Überfall auf Polen, am 3. September 1939, erklärte erst Britannien und nach kurzem Zögern wenige Stunden später auch Frankreich dem

Deutschen Reich den Krieg. Bis zum deutschen Angriff im Mai 1940 lebte die seit den 1920er Jahren genährte und gepflegte französische Hoffnung weiter, den Krieg, sollte er denn kommen, als einen reinen Defensivkrieg führen und den deutschen Gegner an der Grenze abwehren zu können. Der Bau der Maginot-Linie in den 1930er Jahren, jenes Gürtels von Befestigungsanlagen an der Grenze zu Deutschland, Belgien, Luxemburg und Italien, sollte einen Krieg wie den Ersten Weltkrieg mit der Besetzung und Zerstörung des Landes und einem grausamen Stellungskrieg auf französischem Boden verhindern und überdies die demographische Unterlegenheit Frankreichs gegenüber Deutschland, die der Versailler Vertrag nicht hatte beseitigen können, ausgleichen. Der Bau der Maginot-Linie beruhte auch auf dem französischen Verdun-Mythos, der Überzeugung von der 1916 gewonnenen Abwehrschlacht, die man nun gleichsam an die Grenze verlegen wollte, um den Feind außer Landes zu halten.

Innerhalb weniger Tage zerstörten die deutschen Panzervorstöße im Mai 1940 diese Illusion. Im Wald von Compiègne und in dem berühmten Salonwagen des Novembers 1918 empfing am 21. Juni 1940 General Wilhelm Keitel, der Chef des Oberkommandos der Wehrmacht, die französische Waffenstillstandsdelegation mit den Worten: »Wenn zur Entgegennahme dieser Bedingungen der historische Wald von Compiègne bestimmt wurde, dann geschah es, um durch diesen Akt einer wiedergutmachenden Gerechtigkeit – einmal für immer – eine Erinnerung zu löschen, die für Frankreich kein Ruhmesblatt seiner Geschichte war, vom deutschen Volk aber als tiefste Schande aller Zeiten empfunden wurde.«[55] Erst jetzt, das wird aus diesen Worten deutlich, endete nicht nur für Keitel und auch nicht nur für die Nationalsozialisten, sondern für Millionen von Deutschen der Erste Weltkrieg, der als Krieg in den Köpfen nach 1918 kein Ende gefunden hatte und Europa nicht zur Ruhe hatte kommen lassen.

Epilog
Nach 100 Jahren

»Vielleicht unternahm die Pariser Friedenskonferenz von 1919 von vornherein etwas Unmögliches.«[1] Der Satz, den Sebastian Haffner 1978 schrieb, atmet eine tiefe Resignation, die sich nicht nur aus seiner individuellen Erfahrung speiste, sondern aus der Erfahrung einer ganzen Generation. Einer Generation, in Deutschland und anderswo, die miterleben musste, wie dem Ersten Weltkrieg kaum mehr als zwei Jahrzehnte nach seinem Ende der Zweite Weltkrieg folgte, der abermals Millionen von Menschen das Leben kostete und der sich darüber hinaus mit Verbrechen verband, wie sie die Menschheit bis dahin nicht gekannt hatte. Einer Generation, die dafür auch den Friedensschluss nach dem Ersten Weltkrieg verantwortlich machte. Schon vor, erst recht aber nach 1945 verteidigte kaum jemand noch die Verträge von 1919 und 1920. »Versailles«, verstanden als Chiffre für diese Verträge und die internationale Ordnung, die auf ihnen beruhte, galt als gescheiterter Frieden, und mit diesem Frieden waren auch die Friedensmacher von 1919 gescheitert, denen es nicht gelungen war, der Welt eine dauerhafte, stabile und als legitim akzeptierte Friedensordnung zu geben.

100 Jahre nach den Ereignissen führt es kaum weiter, den Befund des Scheiterns zu wiederholen. Wichtig ist vielmehr die Frage – und diese Frage war der Ausgangspunkt in dem vorliegenden Buch –, woran der Versuch, eine friedliche internationale Ordnung zu schaffen, gescheitert ist; und woran es lag, dass – in Verbindung damit – die Pariser Konferenz und die Friedensverträge, die aus ihr resultierten, schon nach kürzester Zeit so gut wie ausschließlich auf Kritik und Ablehnung stießen, und das nicht nur bei den Verlierern des Krieges, sondern auch auf der Seite der Sieger, auf der Seite derer, die diese Verträge ausgehandelt und beschlossen hatten? Warum fand die Ordnung, die aus dem Vertragswerk hervorging, nirgends Akzeptanz, warum blieb sie prekär und instabil und ließ die Welt – nicht nur Europa – nicht zur Ruhe kommen?

An den Frieden nach jenem Krieg, der alle Kriege beenden und der gleichsam einen ewigen Frieden schaffen sollte, richteten sich gewaltige

Erwartungen, Erwartungen, die eigentlich nur enttäuscht werden konnten. Diese Erwartungen, die die Menschen weltweit an die Friedenskonferenz und den Friedensschluss hatten, entstanden nicht erst am Ende des Ersten Weltkriegs, sondern reichten zurück in die Kriegsjahre, zum Teil sogar in die Zeit vor dem Krieg.

Sicher, jeder große Friedensschluss der Neuzeit vom Westfälischen Frieden 1648 über den Frieden von Utrecht 1713 bis hin zum Wiener Kongress 1814/15 stand vor der Aufgabe, nicht nur lange Kriege zu beenden, sondern zugleich eine neue und stabile Ordnung zu etablieren. Aber an keinen Friedensschluss vor 1919 knüpften sich derart hohe, derart unterschiedliche und derart widersprüchliche Erwartungen. Aus diesen Erwartungen ergab sich eine Komplexität, der die Friedenskonferenz nicht gerecht werden konnte. Nicht nur die handelnden Politiker in Paris, sondern Heere von Beratern und Experten waren mit dieser Komplexität überfordert. Denn es ging ja nicht nur um den Frieden mit Deutschland und seinen Verbündeten – allein das schon eine gewaltige Aufgabe –, sondern es ging um nicht weniger als die Neuordnung der Welt. Und diese Neuordnung der Welt erfolgte nicht in arkanen Beratungen, sondern unter den Augen einer globalen Öffentlichkeit, eines globalen Publikums. Die handelnden Akteure standen unter permanenter Beobachtung, ja mehr noch, sie standen unter permanentem Druck, von dem sie sich – gerade die Vertreter demokratischer Staaten – nicht befreien konnten. Außen- und Innenpolitik beeinflussten sich wechselseitig und standen in einem kontinuierlichen Wirkungszusammenhang. Nationale Öffentlichkeiten und ganz unterschiedliche Vertreter partikularer Interessen übten Druck aus, nicht zuletzt massiven medialen Druck, auf die Verhandlungen und auf diejenigen, die sie führten. Keiner der Pariser Akteure konnte sich von diesem Druck lösen.

Das war 100 Jahre zuvor auf dem Wiener Kongress noch anders gewesen. Die dort versammelten Fürsten und Politiker handelten weitgehend frei von solchem Druck. Eine öffentliche Emotionalisierung internationaler Politik wie 1919 gab es 1814/15 nicht. Trug das zur Stabilität der Wiener Ordnung bei, die Kriege zwar nicht völlig verhinderte, aber Europa doch eine vergleichsweise lange Friedensperiode bescherte? Heute befeuert die globale Öffentlichkeit des Internets die Emotionalisierung internationaler Politik noch viel stärker als in Paris 1919. Die dadurch entfesselten Dynamiken sind kaum zu kontrollieren, und sie enthalten Konfliktpotentiale, die den Vergleich mit jenen der Zeit nach dem Ersten Weltkrieg nicht zu scheuen brauchen.

Ein zentrales Element des Drucks, der auf den Pariser Akteuren lastete, das zeigt sich in diesem Buch immer wieder, war die Erfahrung des Krieges selber, die Erfahrung eines mörderischen, viereinhalb Jahre währenden Massenvernichtungskrieges mit Millionen von Opfern, wie ihn die Welt bis dahin nicht gesehen hatte. Frieden schließen nach totalem Krieg, dafür gab es keine Vorbilder. Alle historischen Erfahrungen liefen vor diesem Hintergrund ins Leere. Massenhaftes Leid und massenhaftes Sterben ließen einerseits den Wunsch nach Frieden wachsen. In den erschöpften, den buchstäblich ausgebluteten, durch den Krieg gezeichneten Gesellschaften war gerade in den letzten Kriegsjahren eine enorme Friedenssehnsucht entstanden, der inständige Wunsch, das Leiden und Sterben möge doch ein Ende nehmen. Aber zugleich war zwischen den Kriegsgegnern auch der Hass gewachsen, der sich, geschürt durch die Kriegspropaganda und in der Folge immer verzweifelterer Mobilisierungsanstrengungen auf allen Seiten, in den Köpfen der Menschen festsetzte und sich durch das fortgesetzte Leiden und Sterben – an der Front und zu Hause – immer neu auflud. Dieser Hass, ein vor allem zwischen den europäischen Kriegsgegnern – am stärksten zwischen Frankreich und Deutschland – nationalisierter Hass, der durch die Trauer nicht gemildert, sondern eher noch verstärkt wurde, wirkte auf den Friedensschluss ein, der auch deswegen kein Frieden der Versöhnung sein konnte, sondern eine Fortsetzung des Krieges mit anderen Mitteln, wie es nicht nur von deutscher Seite formuliert wurde. Die am 28. Juni 1919 in Versailles präsentierten »gueules cassées« standen für diesen friedens- und versöhnungsverhindernden Hass, der weniger in den Bestimmungen des Friedensvertrages selbst seinen Ausdruck fand als vielmehr in der – vom Waffenstillstand über die Übergabe der Friedensbedingungen bis zur Vertragsunterzeichnung – symbolischen Demütigung der Deutschen. Diese Demütigung bestimmte die Wahrnehmung der Vertragsbestimmungen, und zu ihr gehörte auch das moralische Urteil der alleinigen Kriegsschuld, das der Artikel 231 über die Deutschen sprach. Dass der Artikel diese zunächst so nicht intendierte moralische Wendung erhielt, daran hatten die Deutschen selbst entscheidenden Anteil. Je vehementer sie wider besseres Wissen und wohl auch aus einer Art schlechtem Gewissen heraus die Verantwortung für den Krieg bestritten, selbst eine Teilverantwortung, desto stärker und desto moralischer wurde der alliierte Kriegsschuldvorwurf.

Aber die Problematik des Friedensschlusses, seiner mangelnden Akzeptanz und seiner breiten Ablehnung erschöpft sich nicht im Zustandekommen des Friedens mit Deutschland und den spezifischen Bedingungen des Versailler Vertrags, so wichtig diese deutsche Dimension auch gewesen sein mag. In einer weiteren, über Deutschland hinausgehenden Perspektive liegt der Grund für die schon von den Zeitgenossen artikulierte Kritik an den Friedensverträgen und ihre immer stärkere und breiter geteilte Ablehnung darin, dass sich der Friedensschluss nach dem Ersten Weltkrieg mit Dynamiken und Erfordernissen verband, die über das Friedenschließen im engeren Sinne weit hinausgingen. Dazu gehören der Zerfall der multinationalen Imperien Russland, Österreich-Ungarn sowie des Osmanischen Reiches und die Welle der Staatsgründungen, die diese Erosion auslöste. Vor allem in Ostmittel- und Südosteuropa entstand, 1917 beginnend, eine neue Staatenwelt, eine neue territoriale Ordnung. Der Machtzerfall der kontinentalen Großreiche verband sich dort mit den Folgen des Krieges, was den Friedensschluss eindeutig überforderte. Kaum eines der Probleme, mit denen die drei Imperien in den Jahrzehnten vor dem Krieg zu kämpfen hatten, wurde durch den Frieden gelöst. Für die Frage nach der Koexistenz verschiedener ethnischer Bevölkerungsgruppen boten der Imperativ des Selbstbestimmungsrechts der Völker und eine Politik der Nationalisierung keine befriedigende Lösung, im Gegenteil: Ethnische Auseinandersetzungen und Minderheitenprobleme verstärkten sich, und die Idee des ethnisch homogenen Nationalstaats, auf dem die neue ostmittel- und südosteuropäische Ordnung gründete, trug zu einer Steigerung von Konflikt und Gewalt bei, zu Kriegen, Bürgerkriegen, Pogromen und Vertreibungen, denen von Anfang an ein genozidales Potential innewohnte.

Von außerhalb Europas, aus der kolonialen Welt, wirkten – ebenfalls angetrieben durch die Idee des Selbstbestimmungsrechts der Völker – Autonomiebestrebungen und Unabhängigkeitsbewegungen auf die Pariser Verhandlungen ein. Vor allem die Auflösung des deutschen Kolonialreichs und das Ende der türkischen Herrschaft über weite Teile des Nahen und Mittleren Ostens bildeten dazu den Anlass. Doch die »Stunde Wilsons« (Erez Manela) wurde zu einer gewaltigen Enttäuschung. Nicht die Idee nationaler Selbstbestimmung, sondern imperiale Machtansprüche leiteten die Pariser Politik der Großmächte, deren koloniale Reiche sich nach dem Ersten Weltkrieg noch einmal vergrößerten. Dass diese Vergrößerung unter den Auspizien des Völkerbunds und im Gewand einer treuhänderischen Verwaltung geschah, ändert an dieser Tatsache und der faktischen Integration der Mandatsgebiete in die europäischen Imperien – allen voran das britische und das französische – nichts. Die Neuordnung der Welt, die der Weltkrieg ausgelöst hatte und die in Paris ins Werk gesetzt wurde, war eine von den Mächten des globalen Nordens gestaltete und von ihren Machtinteressen bestimmte globale Ordnung. Gleichwohl war die Desillusionierung des Südens entscheidend für einen schon in der Zwischenkriegszeit weiter an Stärke gewinnenden Antikolonialismus, der nach dem Zweiten Weltkrieg und zum Teil durch ihn dynamisiert zur Auflösung der europäischen Kolonialreiche führte, eine Auflösung, die sich, wie wir wissen, nicht friedlich und einvernehmlich vollzog, sondern von Krieg und Gewalt begleitet war.

Zur Neuordnung der Welt, die unter dem Friedensimperativ das Handeln der Akteure von 1919 bestimmte, gehörte der Friedensvertrag mit Deutschland ebenso wie der Umgang mit den Unabhängigkeitsforderungen aus dem globalen Süden. Die Vielzahl von Fragen und Problemen wahrhaft globaler Reichweite – von Allenstein in Ostpreußen bis nach Nauru im südlichen Pazifik – machte die Pariser Friedenskonferenz zu einem welthistorischen Moment und Paris 1919 zur Hauptstadt der Welt. »Fragen, die umgrenzt blieben, weil sie auf einen Punkt begrenzt waren, gibt es nicht mehr«, schrieb der französische Philosoph und Dichter Paul Valéry.[2] Alles schien tatsächlich mit allem verbunden. Paris 1919 war der Ort, die Pariser Konferenz Ausdruck einer globalen Konnektivität. Die ganze Welt befand sich, das stand vielen Konferenzteilnehmern und Konferenzbeobachtern deutlich vor Augen, in einem Wahrnehmungs- und Wirkungszusammenhang. Alles schien mit allem zusammenzuhängen, zumindest aber in Verbindung gebracht werden zu können. Globale Interaktionen und Interdependenzen bestimmten die Pariser Verhandlungen und das Denken und Handeln der Pariser Akteure, ganz gleich ob sie nun den offiziellen Konferenzdelegationen angehörten und formal an den Verhandlungen teilnahmen oder ob sie gleichsam von außen mit ihren Zielen und Interessen auf die Beratungen und ihre Ergebnisse Einfluss zu nehmen versuchten – häufig ohne Erfolg, wenn auch nicht ohne Wirkung. Globalität konstituierte aber keinen einheitlichen, keinen geschlossenen Handlungszusammenhang und auch kein einheitliches Handlungsbewusstsein der Akteure, sondern sie war vielfältig und differenziert. Partikulare, oftmals lokale Interessen und Befindlichkeiten, die sich aus kleinräumigen Konstellationen und Problemen ergaben, wirkten auf sie ein. Ebenso gehörten unübersehbare Effekte, Unkenntnis und Ungewissheit über die Zusammenhänge von Ursache und Wirkung zu den Folgen dieser Globalität. Auch daraus resultierte die enorme Komplexität der Pariser Verhandlungen und ihrer Aufgaben, und in der Retrospektive erscheint es klar, dass diese komplexe

Globalität zur Überforderung der Konferenz und ihrer Teilnehmer sowie zur Inkohärenz und Widersprüchlichkeit ihrer Beschlüsse – deutlich erkennbar beispielsweise in der Fiume- und der Shandong-Frage – entscheidend beitrug. Auch das war keine gute Voraussetzung für die Akzeptanz der Konferenz und für Zufriedenheit mit ihren Ergebnissen.

Die Versailler Ordnung war instabil und kurzlebig. Dass sie letztlich keine entschiedenen und vor allem keine mächtigen Befürworter hatte, trug zu ihrem Scheitern bei, ja ermöglichte ihre Zerstörung. Das gilt insbesondere für die USA, die nicht bereit waren, ihr Gewicht und ihre Macht für die Aufrechterhaltung der von Amerika mitgeschaffenen Ordnung einzusetzen. Wo die USA sich für die Umsetzung der Friedensregelungen beziehungsweise deren konstruktive Weiterentwicklung engagierten, beispielsweise in der Reparationsfrage während der 1920er Jahre, da wurden die Potentiale der Versailler Ordnung erkennbar, die Möglichkeiten einer positiven Ausgestaltung, nicht zuletzt in der deutsch-französischen Verständigungspolitik der Ära Briand–Stresemann, die nach dem Desaster des Jahres 1923 ohne die Stabilisierungspolitik Washingtons nicht möglich gewesen wäre. Doch schon wenige Jahre später erfolgte vor dem Hintergrund der Weltwirtschaftskrise der Rückzug der USA auf sich selbst, verbunden mit einer scharfen Renationalisierung der europäischen und globalen Politik. Die Absenz der Vereinigten Staaten trug auch dazu bei, dass der Völkerbund nicht die ordnungstiftende und friedenssichernde Kraft entwickelte, die ihm – nicht zuletzt von Woodrow Wilson – zugedacht worden war. Frankreich war durch das Problem der Sicherheit und der deutschen Bedrohung präokkupiert, Britannien durch den Primat des Empires. Deutschland, erst 1926 in die Genfer Organisation aufgenommen, konnte in ihr kein tragendes Gewicht entfalten. Schon 1930 begann in der deutschen Politik ein neuer Unilateralismus, der sich nach 1933 verschärfte und binnen kurzem zum Austritt des Landes aus dem Völkerbund führte. Dieser versagte, weil er sich nicht auf das Gewicht der Großmächte stützen konnte, als es darum ging, der Aggression und dem Expansionismus Japans, Italiens und Deutschlands zu begegnen.

Ihr Scheitern – was nicht gleichbedeutend ist mit einer Verantwortung des Friedensschlusses von 1919 oder gar der Alliierten für den Nationalsozialismus oder den Zweiten Weltkrieg – diskreditierte die Versailler Ordnung, an die man 1945 nicht anknüpfen wollte. Der Zweite Weltkrieg endete ohne Friedensvertrag. Dennoch spiegelte sich im Kriegsende die Erfahrung von Versailles. Schon mit dem Ziel der bedingungslosen Kapitulation, mit dem die westlichen Alliierten zuerst 1943 auf der Konferenz von Casablanca an die Öffentlichkeit traten, zog man Lehren aus dem Kriegsende 1918, wollte eine neue Dolchstoßlegende verhindern und durch eine militärische Eroberung ganz Deutschlands die deutsche Niederlage unzweideutig demonstrieren. Ganz abgesehen davon veränderte sich durch den Kalten Krieg die Grundstruktur des internationalen Systems von der Multipolarität zur Bipolarität. Versailles konnte vor diesem Hintergrund kein Referenzpunkt mehr sein. Das Interesse an Paris 1919 und der dort entworfenen internationalen Ordnung blieb vor diesem Hintergrund weitestgehend historisch.

Das hat sich nach 1990 zu ändern begonnen. Nicht nur wird seither wieder deutlicher wahrgenommen, dass wichtige Entwicklungen, aber auch Problem- und Konfliktkonstellationen der Welt des späten 20. und des beginnenden 21. Jahrhunderts sich auf die Zeit am Ende des Ersten Weltkriegs zurückführen lassen. Das gilt, wie in diesem Buch dargelegt wird, beispielsweise für den heute unlösbarer denn je erscheinenden arabisch-israelischen Konflikt, dessen Genese eng mit Entscheidungen während des Ersten Weltkriegs und der Pariser Konferenz verbunden ist. Dabei geht es nicht zuletzt um die Palästinafrage, deren Konflikthaftigkeit seit rund 100 Jahren von den sich widersprechenden Vorstellungen und Plänen hinsichtlich eines jüdischen Siedlungsgebietes, später eines jüdischen Staates und dessen Koexistenz mit der arabisch-muslimischen Bevölkerung und der nach 1918 in dieser Region entstehenden arabischen Staatenwelt charakterisiert ist. Dieser Grundkonflikt dauert bis heute an; längst hat er sich freilich mit anderen Konfliktlinien der Region verflochten, nicht zuletzt mit den Spannungen zwischen schiitischem und sunnitischem Islam und seinen Vormächten Iran und Saudi-Arabien, aber auch mit den konfligierenden Interessen der USA und Russlands im Mittleren Osten. In ähnlicher Weise lassen sich politische Spannungen, die heute im Fernen Osten den Aufstieg Chinas zur globalen Supermacht begleiten, rückbeziehen auf Entwicklungen in den Jahren um 1919. Die japanische Besetzung der Mandschurei 1931 und der Krieg Japans gegen China seit 1937 belasten bis heute das japanisch-chinesische Verhältnis, aber die tiefe Demütigung, die China 1919 in Paris erfuhr, als es mit seinen legitimen Ansprüchen auf Shandong an Japan und an den westlichen Mächten abprallte, wiegt mindestens ebenso schwer. Diese historischen Begebenheiten erklären nicht die gegenwärtigen Konfliktdynamiken, die zweifellos primär eine Folge des chinesischen Macht- und Hegemonialanspruchs sind, aber sie wirken bis heute auf das politische Bewusstsein in China ein, wo sie nicht vergessen sind und geschichtspolitisch instrumentalisiert werden. Das heutige chinesische Selbstbewusstsein speist sich auch, ja wird gleichsam kompensatorisch verstärkt durch die Demütigungen, die China von Seiten Japans, aber auch des Westens erfahren hat. Paris 1919 gehört dazu.

In der Krise schließlich und im Zerfall Jugoslawiens und den Balkankriegen der 1990er Jahre, um dieses dritte Beispiel zu nennen, stoßen wir auf eine weitere Konfliktdynamik, die zwar fraglos weiter zurückreicht als in das Jahr 1919, die sich aber auch auf die Zeit am Ende des Ersten Weltkriegs rückbeziehen lässt, weil damals als Teil der antideutschen und antiungarischen Politik der Alliierten ein serbisch dominierter südslawischer Staat Anerkennung und Unterstützung gefunden hat. Die Ereignisse im zerfallenden Jugoslawien der 1990er Jahre wiederum trugen vor dem Hintergrund der überwundenen Ost-West-Konfrontation zur Etablierung einer internationalen Strafgerichtsbarkeit bei, die sich zunächst in einem sogenannten Ad-hoc-Gerichtshof für das ehemalige Jugoslawien, später dann in der Errichtung des Internationalen Strafgerichtshofs in Den Haag manifestierte. Zwar nahm diese jüngere internationale Strafgerichtsbarkeit in ihrer Entstehung viel stärker Bezug auf die Nürnberger Prozesse nach dem Zweiten Weltkrieg, aber der Gedanke, Kriegs- und Menschheitsverbrechen strafrechtlich zu verfolgen, hatte bereits am Ende des Ersten Weltkriegs Einzug in die internationale Politik gehalten. Die Leipziger und die Istanbuler Prozesse, die vor diesem Hintergrund stattfanden, so erfolglos sie gewesen sein mögen, sind in heutiger Perspektive als ein Versuch zu werten, Frieden auch durch Recht zu sichern, und zwar durch völkerrechtliche Normen, die eine individuelle strafrechtliche Verantwortung für Völkerrechtsverbrechen bis hin zum Angriffskrieg und zum Völkermord ermöglichen. Was sich allerdings schon in den Jahren nach 1919 in der Wahrnehmung der einschlägigen Strafbestimmungen der Friedensverträge und der auf ihnen beruhenden Gerichtsprozesse zeigte, insbesondere in Deutschland und in der Türkei, verweist auf ein bis heute zentrales Problem in diesem Zusammenhang: die Spannung zwischen einem fraglos legitimen Strafverfolgungs- und Ahndungsinteresse einerseits und dem Imperativ der Versöhnung andererseits. Anders als man es auf den ersten Blick meinen mag, ist Frieden, verstanden als Versöhnung, und Gerechtigkeit, keineswegs zwingend eine kongruente Zielvorstellung. Es ist bis heute in der Politik und in der einschlägigen wissenschaftlichen Forschung zum Thema *Transitional Justice* durchaus umstritten, ob Strafverfolgungsmaßnahmen im Sinne des Völkerstrafrechts zur Befriedung nach Konflikten beitragen oder ob sie nicht vielmehr zur Aufrechterhaltung von Spannungen führen und dadurch Frieden und Versöhnung verhindern. Umgekehrt wird argumentiert, dass ein Primat von Frieden und Versöhnung zu einer moralisch und politisch schwer zu akzeptierenden Gerechtigkeitslücke führen kann. Die Problematik ist keine allein juristische, sondern eine politische, die sich auch in den Entwicklungen nach dem Ersten Weltkrieg konkretisierte.

Zu diesen gleichsam wirkungsgeschichtlichen Dimensionen der Friedensregelungen von 1919 gesellen sich Aktualisierungen und Vergegenwärtigungen auf dem Feld der internationalen Politik, die unterstreichen, dass und auf welche Weise »Versailles« in die Gegenwart hineinragt. So haben der türkische Präsident Recep Tayyip Erdoğan und andere türkische Politiker in den letzten Jahren im Zeichen des sogenannten Neo-Osmanismus mehrfach nicht nur den Friedensvertrag von Sèvres 1920 scharf verurteilt, was keine Überraschung darstellt, sondern auch den Vertrag von Lausanne 1923, der den Vertrag von Sèvres ablöste und der in der Türkei weithin als Erfolg der nationaltürkischen Politik von Staatsgründer Mustafa Kemal – Atatürk – angesehen wurde. Die Kritik bezieht sich dabei vor allem auf die Grenzziehungen in diesem Vertrag, und zwar nicht nur die zu Griechenland, das 1923 die küstennahen ägäischen Inseln zugesprochen bekam, sondern auch die zu Syrien und zum Irak im Südosten und Osten des Landes. Da geht es um kurdische Gebiete, aber auch um die erdölreiche Region um die Stadt Mossul im nördlichen Irak. Mit dieser Grenzdiskussion verbinden sich Versuche innenpolitischer Stabilisierung und neo-osmanischer Konsensbildung.[3] Solche Bezugnahmen auf Sèvres oder Lausanne sind alles andere als nur metaphorisch.

Das gilt auch für den Versailles-Vorwurf, der der Europäischen Union und insbesondere Deutschland auf dem Höhepunkt der Euro-Krise aus Griechenland entgegentönte. Vor allem der frühere griechische Finanzminister Yanis Varoufakis bezeichnete die Brüsseler Forderungen, die die Unterstützung für das überschuldete Land an eine strenge Austeritätspolitik und schmerzhafte Reformpakete banden, mehrfach als »Neuauflage des Schandvertrags von Versailles«. Der damalige französische Wirtschaftsminister Emmanuel Macron warnte 2015 vor einem »Versailles des Euroraums«, vor einem Vertrag, »der Griechenland zerdrückt«.[4] In ähnliche Versailles-Bezüge musste sich seit den 1990er Jahren verschiedentlich der Maastrichter Vertrag von 1992 über die Europäische Union stellen lassen. So gab es in der französischen Presse in den 1990er Jahren Kommentare, die von einem französischen Interesse sprachen, die Dominanz der D-Mark in Europa zu brechen. Maastricht sei, so der französische *Figaro*, »ein Versailles ohne Krieg«. 2017 wiederum verglich der italienische Wirtschaftswissenschaftler Paolo Savona, ein Europaskeptiker und 2018 als Europaminister in eine von Rechts- und Linkspopulisten gestellte italienische Regierung berufen, die Wirkung des Vertrags von Maastricht für Italien mit der des Vertrags von Versailles für Deutschland.[5]

Je stärker sich mit solchen Vergleichen politische Aussagen verbinden, desto weniger führen sie in der Regel analytisch weiter. Doch gilt das auch für die wiederholten Aussagen russischer Politiker bis in den Kreml, die die Behandlung des postsowjetischen Russlands durch den Westen in den 1990er Jahren als Demütigung hinstellen und mit dem Versailler Vertrag vergleichen? Vor allem die NATO-Osterweiterung wird in solche Bezüge gestellt.[6] In den Aussagen schwingt stets ein bedrohlicher Ton mit, weil die Assoziationskette Versailles – Nationalsozialismus – Zweiter Weltkrieg im kollektiven Gedächtnis und im politischen Bewusstsein der Welt fest etabliert ist. Aber lassen die Konstellationen der Jahre nach 1919 und der Zeit nach 1990, also der unmittelbaren Vorgeschichte unserer Gegenwart, solche Vergleiche tatsächlich zu? Sieger und Besiegte gab es in der Tat auch am Beginn der neuen Weltordnung, die mit dem Ende des Kalten Krieges Gestalt anzunehmen begann. Sieger waren in globaler Perspektive die Vereinigten Staaten; auf der Verliererseite stand die untergehende Sowjetunion, von 1991 an dann Russland als ihr Nachfolgestaat, das in der Ära Jelzin in eine tiefe Krise geriet, als sich immer größere wirtschaftliche Probleme mit dem erschütterten Selbstbewusstsein der früheren Supermacht des Kalten Krieges verbanden. Ein Absturz aus gewaltiger Höhe bedurfte der Kompensation, ein Ziel, das die Politik Wladimir Putins von Beginn seiner ersten Präsidentschaft an im Jahr 2000 bestimmte. Zu dieser kompensatorischen Politik gehörten die Konfrontation mit dem Westen und der Vorwurf, in den 1990er Jahren gezielt gedemütigt und weltpolitisch marginalisiert worden zu sein. Es ist nicht zu bestreiten, dass die Russlandpolitik der USA und der NATO so wahrgenommen wird, dass man sie als vom Imperativ der Abschottung und – fortgesetzter – Konfrontation geleitet verstehen konnte. Diese Politik war nicht zuletzt eine Folge der Integration der ostmitteleuropäischen Staaten in die Strukturen des Westens, allen voran in EU und NATO. Deren Bedrohungsperzeptionen, besonders ausgeprägt im polnischen Fall und gespeist aus der Erfahrung imperialrussischer, später imperial-sowjetischer Beherrschung, flossen in die Politik des Westens ein und trugen fraglos zu den russischen Wahrnehmungen bei. Imperiale Strukturen lösten sich auf, und gerade die ostmittel- und südosteuropäischen Staaten des Warschauer Pakts hatten diese Erfahrung schon einmal gemacht: in den Jahren seit 1917, als viele von ihnen in den Dynamiken von russischer Revolution, Kriegsende und Friedensschluss ihre nationale Unabhängigkeit erlangten oder wiedererlangten. Auch nach 1990 führte diese Befreiung zu neuer Nationalisierung. Das neue Nationalbewusstsein der Zeit nach 1990 verband sich mit der Erinnerung an die nationale Unabhängigkeit und die nationalen Staatsgründungen am Ende des Ersten Weltkriegs. In den Hundertjahrfeiern, die diese Staaten von Finnland über das Baltikum bis nach Polen kürzlich begingen, spiegelte sich diese Verknüpfung eines älteren mit einem jüngeren Nationalbewusstsein wider. Beide sind in hohem Maße antirussisch gefärbt, aus beiden speist sich aber auch eine politische und gesellschaftliche Europaskepsis, welche die europäische Integration als Bedrohung gerade wiedererrungener und historisch stets gefährdeter nationaler Autonomie wahrnimmt.

So wie aus dem Ersten und dem Zweiten Weltkrieg gingen die USA auch aus dem Kalten Krieg als Sieger hervor: zum dritten Mal im 20. Jahrhundert, das auch deswegen als »Amerikanisches Jahrhundert« bezeichnet werden kann. Der Erwartung eines amerikanisch bestimmten Friedens 1918/19 entsprach die Vorstellung einer »Pax Americana« nach 1990. Der Vorstellung, der Erste Weltkrieg sei der Krieg gewesen, der alle Kriege beendete, entsprach nach 1990 die Idee vom »Ende der Geschichte«. Der Rückzug der USA aus den von Woodrow Wilson maßgeblich bestimmten globalpolitischen Strukturen trug entscheidend dazu bei, dass die internationale Ordnung vor allem in Europa instabil und prekär blieb. Ein gemeinsames Interesse der großen Mächte, einschließlich Deutschlands, die 1919 entstandenen Strukturen gemeinsam zu tragen und dadurch zu festigen, gab es nicht. Der Völkerbund und andere multilaterale Strukturen wurden dadurch geschwächt, ja sie gingen daran zugrunde. Eine massive Renationalisierung der Politik, über weite Strecken – und nicht nur im deutschen Falle – gepaart mit einem aggressiven Nationalismus, war die Folge. Der Westen, der als politische Handlungseinheit seit 1917 und nicht zuletzt in Paris 1919 Gestalt anzunehmen begonnen hatte, löste sich auf und konstituierte sich erst in der Bipolarität des Ost-West-Konflikts wieder.

Ob dieser Westen das Ende des Kalten Kriegs überdauert hat, scheint derzeit fraglich. Ein globaler Westen jedenfalls entstand aus dem »Ende der

Geschichte« 1990 nicht. Das verhinderten nicht nur divergierende Norm- und Wertvorstellungen beispielsweise im Hinblick auf die Menschenrechte, sondern auch der Mangel an gemeinsamen Interessen. Nationale Einzelinteressen und unilaterales Handeln bestimmen im beginnenden 21. Jahrhundert die Weltpolitik immer stärker. Das gilt für die USA, wo Donald Trump eine in die 1990er Jahre zurückreichende Entwicklung, die auch schon die Präsidentschaften von George W. Bush und Barack Obama charakterisierte, derzeit ins Extreme treibt und dabei den Transatlantizismus des 20. Jahrhunderts zerstört. Es gilt für China, das selbstbewusst und aggressiv seinen globalen Machtanspruch politisch, militärisch, ökonomisch und kulturell geltend macht. Es gilt aber auch für Russland, dessen Unilateralismus von Völkerrechtsverletzungen gekennzeichnet ist, am deutlichsten in der Annexion der Krim und der Einmischung in den ukrainischen Bürgerkrieg, und dem die internationale Staatengemeinschaft kaum etwas entgegenzusetzen hat, vor allem keinen gemeinsamen Handlungswillen. Darunter leiden wie der Völkerbund in den 1930er Jahren all jene internationalen Strukturen und Organisationen, die, anders als man das nach 1990 erwartete, nicht stärker, sondern schwächer geworden sind, weil sie unilateralem Handeln im Wege stehen.

In Europa – und auch hier meint man Entwicklungen und Konstellationen der Zwischenkriegszeit des 20. Jahrhunderts wiederzuerkennen – gefährden Dynamiken der Renationalisierung, oftmals begleitet von verharmlosenden Tarnvokabeln wie »Selbstbewusstsein« und »nationales Interesse«, die Gemeinsamkeit und den Zusammenhalt der Europäischen Union. Die Fliehkräfte nehmen zu. Dafür steht nicht nur der BREXIT, es gilt auch für die deutsche Politik. Das Friedensnarrativ, in der zweiten Hälfte des 20. Jahrhunderts angesichts der Erfahrung zweier Weltkriege, aber auch der Erfahrung einer krisengeschüttelten Zwischenkriegszeit konstitutiv für die Einigung Europas, verblasst und verliert an Wirkung. Schon wird die europäische Integration, wie wir sie kennen, an eine bestimmte historische Epoche gebunden, die an ihr Ende gelangt sei. Ein neo-nationales Europa, das dem der 1920er und 1930er Jahre gleicht, von Konflikten, Rivalitäten und zum Teil aggressiven Unilateralismen geprägt, ist keine Schreckensvorstellung mehr, sondern gehört zu den gegenwärtigen Dynamiken europäischer Politik. Und ein solches Europa wird von starken politischen Kräften angestrebt und begrüßt. Zu diesem Neo-Nationalismus gehört – innerhalb wie außerhalb Europas – eine Tendenz zur Relativierung völkerrechtlicher Normen und zur Remilitarisierung der Politik. Auch eine schärfer werdende Spannung zwischen dem Friedensgebot und dem Imperativ der Sicherheit ist Teil dieser Entwicklung.

Statt am Ziel eines souveränen, geeinten und demokratischen Europa festzuhalten, so hat es der französische Staatspräsident in einer Rede an der Pariser Sorbonne im September 2017 formuliert, sei Europa in den krisenhaften Veränderungen der Weltpolitik und den »Stürmen der Globalisierung« anfällig geworden für Nationalismus, Identitarismus, Protektionismus und Souveränismus durch Abschottung. Und Emmanuel Macron erinnert vor diesem Hintergrund auch an die Zwischenkriegszeit, als der Demokratie schon einmal Schwäche vorgeworfen worden sei, und warnte vor der »Faszination für unfreie Demokratien«, der »Faszination für brutalen Unilateralismus« aus der Begründung heraus, dass »Europa ineffektiv und schwach geworden sei und mit ihm die Demokratie«. Vor dem Europaparlament in Straßburg sprach Macron wenige Wochen später, wiederum unter Verweis auf die Zwischenkriegszeit, von der »illiberalen Faszination« als einer »tödlichen Illusion, die (…) unseren Kontinent in den Abgrund gestürzt hat. Die Illusion der starken Macht, des Nationalismus und der Aufgabe der Grundfreiheiten.«[7]

In der Tat weckt der Wiederaufstieg von Nationalismus, Populismus und Autoritarismus in Europa und der Welt, für den heute die Namen Putin, Erdoğan, Orbán, Kaczyński, Xi Jinping, aber auch Trump stehen, Erinnerungen an die Krise Europas und der Welt in den Jahren nach 1919. Damals stellten ein nicht verarbeiteter Krieg, ein ungewollter Frieden und – auch in deren Folge – eine tiefe wirtschaftliche Krise die liberale Demokratie in Frage, und in vielen Ländern gelangten autoritäre Regierungen an die Macht. Die Vorstellung einer liberalen Nachkriegsordnung, in der Sieger und Besiegte gleichermaßen friedlich und frei leben sollten, sie blieb nach dem Ersten Weltkrieg eine kurzlebige Illusion. Geschichte wiederholt sich nicht. Die Parallelen freilich, sie sind unübersehbar.

ANHANG

Dank

In der Zeit, in der dieses Buch entstanden ist, von der ersten Idee bis zum Abschluss des Manuskripts und zur Drucklegung, ist eine Dankesschuld gewachsen, die ich auch in diesen Zeilen abtragen möchte. Viele Menschen, in ganz unterschiedlichen Zusammenhängen und auf ganz unterschiedliche Weise, haben in den vergangenen Jahren zu dem Projekt »Versailles« beigetragen, aus dem am Ende das nun vorliegende Buch geworden ist.

In einem sehr frühen Stadium schon war Thomas Karlauf offen für meine Idee und interessiert an meinen Überlegungen. In vielen Gesprächen und einem kontinuierlichen intensiven Austausch hat er die Entstehung auch dieses Buchs begleitet. Im Siedler-Verlag war Jens Dehning ein von Beginn an hoch professioneller und kooperativer Ansprechpartner. Er hat mich in Ruhe gelassen, wenn ich Ruhe brauchte, und sich genau zu den richtigen Zeitpunkten in Erinnerung gebracht. Dass mein Buch wieder bei Siedler erscheinen kann, freut mich ungemein. Es freut mich auch deswegen, weil das die Zusammenarbeit mit Ditta Ahmadi ermöglichte, der das Buch und ich selber viel mehr als nur ihr herausragendes Lektorat verdanken.

Über mehrere Jahre hat das Buch an meiner Universität in Marburg Gestalt angenommen. Den Kolleginnen und Kollegen dort, insbesondere im Fachbereich 06 sowie im Sonderforschungsbereich »Dynamiken der Sicherheit«, danke ich für eine Atmosphäre voller Anregungen und guter Kooperation. In meinen Marburger Lehrveranstaltungen habe ich die Themen des Buchs verschiedentlich aufgegriffen, das daher auch von dem aufgeschlossenen Interesse der Studentinnen und Studenten profitiert hat. Zwei längere Aufenthalte an den Universitäten Toronto und Utrecht konnte ich für die Arbeit an dem Projekt nutzen. James Retallack und Randall Hansen (beide Toronto) sowie Beatrice de Graaf (Utrecht) danke ich nicht nur für die Einladungen nach Kanada und in die Niederlande, sondern auch für intensive Gespräche und wichtige Impulse. Das gilt auch für mein *Graduate Seminar* zum Thema »Paris 1919« in Toronto. Zu meinen akademischen Lehrern gehört Michael Stürmer, bei dem ich in den 1980er Jahren begonnen habe, mich mit internationaler Politik in Geschichte und Gegenwart zu beschäftigen. Ende September 2018 begeht er seinen 80. Geburtstag. An die Jahre in

Erlangen und Ebenhausen erinnere ich mich aus diesem Anlass gern und danke ihm für alles, was ich von ihm gelernt habe.

An meinem Marburger Lehrstuhl haben mir insbesondere Sarah Kramer, Sarah Wilder, Fabian Fehl und Michael Kubacki hoch motiviert zugearbeitet, Literatur recherchiert und beschafft, Ordnung in den Anmerkungsapparat und das Literaturverzeichnis gebracht sowie Korrektur gelesen. Anna Britschock hat viele Fäden zusammen- und mir gerade in der intensiven Schlussphase den Rücken frei gehalten. Meinem Marburger Oberseminar und Wencke Meteling, meiner langjährigen Assistentin, danke ich für die kritische Lektüre und Diskussion von Kapitelentwürfen, die mir sehr geholfen haben.

Am Ende muss ein Buch geschrieben werden, unabgelenkt und konzentriert. Den größten Teil des Manuskripts habe ich von Februar bis April 2018 in Genf verfasst. Nur einen Steinwurf vom Palais des Nations, dem Sitz des Völkerbunds, entfernt, haben mir Christa und Paul Plichta in der Avenue De-Budé ein geradezu ideales Refugium zur Verfügung gestellt. Dafür danke ich ihnen herzlich. An die gemeinsamen Abende und unsere Gespräche im Café de Soleil denke ich mit Vergnügen zurück.

Meine Familie hat mich – wieder einmal – ziehen lassen. Sie kann leider nicht jedes Mal mitkommen – so wie 2015 nach Toronto – wenn ich im Ausland Abstand vom universitären Alltag und eine produktive Distanz zu den deutschen Dingen suche. Aber nicht nur dafür danke ich meiner Familie und insbesondere unseren drei Kindern, sondern auch für ihr Verständnis in denjenigen Phasen, in denen das Buch fast meine ganze Zeit, Energie und Aufmerksamkeit in Anspruch genommen hat. So haben letzte Arbeiten am Manuskript einen Familienurlaub in der Provence überschattet. Aber wenn die Sonne heiß vom Himmel scheint, so wie 2018 nicht nur in Südfrankreich, sondern auch in Deutschland, dann hat Schatten auch seine guten Seiten. Der wichtigste und größte Dank steht am Schluss. Er gilt meiner Frau, Vanessa Conze, die die Entstehung auch dieses Buches von Anfang an mit Neugier, Interesse und mit großer Selbstlosigkeit begleitet hat. Am Ende war sie einmal mehr und trotz ihrer eigenen wissenschaftlichen Projekte die kritischste Leserin des gesamten Textes. Dafür danke ich ihr von Herzen und widme ihr – und diesmal nur ihr – dieses Buch!

Eckart Conze
Carqueiranne (Var), im Juli 2018

Anmerkungen

Einleitung
1 Das Folgende stützt sich auf Audoin-Rouzeau: »Gueules cassées«.
2 Zit. nach: ebd., S. 285.
3 Zit. nach: ebd., S. 287.
4 Krumeich: Versailles 1919.
5 Meinecke: Demobilmachung.
6 S. dazu Müller/Tooze (Hg.): Normalität, sowie Barth: Europa.
7 Zit. nach: Kolb: Frieden von Versailles, S. 107.
8 Vgl. Kautsky: Weltkrieg.
9 Skidelsky: Hopes Betrayed.
10 Rothfels: Fünfzig Jahre danach, S. 54.
11 Lloyd George: War Memoirs, Bd. 1, S. 32.
12 Kennan: World War I.
13 The Economist, 11.8.1945 sowie 23.12.1999.
14 Fischer: Griff nach der Weltmacht; ders.: Weltmacht oder Niedergang; ders.: Krieg der Illusionen.
15 Clark: Schlafwandler, S. 716.
16 Vgl. Krumeich: Vergleichende Aspekte, S. 916.
17 Verhandlungen der Deutschen Nationalversammlung (1919), Bd. 327, S. 1084.
18 François/Krumeich: Vertrag von Versailles, S. 159; vgl. auch Krumeich: Einleitung, S. 13.
19 Harpprecht: Versailles.
20 Zit. nach: Martel: Comment, S. 631.
21 Zit. nach: Thompson: Reformers and War, S. 239f.
22 Bartov/Weitz (Hg.): Shatterzone; vgl. auch Gerwarth: Die Besiegten.
23 Snyder: Bloodlands.
24 Burkhardt: Der Dreißigjährige Krieg.
25 Zit. nach: Rothwell: British War Aims, S. 159.
26 Mazower: Kontinent, S. 7.
27 Diese Perspektive legt Payk: Frieden durch Recht, seiner Untersuchung der Pariser Friedenskonferenz zugrunde.
28 Dülffer: Versailles und die Friedensschlüsse, S. 25.
29 Schmitt: Positionen und Begriffe, S. 94.
30 Vgl. Tooze: Sintflut, S. 334 und 516f.
31 Angell: Die große Täuschung, S. IXf. (engl.: The Great Illusion. A Study of the Relation of Military Power in Nations to their Economic and Social Advantage, London/New York 1910).
32 Ders.: Die falsche Rechnung.
33 Hale: Illusion, S. 314.
34 Ferguson: Der falsche Krieg, S. 92.
35 Angell: Täuschung, S. V.
36 Ferguson: Der falsche Krieg, S. 395.

37 Fischer: Krieg der Illusionen.
38 Soutou: Grande Illusion.
39 In dieser Perspektive wichtig: Audoin-Rouzeau/Prochasson (Hg.): Sortir de la Grande Guerre.
40 Theobald Tiger (Kurt Tucholsky): Gedicht »Krieg dem Kriege«, in: Ulk, 13.6.1919. Für den Hinweis danke ich Gerd Krumeich.
41 Zit. nach: Creel: War, S. 163.
42 Vgl. nicht zuletzt die Beiträge in Boemeke u.a. (Hg.): Treaty of Versailles.
43 So schon vor über fünfzig Jahren Mayer: Politics and Diplomacy, S. 29.

Krieg der Illusionen
1 Clark: Schlafwandler.
2 Aschmann: Preußens Ruhm.
3 Förster: Introduction, S. 7.
4 Chickering: Strategy, S. 98.
5 Ebd.
6 Zit. nach: Schulz: Revolutionen, S. 10.
7 Wells: The War that will End War.
8 Zit. nach: Fischer: Krieg der Illusionen, S. 742.
9 Claß: Denkschrift.
10 Zit. nach: Fischer: Krieg der Illusionen, S. 781.
11 Beide Denkschriften sind abgedruckt in: Böhme (Hg.): Aufrufe und Reden, S. 125–137.
12 Fischer: Krieg der Illusionen.
13 Münkler: Der Große Krieg, S. 621f.
14 Das erinnert an die Stalinnote 1952. S. dazu Zarusky: Stalinnote.
15 Official Statements of War Aims, S. 16–1.
16 Umfassend zur Biographie von Lloyd George bis zum Kriegsende: Grigg: Lloyd George; vgl. auch Cassar: Lloyd George.
17 War Speeches by British Ministers, S. 45–53.
18 Ebd., S. 134–140.
19 Peter: Kriegsziele, S. 108f.
20 Ebd., S. 109.
21 Jeismann: Vaterland.
22 Becker: Clemenceau (2009); ders.: Clemenceau (1998); Engels: Dritte Französische Republik, S. 125–128.
23 Soutou: Kriegsziele, S. 28. Umfassend und unübertroffen zu den Kriegszielen der europäischen Mächte ist bis heute ders.: L'or et le sang.
24 Soutou: Kriegsziele, S. 33, sowie ders.: French War Aims, S. 33–39.
25 Strachan: Der Erste Weltkrieg, S. 188.
26 Zit. nach: ebd.
27 Woller: Geschichte Italiens, S. 62–67; Gooch: »An Act of Madness«.
28 Rohwer: U-Boot-Krieg, S. 933.
29 Chickering: Strategy, S. 108.
30 Müller: Regierte der Kaiser?, S. 278f.
31 Zit. nach: Westarp: Konservative Politik, S. 85f.
32 Chickering: Strategy, S. 110; vgl. auch Bruendel: Volksgemeinschaft.
33 Verhandlungen des Reichstags (1917), Bd. 310, S. 3573.
34 Zum Volksbund s. Llanque: Demokratisches Denken.
35 Hagenlücke: Vaterlandspartei.

»Safe for Democracy«?

1 Vgl. Berg (2017): Wilson, S. 92.
2 Vgl. Tooze: Sintflut, S. 53f.
3 S. Berg (2017): Wilson, S. 97f.
4 Sautter: Vereinigte Staaten, S. 292–295 und 301–305; vgl. auch Berg (2017): Wilson, S. 52–81.
5 Vgl. Heideking/Mauch: USA, S. 211.
6 S. zu Wilson neben den deutschsprachigen Biographien von Berg (2017) und Schwabe insbesondere Berg (2013): Wilson, sowie noch immer die fünf Bände von Link: Wilson.
7 Berg (2017): Wilson, S. 20f.
8 Wilson: Congressional Government.
9 Berg (2017): Wilson, S. 38–40; Tooze: Sintflut, S. 81–83.
10 Wilson: New Freedom.
11 Berg (2017): Wilson, S. 77.
12 Zit. nach: ebd., S. 84.
13 Vgl. Schwabe: Weltmacht, S. 53.
14 Zit. nach: Fischer: Griff nach der Weltmacht, S. 382f.
15 Official Statements of War Aims, S. 49–55.
16 Papers of Woodrow Wilson, Bd. 37, S. 113–116.
17 Ebd., S. 116.
18 Official Statements of War Aims, S. 49–55.
19 Zit. nach: Schwabe: Weltmacht, S. 57.
20 Kessler: Tagebuch, Bd. 6, S. 137.
21 Vgl. Berg (2017): Wilson, S. 113.
22 Vgl. Boghardt: Zimmermann Telegram; Politisches Archiv des Auswärtigen Amtes: Zimmermann-Telegramm.
23 Official Statements of War Aims, S. 85–93.
24 Zit. nach: Berg (2017): Wilson, S. 123.
25 Soviet Documents on Foreign Policy (Bd. 1), S. 8f.
26 Ebd.
27 Dekret über den Frieden, zit. nach: http://www.1000dokumente.de/pdf/dok_0005_fri_de.pdf (letzter Zugriff am 3.7.2018).
28 Gelfand: Inquiry, S. 32–78.
29 Official Statements of War Aims, S. 234–239.
30 Vgl. Gelfand: Inquiry, S. 149f.
31 Papers of Woodrow Wilson, Bd. 45, S. 562–565.
32 Deutscher Geschichtskalender 1918 (I,1), S. 33–39.
33 Official Statements of War Aims, S. 265–271.
34 Ebd.
35 Ebd., S. 225–233.
36 Ebd.

Ein deutsches Diktat

1 Kessler: Tagebuch, Bd. 6, S. 328.
2 Ebd., S. 187f.
3 Baumgart: Brest-Litovsk; Kolb: Frieden von Versailles, S. 15.
4 Liulevicius: Kriegsland im Osten; Strazhas: Deutsche Ostpolitik.

5 Borodziej: Geschichte Polens, S. 82–89; Davies: Im Herzen Europas, S. 100–105.
6 Gerwarth: Die Besiegten.
7 Zum Vorstehenden s. Hildermeier: Geschichte der Sowjetunion, S. 63–102; Altrichter: Geschichte der Sowjetunion, S. 19–27; Neutatz: Träume und Alpträume, S. 10–51; Dahlmann: Russland, S. 87–96.
8 Zit. nach: Strachan: Erste Weltkrieg, S. 295.
9 Merridale: Lenins Zug.
10 Soviet Documents on Foreign Policy, S. 1–3.
11 Tooze: Sintflut, S. 149.
12 Zit. nach: 1000 Dokumente http://www.1000dokumente.de/pdf/dok_0002_vol_de.pdf (letzter Zugriff am 4.7.2018).
13 Baberowski: Feind; Martin: Affirmative Action Empire.
14 Tepora/Roselius: Finnish Civil War; Wuorinen: Finland, S. 212–224; Alapuro: State and Revolution, S. 143–196.
15 Kappeler: Geschichte der Ukraine, S. 167–172.
16 Münkler: Große Krieg, S. 665f.
17 Zit. nach: Baumgart: Vom Europäischen Konzert, S. 94.
18 Verhandlungen des Reichstags (1917), Bd. 311, S. 3947.
19 Tooze: Sintflut, S. 140.
20 Kühlmann: Erinnerungen, S. 523f.
21 Ursachen und Folgen, Bd. 2, S. 198.
22 Zit. nach: Bihl: Österreich-Ungarn, S. 571f.; vgl. auch Wollschläger: General Max Hoffmann, S. 63.
23 Ebd.
24 Tooze: Sintflut, S. 167.
25 Kessler: Tagebuch, Bd. 6, S. 297.
26 Nowak (Hg.): Aufzeichnungen, Bd. 1, S. 187.
27 Angaben nach: Strachan: Erste Weltkrieg, S. 325; vgl. auch Neutatz: Träume und Alpträume, S. 158–160.
28 Vgl. Herbert: Geschichte Deutschlands, S. 158f.; Aly/Heim: Vordenker der Vernichtung; Rössler/Schleiermacher (Hg.): »Generalplan Ost«.
29 Liebknecht: Aufzeichnungen, S. 51.
30 Official Statements of War Aims, S. 296f.
31 Zit. nach: Nicot: Poilus, S. 333.
32 Zit. nach: Kessler: Tagebuch, Bd. 6, S. 311.
33 Ebd., S. 315.
34 Ebd., S. 318.
35 Vgl. dazu Münkler: Große Krieg, S. 857, Anm. 46.
36 Zit. nach: Kitchen: Michael-Offensive, S. 714.
37 Kessler: Tagebuch, Bd. 6, S. 334.
38 Schwabe (Hg.): Quellen, S. 259–261.

»Schwarze Tage«

1 Amtliche Kriegs-Depeschen, Bd. 8, S. 2768.
2 Ursachen und Folgen, Bd. 2, S. 271–274.
3 Barth: Dolchstoßlegende.
4 Kessler: Tagebuch, Bd. 6, S. 448.
5 Ursachen und Folgen, Bd. 2, S. 282f.

6 Ebd., S. 280-282.
7 Ebd.
8 Ebd., S. 289f.
9 Schwabe (Hg.): Quellen, S. 50f.
10 Ursachen und Folgen, Bd. 2, S. 322-324.
11 Hindenburg: Leben, S. 403.
12 1000 Dokumente: http://www.1000dokumente.de/pdf/dok_0026_dol_de.pdf (letzter Zugriff am 5.7.2018).
13 Ursachen und Folgen, Bd. 2, S. 323.
14 Ebd., S. 347; Kessler: Tagebuch, Bd. 6, S. 560.
15 Machtan: Max von Baden; Matthias: Regierung.
16 Ursachen und Folgen, Bd. 2, S. 327.
17 Ebd., S. 331f.
18 Schwabe: Deutsche Revolution, S. 88-105; Text der Note in: ders. (Hg.): Quellen, S. 54.
19 Berg (2017): Wilson, S. 148. Die österreichische Note vom 14.9.1918 ist abgedruckt in: Ursachen und Folgen, Bd. 2, S. 309-312.
20 Schwabe: Deutsche Revolution, S. 63.
21 Schulz: Revolutionen und Friedensschlüsse, S. 167.
22 Berg (2017): Wilson, S. 21.
23 Schwabe: President Wilson, S. 229.
24 Das Folgende stützt sich auf Schwabe: Deutsche Revolution, S. 88-226, sowie ders.: President Wilson, S. 227-234; vgl. aber auch Renouvin: Rethondes.
25 Ursachen und Folgen, Bd. 2, S. 393f. und 429-431.
26 Ebd., S. 467f.
27 The Intimate Papers of Colonel House, Bd. 4, S. 167.
28 Schwabe (Hg.): Quellen, S. 65-67.
29 Payk: Frieden durch Recht, S. 157f.
30 Schulz: Revolutionen und Friedensschlüsse, S. 176.
31 Zit. nach: Schwabe: President Wilson, S. 231.
32 Zit. nach: ders.: Deutsche Revolution, S. 227.
33 Erzberger: Erlebnisse, S. 333.
34 Ursachen und Folgen, Bd. 2, S. 393f.
35 Ebd., Bd. 2, S. 429-431.
36 Zit. nach: Schwabe: Deutsche Revolution, S. 197.
37 Kessler: Tagebuch Bd. 6, S. 596.
38 Ursachen und Folgen, Bd. 2, S. 381f.
39 Geyer: Insurrectionary Warfare; Mick: 1918.
40 Ursachen und Folgen, Bd. 2, S. 467f.
41 Dickmann: Kriegsschuldfrage, S. 83.
42 Schwabe: Deutsche Revolution, S. 179 und 182.
43 Schon früh Nicolson: Friedensmacher 1919, S. 22; vgl. auch Krüger: Versailles, S. 57.
44 Schwabe: Deutsche Revolution, S. 182; Payk: Frieden durch Recht, S. 212f.; Renouvin: Rethondes.
45 Ursachen und Folgen, Bd. 2, S. 472-474.
46 Sabrow: Organisation Consul.
47 Ursachen und Folgen, S. 484.
48 Ebd.
49 Raichle: Hitler, S. 287-321.

50 Zit. nach: Mordacq: Ministère Clemenceau, Bd. 3, S. 2f.
51 Manchester Guardian, 12.11.1918
52 Kessler: Tagebuch Bd. 6, S. 628.
53 Höpken: Bulgarien.
54 Zürcher: Osmanisches Reich, S. 761.
55 Judson: Habsburg, S. 533–563; vgl. auch Rauchensteiner: Der Erste Weltkrieg; ders.: Österreich.
56 Segesser: Der Erste Weltkrieg, S. 110–120; Marx: Geschichte Afrikas, S. 156–159.
57 Segesser: Der Erste Weltkrieg, S. 120–127; Dabringhaus: Geschichte Chinas, S. 48f.; Vogelsang: Geschichte Chinas, S. 500–503; Krebs: Japan, S. 35–43.
58 Weber: Gesamtausgabe, Abt. 2, Bd. 9, S. 698; vgl. auch Mommsen: Max Weber and the Peace Treaty, S. 544.
59 Niedhart: Kriegsende, S. 180f.
60 Dülffer: Frieden schließen, S. 22.
61 Troeltsch: Spectator-Briefe, S. 69.

Im Traumland der Waffenstillstandsperiode

1 Thompson: Peace Conference, S. 1–9; vgl. auch MacMillan: Friedensmacher, S. 45f.
2 Papers of Woodrow Wilson, Bd. 53, S. 531–533; vgl. auch Thompson: Peace Conference, S. 57.
3 Thompson, Peace Conference, S. 16f.
4 Ebd.
5 Papers of Woodrow Wilson, Bd. 53, S. 544.
6 Zit. nach: Creel: War, S. 163.
7 Schwabe (Hg.): Quellen, S. 68f.
8 Ebd., S. 69.
9 Krüger: Außenpolitik, S. 51.
10 Ders.: Versailles, S. 54; ders.: Außenpolitik, S. 52.
11 Ders.: Versailles, S. 57.
12 Ebert: Schriften, Aufzeichnungen, Reden (Bd. 2), S. 127.
13 Die Verlängerungsabkommen sind abgedruckt in: Ursachen und Folgen, Bd. 3, S. 332f., 337–341 und 341f.
14 Krüger: Außenpolitik, S. 45; Scheidemann: Brockdorff-Rantzau, S. 379f.
15 Schwabe (Hg.): Quellen, S. 93–97.
16 Krüger: Außenpolitik, S. 53.
17 Ursachen und Folgen, Bd. 3, S. 331f.
18 Ebd., S. 332.
19 Ebd., S. 332.
20 Mombauer: Origins; Schwertfeger: Weltkrieg der Dokumente. Zur Rolle deutscher Historiker in diesem Zusammenhang s. Cornelißen: »Schuld am Weltfrieden«.
21 Krüger: Außenpolitik, S. 61.
22 Krumeich: Einleitung. Die Präsenz des Krieges im Frieden, S. 16.
23 Düwell: Deutschlands auswärtige Kulturpolitik; ders.: Gründung.
24 Vgl. dazu auch Krumeich: Vergleichende Aspekte, S. 913–920.
25 Kessler: Tagebuch, Bd. 6, S. 640 und 693.
26 S. dazu die Aufzeichnung des deutschen Diplomaten Werner Freiherr von Rheinbaben zur deutschen Politik gegenüber der Tschechoslowakei vom 9.12.1918, abgedruckt in: Schwabe (Hg.): Quellen, S. 80f.

27 Krüger: Außenpolitik, S. 59.
28 Myers: Berlin versus Vienna; vgl. auch Krüger: Außenpolitik, S. 54-57.
29 Haupts: Deutsche Friedenspolitik, S. 196.
30 Luckau: German Delegation, S. 27-41; vgl. auch Bernstorff: Erinnerungen und Briefe.
31 Krüger: Versailles, S. 18f.
32 Ebd., S. 25f. und 57; Luckau: German Delegation, S. 31.
33 Ebd., S. 27. Die Handbücher wurden nach Abschluss der Friedenskonferenz publiziert: Historical Section of the Foreign Office (Hg.): Peace Handbooks. Vgl. auch Nicolson: Friedensmacher, S. 30f.
34 Zu E. Lavisse s. den Eintrag auf der Website der Académie Française: http://www.academie-francaise.fr/les-immortels/ernest-lavisse (letzter Zugriff: 6.7.2018).
35 Gelfand: Inquiry.
36 Reisser: Black Book.
37 S. Schwabe: Weltmacht, S. 65.
38 Berg (2017): Wilson, S. 153f.
39 Ebd., S. 153-155; Tooze: Sintflut, S. 288-290.
40 Ebd., S. 311.
41 Zit. nach: Nicolson: Friedensmacher, S. 26f.
42 Thompson: Press Barons; ders.: Fleet Street Colossus.
43 Brüggemeier: Geschichte Großbritanniens, S. 122-127; MacMillan: Friedensmacher, S. 69-85.
44 Zit. nach: Tooze: Sintflut, S. 313.
45 Thompson: Peace Conference, S. 91.
46 Ebd., S. 154.

Paris – Hauptstadt der Welt

1 Nicolson: Friedensmacher, S. 224.
2 Marston: Paris Peace Conference, S. 58f.
3 Thompson: Peace Conference, S. 116f.
4 Metcalf/Metcalf: History of Modern India, S. 162-166.
5 Ebd., S. 163.
6 Zit. nach: Lütt: Indien, S. 61.
7 Manela: Wilsonian Moment, S. 93f.
8 Metcalf/Metcalf: History of Modern India, S. 167; vgl. auch Mann: Geschichte Indiens, S. 87f.
9 Ebd.
10 Manela: Wilsonian Moment, S. 97 und 161.
11 FRUS (Foreign Relations of the United States) 1919, PPC (Paris Peace Conference), Bd. 1, S. 341.
12 Nicolson: Friedensmacher, S. 91.
13 Payk: Frieden durch Recht, S. 187.
14 Webster: Congress of Vienna, S. 98-115.
15 Payk: Frieden durch Recht, S. 188.
16 Ebd.
17 Vgl. beispielsweise Miller: Diary, Bd. 2, S. 28f. und 32. Die an dieser Stelle erstmals zitierten Tagebücher von David Hunter Miller stellen eine zentrale Quelle zu den Pariser Verhandlungen statt. Miller, ein New Yorker Rechtsanwalt, war in Paris Angehöriger der amerikanischen Delegation und der Völkerrechtsberater Wilsons. In

seinen Tagebüchern, die er in 22 Bänden 1924 in kleinster Auflage und eher für den privaten Gebrauch publiziert hat, finden sich nicht nur Tagebucheintragungen, sondern auch verschiedenste Aufzeichnungen aus den Konferenzmonaten sowie umfassende Abschriften bzw. Kopien von Protokollen, Memoranden und anderen offiziellen Konferenzunterlagen. Daher werden die »Tagebücher«, die in der Thomas Fisher Rare Book Library (Robarts Library, University of Toronto) eingesehen werden konnten, hier durchgehend herangezogen.

18 FRUS, PPC, Bd. 4, S. 374, sowie Bd. 11, S. 121; vgl. auch Miller: Diary, Bd. 1, 17.3.1919.
19 Payk: Frieden durch Recht, S. 220f.
20 Nowak: Versailles, S. 42.
21 Nicolson: Friedensmacher, S. 233; Headlam-Morley: Memoir, S. 7.
22 Thompson: Peace Conference; S. 105f. und 118f.; Hansen: Adventures, S. 36f.
23 Heinemann: Niederlage, S. 25f.
24 FRUS, PPC, Bd. 3, S. 159–164, hier 164.
25 Ebd., S. 164f.
26 MacMillan: Friedensmacher, S. 59.
27 Krumeich: Versailles 1919, S. 53.
28 Zit. nach: ebd.
29 FRUS, PPC, Bd. 3, S. 165.
30 Ebd., S. 169.
31 Ebd., S. 190; Miller: Diary, Bd. 4, S. 68.
32 FRUS, PPC, Bd. 3, S. 196f.
33 Streeter: South America, S. 102.
34 Miller: Diary, Bd. 4, S. 77.
35 Streeter: South America, S. 102–108; vgl. auch Rinke: Sog der Katastrophe, S. 224–229.
36 Mantoux: Deliberations.
37 Mantoux: Deliberations; Hankey: Supreme Control; Aldrovandi Marescotti: Krieg der Diplomaten.
38 Mantoux: Delibertions, Bd. 1, S. 370–381.
39 Ebd., S. 3.
40 Ebd., S. 122; Baumgart: Vom europäischen Konzert, S. 73f.
41 Ebd.
42 Nicolson: Friedensmacher, S. 47–51.
43 Miller: Diary, Bd. 15, S. 464–467.
44 MacMillan: Friedensmacher, S. 276.
45 Zit. nach: Goebel: Anti-imperial Metropolis, S. 1.
46 Manela: Wilsonian Moment, S. 5.
47 Ebd., S. 3f.; Bradley: Imagining Vietnam, S. 10f.
48 Mishra: Ruinen des Empires, S. 249.
49 Ebd., S. 256.
50 Das Folgende beruht auf Manela: Wilsonian Moment, S. 119–135 und 197–213, Kyung Moon Hwang: History of Korea, S. 129–171, sowie Zöllner: Geschichte der japanisch-koreanischen Beziehungen.
51 Zit. nach: Manela: Wilsonian Moment, S. 206f.
52 Ebd.
53 Ebd., S. 209.
54 Zit. nach: ebd., S. 212.

55 Contee: Du Bois, S. 15f.; vgl. auch Lewis: W. E. B. Du Bois, S. 562f. Zu Du Bois s. auch Horne: W. E. B. Du Bois.
56 Goebel, Anti-imperial Metropolis, S. 152f.; Contee: Du Bois, S. 24–27; Lewis: W. E. B. Du Bois, S. 574–578.

Eine Welt des Friedens?

1 Henig (Hg.): League of Nations, S. 164f.; Scott: Rise and Fall, S. 404.
2 Baumgart: Vom europäischen Konzert, S. 137; vgl. Kampmann: Frieden, Sp. 14.
3 Mazower: Die Welt regieren, S. 18–127; Riehle: Ordnung der Welt; Volkmer: Kriegsverhütung.
4 Herren: Internationale Organisationen; Geyer/Paulmann: Mechanics of Internationalism.
5 Dülffer: Regeln gegen den Krieg; allgemein zur Entwicklung des Völkerrechts: Koskenniemi: Gentle Civilizer.
6 Mazower: Die Welt regieren, S. 131f.
7 Ebd.
8 Berg (2017): Wilson, S. 106f.
9 Official Statements of War Aims and Peace Proposals, S. 49–55.
10 Ebd., S. 234–239.
11 Ebd., S. 349–352.
12 Schwabe (Hg.): Quellen, S. 82–84.
13 Widenor: Construction, S. 550.
14 Ebd., S. 561.
15 Nicolson: Friedensmacher, S. 35f.
16 Ebd., S. 72 und 74.
17 Ebd., S. 92f.
18 Official Statements of War Aims, S. 381–383.
19 Mazower: Die Welt regieren, S. 141.
20 Ellis: The Origin, S. 75–77; Mazower: Die Welt regieren, S. 142.
21 Miller: Diary, Bd. 1, S. 68.
22 MacMillan: Friedensmacher, S. 139; vgl. auch Raffo: Anglo-American Preliminary Negotiations.
23 Smuts: League of Nations.
24 Ebd.
25 Smuts: Selections from the Smuts Papers, Bd. 4, S. 10–16.
26 Miller: Diary, Bd. 4, S. 54–57.
27 Ebd., S. 57.
28 Ebd., S. 162.
29 Zit. nach: Payk: Frieden durch Recht, S. 550.
30 Materialien, betreffend die Friedensverhandlungen, Bd. 3, S. 20.
31 Miller: Diary, Bd. 5, S. 201.
32 Ebd., Bd. 14, S. 49.
33 Zit. nach: MacMillan: Friedensmacher, S. 141.
34 Miller: Diary, Bd. 5, S. 432.
35 Ebd., Bd. 1, 12.2.1919.
36 Ebd., Bd. 6, S. 481.
37 Ebd., Bd. 7, S. 121.
38 Ebd., Bd. 8, S. 142f.

39 Vgl. dazu auch Tooze: Sintflut, S. 332–334.
40 Vgl. ebd., s. 491–507, sowie Herring: Colony to Superpower, S. 452–456, und Schwabe: Weltmacht, S. 82f.
41 Mazower: Die Welt regieren, S. 148.
42 Lloyd: Drummond.
43 Zum Völkerbund s. im Überblick: Löhr: Völkerbund; Henig: League of Nations; Housden: League of Nations.
44 Dazu im Überblick Löhr: Völkerbund, sowie Herren: Internationale Organisationen.
45 Vgl. ebd., sowie Müller: Nach dem Ersten Weltkrieg, S. 35.
46 Zit. nach: Mishra: Ruinen des Empires, S. 242.
47 Miller: Diary, Bd. 1, S. 68.
48 Nicolson: Friedensmacher, S. 142f.
49 Ebd., S. 143.
50 Shimazu: Japan; Lauren: Human Rights.
51 Die Zwischenüberschrift »A World Safe for Empire« geht zurück auf Manela: Wilsonian Moment, S. 197; vgl. aber auch Stone: Comment, in: H-Diplo Roundtable Review (2001).
52 FRUS, PPC, Bd. 3, S. 229.
53 Miller: Diary, Bd. 1, S. 372; s. auch Schwabe (Hg.): Quellen, S. 82–84.
54 Pedersen: Guardians, S. 18.
55 Zit. nach: ebd., S. 27.
56 Smuts: League of Nations, S. 16–24.
57 Krämer: Der Vordere Orient, S. 471.
58 Lawrence: Sieben Säulen; Thorau: Lawrence von Arabien.
59 Krämer: Der Vordere Orient, S. 472.
60 Barr: Line in the Sand, S. 7–36; Fromkin: Peace, S. 342–345; Zürcher: Sykes-Picot-Abkommen.
61 Poincaré: A la recherche de la paix, S. 104.
62 Miller: Diary, Bd. 14, S. 39f.
63 Ebd., S. 88.
64 MacMillan: Friedensmacher, S. 152.
65 Zit. nach: ebd., S. 153.
66 Miller: Diary, Bd. 14, S. 42 und 88–96.
67 FRUS, PPC, Bd. 3, S. 797–817; vgl. Lloyd George: Truth, Bd. 1, S. 538–541; vgl. auch Völkerbundssatzung, Art. 22.
68 Ebd.
69 Miller: Diary, Bd. 14, S. 99–103; vgl. auch FRUS, PPC, Bd. 3, S. 804.
70 Die Friedensbedingungen der Alliierten und Assoziierten Regierungen, S. 77 (Art. 119).
71 Materialien, betreffend die Friedensverhandlungen, Bd. 3, S. 44f.
72 Miller: Diary, Bd. 14, S. 21 und 33.
73 Zit. nach: Pedersen: Guardians, S. 32f.
74 Fromkin: Peace.
75 Vgl. Deutsch: Nationalism, aber auch Anderson: Imagined Communities.
76 Miller: Diary, Bd. 4, S. 297–299.
77 Ebd.
78 Zit. nach: Pedersen: Guardians, S. 37; vgl. auch Gelvin/Lesch (Hg.): Legacy.
79 Krämer: Der Vordere Orient, S. 472–474; Cleveland/Bunton: History of the Modern Middle East, S. 151–156.

80 Krämer: Der Vordere Orient, S. 468.
81 Miller: Diary, Bd. 15, S. 115.
82 S. den Mandatstext unter: http://avalon.law.yale.edu/20th_century/palmanda.asp (letzter Zugriff: 7.7.2018).

Frieden mit Deutschland?

1 Marks: Smoke and Mirrors, S. 337.
2 Creel: War, S. 163.
3 Miquel: La Paix, S. 265.
4 Baker: Wilson; vgl. auch Binkley: Ten Years, S. 613.
5 Vgl. Trachtenberg: Versailles.
6 Zit. nach: Dülffer: Frieden schließen, S. 27.
7 Schwabe (Hg.): Quellen, S. 77-79.
8 Zit. nach: Jackson: Balance of Power, S. 276.
9 Schwabe (Hg.): Quellen, S. 93-97.
10 Ebd.
11 Zit. nach: Dülffer: Frieden schließen, S. 28.
12 Ebd., S. 27.
13 Zit. nach: Jackson: Balance of Power, S. 286.
14 Schwabe (Hg.): Quellen, S. 122f.
15 Zit. nach: Kolb: Versailles, S. 59.
16 Schwabe: Deutsche Revolution, S. 415f.
17 Ders. (Hg.): Quellen, S. 124.
18 Ders.: Deutsche Revolution, S. 446f.
19 Ebd., S. 469-474; Jackson: Balance of Power, S. 290-295.
20 Zit. nach: Jackson: Balance of Power, S. 293.
21 Ebd., S. 294 und 305.
22 Ebd., S. 299.
23 Miller: Diary, Bd. 20, S. 178.
24 Jackson: Balance of Power, S. 300-302.
25 Zit. nach: Cabanes: Soldaten.
26 Dülffer: Frieden schließen, S. 29.
27 Zum Kontext s. Köhler: Adenauer und die rheinische Republik, S. 136-164.
28 Balace: Belgien.
29 Mantoux: Deliberations, Bd. 1, S. 55-68 und 80-85.
30 Ebd., S. 62f.
31 Kraus: Saarland.
32 Recouly: Mémorial de Foch; Clemenceau: Grandeurs et misères; vgl. Becker: Frankreich, S. 68f.
33 Wandycz: Polish Question, S. 325.
34 Zit. nach: Borodziej: Geschichte Polens, S. 97.
35 Prazmowska: Paderewski.
36 Borodziej: Geschichte Polens, S. 102f.
37 Ebd., S. 105.
38 Lloyd George: Truth, Bd. 2, S. 972; Wandycz: Polish Question, S. 324.
39 Wandycz: Polish Question, S. 325.
40 MacMillan: Friedensmacher, S. 297-300.
41 Mantoux: Deliberations, Bd. 1, S. 108.

42 Zit. nach: Wandycz: Polish Question, S. 327.
43 Borodziej: Geschichte Polens, S. 110.
44 Baker: World War, Bd. 2, S. 64; Baumgart: Vom europäischen Konzert, S. 97 (unter Bezug auf Bailey: Wilson).
45 Goldstein: Peace Settlements, S. 48.
46 Lloyd George: Truth, Bd. 1, S. 326f.
47 Fontainebleau-Memorandum, in: Schwabe (Hg.): Quellen, S. 156–166.
48 Krebs: Japan, S. 42.
49 Goldstein: Peace Settlements, S. 49; Steiner: The Lights that Failed, S. 137f.; MacMillan: Friedensmacher, S. 113.
50 FRUS, PPC, Bd. 3, S. 582f.
51 Ebd., S. 651.
52 Mantoux: Deliberations, Bd. 1, S. 12.
53 Snyder: Bloodlands; Gerwarth: Die Besiegten.
54 Goldstein: Peace Settlements, S. 52.
55 Webster: Congress of Vienna.
56 Mantoux: Deliberations, Bd. 1, S. 31.
57 Fontainebleau-Memorandum, in: Schwabe (Hg.): Quellen, S. 156–166; vgl. auch Lloyd George: Truth, Bd. 1, S. 403–416.
58 Ebd.
59 Mantoux: Deliberations, Bd. 1, S. 3.
60 Ebd., S. 32–35.
61 Fontainebleau-Memorandum, in: Schwabe (Hg.): Quellen, S. 165.
62 Ebd., S. 67f.
63 Ursachen und Folgen, Bd. 2, S. 482–487.
64 Tooze: Sintflut, S. 361f.
65 Marks: Myths of Reparations, S. 235.
66 Tooze: Sintflut, S. 363.
67 Lloyd George: Truth, Bd. 1, S. 559f.
68 Abgedruckt in: ebd., S. 563.
69 Verhandlungen des Reichstags, Bd. 367, S. 1713–1716.
70 Vgl. zusammenfassend Marks: Smoke and Mirrors, S. 344.
71 Mantoux: Deliberations, Bd. 1, S. 147f.
72 Zit. nach: Marks: Illusions of Peace, S. 13.
73 Grundlegend noch immer: Albrecht-Carrié: Italy.
74 Woller: Geschichte Italiens im 20. Jahrhundert, S. 77–80.
75 Wehler: Sozialimperialismus.
76 Jonas: Battle of Adwa.
77 Steiner: The Lights that Failed, S. 87f.
78 Mantoux: Deliberations, Bd. 1, S. 125–129 und 276–369.
79 Ebd., S. 277–280.
80 Ebd., S. 290.
81 Ebd., S. 292.
82 Ebd., S. 294.
83 Ebd., S. 308.
84 Ebd., S. 358f.
85 Ebd., S. 360.
86 Ebd., S. 385.

87 Ebd., S. 385.
88 Zit. nach: Manela: Wilsonian Moment, S. 183.
89 Vogelsang: Geschichte Chinas, S. 502.
90 Ebd., S. 507.
91 Manela: Wilsonian Moment, S. 99 und 108f.
92 S. das Foto in: ebd., S. 104; vgl. auch: Mishra: Ruinen des Empires, S. 235f.
93 Zit. nach: Manela: Wilsonian Moment, S. 111f.
94 Clements: Wellington Koo.
95 Manela: Wilsonian Moment, S. 112.
96 FRUS, PPC, Bd. 3, S. 749-757 (28.1.1919); Vogelsang: Geschichte Chinas, S. 507.
97 Mantoux: Deliberations, Bd. 1, S. 322.
98 Shimazu: Japan, Race, and Equality.
99 Manela: Wilsonian Moment, S. 197-199.
100 Mantoux: Deliberations, Bd. 1, S. 336.
101 Ebd., S. 335 und S. 379f.
102 Ebd., S. 326.
103 Ebd., S. 334.
104 Ebd., S. 425f.
105 Zit. nach: Manela: Wilsonian Moment, S. 186f.
106 Vogelsang: Geschichte Chinas, S. 508; Dillon: China, S. 177f.
107 Zit. nach: Manela: Wilsonian Moment, S. 188.
108 Dabringhaus: Geschichte Chinas, S. 66; Vogelsang: Geschichte Chinas, S. 508f.
109 Vogelsang: Geschichte Chinas, S. 512f.
110 Zit. nach: Manela: Wilsonian Moment, S. 194.
111 MacMillan: Friedensmacher, S. 452; Manela: Wilsonian Moment, S. 192.
112 MacMillan: Friedensmacher, S. 455.
113 Friedensbedingungen der Alliierten, S. 86-105.
114 Materialien, betreffend die Friedensverhandlungen (I/II), S. 8.
115 Luckau: German Delegation, S. 115 (ins Deutsche rückübersetzt).
116 Schiff: Versailles, zit. nach: Kolb: Versailles, S. 73.
117 Warburg: Aufzeichnungen, S. 77f.; Luckau: German Delegation, S. 115f.
118 Zit. nach: Schwabe (Hg.): Quellen, S. 101-103.
119 Vgl. ebd., S. 99f.
120 Ebd., S. 20.
121 Ebd., S. 222-231, hier 230f.
122 Ebd., S. 222.
123 Das Folgende beruht auf Warburg: Aufzeichnungen, S. 78f.; Luckau: German Delegation, S. 65-69 und S. 115-134; Nowak: Versailles, S. 253-266; Lloyd George: Truth, Bd. 1, S. 675-682; Thompson: Peace Conference, S. 359-366; Shotwell: Paris Conference, S. 47-49; Redetexte nach: Schwabe (Hg.): Quellen, S. 242-246.
124 Scheidemann: Brockdorff-Rantzau; Haupts: Brockdorff-Rantzau.
125 Warburg: Aufzeichnungen, S. 78.
126 Drei dieser Entwürfe sind abgedruckt in: Luckau: German Delegation, S. 213-220; vgl. auch Scheidemann: Brockdorff-Rantzau, S. 464f.
127 Der Gesamttext der nicht gehaltenen, kurzen Redevariante lautet: »Wir sind bereit, nachdem die Waffen gegen uns entschieden haben, die Bedingungen anzunehmen, für die die Vorverhandlungen die Basis geben. Wir sind bereit, bis an die Grenze des Möglichen zu gehen, diese Grenze aber wird dargestellt durch die Würde und die

Existenzmöglichkeit des deutschen Volkes. Wir werden das uns übergebene Dokument mit gutem Willen und in der Hoffnung prüfen, dass das Ergebnis unserer Zusammenkunft von uns allen gezeichnet werden kann.« Zit. nach: Nowak: Versailles, S. 257 f; vgl. auch ebd., S. 7, sowie Luckau: German Delegation, S. 65.
128 Shotwell: Paris Conference, S. 49.
129 Vgl. Krüger: Versailles, S. 22.
130 Krumeich: Vergleichende Aspekte, S. 919f.
131 Schwabe (Hg.): Quellen, S. 21.
132 Mantoux: Deliberations, Bd. 2, S. 116f.
133 Kessler: Tagebuch, Bd. 7, S. 243.
134 Troeltsch: Spectator-Briefe, S. 69.
135 Berliner Tageblatt, 8.5.1919 (Morgenausgabe); Vorwärts, 8.5.1919 (Morgen- und Abendausgabe).
136 Dieses und die weiteren Zitate nach: Verhandlungen des Reichstages, Bd. 327, S. 1081–1111.
137 Boehm: Friedensschuldfrage.
138 Krüger: Versailles, S. 10.
139 Warburg: Aufzeichnungen, S. 71 und 86f.
140 Mantoux: Deliberations, Bd. 2, S. 336f.
141 Schwabe (Hg.): Quellen, S. 264–269.
142 Materialien, betreffend die Friedensverhandlungen (I/II), S. 27.
143 Akten der Reichskanzlei: Kabinett Scheidemann, Nr. 72.
144 Materialien, betreffend die Friedensverhandlungen (I/II), S. 41.
145 Zit. nach: Kaesler: Max Weber, S. 882.
146 Weber: Gesammelte Politische Schriften, S. 476–485.
147 Kaesler: Max Weber, S. 882.
148 Materialien, betreffend die Friedensverhandlungen (I/II), S. 58–61.
149 Materialien, betreffend die Friedensverhandlungen (III), S. 5–24.
150 Eine ältere deutsche Forschung, stark anti-englisch orientiert, hat in Kerrs Textentwurf einen Beleg für die anti-deutsche Politik Lloyd Georges erkennen wollen, der in dieser Literatur dann auch als »verschlagener Taktiker« begegnet. Vgl. beispielsweise die ansonsten aufgrund ihrer Quellengrundlage überaus instruktive Studie von Dickmann: Kriegsschuldfrage, S. 59.
151 Schwabe (Hg.): Quellen, S. 357–369.
152 Ebd., S. 373–377.
153 Zit. nach: Krüger: Versailles, S. 43.
154 Schwabe (Hg.): Quellen, S. 308–311.
155 Mantoux: Deliberations, Bd. 2, S. 502.
156 Ursachen und Folgen, Bd. 3, S. 371–373; vgl. auch Krüger: Scapa Flow, S. 816f.
157 Verhandlungen des Reichstages, Bd. 327, S. 1113–1138.
158 Ursachen und Folgen, Bd. 3, S. 385f.
159 Kessler: Tagebuch Bd. 7 (19.6.1919, 23.6.1919).
160 Ursachen und Folgen, Bd. 3, S. 386.
161 Schwabe (Hg.): Quellen, S. 389f.
162 Kessler: Tagebuch Bd. 7 (23.6.1919).
163 Zwach: Militärmuseen, S. 129f.; Libero: Rache und Triumph, S. 220; Müller: Berliner Zeughaus.
164 Verhandlungen des Reichstages, Bd. 327, S. 1139–1152.

165 Das Folgende basiert auf Thompson: Peace Conference; Nicolson: Friedensmacher; Kraus: Tagebuchaufzeichnung; Müller-Franken: Novemberrevolution.
166 Kraus: Tagebuchaufzeichnung, S. 24.
167 Ebd., S. 9f.
168 Zit. nach: Czernin: Versailles 1919.
169 Kraus: Tagebuchaufzeichnung, S. 17f. Der Text des Redeentwurfs lautet: »Dem deutschen Volke weiteres unerträgliches Leid zu ersparen und der schweren Krise, die die Welt erschüttert, ein Ende zu setzen, haben wir, unerhörtem Zwange weichend, den Frieden gezeichnet. Wir machen dabei keinen Vorbehalt: das deutsche Volk wird, soweit es in seinen Kräften steht, den Vertrag erfüllen. Das Recht, das man ihm gebrochen, und die Achtung, die man ihm versagt, wieder zu erringen, ist das Ziel, das es in zähem Kampfe erstreben wird. Diesen Kampf um das Recht wird es führen allein mit den Mitteln des Rechts. Heute, in der Schicksalsstunde der Welt, fordert das schwer getroffene deutsche Volk auch seine bisherigen Feinde auf, mit ihm den Weg des Rechts zu beschreiten, der allein zur Ruhe und zum Frieden der Welt führt.«
170 Harden: Versailles, S. 636.
171 Erzberger: Erlebnisse, S. 383; vgl. auch Epstein: Erzberger, S. 364.
172 Weber: Gesammelte Politische Schriften, S. 551.
173 Ritter: Versailler Vertrag, S. 108f.; vgl. auch Cornelißen: »Schuld am Weltfrieden«, S. 238.
174 Schmitt: Positionen und Begriffe, S. 33 und 38.
175 Max Weber: Gesamtausgabe, Bd. 10/2, S. 662.
176 Cohrs: Unfinished Peace; Jackson: Balance of Power.
177 Dülffer: Frieden schließen, S. 33.
178 Krumeich: Einleitung, S. 11f.

Vergeben und vergessen?

1 Zit. nach: Hankel: Leipziger Prozesse, S. 27; vgl. auch Read: Atrocity, S. 246.
2 Fisch: Krieg und Frieden, S. 92f.
3 Zum Vorstehenden: Dickmann: Kriegsschuldfrage, S. 4-7; Hankel: Leipziger Prozesse, S. 31-34; Wolgast: Pax Optima Rerum, S. 179-205; Fisch: Krieg und Frieden.
4 Hankel: Leipziger Prozesse, S. 41f.
5 Zit. nach: ebd., S. 30.
6 Wiggenhorn: Verliererjustiz, S. 57-59.
7 Zit. nach: Hankel: Leipziger Prozesse, S. 45.
8 Zit. nach: Wiggenhorn: Verliererjustiz, S. 51.
9 Ursachen und Folgen, Bd. 4, S. 26f.
10 Zit. nach: Hankel: Leipziger Prozesse, S. 50, Anm. 33.
11 Ebd., S. 49; vgl. auch Kramer: Versailles, S. 81.
12 Zit. nach: Hankel: Leipziger Prozesse, S. 55f.
13 Ebd., S. 55f. und 103.
14 Wiggenhorn: Verliererjustiz, S. 140-147.
15 Zit. nach: Kreß, Versailles, S. 13.
16 Hankel: Leipziger Prozesse, S. 497; Wiggenhorn: Verliererjustiz, S. 367f.
17 Ahlbrecht: Geschichte der völkerstrafrechtlichen Strafgerichtsbarkeit, S. 42; Hankel: Leipziger Prozesse, S. 103f.
18 Radbruch: Der innere Weg, S. 255; vgl. auch Hankel: Leipziger Prozesse, S. 104.
19 Vgl. Kreß: Versailles, S. 21.

20 Glueck: War Criminals, S. 34.
21 Zit. nach: Bass: Hand of Vengeance, S. 58.
22 Prozess gegen die Hauptkriegsverbrecher, Bd. 2, S. 118.
23 Kreß: Versailles, S. 17f.; Hankel: Leipziger Prozesse, S. 500–506.
24 Zitate nach: Hankel: Leipziger Prozesse, S. 23 und 25.
25 Horne/Kramer: German Atrocities, S. 317–321.
26 Bass: Hand of Vengeance, S. 64.
27 Zitate nach: ebd., S. 65f.; vgl. auch Lloyd George: Truth , Bd. 1, S. 94–114.
28 S. Lingen: »Crimes Against Humanity«.
29 Carnegie Endowment of International Peace: Report of the International Commission; vgl. auch Segesser: Recht statt Rache, S. 143–150.
30 Zahlen nach: Zürcher: Turkey, S. 114.
31 Segesser: Recht statt Rache, S. 207; Bass: Hand of Vengeance, S. 116f.
32 Deitelhof: Angst vor Bindung.
33 Conze: Völkerstrafrecht, S. 198–201; Segesser: Recht statt Rache; Bass: Hand of Vengeance.
34 Zit. nach: Bass: Hand of Vengeance, S. 67–73; vgl. auch Lloyd George: Truth, Bd. 1, S. 101–113.
35 Lloyd George: Truth, Bd. 1, S. 114.
36 Bass: Hand of Vengeance, S. 37.
37 Zit. nach: Hankel: Leipziger Prozesse, S. 27.
38 Miquel: La paix, S. 238f.
39 Lewis: New Justice, S. 40f. Zur Vorgesetztenverantwortlichkeit s. Grün: Command Responsibility.
40 Lewis: New Justice, S. 36–45 (dort auch die Zitate); vgl. auch Kirchheimer: Politische Justiz.
41 Zit. nach: Bass: Hand of Vengeance, S. 101.
42 Ebd., S. 99–104; Lewis: New Justice, S. 47–49; Hankel: Leipziger Prozesse, S. 76f.
43 Mantoux: Deliberations, Bd. 1, S. 118–123 und S. 187–195.
44 Ebd., S. 194.
45 Hankel: Leipziger Prozesse, S. 80–82 (dort auch die Zitate).
46 Lewis: New Justice, S. 56.
47 Bass: Hand of Vengeance, S. 87.
48 Hankel: Leipziger Prozesse, S. 41, Anm. 3.
49 Zürcher: Turkey, S. 112–115.
50 Bass: Hand of Vengeance, S. 118.
51 Zit. nach: ebd., S. 127.
52 Ebd., S. 124–146; Rogan: Fall of the Ottomans, S. 387–390.

Alte Reiche und neue Staaten

1 Snyder: Bloodlands; stärker auf die Jahre um 1919 konzentriert: Gerwarth: Die Besiegten.
2 Goldstein: Peace Settlements, S. 29.
3 Tilly: European State Making, S. 42; Burkhardt: Der Dreißigjährige Krieg.
4 Gerwarth: Die Besiegten, S. 229f.
5 Zit. nach: Mazower: Der dunkle Kontinent, S. 78.
6 Ursachen und Folgen, Bd. 2, S. 374–376.
7 Diner: Jahrhundert, S. 60f.

8 Lansing: Peace Negotiations, S. 97f.
9 Raphael: Imperiale Gewalt, S. 17.
10 Judson: Habsburg, S. 563; Gerwarth: Die Besiegten, S. 243.
11 Zweig: Welt von gestern, S. 329f.
12 MacMillan: Friedensmacher, S. 336; vgl. auch Myers: Berlin versus Vienna.
13 Mantoux: Deliberations, Bd. 1, S. 34.
14 Schwabe: Deutsche Revolution, S. 424–427.
15 Zit. nach: MacMillan: Friedensmacher, S. 330.
16 Mantoux: Deliberations, Bd. 2, S. 228–231; Headlam-Morley: Memoir of the Paris Peace Conference, S. 126–131.
17 MacMillan: Friedensmacher, S. 339–341.
18 Zweig: Welt von gestern, S. 326.
19 Zit. nach: Heimann: Czechoslovakia, S. 80.
20 Gerwarth: Die Besiegten, S. 249f.
21 Miller: Diary, Bd. 14, S. 212f.
22 Ebd., Bd. 16, S. 11–13.
23 Zit. nach: Nicolson: Friedensmacher, S. 29.
24 Vgl. gerade auch im Hinblick auf Ostmittel- und Südosteuropa nach dem Ersten Weltkrieg Haslinger/Oswalt (Hg.): Kampf der Karten; allgemeiner: Schneider: Macht der Karten.
25 Steiner: The Lights that Failed, S. 96.
26 Fontainebleau-Memorandum, in: Schwabe (Hg.): Quellen, S. 156–166.
27 Judson: Habsburg, S. 561.
28 MacMillan: Friedensmacher, S. 358.
29 Zit. nach: ebd., S. 165f.
30 Calic: Geschichte Jugoslawiens, S. 76–79.
31 Miller: Diary, Bd. 14, S. 140.
32 Ebd., Bd. 14, S. 175.
33 Ádám: Little Entente; dies.: Versailles System; Steininger: Zollunionsprojekt.
34 Judson: Habsburg, S. 574f.
35 Gerwarth: Die Besiegten, S. 267.
36 Nicolson: Friedensmacher, S. 13.
37 Miller: Diary, Bd. 14, S. 197.
38 Steiner: The Lights that Failed, S. 98; MacMillan: Friedensmacher, S. 199.
39 Im Überblick: Gerwarth: Die Besiegten, S. 191–198.
40 Mazower: Der dunkle Kontinent, S. 70.
41 Diner: Jahrhundert, S. 61.
42 Vgl. Steiner: The Lights that Failed, S. 85.
43 Fink: Minorities Question, S. 257.
44 Miller: Diary, Bd. 2, S. 130; Headlam-Morley: Memoir of the Paris Peace Conference, S. 113.
45 Fink: Minority Question, S. 258.
46 Headlam-Morley: Memoir of the Paris Peace Conference, S. 113.
47 Minderheitenschutzvertrag zwischen den Alliierten und Assoziierten Hauptmächten und Polen. Versailles, 28.6.1919, in: Themenportal Europäische Geschichte, 2007, www.europa.clio-online.de/quelle/id/artikel-3341 (Zugriff am 26.3.2018).
48 Diese und andere Kritikpunkte sind zusammengefasst in Fink: Minorities Question, S. 273f.

49 Ebd., S. 274.
50 Zit. nach: Mazower: Der dunkle Kontinent, S. 93.
51 Judson: Habsburg, S. 572.
52 Kelsen: Geleitwort zu: Engländer: Die Staatenlosen, S. 6; vgl. auch Mazower: Der dunkle Kontinent, S. 100, sowie Kollmeier: Status: staatenlos.
53 Judson: Habsburg, S. 575.
54 Mazower: Salonica.
55 Gerwarth: Die Besiegten, S. 310–315; Zürcher: Turkey, S. 164–166.
56 Thompson: Peace Conference, S. 406f.; Zürcher: Turkey, S. 146.
57 Mantoux: Deliberations, Bd. 1, S. 495f.
58 Zürcher: Turkey, S. 150; Macmillan: Friedensmacher, S. 571f.
59 Zu den Entwicklungen in der Türkei s. Zürcher: Turkey, S. 151f.; Rogan: Fall of the Ottomans, S. 392–395.
60 Zürcher: Turkey, S. 155.
61 Mishra: Ruinen des Empires, S. 251; MacMillan: Friedensmacher, S. 579.
62 Helmreich: Paris to Sèvres, S. 218.
63 Gerwarth: Die Besiegten, S. 306.
64 Vgl. die ausführliche Darstellung ebd., S. 11–14.
65 Zürcher: Turkey, S. 161.

III Von Versailles zum Zweiten Weltkrieg

1 Verhandlungen des Deutschen Reichstags 1919/20, Bd. 3, S. 1843 (Nationalversammlung, 64. Sitzung, 23.7.1919); vgl. auch Müller: Nach dem Ersten Weltkrieg, S. 76f.
2 Verhandlungen des Deutschen Reichstags 1919/20, Bd. 2, S. 1408 (Nationalversammlung, 51. Sitzung, 9.7.1919)
3 S. dazu Krüger: Außenpolitik; Niedhart: Außenpolitik.
4 Dazu umfassend Lorenz: Weltgeschichte.
5 Krumeich: Einleitung, S. 12.
6 Heinemann: Niederlage, S. 243.
7 Winkler: Weimar, S. 265.
8 Kautsky: Weltkrieg.
9 Heinemann: Niederlage, S. 243 und 246f. (dort auch die Zitate).
10 [Arius]: Wien und Versailles, S. 25. Zu den »Protokollen der Weisen von Zion« s. Benz: Protokolle; Hagemeister: Protokolle.
11 Hitler: Mein Kampf, Bd. 2, S. 1695–1697.
12 Lorenz: Weltgeschichte, S. 365f.
13 [Arius]: Wien und Versailles, S. 24.
14 Zit. nach: Heinemann: Niederlage, S. 249.
15 Zit. nach: Lorenz: Weltgeschichte, S. 353.
16 Heinemann: Niederlage, S. 54–154 (Zahlen auf S. 120).
17 Krumeich: Vergleichende Aspekte, S. 920 und 924f.
18 Zit. nach: Barth: Dolchstoßlegenden, S. 497f.
19 Zit. nach: Heinemann: Niederlage, S. 241.
20 Krüger: Versailles, S. 160.
21 Ders.: Außenpolitik, S. 553.
22 Schmidt-Klügmann: Bülow; Graml: Bülow; Krüger: Schubert.
23 Krüger: Außenpolitik, S. 516f., sowie ders.: Versailles, S. 161 (dort auch die Zitate).
24 Mommsen: Vertrag von Versailles, S. 358.

25 Meinecke: Politische Schriften und Reden, S. 441.
26 Hitler: Mein Kampf, Bd. 2, S. 1697.
27 Ebd., Bd. 1, S. 725.
28 Ebd., Bd. 2, S. 1603.
29 Dülffer: Frieden schließen, S. 36f.
30 Zit. nach: Domarus: Hitler, Bd. 1, S. 269–279.
31 Vgl. Ahmann: Nichtangriffspakte, S. 529–542.
32 Zit. nach: Domarus: Hitler, Bd. 1, S. 823.
33 Moritz Julius Bonn: Vorwort zu: Keynes: Die wirtschaftlichen Folgen, S. IV.
34 Ebd., S. 184 und 219.
35 Zuletzt und zusammenfassend bei Tooze: Sintflut, S. 365–376.
36 S. ebd., S. 366.
37 Vgl. ebd.
38 Nitti: Europa, Zitate auf S. 150 und 173, sowie ders.: Friede, S. 183.
39 Ebray: Der unsaubere Frieden, S. 89 sowie 287–291 (Keynes) und 361 (Nitti).
40 Ebd., S. XIV.
41 Cato: Guilty Men.
42 Zum Zusammenhang von Fontainebleau-Memorandum und Appeasementpolitik s. Wendt: Fontainebleau-Memorandum.
43 Zit. nach: Recker: Appeasement, S. 17.
44 Niedhart: Geschichte Englands, S. 154.
45 Strang: Spirit of Ulysses, S. 494f. und 500–502 (dort auch die Zitate).
46 Brief Lord Lothians an die »Times«, 14.3.1938; zit. nach: ebd. S. 487.
47 Lloyd George: War Memoirs, Bd. 1, S. 32; Nicolson: Friedensmacher (Peacemaking).
48 Ebd., S. 501.
49 Zit. nach: Brüggemeier: Geschichte Großbritanniens, S. 189.
50 Bédarida: Gouvernante anglaise.
51 Vgl. Loth: Geschichte Frankreichs, S. 97f.
52 Besonders wichtig: Duroselle: Décadence.
53 S. Thomas: Appeasement, S. 570 und 578, sowie Münkler: Heroische und postheroische Gesellschaften.
54 S. Boxer: French Appeasement, S. 49.
55 Zit. nach: Raichle: Hitler, S. 312.

Epilog

1 Haffner: Friedensvertrag, S. 426.
2 Valéry: Über Geschichte, S. 173.
3 Vgl. beispielsweise Schlötzer: Erdogan und die Grenzen.
4 FAZ, 17.7.2015, S. 2; FAZ, 6.7.2015, S. 17.
5 FAZ, 26.9.1995, S. 33; FAS, 9.11.2014, S. 2; FAZ, 14.6.2018, S. 20.
6 Aust: Putins Russland; vgl. aber auch FAZ, 24.3.1997, S. 1.
7 Rede von Staatspräsident Macron an der Sorbonne, 26.9.2017, zit. nach: https://de.ambafrance.org/IMG/pdf/macron_sorbonne_europe_integral.pdf (letzter Zugriff: 4.8.2018); Rede von Staatspräsident Macron vor dem Europaparlament, 17.4.2018, zit. nach: https://www.diplomatie.gouv.fr/de/aussenpolitik-frankreichs/frankreich-und-die-europaische-union/neugikeiten/article/staatsprasident-macron-vor-dem-europaparlament-rede-im-wortlaut-17-04-18# (letzter Zugriff: 4.8.2018).

Literaturverzeichnis

Abrahamian, Ervand: A History of Modern Iran, Cambridge 2008.
Ackerl, Isabella/Neck, Rudolf (Hg.): Saint Germain 1919. Protokoll des Symposiums am 29. und 30. Mai 1979 in Wien, München 1989.
Ádám, Magda: The Little Entente and Europe (1920–1929), Budapest 1993.
– : Versailles System and Central Europe, London 2004.
Afflerbach, Holger (Hg.): The Purpose of the First World War. War Aims and Military Strategies, Berlin 2015.
– : Auf Messers Schneide. Wie das Deutsche Reich den Ersten Weltkrieg verlor, München 2018.
Ahlbrecht, Heiko: Geschichte der völkerrechtlichen Strafgerichtsbarkeit im 20. Jahrhundert. Unter besonderer Berücksichtigung der völkerrechtlichen Straftatbestände und der Bemühungen um einen Ständigen Internationalen Strafgerichtshof, Baden-Baden 1999.
Ahmad, Feroz: Geschichte der Türkei, Essen 2005.
Ahmann, Rolf: Nichtangriffspakte. Entwicklung und operative Nutzung in Europa 1922–1939, Baden-Baden 1988.
Akten zur deutschen Auswärtigen Politik (ADAP), Serie A: 1918–1925, 14 Bde., Göttingen 1982ff.
Akten der Reichskanzlei: Das Kabinett Bauer (1919/20), Boppard 1980.
Akten der Reichskanzlei: Das Kabinett Scheidemann (1919), Boppard 1971.
Al-Rasheed, Madawi: A History of Saudi Arabia, Cambridge 2010.
Alapuro, Risto: State and Revolution in Finland, Berkeley u. a. 1988.
Albrecht-Carrié, René: Italy at the Paris Peace Conference, New York 1938.
Aldrovandi Marescotti, Luigi: Guerra diplomatica. Ricordi e framenti di diario (1914–1919), Mailand 1940 (dt.: Der Krieg der Diplomaten. Erinnerungen und Tagebuchauszüge 1914–1919, München 1940).
Altrichter, Helmut: Geschichte der Sowjetunion 1917–1991, München 2001.
Aly, Götz/Heim, Susanne: Vordenker der Vernichtung. Auschwitz und die Pläne für eine neue deutsche Ordnung, Frankfurt a. M. 2013.
Amanat, Abbas: Iran. A Modern History, New Haven/London 2017.
Ambrosius, Lloyd E.: Woodrow Wilson and American Internationalism, Cambridge 2017.
– : Woodrow Wilson and the American Diplomatic Tradition. The Treaty Fight in Perspective, Cambridge 1987.
Amin, Camron Michael: The Modern Middle East. A Sourcebook for History, Oxford 2009.
Amtliche Kriegs-Depeschen, Bd. 8, Berlin 1918.
Andelmann, David: A Shattered Peace. Versailles 1919 and the Price We Pay Today, Hoboken 2008.
Anderson, Benedict: Imagined Communities. Reflections on the Origins and Spread of Nationalism, London 1983.
Angell, Norman: Die große Täuschung. Eine Studie über das Verhältnis zwischen Militär-

macht und Wohlstand der Völker, Leipzig 1910 (engl: The Great Illusion. A Study of the Relation of Military Power in Nations to their Economic and Social Advantage, London/New York 1910; weitere dt. Ausgabe: Die falsche Rechnung. Was bringt der Krieg ein?, Berlin 1911).

Ansprenger, Franz: Geschichte Afrikas, München 2010.

[Arius]: Wien und Versailles, 1815 und 1919 – Zwei Friedensverträge, Berlin 1924.

Arnold-Baker, Charles: The Companion to British History, Abingdon/New York 2015.

Aschmann, Birgit: Preußens Ruhm und Deutschlands Ehre. Zum nationalen Ehrdiskurs im Vorfeld der preußisch-französischen Kriege des 19. Jahrhunderts, München 2013.

Audoin-Rouzeau, Stéphane/Becker, Jean-Jacques (Hg.): Encyclopédie de la Grande Guerre 1914–1918. Histoire et culture, Paris 2004.

– /Prochasson, Christophe (Hg.): Sortir de la Grande Guerre. Le monde et l'après-1918, Paris 2008.

– : Die Delegation der »gueules cassées« in Versailles am 28. Juni 1919, in: Krumeich (Hg.): Versailles 1919, S. 280–287.

Aust, Stefan: Putins Russland leidet am Versailles-Syndrom, in: https://www.welt.de/debatte/kommentare/article134620157/Putins-Russland-leidet-am-Versailles-Syndrom. html (letzter Zugriff: 16.8.2018).

Baberowski, Jörg: Der Feind ist überall. Stalinismus im Kaukasus, München 2003.

Bahlcke, Joachim: Geschichte Tschechiens. Vom Mittelalter bis zur Gegenwart, München 2014.

Bailey, Thomas A.: Wilson and the Peace Makers, New York 1947.

Balace, Francis: Belgien und die Ostkantone im Versailler Vertrag. Irredenta-Gebiet, militärische Pufferzone oder Trostpreis, in: Brüll (Hg.): Zoom 1920–2010, S. 73–102.

Banken, Roland: Die Verträge von Sèvres 1920 und Lausanne 1923. Eine völkerrechtliche Untersuchung zur Beendigung des Ersten Weltkrieges und zur Auflösung der sogenannten »Orientalischen Frage« durch die Friedensverträge zwischen den alliierten Mächten und der Türkei, Berlin 2014.

Bariéty, Jacques: Les relations franco-allemandes après la première guerre mondiale, Paris 1977.

Barr, James: A Line in the Sand. Britain, France, and the Struggle for the Mastery of the Middle East, London 2011.

Barth, Boris: Dolchstoßlegende und politische Desintegration, Düsseldorf 2003.

– : Europa nach dem Großen Krieg. Die Krise der Demokratie in der Zwischenkriegszeit, New York 2016.

Bartlett, Roger P.: A History of Russia, Basingstoke 2005.

Bartov, Omer/Weitz, Eric D.: Shatterzone of Empires. Coexistence and Violence in the German, Habsburg, Russian, and Ottoman Borderlands, Bloomington 2013.

Bass, Gary Jonathan: Stay the Hand of Vengeance. The Politics of War Crime Tribunals, Princeton 2002.

Baumgart Winfried: Brest-Litovsk und Versailles. Ein Vergleich zweier Friedensschlüsse, in: HZ 210 (1970), S. 583–619.

– : Deutsche Ostpolitik 1918. Von Brest-Litowsk bis zum Ende des Ersten Weltkriegs, Wien/München 1966.

– : Vom europäischen Konzert zum Völkerbund. Friedensschlüsse und Friedenssicherung von Wien bis Versailles, Darmstadt 1974.

Bayly, Christopher A.: Die Geburt der modernen Welt. Eine Globalgeschichte der Welt, 1760–1914, Frankfurt a. M. 2006.

Becker, Jean-Jacques: Clemenceau. L'intraitable, Paris 1998.
- : Clemenceau, in: Enzyklopädie Erster Weltkrieg, S. 417–419.
- : Frankreich und der gescheiterte Versuch, das Deutsche Reich zu zerstören, in: Krumeich (Hg.): Versailles 1919, S. 65–70.
- : La France en Guerre 1914–1918. La grande mutation, Paris 1988.
- : Le traité de Versailles, Paris 2002.
Becker, Jean-Jacques/Krumeich, Gerd (Hg.): Der Große Krieg, Deutschland und Frankreich 1914–1918, Essen 2010.
Bédarida, François: La gouvernante anglaise, in: Rémond, René/Bourdin, Jean (Hg.): Edouard Daladier. Chef du Gouvernement, Paris 1977, S. 228–240.
Beer, Mathias u. a. (Hg.): Deutschsein als Grenzerfahrung. Minderheitenpolitik in Europa zwischen 1914 und 1950, Essen 2009.
Bell, John D.: Peasants in Power. Alexander Stamboliski and the Bulgarian National Union 1899–1923, Princeton 1977.
Benson, Leslie: Yugoslavia. A Concise History, Basingstoke 2004.
Benz, Wolfgang: Die Protokolle der Weisen von Zion. Die Legende von der jüdischen Weltverschwörung, München 2007.
Berber, Fritz (Hg.): Das Diktat von Versailles, 2 Bde., Essen 1939.
Berg, Andrew Scott: Wilson, New York 2013.
Berg, Manfred: Geschichte der USA, München 2013.
- : Woodrow Wilson. Amerika und die Neuordnung der Welt. Eine Biographie, München 2017.
Berger, Peter: Kurze Geschichte Österreichs im 20. Jahrhundert, Wien 2008.
Bernecker, Walther L. (Hg.): Lateinamerika 1870–2000: Geschichte und Gesellschaft, Wien 2007.
Bernstorff, Johann Heinrich Graf von: Deutschland und Amerika. Erinnerungen aus dem fünfjährigen Kriege, Berlin 1920.
- : Erinnerungen und Briefe, Zürich 1936.
Bihl, Wolfdieter: Österreich-Ungarn und die Friedensschlüsse von Brest-Litovsk, Wien 1970.
Binkley, Robert C.: Ten Years of Peace Conference History, in: Journal of Modern History 1 (1929), S. 607–629.
Birdsall, Paul: Versailles. 20 Years After, New York 1940.
Blom, Philipp: Die zerrissenen Jahre. 1918–1933, München 2014.
Blümmel, Maria-Verena/Kreiner, Josef (Hg.): Kleine Geschichte Japans, Stuttgart 2010.
Boden, Ragna: Die Weimarer Nationalversammlung und die deutsche Außenpolitik. Waffenstillstand, Friedensverhandlungen und internationale Beziehungen in den Debatten von Februar bis August 1919, Frankfurt a. M. 2000.
Boeckh, Katrin: Serbien, Montenegro: Geschichte und Gegenwart, Regensburg 2009.
Boehm, Max Hildebert: Die Friedensschuldfrage, in: Preußische Jahrbücher, Bd. 181 (1922), S. 50–62.
Boemeke, Manfred F. u. a. (Hg.), The Treaty of Versailles. A Reassessment after 75 Years, Cambridge 1998.
Böhler, Jochen u. a. (Hg.): Legacies of Violence. Eastern Europe's First World War, München 2014.
- : Enduring Violence. The Post War Struggles in East Central Europe, 1917–1921, in: JCH 50 (2015), S. 58–77.
Böhme, Klaus (Hg.): Aufrufe und Reden deutscher Professoren im Ersten Weltkrieg, Stuttgart 1975.

Boghardt, Thomas: The Zimmermann Telegram. Intelligence, Diplomacy, and America's Entry into World War I, Annapolis 2012.
Borodziej, Wlodzimierz: Geschichte Polens im 20. Jahrhundert, München 2010.
Bosl, Karl (Hg.): Versailles, St. Germain, Trianon. Umbruch in Europa vor 50 Jahren, München 1971.
Bothwell, Robert: The Penguin History of Canada, Toronto 2006.
Bowen, Wayne H.: The History of Saudi Arabia, Westport 2008.
Boxer, Andrew: French Appeasement, in: History Review (Dezember 2007), S. 45-50.
Bradley, Mark Philip: Imagining Vietnam and America. The Making of Postcolonial Vietnam, 1919-1950, Chapel Hill 2000.
Bridge, Carl: William Hughes: Australia, London 2011.
British Documents on Foreign Affairs (BDFA): Part II, Serie H: The First World War, 1914-1918, 12 Bde., Frederick 1989.
British Documents on Foreign Affairs (BDFA): Part II, Serie I: The Paris Peace Conference, 15 Bde., Frederick 1989-1991.
Brodziak, Sylvie/Fontaine, Caroline (Hg.): Clemenceau et la Grande Guerre, La Crèche 2010.
Bruendel, Steffen: Volksgemeinschaft oder Volksstaat. Die »Ideen von 1914« und die Neuordnung Deutschlands im Ersten Weltkrieg, Berlin 2003.
Brüggemeier, Franz-Josef: Geschichte Großbritanniens im 20. Jahrhundert, München 2010.
Brüll, Christoph (Hg.): Zoom 1920-2010. Nachbarschaften neun Jahrzehnte nach Versailles, Eupen 2012
Bulloch, Jamie: Karl Renner: Austria, London 2009.
Burgwyn, H. James: The Legend of the Mutilated Victory. Italy, the Great War, and the Paris Peace Conference, 1915-1919, Westport 1993.
Burkhardt, Johannes: Der Dreißigjährige Krieg, Frankfurt a. M. 1992.
Burkman, Thomas: Japan and the League of Nations. Empire and World Order, 1914-1938, Honolulu 2008.
Cabanes, Bruno: Die französischen Soldaten und der »Verlust des Sieges«, in: Krumeich (Hg.): Versailles 1919, S. 269-279.
– : La victoire endeuillée. La sortie de guerre des soldats français (1918-1920), Paris 2004.
– : The Great War and the Origins of Humanitarianism, 1918-1924, Cambridge 2014.
Calic, Marie-Janine: Geschichte Jugoslawiens im 20. Jahrhundert, München 2010.
Callahan, Michael D.: Mandates and Empire. The League of Nations and Africa, 1914-1931, Eastbourne 1999.
Carlier, Claude/Soutou, Georges-Henri (Hg.): 1918-1925: Comment faire la paix?, Paris 2001.
Carnegie Endowment for International Peace: Report of the International Commission to Inquire into the Causes and Conduct of the Balkan Wars, Aylesbury 1914.
Carr, Edward H.: The Twenty Years' Crisis, 1919-1939 [1939], New York 2001.
Cartledge, Bryan: Károlyi and Bethlen: Hungary, London 2009.
Casey, Michael S.: The History of Kuwait, Westport 2007.
Cassar, George H.: Lloyd George at War, London 2009.
Cato (Michael Foot, Frank Owen, Peter Howard): Guilty Men, London 1940.
Cattaruzza, Marina: Endstation Vertreibung. Minderheitenfrage und Zwangsmigration in Ostmitteleuropa, 1919-1949, in: Journal of Modern European History 6 (2008), S. 5-29.
Chickering, Roger: Das Deutsche Reich und der Erste Weltkrieg, München 2002.

– : Strategy, Politics, and the Quest for a Negotiated Peace. The German Case, 1914–1918, in: Afflerbach (Hg.): Purpose, S. 97–115.
Clark, Christopher: Die Schlafwandler. Wie Europa in den Ersten Weltkrieg zog, München 2013.
Claß, Heinrich: Denkschrift betreffend die national-, wirtschafts- und sozial-politischen Ziele des deutschen Volkes im gegenwärtigen Kriege, Mainz 1915.
Clavin, Patricia/Sluga, Glenda (Hg.): Internationalism. A Twentieth-Century History, Cambridge 2017.
– : Europe and the League of Nations, in: Gerwarth, Robert (Hg.): Twisted Paths. Europe 1914–1945, Oxford 2007, S. 325–354.
– : Securing the World Economy. The Reinvention of the League of Nations, 1920–1946, Oxford 2013.
Clemenceau, Georges: Grandeurs et misères d'une victoire, Paris 1930.
Clements, Jonathan: Prince Saionji: Japan, London 2008.
– : Wellington Koo: China, London 2008.
Cleveland, William L./Bunton, Martin P.: A History of the Modern Middle East, Boulder 2013.
Cohen, Warren I.: The American Revisionists. The Lessons of Intervention in World War I, Chicago 1967.
Cohrs, Patrick: The Unfinished Peace after World War I. America, Britain and the Stabilisation of Europe 1919–1932, Cambridge 2006.
Collins, Robert O./Burns, James M.: A History of Sub-Saharan Africa, Cambridge 2008.
Conrad, Benjamin: Umkämpfte Grenzen, umkämpfte Bevölkerung. Die Entstehung der Staatsgrenzen der Zweiten Polnischen Republik 1918–1923, Stuttgart 2014.
Conrad, Margaret/Hiller, James: Atlantic Canada. A Concise History, Don Mills u. a. 2007.
Contee, Clarence G.: Du Bois, the NAACP, and the Pan-African Congress of 1919, in: The Journal of Negro History 57 (1972), S. 13–28.
Conze, Eckart: Das Auswärtige Amt. Vom Kaiserreich bis zur Gegenwart, München 2013.
– : Völkerstrafrecht und Völkerstrafrechtspolitik, in: Dülffer, Jost/Loth, Wilfried (Hg.): Dimensionen internationaler Geschichte, München 2012, S. 189–209.
Conze, Vanessa: »Unverheilte Brandwunden in der Außenhaut des Volkskörpers«. Der deutsche Grenz-Diskurs in der Zwischenkriegszeit (1919–1930), in: Hardtwig, Wolfgang (Hg.): Ordnungen in der Krise. Zur politischen Kulturgeschichte Deutschlands 1900–1933, München 2007, S. 21–48.
Cornelißen, Christoph: »Schuld am Weltfrieden«: Politische Kommentare und Deutungsversuche deutscher Historiker zum Versailler Vertrag 1919–1933, in: Krumeich (Hg.): Versailles 1919, S. 237–258.
– : Die Frontgeneration deutscher Historiker und der Erste Weltkrieg, in: Dülffer/Krumeich (Hg.): Der verlorene Frieden, S. 311–337.
Crampton, R. J.: Aleksandŭr Stambolski: Bulgaria, London 2009.
Creel, George: The War, the World and Wilson, New York 1920.
Crowcroft, Robert/Cannon, John Ashton (Hg.): The Oxford Companion to British History, Oxford 2015.
Czernin, Ferdinand: Die Friedensstifter. Männer und Mächte um den Versailler Vertrag, Bern 1968.
– : Versailles 1919. The Forces, Events and Personalities that Shaped the Treaty, New York 1964.
Dabringhaus, Sabine: Geschichte Chinas 1279–1949, Berlin 2015.

– : Geschichte Chinas im 20. Jahrhundert, München 2009.
Dahlmann, Dittmar: Russland, in: Enzyklopädie Erster Weltkrieg, S. 87–96.
Dalby, Andrew: Eleftherios Venizelos: Greece, London 2010.
– : Prince Charoon et al.: South East Asia, London 2010.
Daryayi, Turag: The Oxford Handbook of Iranian History, New York u. a. 2012.
Davies, Norman: Im Herzen Europas: Geschichte Polens, München 2002.
Deák, Francis: Hungary at the Paris Peace Conference. The Diplomatic History of the Treaty of Trianon [1942], New York 1972.
Deitelhof, Nicole: Angst vor Bindung? Das ambivalente Verhältnis von Demokratien zum Internationalen Strafgerichtshof, Frankfurt a. M. 2002.
Delaporte, Sophie: Les gueules cassées. Les blessés de la face de la Grande Guerre, Paris 1996.
Deperchin, Annie: La conference de la paix, in: Audoin-Rouzeau/Becker (Hg.): Encyclopédie de la Grande Guerre, S. 993–1005.
Depkat, Volker: Geschichte der USA, Stuttgart 2016.
Der Prozess gegen die Hauptkriegsverbrecher vor dem Internationalen Militärgerichtshof. Nürnberg 14. November 1945–1. Oktober 1946, Bd. 2, Frechen 2001.
Der Vertrag von Versailles. Mit Beiträgen von Sebastian Haffner, Gregory Bateson u. a., Frankfurt a. M./Berlin 1988.
Deutsch, Karl: Nationalism and Social Communication. An Inquiry into the Foundations of Nationality, New York 1953.
Deutscher Geschichtskalender 1918 (I, 1), Leipzig 1918.
Dickinson, Frederick R.: Toward a Global Perspective of the Great War. Japan and the Foundations of a Twentieth Century World, in: AHR 119 (2014), S. 1154–1183.
Dickmann, Fritz: Die Kriegsschuldfrage auf der Friedenskonferenz von Paris 1919, München 1964.
Die Französischen Dokumente zur Sicherheitsfrage 1919–1923. Veröffentlicht vom Französischen Ministerium der Auswärtigen Angelegenheiten, Berlin 1924.
Die Friedensbedingungen der Alliierten und Assoziierten Regierungen, Berlin 1919.
Dillon, Michael: China. A Modern History, London 2010.
Diner, Dan: Das Jahrhundert verstehen. Eine universalhistorische Deutung, München 1999.
Di Scala, Spencer: Vittorio Orlando: Italy, London 2010.
Djokic, Dejan: Pašić and Trumbić: The Kingdom of Serbs, Croats and Slovenes, London 2010.
Dockrill, Michael/Fisher, John (Hg.): The Paris Peace Conference 1919. Peace without Victory?, Basingstoke 2001.
Documents diplomatiques français (DDF): Armistices et Paix 1918–1920, Brüssel 2014.
Doering-Manteuffel, Anselm: Internationale Geschichte als Systemgeschichte. Strukturen und Handlungsmuster im europäischen Staatensystem des 19. und 20. Jahrhunderts, in: Loth, Wilfried/Osterhammel, Jürgen (Hg.): Internationale Geschichte. Themen – Ergebnisse – Aussichten, München 2000, S. 93–115.
Domarus, Max: Hitler. Reden und Proklamationen 1932–1945. Kommentiert von einem deutschen Zeitgenossen, München 1965.
Dowe, Christopher: Matthias Erzberger. Ein Leben für die Demokratie, Stuttgart 2011.
Dreyer, Michael/Lembcke, Oliver: Die deutsche Diskussion um die Kriegsschuldfrage 1918/19, Berlin 1993.
Duchhardt, Heinz: Der Wiener Kongress. Die Neugestaltung Europas 1814/15, München 2013.

Dülffer, Jost/Krumeich, Gerd (Hg.): Der verlorene Frieden. Politik und Kriegskultur nach 1918, Essen 2002.
Dülffer, Jost: Die französische Deutschlandpolitik nach dem Ersten Weltkrieg, in: AfS 21 (1981), S. 593–601.
- : Frieden schließen nach einem Weltkrieg?, in: ders./Krumeich: Der verlorene Frieden, S. 19–37.
- : Regeln gegen den Krieg? Die Haager Friedenskonferenzen 1899 und 1907 in der internationalen Politik, Frankfurt a. M. 1981.
- : Versailles und die Friedensschlüsse des 19. und 20. Jahrhunderts, in: Krumeich (Hg.): Versailles 1919, S. 17–34.
Duppler, Jörg/Groß, Gerhard (Hg.): Kriegsende 1918. Ereignis, Wirkung, Nachwirkung, München 1999.
Duroselle, Jean-Baptiste: Clemenceau, Paris 1988.
- : La décadence, 1932–1939, Paris 1979.
Düwell, Kurt: Deutschlands auswärtige Kulturpolitik 1918–1932: Grundlinien und Dokumente, Köln 1976.
- : Die Gründung der kulturpolitischen Abteilung im Auswärtigen Amt 1919/20 als Neuansatz. Inhaltliche und organisatorische Strukturen der Reform auswärtiger Kulturpolitik nach dem Ersten Weltkrieg, in: ders./Link, Werner (Hg.), Deutsche auswärtige Kulturpolitik: Geschichte und Struktur, Köln/Wien 1981, S. 46–61.
Ebert, Friedrich: Schriften, Aufzeichnungen, Reden (Bd. 2), Dresden 1926.
Ebray, Alcide: Der unsaubere Frieden (Versailles), Berlin 1925.
Eichenberg, Julia/Newman, John Paul: Aftershocks. Violence in Dissolving Empires after the First World War, in: CEH 19/3 (2010), S. 183–194.
Elcock, Howard: Portrait of a Decision. The Council of Four and the Treaty of Versailles, London 1972.
Elleman, Bruce A.: Wilson and China. A Revisited History of the Shandong Question, Armonk 2002.
Ellis, Charles H.: The Origin, Structure and Working of the League of Nations, Boston 1929.
Elz, Wolfgang: Versailles und Weimar, in: APuZ 50–51/2008, S. 31–38.
Engels, Jens Ivo: Kleine Geschichte der Dritten Französischen Republik (1870–1940), Köln 2007.
Engländer, Heinrich: Die Staatenlosen, Wien 1932.
Enzyklopädie Erster Weltkrieg, hg. von Gerhard Hirschfeld u. a., Paderborn 2009.
Epstein, Klaus: Matthias Erzberger und das Dilemma der deutschen Demokratie, Berlin 1962.
Erzberger, Matthias: Erlebnisse im Ersten Weltkrieg, Stuttgart/Berlin 1920.
Faroqhi, Suraiya: The Ottoman Empire. A Short History, Princeton 2009.
Fattah, Hala/Caso, Frank: A Brief History of Iraq, New York 2009.
Feldbauer, Gerhard: Geschichte Italiens. Vom Risorgimento bis heute, Köln 2008.
Fenske, Hans: Der Anfang vom Ende des alten Europa. Die alliierte Verweigerung von Friedensgesprächen 1914–1919, München 2014.
Ferguson, Niall: Der falsche Krieg. Der Erste Weltkrieg und das 20. Jahrhundert, München 2002.
Fink, Carole: Defending the Rights of Others. The Great Powers, the Jews, and International Minority Protection, 1878–1938, New York 2006.
- : The Minorities Question at the Paris Peace Conference. The Polish Minority Treaty, June 28, 1919, in: Boemeke u. a. (Hg.): Treaty of Versailles, S. 249–274.

Fisch, Jörg (Hg.): Die Verteilung der Welt, München 2011.
- : Das Selbstbestimmungsrecht der Völker. Die Domestizierung einer Illusion, München 2010.
- : Die europäische Expansion und das Völkerrecht. Die Auseinandersetzung um den Status der überseeischen Gebiete vom 15. Jahrhundert bis zur Gegenwart, Stuttgart 1984.
- : Krieg und Frieden im Friedensvertrag. Eine universalgeschichtliche Studie über Grundlagen und Formelemente des Friedensschlusses, Stuttgart 1979.
Fischer, Conan/Sharp, Alan (Hg.): After the Versailles Treaty. Enforcement, Compliance, Contested Identities, London/New York 2008.
Fischer, Fritz: Griff nach der Weltmacht. Die Kriegszielpolitik des kaiserlichen Deutschland 1914-18, Düsseldorf 1961.
- : Krieg der Illusionen. Die deutsche Politik von 1911-1914, Düsseldorf 1969.
- : Weltmacht oder Niedergang. Deutschland im ersten Weltkrieg, Düsseldorf 1965.
Foch, Ferdinand: Mémoires pour servir à l'histoire de la guerre 1914-1918, 2 Bde., Paris 1931.
Foreign Relations of the United States (FRUS): The Lansing Papers (2 Bde.), Washington, D.C., 1940.
Foreign Relations of the United States (FRUS): The Paris Peace Conference 1919 (13 Bde.), Washington, D.C., 1942-1947.
Förster, Stig: Introduction, in: ders./Chickering, Roger (Hg.): Great War, Total War. Combat and Mobilization on the Western Front, 1914-1918, Cambridge 2000, S. 1-16.
Fraenkel, Ernst (Hg.): Amerika im Spiegel des deutschen politischen Denkens, Köln/Opladen 1959.
François, Etienne/Krumeich, Gerd: Der Vertrag von Versailles und die deutsch-französischen Beziehungen. Ein Gespräch zu den Lehren aus der Vergangenheit, in: Schultheiß/Roßberg (Hg.): Weimar und die Republik, S. 137-160.
Fraser, Tom: Chaim Weizmann: The Dream of Zion, London 2010.
Frie, Ewald: 100 Jahre 1918/19. Offene Zukünfte, in: ZF 15 (2018), S. 98-114.
Fromherz, Allen James: Qatar. A Modern History, London 2012.
Fromkin, David: A Peace to End All Peace. The Fall of the Ottoman Empire and the Creation of the Modern Middle East, New York 2009.
Fry, Michael G.: And Fortune Fled. David Lloyd George. The First Democratic Statesman, 1916-1922, New York 2011.
Gassert, Philipp/Häberlein, Mark/Wala, Michael: Kleine Geschichte der USA, Stuttgart 2007.
Gehler, Michael u. a. (Hg.): Ungleiche Partner? Deutschland und Österreich in ihrer gegenseitigen Wahrnehmung, Stuttgart 1996.
Gelfand, Lawrence E.: The Inquiry. American Preperations for Peace, 1917-1919, New Haven/London 1963.
Gelvin, James L./Lesch, David W. (Hg.): The Ironic Legacy of the King-Crane Commission. The Middle East and the United States, Boulder 1999.
- : The Modern Middle East. A History, New York 2011.
Gerwarth, Robert/Horne, John (Hg.): Krieg im Frieden. Paramilitärische Gewalt in Europa nach dem Ersten Weltkrieg, Göttingen 2013.
- /Manela, Erez (Hg.): Empires at War: 1911 - 1923, Oxford 2014.
- : Die Besiegten. Das blutige Erbe des Ersten Weltkriegs, München 2017.
Geyer, Martin H./Paulmann, Johannes (Hg.): The Mechanics of Internationalism. Culture, Society, and Politics from the 1840s to the First World War, Oxford 2001.

Geyer, Michael: Insurrectionary Warfare. The German Debate about a Levée en Masse in October 1918, in: Journal of Modern History 73 (2001), S. 429–527.
Gingeras, Ryan: Fall of the Sultanate. The Great War and the End of the Ottoman Empire, 1908–1922, Oxford 2016.
Glueck, Sheldon: War Criminals: Their Prosecution and Punishment, New York 1944.
Goebel, Michael: Anti-imperial Metropolis. Interwar Paris and the Seeds of Third World Nationalism, New York 2015.
Goldstein, Eric: The First World War Peace Settlements, 1919–1925, Harlow 2002.
   – : Wars and Peace Treaties 1816–1991, London 2005.
   – : Winning the Peace. British Diplomatic Strategy, Peace Planning, and the Paris Conference, 1916–1920, Oxford 1991.
Goldstein, Ivo: Croatia. A History, London 2011.
Gomes, Leonard: German Reparations, 1919–1932. A Historical Survey, Basingstoke 2010.
Gooch, John: »An Act of Madness?« Italy's War Aims and Strategy, 1915–1918, in: Afflerbach, (Hg.): Purpose, S. 187–207.
Gorman, Daniel: The Emergence of International Society in the 1920s, Cambridge 2012.
Graebner, Norman A./Bennett, Edward M.: The Versailles Treaty and its Legacy. The Failure of the Wilsonian Vision, New York 2011.
Graml, Hermann: Bernhard von Bülow und die deutsche Außenpolitik. Hybris und Augenmaß im Auswärtigen Amt, München 2012.
Graml, Hermann: Europa zwischen den Kriegen, München 1969.
Grigg, John: Lloyd Georg, 4 Bde., London 1997–2011.
Grün, Simone: Command Responsibility. Das völkerstrafrechtliche Prinzip der Vorgesetztenverantwortlichkeit in der deutschen öffentlichen Debatte von 1945 bis in die Gegenwart, Berlin 2017.
Grupp, Peter: Deutsche Außenpolitik im Schatten von Versailles 1918–1920. Zur Politik des Auswärtigen Amts vom Ende des Ersten Weltkriegs und der Novemberrevolution bis zum Inkrafttreten des Versailler Vertrags, Paderborn 1988.
Gunzenhäuser, Max: Die Pariser Friedenskonferenz 1919 und die Friedensverträge 1919–1920. Literaturbericht und Bibliographie, Frankfurt a. M. 1970.
Haffner, Sebastian: Der letzte Friedensvertrag? [1978], in: Der Vertrag von Versailles, S. 416–427.
Hagemeister, Michael: Die Protokolle der Weisen von Zion, in: Benz, Wolfgang (Hg.): Handbuch des Antisemitismus (Bd. 6), Berlin 2013, S. 552–554.
Hagenlücke, Heinz: Deutsche Vaterlandspartei. Die nationale Rechte am Ende des Kaiserreiches, Düsseldorf 1997.
Hale, Oron J.: The Great Illusion 1900–1914, New York 1971.
Hallowell, Gerald: The Oxford Companion to Canadian History, Oxford 2004.
Hanioglu, M. Sükrü: A Brief History of the Late Ottoman Empire, Princeton 2008.
Hankel, Gerd: Die Leipziger Prozesse. Deutsche Kriegsverbrechen und ihre strafrechtliche Verfolgung nach dem Ersten Weltkrieg, Hamburg 2003.
Hankey, Maurice: The Supreme Control at the Paris Peace Conference 1919. A Commentary, London 1963.
Hansen, Harry: The Adventures of the Fourteen Points. Vivid and Dramatic Episodes of the Peace Conference from its Opening at Paris to the Signing of the Treaty of Versailles, New York 1919.
Harden, Maximilian: Von Versailles nach Versailles, Hellerau bei Dresden 1927.

Harding, Leonhard: Geschichte Afrikas im 19. und 20. Jahrhundert, München 2013.
Harpprecht, Klaus: Versailles – ein dunkles Jubiläum, in: Der Monat 21 (1969), H. 246 (Sonderheft Versailles), S. 50–52.
Harris, William W.: Lebanon. A History, Oxford 2012.
Haslinger, Peter/Oswalt, Vadim (Hg.): Kampf der Karten. Propaganda und Geschichtskarten als politische Instrumente und Identitätstexte, Marburg 2012.
Haupt, Heinz-Gerhard: Kleine Geschichte Frankreichs, Stuttgart 2003.
Haupts, Leo: Deutsche Friedenspolitik 1918–1919. Eine Alternative zur Machtpolitik des Ersten Weltkriegs, Düsseldorf 1976.
- : Ulrich Graf von Brockdorff-Rantzau, Göttingen 1984.
H-Diplo Roundtable Review (März 2001): The Treaty of Versailles, online: http://h-net.msu.edu/cgi-bin/logbrowse.pl?trx=vx&list=h-diplo&month=0103&week=a&msg=jr%2BBt%2BRZcrre1Ztm9OwdnQ&user=&pw= (letzter Zugriff: 4.8.2018).
Headlam-Morley, James W.: A Memoir of the Paris Peace Conference 1919, London 1972.
Heideking, Jürgen/Mauch, Christof: Geschichte der USA, Tübingen 2008.
Heimann, Mary: Czechoslovakia. The State that Failed, New Haven 2009.
Heinemann, Ulrich: Die verdrängte Niederlage: politische Öffentlichkeit und Kriegsschuldfrage in der Weimarer Republik, Göttingen 1983.
Hell, Stefan: Siam and the League of Nations. Modernization, Sovereignty and Multilateral Diplomacy, Bangkok 2010.
- : Siam and World War I. An International History, Bangkok 2017.
Helmreich, Paul C.: From Paris to Sèvres. The Partition of the Ottoman Empire, Columbus 1974.
Henderson, Karen: Slovakia. The Escape from Invisibility, London 2002.
Henig, Ruth (Hg.): The League of Nations, Edinburgh 1973.
- : The League of Nations, London 2010.
Heper, Metin (Hg.): The Routledge Handbook of Modern Turkey, London 2012.
Herbert, Ulrich: Geschichte Deutschlands im 20. Jahrhundert, München 2014.
Herren, Madeleine: Internationale Organisationen seit 1865. Eine Globalgeschichte der internationalen Ordnung, Darmstadt 2009.
Herring, George C.: From Colony to Superpower. U.S. Foreign Relations since 1776, New York 2008.
Hildermeier, Manfred: Geschichte der Sowjetunion 1917–1991. Entstehung und Niedergang des ersten sozialistischen Staates, München 1998.
Hindenburg, Paul von: Aus meinem Leben, Leipzig 1920.
Hirschfeld, Gerhard u. a. (Hg.): 1918. Die Deutschen zwischen Weltkrieg und Revolution, Berlin 2018.
Historical Section of the Foreign Office (Hg.): Peace Handbooks, London 1920.
Hitchin, Keith: Ion Bratianu: Romania, London 2011.
Hitler, Adolf: Mein Kampf [1925/26], München 2016.
Hölzle, Erwin: Versailles und der russische Osten, in: Ostdeutsche Wissenschaft. Jahrbuch des Ostdeutschen Kulturrates 5 (1958), S. 486–503.
Höpken, Wolfgang: Bulgarien, in: Enzyklopädie Erster Weltkrieg, S. 399f.
- : Revolution auf Raten. Bulgariens Weg zur Demokratie, München 1996.
Hösler, Joachim: Slowenien: Von den Anfängen bis zur Gegenwart, Regensburg 2006.
Horne, Gerald: W.E.B. Du Bois. A Biography, Santa Barbara u. a. 2009.
Horne, John/Kramer, Alan: German Atrocities, 1914. A History of Denial, New Haven 2001.
Housden, Martyn: The League of Nations and the Organisation of Peace, Harlow 2012.

House Edward M./Seymour, Charles (Hg.): What Really Happened at Paris. The Story of the Peace Conference, 1918–1919, London 1921.
Howard, Douglas A.: A History of the Ottoman Empire, Cambridge 2017.
Hull, Isabel V.: A Scrap of Paper. Breaking and Making International Law During the Great War, Ithaca, N.Y., 2014.
Hwang, Kyung Moon: A History of Korea, London 2016.
Ikenberry, G. John: After Victory. Institutions, Strategic Restraint, and the Rebuilding of Order after Major Wars, Princeton 2001.
Jackson, Peter: Beyond the Balance of Power. France and the Politics of National Security in the Era of the First World War, Cambridge u. a. 2013.
Jäger, Wolfgang: Historische Forschung und politische Kultur in Deutschland, Göttingen 1984.
Jarausch, Konrad H.: Out of Ashes. A New History of Europe in the Twentieth Century, Princeton 2015.
Jeismann, Michael: Das Vaterland der Feinde. Studien zum nationalen Feindbegriff und Selbstverständnis in Deutschland und Frankreich 1792–1918, Stuttgart 1992.
Jonas, Raymond: The Battle of Adwa. African Victory in the Age of Empire, Cambridge 2011.
Jones, Mark: Am Anfang war Gewalt. Die deutsche Revolution 1918/19 und der Beginn der Weimarer Republik, Berlin 2017.
– : Es waren ganz einfach keine Soldaten mehr in Reserve. Eine Erwiderung auf Gerd Krumeich, in: FAZ, 8.8.2017, S. 12.
Judson, Pieter M.: Habsburg: Geschichte eines Imperiums: 1740–1918, München 2017.
Jureit, Ulrike: Das Ordnen von Räumen. Territorium und Lebensraum im 19. und 20. Jahrhundert, Hamburg 2012.
Kaesler, Dirk: Max Weber. Preuße, Denker, Muttersohn. Eine Biographie, München 2014.
Kampmann, Christoph: Frieden, in: Enzyklopädie der Neuzeit, Bd. 4, Stuttgart 2006, Sp. 1–21.
Kappeler, Andreas: Geschichte der Ukraine, Bonn 2015.
Kasaba, Resat (Hg.): Turkey in the Modern World (= Cambridge History of Turkey, Bd. 4), Cambridge 2008.
Kautsky, Karl: Wie der Weltkrieg entstand: dargestellt nach dem Aktenmaterial des Deutschen Auswärtigen Amts, Berlin 1919.
Kearny, Hugh F.: The British Isles. A History of Four Nations, Cambridge 2016.
Keiger, John F. V.: Raymond Poincaré, Cambridge 1997.
Kennan, George F.: World War I; Then II; Then …, in: New York Times, 11.11.1984.
Kennedy, Ross A.: The Will to Believe. Woodrow Wilson, World War I, and America's Strategy for Peace and Security, Kent, Ohio, 2009.
Kent, Bruce: The Spoils of War. The Politics, Economics, and Diplomacy of Reparations, 1918–1932, Oxford 1991.
Kershaw, Ian: Höllensturz. Europa 1914 bis 1949, München 2015.
Kessler, Harry Graf: Das Tagebuch. 1880–1937, Bd. 6 (1916–1918) und Bd. 7 (1918–1923), Stuttgart 2006 und 2007.
Kévorkian, Raymond H.: The Armenian Genocide. A Complete History, London/New York 2011.
Keylor, William: The Legacy of the Great War. Peacemaking, 1919, Boston/New York 1998.
Keynes, John Maynard: The Economic Consequences of the Peace, New York 1920 (dt.: Die wirtschaftlichen Folgen des Friedensvertrags, München/Leipzig 1920).

King, Jere C.: Foch versus Clemenceau. France and German Dismemberment, 1918–1919, Cambridge, Mass., 1960.

Kirchheimer, Otto: Politische Justiz. Verwendung juristischer Verfahrensmöglichkeiten zu politischen Zwecken, Neuwied 1965.

Kirschbaum, Stanislav J.: A History of Slovakia. The Struggle for Survival, New York 1996.

Kitchen, Martin: Michael-Offensive, in: Enzyklopädie Erster Weltkrieg, hg. von Gerhard Hirschfeld, Paderborn u. a. 2003, S. 712–715.

Klotz, Louis-Lucien: De la guerre à la paix. Souvenirs et documents, Paris 1924.

Kluke, Paul: Selbstbestimmung. Vom Weg einer Idee durch die Geschichte, Göttingen 1963.

Knipping, Franz (Hg.): Das System der Vereinten Nationen und seine Vorläufer (Bd. 2: Vorläufer der Vereinten Nationen, 19. Jahrhundert und Völkerbundszeit), Berlin 1996.

Köhler, Henning: Adenauer und die rheinische Republik. Der erste Anlauf 1918–1924, Opladen 1986.

König, Hans-Joachim: Kleine Geschichte Lateinamerikas, Bonn 2006.

Kolb, Eberhard: Der Frieden von Versailles, München 2005.

Kollmeier, Kathrin: Status: staatenlos. Völkerrechtliche und ausländerpolitische Regulierungsversuche nach zwei Weltkriegen, in: Frei, Norbert/Weinke, Annette (Hg.): Toward a New Moral World Order?, Menschenrechtspolitik und Völkerrecht seit 1945, Göttingen 2013, S. 35–51.

Konrad, Helmut: Drafting the Peace, in: Winter (Hg.): Cambridge History of the First World War, Bd. 2, S. 606–637.

Koskenniemi, Martti: The Gentle Civilizer of Nations. The Rise and Fall of International Law 1870–1960, Cambridge 2002.

Kramer, Alan: Versailles, deutsche Kriegsverbrechen und das Auslieferungsbegehren der Alliierten 1919/1920, in: Wette/Ueberschär (Hg.): Kriegsverbrechen, S. 72–84.

Kramer, Jürgen: Britain and Ireland. A Concise History, London 2007.

Krämer, Gudrun: Der Vordere Orient und Nordafrika ab 1500, Frankfurt a. M. 2016.

– : Geschichte Palästinas. Von der osmanischen Eroberung bis zur Gründung des Staates Israel, München 2015.

Kraus, Albert: Saarland zwischen Michel und Marianne. Die Volksabstimmungen 1935 und 1955, Marpingen 2005.

Kraus, Hans-Christof: Versailles und die Folgen. Außenpolitik zwischen Revisionismus und Verständigung 1919–1933, Berlin 2013.

Kraus, Herbert/Rödiger, Gustav (Hg.): Urkunden zum Friedensvertrag von Versailles vom 28. Juni 1919, 2 Bde., Berlin 1921.

– : Tagebuchaufzeichnungen über die Unterzeichnung des Vertrags von Versailles vom 28. Juni 1919, Göttingen 1954 (Privatdruck).

Krebs, Gerhard: Das moderne Japan 1868–1952. Von der Meiji-Restauration bis zum Friedensvertrag von San Francisco, München 2009.

Kreiser, Klaus/Neumann, Christoph K.: Kleine Geschichte der Türkei, Stuttgart 2008.

Krejčí, Jaroslav/Machonin, Pavel: Czechoslovakia 1918–92. A Laboratory for Social Change, Basingstoke 1998.

Kreß, Claus: Versailles – Nürnberg – Den Haag. Deutschland und das Völkerstrafrecht im 20. Jahrhundert, in: Fakultätsspiegel der Kölner Juristischen Fakultät 2006, S. 13–57.

Kreuz, Christian Daniel: Das Konzept »Schuld« im Ersten Weltkrieg und in der Weimarer Republik. Linguistische Untersuchungen zu einem brisanten Thema, Bremen 2018.

Krüger, Friederike: Scapa Flow, in: Enzyklopädie Erster Weltkrieg, S. 816f.

Krüger, Peter: Carl von Schubert. Außenpolitiker aus Leidenschaft, Berlin 2017.
- : Deutschland und die Reparationen 1918/19: die Genesis des Reparationsproblems in Deutschland zwischen Waffenstillstand und Versailler Friedensvertrag, Stuttgart 1973.
- : Die Außenpolitik der Republik von Weimar, Darmstadt ²1993.
- : Versailles: deutsche Außenpolitik zwischen Revisionismus und Friedenssicherung, München 1986.

Krumeich, Gerd (Hg.): Versailles 1919. Ziele – Wirkung – Wahrnehmung, Essen 2001.
- : Der Dolchstoß war nicht bloß eine Legende, in: FAZ, 10.7.2017, S. 13.
- : Einleitung, in: ders. (Hg.): Versailles 1919, S. 11–16.
- : Einleitung. Die Präsenz des Krieges im Frieden, in: Dülffer/ders. (Hg.), Der verlorene Frieden, S. 7–17.
- : Vergleichende Aspekte der »Kriegsschulddebatte« nach dem Ersten Weltkrieg, in: Michalka (Hg.): Der Erste Weltkrieg, S. 913–928.
- : Versailles 1919. Der Krieg in den Köpfen, in: ders. (Hg.): Versailles 1919, S. 53–64.

Kühlmann, Richard von: Erinnerungen, Heidelberg 1948.

Kulke, Hermann/Rothermund, Dietmar: Geschichte Indiens. Von der Induskultur bis heute, München 2010.

Langewiesche, Dieter: Kongress-Europa in globalhistorischer Perspektive, in: Zeitschrift für Weltgeschichte 16 (2015), S. 11–30.

Lansing, Robert: The Big Four and Others, Boston/New York 1921.
- : The Peace Negotiations. A Personal Narrative, Boston/New York 1921.

Lappenküper, Ulrich/Marcowitz, Reiner (Hg.): Macht und Recht. Völkerrecht in den internationalen Beziehungen, Paderborn 2010.

Latawski, Paul (Hg.): The Reconstruction of Poland, 1914–1923, New York 1992.

Lauren, Paul G.: Human Rights in History. Diplomacy and Racial Equality at the Paris Peace Conference, in: Diplomatic History 3 (1978), S. 257–278.

Lauter, Anna-Monika: Sicherheit und Reparationen. Die französische Öffentlichkeit, der Rhein und die Ruhr (1918–1923), Essen 2006.

Lawrence, T. E.: Die sieben Säulen der Weisheit [1926], München 2003.

Lemberg, Hans/Heumos, Peter (Hg.): Das Jahr 1919 in der Tschechoslowakei und in Ostmitteleuropa, München 1993.

Lentin, Antony: Die Drachensaat von Versailles. Die Schuld der »Friedensmacher«, Leoni 1989.
- : General Smuts: South Africa, London 2010.
- : Lloyd George and the Lost Peace. From Versailles to Hitler, 1919–1940, Basingstoke 2002.
- : Lloyd George, Woodrow Wilson and the Guilt of Germany. An Essay in the Pre-History of Appeasement, Baton Rouge 1984.

Leonhard, Jörn: Die Büchse der Pandora. Geschichte des Ersten Weltkriegs, München 2014.

Lewis, David L.: W.E.B. Du Bois. A Biography, New York 2009.

Lewis, Mark: The Birth of New Justice. The Internationalization of Crime and Punishment 1919–1950, Oxford 2014.

Libero, Loretana de: Rache und Triumph. Krieg, Gefühle und Gedenken in der Moderne, München 2014.

Liebknecht, Karl: Politische Aufzeichnungen aus seinem Nachlass. Geschrieben in den Jahren 1917–1919, hg. von Franz Pfemfert, Berlin 1921.

Lingen, Kerstin von: »Crimes Against Humanity«. Eine umstrittene Universalie im Völkerrecht des 20. Jahrhunderts, in: ZF 8 (2011), S. 373-393.
Link, Arthur S.: Wilson, 5 Bde., Princeton 1947-1965.
Lippmann, Walter: The Political Scene. An Essay on the Victory of 1918, New York 1919.
Liulevicius, Vejas G.: Kriegsland im Osten. Eroberung, Kolonisierung und Militärherrschaft im Ersten Weltkrieg, Hamburg 2002.
Llanque, Marcus: Demokratisches Denken im Krieg. Die deutsche Debatte im Ersten Weltkrieg, Berlin 2000.
Llewellyn Smith, Michael: Ionian Vision. Greece in Asia Minor 1919-1922, New York 1973.
Lloyd George, David: The Truth About the Peace Treaties, 2 Bde., London 1938.
- : War Memoirs, 2 Bde., London 1933/36.
Lloyd, Lorna: Drummond, Eric, in: Oxford Dictionary of National Biography, Oxford 2004.
Löhr, Isabella: Völkerbund, in: EGO, Mainz 2015, online: http://www.ieg-ego.en/loehri-2015-de (letzter Zugriff am 15.3.2018).
Lorenz, Thomas: »Die Weltgeschichte ist das Weltgericht!« Der Versailler Vertrag in Diskurs und Zeitgeist der Weimarer Republik, Frankfurt a. M. 2008.
Loth, Wilfried: Geschichte Frankreichs im 20. Jahrhundert, Stuttgart u.a. 1987 u. ö.
Lovin, Clifford R.: A School for Diplomats. The Paris Peace Conference of 1919, Lanham 1997.
Luckau, Alma: The German Delegation at the Paris Peace Conference, New York 1941.
Ludden, David: Geschichte Indiens, Essen 2006.
Lukowski, Jerzy/Zawadzki, Hubert: A Concise History of Poland, Cambridge 2004.
Lundgreen-Nielsen, Kay: The Polish Problem at the Paris Peace Conference. A Study of the Policies of the Great Powers and the Poles, 1918-1919, Odense 1979.
Lütt, Jürgen: Das moderne Indien 1498-2004, München 2012.
Machtan, Lothar: Prinz Max von Baden. Der letzte Kanzler des Kaisers. Eine Biographie, Berlin 2013.
MacMillan, Margaret: Die Friedensmacher. Wie der Versailler Vertrag die Welt veränderte, Berlin 2015 (engl.: Peacemakers. The Paris Conference of 1919 and Its Attempt to End War, London 2001).
Mai, Gunther: Europa 1918-1939: Mentalitäten, Lebensweisen, Politik zwischen den Weltkriegen, Stuttgart 2001.
Maier, Charles S.: Recasting Bourgeois Europe. Stabilization of France, Germany, and Italy in the Decade after World War I, Princeton 1975.
Manela, Erez: The Wilsonian Moment. Self-determination and the International Origins of Anticolonial Nationalism, Oxford 2007.
Mango, Andrew: From the Sultan to Atatürk: Turkey, London 2009.
Manjapra, Kris: Age of Entanglement. German and Indian Intellectuals across Empire, Cambridge 2014.
Mann, Michael: Geschichte Indiens. Vom 18. bis zum 21. Jahrhundert, Paderborn 2005.
Mantoux, Paul: The Deliberations of the Council of the Four (March 24-June 28, 1919). Notes of the Official Interpreter, hg. von Arthur S. Link, 2 Bde., Princeton 1992 (frz. Original: Les délibérations du Conseil des Quatre (24 mars-28 juin 1919), 2 Bde., Paris 1955).
Marks, Sally: Paul Hymans: Belgium, London 2010.
- : Smoke and Mirrors. In Smoke-Filled Rooms and the Galerie des Glaces, in: Boemeke u. a. (Hg.): The Treaty of Versailles, S. 337-370.

- : The Illusion of Peace. International Relations in Europe 1918–1923, London 1976.
- : The Myths of Reparations, in: Central European History 3 (1978), S. 231–255.
- Marston, Frank: The Peace Conference of 1919. Organization and Procedure, London 1944.
- Martel, Gordon (Hg.): The Origins of the Second World War Reconsidered. The A. J. P. Taylor Debate after 25 Years, Boston 1986.
- : A Comment, in: Boemeke u. a. (Hg.): Treaty of Versailles, S. 615–636.
- Martin, Terry: The Affirmative Action Empire. Nations and Nationalism in the Soviet Union 1923–1939, Ithaca 2001.
- Marx, Christoph: Geschichte Afrikas: von 1800 bis zur Gegenwart, Paderborn 2004.
- : Südafrika. Geschichte und Gegenwart, Stuttgart 2012.
- Materialien, betreffend die Friedensverhandlungen, 3 Bde., Berlin 1919.
- Matthias, Erich: Die Regierung des Prinzen Max von Baden, (Quellen zur Geschichte des Parlamentarismus und der politischen Parteien, Reihe 1. Von der konstitutionellen Monarchie zur parlamentarischen Republik, Bd. 2.), Düsseldorf 1962.
- Mayer, Arno: Politics and Diplomacy of Peacemaking: Containment and Counterrevolution at Versailles, 1918–1919, London 1968.
- Mazower, Mark: Der dunkle Kontinent, Berlin 2000.
- : Die Welt regieren. Eine Idee und ihre Geschichte von 1815 bis heute, München 2013.
- : Salonica. City of Ghosts: Christians, Muslims and Jews 1430–1950, London 2005.
- McNamara, Robert: The Hashemites: The Dream of Arabia, London 2009.
- Meinecke, Friedrich: Demobilmachung der Geister (1917), in: ders.: Werke, Bd. 2, Politische Schriften und Reden, hg. von Georg Kotowski, Darmstadt 1958, S. 195–200.
- : Politische Schriften und Reden, Darmstadt 1958.
- Merridale, Catherine: Lenins Zug. Die Reise in die Revolution, Frankfurt 2017.
- Metcalf, Barbara Daly/Metcalf, Thomas R.: A Concise History of Modern India, Cambridge 2007.
- Meteling, Wencke: Ehre, Einheit, Ordnung. Preußische und französische Städte und ihre Regimenter im Krieg 1870/71 und 1914–1919, Baden-Baden 2010.
- Michalka, Wolfgang (Hg.): Der Erste Weltkrieg. Wirkung, Wahrnehmung, Analyse, München 1994.
- Mick, Christoph: 1918: Endgame, in: Winter (Hg.): Cambridge History, S. 133–171.
- : Vielerlei Kriege. Osteuropa 1918–1921, in: Beyrau, Dietrich u. a. (Hg.): Formen des Krieges, Paderborn 2007, S. 311–326.
- Miller, David Hunter: My Diary at the Conference of Paris with Documents, 22 Bde., New York 1924.
- Miquel, Pierre: La Paix de Versailles et l'opinion publique française, Paris 1972.
- Mishra, Pankaj: Aus den Ruinen des Empires. Die Revolte gegen den Westen und der Wiederaufstieg Asiens, Darmstadt 2013.
- Molnár, Miklós: A Concise History of Hungary, Cambridge 2001.
- : Geschichte Ungarns. Von den Anfängen bis zur Gegenwart, Hamburg 1999.
- Mombauer, Annika: The Origins of the First World War. Controversy and Consensus, London 2002.
- Mommsen, Wolfgang J.: Max Weber and the Peace Treaty of Versailles, in: Boemeke u. a. (Hg.): Treaty of Versailles, S. 535–546.
- Mordacq, Jean-Jules Henri: Le ministère Clemenceau. Journal d'un témoin, Bd. 3: Novembre 1918–Juin 1919, Paris 1931.
- Morgenstern, Ulf (Hg.): »Ach das ist schön hier!« Privatbriefe Walther Schückings aus der Versailler Friedensdelegation 1919, in: Jb. zur Liberalismusforschung 30 (2018) (i.E.).

Morrison, Kenneth: Montenegro. A Modern History, London 2009.
Morton, Brian: Woodrow Wilson: United States of America, London 2008.
Moya, Jose C. (Hg.): The Oxford Handbook of Latin American History, Oxford 2011.
Mühleisen, Horst: Annehmen oder Ablehnen? Das Kabinett Scheidemann, die Oberste Heeresleitung und der Vertrag von Versailles im Juni 1919. Fünf Dokumente aus dem Nachlass des Hauptmanns Günther von Poseck, in: VfZ 35 (1987), S. 419–481.
Müller-Franken, Hermann: Die Novemberrevolution. Erinnerungen, Berlin 1928.
Müller, Georg Alexander von: Regierte der Kaiser? Kriegstagebücher, Aufzeichnungen und Briefe des Chefs des Marine-Kabinetts Admiral Georg Alexander von Müller, hg. von Walter Görlitz, Göttingen u. a. 1959.
Müller, Heinrich: Das Berliner Zeughaus. Vom Arsenal zum Museum, Berlin 1994.
Müller, Tim B.: Nach dem Ersten Weltkrieg. Lebensversuche moderner Demokratien, Hamburg 2014.
- /Tooze, Adam (Hg.): Normalität und Fragilität. Demokratie nach dem Ersten Weltkrieg, Hamburg 2015.
Münkler, Herfried: Der Große Krieg. Die Welt 1914 bis 1918, Berlin 2013.
- : Heroische und postheroische Gesellschaften, in: Merkur 61 (2007), S. 742–752.
Mulligan, William: The Great War for Peace, New Haven 2014.
Myers, Duane P.: Berlin versus Vienna. Disagreement about Anschluss in the Winter of 1918–1919, in: CHF 5 (1972), S. 150–175.
Nasson, Bill: Das britische Empire. Ein Weltreich unterm Union Jack, Essen 2007.
Neutatz, Dietmar: Träume und Alpträume. Eine Geschichte Russlands im 20. Jahrhundert, München 2013.
Neville, Peter: Beneš, Masaryk: Czechoslovakia, London 2010.
Nicolson, Harold: Friedensmacher 1919, Berlin 1933 (engl.: Peacemaking 1919, London 1933).
Nicot, Jean: Les Poilus ont la parole. Lettres du front: 1917–1918, Brüssel 1998.
Niederstätter, Alois: Geschichte Österreichs, Stuttgart 2007.
Niedhart, Gottfried: Die Außenpolitik der Weimarer Republik, München 2006.
- : Geschichte Englands im 19. und 20. Jahrhundert, München 2004.
- : Kriegsende und Friedensordnung als Problem, in: Michalka (Hg.): Der Erste Weltkrieg, S. 178–190.
Nitti, Francesco: Der Friede, Frankfurt a. M. 1925.
- : Europa am Abgrund, Frankfurt a. M. 1923.
Nowak, Karl Friedrich (Hg.): Die Aufzeichnungen des Generalmajors Max Hoffmann, 2 Bde. Berlin 1929.
- : Versailles, Berlin 1927.
Official Statements of War Aims and Peace Proposals. December 1916 to November 1918, Washington, D.C. 1921.
Osterhammel, Jürgen: China und die Weltgesellschaft. Vom 18. Jahrhundert bis in unsere Zeit, München 1989.
- : Die Verwandlung der Welt. Eine Geschichte des 19. Jahrhunderts, München 2009.
Payk, Marcus M.: Frieden durch Recht? Der Aufstieg des modernen Völkerrechts und der Friedensschluss von Versailles nach dem Ersten Weltkrieg, Berlin 2018.
Pedersen, Susan: Back to the League of Nations. Review Essay, in: AHR 112 (2007), S. 1091–1117.
- : The Guardians. The League of Nations and the Crisis of Empire, Oxford 2015.
- : The Meaning of the Mandates System. An Argument, in: GG 32 (2006), S. 560–582.

Peter, Matthias: Britische Kriegsziele und Friedensvorstellungen, in: Michalka (Hg.): Der Erste Weltkrieg, S. 95–124.

Petsales-Diomedes, Nikolaos: Greece at the Paris Peace Conference, Thessaloniki 1978.

Peukert, Detlev J. K.: Die Weimarer Republik. Krisenjahre der Klassischen Moderne, Frankfurt a. M. 1987.

Platthaus, Andreas: 18/19. Der Krieg nach dem Krieg. Deutschland zwischen Revolution und Versailles, Berlin 2018.

Poincaré, Raymond: Au service de la France, Bd 11: A la recherche de la paix 1919, Paris 1974.

Politisches Archiv des Auswärtigen Amtes: Das Zimmermann-Telegramm, online: https://archiv.diplo.de/arc-de/das-politische-archiv/das-besondere-archivale/zimmermann-telegramm/1433690 (letzter Zugriff am 11.7.2018).

Pommerin, Reiner/Fröhlich, Michael (Hg.): Quellen zu den deutsch-amerikanischen Beziehungen, 3 Bde., Darmstadt 1996–1998.

Prazmowska, Anita: Ignacy Paderewski: Poland, London 2009.

Prost, Antoine: Les Anciens combattants et la société française, 1914–1939, Paris 1977.

Prott, Volker: The Politics of Self-Determination. Remaking Territories and National Identities in Europe, 1917–1923, Oxford 2016.

Purcell, Hugh: Maharajah of Bikaner: India, London 2010.

Puttkamer, Joachim von: Ostmitteleuropa im 19. und 20. Jahrhundert, München 2010.

Radbruch, Gustav: Der innere Weg. Aufriss meines Lebens, in: ders.: Gesamtausgabe, Bd. 16, S. 167–297.

– : Gesamtausgabe, Bd. 16, Biographische Schriften, hg. von Arthur Kaufmann, Heidelberg 1988.

Raffo, Peter: The Anglo-American Preliminary Negotiations for a League of Nations, in: Journal of Contemporary History 4 (1974), H. 9, S. 153–176.

Raichle, Christoph: Hitler als Symbolpolitiker, Stuttgart 2014.

Raphael, Lutz: Imperiale Gewalt und mobilisierte Nation. Europa 1914–1945, München 2011.

Rauchensteiner, Manfried: Der Erste Weltkrieg und das Ende der Habsburgmonarchie 1914–1918, Wien u. a. 2013.

– : Österreich seit 1918, Wien u. a. 2017.

Read, James Morgan: Atrocity Propaganda 1914–1919, London 1941.

Recker, Marie-Luise: Appeasementpolitik. Wissenschaftliche Karriere eines außenpolitischen Konzepts, in: Lehmkuhl, Ursula u. a. (Hg.): Deutschland, Großbritannien, Amerika. Politik, Gesellschaft und Internationale Geschichte im 20. Jahrhundert, Stuttgart 2003, S. 9–25.

Recouly, Raymond: Le Mémorial de Foch. Mes entretiens avec le Maréchal, Paris 1929.

Reisser, Wesley J.: The Black Book. Woodrow Wilson's Secret Plan for Peace, Lanham 2012.

Renouvin, Pierre: L'armistice de Rethondes. 11 Novembre 1918, Paris 1968.

– : Le traité de Versailles, Paris 1969.

Ribhegge, Wilhelm: Frieden für Europa. Die Politik der deutschen Reichstagsmehrheit 1917/18, Essen 1988.

Riddell, George A.: Lord Riddell's Intimate Diary of the Peace Conference and after, 1918–1923, London 1933.

Riehle, Bert: Eine neue Ordnung der Welt. Föderative Friedenstheorien im deutschsprachigen Raum zwischen 1892 und 1932, Göttingen 2009.

Rinke, Stefan: Geschichte Lateinamerikas: von den frühesten Kulturen bis zur Gegenwart, München 2010.

- : Im Sog der Katastrophe. Lateinamerika und der Erste Weltkrieg, Frankfurt a. M. 2015.
- : Lateinamerika, Darmstadt 2015.

Ritter, Gerhard: Der Versailler Vertrag von 1919, in: Schneider, Paul (Hg.): Gratias Agimus. Festschrift alter Schüler zum 100-jährigen Jubiläum des Evangelischen Stiftsgymnasiums zu Gütersloh, Gütersloh 1951, S. 102–109.

Robertson, John F.: Iraq. A History, London 2015.

Rogan, Eugene: The Fall of the Ottomans. The Great War in the Middle East, 1914–1920, London 2015.

Rohwer, Jürgen: U-Boot-Krieg, in: Enzyklopädie Erster Weltkrieg, S. 931–934.

Rosenberg, Emily S. (Hg.): Weltmärkte und Weltkriege, 1870–1945 (Geschichte der Welt, hg. von Akira Iriye und Jürgen Osterhammel, Bd. 5), München 2012.

Roshwald, Aviel: Ethnic Nationalism and the Fall of Empires. Central Europe, Russia, and the Middle East, 1914–1923, London 2001.

Rößler, Hellmuth (Hg.): Ideologie und Machtpolitik 1919. Plan und Werk der Pariser Friedenskonferenzen 1919, Göttingen 1966.

Rössler, Mechthild/Schleiermacher, Sabine (Hg.): Der »Generalplan Ost«. Hauptlinien der nationalsozialistischen Planungs- und Vernichtungspolitik, Berlin 1993.

Rothbarth, Margarete: Die großen Vier am Werk. Beiträge zur Geschichte der Friedenskonferenz, Berlin 1921.

Rothermund, Dietmar: Geschichte Indiens. Vom Mittelalter bis zur Gegenwart, München 2010.

Rothfels, Hans: Fünfzig Jahre danach, in: Der Monat 21 (1969), H. 246 (Sonderheft Versailles), S. 53–62.

Rothwell, Victor: British War Aims and Peace Diplomacy 1914–1918, London 1917.

Rück, Fritz: 1919–1939: Friede ohne Sicherheit, Stockholm 1945.

Sabrow, Martin: Organisation Consul (O.C.), 1920–1922, online: Historisches Lexikon Bayerns, https://www.historisches-lexikon-bayerns.de/Lexikon/Organisation_Consul_(O.C.),_1920-1922 (letzter Zugriff am 12.7.2018).

Salewski, Michael: Versailles 1919. Der fast gelungene Frieden, in: Elz, Wolfgang/Neitzel, Sönke (Hg.): Internationale Beziehungen im 19. und 20. Jahrhundert. Festschrift für Winfried Baumgart zum 65. Geburtstag, Paderborn 2003, S. 187–203.

Samari, Fahd Ibn-Abdallah: A History of the Arabian Peninsula, London 2010.

Sanborn, Joshua: Imperial Apocalypse. The Great War and the Destruction of the Russian Empire, Oxford 2014.

Satow, Ernest: A Guide to Diplomatic Practice, London 1917.

Sautter, Udo: Geschichte der Vereinigten Staaten von Amerika, Stuttgart 1998.
- : Geschichte Kanadas, München 2007.

Schattenberg, Susanne: 1918 – Die Neuerfindung der Diplomatie und die Friedensverhandlungen von Brest-Litowsk, in: Stadelmann, Matthias/Antipow, Lilja (Hg.): Schlüsseljahre. Zentrale Konstellationen der mittel- und osteuropäischen Geschichte. Festschrift für Helmut Altrichter zum 65. Geburtstag, Stuttgart 2011, S. 273–293.

Schattkowsky, Ralph: Deutschland und Polen von 1918/19 bis 1925. Deutsch-polnische Beziehungen zwischen Versailles und Locarno, Frankfurt a. M. 1994.

Schayegh, Cyrus/Arsan, Andrew (Hg.): The Routledge Handbook of the History of the Middle East Mandates, London/New York 2015.

Scheidemann, Christiane: Ulrich Graf Brockdorff-Rantzau (1869–1928). Eine politische Biographie, Frankfurt a. M. 1998.

Schiff, Viktor: So war es in Versailles, Berlin 1929.

Schivelbusch, Wolfgang: Die Kultur der Niederlage. Der amerikanische Süden 1865, Frankreich 1871, Deutschland 1918, Berlin 2000.

Schlötzer, Christiane: Erdogan und die Grenzen seines Herzens, in: https://www.sueddeutsche.de/politik/territorialtraeume-der-tuerkei-erdoan-und-die-grenzen-seines-herzens-1.3231628 (letzter Zugriff: 16.8.2018) Schmid, André: Korea between Empires, 1895–1919, New York 2002.

Schmidt-Klügmann, Annette: Bernhard Wilhelm von Bülow (1885–1936). Eine Biographie, Diss. phil. Marburg 2017.

Schmidt, Gustav: England in der Krise. Grundzüge und Grundlagen der britischen Appeasement-Politik (1930–1937), Opladen 1981.

- : Politische Tradition und wirtschaftliche Faktoren in der britischen Friedensstrategie 1918/19, in: VfZ 29 (1981), S. 131–188.

Schmitt, Carl: Positionen und Begriffe. Im Kampf mit Weimar – Genf – Versailles, 1923–1939, Hamburg 1940.

Schneider, Ute: Die Macht der Karten. Eine Geschichte der Kartographie vom Mittelalter bis heute, Darmstadt 2004.

Schönpflug, Daniel: Kometenjahre. 1918: Die Welt im Aufbruch, Frankfurt a. M. 2017.

Schultheiß, Michael/Roßberg, Julia (Hg.): Weimar und die Republik. Geburtsstunde eines demokratischen Deutschlands, Weimar 2009.

Schulz, Gerhard: Europa und der Globus. Staaten und Imperien seit dem Altertum, Stuttgart/München 2001.

- : Revolutionen und Friedensschlüsse. 1917–1920, München 1967.

Schwabe, Klaus: Deutsche Revolution und Wilson-Frieden. Die amerikanische und die deutsche Friedensstrategie zwischen Ideologie und Machtpolitik 1918/1919, Düsseldorf 1971.

- : President Wilson and the War Aims of the United States, in: Afflerbach (Hg.): Purpose, S. 209–234.

- (Hg.): Quellen zum Friedensschluss von Versailles, Darmstadt 1997.

- : Weltmacht und Weltordnung. Amerikanische Außenpolitik von 1898 bis zur Gegenwart. Eine Jahrhundertgeschichte, Paderborn 2011.

Schwertfeger, Bernhardt: Der Weltkrieg der Dokumente. Zehn Jahre Kriegsschuldforschung und ihr Ergebnis, München 1929.

Scott, George: The Rise and Fall of the League of Nations, London 1973.

Sean McMeekin: The Ottoman Endgame. War, Revolution and the Making of the Modern Middle East, 1908–1923, London 2015.

Sedlmaier, Alexander: Deutschlandbilder und Deutschlandpolitik. Studien zur Wilson-Administration (1913–1921), Stuttgart 2003.

Segesser, Daniel Marc: Der Erste Weltkrieg in globaler Perspektive, Wiesbaden 2010.

- : Recht statt Rache oder Rache durch Recht? Die Ahndung von Kriegsverbrechen in der internationalen wissenschaftlichen Debatte 1872–1945, Paderborn 2010.

Seymour, Charles (Hg.): The Intimate Papers of Colonel House, Bd. 4: The Ending of War June 1918–November 1919, London/Aylesbury 1928.

Sharp, Alan: Consequences of Peace: The Versailles Settlement – Aftermath and Legacy, London 2010.

- : David Lloyd George: Great Britain, London 2008.

Shimazu, Naoko: Japan, Race and Equality. The Racial Equality Proposal of 1919, London 1998.

Shotwell, James T.: At the Paris Conference, New York 1937.

Skidelsky, Robert: John Maynard Keynes. Hopes Betrayed (1883–1920), London 1983.
Sluga, Glenda: The Problem of Trieste and the Italo-Yugoslav Border. Difference, Identity, and Sovereignty in Twentieth Century Europa, New York 2001.
Smith, Leonard V.: Sovereignty at the Paris Peace Conference of 1919, Oxford 2018.
Smuts, Jan C.: Selections from the Smuts Papers, Bd. 4, November 1918–August 1919, hg. von W. K. Hancock, Cambridge 1966.
– : The League of Nations. A Practical Suggestion, London 1918.
Snyder, Timothy: Bloodlands. Europa zwischen Hitler und Stalin, München 2011.
Sonnino, Sidney: Diario, hg. von Pietro Pastorelli, 3 Bde., Bari 1972.
Soutou, Georges-Henri: La grande illusion. Quand la France perdait la paix 1914–1920, Paris 2015.
Die Kriegsziele des Deutschen Reiches, Frankreichs, Großbritanniens und der Vereinigten Staaten während des Ersten Weltkrieges. Ein Vergleich, in: Michalka (Hg.): Der Erste Weltkrieg, S. 28–53.
– : French War Aims and Strategy, in: Afflerbach (Hg.): Purpose, S. 29–44.
– : L'or et le sang. Les buts de guerre économiques de la première guerre mondiale, Paris 1989.
Soviet Documents on Foreign Policy, Bd. 1 (1917–1924), hg. von Jane Degras, London u. a. 1951.
Spector, Sherman David: Rumania at the Paris Conference. A Study of the Diplomacy of Ioan I. C. Bratianu, New York 1962.
Speitkamp, Winfried: Kleine Geschichte Afrikas, Bonn 2009.
Spinney, Laura: 1918 – Die Welt im Fieber. Wie die Spanische Grippe die Gesellschaft veränderte, München 2018.
Stannard Baker, Ray: What Wilson Did at Paris, New York 1919.
– : Woodrow Wilson. Memoiren und Dokumente über den Vertrag von Versailles anno 1919, 3 Bde., Leipzig 1923.
– : World War and World Settlement, 3 Bde., Garden City 1923.
Steiger, Heinhard: Peace Treaties from Paris to Versailles, in: Lesaffer, Randall (Hg.): Peace Treaties and International Law in European History. From the Late Middle Ages to World War One, Cambridge 2004, S. 59–99.
Stein, Burton: A History of India, Malden 2006.
Steinberg, Guido: Saudi-Arabien: Politik, Geschichte, Religion, München 2004.
Steiner, Zara: The Lights that Failed. European International History 1919–1933, Oxford 2005.
Steininger, Rudolf: »... der Angelegenheit ein paneuropäisches Mäntelchen umhängen«. Das deutsch-österreichische Zollunionsprojekt von 1931, in: Gehler (Hg.): Ungleiche Partner?, S. 441–480.
Steinmeyer, Gitta: Die Grundlagen der französischen Deutschlandpolitik, 1917–1919, Stuttgart 1979.
Stevenson, David: 1917. War, Peace, and Revolution, Oxford 2017.
– : French War Aims against Germany, 1914–1919, Oxford 1982.
– : With Our Backs to the Wall. Victory and Defeat in 1918, Cambridge, Mass., 2011.
Stillich, Oskar: Der Friedensvertrag von Versailles im Spiegel deutscher Kriegsziele, Berlin 1922.
Stöver, Bernd: Geschichte der USA. Von der ersten Kolonie bis zur Gegenwart, München 2017.
Strachan, Hew: Der Erste Weltkrieg. Eine neue illustrierte Geschichte, München 2006.

Strang, G. Bruce: The Spirit of Ulysses? Ideology and British Appeasement in the 1930s, in: Diplomcy & Statecraft 19 (2008), S. 481–526.
Strath, Bo: Europe's Utopias of Peace. 1815, 1919, 1951, London/New York 2016.
Strazhas, Abba: Deutsche Ostpolitik im Ersten Weltkrieg. Der Fall Ober-Ost, 1915–1917, Wiesbaden 1993.
Streeter, Michael: Central America and the Caribbean, London 2010.
– : Epitácio Pessoa: Brazil, London 2010.
– : South America and the Treaty of Versailles, London 2010.
Striner, Richard: Woodrow Wilson and World War I: A Burden too Great to Bear, Lanham 2014.
Stuchtey, Benedikt: Die europäische Expansion und ihre Feinde. Kolonialismuskritik vom 18. bis in das 20. Jahrhundert, München 2010.
– : Geschichte Irlands, München 2012.
Sundhaussen, Holm: Geschichte Serbiens: 19.–21. Jahrhundert, Wien 2007.
Tardieu, André: La Paix, Paris 1921.
Taylor, A. J. P. (Hg.): Lloyd George. A Diary by Frances Stevenson, London 1971.
Temperley, Harold: A History of the Peace Conference of Paris, 6 Bde., London 1969.
Tepora, Tuomas/Roselius, Aapo: The Finnish Civil War 1918, Leiden 2014.
The Papers of Woodrow Wilson, hg. von Arthur S. Link, Princeton 1981–1986.
Thomas, Martin: Appeasement in the Late Third Republic, in: Diplomacy and Statecraft 19 (2008), S. 566–607.
Thompson, Charles T.: The Peace Conference, Day by Day, New York 1920.
Thompson, J. Lee: Fleet Street Colossus: The Rise and Fall of Northcliffe, 1896–1922, in: Parliamentary History 25 (2006), S. 115–138.
– : Press Barons in Politics 1865–1922, London 1996.
Thompson, John A.: Reformers and War. American Progressive Publicists and the First World War, Cambridge u. a. 1987.
Thompson, John M.: Russia, Bolshevism, and the Versailles Peace, Princeton 1967.
Thorau, Peter: Lawrence von Arabien. Ein Mann und seine Zeit, München 2010.
Thornton, Martin: Sir Robert Borden: Canada, London 2010.
Thoss, Bruno: Kriegsschäden, in: Enzyklopädie Erster Weltkrieg, S. 658–661.
Tilly, Charles: Reflections on the History of European State-Making, in: ders./Ardant, Gabriel (Hg.): The Formation of National States in Western Europe, Princeton 1975, S. 3–83.
Tooze, Adam: Sintflut: Die Neuordnung der Welt 1916–1931, München 2015.
Traboulsi, Fawwaz: A History of Modern Lebanon, London 2007.
Trachtenberg, Marc: Reparation in World Politics. France and European Economic Diplomacy, 1916–1923, New York 1980.
– : Versailles after Sixty Years, in: Journal of Contemporary History 17 (1982), S. 487–506.
Tripp, Charles: A History of Iraq, Cambridge 2010.
Troeltsch, Ernst: Kritische Gesamtausgabe, Bd. 14: Spectator-Briefe und Berliner Briefe (1919–1922), hg. von Gangolf Hübinger, Berlin 2015.
Ursachen und Folgen. Vom deutschen Zusammenbruch 1918 und 1945 bis zur staatlichen Neuordnung Deutschlands in der Gegenwart. Eine Urkunden- und Dokumentensammlung zur Zeitgeschichte, Bde. 1–4, Berlin 1958–1960.
Valéry, Paul: Über Geschichte, in: ders.: Werke, Bd. 7 (Zur Zeitgeschichte und Politik), Frankfurt a. M. 1995, S. 173–176.
Verhandlungen der Verfassunggebenden Deutschen Nationalversammlung, Berlin 1920.

Verhandlungen des Reichstags, XIII. Legislaturperiode, Berlin 1917/18.

Vogelsang, Kai: Geschichte Chinas, Stuttgart 2012.

Volkmer, Andreas: Kriegsverhütung und Friedenssicherung durch Internationale Organisation: Deutsche Ideen und Pläne 1815–1871, Marburg 2013.

Wallace, Marion: Geschichte Namibias. Von den Anfängen bis 1990, Basel 2015.

Wandycz, Piotr S.: The Polish Question, in: Boemeke u. a. (Hg.): Treaty of Versailles, S. 313–335.

War Speeches by British Ministers, 1914–1916, hg. von T. Fisher Unwin, London 1917.

Warburg, Max: Aus meinen Aufzeichnungen, New York 1952.

Watson, David: Georges Clemenceau: France, London 2008.

Watson, James: William Massey: New Zealand, London 2010.

Weber, Max: Gesammelte Politische Schriften, hg. von Johannes Winckelmann, Stuttgart ^{5}1988.

– : Gesamtausgabe, Abt. 2. Briefe, Bde. 9 u. 10/2, hg. von Gerd Krumeich u. Rainer Lepsius, Tübingen 2012.

Webster, Charles: The Congress of Vienna, 1814–1815, London 1918.

Wehler, Hans-Ulrich: Sozialimperialismus, in: ders. (Hg.): Imperialismus, Köln 1972, S. 83–96.

Weinhauer, Klaus u. a. (Hg.): Germany 1916–1923. A Revolution in Context, Bielefeld 2015.

Weinke, Annette: Gewalt, Geschichte, Gerechtigkeit. Transnationale Debatten über deutsche Staatsverbrechen im 20. Jahrhundert, Göttingen 2016.

Weitz, Eric D.: From the Vienna to the Paris System. International Politics and the Entangled Histories of Human Rights, Forced Deportations, and Civilizing Missions, in: AHR 113 (2008), S. 1313–1343.

Wells, H. G.: The War that will End War, London 1914.

Wende, Peter: Das Britische Empire: Geschichte eines Weltreichs, München 2008.

Wendt, Bernd Jürgen: Lloyd George's Fontainebleau-Memorandum: Eine Wurzel des Appeasement?, in: Lehmkuhl, Ursula u. a. (Hg.): Deutschland, Großbritannien, Amerika: Politik, Gesellschaft und Internationale Geschichte im 20. Jahrhundert. Festschrift für Gustav Schmidt zum 65. Geburtstag, Stuttgart 2003, S. 27–44.

Wengst, Udo: Graf Brockdorff-Rantzau und die außenpolitischen Anfänge der Weimarer Republik, Frankfurt a. M. 1973.

Westarp, Kuno von: Konservative Politik im letzten Jahrzehnt des Kaiserreiches, 2 Bde., Berlin 1935.

Wette, Wolfram/Ueberschär, Gerd R. (Hg.): Kriegsverbrechen im 20. Jahrhundert, Darmstadt 2001.

Widenor, William C.: The Construction of the American Interpretation: The Pro-Treaty Version, in: Boemeke u. a. (Hg.): Treaty of Versailles, S. 547–564.

Wiggenhorn, Harald: Verliererjustiz. Die Leipziger Kriegsverbrecherprozesse nach dem Ersten Weltkrieg, Baden-Baden 2005.

Willis, James F.: Prologue to Nuremberg. The Politics and Diplomacy of Punishing War Criminals of the First World War, Westport 1982.

Wilson, Woodrow: Congressional Government. A Study in American Politics, Boston u. a. 1885.

– : The New Freedom. A Call for the Emancipation of the Generous Energies of a People, New York 1913.

Winkler, Heinrich August: Weimar 1918–1933. Die Geschichte der ersten deutschen Demokratie, München 1993.

Winock, Michel: Clemenceau, Paris 2007.
Winter, Jay (Hg.): The Cambridge History of the First World War, 3 Bde., Cambridge 2014.
Wintzer, Joachim: Deutschland und der Völkerbund, Paderborn 2006.
Wolgast, Eike: Pax Optima Rerum. Theorie und Praxis des Friedensschlusses in der Frühen Neuzeit, in: ders.: Aufsätze zur Reformations- und Reichsgeschichte, Tübingen 2016, S. 179–205.
Woller, Hans: Geschichte Italiens im 20. Jahrhundert, München 2010.
Wollschläger, Thomas: General Max Hoffmann. Frontbeobachter, Frontführer und Frontbefürworter im Osten, Norderstedt 2016.
Wuorinen, John H.: A History of Finland, New York u. London 1965.
Yanoulopoulos, Yanis: The Conference of Lausanne 1922/23, London 1974.
Zarusky, Jürgen (Hg.): Die Stalinnote vom 10. März 1952. Neue Quellen und Analysen, Berlin 2015.
Zobeltitz, Hans-Caspar von: »Und was der Feind uns angetan ...«. Das Buch vom Raubfrieden, Berlin 1921.
Zöllner, Reinhard: Geschichte der japanisch-koreanischen Beziehungen. Von den Anfängen bis zur Gegenwart, München 2017.
 – : Geschichte Japans. Von 1800 bis zur Gegenwart, Paderborn 2006.
Zürcher, Jan Erik: Osmanisches Reich, in: Enzyklopädie Erster Weltkrieg, S. 758–762.
 – : Sykes-Picot-Abkommen, in: Enzyklopädie Erster Weltkrieg, S. 916.
 – : Turkey. A Modern History, London 2017.
Zwach, Eva: Deutsche und englische Militärmuseen im 20. Jahrhundert. Eine kulturgeschichtliche Analyse des gesellschaftlichen Umgangs mit Krieg, Münster 1999.
Zweig, Stefan: Die Welt von gestern. Erinnerungen eines Europäers [1944], Frankfurt a. M. 1994.

Personenregister

Abdallah ibn Husain I., Emir und König von (Trans-)Jordanien 257, 274
Abdülmecid II., osmanischer Kalif 456
Adenauer, Konrad 288
Albert I., König der Belgier 183
Aldrovani Marescotti, Luigi, Graf von Viano 208
Alexander I. Karađorđević, König der Serben, Kroaten und Slowenen 432
Alexei, russischer Zarewitsch 97
Angell, Norman 30ff.
Asquith, Herbert Henry, 1. Earl of Oxford and A. 51ff., 180
Assad, Baschar Hafiz al- 458
Badoglio, Pietro, Herzog von Addis Abeba 145
Bagehot, Walter 68
Baker, Ray Stannard 278, 302
Balfour, Arthur James, 1. Earl of B. 24, 54, 80, 171, 180, 232, 252, 258, 262, 273f., 405, 453
Batalha Reis, Jaime 242
Bauer, Gustav 123, 368f., 371, 463
Beer, Georg Louis 254
Bell, Johannes 9, 372, 373, 375, 376
Benedikt XV., Papst 155
Beneš, Edvard 422f.
Bernstein, Eduard 466
Bernstorff, Johann Heinrich Graf von 76, 159, 169, 173
Bethmann Hollweg, Theobald von 46–51, 59–62, 75, 385, 387, 388
Birkenhead, Frederick Edwin Smith, 1. Earl of B. 396f.
Bismarck, Otto Fürst von 44, 133
Bizenko, Anastassija 40
Bliss, Tasker H. 179
Boehm, Max Hildebert 358
Bonin Longare, Gräfin Anna 429
Bonin Longare, Graf Lelio 429

Bonn, Moritz Julius 477
Borden, Sir Robert Laird 171, 395
Bosch, Carl 170
Botha, Louis 234, 262
Bourgeois, Émile 469
Bourgeois, Léon 238ff., 239, 243, 247
Bowman, Isaiah 83
Bracher, Karl Dietrich 11
Brătianu, Ion I.C. 433
Breckinridge Long, Samuel Miller 130
Briand, Aristide 160, 173, 294, 300, 354, 390, 496
Brockdorff-Rantzau, Ulrich Graf 160, 161, 163, 172f., 317, 343, 345, 346, 349–352, 353, 359–362, 365–368, 415
Brüning, Heinrich 470
Bryan, William J. 67, 70, 83
Bullitt, William C. 174
Bülow, Bernhard Wilhelm von 471, 474
Burke, Edmund 68
Bush, George W. 502
Cambon, Jules-Martin 185, 205f., 298, 314, 423
Castlereagh, Robert Stewart, 2. Marquess of Londonderry, Viscount C. 312
Cecil, Robert, 1. Viscount C. of Chelwood 22, 223f., 232, 234, 239, 243f., 246f., 250, 252, 410
Cemal Pascha, Ahmet 405
Chamberlain, Arthur Neville 420, 462, 481, 483f.
Chamberlain, Sir Austen 181, 397
Chelmsford, Frederic John Napier Thesiger, 1. Viscount C. 191
Chen, Eugene 341
Chinda Sutemi, Graf 188
Churchill, Sir Winston Spencer-C. 143, 307f., 454
Claß, Heinrich 47
Clemenceau, Georges 9, 20, 37, 55, 57, 101, 128f., 135, 141, 143, 152, 154, 156f.,

163, *171*, *175*, 184, 186, 192, 197, *199*,
    201–205, 207, *209*, 211, 214, 228, *233*, 243,
    248, 261, 264, 278ff., 285f., 288ff., 292ff.,
    297f., 307, 314f., 320f., 327, 330, 344,
    349–352, *353*, 359, 361, 367, 374, 376f.,
    383ff., 394, 397, 401, 415, 487
Clemenceau, Mary, geb. Plummer
    202
Clinton, William Jefferson »Bill«
    73
Crane, Charles Richard   270, *271*
Curtius, Julius   471
Curzon, George Nathaniel, 1. Marquess
    C. of Kedleston   256, 308, 394, 453, 456
Czernin, Graf Ottokar   107
Daladier, Édouard   462, 488
D'Annunzio, Gabriele   328f.
David, Eduard   366, 369
Davis, Norman H.   321
Dawes, Charles G.   466
Delbrück, Hans   48, 63, 362
Deng Xiaoping   339
Diagne, Blaise Adolphe   220, *221*
Di Robilant, Mario Nicolis   152
Disraeli, Benjamin, 1. Earl of Beaconsfield
    462
Dmowski, Roman   296ff., 299
Drummond, Eric James, 16. Earl of Pearth
    249, 403
Du Bois, William Edward Burghardt
    »W.E.B.«   219f., *221*, 222
Dulles, John Foster   321, 364
Dutasta, Paul Eugene   203
Dyer, Reginald   192
Ebert, Friedrich   104, 140, 160, 162, 368,
    370, 386
Ebray, Alcide   479f.
Eckardt, Heinrich von   76
Eden, Anthony, 1. Earl of Avon   391
Eisner, Kurt   198, 210
Enver Pascha, İsmail   403, 405
Erdoğan, Recep Tayyip   499, 503
Erzberger, Matthias   47, 62, 113, 123, 131,
    137–141, 148, 163, *317*, 365f., 368ff., 377,
    467, 471, 478
Faisal I., König von Syrien und König des
    Irak   257f., 268, 269, 270, 272ff.
Falkenhayn, Erich von   46, 49

Fehrenbach, Konstantin   357, 371
Ferdinand I., Zar von Bulgarien   144
Fichte, Johann Gottlieb   355
Fischer, Fritz   13f., 32, 47f., 357
Foch, Ferdinand   138–141, 148f., 152f., 163,
    175, 281–285, 288ff., 294, 307, 315, 366,
    380
Franz Ferdinand, österreichischer
    Thronfolger   41, 372
Franz Joseph I., Kaiser von Österreich
    und König von Ungarn   144, 413f., 418
Friedrich II., der Große, König von
    Preußen   283
Friedrich Karl, Prinz von Hessen
    110
Gandhi, Mohandas Karamchand,
    gen. Mahatma G.   192, 216
Ganga Singh Bahadur, Sir Sri,
    21. Maharadscha von Bikaner
    190, 192, *237*, 339
Geddes, Eric C.   181, 318
Georg V., König von Großbritannien
    und Irland   154
Giesberts, Johann   343, 345
Glueck, Sheldon   391
Groener, Wilhelm   133, 367f., 370f.
Haffner, Sebastian   491
Haidar, Rustem   253
Haig, Douglas, 1. Earl H.   152
Hale, Oron J.   31
Hankey, Maurice Pascal Alers,
    1. Baron H.   208, 312
Hansen, Harry   198
Harden, Maximilian   377
Harnack, Adolf von   48
Harpprecht, Klaus   17
Haußmann, Conrad   356
Headlam-Morley, Sir James W.   198, 439f.
Heinze, Rudolf   371
Henderson, Nevile   484
Hertling, Georg Graf von   87, 118, 122
Hindenburg, Paul von Beneckendorff und
    von H.   46, 49, 61, 75, 94, 118, 121f.,
    124, 133, 140, 385, *387*, 388, 469, 472
Hintze, Paul von   119, 123
Hirsch, Paul   356
Hitler, Adolf   12f., 141, *417*, 420, 467, 472,
    474, 476, 484, 488

Personenregister

Hồ Chí Minh (Nguyen Ai Quoc) 217, 214ff., 222
Hoegner, Wilhelm 470
Hoffmann, Max 40, 106–109
Hoover, Herbert C. 296
Hope, George 138
Horthy, Miklós 427f.
House, Edward Mandell 51, 80, 83f., 128f., 136, 152, 171, 179, 218, 228, 232, 247, 252, 285f., 287
Hughes, Charles Evans 71
Hughes, William Morris »Billy« 252, 262
Husain, Emir von Mekka 257f., 268
Hymans, Paul 204, 240f.
İsmet Pascha, Mustafa (İsmet İnönü) 455
Jackson, Robert H. 391, 401
Jelzin, Boris N. 500
Joffe, Adolf A. 40, 107
Jusserand, Jean Jules 153
Kaczyński, Jarosław Aleksander 503
Kahl, Wilhelm 355, 388
Kant, Immanuel 77, 224f., 384
Kapp, Wolfgang 63
Karadžić, Radovan 407
Karl I., Kaiser von Österreich 144f., 169, 411, 414, 420, 427, 430
Károlyi, Mihály Graf K. von Nagykároly 425f.
Katharina II., die Große, Kaiserin von Russland 113
Kautsky, Karl 11, 466
Keitel, Wilhelm 489
Kelsen, Hans 442
Kemal Pascha, Mustafa (Atatürk) 405, 449f., 452, 454, 455, 499
Kennan, George F. 12
Kerenski, Alexander 98
Kerr, Philip, s. Lothian
Kessler, Harry Graf von 75, 92, 100, 109, 113f., 122, 124, 133, 143, 168, 355, 370f.
Keynes, John Maynard 12, 34, 378, 476–481
Kim Kyu-sik 216–219, 222
King, Henry Churchill 270, 271
Koltschak, Alexander W. 307
Konfuzius 334
Kühlmann, Richard von 106, 117ff., 123

Kun, Béla 308, 312, 426, 428
Lajpat Rai, Lala 191
Lamont, Thomas W. 244
Landsberg, Otto 343, 345
Landsdowne, Henry Petty-Fitzmaurice, 5. Marquess of L. 53f.
Lansing, Robert 83, 86, 124, 134–137, 16, 164f., 174, 179, 207, 241, 315f., 321, 346, 361f., 400, 411, 423
Larnaude, Ferdinand 241, 243, 399
Lauterpacht, Hersch 392
Lavisse, Ernest 173
Law, Andrew Bonar 143, 152, 180
Lawrence, Thomas Edward »T.E.« (Lawrence of Arabia) 257, 269
Leinert, Robert 343, 345
Lenin (Wladimir Iljitsch Uljanow) 81, 83, 85, 99, 100ff., 104, 107, 111, 177, 216, 302, 304, 363
Leopold, Prinz von Bayern 40
Lersner, Kurt Freiherr von 385, 387, 389
Lettow-Vorbeck, Paul von 146
Leygues, Georges 153
Liebknecht, Karl 111, 197, 370
Lincoln, Abraham 51
Lippmann, Walter 83, 302
Lloyd George, David, 1. Earl L. of Dwyfor 12, 14, 19, 51–54, 89f., 101, 128f., 135, 142, 152, 171, 178ff. 192, 203, 207, 209, 223, 230f., 234, 238, 246f., 256, 261f., 266, 270, 279, 286, 287, 288, 292, 296f., 303f., 306ff., 311–315, 318–321, 327f., 330, 336, 346, 350ff., 354, 359, 363, 377, 394, 398, 401f., 416, 424, 426, 445, 448, 454, 476, 481f., 484
Lodge, Henry Cabot 177, 244, 279
Lothian, Philip Kerr, 11. Marquess of L. 312f., 363f., 483f.
Ludendorff, Erich 46, 49, 59f., 75, 94, 106f., 112ff., 117ff., 121ff., 132f., 138, 385, 387, 388
Ludwig XIV., König von Frankreich 375, 376
Luther, Martin 78
Luxemburg, Rosa 197
Lu Zhenxiang 333
Lwow, Fürst Georgi J. 97
MacDonald, Ramsay 182

Mackensen, August von 385, 469
Macron, Emmanuel 499, 503
Maginot, André 489
Makino Nobuaki, Graf 188, 334
Mannerheim, Freiherr Carl Gustav Emil 103
Mantoux, Paul 208
Mao Zedong 237, 339
Marx, Karl 216
Marx, Wilhelm 466
Masaryk, Tomáš Garrigue 22, 420
Massey, William Ferguson 260f., 267
Max, Prinz von Baden 122, 124, 131, 138, 140, 172
McMahon, Henry 257f.
Mehmed VI. Vahideddin, Sultan des Osmanischen Reiches 449–452, 455, 456
Meinecke, Friedrich 10, 44, 63, 472
Melchior, Carl 170, 343, 345, 350, 359
Mendelssohn Bartholdy, Albrecht 362
Menzius (Mengzi) 334
Mezes, Sidney E. 83
Michaelis, Georg 105
Mierendorff, Carlo 466
Miller, David Hunter 83, 234, 244, 340
Millerand, Alexandre 270, 384, 429
Millerand, Jeanne 429
Milner, Alfred, 1. Viscount M. 152, 264
Milošević, Slobodan 407
Mommsen, Wilhelm 469
Monroe, James 73, 244–247
Montagu, Edwin Samuel 190ff.
Montgelas, Maximilian Graf von 362
Morgenthau, Henry 391
Müller, Georg Alexander von 60
Müller, Hermann 9, 369, 372, 373, 375, 376, 464
Mussolini, Benito 145, 329, 456, 457
Nagai, Ryūtarō 152
Nansen, Fridtjof 442
Napoleon I., Kaiser der Franzosen 92, 311f., 355, 397, 403
Nehru, Jawaharlal 216
Nelson, Horatio, 1. Viscount N. 143
Neurath, Konstantin Freiherr von 474
Nguyen Ai Quoc siehe Hô Chí Minh
Nicolai, Walter 120

Nicolson, Arthur 44
Nicolson, Harold 186, 193, 198, 229, 252, 436, 484
Nikolaus II., Kaiser von Russland 97, 303
Nistor, Ion I. 435
Nitti, Francesco Saverio 270, 329, 479f.
Northcliffe, Alfred Charles Harmsworth, 1. Viscount N. 182, 289, 318
Noske, Gustav 132, 367, 369
Nowak, Karl Friedrich 197
Obama, Barack 74, 502
Oberndorff, Alfred Graf von 138
Orbán, Viktor 503
Orlando, Vittorio Emanuele 152, 192, 203, 207, 209, 298, 307, 323f., 327ff., 351, 433, 448, 479
Paderewski, Ignacy Jan 296, 298, 299
Pagès, Georges 469
Paléologue, Maurice 98
Pandiá Calógeras, João 204ff., 240
Pašić, Nikola 428, 430, 431
Payer, Friedrich 123
Percy, Eustace, 1. Baron P. of Newcastle 439
Pershing, John J. 127, 287
Pétain, Philippe 57
Peter I., der Große, Kaiser von Russland 113
Peter I., König der Serben, Kroaten und Slowenen 432
Phillimore, Sir Walter G.F., 1. Baron P. 232
Pichon, Stéphen 152, 153, 201, 264
Picot, François Georges-P. 258, 269, 270, 446
Piłsudski, Józef Klemens 168, 296, 299, 309
Poincaré, Raymond 55, 154, 156, 165, 167, 184, 197f., 199, 200f., 203, 282, 289, 319, 464
Posadowsky-Wehner, Arthur Adolf Graf von 356
Prothero, George Walter 173
Putin, Wladimir W. 115, 500, 503
Quidde, Ludwig 357
Radbruch, Gustav 390
Rathenau, Walther 134, 467, 471, 478

Personenregister

Reinsch, Paul Samuel 333
Renner, Karl 169, 416, *417*
Renoir, Auguste 30
Renoir, Jean 30
Reuter, Ludwig von 367
Rhee Syng-man 218
Ritter, Gerhard 378
Roosevelt, Franklin D. 127, 467
Roosevelt, Theodore 66f., 126, 177, 226, 246
Rothfels, Hans 12
Rupprecht, Kronprinz von Bayern 114
Sahm, Heinrich 317
Saint-Pierre, Abbé de (Charles Irénée Castel de S.) 224
Salandra, Antonio 58
Salisbury, Robert Gascoyne-Cecil, 3. Marquess of S. 223
Sasonow, Sergej D. 307
Savona, Paolo 500
Schäfer, Dietrich 48
Scheidemann, Philipp 15, 61, 122, 140, 160, 317, 355f., 368, 373
Schiff, Viktor 343
Schmitt, Carl 28, 379
Schmitt, Ernst 365
Schubert, Carl von 471
Schuch, Clara 356
Schücking, Walther 170, 343, *345*
Seeberg, Reinhold 48
Senghor, Léopold Sédar 214
Shotwell, James Thomson 83
Simon, Henry 261, 264
Simons, Erna, geb. Rühle 116, 343
Simons, Walter 116, 343, 350
Sinha, Satyendra Prasanna, 1. Baron S. 190, 192
Skidelsky, Robert 12
Smuts, Jan 233, 234ff., *237*, 250, 275, 312, 378, 395, 477
Solf, Wilhem 131, 158, 349
Sonnino, Baron Sidney Constantino 152, 203, 323f., 327, 329, 448
Stalin, Josef 102, 452, 488
Stresemann, Gustav 160, 294, 300, *317*, 354, 356, 464, 469, 471, 496
Sully, Maximilien de Béthune, Herzog von S. 224

Sun Yat-sen *341*
Sykes, Mark 258, 269, 270, 446
Taft, William Howard 66f., 226, 245
Tahsin, Hasan 449
Talaat Pascha, Mehmed 403, 405f.
Talleyrand-Périgord, Charles-Maurice de 172, 194
Tardieu, André *175*, 282, 284, 293
Thaer, Albrecht von 121
Thomson, Charles 189, 198
Thyssen, August 47
Thyssen, Fritz 170
Tirpitz, Alfred von 63, 385
Tito (Josip Broz) 24, *431*
Toynbee, Arnold J. 17
Treitschke, Heinrich von 48
Trimborn, Karl 123
Troeltsch, Ernst 63, 355
Trotzki, Leo 81, 85, 100, 106f., 111, 116
Trumbić, Ante 428, 430, *431*
Trump, Donald J. 29, 502f.
Tschitscherin, Georgi W. 457
Tucholsky, Kurt 33
Valéry, Paul 495
Vanselow, Ernst 138
Varoufakis, Yanis 499
Venizelos, Eleftherios 152, 436, *437*, 445, 449
Vesnić, Milenko Radomar 152, *431*, 433
Viktor Emanuel III., König von Italien 155
Warburg, Max 170, 344, 350, 359f.
Washington, George 244
Weber, Helene 356
Weber, Marianne, geb. Schnitger 147, 362
Weber, Max 147, 170, 219, 362, 377, 379
Webster, Charles 194, 312
Weizmann, Chaim 273
Weizsäcker, Ernst Heinrich Freiherr von 471
Wellington, Arthur Wellesley, 1. Duke of W. 312
Wellington Koo, Vi Kyuin 239, 333–336, *341*
Wells, Herbert George »H.G.« 44
Wemyss, Sir Rosslyn, 1. Baron Wester W. 138

Weygand, Maxime   138, *175*
White, Henry   179
White, William A.   17
Wilhelm II., dt. Kaiser und König von Preußen   27, 49, 60f., 75, 108, 110, 113, 117, 119f., 122f., 132, 140, 143, 211, 369, *387*, 393f., *396–403*, 407
Wilson, Edith, geb. Bolling   153
Wilson, Henry   312
Wilson, Woodrow   17, 19, 25, 28, 31, 33, 50f., 59, 64–78, 80–91, 95, 101, 121, 123–127, 131, 134f., 137, 141, 144, 147f., 153–160, *161*, 162ff., 167f., 170, *171*, 174, 176ff., *179*, 180, *183*, 184ff., 188, 191f., 196, 200ff., 207f., *209*, 210f. 214ff., *217*, 218ff., *221*, 222f., 226–232, 234, 236, 238, *239*, 240, 243–247, 250, 252ff., 260, 270, *271*, 277–281, 284ff., *287*, 288ff., 292, 297f., 302, 305, 307f., 311, 314, 320, 324–330, 333ff., *337*, 338, 340, 346, 349, 351f., 354, 359, 362f., *375*, 377, 382, 398, 401, 410, 415f., 423, 432, 439f., 467, 494, 496, 501
Winterfeldt, Detlof von   138
Woolf, Leonard   231
Woolf, Virginia, geb. Stephen   231
Xi Jinping   503
Young, Owen D.   470, 472
Yuan Shikai   333
Zhou Enlai   215, 339
Zimmermann, Arthur   76
Zweig, Stefan   414, 419

Bildnachweis

Archiv der Vereinten Nationen, Genf: 255
Archives nationales, Pierrefitte-sur-Seine: 175 (Arch. nat., 414AP/14, album 2)
BIU Santé, Paris: 37 (CISA1106)
bpk, Berlin: 40
Bridgeman Images: 345, 429 (Tallandier), 375 (Everett Collection), 387 (SZ Photo/Scherl)
Getty Images, München: 237 (Hulton Royals Collection), 421, 431 (FPG/Paul Thompson)
Imago, Berlin: 239, 287, 353, 457, 462 (United Archives International)
Imperial War Museum, London: 171 (Q 57039), 183 (Q 100432 Jeremy Gordon-Smith), 233 (Q 81859)
Interfoto, München: 291 (Sammlung Rauch)
Library of Congress Washington DC: 217 (LC-USZ62-62808)
Oberlin College Archives, Oberlin: 271
Polish Social and Cultural Association Ltd., London: 299
Public Domain: 221, 337 (Wikimedia Commons), 341 (jenkinspanasianbiographies.blogspot.com), 417 (gottschee.de)
Süddeutsche Zeitung Photo, München: 161, 301 (Scherl), 209 (TopFoto/United Archives)
ullstein bild, Berlin: 152 (ullstein bild), 179, 199 (Granger, NYC), 251 (Robert Sennecke), 269, 373 (TopFoto), 317 (A. & E. Frankl), 347 (adoc-photos), 437 (Roger-Viollet), 445 (Photo12), 455 (histopics)